VILLES ANSÉATIQUES,

PAR

M. ROUX DE ROCHELLE,

MEMBRE DE PLUSIEURS SOCIÉTÉS SAVANTES ET LITTÉRAIRES,
ANCIEN ENVOYÉ EXTRAORDINAIRE,
ET MINISTRE PLÉNIPOTENTIAIRE DE FRANCE A HAMBOURG
ET AUX ÉTATS-UNIS D'AMÉRIQUE.

PARIS,
FIRMIN DIDOT FRÈRES, ÉDITEURS,
IMPRIMEURS-LIBRAIRES DE L'INSTITUT DE FRANCE,
RUE JACOB, N° 56.

M DCCC XLIV.

L'UNIVERS.

HISTOIRE ET DESCRIPTION
DE TOUS LES PEUPLES.

VILLES ANSÉATIQUES.

PARIS.
TYPOGRAPHIE DE FIRMIN DIDOT FRÈRES,
IMPRIMEURS DE L'INSTITUT,
rue Jacob, 56.

LISTE DES GRAVURES JOINTES A L'HISTOIRE DES VILLES ANSÉATIQUES.

Numéros.
1 Lubeck, cathédrale.
2 — Église Sainte-Marie.
3 — Églises Sainte-Marie et Saint-Pierre.
4 — Intérieur de l'église Sainte-Marie.
5 — Détails de l'église Sainte-Marie.
6 — Hôtel-de-Ville.
7 — Vieille porte.
8 — Pont de Holstein.
9 — Porte de Holstein.
10 Brême, hôtel-de-ville.
11 Hambourg, église Saint-Nicolas.
12 — Le port.

Numéros.
13 — La Bourse.
14 — Intérieur de la Bourse.
15 Magdebourg, cathédrale.
16 Anvers, chapelle des Nassau.
17 — Hôtel-de-ville.
18 — Résidence des Anséates, vue extérieure.
19 — Résidence des Anséates, vue intérieure.
20 Cologne, Bourse.
21 — Maison du xve siècle.
22 — Costumes des xve et xvie siècles.
23 et 24. Carte des villes anséatiques.

ERRATA.

Pages.	Colonnes.	Lignes.	
57	1	31	Du continent : *lisez* de l'île de Rugen.
85	1	19	Czar de Masovie : *lisez* Czar de Moscovie.
91	2	36	Nati : *lisez* nation.
144	2	31	cette différence : *lisez* cette déférence.
166	2	33	le troisième siècle : *lisez* le treizième siècle.
189	2	4	de théologiens : *lisez* des théologiens.
204	1	33	es maintenir . *lisez* les maintenir.
213	2	32	mille homems : *lisez* mille hommes.
222	1	39	plus accrédités : *lisez* les plus accrédités.
224	2	44	Livnie : *lisez* Livonie.
279	1	36	quelque troupes : *lisez* quelques troupes.
317	1	26	production : *lisez* productions.
386	1	9	suffagant : *lisez* suffragant.
392	2	44	procription : *lisez* proscription.

VILLES ANSÉATIQUES;

PAR M. ROUX DE ROCHELLE,

ANCIEN MINISTRE PLÉNIPOTENTIAIRE DE FRANCE
A HAMBOURG ET AUX ÉTATS-UNIS.

INTRODUCTION.

Relations commerciales du moyen age, antérieures a la formation de la ligue anséatique. — Navigation de la Méditerranée. — Commerce de Venise, d'Amalfi, de Pise, de Gênes, de Marseille. — Extension du commerce vers le centre et le nord de l'Europe.

Les villes anséatiques occupèrent un rang illustre parmi les peuples du moyen âge. Elles durent à la navigation et au commerce leur situation florissante : l'ascendant qu'elles obtinrent dans le nord de l'Europe y devint un bienfait pour la civilisation ; il y propagea les institutions auxquelles les contrées du midi devaient leurs progrès : il accoutuma les diverses nations à lier entre elles leurs intérêts, à mêler leurs opinions, à s'enrichir de leurs ressources mutuelles.

Le tableau de ce développement intellectuel embrasse des objets si nombreux que, pour mieux en saisir les rapports et l'ensemble, il devient nécessaire de les examiner séparément. Notre but n'est pas de recueillir une stérile abondance de faits; mais de choisir ceux qui eurent quelque portée, de nous rendre compte de leur influence, et de suivre à travers les siècles du moyen âge la marche des peuples les plus civilisés. Leurs relations, telles que nous avons à les peindre, ne se bornent point à un simple trafic, à l'échange matériel des objets nécessaires à la vie : elles tendent également à faire circuler entre les nations les idées, les usages, les institutions, propres à développer leur génie et leurs connaissances. Les hommes, en se rencontrant, se modifient, et les plus éclairés exercent leur empire sur les autres. Tel est l'inévitable pouvoir de la pensée : elle s'étend, elle se communique ; et les nations empruntent les unes des autres tout ce qu'elles avaient séparément découvert pour accroître leur bien-être. Ce mouvement de l'esprit humain ne fut pas sans oscillations; tantôt progressif, tantôt rétrograde, il échappait à l'erreur, il s'y replongeait, pour s'en affranchir de nouveau, et l'impulsion naturelle de l'intelligence humaine la portait à se développer incessamment. Si la guerre et d'autres orages vinrent quelquefois en affaiblir l'action, le retour de la paix et de la sécurité la rendit ensuite plus puissante et plus régulière : on vit les arts et l'industrie se développer de proche en proche, passer d'un pays à l'autre, et former entre les hommes de nouveaux liens.

En recherchant de quelle contrée d'Europe étaient dérivés ces premiers bienfaits, nous en trouvons la source chez ce peuple qui avait soumis tous les autres à sa domination. Rome avait porté ses institutions dans tous les pays où ses armes avaient pénétré; et, lorsqu'après avoir perdu l'empire de la force, elle devint la capitale du monde chrétien, elle acquit un autre genre d'influence : elle étendit avec ses opinions religieuses la plupart de ses institutions sociales; elle les mit sous la protection du saint-siège, et ne devint étrangère à aucun des progrès que firent les peuples du moyen âge dans la voie de la civilisation.

Pour ne pas dépasser les bornes de notre sujet, nous ne remonterons à aucune recherche antérieure au neuvième siècle. Les premières années de cette ère nouvelle furent signalées par le rétablissement de l'empire d'Occident, dont les domaines s'étendirent vers le nord jusqu'aux rivages de la Baltique. Plusieurs villes, destinées à entrer un jour dans la ligue anséatique, furent fondées à cette époque : elles reçurent la plupart des institutions dont jouissaient les autres cités de l'Empire, et participèrent, autant que le permettait leur position nouvelle, aux progrès sociaux qui se faisaient plus spécialement remarquer dans les contrées du midi.

Une longue chaîne de navigation était alors établie entre les différents rivages de la Méditerranée : elle partait des pays d'Orient pour embrasser successivement tous les autres. Les négociants allaient échanger, dans les Échelles du Levant, les plus riches productions de l'Europe et de l'Asie ; et l'Italie recueillait la principale part de ces avantages : les Républiques de Venise, d'Amalfi, de Pise, de Gênes se disputaient souvent la prééminence du commerce maritime, et Marseille en attira une partie vers la France. Essayons de faire connaître les différentes directions qu'il suivit, les voies nouvelles qu'il parvint à s'ouvrir à travers le continent, et sa tendance vers les rives de la Baltique. Tout est lié dans un sujet semblable : le mouvement imprimé à chaque ligne commerciale se fait sentir jusqu'à ses extrémités, et l'on ne comprend bien le système de ces communications qu'en se rendant compte de celles qui unirent d'abord entre eux les rivages de la Méditerranée. Les Vénitiens entrèrent les premiers dans la carrière ouverte à leur navigation : c'est par eux que cet examen doit commencer.

Les habitants de la Vénétie, retirés, depuis la ruine d'Aquilée, dans les lagunes situées au fond de l'Adriatique, n'eurent longtemps pour objets d'échange que la fabrication du sel et les produits de la pêche : ils portaient ces articles dans les contrées voisines, qui leur fournissaient des vivres et d'autres approvisionnements. L'habitude de faire ces envois sur leurs propres navires étendit par degrés leurs expéditions : ils tirèrent des différentes contrées d'Italie les laines, les soies, le coton, le safran, l'huile, la manne, toutes les productions qui pouvaient s'écouler en Allemagne ; et comme leur position les rapprochait des marchés du Levant, ils devinrent les intermédiaires d'une partie de ses relations avec l'Occident et le Nord de la Méditerranée : Le Pô et l'Adige facilitaient leurs communications avec la haute Italie ; ils pénétrèrent dans la Lombardie et dans les vallées des Alpes. La vente de leurs sels prit des accroissements considérables : ils avaient celui qu'ils recueillaient dans leurs lagunes ; ils en fabriquaient d'autres dans les salines de Cervia que Bologne leur avait affermées, dans celles de l'Istrie et de la Dalmatie, des rives du Pont-Euxin, du Palus-Méotide et même de la mer Caspienne.

Venise dut avoir bientôt une marine chargée de protéger son commerce : elle s'en servit pour faire des conquêtes et pour fonder des colonies, lorsque l'accroissement de sa population le lui permit. Le difficile accès de ses lagunes rendait cette capitale plus aisée à défendre ; mais au delà de leurs limites, elle fut longtemps exposée aux hostilités des pirates : elle eut à les poursuivre pendant plus de cent cinquante ans, avant d'être entièrement délivrée de leurs incursions.

L'Empire Grec, vers lequel les relations commerciales de Venise se dirigèrent alors plus librement, était le pays le plus riche, le plus avancé dans les arts, celui où les lettres et la civilisation s'étaient conservées, lorsque l'Italie et les autres contrées de l'empire d'Occident retombaient dans la barbarie : L'amour du bien-être, le goût de la mollesse, du luxe, de toutes les jouissances de la vie s'y

LÜBECK.

The Cathedral.

étaient répandus. D'autres progrès, d'autres penchants analogues se faisaient remarquer dans le vaste empire des Arabes, qui embrassait les pays situés à l'orient et au midi de la Méditerranée. Ces circonstances donnèrent au commerce de Venise une impulsion rapide et un vaste développement. Les facteurs qu'il envoya dans les différentes Échelles du Levant furent bientôt en relation avec les négociants des contrées plus orientales, qui leur apportaient jusqu'aux rives de la Méditerranée les productions des Indes et des autres contrées de l'Asie. La direction de ce commerce changea plusieurs fois; les routes qu'il suivit se multiplièrent; mais elles aboutissaient toutes aux rivages de la Méditerranée ou de la mer Noire, et les Vénitiens cherchèrent à établir des entrepôts dans tous les lieux où ils pouvaient négocier avec avantage.

La ligne la plus septentrionale que suivit le commerce de l'Inde avec l'Europe fut celle de l'Oxus, de la mer Caspienne, du Volga, du Tanaïs et du Palus Méotide: une autre route s'était ouverte entre la mer Caspienne et le Pont-Euxin, par le Kur et le Phase, d'où les marchandises étaient dirigées sur Constantinople.

Pour arriver du midi de l'Asie aux bords de la Méditerranée, tantôt on profita des eaux du golfe Persique, de l'Euphrate et de l'Oronte qui baignait les murs d'Antioche, tantôt des caravanes qui passaient à Palmyre. D'autres négociants suivirent la mer Rouge et gagnèrent le cours de Nil, pour se rendre ensuite à Alexandrie. Cette dernière ville fut longtemps le principal marché des Vénitiens, qui avaient aussi des établissement à Tyr, à Bayrouth, à Ptolémaïs et dans les autres Échelles du Levant.

Venise fournit de nombreux moyens de transport aux pèlerins qui se rendaient en Orient pour visiter les saints lieux: une partie des Occidentaux prenaient la route de terre, beaucoup plus longue et plus pénible; et tous les autres traversaient la Méditerranée. Les navigateurs italiens prêtèrent ensuite les mêmes secours aux Croisades: ils ne se bornèrent pas au transport des armées; ils prirent part à leurs exploits; et les services importants que Venise leur rendit lui valurent en Orient de nombreuses prérogatives. Cette République arma en 1098 une flotte de deux cents navires de guerre, qui se rendit sur les côtes de la Palestine, et vint y bloquer différents ports, assiégés du côté de terre par Godefroy de Bouillon. En 1123 les Vénitiens remportèrent, près de Jaffa, une victoire navale sur les Sarrasins; ils concoururent ensuite à la prise de Tyr, à celle d'Ascalon: on leur donna en propriété le tiers de ces deux places, et ils obtinrent des marchés, des églises, des rues entières dans toutes les villes du royaume de Jérusalem. Ce royaume ne dura que quatre vingts-ans; et lorsque Saladin en eut repris la capitale, les négociants de Venise et des autres Républiques d'Italie se retirèrent à Ptolémaïs, où chaque nation latine eut des quartiers séparés, et où l'on vit souvent éclater leurs jalousies commerciales et leurs dissensions.

Quand les Latins s'emparèrent de Constantinople en 1204, et choisirent pour empereur Baudouin, comte de Flandre, les Vénitiens qui avaient pris part comme les Français à cette grande entreprise obtinrent, dans le partage de l'Empire, la souveraineté des îles de l'Archipel; mais leur gouvernement n'en prit pas possession lui-même, il accorda aux plus riches familles de Venise le droit de s'en emparer, et de les conserver comme autant de fiefs de la République.

Les relations des Vénitiens dans tous les pays d'Orient et en Égypte s'étaient également étendues sur les côtes de Barca, de Tunis, de Tanger. Leurs négociants allaient charger en Afrique du grain, des laines, des gommes, des parfums, des dents d'éléphant, de la poudre d'or, des étoffes, des huiles, des esclaves, et ils répandaient ces différents objets de trafic dans les ports de la Méditerranée et de l'Océan, où leur pavillon était admis.

Le gouvernement faisait servir aux transports du commerce une partie des vaisseaux de l'État, en louant des galères aux négociants occupés de ces expéditions. Plusieurs escadres partaient chaque année pour les ports d'Orient : la première suivait les côtes du Péloponèse ; elle y faisait le cabotage et se rendait à Constantinople. Deux divisions de cette flotte entraient ensuite dans le Bosphore et la mer Noire : l'une gagnait Sinope, Trébizonde, l'embouchure du Phase, l'autre se dirigeait vers la mer d'Azof, à l'embouchure du Tanaïs : elle y recueillait les produits des pêcheries du fleuve, les marchandises venues de l'Inde par la mer Caspienne, le Volga et le Tanaïs, ainsi que les divers articles apportés par les caravanes de Russie et de Tartarie. Une partie du commerce de la mer Noire servait à l'approvisionnement de Constantinople, de la Grèce, de l'Archipel, les autres articles étaient portés dans les différents marchés de l'Europe.

La seconde escadre vénitienne se dirigeait vers la Syrie : elle commençait à Alexandrette ses opérations de vente et de chargement, et gagnait ensuite le port de Bayrouth, où devaient arriver les caravanes de Damas. Lorsqu'elle revenait en Europe, elle mouillait successivement en Chypre, à Candie, en Morée et sur les rivages de l'Adriatique, pour y opérer de nouveaux échanges. Enfin une troisième escadre allait chercher en Égypte une partie des productions de l'Asie et de l'Éthiopie : elle y importait des esclaves tirés de Géorgie et de Circassie, et toutes les marchandises que l'Europe pouvait fournir.

La flotte qui partait annuellement de Venise pour les ports de l'Océan était la plus nombreuse, la mieux armée : elle touchait aux ports de Manfredonia, de Brindes, d'Otrante, de Messine, à ceux de Tripoli, de Tunis, d'Alger, d'Oran, de Tanger : elle y prenait les productions du pays, et remettait en échange aux barbaresques du fer, du cuivre, des armes, des draps, de nombreux ustensiles et de la quincaillerie. Cette flotte allait suivre, dans l'Océan, les côtes de Portugal, d'Espagne, de France, et gagnait les ports de Londres, de Bruges, d'Anvers, où elle faisait l'échange des marchandises du midi avec les négociants d'Angleterre, de Flandre et des pays du nord. Les galères s'arrêtaient, à leur retour, dans quelques ports de France, puis à Lisbonne, à Cadix, Alicante, Barcelone, sur les côtes méridionales de France et sur celles d'Italie.

Quoique les négociants fissent servir à leurs propres entreprises vingt ou trente vaisseaux qui appartenaient au gouvernement, ils faisaient sur leurs propres navires un grand nombre d'expéditions, surtout dans les ports où les galères de l'État ne relâchaient point, et où ils n'avaient pas à craindre leur concurrence commerciale.

L'industrie manufacturière des Vénitiens avait rapidement accru leur commerce : ils attiraient chez eux les produits bruts auxquels ils pouvaient appliquer leur main d'œuvre, tels que le lin, le chanvre, le fer, la laine, le coton, la soie, l'or et l'argent. On tirait des forêts de Dalmatie les bois nécessaires pour la construction des vaisseaux que Venise vendait aux riverains des fleuves navigables : des troupeaux furent élevés dans la Polésine ; on planta des mûriers dans le Frioul, pour nourrir des vers à soie ; la culture de la canne à sucre fut essayée dans les îles du Levant, et cette exploitation fit établir un grand nombre de raffineries. Les Vénitiens excellaient dans la fabrication des draps, dans celle des toiles de lin et des tissus de coton, dans l'art de la teinture. On vantait l'habileté de leurs constructeurs, de leurs armuriers, et l'arsenal employait jusqu'à seize mille ouvriers pour ses différents travaux. Les belles dentelles, les ouvrages d'orfévrerie, les filigranes d'or ou d'argent, la quincaillerie, un grand nombre de menus ustensiles, entretenaient l'activité des ateliers. Murano devint célèbre par ses ouvrages en verre et en cristal ; l'usage des glaces fit tomber celui des miroirs de métal, et les Vénitiens en

conservèrent longtemps la fabrication exclusive. Leurs manufactures de bougie, de liqueurs, de savon, leurs préparations pharmaceutiques, l'art du corroyeur, les fabriques de soieries faisaient fleurir d'autres branches de travail : Venise cherchait sans cesse à développer ses nombreuses ressources : elle accueillait dans ses murs tous les ouvriers étrangers que les troubles de leur pays portaient à s'expatrier : ceux-ci lui payaient le prix de son hospitalité, en l'enrichissant des produits de leur industrie.

Venise, après avoir étendu sa prépondérance sur l'Adriatique, prétendit à la souveraineté d'une partie de ce golfe : elle établit un droit de navigation sur tous les vaisseaux étrangers qui s'avanceraient au nord du cap de Ravenne et de la baie de Fiume. Ce droit fut soutenu par la force : il s'étayait aussi de l'opinion du saint-siége, et Alexandre III disait au Doge : « Que la mer vous soit soumise comme l'épouse l'est à son époux, puisque vous en avez acquis l'empire par la victoire ! » Cette comparaison donna naissance à une fête annuelle, où le Doge sortait de Venise, sur le Bucentaure, pour renouveler le cérémonial des épousailles de la mer, et jeter dans les flots un anneau qui en devenait le symbole.

Cependant la puissance, qui avait d'abord joui exclusivement des bénéfices d'un grand commerce, vit ensuite s'élever d'autres nations qui devaient participer aux mêmes avantages. Les Amalfitains, placés dans la région méridionale de l'Italie, commencèrent dès le dixième siècle à faire paraître leur pavillon dans les ports principaux de la Méditerranée.

La République d'Amalfi ne comprenait qu'une ville de ce nom et seize villages, situés autour de la capitale, sur le rivage maritime, ou sur la pente des montagnes qui s'élèvent à l'occident du golfe de Salerne. Cette ville, dont il paraît que les fondateurs venaient de Dalmatie et s'étaient d'abord arrêtés à Melphi dans la Basilicate, avait fleuri en même temps que les Républiques de Naples et de Gaëte ; elle s'était rendue indépendante des ducs de Bénévent ; et depuis un siècle elle se faisait remarquer par l'étendue de sa navigation et de son commerce. Amalfi eut des comptoirs à Palerme, à Messine et sur d'autres points de la Sicile. Ses navigateurs fréquentaient le port de Constantinople, celui d'Antioche et les Échelles de Syrie, où ils jouissaient de nombreux priviléges. Son pavillon flottait dans le port d'Alexandrie, et ses établissements dans les pays occupés par les Sarrasins précédèrent ceux des autres nations européennes.

Les progrès du commerce de cette ville accrurent rapidement sa population : elle s'éleva jusqu'à cinquante mille âmes ; mais les guerres qu'elle eut à soutenir contre les Pisans dont les forces étaient bien supérieures aux siennes la menaçaient de sa ruine ; et, dans l'année 1135, une flotte de Pise de quarante-six voiles s'empara d'Amalfi, la livra au pillage et détruisit sa marine. La République parvint à réparer ce désastre ; mais la prospérité dont elle avait joui déclina de jour en jour ; la plupart de ses habitants se dispersèrent, et Pise hérita d'une grande partie de son commerce. Les *Pandectes* de Justinien, dont les Pisans découvrirent un exemplaire dans cette ville lorsqu'ils s'en emparèrent, devinrent le plus précieux butin de leur conquête.

Une flotte de cent voiles pisanes reparut, deux ans après, dans les parages d'Amalfi, qui ne put alors opposer aucune résistance : les troupes débarquées prirent d'assaut les châteaux de Scala et de Scaletta qui dépendaient de cette ville ; elles en dévastèrent les principaux établissements ; et ses pertes qui s'aggravèrent de siècle en siècle réduisirent enfin sa population à six mille habitants.

Pise avait recouvré sa liberté dès le commencement du dixième siècle : son port, formé par l'embouchure de l'Arno, était à l'abri des tempêtes, et facile à défendre contre une agression maritime. La République s'étendait sur le rivage, depuis les frontières de

Lucques jusqu'à l'Ombrone; elle était bornée, vers l'Apennin, par le territoire de Florence.

Les Pisans eurent des comptoirs dans les principaux ports de la Calabre : ils battirent les Sarrasins près de Reggio, s'unirent ensuite avec Gênes pour les attaquer en Sardaigne, devinrent maîtres de l'île entière, et après avoir eu de nouveaux engagements avec l'ennemi qui était venu la reconquérir, ils y affermirent, en l'année 1050, leur domination.

La République de Pise prit, comme celles de Venise et de Gênes, une grande part aux croisades : elle envoya en Orient une flotte de cent vingt vaisseaux, avec des troupes de débarquement, qui réunies à celles de Gênes, s'emparèrent de Césarée en 1101. Tancrède, prince d'Antioche, accorda aux Pisans un quartier et des priviléges commerciaux dans cette ville et dans celle de Laodicée : d'autres concessions semblables leur furent faites par les rois de Jérusalem et par les comtes de Tripoli. Les Pisans prirent la croix en 1113 contre les Sarrasins, dont les pirates infestaient le bassin occidental de la Méditerranée. Leur flotte, à laquelle se joignirent quelques troupes françaises et espagnoles, s'empara, l'année suivante, d'Iviça, de Majorque, et revint triomphante à Pise.

Mais les rivalités de puissance, de juridiction ecclésiastique et de commerce, amenèrent bientôt une sanglante guerre entre les Républiques de Pise et de Gênes. L'intervention d'Innocent III parvint, en 1133, à concilier leurs différends; et ce fut dans les premières années de la paix que Pise tourna ses armes contre Amalfi dont elle ruina la puissance.

De nouvelles guerres se rallumèrent en 1169 entre Pise et Gênes. Chaque parti cherchait des alliés : les Pisans se liguèrent avec la République de Florence, les Génois avec Lucques, Sienne et Pistoie, et ces querelles se mêlèrent à celles des Guelphes et des Gibelins. Gênes favorisait le premier parti, Pise était attachée au parti contraire; et ce fut pour reconnaître les services des Pisans que l'empereur Henri IV leur céda tous les droits régaliens, et leur remit, à titre de fiefs, la Corse, les îles d'Elbe, de Capraïa et de Pianosa. Leur prospérité se soutint pendant le treizième siècle; ils jouissaient dans le Levant d'un commerce très-étendu, et leurs principales factoreries dans ces parages étaient Constantinople et Ptolémaïs ou Saint-Jean-d'Acre, lorsqu'en 1282 ils recommencèrent les hostilités contre les Génois. Une flotte nombreuse fut armée de part et d'autre : les Pisans perdirent, le 1er mai 1284, un premier combat naval dans les eaux de la Sardaigne : une bataille plus décisive fut livrée le 6 août suivant, près de l'île de la Méloria, et les Pisans la perdirent encore : les Génois leur tuèrent cinq mille hommes, et ils firent onze mille prisonniers, qu'ils gardèrent pendant seize ans, afin d'affaiblir la population de cette République rivale. On ne leur rendit la liberté qu'en 1299, époque où la paix fut enfin rétablie.

La malheureuse journée de la Méloria avait tellement affaibli les Pisans qu'ils ne prétendirent plus à l'empire de la mer : leur commerce à Constantinople et dans l'Archipel devint moins important : ils abandonnèrent leurs comptoirs dans les Échelles du Levant, perdirent ceux du royaume de Naples, ceux de la Sicile, et furent obligés d'abandonner la Corse aux Génois qui, après l'avoir successivement disputée à la République de Pise et aux rois d'Aragon, en gardèrent la souveraineté.

Les Génois entretenaient déjà avant la première croisade un commerce étendu dans les Échelles du Levant : ils avaient obtenu des rois d'Arménie de nombreux priviléges, et vers la fin du onzième siècle Laïassa était le chef-lieu de leur négoce. Les expéditions de l'Inde pour l'Europe ne suivaient plus alors la route de Palmyre; on les dirigeait sur Alep. Les navires venus des différents ports de l'Asie entraient dans le golfe Persique, remontaient l'Euphrate et se rendaient à Bassora : d'autres embarcations plus légères continuaient le voyage, jusqu'au point où ce fleuve est le plus rapproché de l'Oronte : l'intervalle qui les sépare était franchi par des caravanes, et les marchandises embarquées ensuite sur l'Oronte gagnaient le port de Laïassa. On déposait dans ce marché les articles tirés de la Cilicie et de l'Arménie, comme les soies, les bois de construction, les esclaves : on y portait les marchandises venues de l'Arabie, de la Perse, des Indes et des contrées orientales, telles que les toiles, les épiceries, les aromates, le sucre, l'indigo, les bois de teinture.

Les cargaisons des bâtiments génois, nolisés pour le Levant, se composaient d'huiles de Ligurie et des autres parties de la Péninsule, de vins, de grains, d'orge, fournis par la Sicile, d'étoffes et d'autres objets manufacturés à Gênes : ces différents articles servaient à l'achat ou à l'échange de ceux que l'on tirait du Levant. Les chargements d'aller ou de retour étaient ensuite expédiés aux consommateurs de Constantinople, d'Italie, d'Espagne et des îles situées dans le bassin occidental de la Méditerranée.

Gênes avait pour rivaux, dans ces différentes branches de commerce, les négociants de Venise, de Pise, d'Amalfi, de Catalogne, de Marseille : Les navires et les galères qu'elle faisait servir à ses expéditions commerciales étaient armés en guerre.

Cette République avait obtenu des rois d'Arménie la diminution ou l'exemption de plusieurs droits de vente et de péage : elle pouvait faire acheter et exporter des esclaves, à condition de ne pas vendre aux Sarrasins ceux qui seraient chrétiens. Le consul qu'elle avait placé à Laïassa étendait sa juridiction sur les Génois établis dans cette ville et sur les équipages de leurs navires : les Génois pouvaient acquérir des possessions dans ce royaume; ils jouissaient à Sisi, à Tarse, à Malmistra du droit d'avoir une église, des magasins et un quartier séparé.

Les services qu'ils rendirent pendant la première croisade, soit par leurs faits d'armes, soit par des transports de troupes, leur valurent en Syrie et en Palestine de nombreux priviléges. Baudouin, roi de Jérusalem, leur accorda, en 1104, des établissements dans sa capitale, à Césarée, Ptolémaïs, Jaffa, Tyr et Ascalon. Il s'engageait à leur céder, après l'expulsion des Sarrasins, le tiers de chacune des places qu'il aurait conquises. L'entrepôt qu'ils eurent à Jaffa y attirait des commerçants arabes et égyptiens : ils y faisaient de nombreux échanges de draps, de soie, d'épiceries et d'autres articles précieux. La part que les Génois prirent en 1109 à la conquête de Tripoli décida le comte Bertrand, fils de Raymond, à leur accorder une partie de cette ville qui devint un entrepôt pour le commerce d'Égypte et des Indes. Bohémond, comte d'Antioche, récompensa les services qu'ils lui avaient également rendus, en leur accordant une liberté entière de commerce dans sa résidence et dans les ports de Soldi, de Laodicée, de Stabulo, où ils jouissaient aussi de la juridiction consulaire.

Cette nation, qui multipliait ses établissements entre Antioche et Ptolémaïs, donnait les mêmes développements à son commerce dans l'empire d'Orient. Elle acquit en 1155, par une convention avec Manuel Comnène, le droit de débarquer, de vendre ses marchandises, et de prendre d'autres chargements à Constantinople. Elle obtint, cinq ans après, un quartier dans cette capitale; et l'empereur lui accorda, en 1174, un lieu de relâche vers l'entrée du Pont-Euxin, où elle faisait aussi pénétrer sa navigation.

Les différents priviléges que Gênes avait obtenus en Syrie lui furent confirmés, dans le treizième siècle, par les barons du royaume de Jérusalem, lorsqu'ils occupaient les places de Tyr, de Sidon, de Bayrouth, de Ptolémaïs, d'Ascalon, de Jaffa. Cette nation cherchait à jouir dans chaque ville du droit d'établir des magasins, de se servir de ses poids et mesures, d'être exempte des taxes et des gabelles publiques, de percevoir même une partie des droits d'échelle, et d'assurer ses immunités réelles et personnelles, en les mettant sous la garantie de ses propres lois.

Alexandrie était devenue le plus riche entrepôt du commerce que les Indes et l'Arabie faisaient avec l'Europe. Les navires partis de Calicut, de Malabar, de Ceylan, du golfe de Bengale, des îles de la mer des Indes, s'avançaient le long des côtes jusqu'à Aden : ils pénétraient ensuite dans la mer Rouge ; et leurs chargements, débarqués à Bérénice ou Myos-hormos, étaient ensuite transportés vers le Nil : d'autres navires continuaient leur traversée jusqu'à Suez, d'où leurs marchandises étaient envoyées au Caire. Tout ce qui arrivait sur le Nil passait ensuite à Alexandrie. Un consul génois résidait dans cette ville ; il y jouissait de la juridiction la plus étendue.

Pour assurer et agrandir leur commerce avec le Levant, les Génois formèrent des établissements intermédiaires dans les îles qui pouvaient leur servir de points de relâche. Ils eurent, avant le treizième siècle, des entrepôts et des colonies en Chypre, où l'on trouvait du bois de construction, des chanvres, des mines de fer et de cuivre, et tous les objets nécessaires à l'équipement des vaisseaux : on y faisait aussi des chargements de grains, d'huiles et de vins exquis. Les Génois obtinrent dans cette île en 1218 la franchise des taxes d'entrée et de sortie, le droit de consulat maritime, l'investiture d'une terre près de Némosie, d'une autre près de Famagouste, et une indépendance entière de juridiction, excepté dans les cas de félonie, de rapine ou d'homicide. Ils eurent à Candie un autre établissement, et ils en firent un point de relâche, dans leurs voyages en Égypte, à Smyrne, dans l'Archipel ou à Constantinople : leur commerce s'y exerçait librement ; et le comte Henri, qui était alors possesseur des îles de Malte et de Candie, leur en accorda même la propriété, dans le cas où il mourrait sans enfants. Au reste cette concession ne se réalisa point.

La Sicile, située entre les deux grands bassins de la Méditerranée, offrait aux Génois d'autres stations commerciales : les ports de cette île leur étaient ouverts depuis le dixième siècle. Le roi Guillaume, fils de Roger, les exempta en 1154 des droits d'entrée et de sortie dans le port de Messine, et il n'établit dans celui de Palerme qu'un modique droit d'entrée.

Quoique les relâches des Génois en Corse et en Sardaigne leur permissent d'y prendre différents articles qu'ils introduisaient ensuite dans le Levant, ces deux îles leur servaient plus spécialement d'entrepôt, dans leurs relations avec les côtes de Barbarie et avec les ports occidentaux de la Méditerranée.

Le principal commerce de Gênes dans les autres pays commençait à changer de nature, et, après s'être longtemps borné à l'exportation et à l'échange des richesses de la terre, il s'appliquait aux produits des manufactures. Celles des draps et des étoffes de laine s'étaient multipliées en Ligurie, comme à Florence et dans d'autres parties de l'Italie. Gênes attirait dans son port une grande partie des objets fabriqués dans les pays qui n'avaient pas de côtes maritimes. Ce commerce de commission devenait une branche de ses bénéfices ; et ses ateliers, comme ceux du dehors, lui fournissaient de riches expéditions pour le Levant, l'Afrique et les ports de France et d'Espagne. Les vaisseaux marchands n'étaient plus armés en guerre ; mais ils voyageaient de conserve, au nombre de trois ou quatre bâtiments, et ils étaient convoyés par des galères, ou par d'autres navires plus légers, destinés à faire avec eux le cabotage.

Afin de pourvoir aux besoins des manufactures de draps et des filatures, Gênes tirait d'Espagne et des côtes de Barbarie une grande quantité de laines. Le roi de Tripoli, en Afrique, lui avait accordé de nombreuses prérogatives, et un traité de 1236 lui assura un commerce illimité. Ses importations consistaient en or et en argent monnoyés ou en lingots, en bois de construction, en vins, en liqueurs, en étoffes de soie ou de drap, en toiles, en drogues, en quincaillerie. On exportait d'Afrique des grains, des laines, des huiles pour le savon, des plumes d'Autruche, des pelleteries, de l'ivoire, de la cire, des fruits de Barbarie. Les Génois avaient à Tripoli des entrepôts et des magasins, où ils pouvaient librement effectuer leurs échanges.

Leur commerce avec Tunis était beaucoup plus important. Ils fréquentaient déjà ce port dès l'année 1200; mais ce ne fut qu'un demi-siècle après qu'ils eurent avec le roi de Tunis un traité de commerce. Cette convention leur accordait les mêmes libertés qu'à Tripoli, et une plus grande réduction de droits d'entrée, de vente et de sortie. Un nouveau traité, conclu en 1272, confirma leurs priviléges : la possession du quartier qu'ils occupaient leur fut garantie; ils eurent le droit d'en exclure les étrangers. Les Génois entretenaient à Tunis un agent, chargé de présider aux intérêts de leur nation; et les nouvelles diminutions de taxes qu'ils obtinrent successivement leur firent préférer le marché de cette place à celui des autres États barbaresques : ils y trouvaient également toutes les productions d'Afrique, et ce commerce était un de ceux qui donnaient le plus d'activité à leur industrie et à leurs manufactures.

Les relations de Gènes avec Constantinople, la Romanie, et les différents ports de la mer Noire, furent longtemps contrariées par la rivalité des Vénitiens et par les guerres qui éclatèrent entre les deux nations. La part que les Vénitiens prirent à la fondation de l'empire Latin y fit bientôt prospérer leurs établissements, et ils fermèrent souvent à leurs rivaux l'entrée du Pont-Euxin : mais les Génois conservèrent un commerce florissant à Nicée où s'étaient retirés les empereurs grecs, ainsi que dans toute l'Anatolie. Leurs vaisseaux continuaient de fréquenter les différents ports de la Propontide : ils avaient formé, pour servir de points de relâche à leurs expéditions, des entrepôts à Smyrne, à Ténédos, à Scio, à Salonique; et quand Michel Paléologue parvint à rétablir le siége de l'empire grec à Constantinople, les Génois qui l'avaient secondé dans son entreprise, profitèrent de la faveur de ce prince, pour étendre et affermir leur commerce. Le monarque leur conserva tous les priviléges dont ils avaient joui dans l'empire de Nicée : mais en leur accordant le faubourg de Galata, il autorisa aussi dans sa capitale la résidence des Vénitiens et des Pisans qui voudraient s'y fixer, et il leur promit des franchises semblables. Un Podestat génois, un Bayle de Venise, un consul de Pise eurent pour mission de protéger leurs compatriotes, et d'exercer sur eux la juridiction la plus étendue. Le même empereur céda en fief aux Génois l'île de Chio; et les Vénitiens gardèrent les autres îles de l'Archipel qui leur étaient échues en partage après la fondation de l'Empire latin.

Cette première conquête, qui remontait à l'année 1204 eut donc l'influence la plus durable sur la direction du commerce des Républiques d'Italie : celles-ci ne furent pas dépossédées de leurs priviléges par les vicissitudes des événements; et leurs avantages survécurent à la durée des gouvernements qui les avaient accordés.

Si chacune de ces villes obtint successivement de plusieurs souverains le même genre de prérogatives, on peut aisément s'expliquer un tel résultat. L'ambition des princes qui se disputaient la couronne de Byzance pouvait élever de nouveaux empereurs ou les précipiter du trône; mais, quelles que fussent les révolutions du pouvoir, l'intérêt commercial des peuples ne changeait pas; et l'habitude des jouissances, les besoins de toutes les classes rendaient également nécessaires l'exercice de l'industrie, l'activité du travail et tous les échanges du commerce.

Les guerres pouvaient quelquefois

suspendre une partie de ces rapports commerciaux : elles portaient les compétiteurs à favoriser l'intérêt de leurs alliés, à révoquer les priviléges de leurs ennemis ; mais les interruptions n'étaient qu'accidentelles : lorsque la paix était rétablie on reprenait les communications premières, et le commerce général rentrait dans les canaux qui ne lui étaient plus interdits. L'Empire grec était porté à favoriser une concurrence, propre à faire abonder les marchandises dans ses ports ; et si les guerres d'Orient eurent quelquefois pour résultat d'ouvrir au commerce des routes nouvelles et de les faire momentanément préférer, du moins elles ne fermèrent pas d'une manière absolue celles qui avaient été suivies précédemment. Elles tendirent plus souvent à augmenter les relations des peuples qu'à les restreindre ; elles multiplièrent les comptoirs, où l'échange de leurs richesses pouvait s'accomplir.

Cependant on peut voir, après la destruction de l'empire Latin en 1261, Venise et Gênes donner une direction différente à leurs expéditions maritimes, Venise envoyer les siennes dans les ports d'Égypte, où elle cherchait à attirer le commerce d'Asie, et Gênes tourner ses voiles vers le Pont-Euxin, où elle avait formé de grands établissements depuis le onzième siècle. Cette différence de direction commerciale était l'effet naturel de la rivalité des deux nations : elles se disputaient l'empire de la mer et les marchés de l'Orient. Leurs guerres, suspendues par quelques trêves passagères, s'étaient rallumées en 1293 : une flotte vénitienne vint, l'année suivante, jusque vers les murs de constantinople, attaquer et brûler le faubourg génois de Galata ; et les Vénitiens perdirent, cinq ans après, la bataille de Curzola, où les Génois leur brûlèrent soixante-six galères, en conduisirent dix-huit à Gênes, et firent sept mille prisonniers, au nombre desquels était le fameux voyageur Marco Polo, récemment revenu dans sa patrie.

La paix qui fut signée l'année suivante entre les deux Républiques rendit une nouvelle activité au commerce des Vénitiens en Égypte et à celui des Génois dans le Pont-Euxin. Les génois en parcourant de proche en proche les rivages occidentaux de cette mer intérieure, y avaient fondé de grands établissements, dont on trouve encore les ruines et les derniers vestiges à Sizéboli, à Phinopolis, à Midia, à Varna et sur d'autres plages, où le nom de ce peuple n'a pas cessé de se joindre aux autres traditions du moyen âge : ils s'étaient avancés vers le nord jusqu'à la Chersonèse taurique ; ils en avaient visité le territoire, et avaient apprécié de bonne heure tous les avantages que ce pays pouvait offrir à leur commerce. Les conventions qu'ils conclurent avec Batou-Khan, chef des Tartares et conquérant de la Tauride, leur permirent de fonder la ville de Caffa. Ce n'était d'abord qu'un camp retranché où s'élevaient quelques magasins : bientôt on y transporta des pierres et d'autres matériaux de construction : on occupa un terrain plus vaste ; des maisons se bâtirent, l'enceinte fut fortifiée ; les Génois la mirent en état de soutenir un siége ; et cette place devint le chef-lieu de la colonie génoise de Gazaria, qui s'étendit insensiblement sur les rives méridionales et occidentales de la Crimée : la même nation jeta ensuite les fondations de Soldaïa, de Cembalo, de Cerco, de Cemano et des autres comptoirs de la Péninsule.

En 1289 Caffa était déjà puissante ; elle envoya trois galères au secours de Tripoli de Syrie, qui était attaquée par le Soudan d'Égypte. Les Vénitiens firent en 1296 une expédition contre cette ville, ils la surprirent et la saccagèrent ; mais la disette et la mortalité les obligèrent d'en sortir l'année suivante, et la colonie génoise y reprit ses opérations de commerce. Une force militaire fut organisée pour sa défense ; Gênes équipait tous les ans quelques galères, pour protéger ses côtes pendant la saison navigable. Des conventions amicales firent cesser les incursions des Tartares, voisins de son territoire; et la sécurité dont jouirent alors les établissements de Gazaria accrut leur prospérité. Ils profitèrent de la fertilité du sol, pour faire des envois considérables de blé aux pays qui n'en avaient pas. La bonté des pâturages, l'abondance de la pêche leur fournissaient d'autres cargaisons pour Constantinople et pour les ports de la Romanie et de la Grèce, d'où ils tiraient des vins. On exportait une grande quantité de bois pour la Syrie, l'Égypte et les côtes de Barbarie ; les Russes venaient y prendre des chargements de sel, et ils y vendaient de précieuses pelleteries : les Tartares y portaient des toiles de coton, des étoffes de soie, des armes, d'autres articles qu'ils avaient reçus d'Asie par les caravanes d'Astracan.

Gênes n'avait jamais restreint les relations de cette colonie avec l'étranger; et chacun de ses ports recevait, suivant sa position, les marchandises des différents pays, baignés par le Tanaïs, ou le Palus Méotide, ou le Pont-Euxin, qui alors était plus souvent désigné sous le nom de mer Majeure. Gazaria étendait ses relations au midi du Bosphore et des Dardanelles, vers l'île de Chypre, la Syrie, l'Égypte et les côtes de Barbarie : les esclaves faisaient partie de son commerce avec Alexandrie : Michel Paléologue avait accordé aux Génois l'autorisation de faire entrer tous les ans dans le Pont-Euxin un ou deux navires, expédiés d'Égypte, et destinés à ce trafic : ils gagnaient les rivages occupés par les Tartares, et ils prenaient à bord un grand nombre d'esclaves : les uns étaient poussés par la misère à s'offrir d'eux-mêmes aux acheteurs, d'autres étaient vendus par leurs pères ou leurs maîtres : ils allaient former en Égypte ces redoutables corps de Mameloucks, qui firent souvent trembler leurs ennemis et leurs propres souverains. Des négociants génois, vénitiens, catalans, achetaient aussi sur les côtes de Cilicie un grand nombre de jeunes gens de l'un et de l'autre sexe, et ils les transportaient au marché d'Alexandrie. Plusieurs bulles furent publiées par le saint-siége, pour empêcher du moins que des chrétiens ne fussent livrés aux infidèles; mais l'appât du gain fit transgresser cet ordre, et les esclaves de toute religion furent indistinctement vendus.

Ce fut par la colonie génoise de Gazaria, et par quelques établissements vénitiens fondés sur la rive orientale du Palus Méotide, qu'une nouvelle ligne commerciale se prolongea vers le nord, à travers les États de Moscovie : elle se dirigea sur Novogorod, et ce lieu devint l'entrepôt principal du commerce de l'Orient avec la Baltique. D'autres routes plus occidentales allaient suivre vers le nord une direction semblable; et les communications qu'elles devaient ouvrir entre les nations barbares et celles qui étaient alors les plus civilisées tendaient à propager au loin les progrès de l'ordre social, et à changer la face de l'Europe entière, devenue plus industrieuse et plus éclairée.

Marseille, ancienne colonie phocéenne, dont les flottes avaient quelquefois partagé l'empire de la mer, contribua, comme les républiques d'Italie, à une révolution si salutaire. Le voisinage du Rhône y faisait affluer toutes les productions de l'intérieur de la France et des pays limitrophes. Les marchandises qui avaient remonté le Rhin, la Seine, la Loire et les affluents de ces grands fleuves, étaient transportées par terre jusqu'à la Saône dont elles suivaient le cours ; Lyon qui leur ouvrait la navigation du Rhône était devenu l'entrepôt du commerce du nord et de l'occident avec le midi : cette ville étendait au loin ses relations avec le port de Vannes, peu éloigné de l'embouchure de la Loire, avec Paris qui était devenu la capitale de la France, avec Trèves et les autres grandes villes des bords du Rhin.

La France fut une des régions de l'Europe, où le commerce et les arts du moyen âge se développèrent le plus rapidement : on citait, dès le huitième siècle, les progrès de ses fabriques d'étoffes, le fini de ses ouvrages sur métaux, l'activité et le nombre de ses ateliers. Ses relations de commerce suivirent la destinée politique de ce royaume : tantôt elles furent entravées par ses troubles intérieurs, tantôt favorisées par ses agrandissements successifs ; et lorsqu'enfin cette monarchie, si souvent démembrée, eut été réunie sous les lois de Charlemagne, ce fut par le pouvoir de ses armes et par l'influence de ses institutions que le commerce s'ouvrit des routes nouvelles vers le centre et le nord de l'Allemagne.

Quelque opinion qu'on puisse se former sur les vues ambitieuses de ce monarque, on doit reconnaître que la vaste étendue de ses domaines servit à rendre uniformes, dans une grande partie de l'Europe, les établissements qu'il avait créés, et à faire naître entre des peuples longtemps ennemis ces liaisons d'intérêts, ces rapports de religion et de mœurs, et toutes ces relations intellectuelles dont les contrées du midi leur donnaient l'exemple.

LIVRE PREMIER.

Contrées où se forma la ligue anséatique. — Fondation et agrandissement des premières villes. — Conquêtes de Charlemagne jusqu'a la Baltique; institutions civiles et religieuses de ce prince. — Accroissement du nombre des villes. — Premiers essais de commerce et de navigation. — Expéditions maritimes des peuples du nord; leurs établissements dans les régions du midi, leurs découvertes dans les mers boréales. — Fréquentes hostilités. — Anarchie du moyen age. — Ligues défensives entre les villes intéressées a s'unir. — Concessions qu'elles obtiennent de différents princes; progrès de leur industrie et de leur puissance, affermissement de leurs franchises.

Le nombre et la situation actuelle des villes anséatiques ne nous donneraient qu'une idée très-incomplète de l'étendue et de l'importance de la ligue qu'elles formèrent dans le moyen âge. Les villes de Lubeck, de Brême et de Hambourg sont les seules dont l'union et le caractère primitif aient survécu à cette grande association : elle embrassait autrefois la plupart des villes de commerce situées au Nord de la Franconie, de la Bohême, de la Silésie et de la Pologne. Les unes occupaient les rivages de la mer du nord et de la mer Baltique; les autres étaient baignées par les différents fleuves qui se dirigent vers l'un et l'autre bassin. La navigation de ces grandes rivières et de leurs affluents facilitait les communications du commerce à travers ces vastes contrées; et l'on voyait couler dans les pays où se forma cette confédération les eaux du Rhin, de l'Ems, du Wéser, de l'Elbe, qui sont tributaires de l'Océan, et celles de la Trave, de l'Oder, de la Vistule, du Prégel, du Niémen, de la Dwina qui se jettent dans la Baltique. Un grand nombre de rivières navigables versaient leurs eaux dans ces différents fleuves et, en remontant le cours de tous ces affluents, on faisait pénétrer vers le centre et le midi de l'Allemagne les productions des contrées du nord, on établissait entre des pays éloignés d'utiles échanges de commerce, de connaissances, d'industrie, et les intérêts des différents peuples se mêlaient davantage.

Si nous ne perdons point de vue le tableau général de ces vastes régions, qui comprenaient d'occident en orient la Hollande, la Frise, la Westphalie, la basse Saxe, le pays des Vendes, la Prusse, la Livonie; si nous nous représentons les grandes villes qui s'élevèrent dans ces contrées, l'état de prospérité où elles parvinrent, et les nombreuses ramifications d'un commerce qui fit fleurir tous les pays environnants; si nous remarquons enfin qu'elles furent redevables de tous ces avantages à la ligue anséatique, que cette association s'étendit jusqu'au nombre de quatre-vingts villes, liées par de mutuelles obligations, mettant en commun leurs ressources et leurs forces, prêtes à s'entre-secourir dès qu'un membre de la ligue était menacé, nous sommes conduits par ces observations générales à ne point borner nos recherches et nos annales aux villes anséatiques dont l'union subsiste encore, mais à les étendre à la nombreuse et puissante confédération dont ces villes ont fait partie. Notre sujet, considéré sous tant d'aspects différents, acquiert sans doute plus d'importance; car nous avons à considérer de quelle manière nos lois et tous nos éléments de sociabilité pénétrèrent dans le nord de l'Europe, comment s'y établirent les villes principales qui devaient avoir le plus d'influence sur le sort des contrées voisines, quelles furent les vicissitudes des événements politiques qui changèrent leur situation, et par quelle tendance elles furent portées à confondre leurs intérêts.

La fondation des principales villes du nord y fut le plus durable monument des conquêtes de Charlemagne. Ce monarque établit sur le rivage des grands fleuves plusieurs postes retranchés qui devaient couvrir ses frontières; et à mesure qu'il étendit ses domaines, il éleva, pour en assurer la garde, d'autres forteresses plus avancées. Ehresberg, Paderborn, Munster, Osnabruck devinrent les chefs-lieux d'autant de colonies nouvelles : Brême sur le Wéser fut agrandie et fortifiée pour défendre le passage du fleuve : un bourg, fondé dans la contrée de Ham, que baignent les eaux de l'Elbe, prit le nom de Hambourg; et lorsque les armes du conquérant eurent pénétré jusqu'aux rives de la Baltique, Lubeck dont il fit un poste militaire fut en même temps destiné à devenir l'entrepôt du commerce de cette mer intérieure, et à la couvrir un jour de ses forces navales.

La vaste étendue des États de Charlemagne les aurait promptement exposés à quelques démembrements, si le génie et l'infatigable activité de ce grand homme n'avaient constamment protégé son ouvrage. La guerre l'appela tour à tour au midi des Alpes, pour y ceindre la couronne des rois Lombards, au delà des Pyrénées où la Catalogne fut soumise, chez les Saxons dont il conquit le territoire, sur le Danube où il s'étendit jusqu'à l'Esclavonie. Son empire touchait d'un côté à celui d'orient, de l'autre aux rivages de l'Ebre et à la domination des Maures.

Les peuples soumis profitèrent plusieurs fois de son absence pour reprendre les armes, et Vitikind, roi des Saxons, fut son plus redoutable ennemi : vaincu sans être découragé, et chef d'une nation redoutable et fière, il se releva cinq fois de ses défaites; mais pouvait-on traiter de rebelle un chef qui servit avec persévérance la cause de sa patrie? Il vengea les injures de sa nation; et lorsqu'il vit enfin que les pertes des Saxons étaient irréparables, qu'une plus longue guerre accroîtrait leurs calamités, que des populations entières étaient détruites, ou prisonnières, ou condamnées à l'exil, il quitta des dieux qui n'avaient pu le défendre, et il se fit chrétien. Sa conversion entraîna celle d'une partie de ses sujets, et le vainqueur put entreprendre de nombreuses améliorations; car ces guerres, si souvent renouvelées contre les Saxons, ne doivent pas être attribuées au seul désir de prolonger ses conquêtes. Le grand projet d'étendre à la fois le christianisme et la civilisation caractérise la politique de Charlemagne. Les nations du nord étaient redevenues un sujet d'effroi pour les pays plus civilisés : elles étaient encore plongées dans les ténèbres de l'idolâtrie, et descendaient de ces tribus innombrables qui avaient ravagé et détruit l'empire romain. Leurs mœurs, leur esprit belliqueux étaient les mêmes, et le temps n'avait pas adouci leur férocité. Plusieurs fois ces peuples s'étaient jetés sur les côtes de l'Europe : ils avaient couvert de ruines la Grande-Bretagne, avant d'y former un plus solide établissement; ils avaient dévasté plusieurs fois les régions maritimes de la France et en avaient remonté les fleuves, pour ravager les provinces intérieures. Les flottes que Charlemagne assembla et fit stationner à l'embouchure de la Seine, de la Loire, de la Gironde, purent en fermer l'entrée aux corsaires du nord; mais elles ne protégeaient pas les côtes intermédiaires. Les barbares effectuaient leurs descentes sur les rivages plus déserts; et Charlemagne ne crut pouvoir arrêter leurs invasions qu'en portant la guerre dans leur propre pays, et en changeant les mœurs de ces nations sauvages.

Il entrait dans l'esprit de son siècle que ce prince fît servir la religion à ses grands desseins; et si nous reportons notre pensée à l'époque où il prit les armes contre les Saxons, nous ne pouvons être surpris de l'obstination d'une guerre, où les opinions religieuses et toutes les passions humaines étaient aux prises, où l'on voulait changer les croyances et les habitudes invétérées d'une nation entière, où les avantages de l'ordre social et d'une vie

LUBECK.

Intérieur de l'Église Ste Marie.

plus paisible ne pouvaient être appréciés que par une génération nouvelle. La crise qui devait fixer les destinées de cette partie de l'Europe fut longue et violente : le résultat en était remis au sort des armes, et l'empire de la force s'exerçait de part et d'autre sans modération. Aussi l'on ne peut se retracer qu'avec une douloureuse émotion les malheurs qui accompagnèrent cette grande entreprise, l'extermination des hommes les plus attachés au culte de leurs ancêtres, le violent exil d'un grand nombre d'habitants, la vengeance et la haine des vaincus, provoquant de nouvelles persécutions. Si un conquérant ferme les yeux sur tant de calamités et n'aperçoit que le but élevé qu'il voulut atteindre, les regards des peuples qui le jugent sont plus pénétrants : on lui demande compte des larmes qu'il a fait répandre; et l'on exige qu'il expie par des bienfaits les malheurs inséparables de ses victoires.

Charlemagne étendit dans ses nouvelles conquêtes les lois et les institutions des autres parties de son empire : il encouragea par des priviléges le commerce et la navigation des villes qu'il avait fondées, et les édits qui les protégeaient furent inscrits sur des colonnes, surmontées de la statue de Roland. Ce héros n'était plus ; il avait glorieusement péri à Roncevaux; mais sa mémoire devait lui survivre; cet hommage au neveu de Charlemagne lui fut rendu dans les différentes villes que ce conquérant établit sur les frontières de ses États : les libertés publiques y furent inaugurées sous les auspices de Roland, et son image y devint une espèce de palladium.

La guerre contre les Saxons dura trente ans; elle ne se termina que par la soumission et la conversion de leur roi Vitikind. Ce fut alors que les établissements de Charlemagne purent se développer à l'abri de la paix. Le conquérant avait fait place au législateur, et il fit servir l'autorité des lois et celle de la religion à consolider sa puissance.

Conduits par l'enchaînement de nos recherches à examiner quelle fut l'influence des opinions religieuses sur la situation des peuples du nord, nous croyons utile d'indiquer d'une manière générale quels obstacles rencontra dans leur pays l'établissement du christianisme, et à quelles opinions régnantes il dut être substitué. Les conquérants armés de la force ne pouvaient qu'imposer un joug; ils n'agissaient pas sur les consciences; et ce dernier triomphe était réservé aux missionnaires qui, ne pouvant s'aider que de la puissance de la parole et de l'art de la persuasion, eurent à faire pénétrer au fond des cœurs des doctrines plus conformes aux vues de la Providence, et plus favorables aux progrès sociaux de la race humaine.

Les croyances, la superstition des peuples voisins de la Baltique rappelaient celles des druides. Une forêt de vieux chênes, située près d'Altenbourg au milieu d'une plaine déserte, renfermait quelques arbres sacrés; ils étaient dédiés à Prone, dieu de la terre, et entourés d'un parvis, dont l'enceinte était un sanctuaire pour la religion, un lieu d'asile pour les malheureux : on y célébrait des sacrifices : le roi, les pontifes, les magistrats s'y rendaient la nuit, vers le temps de la pleine lune, pour rendre leurs jugements.

Les différentes contrées du nord nous offrent encore quelques-unes de ces roches monumentales qui, sous les noms de tombelles, de pierres levées, de menhirs, se trouvent dans plusieurs parties de l'Allemagne et de la France. Chaque grande superstition eut son empire, se propagea, et devint l'opinion commune des peuples qui avaient entre eux des relations; soit que ces peuples dérivassent d'une même origine, soit qu'en passant d'une contrée à l'autre ils y eussent étendu leurs coutumes et leurs cérémonies religieuses.

Les idoles des nations vendes étaient nombreuses et de différentes formes : les unes se renfermaient dans des temples; d'autres s'élevaient au milieu des bois sacrés, et près des fontaines que ces peuples avaient en vénération. Les divinités auxquelles on donnait la forme humaine avaient quelquefois plusieurs têtes; les champs, les eaux, les forêts étaient sous leur garde; elles veillaient aux actions des hommes, et leur envoyaient les plaisirs ou les peines, pour les récompenser ou les punir, et pour servir d'aiguillon à la vertu. Ces peuples reconnaissaient un Dieu supérieur, auquel ils attribuaient le soin des choses célestes; les autres dieux ou esprits remplissaient les emplois que leur confiait cet être suprême : ils procédaient de son sang, et chacun d'eux était plus puissant, plus honoré, à mesure qu'il se rapprochait de lui.

Le paganisme s'étendait alors dans toutes les régions occupées par les Slaves septentrionaux : l'île de Rugen était un des principaux lieux où s'accomplissaient leurs solennités; ils avaient sur le continent un autre sanctuaire célèbre, celui de Réthra, dont l'emplacement paraît être le même que celui de la ville de Stargardt.

Des croyances analogues étaient répandues chez les nations placées au nord de la Baltique. Les Suédois avaient à Upsal un grand temple où l'on adorait trois divinités : la statue de Thor était placée sur le trône le plus élevé, celles de Wodan et de Frèga étaient à ses côtés : Wodan présidait à la guerre, inspirait aux hommes le courage et les armait contre l'ennemi; Frèga leur accordait la paix et la volupté. On avait assigné à ces dieux des prêtres qui leur offraient les sacrifices du peuple. Ces offrandes s'adressaient au dieu Thor si l'on éprouvait la peste ou la famine, à Wodan s'il fallait soutenir la guerre, à Frèga si l'on célébrait un mariage. De grandes solennités se renouvelaient à Upsal tous les neuf ans : on sacrifiait alors neuf individus de chaque espèce vivante; les hommes eux-mêmes étaient compris au nombre des victimes; et toutes ces sanglantes dépouilles restaient suspendues aux arbres voisins du temple.

Quelques hommes, des guerriers surtout, célèbres par leurs grandes actions, avaient été mis au nombre des dieux et ils étaient devenus l'objet d'un culte. Un Scythe des rives du Tanaïs, ministre de Wodan ou d'Odin dont il prit le nom, avait été allié de Mithridate; il fut compris dans sa défaite, et n'ayant pu s'opposer à l'invasion de son pays, il ne voulut du moins livrer au vainqueur que de vastes solitudes; devenu conquérant à son tour, il gagna les contrées du nord, qu'il soumit à sa domination; et après avoir rempli ses grandes destinées comme fondateur et législateur d'un nouvel empire, Odin, accablé d'années et sentant ses forces défaillir, ne voulut pas attendre la mort : armé de sa lance, il se perça lui-même le sein : sa vie s'écoula avec son sang par les neuf blessures qu'il s'était faites, et après sa mort il fut mis au nombre des dieux.

Le culte d'Irmensaul ou Irmensul avait une origine semblable. Ce nom rappelle celui d'Herman qui défendit contre les légions de Varus la liberté de la Germanie : sa nation fit un dieu du héros qui l'avait rendue victorieuse; et ces mêmes peuples, défaits ensuite par Germanicus, exaltèrent encore plus les exploits de leur ancien triomphateur. Des statues ne furent point érigées à ce dieu, et l'on adopta pour symbole et pour objet de consécration l'antique et vénérable tige d'un grand arbre dépouillé de tous ses rameaux. Cette souche, cette colonne, dont le nom allemand d'Irmensaul nous rappelle l'origine et la destination, était le signe autour duquel les adorateurs se réunissaient, et qui devint pour la multitude l'image ou l'emblème de la divinité. L'antiquité païenne a donné l'exemple de plusieurs semblables apothéoses : de grandes nations ont mis au rang des dieux leurs plus illustres ancêtres; et l'on cesse de s'étonner de ces hommages, en se reportant aux siècles où ils furent accordés.

Cependant le nord allait être arraché à ses anciennes croyances : Charlemagne les avait ébranlées ; et la superstition qui avait fait des dieux devait enfin céder à d'autres opinions religieuses : de grandes nations florissaient sous l'abri du christianisme : elles le propagèrent par leurs conquêtes comme par la forme de leur gouvernement : l'accroissement de la puissance du clergé affermit le nouveau culte, et c'est ici que nous avons à rendre compte de l'un et de l'autre progrès.

Charlemagne établit une église à Brême en 788 ; elle devint le centre d'un diocèse qui relevait de l'archevêché de Cologne, et Willehad en fut le premier évêque. Il avait prêché l'Évangile en Frise où Willebrod l'avait précédé ; et après avoir occupé le siége de Brême, il alla recevoir chez les Frisons la couronne du martyre : son successeur Willeric mourut en 839, et Luderic le remplaça jusqu'en 847. Alors le diocèse de Brême fut réuni à celui de Hambourg dont Anschaire était évêque depuis seize ans. Ce dernier prélat reçut le titre d'archevêque, et fut nommé vicaire apostolique du saint-siége chez les Danois, les Suédois, les Esclavons. Éric, roi de Danemark, Olaüs, roi de Suède, furent convertis par ses prédications ; il étendit dans les différentes contrées du nord les progrès du christianisme ; et ses successeurs, animés du même zèle, poursuivirent avec constance cette pieuse mission.

D'autres évêques avaient été établis par le saint-siége dans les différents pays dont Charlemagne s'était emparé : ils devinrent ensuite métropolitains des diocèses qui se formaient et s'agrandissaient autour d'eux, et ils eurent des suffragants, appelés à devenir à leur tour chefs de mission dans les États où le paganisme régnait encore.

Des religieux envoyés de France par l'abbaye de Corbie avaient fondé en Saxe celle de Corwey dont le nom rappelait son origine : une autre abbaye semblable s'établit à Fulde, et une autre à Magdebourg où un archevêque fut ensuite institué. Les anciens ordres monastiques qui existaient dans la chrétienté s'introduisirent dans le nord de l'Allemagne ; ils y devenaient les auxiliaires du clergé séculier et ils aidaient à répandre le christianisme. Une grande étendue de terres incultes fut défrichée par leurs soins ; et leurs enseignements concoururent à la civilisation des barbares.

Ces mesures se trouvaient liées à celles que Charlemagne avait prises dans ses autres États. Nous n'avons plus ici à le considérer comme un conquérant dont l'ambition veut agrandir ses domaines, mais comme un législateur, occupé de l'organisation d'un si vaste corps, et cherchant à développer toutes les ressources de sa puissance : il s'entoure d'hommes éclairés, et fonde dans son palais une académie, où il réunit les plus savants hommes de son temps, Alcuin, diacre de York, qui avait professé dans cette ville l'histoire sacrée et profane, la grammaire, l'arithmétique et l'astronomie ; Paul Warnefride, diacre d'Aquilée, ancien secrétaire de Didier, roi des Lombards, et accueilli ensuite par le monarque français ; Eginhard, Angilbert, jeunes seigneurs allemands qui devinrent ensuite ses gendres ; Pierre de Pise, de qui il avait reçu des leçons de grammaire ; les archevêques de Trèves et de Mayence, Adélard, abbé de Corbie, et d'autres hommes recommandables par leurs connaissances, dans un siècle où le goût des lettres se détériorait incessamment. Le prince assistait à ces conférences ; il aimait à prendre part aux discussions littéraires, et lui-même était remarquable par son éloquence, et par ses progrès dans l'étude des langues et dans l'astronomie, telle qu'on la cultivait alors.

Charlemagne voulait étendre l'instruction dans tous ses domaines : il fonda des écoles dans les principales villes, et il chargea les évêques, les chanoines, les ordres monastiques d'en établir auprès d'eux et sous leur direction, non-seulement pour les jeunes gens destinés aux fonctions ecclésiastiques, mais pour toutes les classes de laïques. Son zèle religieux lui faisait attacher une grande importance à la dignité de la liturgie, à celle des cérémonies du culte, surtout à la transmission exacte et sans altération du texte des écritures saintes, et des ouvrages des Pères de l'Église. Il chargea Paul, diacre, du soin de s'en procurer les plus fidèles exemplaires, de chercher à rectifier ceux que la fraude ou l'erreur des copistes avaient quelquefois dénaturés, de faire un choix parmi les prières dont la formule était indistinctement répandue, et d'épurer le langage trop souvent incorrect de ces oraisons habituelles. La mélodie du chant lui paraissait propre à donner plus d'attrait et d'éclat aux cantiques sacrés. Il introduisit dans les églises de ses États le chant romain, que Grégoire III avait perfectionné.

L'Italie était la source où se puisaient toutes les connaissances qui devaient se répandre dans le reste de l'Europe; les voyages nombreux que Charlemagne fit dans cette contrée eurent pour résultat d'éclairer sans cesse son esprit, et de l'aider à dissiper les ténèbres qui couvraient les régions du nord. Les conquêtes faites par un si puissant génie devinrent donc un principe de civilisation dans tous les pays barbares qu'il soumit à ses armes; mais il reconnut que pour éclairer un peuple il faut procéder avec lenteur, et que l'instruction ne peut s'adresser qu'à la génération naissante. Les pères restent imbus de leurs anciennes maximes : l'habile réformateur sent la nécessité de ménager les opinions qui lui résisteraient; c'est par degrés qu'il les modifie, et qu'il parvient à leur substituer d'autres pensées, si toutefois le temps lui permet de consommer son ouvrage.

En étendant chez les peuples du nord les progrès des connaissances humaines, Charlemagne évita de toucher à leur législation nationale, ou plutôt aux coutumes qui leur en tenaient lieu, et qui s'étaient perpétuées par tradition. Chaque pays avait ses lois : on remarquait celles des Saliens, des Ripuaires, des Bourguignons, des Saxons, des Bavarois, des Thuringiens. Charlemagne laissa d'abord à ces différentes nations la jouissance de leurs codes, qui, malgré quelques variétés de détails reposaient en général sur des bases analogues, surtout dans leurs dispositions judiciaires. La plupart des délits et des offenses se rachetaient par des compositions en argent, et la quotité du rachat variait selon la gravité de la faute et selon le rang des coupables. Cependant les principaux crimes entraînaient quelquefois la peine capitale, avant que l'usage s'établît de remettre au jugement de Dieu le sort de l'accusateur et de l'accusé.

Sous le règne de Charlemagne le commerce fut toujours favorisé : ce prince en étendit les relations dans une grande partie de l'Europe, à l'aide de ses victoires. Il voulut établir dans ses États l'uniformité des poids, des mesures, des signes monétaires, et légua à ses successeurs le projet d'un canal entre le Danube et le Rhin, grande et utile entreprise que l'imperfection de l'art ne permettait pas encore d'accomplir. L'activité de ce monarque, ses forces maritimes, le nombre et la valeur de ses armées, constamment exercées aux fatigues et aux opérations de la guerre, maintinrent dans sa dépendance les peuples du nord; et la longueur de son règne, qui dura quarante-sept ans, lui permit d'affermir la plupart de ses institutions et d'en recueillir les premiers fruits; mais il n'avait pas pu civiliser l'Europe entière; son influence s'était arrêtée aux limites de ses conquêtes, et toutes les régions barbares allaient menacer l'empire, dès que la digue qui les contenait encore aurait disparu.

Les capitulaires de Charlemagne, dressés dans chacun des conciles qu'il convoqua, sont un des plus précieux monuments de ce grand règne. Les conciles ne s'occupaient pas uniquement des affaires ecclésiastiques : tous les grands intérêts de l'État y étaient réglés; et les prélats qui devaient y siéger comme feudataires, grands officiers ou ministres du souverain, avaient leur voix dans les discussions civiles ou politiques, comme dans celles qui concernaient l'Église.

Ce monarque avait rassemblé en Italie le recueil des décrétales et des autres actes du saint-siége qui composaient le droit canonique. Ce droit établissait la jurisprudence adoptée par l'Église, non-seulement dans les causes d'hérésie, mais dans toutes les affaires déférées à ses tribunaux, et il fut ensuite adopté par les juges laïques, comme établissant les règles les plus conformes à la raison et à l'équité.

Toutes ces institutions ne pouvaient cependant se développer qu'avec peine, dans les contrées dont il avait fallu commencer la civilisation. La sécurité des villes du nord était souvent troublée par les incursions des nations voisines : Hambourg fut successivement détruit et rebâti jusqu'à sept fois : cette ville avait à se défendre tour à tour contre chacun des peuples, attirés par ses naissantes richesses et intéressés à s'emparer d'une situation si favorable. Les Danois qui l'attaquèrent à plusieurs reprises occupaient, à l'occident de la Baltique, la péninsule et les îles d'où les Cimbres étaient anciennement sortis. On trouvait au midi de l'Eyder et dans les limites de la confédération saxonne les Albingi et les Angles, habitants du Holstein; le pays des Westphaliens et des Ostphaliens, séparés les uns des autres par le Wéser; l'Oldenbourg, voisin de l'embouchure de ce fleuve, et la Frise qui s'étend entre l'Ems et le Zuydersée. Les Vendes possédaient le Mecklembourg, les deux rives de l'Oder et la Poméranie. Leur nation était la même que celle des anciens Vénètes, peuples slaves qui, après avoir résidé sur les bords de la Vistule, s'étaient partagés en deux branches : l'une s'était dirigée, à travers les Alpes, vers les plaines qui reçurent d'elle le nom de Vénétie; l'autre avait gagné les contrées de l'occident et du nord. Là elle s'était divisée en plusieurs tribus ou nations, celles des Bohêmes, des Lusaciens, des Sorabes, des Wiltses, et avait formé sur les rives de la Baltique un établissement sédentaire. Les Vendes conservaient leurs liaisons avec les autres slaves dont l'origine était la même, et leur situation maritime favorisa leurs premières relations de commerce. Ces peuplades avaient d'abord vécu dans des villages, dans des bourgs; quelques cités s'élevèrent ensuite sur leur territoire.

Les mêmes changements s'étaient opérés dans les régions voisines du pays des Slaves. Les fréquentes guerres auxquelles cette partie de l'Allemagne était exposée avaient dévasté les campagnes et ruiné les villes, lorsque Henri l'Oiseleur reçut en 920 la couronne impériale, et vint fixer sa résidence à Quedlimbourg en Saxe, afin d'être plus à portée de combattre ces redoutables ennemis. Bientôt il profita du rétablissement de la paix pour ramener l'ordre dans ses États qui avaient éprouvé tous les fléaux de l'anarchie : il éleva de nouvelles forteresses, répara les murailles des villes anciennes, et y fit passer la neuvième partie des habitants de la campagne, pour y servir de garnison : tous les autres allaient être destinés à la culture des terres; ils devaient envoyer dans les villes le tiers de leurs récoltes, et pourvoir ainsi à l'entretien de leurs défenseurs. D'autres règlements semblables furent faits par les seigneurs qui relevaient de l'Empire, et qui étaient tenus de lui fournir pour la guerre un contingent de troupes et de vivres. L'empereur concerta avec eux les moyens d'extirper le brigandage qui désolait alors toutes les provinces, et il y parvint en faisant arrêter tous les hommes turbulents et sans patrie, en assurant une solde à cette nouvelle milice, et en l'employant contre les ennemis de l'État.

Les troupes que les seigneurs devaient envoyer, et que souvent ils conduisaient eux-mêmes, étaient formées au maniement des armes; et afin que la noblesse, qui devait servir à cheval, acquît dans ses exercices militaires plus de dextérité, Henri l'Oiseleur institua des solennités guerrières, des courses de chevaux, et

2.

des joutes à la lance et à l'épée, dont on régla les conditions. Il fut stipulé que les hérétiques, les voleurs et les traîtres ne pourraient être admis à la célébration des jeux équestres, et qu'il faudrait, avant de se présenter pour combattre, avoir expié ses péchés et s'être réconcilié à Dieu; les nobles seuls prenaient part à ces exercices; aucun roturier ne pouvait s'y mêler, sans encourir une amende de vingt marcs d'argent, ainsi que la perte de ses armes et de son cheval. Un comte ne pouvait avoir qu'une suite de six chevaux, en y comprenant le sien; un baron en avait quatre, un écuyer trois; un noble deux. On devait, le jour de la célébration, se présenter devant le roi de son cercle et devant les hérauts, pour donner son nom : il ne fallait employer ni cheval vicieux, ni armes enchantées, ni aucune lance dont la pointe ne fût émoussée.

On vit rapidement s'accroître sous le règne de Henri les villes de Quedlimbourg, de Meissen, de Gotha, d'Erfurt, de Goslar, que ce prince avait fondées et fortifiées. Il en organisa l'administration; et l'enceinte des villes devint un centre de réunion pour les habitants des contrées voisines, lorsque leurs campagnes et leurs hameaux étaient envahis et dévastés par l'ennemi. Ces lieux de refuge les dérobaient à un premier péril; et l'art d'attaquer les places était alors si imparfait que l'on pouvait y attendre la fin de la guerre avec plus de sécurité. Les habitants du pays allaient ensuite reprendre les travaux de la terre et relever leurs chaumières; mais l'espérance de jouir d'une protection plus habituelle retenait dans les villes une partie de ces exilés volontaires; le commerce et l'industrie les y accoutumaient à de nouvelles jouissances; et la misère des campagnes, souvent exposées à des actes de violence, concourait à l'agrandissement des cités.

Si une ville était détruite, les familles échappées à sa ruine se reportaient sur d'autres points. Vinétha, capitale des Vendes, florissait dans le dixième siècle; mais les Danois l'attaquèrent, la ravagèrent plusieurs fois, et enfin elle fut bouleversée de fond en comble par un tremblement de terre : Arcona dans l'île de Rugen fut prise d'assaut et saccagée par Waldemar Ier en 1168, et Julin en Poméranie éprouva bientôt le même sort. La ruine successive de ces trois places ayant laissé sans asile les débris de leur population, Lubeck et Hambourg recueillirent une partie des hommes qui survécurent aux désastres de leur patrie.

Wisby, dans l'île de Gothland, était devenu l'entrepôt central du commerce de la Baltique : plus de douze mille négociants étrangers s'étaient établis dans cette ville, et ils occupaient hors des portes un quartier séparé. Éric III, roi de Danemarc, y érigea une citadelle pour en assurer la défense : les navires de toutes les nations arrivaient dans ce port; et l'étendue des ruines de ses anciens édifices montre quelle avait été sa grandeur. Bardewick, située sur les rives de l'Elbe, était une autre place importante; elle fut prise et ruinée en 1190 par Henri le Lion, duc de Saxe. Les habitants se réfugièrent à Hambourg et à Brême, et ils y portèrent leur industrie et leur commerce. Hambourg devint un lieu de transit pour Magdebourg et pour le bassin de l'Elbe; Brême en devint un autre pour celui du Wéser.

D'autres villes s'étaient élevées dans plusieurs régions de l'Allemagne, et l'on reconnaît encore à leurs noms la différence de leurs origines. Les noms romains de *Constantia*, d'*Augusta Vindelicorum*, de *Reginobona*, de *Vindobona* se retrouvent dans ceux de Constance, d'Augsbourg, de Ratisbonne, de Vienne; comme ceux de Cologne et de Mayence nous rappellent *Colonia Agrippinæ* et *Moguntia*; mais au nord du Danube et à l'orient du Rhin presque toutes les désignations dérivent des langues germaniques. Quelques lieux, tels que Nuremberg, Bamberg, Ehresberg, ont reçu leur nom de leur situation sur les montagnes; d'autres, comme Inspruck, Osnabruck, indiquent leur emplacement au bord des fleuves où un pont se trouvait établi : les noms d'Erfurt, de Francfort désignent des lieux fortifiés; Dusseldorf fut un village; Brandebourg, Lunebourg, Magdebourg étaient autant de bourgades.

Les langues saxonne et esclavonne fournirent, comme la langue allemande, leur nomenclature. Les Saxons désignaient sous le nom de Wick un lieu voisin d'un fleuve, d'un lac ou de la mer; et les villes de Bardewick, Brunswick, Sleswick, furent ainsi nommées d'après leur situation. Le nom générique de Gardt, qui s'appliquait aux grandes et anciennes cités esclavonnes, entre dans d'autres dénominations de lieux, telles que Stargardt en Poméranie, Néogardt en Moscovie, ville qui devint ensuite célèbre sous le nom de Novogorod.

Les villes du nord étaient alors peu nombreuses; et la stérilité du sol, l'âpreté du climat entraînaient ailleurs la population. L'ancienne forêt d'Hercynie occupait encore la plupart des hautes contrées qui séparent les versants des fleuves du nord et du midi; une partie des vastes plaines, légèrement inclinées vers la Baltique, était couverte de sable, et attestait par différents signes l'ancienne présence des eaux. Cette région indiquait aussi d'autres révolutions naturelles : elle était souvent hérissée de blocs de granit et de roches erratiques qui semblaient avoir été détachés de quelques montagnes de même formation et avoir été roulés, transportés loin de leur site primitif, soit par l'impétuosité des flots, soit par les convulsions de la nature. Ces traces de bouleversement sont particulièrement sensibles dans le Mecklembourg et dans les contrées limitrophes : on y voit les indices d'un travail souterrain, qui sans doute se manifesta autrefois par des éruptions, et qui continue peut-être de remuer un sol déjà couvert de ruines. L'explication du système géologique de ce territoire devait un jour occuper les savants : ils sont d'accord sur le changement remarquable qui s'est opéré dans les surfaces; mais les uns l'ont attribué à la retraite de la mer Baltique et à l'abaissement successif de ses eaux; les autres ont pensé que le sol des contrées voisines s'était graduellement exhaussé. Quelque important que puisse être l'examen de ces questions, elles sont étrangères à notre sujet; un ouvrage historique ne peut que les indiquer, et c'est à l'étude de la nature à les analyser et à les résoudre.

Lorsque les villes qui s'élevèrent sur les rivages de la Baltique ne purent pas trouver dans la fertilité du sol les principes de leur richesse, elles les cherchèrent dans l'activité du commerce et de la navigation; les produits de la pêche devinrent leur principale ressource : on les fit servir à la consommation des habitants et aux échanges du commerce. La pêche la plus abondante était celle du hareng : elle ne se fit pas constamment dans les mêmes eaux : cette espèce de poissons, après avoir longtemps fréquenté les parages de l'île de Rugen, se porta dans ceux de la Scanie, et ensuite vers les côtes occidentales de la Norwége. Les bâtiments pêcheurs de la Baltique eurent donc à changer plusieurs fois de station : ils ne se bornèrent plus à naviguer dans cette mer intérieure, et ils franchirent le Sund ou les Belts, pour pénétrer dans le Catégat et dans l'Océan.

Les peuples voisins de la Baltique étaient d'intrépides navigateurs : cette mer ouvrait un champ habituel à leurs expéditions; elle leur offrait un grand nombre d'abris; et comme on pouvait la parcourir dans toute sa longueur et dans ses deux embranchements sans perdre la terre de vue, les nombreux accidents de mer laissaient plus d'espérance de salut. Le perfectionnement de l'art nautique augmenta progressivement la confiance et la sécurité des voyageurs : leurs courses se multiplièrent : ils trouvaient sur les rivages toutes les ressources nécessaires à la construction, les bois propres aux courbes des navires, à leur revêtement et à leur mâture, des goudrons pour empêcher l'eau de s'infiltrer dans leurs flancs, du fer pour leur assemblage et leurs ancres, des chanvres pour les câbles et les voiles.

Les eaux de la Baltique ne mouillaient qu'une partie des rivages du nord : la navigation plus périlleuse de l'Atlantique allait exercer d'autres hommes de mer, les Norwégiens, les Danois et tous ces peuples des contrées de la basse Saxe arrosées par l'Elbe, le Wéser et d'autres tributaires de l'Océan. L'habitude de fréquenter des parages souvent exposés aux tempêtes rendait les navigateurs plus aventureux dans leurs expéditions : ils s'accoutumèrent à s'éloigner des côtes, sans autre guide que le cours du soleil : la pêche qui était leur exercice habituel ne se bornait plus aux régions maritimes du voisinage ; ils allaient pêcher la morue sur les bancs de la mer du Nord, et harponner les cétacés vers les glaces du cercle polaire.

Ces peuples, aguerris aux périls de la navigation, ne se bornaient plus à y chercher des ressources pour leur subsistance. La concurrence faisait naître des rivalités entre eux ; ils se disputaient les dépouilles de la mer ; ils s'irritaient par des hostilités mutuelles, et s'accoutumaient à traiter en ennemies les nations dont ils pouvaient envahir le territoire. Tantôt ils ne cherchaient qu'un riche butin ; tantôt ils aspiraient à fonder un nouvel établissement. De premières incursions leur faisaient juger de la fertilité d'un pays et des ressources qu'il pouvait offrir à un conquérant. Après un voyage d'essai et de découvertes, ils revenaient souvent plus en force, et amenaient une assez nombreuse colonie, pour s'établir en maîtres dans la contrée, et en faire le centre et le point d'appui de leurs nouvelles expéditions. Leurs courses maritimes et leurs invasions de terre, qui s'étaient d'abord exercées dans la Baltique et sur ses rivages, menacèrent ensuite les régions occidentales de l'Europe.

Les Danois et les Norwégiens, longtemps soumis aux mêmes monarques, prirent souvent part à de communes entreprises. Leurs incursions maritimes se dirigèrent tantôt vers les côtes de Poméranie, de Courlande, de Livonie, tantôt vers celles de l'Écosse et de l'Irlande : ils établirent sur la Vistule la colonie de Danzewick ou Dantzig, dont le nom rappelle celui de ses fondateurs ; ils conquirent les îles principales de la Baltique, s'emparèrent de la Scanie, située sur les côtes méridionales de la Suède ; et maîtres d'une partie des rivages de cette mer intérieure, ils en disputèrent quelquefois l'entrée aux autres nations.

Les mœurs des Suédois étaient alors les mêmes, et leurs armements maritimes étaient également redoutables. L'autorité de leurs rois était restreinte par celle des *jarls* ou seigneurs, qui exerçaient sur leurs terres la plupart des droits de souveraineté. Les jarls ne possédaient souvent qu'un domaine peu étendu : une montagne était leur empire ; des bois, des troupeaux faisaient leur richesse ; mais les voisins de la mer armaient en course quelques navires ; ils tentaient des expéditions éloignées, avec les aventuriers qui s'étaient rangés sous leurs ordres ; et ils revenaient en automne, chargés du butin qu'ils avaient enlevé dans leurs pirateries : on leur donnait le titre de rois de la mer. « Ils sont, disait un « auteur contemporain, également « altérés de richesses et de domina- « tion : ils dédaignent tout ce qu'ils « possèdent, ils espèrent tout ce qu'ils « désirent ; et pour arriver à leur but, « ils supportent avec une incroyable « patience toutes les fatigues, toutes « les privations. »

Les Saxons s'étaient également rendus redoutables par leurs incursions sur les côtes de l'Océan ; mais les expéditions de Charlemagne contre eux les avaient tellement affaiblis que, pendant un demi-siècle, ils furent retenus par impuissance dans leurs sauvages contrées. Ils attendaient, pour reprendre les armes, que le temps eût réparé leurs pertes; et alors ils s'unirent aux autres peuples du nord, pour se venger avec furie des maux qu'avaient éprouvés leurs ancêtres. Toutes ces nations, rapprochées,les unes des autres par leurs habitudes guerrières et par un même sentiment de haine contre les ennemis de leur indépendance et de leurs dieux, se rendirent à leur tour redoutables aux peuples du midi par leurs invasions et leurs conquêtes.

La situation de l'Europe occidentale avait changé : cette vaste contrée ne reconnaissait plus la suprématie d'un même souverain; et ses forces, son commerce, toutes ses ressources n'avaient plus une tendance uniforme. Il avait fallu le bras puissant de Charlemagne pour porter le poids de l'empire; la faiblesse de Louis le Débonnaire fut accablée d'un si pénible fardeau : humilié par les évêques, et attaqué par ses fils, auxquels il avait donné des royaumes démembrés de ses propres États, il fut déposé, condamné à la pénitence publique; et lorsqu'on lui rendit l'autorité royale, elle était avilie par tant d'outrages. Cependant ce prince jouit encore des vastes domaines que son père avait soumis; mais sous le règne de Charles le Chauve, l'empire, affaibli par son partage entre Lothaire et lui, n'opposa plus aux Normands la même barrière. Ces peuples, ayant uni leurs forces maritimes, pillèrent successivement la Frise, la Hollande et la Flandre, allèrent incendier à Aix-la-Chapelle le palais qu'avait habité Charlemagne, et portèrent jusqu'au Rhin leurs dévastations. D'autres invasions furent dirigées contre l'Angleterre et la France; et les peuples du nord ravagèrent plusieurs fois les rives de la Tamise et de la Seine, avant d'y former de plus durables établissements.

Ces entreprises ne furent pas sans influence sur leur industrie : ils apprenaient, dans leurs incursions fréquentes, à connaître les arts et les usages militaires des nations plus éclairées. Lorsqu'ils vinrent en 885 faire le siège de Paris qui fut si vaillamment défendu par Goslin son évêque, ils avaient des balistes, des catapultes pour battre les remparts, des tours roulantes, du haut desquelles on attaquait les défenseurs de la place, des mantelets, des gabions, à l'abri desquels on s'approchait des murailles : ils avaient aussi, dans les batailles, des chariots armés de faux, qui étaient conduits contre l'ennemi par des chevaux, des esclaves, ou des hommes condamnés à mort.

Ces peuples profitèrent, dans le cours du dixième siècle, des troubles et de l'anarchie où l'Europe était alors plongée, pour renouveler leurs incursions vers le midi : ils s'emparèrent de l'Angleterre au commencement du siècle suivant; et les Normands qui s'étaient établis en France entreprirent, bientôt après, la conquête du royaume de Naples.

Il nous paraît utile de rassembler ici quelques remarques sur les forces maritimes dont ces peuples pouvaient disposer. Les navires de leurs ancêtres n'avaient pas de voiles : ils se terminaient, à chaque extrémité, par une proue, armée d'un éperon : ce double front facilitait l'abordage, sans qu'on eût besoin de virer de bord pour le tenter. Les rames n'étaient pas toujours rangées en nombre égal sur les flancs; on pouvait les porter à volonté de tribord à bâbord, ou de l'avant à l'arrière, selon que l'exigeaient le mouvement et la direction à donner au navire. Chaque proue servait de poupe à son tour, et quoiqu'elle fût différemment ornée, elle pouvait du moins remplir la même destination.

On avait plusieurs espèces de navires. Les curachs étaient des barques en osier ou en bois léger, recouvertes de cuir : les holkers, fabriqués avec un tronc d'arbre creusé, étaient des pirogues que les plus grands vaisseaux prenaient à bord ou conduisaient à la remorque : ils servaient, dans le neuvième siècle, aux débarquements sur les plages maritimes, ou à la navigation des rivières que l'on remontait pour pénétrer dans l'intérieur du pays. Les bâtiments auxquels ces barques servaient d'avisos étaient connus sous différents noms, souvent empruntés des figures dont la proue était ornée, telles qu'un serpent, un aigle, une lance, ou le buste d'un guerrier célèbre.

Quoique l'art fût imparfait chez les peuples du nord, celui de la construction des vaisseaux devait être assez avancé pour qu'ils naviguassent avec sécurité, qu'ils pussent affronter des mers orageuses, et tenter des expéditions lointaines. Leurs grands navires avaient jusqu'à cent trente pieds de longueur : quelques-uns étaient accastillés, c'est-à-dire surmontés d'une tour, d'où l'on pouvait plus aisément lancer des traits sur l'ennemi. Ces vaisseaux devaient être pontés : le centre en était occupé par la cale, où l'on plaçait les subsistances, les munitions, le butin et les prisonniers : le gaillard d'avant et celui d'arrière étaient occupés par les chefs préposés à la manœuvre et par les défenseurs du navire. Des boucliers ou pavois, rangés sur l'un et l'autre flanc, servaient à couvrir les rameurs ; cette pavesade fut ensuite remplacée par un bastingage. Le vaisseau était bordé dans toute sa longueur d'une ceinture de cuivre ou de fer qui en consolidait toutes les parties, et l'on réservait, pour la figure de la proue, de plus riches métaux.

Lorsqu'on donna une voile aux navires, elle se composait d'un tissu de toile, ou de larges peaux qu'on avait amincies. Le mât auquel cette voile se trouvait suspendue par une vergue était maintenu par des haubans et par des étais, qui le faisaient résister au roulis et au tangage. Une vire-vire ou girouette se plaçait à la tête du mât : chaque vaisseau était muni de plusieurs ancres, et pouvait mouiller et s'embosser dans les parages choisis pour sa station.

Les vaisseaux se rangeaient souvent en ligne droite pour engager le combat. Quelquefois on enchaînait leurs proues les unes aux autres, afin d'agir plus en masse et par une commune impulsion. Le premier choc était redoutable; on lançait des grappins sur les vaisseaux ennemis, pour qu'ils ne pussent point échapper à l'abordage : d'autres fois ils étaient entr'ouverts par les tranchants éperons dont les proues étaient armées; l'eau pénétrait dans ces bâtiments, et ils coulaient bas.

Quand les barques, placées sous l'escorte des grands navires, avaient effectué un débarquement, elles étaient souvent remontées et mises à sec sur la plage ; et ces nefs, rangées les unes près des autres, formaient une espèce de retranchement, sur le front des troupes qui avaient pris terre. Les Normands ayant remonté la Loire jusqu'à Saumur dans une de leurs incursions, employèrent ce moyen de défense ; et Harold, conquérant de l'Angleterre, y eut également recours, après avoir débarqué.

Les navigateurs du nord s'aidaient de la connaissance des vents habituels, des courants, des marées et de l'observation des astres. Ils entreprenaient, après l'équinoxe du printemps, leurs grandes expéditions ; afin de jouir des plus longs jours et du temps le plus favorable, soit pour les terminer, et pour attendre la colonie qui devait les suivre, soit pour regagner leur pays s'ils étaient repoussés, ou s'ils n'avaient voulu tenter qu'une agression passagère.

Ces dernières expéditions étaient les plus fréquentes : les rois eux-mêmes les encourageaient, pour maintenir l'esprit belliqueux de la nation. Quand leurs fils avaient atteint l'âge de prendre les armes, ceux-ci sollicitaient l'honneur de quelques périlleux exploits; et comme la bravoure et l'audace conduisaient à la renommée, ils y cherchaient leurs titres de gloire; ils voulaient, avant de régner sur un peuple guerrier, en être jugés dignes.

Les entreprises de ces aventuriers étaient ordinairement dirigées vers le midi : la terre y était plus fertile, l'industrie plus avancée, on espérait y trouver un plus riche butin; mais il se fit vers le nord-ouest d'autres expéditions maritimes que nous ne pouvons passer sous silence, et qui répandent un nouvel intérêt sur l'histoire des peuples du nord.

Une colonie norwégienne, voulant échapper à la tyrannie d'Harald aux blonds cheveux, aborda en 874 sur les côtes d'Islande que des pêcheurs irlandais avaient déjà reconnues : elle avait Jngolfe pour chef, et son beau-frère Jorleif s'établit sur un autre point du rivage : l'île était couverte de forêts de bouleaux, on y fit des abatis : la terre fut mise en culture ; d'autres réfugiés s'y rendirent, et la république établie dans cette contrée s'y maintint pendant plusieurs siècles.

Un marinier islandais, Are Marson, qui naviguait en 983 au nord-ouest de cette île, répandit, à son retour, qu'il avait aperçu des côtes inconnues : Éric le Rouge, célèbre aventurier, fils de Thorwald le Norwégien, voulut les reconnaître : il aborda sur une côte couverte de verdure, à laquelle il donna le nom de Groënland : il y passa quelques années avec les compagnons de son entreprise, revint en Islande, et conduisit une nouvelle colonie dans la contrée où il s'était établi. Biarn Abrahnson y arriva en 999 et il étendit les premières découvertes.

Une expédition vers les régions occidentales fut entreprise l'année suivante par Leif Ericson : les terres dont il parcourut les rivages reçurent les noms de Helleland, de Markland, de Vinland : Thorwald Ericson son frère fit en l'année 1002 un nouveau voyage dans les pays que Leif avait reconnus. La pêche de ces parages était abondante ; on y voyait plusieurs îles, séparées par de petits bras de mer : les rivages étaient couverts de belles forêts : aucune trace d'hommes ne s'y faisait remarquer. Thorwald avait prolongé vers le sud-ouest la reconnaissance de cette côte : en remontant au nord-est, il rencontra plusieurs bateaux montés par des sauvages ; il eut sur le littoral un engagement avec eux et fut mortellement blessé. Thorstein, un de ses frères, se rendit en 1006 sur le rivage où il avait péri ; et une autre expédition fut faite l'année suivante par Thorfinn, Snorre, Biarn et Thorhall : elle fit des échanges de commerce avec les naturels du pays. Thorfinn passa trois années en Vinland ; et deux Islandais, Helge et Finnboge, firent en l'année 1011 un établissement dans la même île ; mais la discorde et l'anarchie ruinèrent bientôt la colonie qu'ils avaient formée : la plupart des habitants périrent, et les autres revinrent au Groënland.

Si nous consultons le témoignage d'Adam de Brême, qui écrivit l'histoire ecclésiastique de son pays jusqu'à l'année 1072, et qui dédia son ouvrage à Leimar, archevêque de Hambourg, la latitude de Helleland ou Halagland, ainsi qu'il la nomme, peut être déterminée par la longueur des jours. On remarque, dit-il, que vers le solstice d'été, le soleil y paraît sur l'horison pendant quatorze jours. Ce phénomène était plus propre que tout autre à frapper les navigateurs : il oblige à chercher la position de Halagland au delà du cercle polaire, et l'on peut supposer que cette contrée était située au nord-ouest de l'Islande, et sur les côtes mêmes du Groënland dont elle était la prolongation. Cette terre fut alors considérée comme une île, et il suffisait que le littoral fût coupé par des baies profondes, pour induire en erreur les nautonniers qui en faisaient la découverte, sans pénétrer dans ces coupures intérieures.

L'histoire d'Adam de Brême nous apprend que dans la Baltique même on regardait alors comme des îles plusieurs portions de territoire qui tiennent au continent. Cet écrivain met au nombre des îles la Courlande et l'Esthonie : il donne la même désignation à la Scanie, quoique par sa frontière septentrionale elle soit contiguë à la Suède.

La situation du Markland n'ayant été que vaguement indiquée peut laisser un libre champ aux conjectures ; mais celle du Vinland doit sans doute être cherchée plus au midi, s'il faut entendre par ce nom une terre où l'on trouva la vigne sauvage. Au reste, l'examen des questions qui se sont élevées sur ces dernières expéditions appartient à l'histoire de l'Islande, et nous n'avons point à nous engager ici dans une digression qui serait étrangère à notre sujet.

D'autres terres que l'on a supposées découvertes dans le moyen âge, telles que l'île de Frisland, ont ensuite disparu des cartes de l'océan atlantique, soit qu'elles eussent été imaginées par quelques voyageurs peu dignes de foi, soit qu'on les eût confondues avec d'autres régions. Ces méprises peuvent aisément s'expliquer, à une époque où les moyens de direction étaient plus incertains, et où l'on n'essayait encore dans les parages inconnus que quelques expéditions temporaires. Ces entreprises étaient incomplètes; il n'en résulta aucun établissement durable; et quoiqu'on ait retrouvé dans les archives du nord la trace et l'indication positive de ces différents voyages à l'occident, la découverte de l'Amérique, telle qu'elle fut effectuée vers la fin du quinzième siècle, restait à accomplir. Rien ne peut affaiblir la gloire dont elle couvrit Christophe Colomb, et les compagnons et les successeurs de ses travaux.

Lorsque des colonies eurent été formées dans le Groënland par les Islandais et les Norwégiens, le christianisme y fut établi; un évêque y fut institué; il était suffragant de l'archevêché de Hambourg, et il gouverna le petit nombre d'églises qui furent érigées sur ce littoral. Les relations de l'Islande avec le Groënland se prolongèrent pendant plusieurs siècles: on en occupa surtout les côtes occidentales, les plus rapprochées du cap Farewell: le climat y était moins rigoureux, le sol moins stérile, les parages plus accessibles, et souvent affranchis des ceintures de glace qui embrassent ces régions désolées. La pêche pourvoyait à la subsistance des habitants, et celle des phoques et des cétacés leur assurait quelques moyens d'échange avec les peuples du nord. Mais il paraît que les glaces boréales envahirent progressivement les parages maritimes qui avaient été ouverts à la navigation: elles interrompirent toutes les communications de l'Europe avec les établissements formés dans le Groënland; la population périt, et aucune colonie nouvelle ne put aller repeupler ces tristes solitudes.

Quant aux expéditions militaires que les peuples du nord dirigèrent vers le midi de l'Europe, elles devenaient de jour en jour plus difficiles; et le départ d'un grand nombre de colonies avait tellement affaibli ces nations aventurières, qu'on vit enfin cesser leurs invasions, leurs émigrations lointaines. Les gouvernements du nord cherchèrent à ne plus épuiser ainsi la population de leurs États; mais le penchant pour la course maritime s'était conservé: des pirates ne cessaient pas de parcourir la Baltique et la mer du Nord, et ils y entravaient les communications du commerce. Accoutumés à s'enrichir de butin, ils poursuivaient tous les navires qui leur promettaient quelques dépouilles; on était toujours exposé à des attaques imprévues; et les traités de paix n'arrêtaient pas même ce genre de brigandage. Les agresseurs, désavoués par leur gouvernement, continuaient leurs déprédations; ils échappaient à l'action des lois et de la justice en remontant sur la mer: là ils étaient libres de toute espèce d'entraves; ils retrouvaient l'impunité; et les négociants qui s'aventuraient sur des flots si périlleux étaient forcés de se tenir constamment en état de défense. Aussi leurs navires marchands étaient toujours armés en guerre, et ils étaient en état de résister à l'attaque d'un ennemi. La forme de ces bâtiments était la même; on les pourvoyait également d'éperons, d'une double proue, de rames qui pouvaient se transporter d'un bord à l'autre, d'un gouvernail ou aviron latéral: ils étaient armés et construits avec la même solidité; et s'il y avait quelques modifications dans leur forme ou dans leur distribution intérieure, ces changements tenaient à la différence de leur destination, et à la nature du chargement dont ils étaient plus ou moins encombrés.

Tant que les agressions des pirates

étaient isolées, les navires de commerce pouvaient aussi s'exposer seuls à ce genre d'hostilité. C'étaient des combats corps à corps, où les chances de la fortune se balançaient; mais les négociants eurent besoin de s'unir, quand les pirates vinrent eux-mêmes à se coaliser, surtout quand les expéditions du commerce eurent un but plus éloigné, et qu'il fallut franchir le Sund ou les Belts, pour pénétrer dans la Baltique ou pour en sortir. Les passages étroits étaient aussi les plus périlleux; et les nombreuses coupures des rivages voisins y permettaient plus aisément les embuscades. Les navigateurs que menaçaient des hostilités imprévues ne voulaient pas risquer un choc trop inégal; et les cités auxquelles ils appartenaient reconnurent la nécessité d'unir leurs forces, pour se défendre en commun contre des ennemis qui attaquaient indistinctement leur commerce : les périls dont ils étaient environnés furent la première cause de leur réunion.

Mais ces liaisons fédératives n'embrassaient d'abord qu'un très-petit nombre de villes; elles se bornaient à celles qui pouvaient plus aisément combiner ensemble leurs moyens de défense, et donner, sans se nuire mutuellement, un libre cours à leurs spéculations commerciales. Telle était la situation de Lubeck, de Brême et de Hambourg. Une de ces villes dominait dans le bassin de la Baltique, une autre sur le Wéser, la troisième sur l'Elbe et dans les contrées environnantes. Le marché de chaque place avait une grande étendue; elles trouvaient un égal intérêt à s'en garantir la sécurité. Toute association est mêlée de charges et d'avantages. Si la concurrence commerciale d'un allié lui fait partager les bénéfices dont vous espériez pouvoir jouir seul, elle vous appelle aussi à participer à sa prospérité : cette compensation aide à développer les ressources de chacun des contractants; elle leur inspire une salutaire émulation, sans affaiblir les nœuds d'une alliance fondée sur leurs communs intérêts.

Tandis que ces trois villes s'engageaient à se prêter assistance contre les ennemis qui attaqueraient leur territoire et la liberté de leur commerce et de leur navigation, d'autres cités maritimes, situées au midi de la Baltique, entretenaient ensemble quelques relations, depuis les côtes du Danemark jusqu'au fond du golfe de Finlande. Là nous voyons s'établir, dès le onzième siècle, de nombreuses échelles de navigation, dont la plupart devaient un jour s'unir entre elles par de puissants liens. Les vaisseaux de Lubeck et de Brême parcourūrent les premiers cette longue chaîne de rivages. Ils s'avançaient jusqu'aux ports de la Livonie, de l'Esthonie, de l'Ingrie; et les négociants cherchaient à lier des communications par terre avec Novogorod, grande ville de commerce, où les marchandises de Constantinople étaient apportées par la voie de Kiow, ainsi que nous l'avons déjà remarqué. La navigation du Tanaïs, celle du Volga, et quelques portages à travers les terres faisaient également remonter vers cette place les produits des rives du Pont-Euxin, de la mer Caspienne, et des régions situées au midi de ces deux bassins.

Les relations de commerce qui commencèrent à s'établir entre les différentes villes du nord furent longtemps bornées à l'échange des produits de la terre, à ceux de la chasse ou de la pêche, à l'éducation et à la vente des troupeaux. Quand ces peuples eurent des points de contact avec d'autres nations plus avancées dans les arts, ils apprirent à en connaître le prix, ils éprouvèrent de nouveaux besoins et cherchèrent les moyens d'y satisfaire. Il en résulta un accroissement de travail. Ceux qui n'étaient qu'agriculteurs s'attachèrent à mieux exploiter les richesses du sol : d'autres nations plus industrieuses s'efforçaient de perfectionner leur main-d'œuvre : le nombre des artisans augmentait, et le travail et l'intelligence se développaient de jour en jour.

Les villes qui établissaient entre elles ce genre de communications reconnurent de bonne heure que la sagesse des lois, l'équité des jugements, la protection de tous les intérêts attiraient dans leurs murs plus de population, que le commerce ne pouvait fleurir sans de telles garanties, et que les mêmes droits devaient être respectés par tous les hommes qu'unissait un lien commun. Chacune de ces villes songeait à s'affranchir de la souveraineté des princes voisins : elles étaient favorisées dans leurs projets d'indépendance par l'anarchie où l'Europe était alors plongée, et par l'effet du gouvernement féodal qui s'était établi en Allemagne comme en France, et qui avait eu pour résultat d'y affaiblir l'autorité souveraine, en multipliant le nombre des vassaux, en renforçant leur pouvoir, en le rendant héréditaire.

Ces feudataires avaient eu d'abord pour mission de protéger la multitude : ils avaient à leur disposition la force publique ; et les villes avaient commencé par des forteresses, autour desquelles un grand nombre d'habitants s'étaient réunis, afin de mettre leurs personnes et leurs demeures sous la garde des châtelains qui occupaient ces lieux retranchés. La population se partageait alors en plusieurs classes, celle des vassaux, entre lesquels se trouvaient établis différents degrés de subordination, celle des bourgeois et des artisans domiciliés dans les villes, celle des roturiers, *ruptuarii*, occupés à rompre et à cultiver la terre. La profession des armes était seule en honneur ; la classe des artisans était dédaignée. On abandonnait aux plus misérables l'exercice de la plupart des professions, et les prisonniers de guerre qu'on avait faits étaient condamnés aux plus durs travaux. Leur nom d'esclaves dérive de celui des nations auxquelles un grand nombre avaient appartenu. Comme on pouvait les acheter, les revendre, en disposer à son gré, l'appât du gain avait étendu ce commerce : on recherchait les occasions de faire la guerre ; on s'emparait des naufragés, des débiteurs insolvables, des enfants que la misère avait fait exposer. L'excès du besoin, la passion du jeu poussaient quelquefois à se vendre soi-même. Les otages et les étrangers, souvent considérés comme ennemis, étaient traités avec une extrême rigueur. On conduisait les esclaves dans les marchés, comme de vils troupeaux : leur sort allait être aggravé ou adouci, par la volonté arbitraire de leurs nouveaux maîtres.

Les malheurs de leur condition leur suscitèrent plusieurs fois de puissants et généreux protecteurs : quelques-uns donnèrent de premiers exemples d'affranchissement, et cette pieuse conduite eut des imitateurs. Du moins la servitude de la mainmorte succéda généralement à l'esclavage. Les serfs suivirent le sort du domaine auquel ils étaient attachés ; ils ne changèrent de maîtres qu'avec la terre ; ils acquirent un commencement de jouissance, de possession même, sur une partie du sol qu'ils défrichaient. Quelques jours de leur travail leur appartenaient ; et leurs mœurs furent améliorées, comme leur condition, par cet état intermédiaire qui leur faisait espérer de nouvelles franchises.

Ces perfectionnements eurent lieu surtout dans les villes où commençaient à se développer quelques germes d'industrie. La culture n'y était pas, comme dans les campagnes, le principe de la richesse des maîtres : il fallait aux villes des fabricants et des artisans ; l'autorité publique cherchait à les attirer ; on leur offrait du travail, des prérogatives, et les cités devenaient des lieux d'asile pour un grand nombre d'hommes mécontents de leur sort.

Les guerres que suscitèrent en Italie l'ambition des empereurs et leurs querelles avec la cour de Rome sur la grande question des investitures, entraînaient aussi en Allemagne d'autres divisions. Elles furent accrues par les factions des guelfes et des gibelins ; elles le furent par les prétentions rivales des maisons de Bavière, de Saxe et de Souabe. Pendant deux siècles d'orage, la situation du centre et du nord de l'Europe changea plusieurs fois. La plupart des institutions de Charlemagne étaient détruites ; la dégradation du système féodal se faisait remarquer par de nouveaux actes de tyrannie; l'exercice du pouvoir n'avait aucune régularité, et il se modifiait avec les qualités ou les vices des chefs suprêmes. Sous un monarque fort il était plus absolu; il était ensuite énervé par la faiblesse d'un autre maître. Le prince restait sans autorité, et les hommes qui lui devaient leur grandeur abusaient de ses bienfaits et de leur crédit pour le dépouiller.

Les rois, les autres souverains, souvent inquiétés par des vassaux indociles, étaient intéressés à leur opposer une puissance nouvelle, ils la trouvèrent dans l'affranchissement des communes; et les secours qu'ils en obtinrent leur aidèrent à contenir des hommes devenus trop puissants. L'exemple qu'un monarque donnait dans ses propres domaines fut d'abord suivi par quelques vassaux qui, n'ayant plus à compter sur leurs forces seules, cherchèrent à les accroître, en attirant à eux par diverses concessions les communes qui relevaient de leur autorité: d'autres seigneurs aliénèrent, à prix d'argent, les droits qu'ils avaient exercés sur les villes. Souvent ils se réservaient de les racheter; mais ils devenaient insolvables, et les liens de la féodalité s'affaiblissaient de jour en jour. L'affranchissement d'un grand nombre de villes excita l'émulation de celles qui n'en jouissaient pas encore; elles s'assurèrent les mêmes avantages, soit par des sacrifices pécuniaires envers des maîtres souvent nécessiteux, soit par l'insurrection contre des actes de violence, devenus trop fréquents dans le moyen âge.

Quelques-unes des villes qui réclamaient leurs franchises remontaient au temps des Romains: elles avaient joui d'un droit municipal et de l'organisation des curies, et avaient conservé ces avantages dans les premiers siècles du christianisme. Les mêmes noms étaient restés à leurs magistrats, et, quoiqu'on en eût modifié et restreint les attributions, la puissance des vieux souvenirs s'était maintenue : la tradition rappelait des privilèges tombés en désuétude, et c'en était assez pour inspirer le dessein de les faire revivre. D'autres villes avaient été des colonies romaines, particulièrement celles qui se trouvaient situées sur les frontières de la Gaule et sur celles de la Germanie : la plupart étaient baignées par le Rhin ou par le Danube: elles avaient couvert les principales lignes de défense de l'empire; elles étaient devenues les siéges de plusieurs grands diocèses, dans un temps où les arrondissements civils et religieux avaient une même circonscription; et ces places, souvent exposées à des invasions hostiles, étaient entourées habituellement d'une enceinte fortifiée. La mémoire et les traces des premières institutions dont elles avaient joui leur firent également désirer leur affranchissement; et chacune de ces villes profita, pour l'obtenir, des troubles et de l'anarchie de l'empire.

Ces réflexions, applicables aux contrées anciennement soumises aux Romains, nous montrent quelle avait été la situation d'une partie des villes de la Gaule, et de celles qui s'étaient élevées entre l'Italie et le cours du Danube. Les places voisines de la mer du Nord ou de la Baltique avaient une origine plus moderne; et la plupart des villes situées au centre de l'Allemagne ne remontaient qu'à l'époque du gouvernement féodal : elles cherchèrent, à l'exemple des autres communes, à secouer le joug, et à fonder sur des institutions plus libres leur administration.

Les châteaux, situés dans l'enceinte des villes, avaient cessé d'être la résidence habituelle des seigneurs : ceux-ci étaient alors exposés à de vives résistances; ils se trouvaient prisonniers de la multitude, et pouvaient être forcés dans leurs donjons par une population factieuse. Ils cherchèrent des manoirs plus isolés et des hauteurs moins accessibles, d'où ils pussent repousser plus aisément les agressions d'un ennemi. Là ils soutenaient la guerre, tantôt contre leur suzerain, tantôt contre leurs propres vassaux; et dans les intervalles de paix dont ils jouissaient, ils exerçaient impunément des exactions contre les voyageurs, les marchands, les habitants des campagnes et des bourgs. Quelquefois ils cherchaient dans la religion même le prétexte de ces attaques personnelles, quand le commerce était exercé par les juifs, et quand la campagne était occupée par les païens, qui donnaient alors au pays leur dénomination : car c'était ainsi que les populations religieuses avaient des établissements distincts. Les chrétiens, entourés de leurs institutions civilisatrices, s'étaient réunis dans les cités : leur influence ne s'étendait que lentement sur la terre des païens; et les juifs, répandus partout, aidaient aux relations commerciales de la société chrétienne, quoiqu'elle les repoussât encore.

Le servage, qui était un des éléments du système féodal, n'assurait plus les mêmes forces aux seigneurs, quoique leurs sujets fussent tenus de les suivre à la guerre. En confiant des armes aux mécontents on leur donnait les moyens d'acquérir la liberté : leur nombre les rendait plus confiants; quelquefois ils désertaient quand ils étaient dans l'impuissance de s'affranchir; et les villes qui s'étaient déclarées libres leur ouvraient un asile.

Dans le dénûment de forces et de ressources où les seigneurs se trouvèrent réduits, soit par des émancipations volontaires, soit par l'indiscipline et l'abandon d'un grand nombre de serfs, ils n'eurent plus à compter que sur les soudoyers et les aventuriers qu'ils prenaient à leur service. Le désordre et l'anarchie des temps pouvaient encore leur procurer cette ressource; mais elle était ruineuse, et à mesure qu'elle s'affaiblissait les seigneurs perdaient leur prééminence, les villes en recueillaient l'héritage : elles mettaient en commun tous leurs moyens de défense et de prospérité; et ce mélange d'intérêts, ce concours de volontés et de forces individuelles, constituaient les communes.

Lorsqu'elles commencèrent à s'ériger dans l'occident de l'Europe, cet exemple d'indépendance s'étendit de proche en proche dans d'autres contrées. Les peuples avaient besoin partout d'un rempart contre l'anarchie : fatigués d'un joug qui les opprimait sans jamais les protéger, ils se concentraient dans les villes; ils y veillaient à leur propre sûreté, et commençaient à former des confédérations qui leur permettaient de s'entre-secourir.

L'industrie s'était éveillée dans les villes : elles avaient besoin de nouvelles garanties, pour assurer leurs progrès et protéger leurs droits. Une charte communale, tantôt octroyée par les seigneurs, tantôt acquise par les armes ou en vertu d'une transaction, consacrait leurs immunités; on la proclamait solennellement : elle fixait les droits de la bourgeoisie, et lui conférait l'élection de ses magistrats qui, sous les noms de conseillers, d'échevins, de jurés de la paix, partageaient entre eux les charges de l'administration. Ils avaient à leur tête des maires ou mayeurs, des prévôts ou bourgmestres. Chaque pays eut ses dénominations; chaque cité modifia à son gré le partage et l'exercice des différents pouvoirs; mais la tendance était la même; et l'on adopta, par similitude d'intérêts et de besoins, plusieurs institutions analogues. Les communes s'entourèrent d'un rempart : elles eurent des corps de milices, composés d'arbalétriers, d'archers, de joueurs d'armes : elles eurent des tours ou beffrois, d'où l'on veillait à la sécurité intérieure, et d'où l'on pouvait découvrir les approches et les mouvements d'un ennemi. La cloche était leur signal de ralliement : on sonnait l'alarme en cas de péril ou d'incendie; on convoquait le ban, on ordonnait le couvre-feu. Le gouvernement avait un hôtel de ville qui pouvait aussi servir de citadelle. La commune jouissait du droit de haute, moyenne et basse justice; et ce privilége fut un de ceux qui contribuèrent le plus au maintien de l'ordre public : il accoutuma les citoyens à se régler sur les principes de l'équité dans toutes les affaires civiles et criminelles, et à ne plus en abandonner la décision aux chances du hasard ou à la mauvaise foi.

Les nobles et les bourgeois avaient été soumis jusqu'alors à des usages très-différents : le recours au combat judiciaire n'était pas autorisé entre ces deux classes ; et les bourgeois, quand ils avaient à terminer ainsi leurs propres querelles, ne pouvaient être armés que d'un bâton. La plupart de leurs affaires se décidaient par serment, par la déposition des témoins, par l'épreuve de la croix, où les deux adversaires étendaient les bras, et où le plus promptement fatigué était déclaré coupable. D'autres hommes subissaient l'épreuve du feu, et l'on supposait que l'innocent devait y résister : quelquefois on les plongeait dans l'eau, après avoir entravé tous leurs mouvements, et le criminel devait surnager. On s'étonne aujourd'hui de tant d'aberrations, et l'on rend grâce aux institutions salutaires qui les firent cesser. Le jugement des discussions personnelles fut enfin remis à des arbitres, à des magistrats qui, sous les noms de prud'hommes, apaiseurs, gard'orphènes, ou sous d'autres titres, prononcèrent sur les questions litigieuses, cherchèrent à concilier les partis, veillèrent aux droits des orphelins et à ceux des hommes qui n'avaient pas de défenseurs. L'usage des trèves particulières, des contrats de paix, des assurances, des cautions, s'établit dans la plupart des villes : les obligations étaient contractées par serment ; on *forjurait* celui qui les avait enfreintes ; il était abandonné par sa commune, par sa famille même, et cette espèce d'excommunication civile le réduisait souvent à s'exiler.

Quelque imparfaites que ces institutions judiciaires fussent dans l'origine, elles donnaient au bon droit une première sauvegarde ; elles établissaient des usages qui servaient d'exemple et de règle dans les discussions analogues, jusqu'au moment où les peuples pourraient jouir d'un même mode de législation.

C'est ainsi qu'au milieu des troubles de l'Allemagne nous voyons s'élever un grand nombre de villes, destinées à devenir florissantes. Si les franchises qui leur sont accordées ont une influence favorable à leur commerce, nous devons aussi remarquer le caractère qu'elles impriment à la forme du gouvernement. Les villes signalées par l'activité de l'industrie, du travail, de la navigation, ont une tendance plus marquée vers le gouvernement populaire : plus toutes les classes d'artisans y sont laborieuses, plus elles s'aperçoivent que la richesse, la puissance, la prospérité publique sont le fruit de leurs efforts réunis. Aussi toutes les villes, après avoir reconquis leurs droits, se constituaient en républiques, plaçaient à leur tête des magistrats de leur choix, et faisaient intervenir dans cette nomination les différents états de la cité.

Les franchises dont jouissaient les villes libres d'Allemagne n'étaient pas sensiblement altérées par les liens qui les unissaient encore à l'Empire : il leur suffisait de respecter les droits de leur suzerain, dans les traités qu'elles concluaient avec d'autres États. Cette restriction semblait même dégénérer en une simple formule, lorsque les cités étaient assez éloignées du centre de l'Empire pour échapper à son action, et lorsque le corps germanique dont elles faisaient partie était assez déchiré par des factions ou par des révoltes, pour être plongé dans l'anarchie, et n'avoir plus la force de rassembler tous ses membres.

Telle était la situation de la plupart des villes. Quelquefois elles passèrent d'une autorité à l'autre ; tantôt dominées ou menacées par des souverains ambitieux qui s'en disputaient la possession, tantôt abandonnées à leurs propres magistrats, et retenant au moins l'administration municipale, lorsqu'elles ne pouvaient pas entièrement s'affranchir d'un gouvernement étranger. Il était rare que ces divers changements de juridiction restreignissent les priviléges qu'elles avaient acquis. Chaque possesseur cherchait à se concilier l'affection des habitants par quelques nouvelles concessions, ou du moins à ne pas provoquer leur inimitié en se montrant plus rigoureux. Les libertés publiques et commerciales se conservaient ainsi, à travers les vicissitudes du pouvoir.

Nous avons vu que, dès l'époque même de leur fondation, plusieurs villes avaient joui des priviléges les plus étendus, qu'elles les devaient aux bienfaits de Charlemagne, et qu'on avait contracté l'usage de les inscrire sur la base des statues de Roland. On suivit, après le règne de ce monarque, l'exemple d'ériger des monuments semblables dans les villes qui obtinrent de ses successeurs la jouissance des droits régaliens ou d'autres prérogatives plus ou moins étendues; et ces images symboliques conservèrent le nom de statues de Roland, par analogie avec le type originel qui avait consacré les premières franchises. Toutes les villes privilégiées ne l'étaient cependant pas de la même manière: quelques-unes avaient reçu des immunités commerciales, des exemptions de droits d'entrepôt, de transit ou de douanes; d'autres relevaient immédiatement de l'empire: plusieurs étaient autorisées à se donner des lois: celles-ci exerçaient la haute et la basse justice; celles-là avaient une juridiction municipale. Les colonnes ou les statues de Roland, applicables à chacune de ces hypothèses, servaient à constater quelque prérogative, et devenaient l'emblème et la garantie des libertés publiques. On a compté vingt-huit monuments de ce genre dans les villes de la basse Allemagne, baignées par l'Elbe, le Wéser et leurs affluents; il y en eut quatorze dans la Poméranie.

Parmi les villes où l'on érigea ces statues nous devons remarquer Brême, Hambourg, Magdebourg, Brunswick, Quedlimbourg, Soëst, Brandebourg, Halle, Goetingue. Toutes ces places firent ensuite partie de la ligue anséatique; celles de la Poméranie lui appartinrent également; et nous pouvons juger, par ce double caractère, qu'elles étaient du nombre des villes où les libertés publiques avaient le plus d'étendue.

Toutes ces statues n'ont pas été conservées. Celle de Hambourg fut précipitée, en 1375, dans un des canaux qui traversent la ville; mais le nom de Roland est resté au pont sur lequel on l'avait érigée. La statue élevée à Brême, pour consacrer les priviléges que cette ville avait obtenus de Charlemagne en 788, fut détruite en 1366 par un incendie; mais on la remplaça dans la suite par une statue de pierre dont la destination était la même. Le Roland de Quedlimbourg fut abattu par les marquis de Misnie lorsqu'ils se furent emparés de cette place, afin que les habitants n'eussent plus sous les yeux le symbole d'une liberté qu'ils regrettaient. Magdebourg érigea son Roland vers l'année 950, en mémoire des droits municipaux qu'elle venait d'obtenir de l'empereur. Soëst, Halberstadt avaient une statue de ce nom sur la place publique; les condamnés à mort subissaient leur jugement devant cette image. Les immunités accordées à Nuremberg, à Nordhausen, à Freiberg, furent constatées par des monuments semblables: celui de Stadthergen assurait un droit d'asile aux hommes poursuivis qui venaient embrasser la statue. Le Roland de Goettingue, plus révéré que tous les autres, était placé dans une église, parmi les images des saints.

Les attributs et les ornements de ces statues n'étaient pas toujours les mêmes. A Brême, à Soëst, c'était un guerrier, armé d'un glaive et d'un bouclier; à Védel, à Nordhausen, il avait une couronne sur la tête; ailleurs il portait une bannière, comme signe de juridiction, ou il offrait quelques emblèmes, relatifs à l'exercice de la justice criminelle et à quelque autre branche de pouvoir: ces différents symboles indiquaient la diversité des prérogatives que les villes avaient obtenues.

L'usage de publier et d'inscrire sur des colonnes ou sur les socles des statues les codes ou les *rôles* des lois se conserva dans chaque *Lande* ou pays: deux mots contractés et réunis reprénaient l'apparence d'un nom propre; et cette similitude d'expression, servant à constater à la fois l'origine et la destination des statues, était assez remarquable pour que l'on pût continuer de leur appliquer la même dénomination.

LIVRE SECOND.

Situation politique de Hambourg. — Son gouvernement sous les ducs de Saxe et les comtes de Holstein. — Ses liaisons avec Brême et Lubeck. — Vicissitudes de son administration. — Ascendant du pouvoir ecclésiastique sur les lois, les moeurs et les opinions des habitants. — Adoption du droit canonique. — Ordres religieux. — Direction des études. — Écoles et universités. — Discussions dogmatiques. — Discipline ecclésiastique. — Pénitences. — Pèlerinages, croisades. — Expéditions des villes teutoniques contre les Sarrasins établis en Portugal et dans les Algarves. — Guerres de Syrie. — Siége de Ptolémaïs. — Fondation de l'ordre teutonique. — Guerres contre les Slaves et les Livoniens.

Les priviléges dont la ville de Hambourg jouissait depuis sa fondation étaient regardés comme un contrat primitif, que l'on pouvait habituellement consulter, et auquel on tendait à revenir, toutes les fois que les lois civiles ou les rapports politiques avaient éprouvé quelque altération. Cette ville ne faisait point partie d'un duché ou d'une autre seigneurie; elle constituait l'État lui-même; et comme elle avait eu son gouvernement propre, elle le réclamait, lorsqu'elle venait à le perdre, que la légitime restitution de ses anciens droits. On ne pouvait imputer à des vues d'ambition et d'envahissement la demande d'une réparation si juste; et si elle persistait à ne vouloir relever que du chef de l'Empire, ses prétentions étaient aussi fondées que celles des plus puissants vassaux de la couronne impériale. Cette égalité de priviléges, cette similitude de situation politique, devint la plus sûre garantie de son existence; et l'on put s'accoutumer à considérer ses franchises comme inhérentes à la constitution même du grand corps dont elle faisait partie.

Hambourg n'aurait pu être dégradée de ses prérogatives, sans que les intérêts d'une vaste contrée en souffrissent; et cette ville en s'appartenant à elle-même, et en défendant ses droits, devait habituellement trouver des auxiliaires disposés à la secourir.

L'ambition même de ses voisins ne fut pas inutile à sa sûreté: chacun d'eux était intéressé à la soustraire à d'autres prétendants, s'il ne pouvait l'obtenir pour lui-même; car il sentait que la possession de cette ville pourrait faire pencher la balance en faveur du prince qui l'aurait acquise; et plus la prospérité de Hambourg venait à s'accroître, plus son indépendance se trouvait affermie par les jalousies mutuelles de plusieurs souverains: elle était utile aux intérêts commerciaux de tous les pays limitrophes, en les favorisant indistinctement; et souvent on laissait jouir cette ville des avantages de la neutralité, tandis que le feu de la guerre dévastait les contrées environnantes, et en exposait les peuples à de fréquentes mutations de gouvernement.

De telles remarques ne sont point hypothétiques: la durée des institutions de Hambourg peut leur servir de preuve; et la libre existence que Lubeck et Brême ont également conservée montre que, sous ce rapport politique, la situation des deux villes était aussi la même. Chacun de ces trois gouvernements a traversé les événements et les siècles les plus orageux.

L'uniformité de religion rapprochait les principales villes de ces contrées, et l'autorité ecclésiastique y était devenue la première de toutes. Néanmoins, quoiqu'elle fût généralement respectée, elle ne put point empêcher les incursions des peuples du Nord qui, n'étant pas entièrement soumis au christianisme, se partageaient alors en deux partis, dont l'un était toujours prêt à prendre les armes contre les novateurs. Hambourg était la ville la plus exposée aux agressions: elle fut attaquée et ruinée plusieurs fois, sous les règnes des empereurs Arnould,

Louis III, Conrad Ier, et Henri l'Oiseleur. Chacun de ces princes eut à combattre les Danois et les Slaves qui envahissaient l'Empire : Arnould tailla en pièces leurs troupes qui s'étaient avancées jusqu'aux rives du Rhin et de la Meuse : ses successeurs repoussèrent les Hongrois, ou portèrent leurs armes en Italie : Othon le Grand dirigea vers cette contrée ses principales expéditions, et n'étant plus à portée de veiller à la sécurité du nord de l'Allemagne, il prit en 962 le parti de conférer, à titre de fief, les vastes domaines de la Saxe au duc Herman Billing. Hambourg, Brême et les autres villes impériales, comprises dans la même cession, avaient jusqu'alors été gouvernées par des comtes dont la nomination appartenait à l'empereur : on leur adjoignit pour conseils ou assesseurs des échevins qui furent nommés par le peuple : ils se partageaient entre eux l'exercice de l'autorité civile; et les églises réunies de Hambourg et de Brême, protégées par la bienveillance du duc de Saxe, virent étendre leur juridiction chez les Slaves, à mesure que le christianisme y faisait de nouveaux progrès. Bernhard Ier, successeur d'Herman Billing, imita la prudente politique de ce prince, et sut maintenir la paix avec les peuples du Nord; mais son fils Bernhard II irrita les Slaves et les Vendes par des vexations et des insultes; Hambourg fut exposé de nouveau à leurs invasions, et pour la huitième fois il fut pris et dévasté par les barbares.

Tels étaient cependant les avantages de la situation de cette ville, qu'elle se relevait promptement de ses ruines, et attirait de nouveau les habitants qui avaient pu échapper au fer de l'ennemi. Umwan était alors archevêque de Hambourg; il concourut par son zèle et ses secours généreux à rebâtir la ville, à la rendre plus industrieuse, plus commerçante, et bientôt on y joignit quelques fortifications pour en assurer la défense. La part que prit Umwan au rétablissement de la cité donnait plus d'ascendant à l'autorité ecclésiastique : Adalbert Ier, qui fut un de ses successeurs, chercha à l'étendre davantage : nommé archevêque en 1043, il s'occupa pendant trente ans du projet d'établir un patriarcat dans cette contrée; mais il mourut sans avoir pu l'accomplir. Hambourg, qui avait été le siége principal de l'Église du Nord, devait même voir bientôt décroître sa juridiction et le nombre de ses suffragants : Éric III, roi de Danemarck, supportait avec impatience que tous les évêchés fondés dans son royaume relevassent de la métropole de Hambourg : ses prédécesseurs avaient eu à se plaindre d'Adalbert, de Liémar, qui, dans leur zèle immodéré, avaient lancé contre eux des excommunications : il obtint en 1104 du souverain pontife Paschal II l'érection d'un archevêché qui fut établi à Lund en Scanie, et qui comprit dans sa juridiction les huit diocèses dont se composait alors l'église de Danemarck.

Quoique cette séparation réduisît à de plus étroites limites la juridiction de l'archevêque de Hambourg, néanmoins elle lui laissait encore l'exercice d'une grande autorité, même dans les affaires civiles qui semblaient ne pas devoir être de sa compétence. Son pouvoir et celui des légats du duc de Saxe étaient souvent en rivalité : l'Église avait ses domaines, ses officiers, ses troupes, ses forteresses, comme le gouvernement lui-même : elle était sous la protection de la cour de Rome, dont l'autorité était alors supérieure à toutes les autres, et l'emploi des armes spirituelles lui prêtait de nouvelles forces, d'autant plus puissantes qu'elles subjuguaient l'opinion et intimidaient toutes les consciences.

La tendance de l'autorité religieuse était toujours la même; celle de l'autorité civile fut quelquefois modifiée, soit par des événements imprévus, soit par les progrès naturels de la société qui cherche constamment à perfectionner ses lois. Lorsque la famille des ducs de Saxe vint à s'éteindre, le gouvernement de ce pays fut confié par l'empereur Henri V au comte Lothaire de Supplinbourg, qui devint chef de la nouvelle maison de Saxe; et ce prince, démembrant lui-même une partie de ses domaines en faveur du comte Adolphe de Schauenbourg, lui remit à titre de fief le comté de Holstein ou Holsace, dans lequel la ville de Hambourg se trouvait située. Le comte Lothaire, devenu empereur, disposa à son tour du duché de Saxe en faveur de Henri le Généreux, déjà duc de Bavière; mais Hambourg et le Holstein continuèrent d'appartenir à la famille du comte Adolphe.

Les guerres qui survinrent dans cette partie de l'Allemagne, soit entre les ducs de Saxe et l'empereur Conrad III, soit entre eux et les comtes de Holstein, exposèrent Hambourg à être successivement occupé par chacun des belligérants; mais elles ne nuisirent point aux priviléges dont cette ville jouissait : ses nouveaux possesseurs lui en accordèrent la confirmation, et ils paraissaient tous également intéressés à la prospérité d'une ville dont les vues étaient exclusivement dirigées vers le commerce, et dont la richesse et l'industrie influaient sur le bien-être des contrées voisines.

Au milieu de ces vicissitudes politiques l'église de Hambourg n'avait pas abandonné le soin de la conversion des Slaves : ce projet était favorisé par leur monarque lui-même qui avait embrassé le christianisme, et qui voyait dans cette religion un nouveau principe de civilisation pour son peuple. Vicelin, ecclésiastique de Brême, devint le principal apôtre de cette mission, qui parvint à changer les mœurs comme les croyances de cette nation barbare, et qui fit cesser dans cette partie de l'Allemagne les guerres religieuses dont elle avait été le théâtre pendant plusieurs siècles. La bataille que les Slaves perdirent dans le Mecklembourg en 1164 fut la dernière que Henri le Lion, duc de Saxe, eut à leur livrer : ils entrèrent ensuite dans l'alliance des princes qu'ils avaient souvent combattus; et nous les verrons plus tard s'unir à eux, dans les guerres que le prosélytisme religieux devait porter sur d'autres rivages de la Baltique.

Adolphe III, comte de Holstein, devint un des plus généreux bienfaiteurs de Hambourg : il agrandit, par une cession de terrain considérable, la nouvelle ville qui s'était formée sur la rive gauche de l'Alster : un fort qu'on y avait fait construire, et qui semblait menacer les libertés publiques, fut abattu : Hambourg obtint dans les plaines voisines un droit de pâturage pour ses bestiaux, ainsi que la coupe des bois nécessaires à sa consommation : les habitants étendirent à deux milles de distance leurs pêcheries dans l'Elbe : ils purent naviguer librement sur le fleuve et y commercer jusqu'à son embouchure : le droit de battre monnaie leur fut accordé par l'empereur Frédéric Barberousse; et pour l'exercer, ils profitèrent des mines d'or et d'argent qu'on exploitait en Bohême et en Saxe depuis le neuvième siècle.

Alors commençaient à se former les factions des Guelfes et des Gibelins qui devaient troubler pendant plusieurs générations le repos de l'Allemagne et de l'Italie. La guerre allait s'allumer en 1180 entre l'empereur Frédéric et Henri le Lion, duc de Saxe; et les comtes de Holstein devaient eux-mêmes prendre part à ces démêlés : Hambourg eut l'avantage de maintenir au milieu de ces vicissitudes les priviléges que chaque prince lui avait accordés.

La ville de Brême s'était agrandie en même temps et par des moyens semblables. Elle avait successivement étendu sa navigation et son droit de pêche sur le Wéser : son pavillon avait été souvent redoutable aux pirates : il couvrit ensuite son commerce; il le fit pénétrer dans les différents ports de l'Océan, comme dans ceux de la Baltique; et ce furent des armateurs brémois, qui, naviguant au delà de Wisby, en 1158, s'avancèrent jusqu'en Livonie, entrèrent dans l'embouchure de la Dwina, et ouvrirent des relations de trafic avec les peuples voisins. Le bassin du Wéser n'offrait pas aux négociants un marché aussi étendu que celui de l'Elbe; mais ce désavantage était compensé par leur esprit entreprenant et par l'activité de leurs expéditions : la proximité de l'embouchure des deux fleuves permettait aux villes de Hambourg et de Brême d'unir aisément leurs intérêts et de s'entre-secourir : les riverains de l'Elbe et du Wéser se promirent en 1238 une liberté réciproque de trafic, l'inviolabilité des marchandises et des navires échoués ou naufragés, et la garantie des personnes et des propriétés.

L'une et l'autre ville avaient commencé à entretenir avec Lubeck des relations intimes : une politique si prudente leur fut mutuellement utile, et trouva souvent son application. Brême et Hambourg appartenaient au même diocèse, et l'archevêque résida tour à tour dans l'une et l'autre ville : il y donna les mêmes secours à l'enseignement : de semblables institutions religieuses y furent établies : la forme des deux gouvernements était constituée d'une manière analogue ; et ces nombreux rapports établissaient entre les deux villes une union fraternelle. Le même code maritime leur devint commun. Celui de Brême n'avait d'abord renfermé que trois articles, il emprunta ensuite une grande partie du statut maritime de Hambourg. La similitude des intérêts rendait utile une législation uniforme, et il résultait de cette unité de principes plus de garanties pour la bonne foi, plus de facilités dans les relations. Tous les ans on renouvelait d'une manière solennelle la lecture du code maritime : cette promulgation remplaçait les autres moyens de publicité, qui alors étaient beaucoup plus rares que de nos jours : elle se faisait sur les places, devant les magistrats, quelquefois dans l'intérieur des églises, et recevait, par son mélange avec les cérémonies du christianisme, une sorte de sanction religieuse qui la faisait respecter davantage.

L'action de l'autorité civile et celle de l'autorité ecclésiastique eurent un caractère essentiellement distinct : le premier pouvoir disposait de la force, l'autre influait sur les mœurs. Les clercs étaient alors la seule classe qui eût quelque teinture des lettres ; ils étaient chargés de l'enseignement ; et quoique leurs études portassent souvent sur des questions futiles ou insolubles, elles donnaient du mouvement à la pensée, elles tendaient à développer l'esprit humain.

L'Église, en mettant sous la protection d'un sacrement les principaux actes de la vie, multipliait les rapports des hommes avec la Divinité, les accoutumait à élever leurs idées vers elle, à se purifier pour lui plaire, et à mériter par leurs actions les bienfaits de la Providence. L'Église voulait aussi régler les relations des hommes entre eux : souvent elle prit la défense des pauvres et des faibles ; elle condamna et frappa d'anathème les hommes qui traitaient avec barbarie leurs esclaves : ne pouvant désarmer la rigueur des maîtres, elle donna les premiers exemples d'affranchissement.

Quand le système féodal, dérogeant de sa première institution, ne fut plus pour les peuples qu'un régime oppresseur, les habitants des villes furent souvent secondés par l'autorité ecclésiastique dans les efforts qu'ils firent pour améliorer leur condition. La religion, l'humanité s'unissaient en leur faveur, et les souverains pontifes opposèrent plus d'une fois l'autorité du ciel à la barbarie des hommes. Le saint-siége étendait alors son pouvoir spirituel sur l'Europe entière, si l'on en excepte les pays du Nord, encore livrés à l'idolâtrie. Aucune autre voix n'aurait pu se faire entendre à tant de nations, séparées par leurs intérêts, mais rapprochées par leur croyance.

Dans plusieurs parties de l'Allemagne, les droits de la souveraineté étaient entre les mains des évêques : armés du glaive, comme de l'encensoir, ils pouvaient faire plus aisément prédominer les vues du saint-siége ; et les villes qui leur appartenaient reçurent en général une plus prompte civilisation. Celles qui s'étaient formées autour des monastères, et sous le patronage des saints dont elles gardent encore le nom, jouissaient du même avantage : elles furent même moins contrariées dans leur affranchissement que les domaines d'un prince ecclésiastique. Des cénobites, détachés du monde par leurs vœux, n'avaient pas à soumettre le peuple aux mêmes services, aux mêmes charges : ils trouvaient dans la prospérité des villes qui relevaient de leur autorité un accroissement d'influence religieuse, et un moyen d'assurer au christianisme de nouveaux prosélytes. Il fut utile à la propagation de la morale et des dogmes religieux que l'Église eût un caractère universel, et qu'une même puissance spirituelle fût reconnue par toutes les autorités civiles. Tant qu'elle ne dépassa point ses limites, la direction qu'elle donnait à l'esprit humain tendait à rapprocher tous les hommes, à les comprendre dans une même famille, à établir entre eux des rapports de bienveillance et de charité.

Ce mouvement religieux était propre à ébranler successivement tous les peuples ; et le système de la révélation et de la mission d'un Dieu sauveur devait parcourir le monde. Cette opinion s'étendait de proche en proche ; la conquête lui donna des forces nouvelles : les nations païennes, attirées par ses dogmes consolateurs, renonçaient plus aisément à leurs idoles, et les opprimés cherchaient un dieu nouveau, ou empruntaient de lui la force de souffrir.

L'usage, plus ou moins modéré, d'un pouvoir qui ne reconnaissait aucun supérieur sur la terre, ne fut jamais sans résultat pour l'intelligence humaine. Déjà nous avons remarqué les restrictions mises par l'autorité de l'Église à l'exercice du droit de guerre et aux actes d'hostilités particulières ; elle apporta les mêmes entraves aux épreuves judiciaires qu'autorisait alors la barbarie des usages ; et comme on avait cherché à les mettre sous la protection du ciel en les nommant *jugements de Dieu*, ce fut au nom de Dieu même que l'Église put en préparer l'abolition, en persuadant aux hommes que leur créateur ne pouvait se plaire à l'effusion du sang humain, qu'il ne faisait pas dépendre de la force la conviction du crime ou celle de l'innocence, et que la nature ne pouvait pas, au gré de nos actions, changer le cours de ses propres lois.

Les épreuves par l'eau, par le feu, par la croix, et les autres jugements de Dieu furent frappés de censure à plusieurs reprises : il fallait lutter contre des abus invétérés, et il était difficile de les extirper, quoiqu'ils outrageassent les droits de la justice et de la nature. Ces réformes judiciaires s'accomplirent avec moins d'obstacles dans les pays qui relevaient d'un prince ecclésiastique que dans ceux qui constituaient un fief purement militaire. Les opinions religieuses d'un tel souverain le portaient à tempérer l'usage de la force, à traiter avec humanité ses sujets, à développer les progrès de leur bien-être, par des lois plus sages et par des jugements conformes à la raison.

Il est sans doute intéressant d'observer dans le cours du moyen âge ce mélange d'usages civils et religieux qui se prêtaient une force mutuelle. En consacrant par une autorité sainte plusieurs institutions utiles à la société, on leur attirait plus de vénération, et les peuples s'y soumettaient avec moins de peine. Souvent il fallait une puissance plus qu'humaine pour faire plier les opinions ; un homme ne leur eût pas commandé, mais elles fléchissaient au nom du ciel.

Dès les premiers temps du christianisme, on avait remarqué l'union des autorités laïques et ecclésiastiques, dont la circonscription embrassait les mêmes provinces : chaque préfecture de l'Empire avait un évêque ou un métropolitain, auquel on donnait des suffragants, comme les gouverneurs avaient eux-mêmes plusieurs délégués sous leurs ordres. Lorsque les deux autorités étaient unies dans la même personne, et que l'évêque se trouvait investi de la puissance civile, les autres magistratures étaient remises à son clergé; et cette concentration des deux pouvoirs avait souvent lieu dans les pays voisins des nations païennes, au milieu desquelles on voulait introduire le christianisme.

C'était ainsi que des souverainetés ecclésiastiques avaient été créées dans une partie de l'Allemagne. Leur nombre et leur situation influèrent d'une manière sensible sur le caractère des peuples, sur la tendance de leurs opinions, et sur l'extension que prit de toutes parts la puissance du clergé. Ce pouvoir, faible dans l'origine, remontait au temps où les chrétiens, encore en petit nombre, cherchaient à mettre leurs institutions religieuses à l'abri d'une autorité protectrice. Ils avaient obtenu de Constantin et de ses successeurs la faculté de recourir à l'arbitrage de leurs évêques et de leurs pasteurs, pour concilier les différends survenus entre eux. Les évêques, assistés des prêtres, prononçaient leurs jugements, et en prenant pour base de leurs décisions les règles de l'équité, ils s'attachaient aussi à les faire dériver du texte des saintes Écritures, et à se régler sur les exemples et les maximes que l'on pouvait y puiser.

Ces décisions n'avaient d'abord rien de coactif : on pouvait y déférer, ou recourir ensuite à la voie des tribunaux : les clercs étaient portés à prendre le premier parti, mais les simples laïques appelaient quelquefois de ces sentences arbitrales; et lorsque les empereurs accordèrent aux évêques le secours du bras séculier, pour faire exécuter les décisions des autorités ecclésiastiques, cette concession ne s'appliqua d'abord qu'aux jugements qui concernaient les clercs. La juridiction ecclésiastique put dès lors devenir distincte de la juridiction séculière : elle eut ses attributions déterminées : les clercs dépendirent exclusivement d'elle : on fit même ressortir à ses tribunaux les causes mixtes qui étaient pendantes entre les clercs et les laïques; et le nombre de ces causes devint d'autant plus considérable que l'Église voyait s'accroître de jour en jour ses domaines, ses affiliés, ses ordres religieux. Par là se trouvèrent habituellement mêlés ses intérêts temporels et ceux des laïques : elle put évoquer devant ses tribunaux la plupart des affaires civiles et criminelles; et cette extension de prérogatives rendit nécessaire la promulgation d'un grand nombre de règlements et de lois qui constituèrent le droit canonique. Tantôt ces règlements émanèrent des conciles, dont les décrets étaient reconnus soit dans toute la chrétienté, soit dans les provinces qui avaient concouru à leur formation; tantôt ils émanèrent des souverains pontifes qui, dans l'intervalle d'un concile à l'autre, exerçaient ce pouvoir de législation.

Nous n'avons point encore à nous occuper ici de l'extension immodérée que devait un jour acquérir ce nouveau droit : le temps put en dénaturer les principes; mais si nous nous reportons à l'époque où ils s'établirent, nous devons regarder ce droit canonique comme une des institutions les plus favorables à l'ordre social. Le code de Justinien n'avait pas encore été retrouvé; il ne le fut que vers le milieu du douzième siècle; et après avoir lentement aidé en Italie à la réforme des lois, il ne pénétra qu'un siècle après dans l'intérieur de l'Allemagne.

Ce n'est pas néanmoins que la réapparition de ce code doive être regardée comme une époque de rénovation complète dans la jurisprudence. Les principes du droit romain n'avaient jamais été complétement abolis : ils s'étaient conservés en Italie au milieu des ruines de l'Empire : les invasions des Huns et des Vandales avaient pu faire périr les monuments, mais n'avaient pas détruit les traditions. Les Romains sous la domination des Goths continuèrent d'être régis par leurs propres lois, tandis que le code de Théodoric s'appliquait à la nation de ce prince : les Visigoths, les Francs, les Bourguignons, lorsqu'ils s'établirent dans les Gaules, y laissèrent aussi aux habitants la liberté de vivre sous les lois romaines, et la nation conquérante eut son code particulier. Le temps fit enfin prévaloir cette dernière forme de législation, et les traces de l'ancienne jurisprudence s'affaiblirent dans l'ordre civil; mais l'Église chrétienne qui s'établissait, et dont les progrès naissants avaient besoin d'être protégés par une juridiction particulière, fonda en grande partie son droit canonique sur la base des lois romaines, en écartant celles qui ne convenaient ni à ses vues ni à ses maximes, et en conservant du moins aux siècles suivants quelques parties de cet ancien édifice.

Dans un siècle d'ignorance, où de barbares coutumes régnaient encore, où elles avaient leurs racines dans les mœurs et dans les autres institutions nationales, c'était sans doute un bienfait pour des peuples, souvent exposés aux capricieuses décisions de la force et même du hasard, que de leur faire connaître une juridiction plus conforme aux règles de l'équité, plus propre à la répression de la violence et à la réforme des mœurs. Les tribunaux ecclésiastiques exerçaient, sous ce dernier rapport, une censure salutaire. Elle fit partie des attributions des évêques; elle devint plus efficace, en s'appuyant de la sainteté de leur caractère, et du respect public dont ils jouissaient. Enfin l'accroissement de leur autorité eut une heureuse influence sur l'affermissement de l'ordre public. Les évêques exercèrent dans la société une véritable magistrature : ils devinrent les protecteurs nés des orphelins et des mineurs, furent chargés de la visite des prisonniers, veillèrent au bon emploi des revenus communaux, et furent d'utiles auxiliaires pour l'administration civile, avant d'entrer en rivalité avec elle et d'usurper graduellement sa juridiction. L'ascendant qu'ils exerçaient sur l'opinion publique devait donner à l'enseignement et à l'éducation un caractère religieux : les études profanes étaient moins honorées; les ouvrages des saints Pères étaient pré-

férés à tous les autres. On voulait aussi connaître ceux des hérésiarques, afin de les combattre, et quelquefois pour les justifier et les suivre : les commentaires des livres saints faisaient naître plusieurs nouvelles doctrines; et le sens des paroles, la mystérieuse explication des faits, étaient abandonnés à de nombreux interprètes qui ne parvenaient souvent qu'à les obscurcir davantage.

Aussi longtemps que les autorités ecclésiastiques se bornèrent à la discussion des doctrines religieuses, et au désir de ramener leurs adversaires en les éclairant, elles furent fidèles aux principes de la tolérance et gagnèrent au christianisme un grand nombre de prosélytes; mais dès le moment où elles recoururent au pouvoir du prince, pour arrêter le cours des hérésies, elles en accrurent les progrès et la force en les persécutant; elles changèrent par de redoutables institutions ce caractère de bienveillance et de charité chrétienne qui avait marqué leurs premiers actes. On eut sans doute à déplorer une telle altération, en voyant l'Église cesser d'obéir aux maximes des saints, renoncer à sa simplicité originelle, et vouloir substituer à l'autorité qu'elle avait sur les âmes un pouvoir temporel que la politique pouvait ébranler.

En rappelant les causes qui étendirent l'influence de l'Église, nous devons particulièrement signaler l'établissement et la multiplicité des ordres monastiques. Celui de Saint-Benoît, fondé au mont Cassin, vers le commencement du sixième siècle, reçut de son fondateur une règle qui servit ensuite de modèle aux autres ordres dans tous les pays d'occident : lui-même il se partagea en différentes associations, dont chacune adopta un plan de réforme particulier, qui s'éloignait insensiblement de la règle primitive. On voulut la rétablir en fondant en 910 l'ordre de Cluny qui jouit pendant deux siècles d'un grand crédit; mais comme la discipline tendait à s'y relâcher, saint Bernard entreprit une nouvelle réforme en 1145, et fonda l'ordre de Cîteaux. D'autres monastères firent remonter leur règle à celle de saint Benoît, tels que les chartreux, les célestins, les camaldules; mais il serait étranger au but de notre ouvrage de suivre ces affiliations et de rendre compte des autres établissements monastiques qui s'écartèrent plus ou moins des règles de cette première institution. Il nous suffit de faire remarquer que le travail des mains imposé aux premiers cénobites, et aux chapitres qui adoptèrent leurs règlements dans le neuvième siècle, fut ensuite assez généralement remplacé par l'étude et par des occupations intellectuelles. Dans ce nouveau système, les établissements religieux, dont la plupart s'étaient répandus jusque dans les villes, influèrent d'une manière plus marquée sur l'opinion publique. Les monastères et toutes les institutions du clergé se multipliaient, sous une forme de gouvernement qui les protégeait d'une manière spéciale, et qui en faisait un appui pour sa propre autorité. On conservait dans ces pieux établissements, comme dans des lieux d'asile, le dépôt des sciences et les débris littéraires que la barbarie des temps n'avait pas encore anéantis.

La propagation de la langue latine fut un des événements qui contribuèrent le plus à sauver un si précieux héritage. Cette langue était celle du clergé et des monastères : la cour de Rome, d'où relevaient toutes les institutions religieuses, avait besoin d'un commun idiome, pour étendre ses rapports avec elles. Tous les livres de liturgie étaient écrits en latin; l'office divin se célébrait partout dans cette langue : elle devenait nécessaire aux lecteurs des livres saints, à ceux des Pères de l'Église. Ce dernier motif fit aussi cultiver la langue grecque, dont une partie des saints Pères s'étaient servis, et quoique l'usage en fût moins général il ne fut pas abandonné. Alors la plupart des écrits avaient un caractère religieux : ils étaient dogmatiques, ascétiques, empreints de cet esprit de controverse et de mysticisme, qui tendait à soumettre la raison à la foi : un petit nombre de livres purent échapper à l'oubli où tous les autres allaient s'ensevelir.

La langue latine avait passé de Rome à Constantinople, et lorsque Constantin eut fait de cette dernière ville la capitale de l'Empire, il y attira les premières familles d'Italie, et un grand nombre d'habitants de toutes les autres classes. Pendant longtemps les actes publics furent écrits en latin : Justinien publia son code dans cette langue au commencement du sixième siècle. On a même retrouvé dans l'empire d'Orient plusieurs actes du dixième siècle, composés en langue latine, mais écrits en caractères grecs. Il paraissait plus commode de n'avoir qu'une même écriture pour l'un et l'autre idiome : cependant cette préférence donnée aux caractères grecs conduisait par une transition naturelle à préférer la langue à laquelle ils avaient toujours appartenu. Le grec n'avait pas cessé d'être en usage dans les provinces d'Orient; il rentra dans la capitale, où le latin allait bientôt tomber en désuétude.

Cette dernière langue s'était d'ailleurs dénaturée dans le pays même où tant d'illustres écrivains l'avaient consacrée par leurs ouvrages. On ne parlait plus à Rome la langue classique du siècle d'Auguste : les littérateurs les plus distingués n'avaient pu en arrêter la décadence; et lorsque le goût tendait à se corrompre d'âge en âge, ils partageaient les défauts de leur siècle. Un grand nombre d'anciens modèles avaient été détruits, les uns par l'ignorance et le mépris des barbares, les autres par un fanatisme aveugle et intolérant : on voulait faire disparaître les écrits profanes que le temps avait épargnés, et en cherchant à les effacer on en surchargeait les pages de différentes productions théologiques qui devaient un jour tomber dans l'obscurité. Mais les iconoclastes littéraires ne purent pas accomplir en entier cette dévastation : le temps devait venir où l'on retrouverait quelques textes anciens, à travers les dégradations de leurs manuscrits.

Toutes les dépouilles du passé ne furent pas d'ailleurs atteintes par les barbares ou par le fanatisme. Plusieurs ouvrages de la haute latinité n'avaient pas été compris dans la commune proscription, soit hasard, soit inadvertance, soit qu'ils fussent encore protégés par quelque sentiment d'admiration ou de scrupule littéraire. L'usage du latin servit donc aussi à l'étude de la littérature profane : il permit de consulter d'anciens modèles de goût, d'éloquence, de pureté ; et les hommes les plus lettrés du moyen âge cherchèrent à s'en rapprocher dans leurs écrits. Aussi, quelle que pût être la dégradation de cet idiome, elle était beaucoup moins sensible que l'imperfection des langues vulgaires qui commençaient à se former dans différents pays. Celles-ci hésitaient dans leur marche : elles avaient des règles incertaines ; et leur grammaire, plus ou moins informe, se confondait avec celle de l'ancien langage. Il se fit de part et d'autre de fréquents emprunts de tournures et d'expressions : tandis que le peuple latinisait sa langue barbare, les clercs accoutumés à celle des Romains commençaient à la germaniser.

L'emploi de ce latin plus ou moins corrompu se conserva longtemps dans les actes publics, dans les chartes, les traités, les autres contrats, émanés de l'autorité civile ou religieuse, et il devint un moyen habituel de correspondance entre tous les magistrats qui pouvaient l'entendre. Le code du droit canonique, ceux du droit romain qui venaient d'être retrouvés, et que l'on conservait dans leur langue primitive, étant devenus la base de toutes les décisions juridiques, il fallait les bien connaître pour en faire l'application journalière.

Cependant plus on s'éloignait des territoires que Rome avait autrefois conquis, et où de nombreuses traces de sa langue s'étaient conservées, plus on voyait les langues du Nord prévaloir sur celles du Midi. La plupart des actes durent être dressés dans l'idiome vulgaire, partout où le peuple ne pouvait pas en comprendre d'autres ; et même on vit dériver de cette source commune plusieurs langues germaniques qui se répandirent dans le Nord, et qui servirent à l'inscription des actes publics et politiques de différentes nations de cette contrée.

La diversité de ces dialectes rend sans doute plus difficile l'étude des monuments historiques du moyen âge : mais ceux dont il est malaisé de débrouiller le texte original ont souvent été reproduits dans une langue plus connue : d'autres recherches suppléent à ces documents primitifs, et les questions obscures viennent à s'éclaircir, quand ces différents langages ont pu s'expliquer l'un par l'autre.

Si nous voulons nous rendre compte de la marche que l'enseignement suivit dans le moyen âge, nous voyons que l'école de Reims, les universités de Paris et de Bologne étaient déjà fameuses vers la fin du dixième siècle. Guillaume de Champeaux, Abailard, Pierre Lombard, auteur du livre des sentences, enseignèrent à Paris les humanités, la philosophie et la théologie. L'université de cette ville attirait des élèves d'Angleterre, d'Allemagne, du nord de l'Europe, d'Espagne et d'Italie : le cardinal Robert de Courçon lui donna en 1215 un règlement : les frères prêcheurs furent agrégés à cette institution ; et ils eurent des colléges, ainsi que les frères mineurs. On fonda pour les moines les colléges des Bernardins, ceux de Clugni et de Marmoustier : d'autres furent établis par les évêques pour les pauvres étudiants : le nombre de ces établissements augmenta, et l'exemple qu'ils donnaient fut suivi dans tous les pays du rite latin.

Mais le goût des bonnes études s'était perdu : on voulut embrasser trop de choses à la fois, et l'on ne pouvait prendre qu'une légère teinture de chaque genre de connaissances. On étudiait la grammaire des langues anciennes, en négligeant celle des langues vulgaires qui sortaient à peine de l'enfance : la plupart des laïques ne savaient pas lire; le latin que les clercs entendaient encore se chargeait de mots barbares dont on changeait la terminaison : l'orthographe n'était pas fixée; l'hébreu, le grec étaient à peine connus, quoiqu'on fût entouré d'Israélites et qu'on eût des relations avec les Grecs; l'arabe et les autres langues orientales étaient encore plus ignorées.

La rhétorique abusait des métaphores et du sens figuré. On apprenait à écrire avec recherche, sans naturel; et ce genre de style se retrouve dans les lettres d'Innocent III, de Pierre de Blois, de Pierre des Vignes : les expressions en poésie sont encore plus forcées : l'histoire est chargée de fables, la géographie erronée, la logique réduite à l'art des subtilités et des raisonnements captieux : la physique ne s'appuie pas sur l'expérience; on étudie peu la géométrie; on s'accoutume, en morale, au doute, à la contestation; et l'on jure sur les paroles du maître, plutôt qu'on ne cherche les lumières de la raison.

Dans les écoles, les maîtres étaient orgueilleux de leur savoir, et les disciples étaient turbulents : les disputes qu'ils avaient entre eux ou avec les bourgeois dérivaient de la différence des systèmes auxquels ils s'attachaient, de la variété des langues s'ils appartenaient à plusieurs pays, et du peu d'autorité des maîtres.

Les théologiens, ne sachant pas la langue des Écritures saintes, ne pouvaient pas remonter aux sources : ils abusaient, pour étendre les droits de l'Église, des allégories que l'on trouve dans les livres sacrés, telles que celles des deux glaives, des deux luminaires; ils disputaient sur les traditions. Ce mauvais goût du siècle se répandit dans leurs ouvrages; le style des scolastiques devint sec et uniforme : les canonistes ne furent pas d'accord sur la jurisprudence, et l'autorité des évêques ne suffisait pas pour les concilier. Il aurait fallu un meilleur plan pour les études, des principes plus arrêtés en théologie, moins de subtilités sur la morale, un meilleur goût dans le choix des pensées, moins de dégradation dans le langage.

Les causes qui produisirent l'altération de toutes les bonnes doctrines littéraires se faisaient remarquer depuis plusieurs siècles; quelques génies avaient apparu par intervalle : et nous devons compter dans ce nombre le vénérable Bède, Alcuin, que Charlemagne avait appelé près de lui pour perfectionner l'enseignement, Eginhard, qui fut son secrétaire, Paul Varnefride, historien des Goths et des Lombards, Hincmar, qui dut à ses vastes connaissances son rang élevé dans l'Église, et qui fut la lumière vivante de plusieurs conciles, Gerbert, illustre par son savoir avant d'arriver au saint-siége. On voyageait alors en Espagne pour s'y instruire chez les Arabes : Gerbert était allé y étudier les mathématiques; et quoique l'étendue de ses connaissances le fît accuser de magie, il devint successivement archevêque de Reims, de Ravenne, et souverain pontife sous le nom de Sylvestre II.

Photius, que nous ne considérons ici que comme littérateur, s'était fait admirer dans le neuvième siècle par ses profondes recherches en histoire, en philosophie, en médecine : il eut l'éloquence d'un orateur, et lorsque son ambition l'eût fait aspirer au patriarcat de Constantinople, il devint un des théologiens les plus savants, un des plus subtils dialecticiens.

Quelques hommes s'attachaient à recueillir de nombreux passages des auteurs anciens; et dans un âge où les livres étaient rares, et où la plupart des meilleurs manuscrits avaient disparu, on dut attacher un grand prix au lexique de Suidas, qui vécut vers la fin du onzième siècle. Cet ouvrage renfermait un grand nombre de citations des vieux auteurs qui avaient eu le plus de célébrité : il en expliquait les passages, relatifs à des mœurs, à des événements dont la tradition s'était obscurcie. Eustathe publia dans le siècle suivant un commentaire très-étendu sur les ouvrages d'Homère : d'autres scoliastes s'attachèrent avec le même soin à commenter les œuvres d'Aristote. Cedrenus, Psellus, Ingulphe, qui écrivaient dans le XIe siècle, acquirent quelque réputation comme historiens : d'autres mirent en crédit l'étude de la scolastique, et méritèrent les noms de docteurs subtils, séraphiques, angéliques, irréfragables.

L'habitude d'exercer et d'aiguiser l'esprit sur des questions obscures que les lumières de la foi peuvent seules éclaircir, conduisait à faire d'autres progrès dans des sciences plus positives. Le douzième siècle vit briller plusieurs personnages fameux : S. Bernard, Abailard, Pierre le Vénérable fleurirent en même temps. Hildebert, archevêque de Tours, publia un poëme latin sur la ville de Rome : Othon de Freisingue écrivit ses chroniques en Bavière; on répandit la publication du code de Justinien, retrouvé à Amalfi ; Gratien publia le recueil des canons ecclésiastiques; Averroës de Cordoue devint célèbre comme médecin et commentateur; Edrisi publia sa géographie qui embrassait toutes les parties du monde alors connu; on remarqua vers la fin du même siècle, comme littérateurs ou comme historiens, Jean Salisbury, Pierre Comestor, Pierre de Blois, Guillaume de Neubourg, Gervais de Cantorbéry, Saxon le grammairien, Adam de Brême dont nous avons cité les écrits.

Presque tous les hommes qui se distinguèrent dans les lettres appartenaient au clergé séculier ou aux monastères : ceux-ci étaient tenus d'apprendre le latin : la solitude du cloître laissait des loisirs aux religieux, et l'étude les mettait au-dessus de leurs contemporains.

Cependant tous ces écrivains ne pouvaient échapper à la corruption du goût, et en arrêter la décadence : les bons exemples avaient diminué de jour en jour ; et les hommes qui cultivaient leur intelligence manquaient d'appréciateurs éclairés.

Le *trivium* et le *quatrivium* renfermaient toutes les connaissances exigées dans le XIIe siècle pour constituer un savant. Le premier cours d'études comprenait la grammaire, la logique ou dialectique et la rhétorique : le second cours embrassait les quatre facultés ou arts libéraux; savoir : l'arithmétique, la géométrie, la musique et l'astronomie. L'érudition était le caractère distinctif des hommes qui s'occupaient des lettres; mais, en rendant compte de leurs recherches, ils avaient le désavantage d'écrire dans une ancienne langue, déjà très-corrompue par le temps, ou dans une langue vulgaire qui n'était pas encore formée, et dont les règles ne pouvaient être fixées qu'insensiblement et par un long usage.

L'Italie fut la première qui donna l'exemple de cette création d'un nouveau langage, où l'ancien idiome du pays s'était mêlé à celui des conquérants : d'illustres écrivains perfectionnèrent de bonne heure cette combinaison ; ils l'assujettirent à des règles, et fixèrent par leur autorité et par leur exemple cette langue harmonieuse qui allait devenir celle de toute la péninsule.

Le même génie avait animé les *troubadours* du midi de la France. Le nord de ce royaume eut ses *trouvères*, l'Allemagne eut ses *singers* qui, cherchant à enrichir la langue vulgaire des locutions et des règles d'une langue mieux formée, s'attachaient moins à changer leur idiome national qu'à fixer son caractère et à développer sa richesse et son énergie. Ces différents essais sur le langage n'étaient pas enseignés d'une manière dogmatique, et sous la forme d'une leçon ; mais les *jongleurs* ou poètes qui faisaient entendre leurs chants, leurs tensons, leurs ballades dans les châteaux et sur les places publiques, offraient à leurs auditeurs des modèles d'imitation. Ils avaient peu de savoir, ils faisaient de fabuleux récits qu'animait souvent une imagination mal réglée; ils peignaient les passions, les orages du cœur : c'en était assez pour captiver l'attention d'une assemblée qui cherchait plutôt des émotions que des lumières, et dont il fallait amuser l'oisiveté. Les plaisirs appartenaient aux grands; le goût de l'instruction ne les gagnait point encore : ils avaient une sorte de dédain pour le savoir; et la noblesse laissait aux clercs la culture de quelques sciences imparfaites dont elle ne connaissait pas le prix. La chasse, ou la guerre, ou des amusements frivoles occupaient tous ses moments : elle aimait les fêtes militaires, l'exercice de l'équitation et le maniement des armes; le commerce, l'industrie, les professions utiles l'auraient fait déroger à son rang et à ses priviléges. Telle était la contagion de ses exemples, que les clercs eux-mêmes avaient souvent contracté plusieurs de ses habitudes, et qu'ils ne consacraient à leur instruction qu'une faible partie de leurs loisirs. Les princes et seigneurs ecclésiastiques se croyaient liés par d'autres obligations : le soin qu'ils avaient à prendre de leurs États et de leur souveraineté temporelle les entraînait dans de fréquentes expéditions militaires; et leur présence devenait souvent nécessaire dans les conseils du monarque dont ils étaient vassaux, ou dans les conciles généraux que ce prince avait convoqués.

Des obligations si diverses et des distractions si fréquentes contribuaient à relâcher la discipline ecclésiastique, et à faire partager au clergé la dépravation d'un siècle barbare : elles tendaient à élever l'autorité temporelle du saint-siége au-dessus de toutes les autres puissances humaines; à faire prédominer les censures ecclésiastiques, les pénitences publiques et l'excommunication, sur toutes les peines infligées par les tribunaux civils et criminels; à déposer les rois; à délier leurs sujets du serment de fidélité; à faire enfin entreprendre et diriger par l'Église elle-même toutes les grandes opérations militaires et religieuses qui devaient occuper dans le moyen âge les peuples de la chrétienté.

Ces expéditions générales avaient été précédées par de longues divisions entre les papes et les autres souverains, entre le sacerdoce et l'empire. L'anarchie qui troubla si souvent le neuvième et le dixième siècle devint favorable aux empiétements temporels du saint-siége; elle accrut la dégradation des mœurs, l'ignorance et la superstition : dès lors on confondit la vérité avec l'erreur, la piété avec le fanatisme, le repentir avec les actes extérieurs d'une fausse pénitence. Si nous avons plusieurs fois à revenir sur cette peinture des mœurs du moyen âge, et sur cette tendance naturelle des opinions vers un pouvoir que reconnaissaient également toutes les nations chrétiennes, c'est que les peuples dont nous devons peindre le caractère obéirent sur ce point à la même influence que tous les autres. Il ne suffirait pas de se borner à leurs annales particulières; nous avons à les faire rentrer dans la grande famille de l'humanité, car leur histoire se trouve liée à celle de leur siècle, aux vicissitudes de l'opinion, et à celles du système social : c'est par de tels rapprochements, c'est par les observations générales qui en dérivent, que la marche des événements vient à s'expliquer, et que l'on peut mieux en saisir la cause, la tendance et les résultats.

Quelque différents que puissent être les intérêts politiques ou commerciaux de plusieurs nations, il est néanmoins des opinions générales auxquelles elles se rallient, quand elles jouissent d'une même religion, qu'elles se ressemblent par les mœurs et l'organisation sociale, et qu'elles croient avoir à combattre de communs ennemis : alors une même pente les entraîne; elles obéissent toutes à l'esprit de leur siècle, s'éclairent de ses lumières, ou suivent aveuglément ses erreurs.

On désigna dans le neuvième siècle, sous le nom de millénaires un grand nombre d'enthousiastes, persuadés que la fin du monde arriverait dans le siècle suivant : ils croyaient aussi qu'après le jugement dernier les élus trouveraient leur paradis sur la terre, et y passeraient mille ans sous le règne du Christ. Cette opinion, devenue populaire, donna une nouvelle activité au zèle religieux : elle détacha des biens de la terre, et toutes les vues se tournèrent vers le ciel. Cet âge fut celui des fondations pieuses; on donna de grandes possessions aux monastères ; on cherchait par des expiations à fléchir la colère divine, et à détourner la catastrophe dont le monde était menacé : le clergé, les ordres monastiques devinrent plus puissants ; l'Église était regardée comme une médiatrice entre l'homme et la Divinité, dont elle devenait l'interprète.

Et comment des vues humaines et ambitieuses ne se seraient-elles pas mêlées au zèle pieux des pontifes? la première autorité de l'Église ne pouvait pas toujours être conférée au plus digne : plusieurs hommes portèrent sur la chaire de Saint-Pierre le caractère inquiet, les passions qui les avaient animés avant leur exaltation ; et s'ils ne purent faire perdre au saint-siége le rang auguste et la majesté qui lui appartenaient, du moins ils ne surent pas constamment édifier le monde par leurs vertus. Tel est l'empire du siècle sur les fonctions les plus respectables. On ne pouvait, dans des temps d'ignorance et de barbarie, espérer que les hommes les plus éminents fussent affranchis des opinions régnantes, et qu'ils ne voulussent en tirer aucun parti pour étendre leur puissance.

Les erreurs des millénaires ne cessèrent pas avec le dixième siècle : un grand nombre d'hommes persistèrent à croire que la vengeance du ciel n'était que différée, que le glaive restait suspendu sur leur tête, et qu'il fallait regarder comme précurseurs de la destruction du monde ces conquérants, ces hordes implacables qui ravagèrent pendant le onzième siècle la plupart des contrées de l'Europe. Les Sarrasins avaient envahi tout le nord de l'Afrique, l'Espagne presque entière et les contrées méridionales de la France : les Danois firent la conquête de l'Angleterre ; les Normands établis en France allèrent s'emparer du royaume de Naples ; les Turcs vinrent s'établir en Syrie, et les lieux qui furent le berceau du christianisme tombèrent aux mains des infidèles. Alors il se rendait à Jérusalem une longue succession de pèlerins, qui bravaient la pauvreté, la fatigue, les périls de toute nature, pour visiter la contrée où les premiers mystères de la religion s'étaient accomplis. Ces voyages étaient devenus une des pratiques religieuses du septième et du huitième siècle : on en fit en un grand nombre de lieux, pour visiter les hommes pieux qui s'étaient acquis dans leur cellule une réputation de sainteté, et pour vénérer leurs reliques quand Dieu les avait rappelés à lui. Les longs pèlerinages, qui étaient aussi les plus pénibles, passaient pour les plus méritoires : on partait du nord de l'Europe, pour s'arrêter en Espagne à Saint-Jacques de Compostelle, pour se rendre en Italie, soit à Rome ou au mont Cassin, soit au mont Saint-Ange ou à Notre-Dame de Lorette, et pour aller jusqu'en Palestine se prosterner devant le saint sépulcre.

Ces actes avaient été dans l'origine une œuvre de piété volontaire, pratiquée dans tous les états, depuis le rang du monarque jusqu'à la classe la plus humble et la plus pauvre : ils devinrent beaucoup plus nombreux, lorsqu'on les regarda comme une expiation des fautes, quand ils remplacèrent les pénitences publiques, et qu'ils furent imposés aux criminels, pour les racheter du supplice.

La plupart des pèlerinages se faisaient par terre : on traversait l'Europe entière, pour aller chercher à Jérusalem la rémission de ses fautes : les voyageurs les plus humbles vivaient de l'aumône des fidèles ; et les riches, qui pouvaient acheter leur subsistance, étaient souvent exposés aux attaques des brigands, ou aux exactions du fisc dans les États qu'ils traversaient. Les routes avaient été plus libres, quand tous les pays alors connus appartenaient à l'empire d'Orient. Les musulmans arabes, qui se rendirent ensuite maîtres de la terre sainte, n'empêchèrent pas ces pieux exercices, dans une terre consacrée, et devenue pour eux-mêmes un lieu de vénération; mais tous les califes n'eurent pas la même tolérance; les pèlerins furent souvent troublés dans la visite des saints lieux; et l'arrivée des Turcs seljoucides les exposa, dans le onzième siècle, à de plus mauvais traitements.

Néanmoins de si grands périls ne ralentissaient pas le zèle des pèlerins: les uns allaient s'offrir sans défense aux ennemis du nom chrétien, et ils étaient animés par l'espérance du martyre: les autres prenaient les armes, pour accomplir leur vœu avec sécurité; et ces expéditions particulières préparaient celles où l'on tenterait d'arracher des mains des infidèles le berceau du christianisme. Quand leur puissance menaçait toute l'Europe occidentale, on dut s'attacher d'abord à se défendre contre leurs invasions; mais Grégoire VII avait conçu le projet de les attaquer en Orient, pour leur enlever la terre sainte. La première croisade fut prêchée par Urbain II en 1094; et ce pontife, en ralliant tous les chrétiens par une pieuse et grande entreprise, espéra faire cesser entre eux cette longue suite de guerres particulières, qui avaient troublé l'Europe pendant deux cents ans.

On accorda une indulgence plénière à tous ceux qui, ayant encouru des punitions temporelles ou une pénitence publique, prendraient part à cette croisade. Des hommes accoutumés à des actes de violence préférèrent ce nouveau mode d'expiation aux jeûnes, aux aumônes, à l'exil, auxquels ils étaient condamnés par les autorités canoniques : la guerre n'était plus un châtiment pour eux, et ils s'engageaient avec ardeur dans des expéditions aventureuses, qui leur offraient d'autres occasions de se livrer à la fougue de leurs penchants. Dès lors un grand nombre d'excès durent se mêler à la dévotion : la nouvelle épreuve que l'on faisait subir aux coupables ne réformait pas leurs vices : elle ouvrait même un champ plus vaste aux désordres; et les hommes engagés dans cette vie vagabonde allaient troubler la sécurité d'un autre pays.

Nous ne confondrons point avec cette tourbe indisciplinée les hommes animés d'un zèle religieux qui prirent part à ces pieuses entreprises, ceux qui cherchaient la gloire, ceux qui étendaient les bienfaits du commerce, ou qui voulaient repousser les périls dont l'Europe leur paraissait menacée. L'Allemagne fut entraînée comme la France dans ce grand mouvement : les villes de la Baltique et de la mer du Nord y participèrent, et prêtèrent leurs pavillons aux habitants qui prirent la croix. La voie de terre eût été trop longue, trop périlleuse pour gagner les régions d'Orient : on préférait des vaisseaux déjà accoutumés aux parages des côtes de l'Atlantique et même à ceux de la Méditerranée : souvent ils avaient transporté des pèlerins vers la terre sainte; ils servirent également aux expéditions des guerriers et facilitèrent leurs exploits. Si des Saxons, des Danois se firent remarquer au nombre de ceux qui fondèrent le royaume de Jérusalem, on voit aussi que les villes du Nord, où la navigation avait fait le plus de progrès, reçurent à la suite de cette conquête le prix de leur coopération, et obtinrent des priviléges commerciaux dans les ports dont les chrétiens s'étaient emparés.

Le mouvement imprimé à une partie de l'Europe avait surtout entraîné les guerriers d'Occident; mais il gagna bientôt tous les peuples qui faisaient partie de la grande famille chrétienne, et les premiers désastres des croisés leur suscitèrent d'innombrables vengeurs. Les chrétiens avaient perdu en 1142 la ville d'Édesse, principal boulevard du royaume de Jérusalem : plus de trente mille hommes avaient péri sans pouvoir la sauver ni la reprendre, et Nourreddin allait menacer d'une invasion les autres domaines du royaume, lorsque le pape Eugène III invita la chrétienté à secourir la cité sainte, et chargea Bernard, abbé de Clairvaux, de prêcher contre les Sarrasins une nouvelle croisade. Louis VII et tous les barons français se rendirent à Vézelai en Bourgogne pour entendre cette prédication : une tribune fut élevée en plein champ, et l'éloquence du pieux apôtre entraîna l'assemblée entière à prendre la croix : le roi eut bientôt sous ses ordres une armée de cent mille hommes, prêts à entreprendre cette expédition. L'empereur Conrad III venait de convoquer une diète à Spire : les puissantes exhortations de Bernard touchèrent si vivement cette réunion de souverains qu'ils résolurent de porter la guerre aux infidèles. L'orateur se rendit en Bavière, il parcourut ensuite différentes villes du Rhin, et partout il excita la même ferveur.

On pourrait s'étonner du succès qu'obtint le prédicateur de la croisade dans un pays dont la langue lui était inconnue, si l'on ne remarquait pas que les assemblées au milieu desquelles il cherchait des prosélytes se composaient de l'élite de la nation. Les princes, le clergé surtout, entendaient la langue latine : elle était devenue le lien de leurs relations mutuelles; et quel que fût l'idiome vulgaire des peuples germains, ou saxons, ou slaves, dont ils avaient le gouvernement ou la direction, ils pouvaient faire passer d'une langue dans l'autre, et communiquer ainsi à la multitude, les leçons et les impressions qu'euxmêmes avaient reçues. Ce fut alors qu'on vit un grand nombre d'enthousiastes, pénétrés du même esprit religieux, se répandre dans les villes, dans les bourgades et au milieu des campagnes, attirer à eux des populations nombreuses, les animer de leur saint zèle, les entraîner à cette guerre sacrée, par tous les motifs qui pouvaient agir sur des caractères énergiques et sur de vives et mobiles imaginations. Ne cherchons pas dans leurs discours le même genre d'éloquence que chez les anciens; ils avaient celle de leur siècle; ils soulevaient, ils dirigeaient les passions, et savaient émouvoir et persuader. Ce grand but ne fut-il pas dans tous les temps celui de l'orateur? Si nous condamnons quelquefois la bizarrerie de ses figures et de son langage, reportons-nous à son époque : ses images nous paraîtront moins étranges; et le fond du raisonnement et la forme du style seront justifiés par la situation où se trouvait alors l'esprit humain, et par la nécessité d'être compris et de produire une vive impression.

Les levées d'hommes qui se firent, soit en France, soit en Allemagne, avaient deux centres de réunion, l'un à Metz, l'autre à Ratisbonne. Louis VII et l'empereur Conrad s'étaient décidés à prendre la route de terre, et ils avaient à traverser la Hongrie, l'empire d'Orient, l'Asie Mineure, pour se rendre en Syrie et jusqu'à la ville sainte. Le nombre de leurs troupes grossissait en marchant : elles entraînaient avec elles les hommes qui cherchaient les périls de la guerre, les pécheurs repentants auxquels la rémission de leurs fautes était promise par les bulles d'Eugène III, les débiteurs que leurs créanciers n'avaient plus le droit de poursuivre, les coupables qui avaient besoin d'échapper à la vindicte des lois. L'Allemagne, longtemps livrée au fléau de l'anarchie, vit s'éloigner une multitude de factieux; mais les pays qu'ils traversèrent furent abandonnés à leurs dévastations; et ces troupes, affaiblies de jour en jour par les maladies, la misère et une longue suite de combats dans les montagnes de l'Asie Mineure, s'épuisèrent, sans avoir porté de secours au royaume de Jérusalem, dont les Sarrasins avaient déjà resserré les limites.

Une armée navale, dont les troupes s'assemblaient sur les bords du Rhin et sur ceux du Wéser, était partie en même temps de Cologne et de Brême pour gagner l'Océan : elle longea les côtes de la Flandre, de l'Angleterre, de la France, s'accrut d'un grand nombre de navires sur ces différents rivages, et se dirigea vers la Galice, où les guerriers pèlerins allaient recourir à l'intercession de saint Jacques de Compostelle, avant d'attaquer les infidèles.

Lisbonne et toute la partie méridionale du Portugal étaient alors occupées par les Sarrasins : Alphonse Ier était habituellement en guerre avec eux; et ce prince qui les avait vaincus en 1139 dans la bataille d'Ourique, et qui avait été proclamé roi par son armée, à la suite de cette victoire, était souvent dans la nécessité de partager ses forces, pour défendre contre l'Espagne son indépendance, et pour repousser les invasions des Maures : il rechercha les secours des guerriers du Nord, les fit accueillir par l'évêque de Porto, lorsqu'ils mouillèrent devant cette place, et parvint à les associer à une expédition qu'il allait tenter contre Lisbonne. Leur flotte, composée de cent quatre-vingts navires, avait à bord des guerriers teutoniques, flamands, anglais et français commandés par Guillaume, duc de Normandie; elle se rendit à l'embouchure du Tage, tandis qu'Alphonse venait assiéger cette ville par terre : l'armée navale concerta ses opérations avec les troupes portugaises; elle intercepta toutes les communications de Lisbonne avec la mer; et ses troupes de débarquement campèrent dans la région où l'on a érigé dans la suite l'église des Saints-Martyrs. Cette ville prolongea sa défense pendant cinq mois; enfin elle fut prise d'assaut le 21 octobre 1147, et la plupart des Sarrasins furent passés au fil de l'épée; le butin appartint aux guerriers du Nord; la ville fut occupée par Alphonse; les Maures la perdirent sans retour, et Lisbonne redevint une colonie chrétienne.

Les auxiliaires d'Alphonse ne se rendirent point dans la Palestine, quoique la flotte eût été équipée dans ce dessein : la saison avancée ne permettait plus une si longue navigation; on venait d'ailleurs de terminer une campagne contre les infidèles; le mérite d'une croisade se trouvait obtenu. et après ce premier exploit les vaisseaux regagnèrent les rivages d'où ils étaient partis.

Une autre expédition, dont les chefs étaient Adalbert, archevêque de Brême, et les princes de la maison de Saxe, avait été dirigée contre les Vendes. Lubeck, Brême et Hambourg prirent part à cette guerre : les Vendes, après avoir saccagé la première ville, éprouvèrent de sanglantes représailles; et la paix ne fut rétablie avec eux que lorsqu'ils eurent consenti à devenir chrétiens. Il semblait alors que la communauté de religion pût seule établir entre les peuples des liens de confiance et d'amitié, et qu'on dût être en état d'hostilités permanentes contre les païens et les infidèles.

Il serait étranger à notre sujet de suivre le cours des expéditions qui se succédèrent en Orient, jusqu'à l'époque où la perte de la bataille de Tibériade, la prise de Ptolémaïs, de Césarée, de Bayrouth, des autres ports de la Palestine, et celle de Jérusalem, tombée au pouvoir de Saladin, déterminèrent le pape Clément III à publier une troisième croisade. L'empereur Frédéric Barberousse prit la croix avec son fils, duc de Souabe, avec le duc d'Autriche et le marquis de Bade : les princes, les seigneurs d'une grande partie de l'Allemagne marchèrent sous ses drapeaux : Adolphe, comte de Holstein, était du nombre; et les citoyens de Lubeck, Brême et Hambourg fournirent des vaisseaux aux guerriers du Nord et s'associèrent à tous leurs périls. Ces navires firent voile pour la Syrie, où ils devaient se réunir aux troupes impériales, qui avaient pris la route de terre au nombre de cent mille hommes. Mais l'empereur périt en Cilicie dans les eaux du Sélef; et les débris de sa puissante armée se réduisaient à cinq mille combattants, quand la flotte du Nord les rejoignit en 1190 près de Ptolémaïs, dont Philippe-Auguste et Richard Cœur de lion faisaient alors le siége.

Quelques détails nous ont été conservés sur les expéditions maritimes qui partirent des pays du Nord pour se rendre sur les cotes de la Palestine. Des troupes allemandes, commandées par le duc de Gueldre et le landgrave de Thuringe, s'étaient embarquées en 1189 sur le Rhin et sur le Wéser : elles arrivèrent au commencement de juin dans le port de Lisbonne. Leurs flottes réunies se composaient de cinquante-cinq voiles : elles gagnèrent ensuite la côte des Algarves, s'emparèrent sur les Sarrasins du château d'Alvor, firent main basse sur les assiégés, dévastèrent les campagnes voisines; et après avoir traversé le détroit de Gibraltar, elles naviguèrent vers la Sicile, où était fixé le rendez-vous des forces navales qui se dirigeaient vers l'Orient. Jacques, seigneur d'Avesnes, prit la croix vers la même époque, s'embarqua en Flandre avec les troupes de son pays, et se rendit également en Sicile.

Une autre flotte de vingt-quatre navires, montée par des guerriers pèlerins de Frise, de Danemark et des contrées voisines de l'Elbe et du Wéser, arriva bientôt à Lisbonne; et enfin une dernière expédition de onze vaisseaux quitta l'île de Walcheren le 20 avril 1189, toucha successivement aux ports d'Yarmouth, de Darmouth et à quelques autres rivages d'Angleterre et de Bretagne, fut contrariée par les vents dans les parages de Belle-Ile, mouilla devant la Rochelle, et gagna les ports de Gijon et d'Avilez dans les Asturies. Les guerriers se rendirent en pèlerinage à Oviédo, où l'on gardait un grand nombre de reliques, apportées de Jérusalem : la flotte ayant repris la mer, relâcha une seconde fois sur les côtes occidentales de Galice, où l'on voulait rendre les mêmes honneurs à saint Jacques, et vers la fin du mois de juin elle entra dans le port de Lisbonne, où elle se réunit aux vingt-quatre navires de l'expédition précédente.

Don Sanche Ier était roi de Portugal : son prédécesseur Alphonse avait reconquis ce royaume sur les Sarrasins; mais ils occupaient encore le pays des Algarves; et don Sanche assemblait une armée pour faire le siége de Silvès qui était leur plus forte place : il invita les guerriers du Nord à partager les périls de cette expédition, et leur flotte quitta Lisbonne le 10 juillet. Elle gagna la côte méridionale des Algarves, et reconnut les récentes ruines du château d'Alvor et de la contrée voisine. Les navires remontèrent le cours d'une rivière jusqu'à la vue de Silvès. Le peu de profondeur des eaux ne permettait pas d'aller plus loin, et l'on jeta l'ancre, tandis que l'armée portugaise commandée par Manuel de Souza s'avançait et venait camper de l'autre côté de la place. La première rencontre eut lieu entre des cavaliers sarrasins et quelques Brémois qui s'étaient séparés du corps de troupes dont ils faisaient partie.

Lorsqu'on fut arrivé devant Silvès, la position parut si forte que don Sanche n'espérait pas qu'on pût l'emporter : il proposa aux guerriers allemands d'abandonner l'entreprise et d'attaquer un autre poste; mais il ne put leur faire changer de résolution, et les travaux du siége commencèrent.

Cette place, plus grande alors que Lisbonne, avait quatre fortifications distinctes : la ville basse, située dans un vallon, portait le nom de Ronvalle; la ville haute avait celui d'Almadina : elle s'étendait sur les montagnes, et s'unissait à l'autre ville par un retranchement qui suivait la pente du terrain. Le château d'Alcaï s'élevait en avant de l'enceinte principale, et la tour d'Alviérana était placée entre l'Almadina et le Ronvalle.

Pendant ce siége mémorable, on déploya de part et d'autre tous les efforts du courage et toutes les ressources de l'attaque et de la défense. Les murs de la ville basse furent emportés par escalade; mais il fallut attaquer pied à pied toutes les autres positions, saper les remparts, ouvrir des brèches, renouveler les assauts, couper les aqueducs. La garnison fut épuisée par les combats et les maladies, elle fut réduite à toutes les souffrances de la soif et de la famine, et ne capitula que sur des ruines après un siége de quarante-cinq jours.

4e *Livraison.* (VILLES ANSÉATIQUES.)

La prise de Silvès entraîna celle des châteaux de Sagres, de Lagos, de Portimão, et des autres places de l'Algarve occidentale : don Sanche retourna dans sa capitale, et la flotte allemande, qui avait à bord trois mille cinq cents hommes, reprit sa navigation. Elle passa devant Faro et Tavira qui étaient encore au pouvoir des Sarrasins, et devant l'embouchure de la Guadiana et du Guadalquivir. Les habitants de Cadix, où elle fut jetée par un coup de vent, avaient abandonné précipitamment cette ville, et tous les Maures des rivages voisins se repliaient également dans l'intérieur.

Le 29 septembre, la flotte passa le détroit de Gibraltar, et longeant ensuite les côtes d'Espagne, elle reconnut Malaga, Carthagène, Alicante, Dénia, Valence; elle dépassa l'embouchure de l'Èbre, Tarragone, Barcelone, Narbonne, Montpellier, et vint relâcher à Marseille. Ici se termine la relation de l'auteur anonyme qui nous a conservé le souvenir de cette mémorable expédition, à laquelle les guerriers de Brême, de Hambourg et de Lubeck avaient concouru.

On était à la fin du mois d'octobre : la flotte reprit la mer pour aller se joindre aux autres forces rassemblées en Sicile, et après y avoir hiverné elle se rendit au printemps suivant devant les murs de Ptolémaïs, toujours vaillamment défendus contre les troupes de Richard et de Philippe-Auguste.

L'art de la guerre avait fait des progrès sous le règne de ces deux monarques; les armées d'Occident étaient mieux composées : Saladin que les chrétiens eurent à combattre se montra souvent ennemi généreux; l'esprit de la chevalerie s'était développé; un nouvel ordre religieux et militaire fut fondé, pendant le siége, par les vertus chrétiennes et par la charité.

Les premiers citoyens de Lubeck et de Brême qui s'étaient rendus à cette croisade s'unirent pour donner des secours aux infirmes et aux blessés de la nation allemande. Les voiles de leurs navires en furent détachées, et ils en firent des tentes, des pavillons, sous l'abri desquels ils recevaient et soignaient les malades. Ce zèle fut secondé par le duc de Souabe et par Conrad, chancelier de l'Empire et ancien évêque de Lubeck : tous deux affermirent cet établissement par leur crédit et leurs libéralités : l'hospice fut constitué sous le titre et le patronage de la Vierge Marie : un grand nombre de guerriers voulurent y servir; et l'empereur Frédéric II obtint facilement que cet ordre militaire de Sainte-Marie teutonique fût confirmé par le souverain pontife Honorius III. Les citoyens de Lubeck et de Brême furent admis au nombre des chevaliers militaires de l'ordre dont ils avaient jeté les fondements, quoique les autres plébéiens en fussent exclus; et les chevaliers laïques prirent le pas sur les ecclésiastiques.

L'Ordre teutonique fut ensuite répandu dans toute l'Allemagne : il eut de riches possessions dans les pays du Rhin; et l'empereur Frédéric II lui abandonna la Prusse, pour qu'il en fît une province chrétienne : il exigea aussi que cet ordre envoyât des troupes dans la terre sainte, toutes les fois que leurs services seraient nécessaires.

Une trêve entre les chrétiens et les Sarrasins avait suivi de près la prise de Ptolémaïs; mais après la mort de Saladin les hostilités se renouvelèrent : Célestin III fit encore prêcher la guerre sainte; l'empereur Henri VI se mit à la tête de cette expédition; et trois corps d'armée partirent d'Allemagne pour se rendre en Orient : l'un suivit le cours du Danube et se dirigea vers Constantinople et l'Asie Mineure; un autre s'embarqua dans les ports de la Baltique et de la mer du Nord; les guerriers de Danemark, de Hambourg, de Lubeck, de Brême en faisaient partie, et Hartwick, archevêque de Brême, partait avec eux. Cette flotte longea les côtes occidentales de l'Europe, elle débarqua en Portugal, délivra une seconde fois la ville de Silvès, que les Maures avaient reprise

depuis peu, et alla se joindre en Sicile aux troupes que l'empereur y avait envoyées, et que l'ancien évêque de Lubeck fut chargé de conduire en Chypre et en Palestine. Cette campagne fut heureusement commencée : on reprit sur les Sarrasins les places de Sidon, de Sarepta, de Bayrouth; la principauté d'Antioche fut agrandie; mais tous les efforts des chrétiens échouèrent contre la forteresse de Thoron dont ils avaient entrepris le siége. Ils étaient parvenus à s'établir au pied des retranchements : ils les démolissaient par la base, et déjà quelques pans de murailles s'étaient écroulés, quand les Sarrasins, réduits à l'extrémité, demandèrent qu'on leur laissât la vie sauve, et offrirent de rendre la place à ce prix. « Nous « avons un même Dieu, disaient-ils; « le culte seul est différent : l'auteur « de notre race est Abraham, et Sara « nous a laissé notre nom : nous sommes tous frères, et nous appartenons « également à l'humanité, sous un « même Dieu qui est notre père. La « vicissitude des choses humaines fait « que nous sommes vaincus après « avoir été souvent vainqueurs : rece-« vez-nous, quand nous nous rendons; « laissez-nous les vêtements et la vie : « vous trouverez dans la citadelle des « prisonniers et de nombreux trésors; « acceptez notre abandon et permet-« tez-nous de partir. »

Les chrétiens ne voulurent pas accéder à ce vœu; ils exigeaient qu'on se rendît à discrétion, et la garnison réduite au désespoir leur opposa une si vive résistance que, après avoir donné à la place d'inutiles assauts où ils perdirent une grande partie de leurs troupes, ils furent forcés de lever le siége, et regagnèrent en désordre la ville de Tyr. La discorde se mit bientôt dans leurs rangs. Les chrétiens de Syrie et les guerriers d'Allemagne s'imputaient mutuellement les pertes qu'ils avaient faites : les premiers se rendirent à Jaffa, les seconds à Ptolémaïs, et ceux-ci quittèrent bientôt la Palestine pour retourner dans leur pays.

Les nations du Nord ne prirent aucune part à la croisade suivante, qui se termina en 1204 par la fondation de l'empire latin; mais en 1217 elles armèrent encore plusieurs flottes, dirigées vers la Sicile, l'île de Chypre et les côtes de la Palestine. On vit à la fin du mois de mai, de nombreux bâtiments sortir de l'Elbe, du Wéser et du Rhin, avec les troupes de la basse Saxe, de la Westphalie et du pays de Cologne, pour se joindre aux escadres de la Frise, de la Hollande et du Brabant. Cette nombreuse flotte gagna le port de Lisbonne, qui était devenu pour les vaisseaux du Nord un lieu de relâche habituel; et Alphonse II, roi de Portugal, eut recours aux guerriers allemands, pour attaquer la place d'Alcaçar-do-sal, dont les Maures s'étaient emparés. Les Frisons et la plupart des Saxons se refusèrent à cette demande; mais elle fut accueillie par les comtes de Hollande, de Werden et de Berg qui commandaient une partie de la flotte : ils firent avec les Portugais le siége d'Alcaçar, dont la situation sur une montagne escarpée rendait l'accès très-difficile : les Maures qui voulurent secourir la place furent taillés en pièces; et cette ville fut forcée de se rendre, après deux mois et demi de siége.

La flotte des guerriers du Nord hiverna dans le port de Lisbonne; elle en partit au printemps de l'année suivante, et après avoir essuyé dans la Méditerranée de violentes tempêtes, qui en dispersèrent les navires à Marseille, à Gênes, à Pise, à Messine, elle alla se réunir aux autres croisés, dans les ports de l'île de Chypre et dans celui de Ptolémaïs. Une tentative contre Damiette fut alors résolue; et la prise de cette place termina les travaux de la campagne. Les expéditions pour l'Orient furent bientôt interrompues, et les croisades changèrent de direction, lorsque la cour de Rome eut accordé les mêmes indulgences aux guerriers qui allaient combattre les Maures en Espagne et en Portugal, les Albigeois en France, les Stadingues en Allemagne, les païens en Prusse et en Livonie, et les différents princes frap-

4.

pès d'excommunication. Chacun des peuples qui prirent la croix choisit le théâtre de guerre qui se trouvait le plus à sa portée : les forces des chrétiens furent disséminées, et l'on perdit de vue le but primitif de ces entreprises. Le pape Honorius III avait fait prêcher une croisade contre les Prussiens idolâtres, et les autres nations du Nord se préparaient à leur faire la guerre. Saint Adalbert de Bohême avait cherché à les convertir longtemps auparavant, et il avait reçu d'eux la couronne du martyre : Christian, abbé du monastère d'Oliva, fut ensuite l'instigateur de la guerre dirigée contre eux.

La Livonie était, comme la Prusse, occupée par des peuples païens ; mais les Saxons et les Vendes, qui faisaient le commerce de cette contrée, y avaient jeté les premières semences du christianisme. Meynard, chanoine de Segesberg, s'y était rendu plusieurs fois avec les marchands de Brême : il entreprit la conversion du pays, et recourut, pour obtenir cette mission, à l'autorité de Hartwick, archevêque de Brême, qui érigea en sa faveur l'évêché de Riga, sous le patronage de la vierge Marie. Le pays était fertile : les cultivateurs y accoururent ; des moines de Cîteaux furent chargés de l'instruction chrétienne ; ce soin fut ensuite remis aux frères prêcheurs ; et Meynard fit élever dans une île de la Dwina la forteresse de Kerckholm, destinée à protéger son ouvrage. Cet apôtre guerrier fut secondé par le pape Célestin III : le saint-siége promit en 1192 la rémission de tous les péchés à ceux qui iraient combattre en Livonie, et un grand nombre d'ecclésiastiques et de séculiers s'enrôlèrent dans cette milice, sous les ordres de Berthold qui avait remplacé Meynard et qui périt, six ans après, dans un combat contre les Lithuaniens. Albert, chanoine de Brême, lui succéda, et après avoir prêché la croisade dans les contrées maritimes de la Saxe et du pays des Vendes, il conserva, pendant trente ans de ministère, un zèle enthousiaste qui ne se ralentit point. Il venait tous les hivers, rassembler des soldats sur les rivages du nord de l'Allemagne ; au printemps il les transportait par mer en Livonie, il combattait à leur tête, et revenait, à la fin de chaque campagne, faire de nouvelles levées pour l'année suivante. Cet évêque entoura de murs la ville de Riga : un grand nombre de chrétiens vinrent s'y établir : ils voulurent y créer une force permanente, et délibérèrent de former entre eux l'Ordre des frères porte-glaive, qui fut confirmé par le saint-siége. Déjà l'Ordre teutonique avait été introduit en Prusse ; et l'une et l'autre association étaient à la fois chargées de la défense du pays et de la propagation du christianisme. Elles mirent les villes à l'abri d'une attaque, mais la sécurité des campagnes n'était pas la même : les nouveaux habitants étaient menacés par les anciens ; et les deux partis furent en état de guerre, aussi longtemps que leurs forces purent se balancer. Si les chrétiens remportaient un avantage, ils obligeaient leurs ennemis à recevoir le baptême et à bâtir des églises : les vaincus n'obtenaient la vie, ou ne se rachetaient de l'esclavage qu'à cette condition ; mais il fallait peu compter sur une conversion forcée, et ces inconstants néophytes reprenaient souvent les armes. Alors on les combattait de nouveau : ils étaient considérés comme relaps, comme apostats ; on les persécutait, et ils se soumettaient à d'autres serments pour obtenir grâce. Souvent il en résultait de nouveaux parjures ; les missionnaires étaient chassés, les églises étaient abattues, et les guerres venant à se rallumer ne se terminaient souvent que par la ruine des populations. D'autres colonies étrangères se transplantaient dans ces solitudes : on y érigeait de nouvelles forteresses pour se défendre contre les païens, et des établissements religieux pour les convertir ; car le prosélytisme accompagnait toutes les expéditions militaires des chrétiens, contre les peuples qui ne partageaient pas leurs croyances.

La puissance de la cour de Rome

LUBECK

secondait toujours leurs entreprises. Les souverains pontifes, devenus arbitres de la domination temporelle, avaient accordé aux chevaliers porte-glaive et à ceux de l'Ordre teutonique la possession et la souveraineté de toutes les terres qu'ils pourraient conquérir. En excitant ainsi l'ambition de tous les corps militaires et religieux, le saint-siége pouvait se reposer sur leur intérêt comme sur leur zèle; il profitait, pour les soutenir dans leurs entreprises, de l'étendue donnée à la juridiction ecclésiastique : il les aidait à suivre leurs enrôlements et à maintenir leurs armées, par la concession des indulgences, par le secours des dîmes, par les sauvegardes dont les guerriers de la croisade jouissaient contre leurs débiteurs et contre les poursuites des tribunaux eux-mêmes, et enfin par les excommunications lancées contre tous ceux qui oseraient les troubler dans leurs entreprises.

L'Ordre des frères porte-glaive, que l'on avait créé en 1204, obtint, deux ans après, le tiers des domaines de la Livonie : la cession lui en fut faite par un légat du saint-siége, et l'on accorda les deux autres tiers aux évêques de Riga. Cet ordre fut successivement en guerre avec les Danois qui firent une invasion en Livonie sous le règne de Waldemar II, et avec les Lithuaniens, peuples idolâtres auxquels cette contrée avait été longtemps soumise : de fréquentes hostilités épuisèrent bientôt ses forces; et il fut tellement affaibli en 1237, par la perte d'une sanglante bataille où son grand maître fut tué, qu'il implora le secours des frères teutoniques de Prusse, et leur envoya des nonces, pour obtenir d'eux qu'ils prissent la Livonie sous leur protection, et qu'ils reçussent les porte-glaives au nombre de leurs frères. Cette institution n'eut ainsi que trente-trois années d'existence, et celle de l'Ordre teutonique étendit sa puissance de jour en jour sur toutes les rives méridionales du golfe de Finlande : cet ordre était devenu l'allié naturel des cités auxquelles il devait son origine : nous aurons bientôt à remarquer les effets politiques et commerciaux qui résultèrent de cette influence, lorsque les villes de Dorpat, Pernau, Rével, Narva, Kœnigsberg, et d'autres places de l'Esthonie, de la Courlande, de la Prusse, furent devenues des siéges épiscopaux, des lieux fortifiés, des entrepôts de commerce, entre lesquels la similitude de religion, d'intérêts et d'institutions sociales pouvait maintenir d'habituelles communications.

LIVRE TROISIÈME.

HAMBOURG ÉTEND SES PRIVILÉGES. — LUBECK RÉSISTE AUX ARMES DES DANOIS. — PREMIER TRAITÉ D'ALLIANCE ENTRE CES DEUX VILLES. — AGRANDISSEMENT DE LA LIGUE ANSÉATIQUE; DÉNOMBREMENT ET SITUATION DES VILLES QUI EN FONT PARTIE. — UNITÉ DE LEUR SYSTÈME MONÉTAIRE; BANQUE DE HAMBOURG; LETTRES DE CHANGE; ÉTABLISSEMENT DES FOIRES ET MARCHÉS. — COMMERCE D'ALLEMAGNE, TROUBLÉ PAR LES INCURSIONS DES HONGROIS ET PAR LES DISSENSIONS INTÉRIEURES. — ASSOCIATIONS FORMÉES ENTRE LES VILLES DU RHIN. — AUTRES CONFÉDÉRATIONS EN ALLEMAGNE, EN SUISSE, EN ITALIE. — MESURES PRISES POUR RÉTABLIR L'ORDRE PUBLIC. — INFLUENCE DE LA FONDATION DE L'EMPIRE LATIN SUR LES PROGRÈS DES ARTS EN EUROPE. — DIRECTION DU TRAVAIL ET DE L'INDUSTRIE DANS LES VILLES ANSÉATIQUES. — CRÉATION DES CORPS DE MÉTIERS, DES MAÎTRISES ET DES JURANDES.

On a pu remarquer, dans le cours du moyen âge, comme on l'a fait à d'autres époques, que l'opinion des peuples subit par intervalles de puissantes révolutions, dont le mouvement se communique rapidement d'un pays à l'autre, et tend à entraîner vers un même but toutes les nations qui avaient des rapports entre elles.

Cet empire de l'opinion, qui se propageait d'une manière irrésistible et qui créait la puissance des villes, en affaiblissant celle des souverains, contribuait aussi à fonder sur les mêmes principes l'organisation municipale des différentes cités : elles s'érigeaient en républiques; et si des querelles y survenaient encore entre les magistrats et le peuple, entre les riches et les pauvres, ces débats étaient généralement favorables à la démocratie : chaque parti, après avoir épuisé ses forces dans une guerre intestine, où il faisait quelquefois intervenir les étrangers, signait avec ses adversaires une trêve ou une réconciliation.

Les changements de règne et même de dynastie, dans les États dont ces villes relevaient encore, n'altéraient pas les institutions civiles qui réglaient les droits des personnes et qui s'appliquaient à leurs contrats, à leurs propriétés, à tous leurs autres intérêts : les suzerains pouvaient être changés par la conquête, sans que l'organisation des villes en souffrît. Souvent même elles voyaient dans ces mutations un moyen d'étendre leurs priviléges. Si elles se trouvaient placées entre deux adversaires qui désiraient les ménager également, elles cherchaient à obtenir de chacun d'eux un accroissement de prérogatives : chaque concession devenait un point de départ pour arriver à d'autres priviléges, et les améliorations se succédaient, tant qu'il restait à espérer de nouveaux avantages. Ce fut ainsi que se développèrent par degrés les principales villes du nord auxquelles la ligue anséatique dut son origine et ses premiers progrès.

Les guerres du Danemark avec les comtes de Holstein, qui étaient alors maîtres de Hambourg, avaient exposé cette ville à changer plusieurs fois de domination : elle fut prise en 1223 par le roi de Danemark, qui en céda la propriété au comte Albrecht d'Orlamunde; et les Hambourgeois ayant acheté de ce prince leur affranchissement, modifièrent la forme de leur administration. Les chances de la guerre ramenèrent bientôt dans cette place les comtes de Holstein, et Hambourg obtint d'eux la confirmation de ses nouveaux priviléges : on peut faire remonter à cette époque l'affermissement de son indépendance.

Lubeck avait également appartenu aux comtes de Holstein, auxquels elle s'était volontairement remise en 1192, pour se soustraire à la domination de Henri le Lion, duc de Saxe. Le roi de Danemark s'en empara dix ans après; mais cette ville, fatiguée du joug de Waldemar, envoya en 1226 une députation à l'empereur Frédéric II, pour recourir à sa protection et redevenir domaine immédiat de l'Empire. Ces envoyés rapportèrent des lettres de Frédéric, adressées à l'archevêque de Brême et aux autres princes et seigneurs voisins, pour qu'ils rétablissent à Lubeck et dans leurs propres domaines l'autorité impériale.

Dès que le roi de Danemark eut connaissance de cette résolution, il leva une armée, et s'avança vers la place, pour faire rentrer dans le devoir les habitants qui avaient chassé de leurs murs la garnison danoise; il avait pour auxiliaires les troupes du Dittemark et du Limbourg : mais Lubeck se mit en état de défense : les princes appelés à son secours parurent à la tête de leurs troupes, et le commandement général en fut confié au comte de Holstein, Adolphe IV, auquel la ville de Hambourg devait déjà sa délivrance.

Le 22 juillet 1227, jour de la Sainte-Magdeleine, les deux armées en vinrent aux mains près de Bornhœft. Cette bataille allait décider du sort de Lubeck, et la fortune se déclarait d'abord contre ses défenseurs qui, ayant le soleil devant les yeux, étaient comme aveuglés par ses rayons; mais l'intervention d'un nuage les sauva. Les troupes du Dittemarck, peu attachées aux Danois, se séparèrent d'eux pendant l'action; et les bonnes dispositions prises par le comte de Holstein assurèrent la victoire aux Lubeckois et à leurs alliés. Le duc de Lunebourg fut fait prisonnier, et le roi de Danemark s'échappa avec peine du champ de bataille, en montant sur le cheval d'un de ses serviteurs. Les légendes des couvents ont rapporté que, dans cette journée sanglante, Marie-Magdeleine avait étendu son manteau devant le disque du soleil, pour prêter une ombre favorable aux guerriers armés pour la cause juste : cette croyance était conforme aux opinions religieuses du siècle, et, sous ce rapport, nous l'avons crue digne d'être rapportée.

Ce mémorable succès rendit à Lubeck ses priviléges, son gouvernement et le titre de ville impériale qu'elle n'a jamais perdu depuis; mais il ne désarma pas ses ennemis; et Waldemar II fit de nouveaux efforts pour troubler dans la Baltique et dans la mer du Nord le commerce de Lubeck et celui de Hambourg dont les intérêts étaient étroitement liés.

Lubeck fut attaquée de nouveau par les Danois en 1234; mais elle parvint à leur résister seule, et gagna contre eux une bataille navale. La croisade entreprise par Adolphe IV, pour soumettre et convertir les païens de Livonie, suivit de près ces événements: les forces maritimes de Lubeck, de Brême, de Hambourg, eurent part à cette expédition, et affermirent en Prusse l'établissement de l'Ordre teutonique, qui fut chargé d'accomplir l'entreprise commencée.

Adolphe voulut alors acquitter un vœu qu'il avait fait au milieu de la bataille de Bornhœft: il déclara en 1240 aux états du Holstein sa résolution d'abdiquer et de se consacrer à la vie religieuse: il vint se renfermer à Hambourg dans un couvent de franciscains qu'il avait bâti; et après y avoir accompli, pendant deux ans, dans une rigoureuse pénitence, tous les devoirs du noviciat, il fit à pied le voyage de Rome, et sollicita du pape Innocent IV les dispenses qui lui étaient nécessaires, comme marié et ancien homme de guerre, pour recevoir les ordres sacrés. Revenu dans le Holstein, il fut ordonné prêtre, célébra sa première messe dans un couvent qu'il avait érigé à Bornhœft, et se retira ensuite dans un autre monastère à Kiel: ce fut là qu'il attendit la mort, avec une profonde humilité, et sans jamais avoir paru regretter les grandeurs humaines. Son épouse avait elle-même embrassé, depuis 1246, la vie religieuse, et avait fondé près de Hambourg le couvent de Harvestehude, où elle acheva sa carrière.

Il n'était pas rare de chercher alors à terminer ses jours dans une pieuse retraite. C'était pour les coupables un lieu d'expiation; c'était pour les consciences pures un abri contre les tentations du siècle; et comme les esprits enthousiastes se portent aisément aux partis extrêmes, on s'attachait de préférence à la règle la plus rigoureuse. Celle de saint François d'Assise s'était nouvellement introduite: elle prescrivait une renonciation complète à tous les biens: elle imposait l'obligation de ne vivre que d'aumônes, et faisait regarder ce dernier terme d'humilité comme le comble de la perfection chrétienne. La charité publique vint en aide à ces pieux cénobites; et dans un temps où les autres ordres religieux commençaient à se relâcher, les hommes timorés embrassèrent avec ardeur celui qui ordonnait le plus de privations.

Adolphe avait été le bienfaiteur de Hambourg; il avait étendu son territoire, ses priviléges, il lui avait assuré l'indépendance de son administration municipale, et la ville fit ériger sur une de ses places publiques un monument à la mémoire de ce prince. Quelles qu'aient été ensuite les vicissitudes des événements, la reconnaissance a fait respecter cette image: on aime à rencontrer, dans le cours des générations qui se succèdent, quelques familles dont le nom traverse honorablement les siècles, et qui doivent à de grands actes de bienfaisance l'hommage qui leur est rendu.

Lorsque Adolphe IV eut abdiqué, Hambourg obtint du comte Jean son fils et de la régence établie pendant la minorité de ce prince, la confirmation de toutes ses prérogatives. Sa population, son commerce faisaient de rapides progrès, et ses franchises attiraient un grand nombre d'étrangers, qui l'enrichissaient de leur industrie: Hambourg et Brême se faisaient remarquer par l'activité de leurs fabriques; celles de la bière étaient particulièrement encouragées; on comptait à Hambourg jusqu'à cinq cents brasseries. La bonté de leurs produits les faisait rechercher dans toute l'Allemagne, en Hollande, en Angleterre, dans le nord de la France, où l'usage du vin était plus dispendieux et moins répandu; et cette branche d'industrie devint pour Hambourg et pour Brême l'objet d'un monopole qu'elles ont conservé pendant plusieurs siècles.

Aussi longtemps que dura l'isolement des villes commerçantes, elles furent exposées aux attaques des États plus puissants. Les richesses dont elles jouissaient faisaient convoiter leurs dépouilles : souvent elles n'obtenaient que par des sacrifices pécuniaires la conservation d'une paix nécessaire au maintien de leurs relations; l'esprit militaire y était moins favorisé que celui du commerce : on recherchait la protection d'un prince, pour s'épargner les embarras de sa propre défense. Cependant on avait plusieurs fois reconnu l'insuffisance d'un secours étranger : Hambourg, attaquée brusquement et à l'improviste, avait été saccagée plusieurs fois; Lubeck et d'autres villes, réduites à leur territoire, avaient éprouvé le même sort : les auxiliaires arrivés trop tard pour les secourir ne pouvaient plus que les venger : il fallait qu'une cité se relevât de ses ruines; et ses pertes étaient à peine réparées que le danger d'une attaque se renouvelait. On reconnut enfin le besoin de fonder sur un autre système le principe de sa force, et d'unir pour une commune défense les villes dont les intérêts et les périls étaient les mêmes. Hambourg et Lubeck, habituellement exposées aux attaques de leurs voisins, ne pouvaient pas recourir à l'appui de l'empereur Frédéric II, car ses propres domaines étaient si violemment troublés qu'il n'aurait pu donner à ces villes aucun secours. Alors elles prirent la résolution de chercher dans leurs propres ressources une autre garantie et de concerter leurs moyens de défense, sans rompre les liens qui les attachaient à l'Empire germanique. Le traité d'alliance et de commerce qu'elles conclurent en 1241 devint l'origine de cette confédération qui embrassa successivement un grand nombre de villes, et qui obtint tant de célébrité sous le nom de Ligue Anséatique. Hambourg se chargeait d'établir jusqu'à la Trave la sûreté des communications entre les deux villes, en purgeant la route de terre des brigands qui l'infestaient : elle devait aussi protéger la navigation de l'Elbe contre les pirates. Lubeck avait à soutenir la moitié de cette dépense : les deux villes s'engageaient à se prêter un mutuel secours pour le maintien de leurs libertés, et à veiller en commun à la prospérité de leur commerce. Leurs flottes s'étant réunies attaquèrent en 1246 celle d'Eric VI, roi de Danemark : elles ravagèrent les côtes de ce royaume, s'emparèrent de la forteresse de Heckinbourg, firent une descente à Copenhague, forcèrent Eric à faire la paix, et obtinrent pour leur commerce de nombreux priviléges.

La ville de Brême, qui entretenait avec Hambourg et Lubeck des relations amicales, fit bientôt un traité d'alliance avec l'une et l'autre : celle de Brunswick entra dans l'association; et ces premiers confédérés attirèrent dans leur union d'autres villes, dont le commerce avait besoin du même genre de sécurité. Wismar, Rostock, Stralsund, Grypswald, qu'on nommait les villes des Vendes, demandèrent avec instance à faire partie de cette ligue : leur accession allait fournir un supplément de fonds, de soldats, de vaisseaux; et en peu d'années on vit s'accroître la hanse teutonique dont les premières bases venaient d'être établies.

Quelques indications sur l'origine des cinq dernières villes que nous venons de désigner, et qui s'empressèrent de s'adjoindre à la ligue de Lubeck, Hambourg et Brême, nous feront mieux connaître l'importance qu'elle acquit rapidement.

Brunswick, *Brunonis vicus*, passe pour avoir été bâti par Brunon, fils d'Adolphe, duc de Saxe. Henri l'Oiseleur y résida, et lorsque son fils Othon le Grand céda le duché de Saxe à Herman Billing, il retint pour lui et ses successeurs la ville de Brunswick : elle était libre et impériale ; on y tenait tous les ans une grande foire, où se rendaient les marchands des contrées voisines.

Wismar, dans le pays de Mecklembourg, n'était, vers le dixième siècle, qu'un grand village. Le comte de Schwérin y transporta en 1232 les habitants de la capitale de cette province, et les immunités qu'elle obtint favorisèrent son commerce. Wismar était en 1266 au nombre des villes anséatiques ; et lorsque la Ligue eut à réunir ses forces maritimes, elles s'assemblèrent souvent dans ce port.

Rostock, situé sur la Warna, à une lieue de son embouchure dans la mer Baltique, remontait au quatrième siècle ; mais il ne fut longtemps qu'un village occupé par des pêcheurs ; les rois de Danemark s'en emparèrent ; et ce lieu, devenu plus considérable, obtint les droits de cité : cette ville, dont le port est Warnemunde, jouissait de la haute, moyenne et basse juridiction.

Stralsund, capitale de la Poméranie, avait reçu son nom de la petite île de *Stral* et du *Sund* ou détroit qui la sépare du continent. Les Danois bâtirent cette ville en 1211, après la ruine d'Arcona, située dans l'île de Rugen : elle devint ensuite libre et impériale, acquit le droit de battre monnaie, et ne fut tenue dans les guerres de l'Empire qu'aux charges et aux services nécessaires à sa propre défense.

Grypswald dut à la pêche du hareng et de l'esturgeon ses premiers accroissements : le départ pour la pêche y était toujours accompagné de cérémonies religieuses, et l'on célébrait la messe des mariniers, pour attirer sur leurs entreprises les bénédictions du ciel : des sources d'eau salée coulaient dans le voisinage, et la fabrication du sel y devenait habituellement utile à la préparation du poisson, au commerce et à la consommation des habitants et de leurs voisins.

D'autres villes, également situées sur les rives méridionales de la Baltique, furent entraînées par l'exemple de celles que nous venons de rappeler, et s'adjoignirent bientôt à une confédération si favorable à leur prospérité.

La position de Lubeck en faisait le principal entrepôt du commerce de la Prusse, de la Livonie, de la Russie avec l'Europe occidentale. Les marchandises arrivées dans cette ville étaient ensuite dirigées vers les plages de l'Océan et surtout vers les grands fleuves de l'Allemagne. Celles que l'on transportait à Hambourg pouvaient aussi être expédiées par la voie de terre : cette ligne était beaucoup plus courte ; on pouvait même l'abréger encore en ouvrant entre l'Elbe et la Trave un canal, qui fut effectivement creusé, et qui ne fut ensuite dégradé et aboli que par la jalousie commerciale des souverains dont il traversait le territoire.

Les passages des Belts ou du Sund, que l'on avait à franchir pour entrer dans la mer du Nord, accoutumaient la marine de Lubeck à une navigation souvent orageuse : on cherchait à multiplier les points de relâche dans le Danemark, la Suède et la Norwége : c'étaient à la fois des lieux d'abri pour la navigation et des marchés ouverts au commerce. De nouveaux centres de population venaient à se former ; et ces bourgs, devenant plus industrieux et plus riches, influaient habituellement sur le bien-être et la sociabilité des pays voisins. Chacune de ces places, encore trop faibles pour se défendre, était quelquefois exposée aux incursions d'un ennemi et à des changements de maîtres ; mais en pliant sous la nécessité, elle acquérait néanmoins quelque ascendant moral sur ces gouvernements variables et passagers : ceux-ci se croyaient intéressés à ménager les établissements que l'industrie et le travail avaient formés : des règles, des institutions favorables au maintien de l'ordre public paraissaient l'être également à celui de l'autorité souveraine ; et les citoyens, les artisans devenus plus laborieux, plus paisibles, portaient moins ombrage à leurs dominateurs, lorsque ces villes parvinrent à obtenir des immunités et des franchises.

Cette transition fut progressive et les moyens n'en furent pas uniformes : on cherchait, dans chaque lieu, à tirer parti de la position des gouvernements : on s'efforçait plutôt d'user les résistances que de les vaincre ; et l'on achetait par des sacrifices pécuniaires d'autres priviléges plus importants. Une ville agrandissait insensiblement son territoire, établissait sa juridiction propre, obtenait des garanties pour la sûreté de sa navigation, et faisait pénétrer son commerce dans tous les ports où ses bâtiments pouvaient être admis : les siècles précédents avaient donné l'exemple de cette organisation municipale, et le temps en avait fait reconnaître les heureux résultats.

En suivant ce mouvement progressif, nous avons déjà remarqué que plusieurs villes situées sur les bords de la Baltique devaient leur origine au commerce, et qu'après avoir étendu séparément leurs relations avec les États voisins, elles unirent leurs intérêts et entrèrent dans l'association commune. La nouvelle Ligue, à la tête de laquelle Lubeck se trouvait placée, avait conclu des traités avec les rois de Suède et de Norwége ; elle avait obtenu des rois de Danemark une liberté entière de navigation dans leurs États ; et comme les Danois avaient étendu leurs conquêtes, soit dans la Scanie, soit le long des côtes de la Poméranie, de la Prusse, de la Livonie, de la Courlande et de l'Esthonie, les priviléges commerciaux qu'ils accordaient aux Anséates trouvaient leur application dans un grand nombre de lieux.

Lorsqu'on embrasse dans son ensemble la confédération qui se développait alors de jour en jour, on reconnaît qu'elle comprend toutes les principales villes du midi de la Baltique, et remonte le cours des fleuves qui versent leurs eaux dans ce bassin intérieur ou dans la mer du Nord : les nombreuses cités qui lui appartiennent ont elles-mêmes établi leurs communications avec les régions du centre de l'Europe ; et ces lignes commerciales se multiplient, se croisent de toutes manières sur une grande partie du continent. Nous croyons devoir indiquer ici par ordre alphabétique, et comme notion indispensable, les noms des villes qui entrèrent successivement dans cette confédération.

NOMS DES VILLES.	SITUATION GÉOGRAPHIQUE.
Anclam.......	En Poméranie.
Andernach....	Territoire de Cologne.
Arnheim.......	Gueldre.
Asherleben....	Pays d'Halberstadt.
Berlin........	Marche de Brandebourg.
Bielfeld.......	Westphalie.
Bolswerde....	Frise.
Boxtehude....	Territoire de Brême.
Brandebourg..	Marche.
Braunsberg...	Prusse.
Brunswick....	Basse Saxe.
Brême.......	Sur le Wéser.
Campen......	Over-Yssel.
Colberg.......	Poméranie.
Cologne......	Sur le Rhin.
Cœsfeld......	Pays de Munster.
Culm.........	Prusse près de la Vistule.
Dantzig.......	Prusse sur la Vistule.
Demmin......	Poméranie.
Déventer.....	Over-Yssel.
Dorpat.......	Livonie.
Dortmund....	Westphalie.
Duisbourg....	Pays de Clèves.
Eimbeck......	Contrée du Hartz.
Elbing........	Prusse.
Elbourg......	Gueldre.
Emmeric.....	Clèves.
Francfort.....	Sur l'Oder.
Golnow.......	Poméranie.
Goslar.......	Hartz.
Goettingue...	Hanovre.
Groningue....	Pays-Bas.
Grypswald....	Poméranie.
Hall..........	Prusse.
Halberstadt...	Basse Saxe.
Ham.........	Westphalie.
Hambourg....	Sur l'Elbe.
Hameln......	Sur le Wéser.
Hanovre......	Basse Saxe.
Harderwick...	Gueldre.
Helmstadt....	Duché de Brunswick.
Hervorden...	Westphalie.
Hildesheim...	Basse Saxe.
Kiel..........	Holstein.
Kœnigsberg...	Prusse.
Lemgow......	Westphalie.
Lippe.........	Westphalie.
Lubeck.......	Sur la Trave.
Lunebourg...	Sur l'Illmenau.
Magdebourg..	Basse Saxe.
Minden.......	Sur le Wéser.
Munster......	Westphalie.
Nimègue.....	Gueldre.
Northeim.....	Basse Saxe.
Osnabruck...	Westphalie.
Osterbourg...	Vieille-Marche.
Paderborn....	Westphalie.
Quedlimbourg.	Près d'Halberstadt.
Revel........	Esthonie.
Riga..........	Livonie, sur la Dwina.
Rostock......	Mecklembourg.

NOMS DES VILLES.	SITUATION GÉOGRAPHIQUE.
Rugenwald...	Poméranie.
Ruremonde...	Gueldre.
Seehausen....	Vieille-Marche.
Soltwedel.....	Sur l'Elbe.
Sœst.........	Westphalie.
Stade.........	Près de l'Elbe.
Stargardt.....	Poméranie.
Stavern.......	Frise.
Stendal.......	Vieille-Marche.
Stettin........	Sur l'Oder.
Stolpe........	Poméranie.
Stralsund.....	Poméranie.
Swoll.........	Gueldre.
Thorn........	Prusse.
Ultzen........	Lunebourg.
Unna.........	Westphalie.
Venloo.......	Gueldre.
Warbourg,...	Prusse, sur le Dymel.
Werden......	Vieille-Marche.
Wésel........	Clèves.
Wisby........	Ile de Gothland.
Wismar......	Mecklembourg.
Zutphen......	Sur l'Yssel et le Breckel.

La nomenclature qui précède nous indique les vastes développements que la Ligue anséatique devait recevoir; elle nous fait aussi connaître à quelle région géographique chacune de ces villes appartient; mais une désignation si concise ne suffirait point à nos lecteurs: elle ne ferait pas connaître les rapports d'intérêt ou de voisinage qui unissaient plus spécialement entre eux les différents membres de cette association; elle n'assignerait pas leur rang véritable à ceux qui prirent plus ou moins de part à de si grands intérêts. Nous avons donc besoin de nous arrêter sur quelques noms et de donner plus de corps et de relief à ces notions premières, afin de mieux faire apprécier l'étendue et les ressources de la Confédération.

Parmi les villes qui accédèrent à la Ligue anséatique, et qui sont situées à l'orient de Stralsund et de Grypswald, nous rencontrons Anclam sur la Pène: on y tenait une foire au commencement de l'année: cette ville fut agrandie et entourée de murailles en 1193; elle jouissait d'une pêche abondante; ses environs étaient assez fertiles, on élevait de nombreux troupeaux dans ses pâturages. Demmin, située sur la même rivière, était une ville ancienne, qui reçut le christianisme en 1128, fut ruinée par les Danois, et se releva vers la fin du même siècle.

Les villes de Stargardt, Stolpen, Rugenwald, Golnow, Colberg étaient également situées en Poméranie. Rugenwald avait été occupée par les Rugiens, avant qu'ils s'établissent dans l'île qui a reçu leur nom; elle fut dans la suite possédée par l'Ordre teutonique. Stargardt, ancienne ville des Vendes, s'élevait sur les bords de l'Ihne, un des affluents de l'Oder: Golnow, bâtie sur la même rivière, avait été fortifiée en 1180 par Bogislas, roi de Bohême. Les produits de la chasse et de la pêche y étaient abondants; il se tenait dans cette ville trois marchés annuels. Colberg, près de l'embouchure de la Persante, était une ville forte qui tirait de son commerce et de ses salines d'abondantes ressources. Ce dernier avantage était commun à d'autres villes de la Baltique: on y fabriquait le sel, en faisant bouillir et évaporer les eaux qui en étaient saturées; et l'on n'avait pas encore recours à des bâtiments de graduation, où ces eaux tombant de fascine en fascine commencent à s'évaporer dans l'air ambiant, avant d'être soumises à l'action du feu qui doit compléter cette opération.

Stettin sur l'Oder avait le droit de battre monnaie; il s'y tenait trois foires par année: cette ville jouissait du droit d'étape, et toutes les marchandises qui descendaient ou remontaient le cours de l'Oder devaient être déchargées à Stettin. Boleslas, roi de Pologne, s'était emparé de cette ville en 1121, et il y avait introduit le christianisme: elle revint ensuite sous la domination de l'Empire, et fut gouvernée par les mêmes lois que Magdebourg, où l'on suivait l'ancien droit saxon.

La fondation de Dantzig remonte au règne de Waldemar Ier, roi de Danemark. Ce prince érigea en 1165 une forteresse de ce nom sur les bords de la Vistule, dans un lieu déjà occupé par les ducs de Pomérélie: l'Ordre teutonique agrandit cette ville vers la fin du treizième siècle; elle se gouverna ensuite sous la protection des rois de Pologne, et devint l'entrepôt le plus considérable du commerce de ces vastes contrées, dont les principales exportations consistaient en grains. L'heureuse situation de cette ville, dont les fortifications du Hakelsberg assuraient la défense, et qui pouvait alors recevoir dans son port ou dans celui de Weckselmunde les grands navires de la Baltique, lui réservait un des premiers rangs dans la Ligue dont elle fit partie.

Culm fut fondé en 1233 par l'Ordre teutonique, sur une hauteur qui domine la Vistule; le grand maître fit fortifier cette place, pour la défendre contre les Prussiens qui étaient encore idolâtres. Thorn, bâti huit ans après sur les bords du même fleuve, fut bientôt occupé par l'Ordre teutonique, dont la puissance, secondée par les Anséates, qui avaient concouru à sa formation, s'étendait de jour en jour. Elbing sur la rivière de ce nom, Braunsberg sur la Passarge, qui toutes deux se jettent dans le Frischhaff, furent fondées vers la même époque. Kœnigsberg *mont-royal*, située sur les collines qui bordent le Prégel, fut bâtie au treizième siècle par l'Ordre teutonique, et reçut ce nom, en l'honneur d'Ottocare, roi de Bohême, qui avait secouru cet ordre contre les païens. Le commerce y était florissant : les contrées voisines y envoyaient des bois, des cuirs, des fourrures, du miel, du lin, du chanvre. L'occident y expédiait des draps, des vins, de la bière, du plomb, de l'étain, du fer et un grand nombre d'objets manufacturés.

Riga, située sur les rives de la Dwina, était devenue, dans le douzième siècle, la métropole de toutes les églises qui s'établissaient en Prusse, en Livonie et en Courlande. Cette ville, commencée et accrue par des négociants de Lubeck et de Brême, continua de favoriser les relations commerciales de ses fondateurs; et Dorpat et Révèl, situées encore plus à l'orient, ouvrirent également leurs ports à la navigation des Anséates, et s'unirent à la même association.

Cette longue chaîne de stations maritimes et commerciales, qui s'étendait jusqu'au fond de la Baltique, se liait à d'autres lignes de communication, dont les unes partaient des bords de la Trave, pour gagner l'Elbe, le Wéser, le Rhin et leurs affluents, et dont les autres suivaient les rivages de la mer du Nord, ou remontaient le cours de ses principaux fleuves, pour atteindre les différentes villes de l'Europe occidentale, qui étaient alors les plus avancées dans les arts, et les plus intéressées à la prospérité et au développement de l'industrie. On avait vu s'agrandir, sous le règne de Henri l'Oiseleur et de la famille des Othons, la plupart des cités qui devaient un jour appartenir à la Ligue anséatique; leur commerce fut soutenu par les priviléges dont elles jouissaient : elles durent à leur union un nouveau principe de force, et leur bien-être vint accroître celui des contrées environnantes. Peut-être il n'est pas inutile d'indiquer par quelques remarques particulières, comme nous venons de le faire pour les rives de la Baltique, le degré d'importance que pouvaient acquérir dans la Ligue anséatique la plupart de ses principaux membres. Sans nous arrêter à de nombreux détails, il faut du moins rappeler ceux qui peuvent nous aider à classer et à développer sans confusion les événements auxquels chacun des associés eut à concourir.

Cologne, destinée à jouir d'une si grande influence dans leurs délibérations, était une des plus anciennes villes du Rhin. Quand elle devint chrétienne, son église dépendit d'abord de l'archevêché de Worms : le pape Etienne III l'érigea en métropole vers le milieu du huitième siècle, et les évêques d'Osnabruck, de Munster et de Liége devinrent ses suffragants. Cette ville fut brûlée en 881 par les Normands : Othon le Grand la rétablit; un frère de cet empereur en fut nommé archevêque, et il accrut les priviléges de ses habitants. Ce prince ecclésiastique ne relevait, dans son

gouvernement temporel, que du chef de l'Empire : un de ses successeurs acquit le titre d'*Anti-bellateur* entre le Rhin et le Wéser : il y veillait au maintien de la paix; il exerçait le droit de conduite et d'escorte dans les pays situés entre les deux fleuves, et l'on ne pouvait y ériger sans son aveu aucune fortification.

Si nous descendons le Rhin et l'Yssel jusqu'au Zuydersée, et si nous gagnons l'entrée de cette mer intérieure, nous voyons que Stavern était un des ports les plus anciens et les plus célèbres de la côte de Frise; les anciens ducs y résidaient : saint Odulfe y prêcha l'Évangile en 830. Cette ville où relâchaient la plupart des navigateurs devint le centre d'un commerce étendu : elle communiquait vers le nord avec les places de Bolswerth, de Harlingen, de Dockum, de Groningue, d'Emden, et vers le midi avec celles de Campen, de Zwoll, de Déventer, de Zutphen, que l'on rencontrait en remontant l'Yssel.

Nimègue, déjà connue des Romains sous le nom de *Noviomagus*, était située sur le Wahal : le château de cette ville fut rétabli en 774 par Charlemagne; elle fut successivement soumise aux rois d'Autrasie et aux empereurs. Frédéric Barberousse étendit ses priviléges; elle devint ville libre et impériale. Le même titre fut accordé à Venloo, à Ruremonde sur la Meuse, à Emmerich, Wésel, Duisbourg, baignées par le Rhin. Emmerich était l'ancienne *Embrici-villa*, et un des principaux lieux de passage entre les deux rives du Rhin; Wésel fut toujours un des boulevards de cette frontière : Duisbourg eut des foires considérables qui furent ensuite transférées à Francfort; il s'y tint un concile sous l'empereur Henri Ier, et une diète sous Othon le Grand.

Munster en Westphalie reçut son nom d'un monastère que Charlemagne y établit; cette ville devint bientôt la résidence d'un évêque : elle était libre et relevait immédiatement de l'Empire. Osnabruck fut également érigé en évêché par Charlemagne : l'école de grec et de latin que ce monarque y fonda en fit un centre d'instruction pour cette partie de l'Allemagne, et lui procura un rapide accroissement.

Paderborn était d'abord un camp retranché de Charlemagne et un point de départ dans ses différentes expéditions contre les Saxons : il en fit ensuite un établissement permanent. Plusieurs diètes y furent convoquées par ce prince et par Louis le Débonnaire; l'empereur Henri III y mourut en 1056 : cette ville était libre et impériale : la navigation de la Lippe en rendait le commerce florissant, et son lit traversait un pays fertile. Les villes de Lipstadt et de Ham acquirent de l'importance; celle de Soest fut la plus belle et la plus riche de la Westphalie : on comptait ensuite au nombre des places remarquables Warbourg sur le Dymel, Dortmund sur l'Ems, Coesfeld près des sources du Berkel, Minden, ancienne forteresse de Wittikind; son pont sur le Wéser était une des communications les plus fréquentées. Hildesheim, bâtie par Louis le Débonnaire, se gouvernait par ses propres lois : Henri l'Oiseleur et l'impératrice Mathilde son épouse fondèrent l'abbaye de Quedlimbourg, et ils y furent inhumés l'un et l'autre : cette ville avait une école qui devint célèbre; l'empereur Henri IV y tint des conciles en 1085 et 1105. Asherleben sur la Leine n'était d'abord qu'une chapelle : on bâtit des maisons dans le voisinage pour les pèlerins qui s'y rendaient, et il s'y forma bientôt une ville qui relevait directement de l'Empire. Halle, *Dobre-sala*, déjà connue avant Charlemagne, tirait son nom de ses salines. Plusieurs sources dont on extrait le sel sont situées dans l'intérieur de la ville, et il s'en trouve un très-grand nombre aux environs. Othon II y bâtit une ville en 983. Goetingue était renommée par la bonté de son territoire : Henri l'Oiseleur, qui vainquit les Huns en 925, les poursuivit jusqu'à cette ville et y célébra son triomphe : les priviléges qu'il lui accorda furent accrus par les trois premiers Othons, et par Henri II, Lothaire III et Othon IV. Goslar n'était d'abord qu'un village, situé sur la Gose; Henri Ier y bâtit une ville au commencement du onzième siècle : elle devint dans la suite une des plus grandes cités de l'Allemagne ; plusieurs empereurs y établirent leur résidence et y convoquèrent des diètes : cette ville n'a jamais relevé que de l'Empire, et ses souverains l'ont toujours maintenue dans ses droits. Hameln, sur la rive du Wéser, n'avait été dans l'origine qu'une métairie et une église, bâtie en 712, après les conversions faites par saint Boniface : elle dépendit longtemps de l'abbaye de Fulde, et la ville qui s'éleva dans le même lieu appartint ensuite au duc de Brunswick qui lui accorda de nombreuses franchises. Hanovre, située sur la Leyne, reçut ses priviléges dans le douzième siècle de Henri le Lion, duc de Saxe : son commerce prit des accroissements rapides : on y tenait quatre foires par année ; elle devint la principale ville de la Westphalie. Northeim dut sa fondation à un chapitre de Saint-Blaise : une ville se forma autour de ce monastère ; elle fut agrandie par le commerce, et il s'y tint également plusieurs foires annuelles. Halberstadt dans la basse Saxe fut une des premières villes où l'on érigea un évêché : elle s'éleva de bonne heure au rang des cités les plus remarquables par leur industrie.

Les principales villes de la *Marche* qui s'étendait au nord de cette contrée, et dont on recula progressivement les limites, étaient Magdebourg, Brandebourg et Berlin. La première ville fut revêtue de murailles par Othon le Grand : ce prince lui accorda tous les priviléges des villes impériales ; un évêché y fut fondé en 968 : cette ville était dans l'origine un boulevard pour la frontière et un poste de missionnaires pour la conversion des païens. Brandebourg, sur les rives du Havel, qui va se jeter dans l'Elbe, eut d'abord une destination semblable : Henri l'Oiseleur y avait bâti une église sur les débris d'un temple païen ; Othon le Grand y érigea un évêché. La navigation du Havel facilitait le commerce de cette ville, et l'on y établit un margrave qui fut chargé de la défense des frontières. Berlin sur la Sprée fut entourée de murailles par Albert l'Ours *Beer*, comte d'Anhalt et margrave de Brandebourg. Les villes de Werden, de Stendal, d'Osterbourg, étaient situées dans la même marche. Werden sur l'Elbe était une forteresse élevée par Henri Ier, qui remporta près de ce lieu une victoire sur les Vendes : l'empereur Henri II y tint une diète dans la première année de son règne, et Conrad le Salique y érigea un nouveau fort. Stendal était placé entre Werden et Magdebourg : le nom et la position d'Osterbourg rappelaient l'ancien pays des Ostphales, qui reçurent aussi le nom d'Osterlings.

Nous n'étendrons pas davantage ces notions locales ; elles doivent se borner aux villes qui avaient le plus d'importance lorsqu'elles entrèrent dans la Ligue anséatique. Bientôt leur exemple entraîna dans la même association d'autres lieux moins considérables, qui se trouvaient placés sur la ligne de leurs communications, et que le transit des marchandises devait également enrichir : il leur était facile de se prêter de mutuels secours contre l'ambition de leurs voisins ; et lorsque tous les membres de ce vaste corps se furent étroitement liés, leur prospérité s'accrut et se maintint pendant plusieurs siècles.

Cette Ligue était parvenue à fonder en pays étranger quatre établissements privilégiés qui lui assuraient un commerce florissant : ses principaux comptoirs étaient situés à Novogorod, à Bergen, à Londres et à Bruges : chacune de ces factoreries avait son administration, ses règlements, ses officiers, une maison principale et d'autres habitations, où les négociants trouvaient un logement et où de jeunes élèves étaient formés au commerce. On recevait dans les magasins de la Hanse toutes les marchandises destinées aux pays environnants, et toutes celles qu'on en avait exportées : les négociants de chaque ville confédérée

avaient le droit de jouir de cet entrepôt; ils avaient celui d'acheter ou de vendre en gros et en détail, de fréquenter les marchés voisins et d'y porter les différents articles qui pouvaient y trouver quelque débit. La Ligue anséatique ne faisait pas le commerce en son nom propre; mais elle dirigeait celui des individus qui voulaient l'entreprendre, et, sous ce rapport, elle était supérieure aux corporations qui l'exercent elles-mêmes : les intérêts généraux et particuliers ne se trouvaient pas en rivalité.

Les Anséates reconnurent de bonne heure l'avantage de faciliter, par une législation commune, leurs relations de commerce; et Hambourg vit adopter dans tous les marchés de la Ligue ses règlements sur la valeur, le titre et la division des espèces monétaires. Le marc d'argent pesait alors une demi-livre; deux marcs valaient vingt schellings, et le schelling se divisait en douze deniers. Ces diverses évaluations correspondaient à celles de la livre tournois, qui se composait de deux marcs, et se partageait en vingt sous, dont chacun renfermait également douze deniers. Les monnaies anglaises ont aussi conservé les mêmes divisions; la livre sterling, qui équivalait dans l'origine à deux marcs pesant, se divisait en vingt schellings, et chacun d'eux en douze penny. En Danemark, en Suède, en Norwège le marc représentait également la moitié d'une livre tournois.

Le numéraire en circulation avait ainsi des valeurs uniformes; et cette proportion ne vint à changer ensuite dans chaque État que par l'altération successive des monnaies, qui fut effectuée partout, mais qui ne le fut pas d'une manière semblable, et qui baissa plus ou moins les évaluations primitives du marc d'argent, admis d'abord comme type monétaire.

L'établissement de la banque de Hambourg, dont l'origine remonte à une charte accordée en 1189 par l'empereur Frédéric Barberousse, donnait au commerce de nouvelles facilités pour les payements et les transports de fonds. Cette banque, dont les bases avaient été empruntées de celle de Venise, la plus ancienne de toutes celles d'Europe, était un lieu de dépôt où les négociants pouvaient placer leur numéraire. Ils n'avaient à retirer aucun intérêt de ces capitaux; mais la banque leur ouvrait un crédit proportionné aux sommes qu'ils avaient déposées; et lorsqu'ils avaient à faire un payement ils pouvaient remettre des délégations à leurs créanciers, lesquels devenaient ainsi acquéreurs et propriétaires des valeurs qui leur étaient transmises. La banque ne cherchait point à faire valoir les fonds qui lui étaient confiés; il fallait qu'elle fût constamment en état de les représenter, puisque chaque créancier avait le droit de reprendre les valeurs métalliques qui lui appartenaient, soit en lingots, soit en espèces monnayées. Cet établissement dont les fonds étaient morts ne représentait donc qu'une caisse de sûreté; mais ses papiers jetés dans la circulation tenaient lieu d'espèces métalliques; et comme la valeur et le crédit en étaient reconnus dans les autres villes qui avaient des relations commerciales avec cette place, on pouvait ne pas faire transporter le numéraire d'un lieu à l'autre, avantage précieux sans doute, dans un temps où il régnait si peu de sécurité dans les communications : on était également dispensé de garder chez soi des sommes considérables qui auraient pu tenter la cupidité des malfaiteurs. La banque était placée sous la protection du gouvernement, quoiqu'il restât étranger à ses opérations, et qu'il ne pût y puiser aucun fonds pour son propre usage : son devoir était de la défendre, comme étant la propriété de tous; et sa vigilance désintéressée donnait aux dépositaires de la banque une nouvelle garantie.

L'utilité de cette institution se trouva complétée par la création des lettres de change, à l'aide desquelles les négociants des différentes places unissaient leur crédit, se déléguaient mutuellement leurs créances, et substituaient à des envois effectifs de numéraire un simple mandat revêtu de leurs signatures. Ces facilités, ces garanties tendaient à simplifier et à multiplier les relations des différents pays ; et si elles furent spécialement avantageuses aux négociants des villes anséatiques, l'influence qu'elles exercèrent sur la situation de l'Europe entière est trop généralement reconnue, pour que nous ne nous arrêtions pas quelques moments aux différentes causes de cette grande puissance commerciale qui fut le plus remarquable phénomène du moyen âge.

Les pays situés au centre du continent, et privés d'une communication directe avec la mer, formaient une zone commerciale, qui s'étendait d'occident en orient, et où venaient aboutir les relations des peuples qui jouissaient d'un littoral maritime et des ressources de la navigation. Les négociants du bassin de la Méditerranée y faisaient passer leurs marchandises par les routes de terre : ceux de la Baltique, de la mer du Nord et de l'Océan gagnaient également ces contrées intérieures : on cherchait de part et d'autre les moyens d'approvisionner leurs marchés, et l'on y venait acheter les productions du pays, ou les articles que d'autres négociants étrangers pouvaient y introduire. Il se forma plusieurs entrepôts remarquables dans les villes les plus favorablement placées ; et où se rendait une plus grande affluence de voyageurs. Les rendez-vous du commerce y avaient ordinairement lieu à des époques déterminées et qui revenaient régulièrement : ces marchés, ces foires s'ouvraient avec solennité ; on y rassemblait tout ce qui pouvait offrir quelque attrait, quelque distraction à la multitude, et on les entourait de tous les moyens de sécurité, propres à protéger les opérations du commerce. Des garanties, des saufs-conduits étaient donnés aux négociants, soit pour le transport et l'arrivée de leurs marchandises, soit pour le retour.

Ces voyages ne pouvaient d'abord s'effectuer que par caravanes ; souvent même il fallait prendre une escorte de troupes : il se faisait chaque année une ou plusieurs expéditions, et l'on indiquait les époques de départ, afin que les négociants pussent se réunir. Souvent on parcourait successivement plusieurs marchés, qui offraient, à des époques différentes, les moyens d'enchaîner l'une à l'autre les opérations du commerce.

Quelques-unes de ces réunions avaient commencé par des fêtes religieuses, où se rendaient un grand nombre de pèlerins, pour adorer des reliques, faire des processions, et pratiquer d'autres actes de piété en l'honneur des saints. Ces lieux, consacrés par la dévotion, le furent aussi par des miracles : le commerce vint accroître ces concours ; on y joignit des spectacles pour attirer la foule ; on accorda des franchises, des immunités aux négociants, des grâces, des indulgences aux pèlerins ; et comme on y venait chercher les biens de la terre et du ciel, l'affluence allait en augmentant. Quelques saints avaient acquis plus de célébrité, et les réunions auxquelles ils présidèrent devinrent plus solennelles. La foire de Saint-Marc à Venise avait été la première ; celles des autres villes eurent des patrons particuliers : l'usage de ces grands marchés s'étendit dans toute l'Europe, et partout il favorisa les progrès du commerce et des relations sociales. Néanmoins les entraves étaient nombreuses ; on avait souvent à lutter contre la barbarie et le brigandage : la plupart des marchands cherchaient moins à résister à la violence qu'à lui échapper par des subterfuges : s'ils avaient à craindre un pillage, une rançon ou des péages onéreux, ils pouvaient quelquefois s'en affranchir, en conduisant avec eux des charlatans, des jongleurs, des bateleurs, des singes, qu'ils étaient tenus de faire jouer ou danser devant les receveurs de l'impôt : ce spectacle remplaçait la taxe ; mais les exceptions étaient aussi arbitraires que l'impôt lui-même : elles dépendaient de la fantaisie et du caprice des autorités dont il fallait traverser le territoire.

Le commerce était soumis à des redevances plus réelles et plus régulières dans les villes où les marchandises devaient être vendues; mais la valeur de l'impôt se trouvait acquittée par l'acheteur; et quand les négociants n'avaient pas eu à subir d'avanies, ils s'enrichissaient aisément par leurs spéculations. L'accroissement de leur fortune était d'autant plus rapide, que les arts et l'industrie étaient moins généralement répandus, et ne faisaient encore fleurir qu'un petit nombre de villes. Celles du midi avaient donné l'exemple; le commerce destiné à répandre au loin leurs richesses avait remonté de proche en proche vers le nord, ainsi que nous l'avons déjà remarqué, et avait établi dans l'intérieur du continent plusieurs grands marchés où se faisait l'échange des articles qu'on y apportait de part et d'autre. Les plus célèbres lieux de réunion étaient les villes de Beaucaire, de Lyon, d'Augsbourg, de Vienne en Autriche: on trouvait, en s'avançant plus au nord, celles de Reims, de Francfort, de Nuremberg, de Leipzig. La foule de négociants qui s'y rendaient de toutes parts tendait à vivifier, à étendre dans toutes les directions le travail et l'industrie. D'autres villes avaient commencé à se grouper autour de ces centres de réunion: séduites par un spectacle de prospérité, elles cherchaient à participer aux mêmes avantages; elles rivalisaient d'efforts pour mettre en valeur leurs propres ressources; et comme elles étaient intéressées à obtenir des garanties pour leur sécurité et leur commerce, les unes faisaient des sacrifices pécuniaires pour s'affranchir de leurs liens féodaux, les autres formaient entre elles des confédérations, et prenaient l'engagement de se prêter des secours mutuels, que la situation de l'Allemagne rendait nécessaires.

A l'orient de tous ces pays qui étaient entrés dans la civilisation, s'étendaient alors d'autres contrées barbares, dont la population nomade et conquérante inquiétait souvent les villes de la frontière et portait la désolation dans les campagnes cultivées. Les envahisseurs pénétrèrent quelquefois jusqu'au centre de l'Allemagne, et ravagèrent par le fer et la flamme tous les lieux de leur passage; mais ces dévastations, si fatales pour les villes exposées à la fureur des barbares, ne purent pas du moins anéantir l'esprit des institutions civiles et les principes de l'industrie. Le petit nombre de fugitifs qui s'échappait des cités en ruine allait porter dans d'autres lieux les débris des arts et des lettres: les racine de la civilisation sont vivaces, et leur tige s'élève et se ramifie partout où l'homme les a transplantées: ce mouvement progressif, ce grand travail de l'humanité se développe et tend sans cesse à s'accomplir.

Aussi quand une invasion passagère désolait une partie des contrées de l'Europe, le commerce, les arts, les lettres se dirigeaient vers les pays plus tranquilles où ils espéraient un refuge; et cette espèce de fluctuation dans les masses déplaçait leur mouvement commercial et intellectuel, mais elle ne le détruisait pas: quelques moments de paix allaient lui rendre son activité.

Les plus redoutables ennemis de l'Allemagne étaient alors les Hongrois, peuples descendus des Scythes, comme les Huns qui avaient déjà occupé la Pannonie plusieurs siècles avant eux. Sous le règne de l'empereur Louis III ils ravagèrent la Bavière et la Souabe: l'empereur Conrad Ier les repoussa; mais après sa mort ils renouvelèrent leurs incursions, s'avancèrent jusqu'au Wéser, et, après avoir incendié Brême, ils pénétrèrent jusqu'aux rives de l'Océan. Henri l'Oiseleur les vainquit, conclut avec eux une trêve de neuf ans, et profita de cet armistice pour faire de nouvelles levées et construire plusieurs forteresses. Au commencement du règne d'Othon le Grand, ils portèrent le fer et la flamme jusqu'en Franconie; mais Othon les attaqua et remporta sur eux près de Worms une victoire plus complète que celle de

Henri l'Oiseleur, son père. Avant la bataille, il avait adressé cette exhortation à ses soldats : « Vous voyez accourir contre vous l'ennemi : recueillez vos forces, songez à vos épouses. Rappelez-vous que vous n'avez jamais tourné le dos, et qu'aucune armée ne vous a tenu tête sans que vous l'ayez vaincue. Voilà ces Hongrois qui n'ont de confiance que dans la fuite; ce glaive doit les faire plier ou tomber. » A ces mots Othon prit sa lance sacrée, poussa le premier son cheval contre l'ennemi, et remplit à la fois les devoirs du chef le plus prévoyant et du plus vaillant soldat.

Ces peuples firent, par intervalles, d'autres incursions en Allemagne jusqu'au commencement du douzième siècle : ils massacrèrent, pendant les premières croisades, un grand nombre d'hommes qui traversaient la Hongrie pour gagner l'Orient; mais ils entrèrent enfin dans la famille des nations civilisées, se convertirent au christianisme et empruntèrent les lois de leurs anciens ennemis. Alors ils devinrent les intermédiaires du commerce qui se faisait entre l'empire grec et le centre de l'Allemagne. La ligne de navigation du Danube aidait à ces relations : Semlim, située sur la frontière méridionale de la Hongrie, était devenue l'entrepôt principal des marchandises qu'on y envoyait de part et d'autre; et, dans un siècle où le transit en pays étranger était devenu aussi périlleux que pénible, chaque nation effectuait ce transport sur son propre territoire. Les marchandises grecques étaient prises à Semlim par les trafiquants de Hongrie, qui les transportaient à l'abbaye de Lorrisch, second entrepôt situé sur le Danube, vers la frontière d'Allemagne. Les négociants du pays remontaient le fleuve jusqu'à Ratisbonne, point central d'où ils se dirigeaient par de nouveaux rayons, les uns vers Forcheim, Erfurt, Magdebourg, Leipzig, Dresde, Soest, Brunswick, les autres vers Francfort, Mayence, Coblentz, Cologne et les Pays-Bas : une troisième ligne gagnait Strasbourg; une autre pénétrait à travers la Suisse, et allait aboutir aux rivages du Rhône.

L'activité du commerce intérieur, et ses nombreuses relations avec l'Orient, l'Italie et les peuples du Nord, auraient rendu florissantes un grand nombre de villes, si d'autres principes d'anarchie n'avaient arrêté les progrès de leur prospérité. La querelle des investitures divisa longtemps les empereurs et les papes, surtout depuis l'année 1073, époque de l'avénement de Grégoire VII. L'Empereur donnait alors l'investiture aux évêques de ses États, en leur remettant l'anneau et le bâton pastoral : les évêques ne pouvaient entrer dans l'exercice de leur ministère qu'après cette cérémonie; et il en résultait que leur élection, quoique faite par l'autorité ecclésiastique, était en effet à la disposition de l'Empereur, et qu'il devenait nécessaire de s'assurer d'avance de son adhésion.

Grégoire VII ne voulut pas reconnaître la prérogative impériale, et il lança l'excommunication contre tous les princes qui osaient s'en prévaloir. Sa politique devint celle de ses successeurs qui, sans agir avec la même violence que lui, contestaient néanmoins aux empereurs le droit d'investiture. Ce ne fut qu'après une longue suite de discussions et de guerres, occasionnées par les prétentions contraires des souverains pontifes et des empereurs, que Calixte II et Henri V convinrent en 1122 d'un arrangement, pris dans le concile de Wirtzbourg, sur la manière de conférer les biens des évêchés et les autres bénéfices. Il fut stipulé que les élections se feraient en présence de l'Empereur : celui-ci accorderait aux évêques élus les droits de régale et les biens qui relevaient de l'Empire et qui leur imposaient des obligations envers lui. Cette collation ne se ferait plus par la crosse et l'anneau pastoral, mais par le sceptre. Elle ne s'étendrait pas aux biens qui appartenaient en propre à l'Église et dont le titulaire pouvait jouir librement. Quant aux domaines qu'il tenait de l'Empire, ils se trouvèrent alors assimilés aux bénéfices laïques et aux autres fiefs, dont l'Empereur conservait la suzeraineté, et qui entraînaient l'obligation de le servir à la guerre et de partager les charges publiques.

Les ducs, les comtes, les évêques, devenus grand vassaux et princes de l'Empire, n'exerçaient pas toujours une autorité immédiate sur leurs fiefs. Nous avons vu qu'ils inféodaient à leur tour une partie des villes et des terres dont ils étaient seigneurs; qu'en accordant à leurs arrière-vassaux un commencement de juridiction ils les préparaient à se gouverner séparément, et que les empereurs cherchèrent à les affranchir de toute autorité intermédiaire, afin qu'ils relevassent directement de l'Empire, sans avoir à remplir d'autres devoirs de vassalité. On comptait au nombre des villes les plus privilégiées Augsbourg, Aix-la-Chapelle, Metz et Lubeck. Elles avaient droit de suffrage dans les diètes, comme les princes et États de l'Empire; elles jouissaient de la supériorité territoriale, des droits de régale, de justice et de police; elles pouvaient battre monnaie, lever des impôts, contracter des alliances; et lorsqu'elles s'unissaient pour résister aux entreprises des princes dans le territoire desquels leur banlieue était enclavée, elles étaient soutenues par les secours et la protection des empereurs. Elles pouvaient y recourir également lorsqu'elles avaient été dépouillées de leurs priviléges pendant la guerre, et qu'elles demandaient à rentrer dans la jouissance de leurs franchises.

Toutes les villes impériales n'avaient pas obtenu la même étendue de prérogatives : plusieurs devaient quelque forme d'hommage aux princes du pays où elles étaient situées, et qui avaient été leurs seigneurs : on pouvait, en diverses occasions, en appeler à eux, et on leur reconnaissait différents droits de juridiction. Quelques-unes des villes étaient regardées comme mixtes; elles jouissaient du droit de s'administrer; mais elles relevaient d'un prince pour leur territoire; elles n'assistaient pas aux diètes, et n'étaient pas considérées comme États de l'Empire.

Cette différence de situation explique comment les ligues particulières que plusieurs villes commençaient à former ne reposaient point sur une base semblable, et pouvaient renfermer quelques principes de dissolution. Ces ligues avaient pour but d'échapper aux troubles de l'Empire; elles devinrent plus nombreuses à mesure que les malheurs publics se développaient davantage. La licence était à son comble vers le milieu du treizième siècle : c'était l'époque d'un interrègne qui dura vingt-deux ans, et qui donna lieu au déchaînement et aux violences de tous les partis.

Cette anarchie était particulièrement nuisible aux relations du commerce, souvent interrompues par des troupes d'aventuriers qui parcouraient les provinces, arrêtaient les voyageurs et s'emparaient de leur dépouille. La sécurité et la paix publique étaient troublées dans l'Allemagne entière, lorsque les villes de Mayence, Spire, Worms, Bingen Oppenheim se liguèrent pour protéger dans les pays voisins les transports par terre et la navigation. Bientôt le comte palatin, les archevêques de Mayence, de Cologne, de Trèves, les évêques de Metz, de Strasbourg, de Bâle, se joignirent à cette confédération, qui, en 1254, comptait soixante villes ou bourgs et un grand nombre de seigneurs. L'année suivante, les députés de la ligue s'assemblèrent à Mayence, dressèrent un règlement, et en demandèrent la confirmation à Guillaume, comte de Hollande et roi des Romains, qui la leur accorda.

Chaque membre de la ligue conservait ses prérogatives, et ne devait recevoir aucune loi de ses alliés; mais quoiqu'il eût le droit de régler lui-même l'organisation de ses États, tous les associés formaient ensemble un même corps, pour agir en commun contre les ennemis de leur commerce.

S'il survenait un différend entre

plusieurs membres, la ligue employait la voie de représentation pour les rapprocher ; elle choisissait des arbitres, chargés de les concilier, ou de prononcer sur les questions en litige.

La guerre et la paix ne se faisaient que par le consentement unanime des confédérés : ils devaient s'entre-secourir ; aucun d'eux ne devait fournir des vivres ou des munitions à l'ennemi ; aucun ne pouvait s'allier avec lui, sous peine d'être exclu de la confédération.

Tous les bateaux qui passeraient devant une ville du Rhin seraient visités : on saisirait ceux qui appartiendraient à l'ennemi.

Chaque seigneur, chaque ville pourrait envoyer quatre députés aux assemblées générales de la ligue.

Toutes les villes situées dans le bassin du Rhin devaient équiper sur ce fleuve cinq cents bâtiments, et les munir d'équipages, d'armes et de vivres, pour protéger la navigation. Les villes du haut pays, depuis la Moselle jusqu'à Bâle, devaient également y entretenir cent bâtiments armés.

Tous les *faux-bourgeois* étaient obligés d'acquitter les charges publiques dans les villes où ils avaient leur domicile, et de renoncer à leurs droits dans tout autre lieu.

On comprenait dans l'association du Rhin les villes suivantes situées sur les rives de ce fleuve ou de ses principaux affluents :

Andernach......	Sur le Rhin.
Aschaffenbourg.	Sur le Mayn.
Baccherach.....	Sur le Rhin.
Bâle...........	idem.
Bingen.........	idem.
Bonn...........	idem.
Boppart........	idem.
Braunbach......	idem.
Brisach........	Brisgaw.
Colmar.........	Haut-Rhin.
Cologne........	Sur le Rhin.
Diebourg.......	Hesse-Darmstadt.
Francfort......	Sur le Mayn.
Fribourg.......	Brisgaw.
Fridberg.......	Près Francfort.
Fulde..........	Sur la Fulde.
Gelnhausen.....	Sur la Kintzig.
Haguenau.......	Bas-Rhin.
Hasse-feld.....	Grand-duché de Bade.
Heidelberg.....	Près du Necker.
Hirschfeld.....	Sur la Fulde.
Kaysersberg....	Haut-Rhin.
Landau.........	Sur la Quesch.
Lauterbourg....	Bas-Rhin.
Marbourg.......	Sur la Lahn.
Mayence........	Sur le Rhin.
Metz...........	Sur la Moselle.
Mulhausen......	Haut-Rhin.
Munster........	Bas-Rhin.
Nuys...........	Sur le Rhin.
Neustadt.......	Bas Palatinat.
Oberhenheim...	Bas-Rhin.
Oppenheim.....	G.-duché de Hesse.
Rosheim........	Bas-Rhin.
Schélestadt....	Sur l'Ill.
Sélingstadt....	Hesse-Darmstadt.
Spire..........	Sur le Rhin.
Strasbourg.....	Bas-Rhin.
Trèves.........	Sur la Moselle.
Turckheim......	Haut-Rhin.
Weissembourg..	Bas-Rhin.
Wésel..........	Duché de Clèves.
Wetzlar........	Près Coblentz.
Wimpfen........	Hesse-Darmstadt.
Worms..........	Sur le Rhin.

D'autres lieux moins considérables entrèrent dans la confédération du Rhin ; et une semblable association se forma entre les principales villes situées sur les rives du Danube ou de ses affluents, et généralement comprises dans les limites des bans de Souabe et de Franconie : on en pourra reconnaître l'importance par la nomenclature que nous joignons ici :

Augsbourg.....	Sur le Lech.
Biberach.......	Sur la Reuss.
Buchau.........	Wurtemberg.
Buchorn........	G.-duché de Bade.
Dinckelspiel...	Sur la Wernitz.
Donawert......	Sur le Danube.
Eslingen.......	Sur le Necker.
Gemunden......	Sur le Mayn.
Gengenbach....	G.-duché de Bade.
Giengen........	Sur la Brentz.
Hailbronn.....	Wurtemberg.
Hall...........	Sur le Kokher.
Hallein........	Sur la Saltza.
Kauffbeuren....	Sur le Werdach.
Kemptein.......	Sur l'Iller.
Leutkirch.....	Près de l'Iser.
Lindau.........	Sur le lac de Constance.
Méningen......	G.-duché de Bade.
Nordlingen....	Bavière.
Nuremberg.....	id.
Offenbourg....	G.-duché de Bade.
Pfullendorf...	Sur l'Andelspach.
Popfingen.....	Sur l'Eger.
Ratisbonne....	Bavière.
Ravensbourg...	Wurtemberg.
Rentlingen....	Près du Necker.
Rotembourg....	Bavière.
Roth...........	id sur la Rednitz.
Schweinfurt...	Sur le Rhin.

Uberlingen......	G.-duché de Bade.
Ulm............	Sur le Danube.
Wangen........	Wurtemberg.
Weil............	Sur la Wurm.
Weissenbourg..	Sur la Rednitz.
Wertheim......	Franconie.
Zell............	Sur le lac de Zell.

La confédération du Rhin et celle du Danube embrassaient toutes les villes de l'une et de l'autre région, qui avaient le plus d'importance par leur population et leur commerce, et qui pouvaient le plus aisément se porter secours, dans un temps de désordre et d'anarchie, où leur nom de villes impériales n'était plus qu'un vain titre, et ne pouvait leur assurer aucune protection.

Le voyageur qui parcourt ces contrées y retrouve encore les vestiges d'un grand nombre de forteresses qui servaient alors de repaires aux violateurs de la paix publique : on voit aussi dans le voisinage de ces ruines les places fortes qui furent érigées par la confédération, pour défendre le pays et garantir la sûreté des communications. Ces monuments servent de preuves aux traditions historiques qui nous rappellent les violences exercées contre le commerce, et les moyens mis en usage pour s'en préserver.

D'autres ligues se formèrent, à l'exemple de celle du Rhin; et il s'établit en Allemagne une nouvelle confédération entre plusieurs princes, qui, craignant de ne pouvoir se maintenir isolément, s'unirent par une confraternité héréditaire : ils se promettaient les uns aux autres, et par une donation éventuelle, la succession de celui dont la postérité masculine viendrait à s'éteindre. Pour que cette convention fût valable, il fallait y faire intervenir les trois ordres des provinces intéressées à un tel changement, et obtenir la confirmation des empereurs et des États de l'Empire, sans l'aveu desquels on ne pouvait disposer d'un fief; mais les empereurs se prêtaient à des arrangements qui tendaient à rétablir l'ordre public. La plupart de ces confédérations avaient été faites pendant le long interrègne; elles furent ensuite confirmées par Rodolphe Ier, quoiqu'en effet elles réduisissent les prérogatives du suzerain; car il en résultait qu'un grand nombre de seigneuries et de principautés, qui auraient dû revenir à l'Empire par droit de déshérence, eurent désormais des héritiers qui empêchaient ces réversions.

L'établissement des *austrègues* remonte aussi au grand interrègne. Plusieurs seigneurs, plusieurs villes, voyant les lois sans force, l'Empire sans chef, les démêlés sans juges, instituèrent et nommèrent des arbitres, qui connaissaient des procès des seigneurs, soit entre eux, soit avec leurs vassaux ou avec les villes franches : ces austrègues étaient renouvelés tous les six mois : leur juridiction avait d'abord été indépendante, elle fut ensuite subordonnée à celle de l'Empire.

On cherchait, pendant l'interrègne, tous les moyens d'arrêter les désordres publics : plusieurs princes firent rédiger les lois de leurs États : la plupart des villes libres eurent le même soin : elles suivaient, pour assurer leur indépendance, les mesures qu'elles avaient d'abord prises pour se défendre contre l'anarchie. On voyait s'élever ainsi dans toute l'Allemagne et sous différents noms une foule de prétendants à la souveraineté. Un si grand nombre d'autorités distinctes n'avaient pas alors de centre commun autour duquel elles pussent se réunir; mais tous ces éléments épars allaient bientôt aider à réorganiser l'Empire; et les villes libres qui ne relevaient plus que de lui constituèrent une partie essentielle de sa puissance, lorsqu'un chef lui eut été rendu.

La ligue que ces villes avaient formée dans les vallées du Rhin et du Danube était distincte de celle des villes anséatiques. Les unes et les autres fleurirent en même temps; et quoique leurs intérêts fussent souvent en rivalité, parce qu'elles aspiraient également à des préférences commerciales, elles contribuèrent toutes à propager en Europe les progrès des arts, à multiplier entre les peuples les voies de communication, à donner à l'état social de plus rapides développements.

Si l'on se représente en effet les différents membres de ces grandes associations, épars sur un vaste territoire, enclavés dans d'autres États, et souvent exposés à leur jalousie, à leurs hostilités, on reconnaît le besoin où ils étaient de s'entendre, de se concerter sur de communs intérêts, sur les périls de leur situation et sur les moyens de s'en préserver. Attaquer un membre de la confédération c'était la provoquer tout entière : chaque ville devait se mettre en état de défense : on lui donnait une enceinte de fortifications ; on organisait ses milices, et il fallait aussi qu'un contingent militaire fût prêt à marcher au secours des confédérés dont on aurait violé le territoire ou les droits. La navigation des fleuves facilitait quelquefois l'arrivée et la réunion de ces secours : on rencontrait plus d'obstacles dans les communications par terre ; mais on cherchait à se ménager des intelligences dans les pays qu'il fallait traverser, afin d'y obtenir un libre passage : on trouvait des auxiliaires, on unissait ses forces ; et s'il fallait céder à celles d'un ennemi, le vainqueur lui-même pouvait se croire intéressé à épargner les villes qu'il avait soumises. La puissance qui s'empare d'un pays ne tarirait pas impunément les sources de sa prospérité ; elle en éprouverait elle-même le premier dommage. La richesse publique ne lui prête-t-elle pas une force nouvelle ? N'accroît-elle pas l'éclat de sa gloire, les ressources de ses finances, le bien-être des nouveaux sujets dont la paisible soumission lui devient nécessaire ? Cette situation et le besoin même des gouvernements nous expliquent comment les villes commerçantes du moyen âge ont pu prospérer et se maintenir, à travers les guerres et les révolutions auxquelles elles ont survécu.

Cette époque commerciale est d'autant plus digne de remarque qu'elle est aussi celle où plusieurs principes du droit des gens commencèrent à se fixer, et où ceux du droit de guerre reçurent d'importantes modifications qui tendaient à en diminuer la rigueur. L'intensité des guerres privées, dont le fléau avait si longtemps désolé l'Europe, se trouvait déjà restreinte par l'établissement de la *trêve de Dieu*, qui avait réduit à deux nuits et trois jours par semaine le temps où deux ennemis pouvaient se poursuivre, et qui leur avait interdit tout acte d'hostilité pendant l'avent, le carême, les quatre-temps, et à l'époque des principales fêtes de l'Église. Un armistice de cent quatre-vingts jours par année était le résultat de cette première institution, dictée par la religion et l'humanité. La *paix de Dieu* fut ensuite proclamée. Elle devait constamment s'observer envers les femmes, les enfants, les prêtres, les religieux. On l'étendit bientôt aux négociants qui se rendaient d'une ville à l'autre ; et les marchandises qu'ils transportaient avec eux jouirent d'une égale sécurité. Ce privilège accordé au commerce dut contribuer à ses progrès, non-seulement dans les villes qui s'étaient confédérées, mais dans celles qui, sans jouir d'une même protection, désiraient participer à ce grand développement des relations sociales et du travail.

La plupart des villes que nous avons indiquées dans le tableau de la ligue du Rhin et dans celui de la ligue de Souabe sont encore remarquables aujourd'hui par l'activité et le nombre de leurs manufactures. L'origine de leur industrie est ancienne ; il existait entre elles dans le moyen âge une utile émulation. Chacune éprouvait le besoin de concourir à la prospérité commune ; et comme leur association n'avait d'abord été formée que pour quelques années, elles eurent soin, pendant toute la durée de l'interrègne, de renouveler et de prolonger une ligue défensive devenue si nécessaire à leur sûreté ; mais lorsque Rodolphe de la maison de Habsbourg eut été proclamé empereur, et eut pris d'une main ferme les rênes du gouvernement, la compression de l'anarchie et la sécurité rendue à l'Allemagne y firent cesser les confédérations particulières auxquelles on avait eu recours pour suppléer à la force publique.

Mais il ne pouvait pas en être ainsi de la ligue Anséatique, formée entre les villes du nord. De nouveaux rapports qui dérivaient de leur situation, de leurs périls, de leurs intérêts, les liaient plus étroitement. Les villes les plus importantes voulaient jouir de l'indépendance, et ne se croyant pas assez fortes pour se soutenir isolément, elles avaient besoin de s'assurer une mutuelle garantie.

Au commencement du quatorzième siècle et lorsque le centre de l'Allemagne voyait cesser les confédérations d'un grand nombre de villes, les contrées encore plus méridionales, désignées alors sous le nom de haute Allemagne, allaient être bientôt liées par des associations semblables contre cette maison de Habsbourg qui avait reçu la couronne impériale. Les domaines qu'elle possédait dans les vallées des Alpes, baignées par les lacs de Schwitz et des quatre cantons, étaient durement administrés par des gouverneurs, dont les violences et les exactions révoltèrent un peuple pauvre, intrépide et ami de la liberté. La révolution fut commencée par trois hommes, Melchtal, Stauffacher, Walther-furst, qui, s'étant engagés par serment à délivrer leur pays, entraînèrent dans ce noble dessein les villages de Schwitz, d'Ury, d'Underwald. Le nom du lieu où cette ligue sainte prit son origine devint celui de la confédération, qui devait successivement réunir et embrasser toutes les régions séparées de la Souabe par le cours du Rhin, et bornées sur les autres points par la Bavière, l'Italie et la chaîne du mont Jura. Cette association primitive, promptement affermie par la victoire de Morgarten et par de nombreux actes d'héroïsme et de dévouement dont Guillaume Tell et Arnaud de Winkelried avaient donné l'exemple, devint la base d'une république fédérative et indépendante, qui prit un honorable rang dans la famille des puissances européennes. Il s'est écoulé plus de cinq siècles depuis la première proclamation de ses libertés; et cet édifice social, toujours majestueux et respecté, n'a pas encore été ébranlé sur ses fondements.

D'autres confédérations subsistaient en Italie, dans le treizième et le quatorzième siècle; elles avaient également été formées entre les villes qui désiraient échapper à la domination d'un souverain, ou opposer une digue à l'anarchie; mais ces différentes ligues ne pouvaient pas avoir un même caractère de durée. Elles n'étaient pas protégées par le boulevard des montagnes et par cette énergie que donnent la simplicité des mœurs et la vie pénible et laborieuse des habitants. Les factions, la jalousie, l'esprit de conquête portaient le trouble au milieu de ces associations; ils en affaiblissaient les liens, et soumettaient à quelques villes plus importantes les cités voisines qui d'abord avaient été placées au même rang. Les droits n'étaient plus égaux entre elles; et de nouveaux gouvernements monarchiques ou populaires succédaient à ces réunions premières, qui n'avaient eu pour but que de mettre en commun tous les droits, tous les intérêts des confédérés.

Deux spectacles très-divers, dont l'origine était cependant la même, purent donc s'offrir en même temps, l'un vers le midi, l'autre vers le nord de l'Europe. L'indépendance de la plupart des villes d'Italie allait se perdre à la suite des longs efforts qu'elles avaient faits pour la garantir; et tandis qu'elles se rangeaient sous l'autorité de quelques chefs, la ligue anséatique parvenait au contraire à consolider sa propre existence, en multipliant le nombre de ses membres, en réglant leurs obligations et leurs droits, en concluant de nouveaux traités avec les puissances étrangères, surtout en faisant pénétrer dans l'intérieur de l'Allemagne le commerce qu'elle faisait sur tous ses rivages, et en attirant dans ses ports les productions des pays les plus éloignés. Cette circulation entre les richesses de la mer et de la terre s'étendait incessamment : elle établissait de proche en proche de nouveaux lieux d'entrepôt, de nouveaux moyens d'échange; et de même que la navigation sur l'Océan et la Méditerranée aidait aux relations des peuples du nord et du midi, de même les routes de terre et le cours des fleuves ouvraient également entre eux de nombreuses lignes de communication. Les nations les plus industrieuses ne l'étaient pas de la même manière. La variété de leurs produits offrait de nouveaux aliments à leur commerce; elles empruntaient les unes des autres les différents procédés des arts; et quelques événements politiques vinrent, au milieu du moyen âge, favoriser ce mouvement progressif.

L'influence que la fondation de l'empire latin avait eue sur la direction et l'activité du commerce fut également sensible dans plusieurs branches d'industrie qui n'avaient jusqu'alors fleuri qu'en Orient. Le temps où Baudouin régnait à Constantinople, où Guillaume de Champlitte était prince de Morée, Villehardouin seigneur de Coron, Othon de la Roche grand sire de Thèbes et d'Athènes, Louis de Blois duc de Nicée, et Venise maîtresse de l'île de Chypre et d'une portion de l'Archipel, ce temps fut celui où la plupart des manufactures des Grecs furent établies dans différentes parties de l'Europe. On était à portée d'en connaître, d'en imiter les procédés, et de transplanter ailleurs des colonies d'artisans. L'exemple de ces émigrations avait été donné immédiatement après la conquête. Un grand nombre d'objets d'art furent alors emportés par les Occidentaux qui retournaient dans leur patrie : la plupart restèrent à Venise, plusieurs furent envoyés en France ou dans d'autres parties de l'Europe; et ces premiers fruits de la victoire servirent de modèles aux imitateurs. On établit dans quelques villes des manufactures d'étoffes de laine ou de soie;

l'art de travailler le fer et de fabriquer des armes, des ustensiles de toute espèce, fut perfectionné. Les arts libéraux, l'architecture surtout, firent des progrès; les églises devinrent plus somptueuses; le style byzantin fut imité dans les plus grands édifices qui appartiennent à cet âge et aux siècles suivants.

Mais ce n'est point encore dans les villes du nord et de la Baltique que l'on remarque ces dernières imitations. Avant que les arts de luxe y fissent des progrès, on avait à se livrer aux arts nécessaires. Les premiers de tous étaient ceux qui pouvaient servir aux constructions maritimes et avancer les progrès de la navigation : aussi voyons-nous ce genre d'industrie se multiplier avant tous les autres, dans les ports de la Baltique et dans ceux de l'Elbe et du Wéser. Il suffirait, pour en avoir la preuve, de parcourir les noms des rues et des quartiers de chacune de ces différentes villes; car alors on donnait le nom d'une profession aux rues où les ouvriers d'une même classe se trouvaient cantonnés. La plupart de ces arrondissements ou de ces lignes d'habitations étaient occupés par les charpentiers, les ferronniers, les tisserands, les cordiers, les fabricants des divers agrès, utiles à l'équipement des navires. Il serait superflu d'en indiquer ici la nomenclature, et nous n'avons point à détailler la statistique industrielle de tous ces établissements. L'histoire doit s'attacher plutôt à peindre l'esprit des institutions qu'à relever pièce à pièce tous les échafaudages qui ont servi successivement à l'élévation et au couronnement de l'édifice social.

Pour favoriser dans chaque ville les différentes branches de fabrique et de travail, on érigeait en corporations les artisans. L'effet de ces assemblées d'arts et métiers était de mieux surveiller la main-d'œuvre, de la perfectionner, d'assurer à chaque individu la protection et les secours de ses associés. C'était dans la même vue qu'on avait assigné à chaque profession un quartier spécial : ce rapprochement de magasins et de marchandises analogues servait en même temps de guide aux acheteurs, et l'on pouvait aisément reconnaître le genre d'industrie auquel chaque ville s'était attachée.

Les apprentissages, les maîtrises, les jurandes furent au nombre des institutions du moyen âge ; et pour les juger sans prévention, il convient de se reporter au temps où elles furent établies et aux avantages qui en résultèrent. Si elles exigeaient l'instruction des ouvriers, elles imposaient aussi des engagements aux chefs d'ateliers ; et les uns et les autres étaient soumis à de nombreux règlements. Les communautés d'artisans avaient d'abord choisi dans leur sein un ou plusieurs arbitres, chargés de concilier leurs différends et de faire l'application de leurs statuts. Chaque corporation formait une tribu, d'où l'on pouvait exclure ceux qui avaient commis un crime. Les apprentis étaient surveillés dans leur travail, encouragés dans leurs progrès : ils passaient dans la classe des maîtres, lorsqu'ils avaient exécuté un chef-d'œuvre, approuvé et reconnu pour tel par les jurés : l'examen qu'ils avaient à subir portait sur leur conduite, comme sur leur degré d'habileté, et l'on conservait ainsi l'honneur de la corporation à laquelle ils appartenaient. Les jurés étendaient aussi leur droit de surveillance sur les articles destinés au commerce, soit pour en vérifier la qualité, soit pour en constater le mesurage ou le poids, quand il fallait les évaluer ainsi. On ne pouvait exercer un métier, sans qu'ils eussent reconnu qu'on appartenait à une corporation : cette règle écartait la concurrence des étrangers et devenait exclusivement favorable à l'industrie des nationaux ; mais elle empêchait aussi les pauvres d'acquérir des maîtrises qui leur auraient imposé des charges pécuniaires. Ces frais d'admission s'accrurent progressivement, et les abus de vente et de monopole qui s'introduisirent plus tard dans le régime des jurandes en devaient entraîner la réforme ; mais elles avaient eu quelque utilité temporaire ; c'en est assez pour les recommander à nos souvenirs.

LIVRE QUATRIÈME.

Législation maritime de quelques villes de la ligue anséatique ; analyse du code de Wisby qu'elles adoptèrent ensuite. — Droits et devoirs des confédérés ; secours qu'ils ont a se prêter mutuellement. — Premiers traités des villes anséatiques avec la Suède, le Danemark, la Norwége, la Flandre, l'Angleterre, la Moscovie. — Situation politique et commerciale des comptoirs des anséates a Bruges, Londres, Bergen et Novogorod. — Institutions qui favorisent le commerce. — Progrès du droit des gens. — État du commerce des anséates dans les différentes parties de l'Europe. — Remarques sur les productions et l'industrie de chaque contrée.

Le code maritime des villes anséatiques reçut, comme la ligue elle-même, plusieurs développements successifs. Les principes de ce code furent empruntés de la législation particulière de quelques villes, assez avantageusement situées pour étendre leur commerce et leur navigation : nous retrouvons d'anciennes traces de ce droit dans quelques règlements publiés à Lubeck en 1240, dans les premiers statuts de Wisby, dans celui de Hambourg qui parut en 1270, et dans les lois maritimes qui étaient alors en vigueur soit en Hollande et en Flandre, soit sur les rives plus méridionales de l'Océan.

Les règlements de Lubeck étaient surtout applicables à la navigation de la Baltique : ils furent successivement adoptés, avant l'année 1284, à Stralsund, à Grypswald, à Colberg, à Dangarten, à Wolgast. Les navigateurs de Lubeck qui fréquentaient le port de Stralsund ne pouvaient, dans leurs contestations juridiques, être jugés que d'après leurs propres lois : ils obtinrent en 1298 de semblables priviléges à Dantzig, et les statuts de Lubeck y furent introduits. Les mêmes règles s'établirent dans les autres villes voisines de la Baltique : elles étaient toutes intéressées à jouir d'un code maritime qui fût uniforme et qui pût simplifier et faciliter leurs relations.

Mais Lubeck ne bornant point ses vues au commerce de la Baltique, reconnut la nécessité de joindre à son code de nouvelles dispositions, et ce gouvernement emprunta en 1299 de la législation maritime de Hambourg un grand nombre d'articles, publiés en 1270 dans les statuts de cette dernière ville. Quelques-uns de ces articles étaient relatifs au commerce de Hambourg avec la Hollande et la France, d'autres s'appliquaient d'une manière générale à la navigation, à la conduite des hommes d'équipage et aux intérêts du commerce.

On avait établi que les négociants hambourgeois, arrivant avec des marchandises à Utrecht où ils avaient un comptoir, devaient y payer un droit pour l'entretien de cette factorerie. Ils n'étaient pas justiciables du bourgmestre de cette ville : leurs nationaux devaient y jouir du droit de juridiction, et l'appel de leurs jugements était déféré au sénat de Hambourg. Le port d'Osterken, voisin de Damme, leur était également ouvert, et c'était par ce port qu'ils faisaient le commerce de Flandre, avant que leur comptoir fût fixé à Bruges.

Chaque matelot d'un équipage hambourgeois jouissait d'un port franc, pour la pacotille qu'il pouvait avoir à bord du navire. La nature et la quotité de cette part de cargaison étaient déterminées suivant les lieux de départ : elle consistait en vin ou en sel de la Rochelle, en laines d'Angleterre ou d'Irlande, en bière de Hambourg, en goudron, en cendres, en pièces de bois, en douves ou merrains pour la fabrication des barriques, en blés de différentes espèces.

On avait déterminé le prix du fret des navires qui seraient employés à la pêche des côtes de Norwége et de Scanie.

Aucun matelot ne devait être abandonné dans une île, à moins qu'il n'eût commis un délit très-grave.

On ne devait pas mettre un navire en hivernage avant la Saint-Martin, et il ne fallait pas prendre la mer après cette époque.

D'autres articles fixaient les droits à payer pour le déchargement d'un navire; les salaires dont les matelots devaient jouir pour un voyage en Hollande; le droit à percevoir sur les objets naufragés; la répartition des pertes causées par les abordages, ou par le jet des marchandises à la mer; les droits des associés qui possédaient en commun un navire et sa cargaison.

Si un bâtiment faisait naufrage, le patron devait d'abord sauver les hommes, ensuite l'argent et les agrès, puis aider avec son canot à sauver les marchandises.

Les dispositions du droit maritime de Hambourg que nous venons d'indiquer ici, et que le sénat de Lubeck crut devoir adopter, passèrent également dans la législation de Brême : le code où elles sont réunies fut confirmé par un acte publié en 1303 et par plusieurs décisions judiciaires, qui furent considérées comme autant de règles obligatoires.

Avant d'adopter le code maritime de Hambourg, Brême avait quelques lois moins complètes sur la navigation, et ses règlements étaient sans doute les mêmes que ceux des autres villes de la basse Saxe : mais lorsque le commerce de cette place s'étendit sur tous les rivages de l'Occident et du Nord, il eut besoin d'une législation maritime mieux proportionnée à son importance, et ses relations habituelles avec Hambourg le portèrent à suivre une marche semblable.

Les exemples que nous venons de rappeler montrent que les principales villes qui commencèrent la ligue anséatique avaient déjà plusieurs règlements maritimes, et qu'elles cherchèrent alors à les rassembler et à les modifier de manière à n'y laisser subsister aucune disposition contradictoire. Il nous reste à indiquer les motifs de la préférence qu'elles donnèrent à la législation de Wisby.

Lorsque nous avons rendu compte des relations de commerce établies entre les peuples voisins de la Baltique, nous avons déjà fait remarquer que leurs armateurs avaient choisi pour lieu d'entrepôt, et comme point de relâche de leur navigation, l'île de Gothland, où était située la ville de Wisby. Les Allemands, les Slaves, les Suédois, les Danois y occupaient des quartiers séparés : chacun de ces peuples y avait des magistrats dont la juridiction s'étendait sur leurs nationaux ; et ce partage d'autorité amenait quelquefois des collisions entre les étrangers de plusieurs pays, surtout quand leurs gouvernements étaient en guerre ; mais, pour assurer les droits de chaque nation, on ne connaissait alors d'autre moyen que de les laisser jouir toutes du privilége de s'administrer : on multipliait leurs sauvegardes, au lieu d'étendre sur chacune d'elles la protection et la surveillance d'une seule et même autorité.

Wisby, devenu le centre du commerce de la Baltique, acquit une nouvelle importance, quand la navigation de cette mer intérieure se fut liée avec celle de l'Océan, et qu'elle eut ouvert des communications habituelles et faciles entre les côtes occidentales de l'Europe et l'extrémité du golfe de Finlande. Le port de Wisby fut encore plus fréquenté : les navires de toutes les nations commerçantes s'y réunirent ; on chercha les moyens de faire jouir chacune d'elles de l'application de ses propres lois ; et les négociants étrangers ne cessèrent pas d'être sous la protection du code maritime adopté dans leur pays. Ce code entra dans le recueil des coutumes qui furent publiées à Wisby, et qui devinrent ensuite communes à tous les autres ports.

La législation particulière dont cette ville jouissait depuis le treizième siècle lui avait été accordée par Magnus Ericson, roi de Norwége et de Suède : elle servit de base à une compilation qui se fit dans le siècle suivant et qui fut généralement désignée sous le nom de code maritime de Wisby : mais cette compilation ne pouvait être regardée, ni comme un acte du gouvernement local, ni comme une convention faite entre plusieurs puissances. C'était plutôt un règlement, adopté de concert et de gré à gré par les navigateurs de toute nation qui fréquentaient cette place. On y rassembla les usages qui étaient alors suivis dans les principaux ports de la Baltique et de l'Océan, et les traces de cet emprunt, de cet amalgame, se reconnaissent dans un grand nombre d'articles où les noms de plusieurs ports occidentaux sont indiqués comme lieux de départ ou d'arrivée. On voit ainsi que de nouvelles clauses furent successivement ajoutées, comme supplément, à celles qui avaient été adoptées les premières. On ne chercha point à en coordonner les formes et le style, comme si elles étaient émanées d'un même acte de législation, et l'on conserva textuellement les divers articles que l'on avait tirés de plusieurs autres codes pour les faire entrer dans celui de Wisby. Les douze premiers articles furent empruntés du code de Lubeck ; les vingt-quatre suivants le furent des *rôles* d'Oléron et des *jugements* de Damme et Westcapelle : la plupart des autres clauses étaient conformes aux coutumes d'Amsterdam, d'Enchuysen, de Stavern. On joignit ainsi aux lois suivies par les navigateurs de la Baltique celles qui étaient en vigueur sur les côtes de France, dans les Pays-Bas méridionaux et dans les ports de Hollande.

Ces différents codes avaient entre eux une grande analogie, et les premiers actes avaient servi de modèle aux âges suivants. La date des rôles d'Oléron était la plus ancienne, elle remontait au commencement du douzième siècle ; et nous retrouvons, en suivant l'ordre des dates, les codes maritimes de Westcapelle, d'Amsterdam et de Lubeck.

Sans entrer dans le développement de chacun de ces actes, qui allaient tous se combiner et se résumer dans la compilation de Wisby, nous croyons devoir offrir l'analyse des principales dispositions de ce dernier code, afin de mieux faire connaître quel était l'esprit des transactions maritimes que les villes anséatiques observaient, soit entre elles, soit avec les autres pays, lorsqu'elles eurent adopté un droit commun, et qu'elles eurent mis sous la protection de la ligue entière les intérêts de chacun de ses membres. L'abrégé du code maritime de Wisby est donné article par article : nous le regarderions comme un tableau moins fidèle des actes du moyen âge, si l'ordre de ses différentes clauses était interverti.

1. Un contre-maître, un pilote ou un matelot engagé pour un voyage, est tenu de l'accomplir.

2. S'il est déclaré incapable, il est obligé de rendre le prix d'engagement qu'il a reçu.

3. On ne peut renvoyer un matelot, sans lui payer une indemnité.

4. Il est défendu de passer la nuit hors du navire, sans la permission du patron.

5. On fixe les droits de prime et de palan, pour les chargements et les déchargements à faire en Scanie.

6. Aucun homme, engagé pour un voyage, ne peut être arrêté pour dette, à bord d'un navire mouillé à Travemunde.

7. Si la tempête oblige de jeter des marchandises à la mer, le fret doit cependant en être payé par le propriétaire, comme si elles avaient été conservées.

8. Les navires affrétés pour la saison de l'été doivent être rendus à l'époque de la Saint-Martin, à moins qu'ils ne soient retenus loin du port par des causes indépendantes du fréteur.

9. On ne peut se servir, à l'insu du propriétaire, d'un bateau mouillé dans la Trave, excepté en cas d'incendie ou d'autre force majeure.

10. Le patron peut prononcer, d'après les principes du droit maritime, sur le payement des dettes qui sont réclamées à bord d'un navire.

11. La valeur des marchandises jetées à la mer, en cas de détresse, doit être payée, au marc la livre, par le navire et par les gens qui ont conservé d'autres marchandises à bord.

12. L'affréteur d'un navire ne peut ni le mettre en gage ni le vendre, mais il peut le sous-louer.

13. En cas de naufrage par fortune de mer, les affréteurs d'un navire doivent payer à son propriétaire la moitié du dommage.

14. Si des mâts ou des voiles sont coupés et jetés à la mer par détresse, les négociants et le patron doivent en payer la valeur, au marc la livre.

15. Un navire, arrivé à l'Écluse, à Bordeaux, à la Rochelle, à Lisbonne ou ailleurs, ne peut être vendu sans le consentement des propriétaires ; mais s'il a besoin de vivres, le patron peut engager une partie de ses agrès.

16. Un patron doit prendre l'avis de son équipage, avant d'appareiller et de mettre à la voile, afin de juger si le temps est favorable : il se règle sur l'avis de la majorité ; et s'il ne suit pas, il est responsable, en cas de perte, du prix du navire et des marchandises.

17. Les hommes d'équipage sont tenus d'aider au sauvetage des marchandises d'un bâtiment naufragé, sous peine de perdre leur salaire s'ils ne prêtent pas assistance.

18. Si un navire part de l'Écluse ou d'un autre lieu, et s'il vient à se briser, les négociants peuvent retirer leurs marchandises ; mais si le patron peut réparer promptement les avaries du vaisseau, ou en louer un autre pour achever son voyage, il reçoit son fret en totalité.

19. Lorsqu'un navire est en partance, ou qu'il est arrivé dans un port, les hommes d'équipage ne doivent pas le quitter, à moins qu'il ne soit amarré sur ses quatre câbles.

20. Si des matelots sortent du navire, s'enivrent et sont blessés dans quelque dispute, le patron n'est tenu, ni de les faire guérir, ni même de les garder ; mais s'il les a envoyés à terre

pour le service du navire, et s'ils reçoivent alors des blessures, il leur doit des secours.

21. Lorsque des matelots tombent malades à bord du navire et doivent être portés à terre, le patron est obligé de les faire nourrir et soigner, comme s'ils continuaient de servir.

S'ils guérissent, il leur remet leur salaire entier; s'ils meurent, il le fait remettre à leurs veuves ou à leurs héritiers.

22. Si un navire, parti de l'Écluse ou d'un autre lieu, est accueilli par la tempête, et s'il faut jeter à la mer quelques marchandises, les négociants doivent d'abord être consultés. Le jet peut cependant être justifié malgré leur avis, si, après l'arrivée au port, deux ou trois hommes de l'équipage affirment que le jet a eu lieu pour sauver le navire corps et biens. Le dommage doit être réparti entre les propriétaires des marchandises sauvées.

23. Si le gros temps oblige de couper les mâts ou les câbles des ancres, le dommage est également à la charge des affréteurs.

24. Les avaries occasionnées dans le déchargement des navires, par la rupture des cordes de guindage, sont supportées par le patron et l'équipage, si ces cordes n'ont pas été montrées d'avance aux affréteurs pour qu'ils puissent juger de leur force.

25. Si les futailles d'une cargaison, partie de l'Écluse ou d'un autre port, se défonçaient, parce qu'elles n'auraient pas été bien assujetties dans leur arrimage et qu'on n'aurait pas fermé les écoutilles, le patron et son équipage seraient responsables des avaries.

26. Les patrons doivent maintenir la paix entre les hommes de leur équipage. Un matelot qui frappe son patron doit payer une amende de cent schellings ou avoir le poing coupé.

27. Les frais de lamanage ou de pilote côtier se perçoivent sur la côte de Bretagne pour passer l'île Bas, sur celle de Normandie pour passer Calais; sur celle d'Angleterre pour passer Yarmouth, sur celle de Flandre pour revenir en deçà de Calais : ces frais sont acquittés par les marchands.

28. Le patron peut faire retirer la nappe devant un matelot avec lequel il a eu quelque dispute, et il peut le chasser du navire; mais si le matelot répare sa faute, à la satisfaction de ses compagnons de table, ses excuses sont admises.

29. et 30. Si un vaisseau amarré dans un port est abordé par un autre navire, entrant avec la marée, le payement des avaries éprouvées par cette secousse est supporté par les deux vaisseaux, dans une proportion équitable.

31. Lorsqu'un navire vient mouiller dans un port, trop près d'un autre bâtiment, il est tenu de jeter l'ancre plus loin, si on le prévient que quelque choc peut résulter de son voisinage. Celui qui jette l'ancre doit aussi placer une bouée; et s'il est dans un port sec, il doit également indiquer la place de ses ancres.

32. Les matelots bretons ont du vin et un repas par jour : les Normands ont deux repas sans vin; mais le patron doit leur en donner, sur les côtes des pays qui en produisent.

33. Chaque matelot, arrivé à Bordeaux ou dans un autre port, peut placer dans le navire le poids de son port franc; et il doit en être dédommagé, livre pour livre, dans le cas où le tonneau qui représente la valeur de son droit serait jeté à la mer pour cause de détresse.

34. Si un matelot, arrivé dans le lieu de déchargement, exige le payement de ses loyers, on peut néanmoins les retenir, à moins qu'il ne laisse dans le navire quelques effets, comme caution qu'il achèvera son voyage.

35. Les matelots sont engagés pour l'aller et le retour, les uns au fret, les autres à loyer.

36. Un matelot, arrivé à Bordeaux ou ailleurs, peut emporter du navire la ration de pain et de vivres qu'il mangerait dans un repas; mais il doit promptement revenir à bord, et il est punissable, pour les accidents

qu'aurait occasionnés son absence.

37. Lorsqu'un négociant frète un navire, sans le charger dans le délai dont il est convenu, il doit dédommager le patron et l'équipage des torts que leur cause ce délai.

38. Un patron qui a pris un chargement et qui est retenu dans un port où l'argent vient à lui manquer, peut faire vendre, pour subvenir aux besoins du navire, une partie des vins ou des marchandises; mais il doit en dédommager les affréteurs, au taux du prix où se vendra le reste des vins et des autres articles.

39. Le locman, pilote côtier, loué pour conduire un navire au lieu de son déchargement, doit le diriger jusqu'au delà des chaînes, barrières ou autres obstacles qu'il aurait à franchir avant d'entrer dans le port. La responsabilité du navire, et des câbles d'amarrage et de guindage, appartient ensuite au patron et à l'équipage.

40. Si un navire a fait naufrage, le patron le fait réparer s'il est possible; et, dans le cas où il ne pourrait pas le faire, il reçoit le prix du fret de toutes les marchandises sauvées.

41. On peut, en cas de détresse, procéder au jet des marchandises si les affréteurs y consentent, et même contre leur gré, si deux ou trois matelots déclarent, comme le patron, que le jet est nécessaire. On prend un pilote avec le consentement des affréteurs, ou si le patron et la majorité de l'équipage le jugent indispensable.

42. Si un navire, parti d'Amsterdam, de Terweer ou d'autres lieux, est en danger de périr, et s'il faut, pour le sauver, couper un mât, un câble ou d'autres agrès, le dommage est réparti sur toute la cargaison, comme dans le cas du jet à la mer.

43. Si un patron vend des marchandises en cas de besoin, en affectant la valeur du navire à leur remboursement, cette valeur répond du prix, soit que le patron garde son bâtiment, soit qu'il le vende; et dans ce dernier cas l'action du négociant contre le navire peut être suivie pendant un an et un jour.

44. Le patron qui viendrait à manquer d'argent pour subvenir aux besoins de l'équipage est autorisé, comme par l'article 38, à vendre une partie des marchandises; il en tient compte ensuite aux propriétaires, d'après le prix moyen du lieu où les autres marchandises se seront vendues.

45. Quand un patron aura pris un chargement complet, il ne pourra charger aucune autre marchandise, à moins que les négociants n'y consentent, ou à moins qu'il ne les en ait prévenus avant de recevoir leur cargaison.

46. Cet article est une répétition de l'article 20, relatif aux matelots qui sortent des navires, et s'engagent dans des rixes où ils sont blessés.

47. Un patron qui congédie un matelot, sans motifs valables, lui doit la moitié de ses gages : il lui en doit la totalité, s'il est déjà entré dans le Marsdiep pour revenir au port.

48. Les matelots sont tenus, comme le patron, de prendre soin des marchandises embarquées : ils reçoivent un gros, pour décharger le blé à la pelle, un gros pour deux cents feuillets de chêne, autant pour cent planches de sciage, pour un baril de cendre, un laste de harengs, un laste de goudron ou de brai. Leur droit est également fixé, pour les marchandises qui exigent l'emploi d'un palan pour être chargées : on leur paye pour un baril de lin deux gros, autant pour une balle de draps, autant pour une barrique de vin.

49. Si un bâtiment, parti d'un port danois, est abordé involontairement par un autre navire, le dommage est payé par moitié : si ce vaisseau l'a abordé à dessein, le dommage est au compte de l'agresseur.

50. Si un navire qui se trouve à Amsterdam ou dans un autre port dérive sur un autre bâtiment, on paie les avaries par moitié.

51. Un patron qui ne fait pas placer une bouée sur son ancre doit payer

la moitié du dommage que cet accident aurait occasionné.

52. Un navire qui a doublé le cap Schagen ou qui vient de Norwége doit être déchargé dans les quatorze jours.

53. Celui qui vient de Hambourg ou d'un rivage de la mer du Nord doit l'être dans huit jours.

54. Si un navire expédié de Scanie ou d'ailleurs, pour la Flandre ou pour un autre lieu, est forcé de relâcher à Amsterdam sans qu'on puisse réparer ses avaries, le patron envoie les marchandises à leur destination, par les routes ou les canaux, et à ses frais; mais les droits de douane sont payés par les négociants.

55. Les matelots arrivés à Amsterdam sont tenus de rester dans leur navire, jusqu'à ce qu'il soit déchargé et qu'il ait repris du lest.

56. Si un navire prend fond, et qu'il faille se procurer des alléges, des prames, des bateaux légers pour enlever la cargaison, le prix doit en être payé par le navire et le chargement.

57. Si un bâtiment, arrivé dans le Marsdiep ou dans le Flie, tire trop d'eau pour pouvoir le remonter, le prix des alléges doit être payé, deux tiers par le navire, un tiers par la cargaison.

58. Un patron qui a déchargé son navire peut garder les marchandises près de son bord, pour garantir le payement du fret qui lui est dû.

59. Les bateaux qui auraient allégé en mer un navire, et auraient gagné la terre avec les marchandises qu'ils auraient prises à bord, doivent les décharger dans les cinq jours de leur arrivée.

60. Si un patron, poussé par le gros temps vers une côte difficile dont il ne connaît pas les parages, prend un pilote côtier, ces nouveaux frais sont payés par le navire et la cargaison.

61. Si les navires, après avoir doublé l'île d'Ameland et être entrés dans le Flie ou le Marsdiep, prennent un pilote pour les conduire à Amsterdam, ce pilote est nourri par le patron, et son salaire est payé par les négociants.

62. Tout matelot qui abandonne son patron, en emportant les avances qu'il a reçues, encourt la potence.

63. Un matelot, pris en grave et flagrant délit, peut être congédié sans recevoir de gages ou de loyers.

64. Si un contre-maître ou un matelot qui s'est engagé achète un navire pour son propre compte, il est libre de ses engagements envers son patron, en lui remboursant les avances qu'il a reçues.

65. Si un bâtiment cause des avaries à un autre en l'abordant, et si le patron jure par les saints qu'il n'a pu empêcher ce dommage, il en payera la moitié; s'il ne jure pas, il en payera la totalité.

66. Les contre-maîtres, pilotes, matelots, loués par un patron, doivent faire en entier leur voyage : en cas de refus, ils remboursent au patron toutes les sommes qu'ils ont reçues.

Tel est le précis du droit maritime que les négociants et patrons avaient rédigé ou adopté à Wisby. Ce code devint la règle commune des navigateurs qui fréquentaient la Baltique, la mer du Nord et les parages de la Hollande et de la France, et l'on en retrouve les principes et la confirmation, non-seulement dans les codes des différentes villes, mais dans les actes et les recez qui furent publiés ultérieurement par la ligue elle-même, et qui avaient pour but de rendre uniforme sa législation maritime.

Mais cette confédération avait encore d'autres règles à établir pour la protection et la sécurité de chacun de ses membres. Si une ville était attaquée, la ligue anséatique devait employer sa médiation pour lui rendre la paix, ou ses forces pour la défendre. Quelquefois cette obligation ne s'étendait qu'aux alliés les plus voisins, lorsque leur concours pouvait suffire : aussi nous voyons que quelques villes étaient plus souvent exposées à la guerre. Celles des rivages de la Baltique, menacées par les puissances du Nord, avaient à résister aux premiers efforts d'une invasion, et plus d'une fois elles vainquirent l'ennemi et le forcèrent à la paix, avant d'avoir pu recevoir les secours des villes plus éloignées. Cette communauté de périls rapprochait plus intimement les villes de Lubeck, de Wismar, de Rostock, de Stralsund, qui étaient très à portée de s'entre-secourir et de combiner l'emploi de leurs forces maritimes. Les mêmes dangers déterminèrent promptement l'accession des autres villes de la Baltique.

L'obligation de fournir un contingent de troupes, pour assurer des moyens de défense à chaque confédéré, était la même pour tous les membres de la ligue, lorsque la sûreté commune ou particulière l'exigeait : ici les engagements de tous les alliés étaient réciproques, et les charges devaient être réparties entre eux, d'une manière proportionnée à leurs ressources ; mais cette égalité de devoirs supposait une situation politique qui fût semblable et qui laissât à l'action de chaque gouvernement une pleine liberté. Les villes qui dépendaient d'un souverain, et qui n'avaient pas le privilège de se donner leurs propres lois, ne pouvaient pas disposer à leur gré de toutes leurs ressources : aussi lorsqu'elles étaient admises dans la ligue anséatique elles ne l'étaient pas comme membres immédiats, elles n'avaient pas droit de délibération dans les assemblées de la diète, et leurs intérêts se trouvaient placés sous le patronage des villes plus importantes qui jouissaient de ce droit. Comme elles ne pouvaient prendre part aux charges de la guerre que par un subside, on faisait aussi moins de sacrifices pour les défendre ; et en ménageant leurs avantages commerciaux on s'occupait moins des vicissitudes de leur situation politique et des variations que pouvait éprouver leur gouvernement.

Ces explications font reconnaître qu'il y avait effectivement dans la ligue anséatique plusieurs degrés d'association : les villes indépendantes en formaient le véritable corps, et les autres alliés ne participaient qu'à une partie de ses avantages ; c'en était assez pour qu'ils désirassent lui appartenir plus immédiatement. Protégés par sa considération et son influence, ils répandaient au loin les bienfaits du commerce ; les relations entre les peuples du littoral et du centre de l'Europe se multipliaient ; et ces associations, qui d'abord ne s'étaient formées que sur les frontières de l'Allemagne, favorisaient la prospérité de l'intérieur, où elles faisaient pénétrer le goût du travail, et où leur exemple excitait une utile émulation.

La ligue formée entre les villes anséatiques était à la fois offensive et défensive ; mais pour empêcher qu'une seule ville ne suscitât des guerres imprudentes, on avait établi qu'aucune ne pourrait déclarer la guerre sans l'approbation des quatre villes voisines : la paix ne devait être faite qu'avec l'aveu de la ligue entière, et aucun membre de l'association n'avait le droit d'ouvrir des négociations, pour obtenir des prérogatives qui lui fussent propres, et qui n'appartinssent pas également à ses confédérés.

On retrouve constamment la preuve de cette communauté d'intérêts dans la longue série des traités qui furent conclus par les villes anséatiques avec les puissances du Nord et de l'Occident, depuis le commencement du treizième siècle. Les premiers actes intéressent seulement quelques villes isolées ; mais dès que leur association commence, ils s'appliquent à plusieurs cités. Lubeck et les villes des Vendes ont d'abord obtenu des privilèges spéciaux de la part du Danemark et de la Suède : on voit bientôt comprendre dans une même convention d'autres places des rives de la Baltique ou des contrées plus méridionales : leur nombre suit les progrès de la ligue qui s'est formée, et cette suite de traités permet d'observer les progrès d'une corporation qui em-

VILLES ANSÉATIQUES.

brassa un si grand nombre de villes.

Pour donner à cette république fédérative des moyens de cohésion, on établit une juridiction semblable dans chacune des villes anséatiques, non-seulement sur les lois à suivre pour régulariser la navigation, la police des équipages, toutes les opérations du commerce, mais sur les moyens de concilier ou de juger les différends qui pourraient survenir entre les confédérés.

Ce fut par cette unité de vues et cette communauté de lois que les villes anséatiques affermirent leur association et constituèrent une puissance assez forte pour faire respecter ses droits : d'autres principes de stabilité dérivaient de son organisation intérieure.

Le soin de maintenir les liens de la confédération appartenait aux diètes où chaque ville envoyait en députation un membre de son conseil et un négociant. Les assemblées ordinaires étaient convoquées à Lubeck tous les trois ans : elles étaient présidées par le bourgmestre de cette ville : à sa droite étaient les députés de Lubeck, de Cologne, de Brême et des différentes villes de Saxe, de Westphalie, de Poméranie et des autres rivages de la Baltique; à sa gauche étaient ceux de Hambourg, Lunebourg, Brunswick et ceux de la Marche et des Pays-Bas. La salle immense où se tenaient les diètes de la Ligue Anséatique a été partagée depuis en plusieurs pièces, et ces divisions intérieures ôtent à l'édifice entier son caractère monumental : il serait à désirer qu'on lui rendît ses dimensions premières, et qu'on pût admirer encore dans le chef-lieu de la Ligue Anséatique cet antique et vénérable vestige de sa grandeur.

Les liens des membres de la confédération se renouvelaient tous les dix ans : la diète admettait dans la Ligue d'autres associés, lorsqu'il ne pouvait résulter de leur concours aucun embarras pour elle-même : elle pouvait aussi écarter ceux qui n'avaient pas rempli toutes leurs obligations fédérales; et il fallait, lorsqu'une ville avait été séparée de la Ligue, une nouvelle décision de la diète, pour qu'elle fût réintégrée dans ses droits.

La nécessité de pourvoir aux communes dépenses avait fait imposer un subside à chacune des villes anséatiques : il était annuel et fixe pour la plupart d'entre elles; mais lorsque les circonstances l'exigeaient on pouvait lever une contribution extraordinaire sur les villes les plus riches et les plus importantes : de ce nombre étaient celles de Lubeck, Cologne, Dantzig, Brunswick, Hambourg, Brême, Lunebourg, Magdebourg, Rostock, Stralsund, Stettin, Koenigsberg, Riga, Rével, Déventer, Campen, Munster. Si les traités à conclure avec une puissance étrangère devaient s'appliquer à la Ligue entière, la diète en nommait les négociateurs; lorsqu'ils intéressaient quelques villes seulement, la diète avait à examiner s'ils ne renfermaient aucune clause contraire à ses propres droits, et aux devoirs que chacun des membres de la confédération avait à remplir envers elle.

En suivant les premières relations de la Ligue Anséatique avec d'autres États, nous avons déjà reconnu que les concessions particulières, faites à quelques villes seulement, s'étaient étendues à leurs confédérés; et si nous cherchons à justifier cette remarque par un exemple, nous voyons que les traités faits avec la Suède furent d'abord conclus par Lubeck et par quelques autres villes de la Baltique, avant d'embrasser la Ligue entière.

Le commerce des Anséates avec la Suède se faisait par Calmar, par l'île de Gothland, par Stockholm, qui était alors désigné sous le nom d'Holmia. La Ligue jouissait des mêmes priviléges dans ces différents lieux; elle accordait aux Suédois la réciprocité dans ses propres domaines.

Un des principaux avantages que les villes anséatiques obtinrent de la Suède et des autres peuples du Nord fut l'abolition du droit de naufrage, et celle de différentes exactions contraires au droit de propriété. Avant cette époque, tout ce que la mer ou les fleuves rejetaient sur leurs bords était la proie des riverains, et ces hommes avides venaient saisir la dépouille des malheureux échoués sur la plage : ceux-ci étaient même réduits en servitude; on les supposait frappés de la malédiction du ciel, et livrés, en punition de quelque crime, à la merci de leurs ravisseurs.

Les mêmes violences s'exerçaient sur la terre. Si une voiture avait versé, le chargement appartenait au seigneur du sol où l'accident avait eu lieu. Les compatriotes d'un débiteur étaient arrêtés comme otages et devenaient responsables de la dette; on adjugeait au fisc les choses volées que l'on avait retrouvées ensuite; on confisquait les biens d'un homme qui était mort en pays étranger.

Tous ces actes entravaient les relations du commerce : il fallait craindre de s'éloigner de sa patrie; on n'osait pas voyager sans avoir obtenu des *transit*, des saufs-conduits du souverain dont on avait à traverser le territoire : ces concessions étaient dispendieuses; souvent elles ne suffisaient pas; et partout où ne s'était pas établie une autorité régulière, on risquait sa fortune, sa liberté et quelquefois sa vie.

Ce fut un des bienfaits du commerce d'adoucir graduellement et de faire abolir ensuite ces différents actes de violence et d'injustice. La sécurité rendue aux voyageurs devint un des principaux éléments de civilisation : elle rapprocha les peuples, améliora les mœurs, les institutions, et fit naître ces règles du droit des gens, fondées sur la nature comme sur l'intérêt général, qui seules pouvaient donner à toutes les relations sociales une solide garantie, mais qui ne se développaient que par degrés, et que les ténèbres du moyen âge tendaient encore à obscurcir.

Si les institutions qui eurent le plus d'influence sur le commerce de l'Europe et sur les progrès de l'esprit humain méritent d'attacher les regards de la postérité, l'association des villes anséatiques et les résultats qui la suivirent étaient dignes d'être proposés pour modèles aux peuples qui commençaient à dépouiller l'ancienne barbarie, et cette Ligue mérita la reconnaissance de tous les amis des arts, de la raison et de l'humanité. Les avantages politiques et commerciaux qui lui étaient accordés dans la Baltique le furent ensuite dans la mer du Nord et dans l'intérieur des pays voisins : elle avait acquis sur les côtes de l'Océan de nouveaux confédérés dans les villes du pays d'Oldenbourg, de la Frise, de la Hollande et de la Flandre.

A l'extrémité de cette ligne de navigation, les vaisseaux anséates entraient dans le port de l'Écluse, et les cargaisons étaient transportées à Damme et à Bruges qui était devenue le premier entrepôt du commerce d'Occident, ainsi que nous en avons fait la remarque. On y échangeait les marchandises, arrivées de différents pays. Ce port était un centre de réunion, où se rencontraient les armateurs de la Méditerranée et de la Baltique, et où se terminaient généralement leurs expéditions.

Les premiers priviléges accordés par l'Angleterre aux villes anséatiques remontent au règne de Henri III. En 1256 les négociants de Lubeck obtinrent de ce prince une charte qui leur assurait le droit de commercer dans ses États. Cette concession qu'ils avaient obtenue pour sept ans fut bientôt prolongée d'une manière indéfinie : elle s'étendit en 1259 à tous les négociants de la Ligue Anséatique; leur comptoir fut établi à Londres sous le nom de Guild-hall; et ce lieu devint un vaste établissement où ils déposaient leurs marchandises et suivaient toutes les opérations du commerce. Le même monarque confirma en 1266 leurs prérogatives, qui furent également reconnues en 1273 par Édouard Ier. Les négociants teutoniques n'étaient soumis dans ce comptoir qu'à leur propre juridiction.

Déjà en 1235 la ville de Cologne

avait obtenu à Londres de grandes prérogatives, pour prix des secours qu'elle avait accordés à Henri III. La Ligue Anséatique ne subsistait pas encore ; mais Cologne, qui devait un jour y être admise, appartenait alors à une autre association commerciale, formée entre plusieurs villes d'Allemagne ; elle avait prêté une flotte à l'Angleterre, à condition qu'on lui rembourserait la valeur des bâtiments qu'elle aurait perdus ; et la plupart de ces navires ayant péri dans une tempête, Henri III, qui ne pouvait en payer le prix, consentit, par une transaction avec les marchands teutoniques, à leur permettre dans ses États une entière liberté d'importation et d'exportation. Leur privilége fut confirmé deux ans après ; il devint la base de ceux qui furent ensuite accordés à Lubeck ; et les autres villes d'Allemagne, même celles qui ne faisaient pas partie de la Hanse, purent continuer de s'en prévaloir.

Les Anséates possédaient en Norwége, dès les premières années de leur confédération, un comptoir, dont l'établissement fut confirmé, en 1285, par une convention conclue entre Eric VII et les villes de Lubeck, Rostock, Wismar, Stralsund, Grypswald, Riga, et la colonie allemande qui résidait à Wisby. Il fut stipulé que les habitants de ces différentes villes, lorsqu'ils viendraient trafiquer en Norwége, auraient, comme les indigènes, la faculté d'acheter les marchandises du pays à Bergen et sur son territoire, qu'ils pourraient librement les en extraire, à moins que la défense d'exportation ne fût générale, et que les Norwégiens et les Danois jouiraient d'une égale liberté dans les ports de la Baltique.

Eric VIII conclut en 1294 un autre traité de commerce avec les mêmes villes, auxquelles se joignirent celles de Brême, de Campen et de Stavern. La convention précédente fut confirmée, et les Norwégiens obtinrent dans les villes confédérées les priviléges suivants : celui d'étaler leurs marchandises dans des magasins particuliers, pourvu qu'on ne les vendît que dans les lieux déterminés par la loi ; celui de noliser librement leurs navires, sans être forcés de les conduire en d'autres lieux ; celui de ne pas être arrêtés pour amendes judiciaires, lorsqu'ils avaient pour cautions de payement leur hôte et deux Norwégiens propriétaires de navires.

Les navigateurs, naufragés sur une plage où les villes étendaient leur juridiction, conservaient leurs droits sur le bâtiment et la cargaison.

Les négociants n'étaient tenus à aucun service de garde pendant leur séjour : leurs registres ne devaient pas être visités, lorsqu'on n'avait aucun motif évident pour soupçonner le dol et la fraude. Si un marchand commettait un délit, il devait seul en subir la peine, et on ne pouvait la faire porter sur aucun autre individu, à moins qu'il n'eût témérairement protégé le délinquant et qu'il ne l'eût soustrait à l'action de la justice.

Les prérogatives que les Anséates avaient obtenues dans le comptoir de Bergen, et la juridiction indépendante dont ils y jouissaient, mirent bientôt entre leurs mains tout le commerce de cette place : le port était couvert de leurs navires ; la multitude de leurs nationaux les rendit turbulents : Bergen était devenu pour eux une colonie : il s'élevait souvent des conflits d'autorité entre eux et les Norwégiens ; et Haquin II chercha tout à la fois à restreindre l'étendue et la durée de leurs priviléges. Une ordonnance qu'il publia en 1312 régla les droits de douane qu'auraient à payer les marchandises importées par des étrangers. Si l'on vendait dans ce port quelques parties de la cargaison d'un navire sans en acquitter les droits, le vaisseau et les marchandises étaient dévolus au fisc. Il n'était pas permis aux négociants étrangers de passer l'hiver à Bergen ou dans d'autres lieux du royaume, sous peine de confiscation des marchandises ; et le maître de la maison où ils auraient logé était condamné à une amende.

On voit par cet acte que les négociants des villes anséatiques ne pouvaient plus établir de domicile à Bergen, et que leur prépondérance avait porté ombrage au gouvernement. Mais le terme imposé à leur voyage était devenu si nuisible au commerce et à la navigation, que la Ligue prit les armes pour obtenir le rétablissement de ses anciens droits.

Le commerce des Anséates avec la Norwége donna lieu en 1316, 1321 et 1327, à d'autres conventions, dont le but fut de faire confirmer par Haquin II et Magnus V les priviléges dont ils jouissaient dans le port de Bergen. Le roi des Lithuaniens et des Ruthéniens invita les marchands et les artisans de Lubeck, de Rostock et des autres villes anséatiques, à venir dans ses États en 1323, et Guillaume III, comte de Hollande, accorda à leur commerce de nouvelles franchises, par un acte publié quatre ans après. Ce rapprochement de dates et de concessions fait reconnaître avec évidence quelle était alors l'étendue de leurs relations soit dans la Baltique, soit dans la mer du Nord. On a conservé une assez longue suite de traités où les mêmes prérogatives sont reconnues ; car il était d'usage de les faire sanctionner à chaque nouveau règne : un prince contractait rarement des obligations pour ses successeurs, et il laissait au libre arbitre de son héritier la continuation de ses engagements.

Sans avoir à mentionner tous ces différents actes qui ne renfermaient aucune clause nouvelle, nous devons du moins indiquer ceux dans lesquels on consacra plus explicitement les droits dont le commerce et la navigation devaient jouir.

D'importantes prérogatives furent accordées en 1336 aux marchands de Lubeck par Magnus III, roi de Suède, qui possédait alors la Scanie. Si un Lubeckois faisait naufrage sur les côtes de Scanie et de Halland, personne ne pouvait ravir et usurper ses biens ; ils appartenaient de droit à leur ancien maître, et, en cas de mort, ils devaient être conservés et rendus à ses héritiers. Les Lubeckois pouvaient vendre librement, dans les marchés publics de Scanoër et de Falsterbode, des étoffes de laine, des toiles, tous les autres articles mesurés à l'aune, toutes les marchandises qui s'achètent au poids et tout autre objet de commerce : ils pouvaient acquérir et exporter tout ce qui était mis en vente, nonobstant toute prohibition : ils avaient dans les mêmes lieux de marché un juge ou un avocat, qu'ils choisissaient entre eux, et qui prononçait sur leurs différends, conformément à leurs propres lois. La même autorité jugeait tous les délits qui n'étaient pas capitaux ou qui n'exposaient pas à perdre les mains. Lorsqu'un Lubeckois venait à mourir, l'avocat ou les personnages notables de sa nation assignaient ses biens aux héritiers, et les leur transmettaient s'ils étaient absents. Les navires lubeckois, en quelque temps qu'ils arrivassent, pouvaient débarquer leurs cargaisons, et les propriétaires devaient paisiblement jouir en Scanie de leurs marchandises et de leurs biens. L'acte dont nous venons de rapporter les clauses principales fut publié au château de Stockholm, la seconde férie après l'octave de la fête de saint Laurent. Les traités de cette époque rappelaient souvent par l'indication religieuse de leur date quelques-unes des fêtes de l'Église; on espérait leur donner ainsi une espèce de consécration, dans la vue de les faire respecter davantage : mais les passions humaines venaient ensuite à prévaloir ; et ces promesses de paix et d'amitié perpétuelle n'étaient que des engagements temporaires, dont la prudence humaine, l'intérêt et la politique pouvaient seuls prolonger la durée.

Les Anséates avaient obtenu, par leurs traités avec la Suède, la Norwége et le Danemark, la confirmation de leurs établissements à Wisby, à Bergen, en Scanie, et celle de leurs anciens priviléges de commerce : ils assurèrent par d'autres conventions les franchises dont ils jouissaient dans le comptoir de Novogorod.

Les relations de cette ville avec les trois puissances du Nord étaient déjà très-étendues vers le milieu du douzième siècle. Les négociants, les navigateurs de Wisby en étaient les intermédiaires habituels; et leurs bâtiments, arrivés au fond du golfe de Finlande, gagnaient Novogorod, par les eaux de la Néva, du lac Ladoga, et du Wolkoff, dont ils remontaient le cours. Les Allemands établis dans l'île de Gothland prenaient part aux mêmes expéditions : leurs priviléges commerciaux avaient été consentis en 1218 par Constantin Uscwolodovitz, czar de Masovie; et ils furent confirmés en 1280 par un traité auquel le czar Vasili Ier, le burgrave et les notables de cette cité apposèrent leurs signatures. Ce traité accordait aux Allemands la garantie de leurs personnes et de leurs propriétés, le droit de règlement et de corporation, et différentes réductions dans les taxes de douane. L'acte qui fut ensuite publié, pour organiser le comptoir des négociants gothlandais et teutoniques, était leur propre ouvrage; ils étaient convenus entre eux des usages à suivre, soit dans leurs relations mutuelles, soit dans leurs rapports avec les négociants de cette ville et des autres parties de la Moscovie. On peut réduire aux clauses suivantes les règlements qu'ils avaient adoptés :

Les *anciens*, choisis par les négociants, sont à la tête du comptoir; ils ont auprès d'eux quatre assesseurs qu'eux-mêmes ont désignés : une maison leur est assignée pour eux et leurs adjoints, et ils ont le droit de choisir encore d'autres assesseurs, si le nombre ou la complication des affaires l'exige. Les maisons que les négociants allemands doivent occuper sont situées dans un même quartier; ce voisinage les met plus à portée de se prêter une assistance mutuelle. Ils ont des jours de réunion, pour traiter de leurs communs intérêts, et tous les membres de la corporation allemande doivent se rendre à ces assemblées. D'autres articles sont relatifs à l'entretien et aux fonctions des chapelains de la colonie, à l'ordre qui doit être maintenu dans les réunions, à la garde du quartier des Allemands, aux règles à suivre dans la navigation de la Néva, aux contrats de commerce à passer avec les Russes, aux comptes que les négociants doivent régler avant leur départ. Plusieurs clauses sont empruntées de l'ancien code maritime de Wisby, où les négociants de Novogorod ont également un comptoir, et où ils sont autorisés à jouir de leur propre juridiction.

On voit par ces dispositions quelles étaient les relations de Novogorod avec les nations qui avaient dans l'île de Gothland leur principal entrepôt de commerce. La marche à suivre envers les villes anséatiques se trouvait ainsi tracée; elles obtinrent les mêmes avantages, et y trouvèrent une des plus solides bases de leur prospérité.

Aucun établissement ne fut plus propre à simplifier les relations commerciales de la Ligue Anséatique avec les puissances étrangères que l'organisation des comptoirs qu'elle avait élevés sur leur territoire, et où se concentraient les principales opérations de commerce. Les lignes habituelles de navigation et de communication se trouvaient ainsi tracées : elles aboutissaient à quatre points différents, où les Anséates jouissaient des nombreux priviléges que leur avaient assurés les souverains du pays. Si leurs navigateurs s'étaient indistinctement rendus dans tous les ports étrangers où le commerce pouvait espérer quelques échanges, la multiplicité de leurs relations les aurait aussi exposés à de plus nombreuses difficultés avec les populations et les autorités locales : ces collisions habituelles auraient fatigué la Ligue, troublé sa sécurité, ébranlé peut-être son crédit; et les protecteurs du commerce, ayant à surveiller un si grand nombre de points, n'auraient pu y maintenir aussi aisément leurs priviléges que lorsqu'ils n'avaient à les affermir que dans un petit nombre de comptoirs, où ils étaient sous la garantie des traités, et où ils jouissaient de leur propre juridiction.

Ces comptoirs étaient placés entre les Anséates et les autres pays, comme des lieux de marché, où les intérêts des uns et des autres pouvaient se concilier et se réunir : la plupart des villes d'Angleterre venaient s'approvisionner dans le comptoir de Londres; celles des Pays-Bas et d'une partie de l'Allemagne, de la France et même des pays plus méridionaux, dans le comptoir de Bruges; celles des pays scandinaves dans celui de Bergen; celles de la Moscovie, de la Tartarie et de plusieurs autres contrées orientales, dans le comptoir de Novogorod.

La situation de ces grands entrepôts de commerce éprouva dans la suite quelques changements : celui de Novogorod fut momentanément transféré à Narva, et il le fut ensuite à Moscow; les priviléges du comptoir de Bruges furent bientôt partagés par celui d'Anvers; mais ces déplacements, ce partage n'altéraient point la base du système commercial des villes anséatiques. Leurs navigateurs et leurs négociants continuaient de se diriger vers le petit nombre des comptoirs de la Ligue; ils y consommaient leurs opérations, ils y trouvaient toutes les marchandises d'échange, dont ils avaient à faire l'exportation. Ainsi l'on apportait dans les entrepôts de Bruges et de Londres les chargements expédiés des pays du Nord sous les pavillons de Brême, de Hambourg et de Lubeck, ceux des villes de Rostock, Wismar, Dantzig, Riga ou des autres ports de la Baltique, ceux de l'île de Gothland et des places de Novogorod ou de Bergen. Ces deux derniers entrepôts recevaient également toutes les marchandises des Anséates, de quelque port qu'elles eussent été expédiées. La simplicité de cette marche commerciale aidait à en maintenir la régularité : il en résultait que toutes les villes anséatiques pouvaient également concourir à l'approvisionnement des quatre comptoirs, et que la sécurité de leur commerce avec ce petit nombre d'entrepôts se trouvait garantie par la Confédération entière. Aussi la Ligue Anséatique regarda constamment comme la base essentielle de sa prospérité les priviléges qu'elle avait obtenus dans ces comptoirs, à l'aide desquels son commerce et son influence s'étendaient dans toutes les contrées de l'intérieur. Cette influence devint si grande que le monopole du commerce du Nord et de l'Occident lui appartint bientôt d'une manière exclusive, non-seulement dans les ports qui se trouvaient compris dans cette association, mais dans les comptoirs dont elle exportait les marchandises sous son propre pavillon, sans avoir à craindre la concurrence des négociants du pays, qui lui remettaient eux-mêmes le soin de leurs intérêts.

Les communications maritimes ne pouvaient plus suffire à des relations d'affaires qui se développaient de jour en jour; mais les Anséates avaient obtenu d'égales facilités sur les routes qu'ils s'étaient ouvertes à travers le continent.

Les expéditions du commerce de terre étaient devenues plus fréquentes, plus régulières; et la plupart des châteaux, d'où l'on avait commis tant d'agressions contre les paisibles voyageurs, leur offraient alors des lieux de refuge. L'opinion, les mœurs avaient changé; et les gouvernements dont on avait à traverser le territoire regardèrent enfin comme un droit inhérent à la souveraineté celui de faire escorter par leurs propres soldats les transports du commerce, et de ne pas souffrir qu'une autre troupe s'introduisît sur leur territoire. Cet empiétement avait souvent donné lieu à des actes de violence : il était difficile que des étrangers en armes n'abusassent pas de leur force contre des hommes sans défense : leur arrivée était un sujet d'inquiétude : quelquefois même on avait eu recours à un semblable stratagème, pour surprendre une place faible ou mal gardée, et pour s'y établir en maître.

En organisant dans chaque pays le droit d'escorte, il devint plus facile de le surveiller : on pouvait l'exercer d'une ville à l'autre; et les milices bourgeoises contribuaient à ce service. L'Ordre teutonique remplit les mêmes obligations dans les contrées dont il était devenu souverain : son bienveillant secours ne doit pas être passé sous silence, lorsque nous cherchons à rassembler toutes les circonstances, tous les faits qui concoururent à donner au commerce plus de sécurité, et lorsque nous nous reportons au temps où ces chevaliers, encore animés du génie de leurs fondateurs, se liaient étroitement aux intérêts de la Ligue Anséatique, s'attachaient à étendre ses relations dans leurs propres domaines, et lui prêtaient l'appui de leurs armes et de la considération politique dont ils jouissaient. Ces remarques générales, sur lesquelles nous n'avons pas à nous arrêter en ce moment, trouveront bientôt leur application.

Le commerce fut également favorisé à cette époque, par le nouveau système de numération qui vint à s'établir, lorsque l'usage des chiffres arabes eut remplacé celui des lettres : les combinaisons de nombres, devenues plus simples, rendirent les calculs plus faciles; et l'emploi de ces signes idéographiques qui n'appartenaient à aucune langue les fit plus promptement adopter.

Nous devons aussi classer parmi les établissements les plus utiles au commerce celui des *bourses* qui furent instituées au commencement du quatorzième siècle pour les réunions des négociants, celui des sociétés commerciales qui unissaient leurs ressources pour agrandir leurs expéditions, celui des assurances mutuelles, destinées à parer aux chances de la navigation et à subvenir aux pertes d'un associé, par un léger sacrifice imposé à tous les autres. On n'imagina que dans le siècle suivant le système des assurances à prime, qui se fonde sur le calcul des probabilités, et il fallait de longues années d'observations, pour reconnaître, d'une manière approximative, à combien de sinistres la navigation de chaque parage pouvait être annuellement exposée. Les accidents de mer avaient été beaucoup plus fréquents, dans un âge où l'art de la construction des navires était moins avancé, où leur forme, leurs agrès n'étaient pas si exactement calculés, où leur voilure était moins maniable, et moins propre à tirer parti de tous les vents : chaque progrès offrit de nouvelles sûretés aux négociants et aux navigateurs.

La nature du gouvernement des villes anséatiques était généralement favorable au commerce : il était devenu le principe de leur grandeur, et l'inclination dominante de leurs habitants. D'anciennes familles qui l'avaient d'abord dédaigné et qui se tinrent longtemps à l'écart, perdirent insensiblement leurs préjugés, s'unirent, dans la décadence de leur fortune, avec les maisons qui pouvaient la relever, et se signalèrent ensuite elles-mêmes par d'importantes opérations commerciales : on vit les anciens et les nouveaux riches confondre leurs prétentions rivales, se mêler dans les plus hautes magistratures, et porter dans la gestion des affaires ces règles d'honneur et de probité qui concoururent à la fois à la puissance et à l'illustration de la Ligue Anséatique.

Qui pourrait méconnaître dans la marche de ces institutions celle de la civilisation même ? A mesure que les relations du commerce s'étendent, on voit se développer les sages principes de l'ordre public. L'homme ne fut pas placé isolément sur la terre : ses rapports avec ses semblables lui imposent des devoirs, de même qu'ils lui garantissent des droits. L'accord des uns et des autres serait-il indéterminé, et comment de si longs débats ont-ils pu s'élever sur leur étendue et sur leurs limites ? Cette branche des connaissances humaines est sans doute la plus importante : peut-être elle est la plus difficile ; et parce qu'elle tient à l'étude de l'homme, nos passions, nos intérêts en ont contrarié le développement; cependant il se fait remarquer de siècle en siècle : l'histoire qui nous occupe en offre la preuve, et l'on est frappé de son évidence, en voyant l'enchaînement qui s'établit entre les institutions du commerce et les lois les plus utiles à la société. Ici nous n'assistons pas à la lutte des grands empires, et l'ambition guerrière de quelques hommes ne vient pas troubler le monde; mais nous voyons une association formée dans des vues généreuses, et prête à défendre les intérêts des peuples, étendre sur l'Europe son influence civilisatrice. Un grand sujet d'étude nous est proposé, et les événements que nous avons à parcourir ont constamment pour but d'accroître la prospérité commune et les progrès de l'ordre social. Ces améliorations successives ne se bornent point à quelques lieux; elles se transmettent d'un peuple à l'autre, et passent enfin dans la législation de tous.

La Ligue Anséatique n'avait pas uniquement pour but de maintenir entre ses membres un code maritime et commercial qui fût uniforme et qui facilitât d'une manière égale leurs relations mutuelles : elle cherchait aussi à régler par des principes semblables ses rapports avec l'étranger, et à simplifier par cette similitude de droits toutes ses opérations de commerce.

En négociant leurs traités avec d'autres puissances, les Anséates ne pouvaient pas obtenir d'elles quelque avantage sans leur accorder la réciprocité : cette égalité de droits était légitime, et il ne s'établirait aucune relation durable entre les gouvernements si les charges n'en étaient pas balancées par de justes compensations: mais la navigation des Anséates avait une telle activité qu'ils ne craignaient alors la concurrence d'aucun pavillon étranger : ils suffisaient à tous les transports du commerce, et ils en attiraient à eux toutes les opérations. Le crédit dont ils jouissaient dans les différentes places de l'Europe n'était encore ébranlé par aucun événement : l'empire de l'habitude l'avait affermi, et l'on suivait par un entraînement involontaire les relations où l'on était engagé.

Ce ne serait pas offrir une juste et complète idée des progrès de ce commerce, que de ne pas indiquer les principales espèces de productions et les différents genres d'industrie qui devenaient la base de ses échanges. Cette partie des annales du moyen âge a été moins remarquée que ne l'ont été les expéditions militaires qui ravageaient alors l'Europe et changeaient les destinées des nations; mais une plus solide gloire appartenait aux villes anséatiques : elles tendaient à recueillir de toutes parts les débris des arts utiles, et des établissements échappés à la dévastation : elles rendaient la vie au corps social que la guerre avait épuisé; et en pourvoyant à ses premiers besoins, elles ne négligeaient pas les progrès de l'industrie, si propres à développer son bien-être.

Le commerce des régions du Nord fournissait aux Anséates des grains, des huiles de poissons et de cétacés, tous les produits de la pêche, de celle des harengs surtout, une grande quantité de sel, des cuirs, des fourrures de toute qualité. Les habitants retenaient pour leurs brasseries de bière une partie des grains, et les autres étaient expédiés vers le Midi : leurs procédés pour la conservation des viandes et du poisson leur permettaient de les transporter dans tous les marchés : les travaux de leurs tanneries, de leurs mégisseries, occupaient un grand nombre d'artisans; enfin, ils augmentaient par la main-d'œuvre le prix de la plupart des produits bruts qu'ils avaient reçus.

On tirait de Norwége, de Suède et de Russie les chanvres, le goudron, le fer, le cuivre, les bois de construction, nécessaires aux chantiers des villes anséatiques : un grand nombre d'artisans les mettaient en œuvre, et l'activité des travaux se réglait sur l'importance des opérations commerciales dont ces villes étaient occupées. Leurs négociants ne se bornaient pas au trafic et à l'échange des productions du pays; ils devenaient aussi les facteurs des autres nations; ils se chargeaient du transfert de leurs marchandises de port en port, et ce commerce de commission et de cabotage, qui leur assurait des avantages positifs, sans leur faire courir aucun risque, devenait la source la plus importante de leurs bénéfices.

La confiance avec laquelle d'autres peuples recouraient au pavillon anséatique était la récompense d'une grande probité. Les villes de la Confédération avaient pour but d'étendre et de consolider leur prééminence commerciale; mais le monopole qu'elles cherchaient à conquérir ne pouvait être conservé que par le crédit, qui ne se commande point et que l'intégrité seule peut maintenir. Les nombreuses cargaisons qu'elles envoyaient en Hollande, en Flandre, en Angleterre et en France, y servaient d'objets d'échange contre les produits naturels ou manufacturés que ces régions pouvaient fournir.

Les villes de Flandre offraient, dans le treizième et le quatorzième siècle, le tableau d'industrie le plus brillant et le plus animé. On y fabriquait des étoffes de laine, des tapisseries, des velours, des soieries : la plupart de ces manufactures avaient été empruntées des Orientaux ou des Italiens; et les peuples d'Occident y trouvaient à leur portée, et à des prix beaucoup plus faibles, tous les articles nécessaires à leur vêtement et à d'autres usages de la vie. On citait au nombre des villes de Flandre les plus manufacturières, Bruges, Gand, Courtray, Ypres, Oudenarde, Louvain, Bruxelles, Malines, Anvers, Tournai, Lille, Cambrai, Douai, Arras, Valenciennes : il s'était élevé entre toutes ces populations industrieuses une salutaire émulation; et quelle que fût l'activité de la main-d'œuvre, celle du débit était si grande qu'il n'y avait dans les magasins aucun encombrement.

La plupart des laines que l'on consommait dans ces manufactures venaient d'Angleterre, où l'on était alors très-occupé de l'éducation des troupeaux : on recevait du Nord des chanvres et des lins, dont la filature et le tissage occupaient un grand nombre d'ouvriers : les toiles, les dentelles de Flandre étaient très-recherchées : la fabrication des armes et celle d'un grand nombre d'ustensiles en fer ou en cuivre avaient une grande activité, particulièrement à Liége, et dans les régions où l'on était à portée des mines de charbon et des mines de fer qui étaient en exploitation.

L'industrie des Pays-Bas s'était d'abord développée dans les régions de l'Escaut et de la Meuse : bientôt elle s'étendit au nord : les îles de la Zélande eurent de nombreuses manufactures de draps; on fabriqua des toiles fines à Harlem, des étoffes de soie à Poperingue, à Utrecht, à Amsterdam : cette dernière ville n'était encore que manufacturière, avant que la mer en fît une grande place maritime, en brisant les digues qui séparaient le Zuydersée de l'Océan.

Le principal entrepôt de toutes les fabriques de Flandre et de Hollande était la ville de Bruges; et comme elle ne touchait point à la mer, on avait établi à Damme un magasin subsidiaire entre Bruges et la petite ville de l'Écluse qui lui servait de port, et où les navires opéraient leur chargement et leur déchargement : des bateaux ou des chariots établissaient les communications entre l'une et l'autre ville.

Lorsque la Flandre et la Hollande furent séparément gouvernées, que l'une appartint aux ducs de Bourgogne et que l'autre eut ses comtes particuliers, Anvers devint à son tour un vaste entrepôt commercial, que la navigation de l'Escaut ouvrait à toutes les nations maritimes; mais si cette ville balança l'importance de Bruges, elle ne l'effaça point; et l'une et l'autre place purent prospérer à la fois.

L'Angleterre, avant d'avoir créé

son industrie manufacturière, profita de celle des étrangers et encouragea leurs importations. Les Anséates, qui étaient alors plus souvent désignés sous le nom générique de Teutoniques, ou sous celui d'Osterlings, parce qu'ils venaient d'une contrée plus orientale, furent spécialement favorisés, soit pour l'entrée de leurs marchandises, soit pour l'exportation des produits du sol. Les principaux articles qu'on exportait d'Angleterre étaient les laines, le plomb, l'étain de Cornouailles, le fer, le charbon de terre, dont les mines étaient abondantes. Plusieurs chartes publiées en 1303 et jusqu'à la fin du même siècle accordèrent à la Ligue entière les priviléges que quelques-unes de ses villes avaient séparément obtenus : le comptoir qu'elle avait à Londres correspondait avec les différents lieux d'étape situés dans l'intérieur du royaume, et destinés à recevoir en entrepôt les articles que l'on devait exporter.

Telle était l'influence des premières relations de commerce, formées par l'Angleterre avec les Flamands et avec les Anséates, que l'industrie de cette île commençait à s'éveiller, et qu'elle entreprit d'imiter une partie des manufactures étrangères dont elle était alors tributaire. Les Anglais eurent dans le quatorzième siècle des fabriques de draps : ils avaient recueilli ou attiré dans leur île des ouvriers de Bruges, de Louvain, de la Zélande, qui y transportèrent leurs métiers : d'autres fabriques de soierie et de chapellerie y furent établies par des artisans italiens. Mais ces premiers essais étaient loin de suffire à la consommation du pays; les Flamands, les Anséates continuaient d'y pourvoir, et, en échange de leurs marchandises, ils exportaient du comptoir de Londres une grande quantité de laines et d'autres produits bruts.

Les efforts et la concurrence d'une industrie qui commençait à se développer dans les îles Britanniques devaient amener plus tard quelques altercations entre l'Angleterre et les commerçants étrangers; mais nous n'avons pas encore à nous en occuper : ce serait trop anticiper sur l'avenir, et le tableau des différents siècles ne peut être développé que successivement.

Quoique les principales opérations du commerce des Anséates se terminassent dans le comptoir de Bruges et dans celui de Londres, néanmoins elles embrassaient aussi le commerce de la France, soit qu'on trouvât dans l'un et l'autre entrepôt les produits du sol de ce royaume ou ceux de ses manufactures, soit que les Anséates continuassent leur navigation vers le midi, pour chercher eux-mêmes dans les ports de France les différents articles qu'ils pouvaient en exporter.

L'industrie avait fait en France des progrès sensibles, et l'on devait aux sages institutions de saint Louis l'état de prospérité où un grand nombre d'ateliers étaient parvenus. C'était en Provence et en Languedoc que ces travaux avaient commencé, et des manufactures d'étoffes de laine et de coton y avaient été établies dans les principales villes. L'industrie s'étendit vers le nord; et les fabriques de soieries qui enrichissaient Avignon et Lyon furent imitées à Tours. L'art de la verrerie s'était introduit en Provence; on perfectionna la coutellerie et la fabrication des armes à Toulouse, à Poitiers, à Caen, à Rouen : plusieurs villes de France étaient renommées par l'art de ciseler les métaux et par leurs ouvrages d'orfévrerie. La plupart de de ces fabriques avaient été apportées en France par des Italiens, généralement désignés sous le nom de Lombards; et les corporations qu'ils formaient entre eux, les droits et les priviléges dont ils jouissaient, étaient favorables au développement d'une industrie qui offrait aux nationaux de nombreux objets d'imitation.

L'exercice des arts et métiers était spécialement encouragé dans la capitale, par la présence et les bienfaits du souverain : les plus habiles artisans venaient à Paris; et l'on peut juger, d'après la nature des professions qui étaient le plus accréditées dans cette ville, de la situation où se trouvait alors l'industrie de la France.

Paris occupait un grand nombre de tisserands en laine et en fil : l'art de la teinture se joignait à celui du tissage : il y avait des fabricants pour les couvertures, les étoffes de diverse nature, et les tapis *sarrasinois*, des brodeuses pour les bourses et aumônières, des fripiers pour la vente des habits, pour celle des chapes, cottes et surcottes; des pelletiers chez qui l'on trouvait de l'hermine, du vair et d'autres fourrures ; plusieurs corporations de chapeliers, distinguée par la forme des *couvre-chefs* et des chaperons qu'elles fabriquaient; des merciers qui tenaient tous les articles de parure, et toutes les espèces de menus ustensiles dont on faisait usage.

Les orfèvres, batteurs d'or, émailleurs, joailliers, fabricants d'outils de fer ou de cuivre, tenaient à d'autres corporations : il s'était établi des communautés d'armuriers, divisées en plusieurs branches, selon l'espèce de leur travail : la fabrication des casques, des armures de toutes pièces, des épées, des lances de différente forme, occupait de nombreux ateliers ; la mégisserie, la sellerie, les différents travaux en cuir, formaient autant de professions séparées. Les artisans d'une même classe occupaient un même quartier, et plusieurs rues empruntaient leurs noms des métiers et des professions qui s'y réunissaient.

On ne vendait que pendant le jour; et les boutiques se fermaient le soir au signal de l'Angelus. D'autres ventes se faisaient dans les halles affectées à différents étalages : elles avaient lieu à jour fixe dans chaque semaine. Paris avait trois foires par année, celle de Saint-Germain-des-Prés, à côté de l'abbaye de ce nom, celle de Saint-Ladre dans le faubourg Saint-Lazare, et celle du Lendit dans la plaine de Saint-Denis. Ces foires attiraient un grand nombre de voyageurs étrangers ou régnicoles ; et une partie des marchandises qu'ils achetaient était portée, par un commerce direct ou de commission, dans les ports où les Anséates venaient habituellement se pourvoir.

Les vins d'Aquitaine et les sels qu'ils tiraient des ports de France étaient ordinairement expédiés de la Rochelle : les salines du littoral voisin et surtout celles de l'île de Ré leur fournissaient d'abondantes cargaisons. Ils fréquentaient aussi en France les ports de Calais, Rouen, Saint-Malo, Bordeaux, Bayonne et Marseille; en Portugal, Lisbonne; en Espagne, Cadix, Séville, Barcelone; en Italie, Livourne et Naples; Messine en Sicile, et quelques autres ports plus avancés vers le Levant. Ces diverses relations avaient été formées ou maintenues pendant les croisades ; et différentes villes du Nord continuaient d'y suivre leurs opérations de commerce, quoique la Ligue Anséatique n'eût pas de comptoirs dans ces régions éloignées, et qu'elle ne pût pas y protéger d'une manière si efficace les intérêts de ses membres. Quelques traités particuliers servaient de base aux privilèges dont plusieurs villes y jouissaient : ailleurs ces prérogatives n'étaient fondées que sur des concessions volontairement faites par le souverain, ou sur de communs usages qui dérivaient d'un droit maritime généralement adopté, et qui protégeaient d'une manière implicite la navigation, les propriétés, la personne de tous les négociants étrangers, à quelque nati qu'ils appartinssent.

Rappelés par notre sujet à examiner les relations commerciales des Anséates avec le centre de l'Europe, nous reconnaissons que les principaux marchés des bords du Rhin étaient Bâle, Strasbourg, Spire, Mayence et Cologne. Le droit d'étape dont jouissait cette dernière ville était d'autant plus important qu'elle recevait, par la navigation de ce fleuve et de ses tributaires, toutes les marchandises d'une vaste contrée, remarquable par sa fertilité et par le développement de son industrie.

Si l'on passe aux régions du centre de l'Allemagne qui jouissaient de ce dernier avantage, on voit au premier rang Nuremberg, qui était devenu l'entrepôt général de la Franconie. Les relations de cette ville s'étendaient par de nombreux rayons, vers Lyon, Strasbourg, Cologne, Lubeck, Dantzig, Cracovie, Vienne et la haute Italie : on fabriquait à Nuremberg des pièces d'orfévrerie, des ustensiles de toute nature, les objets de mercerie les plus variés, d'ingénieux ouvrages de mécanique et de sculpture en bois : on y avait établi des fonderies, et l'art de traiter les métaux y était très-avancé.

Augsbourg était réputée pour ses manufactures : elle avait jusqu'à sept mille métiers pour le tissage des draps et des toiles : on citait aussi ses ouvrages en verrerie, en glaces et en joaillerie.

L'exercice des arts et métiers avait donné lieu, en Allemagne comme en France, à l'établissement d'un grand nombre de corporations ; celles de Brême paraissaient placées, en 1246, sous la surveillance de l'archevêque ; et une charte de cette époque maintint ses droits sur les tisserands, les boulangers, les bouchers, les cabaretiers et sur d'autres professions où l'on avait une boutique ouverte.

Les villes de la Marche de Brandebourg avaient, dans le treizième siècle, des statuts de communauté pour les tailleurs, cordonniers, corroyeurs, tisserands, manufacturiers et marchands de draps et d'étoffes de laine : les mêmes corporations et celles des meuniers, des boulangers, des pelletiers, jouissaient à Berlin de leurs règlements particuliers.

On trouvait à Gérardsdorf des communautés de forgerons, cordonniers, tailleurs, tisserands, boulangers, bouchers, fourreurs, brasseurs, cabaretiers, manufacturiers de tout genre : il était défendu aux artisans qui n'appartenaient pas à une corporation d'exposer leurs ouvrages dans les marchés publics.

En 1283 l'empereur Rodolphe Ier accorda des statuts à plusieurs communautés d'Augsbourg, à celles des orfévres, mégissiers, cordonniers, corroyeurs, cabaretiers, sauniers, pêcheurs, meuniers. Les chaufourniers de Pirna obtinrent en 1292 un statut de l'évêque de Meissen.

L'exploitation des mines du Hartz et celle des riches débris de l'ancienne forêt d'Hercinie favorisaient dans cette contrée l'établissement des usines et la fabrication de tous les ustensiles de fer destinés aux usages domestiques. Les verreries et les cristaux de Bohême étaient généralement recherchés, et formaient un des principaux articles du commerce de Prague. D'autres villes d'Allemagne, favorisées par leur situation, telles que Francfort, Ratisbonne, Bamberg, Erfurt, Leipzig, devaient aussi leur richesse à l'industrie et au travail.

Plusieurs mines d'or et d'argent étaient exploitées en Bohême et dans plusieurs parties de l'Allemagne. Un échantillon d'or massif, du poids de dix marcs, fut offert en 1232 à Venceslas, roi de Bohême, par le directeur des mines d'Eule : le même monarque publia en 1248 une ordonnance sur l'exploitation des mines de Moravie : il accumula, par la perception de leurs produits, un riche trésor, qui s'accrut sous le règne de son successeur, et l'on reconnut, vers la fin du même siècle, qu'il y avait plus d'or et d'argent en Bohême que dans tous les autres royaumes. En 1305 on tirait des mines de Kuttenberg jusqu'à mille marcs d'argent par semaine : ces mines et celles d'Eule étaient généralement exploitées par des Allemands, qui payaient une redevance aux rois de Bohême.

Les travaux des mines de Goslar étaient beaucoup plus anciens : ils avaient été interrompus pendant les guerres du duc de Saxe Henri le Lion, mais ils furent repris en 1209, et il s'établit dans le Hartz des fonderies, sur lesquelles le monastère de Walkenried avait des droits à percevoir. L'inspection des mines de Goslar et du Rammelsberg appartenait en 1243 au duc Othon, qui l'avait obtenue de l'empereur Frédéric II. Les habitants de Freyberg, de Scharfenberg, de Mansfeld, étaient particulièrement intéressés à cette exploitation. Il y avait des mines d'or près de Heidelberg. Le même empereur permit, en 1234, à l'évêque de Bâle d'exploiter les mines d'argent du Brisgaw.

Les mines d'or, d'argent et de cuivre du Plassemberg ne furent mises en valeur que dans le siècle suivant, par le burgrave de Nuremberg, auquel l'empereur Louis V de Bavière les avait affermées. D'autres mines d'or et de cuivre furent ouvertes dans le Fichtelberg, près de Goldcronach, Goldadern, Kupfernerze, qui tirent leur nom de la présence de ces métaux. Les mines du Hartz continuaient d'être exploitées; mais en 1353 quatre cents ouvriers y furent ensevelis par un éboulement. D'autres mines avaient été ouvertes en Misnie, à Saltzbourg et dans le Wurtemberg. Chaque partie de l'Allemagne jouissait de ce genre de richesses, et des différentes branches d'industrie que pouvait faire naître cette exploitation.

En pénétrant dans la Silésie on trouvait quelques manufactures : Breslau était déjà réputée par ses fabriques de toiles et d'étoffes de laine, et la navigation de l'Oder facilitait ses relations de commerce. Le cours des fleuves était en effet la ligne de communication la plus régulière et la plus assurée, dans un siècle où les routes de terre étaient encore peu nombreuses, et où elles étaient embarrassées par tant d'obstacles.

Lorsqu'on avait franchi les limites de la Silésie, l'industrie paraissait moins avancée et plus languissante. Le commerce des villes situées sur la Warta et sur la Vistule, telles que Posen, Gnesne, Varsovie, Cracovie, comprenait peu d'objets manufacturés : les grains, les bois, les mines de sel, les métaux, les chanvres, d'autres productions de la terre, formaient la principale richesse de la Pologne. Le plus grand entrepôt de son commerce était la ville de Dantzig : les navires venus de la haute mer y faisaient leurs échanges ; d'autres s'avançaient jusqu'à Thorn ; mais ils essayaient rarement de remonter au delà ; on dépeçait les barques qui avaient descendu le lit du fleuve, et leurs débris servaient à d'autres usages.

Dantzig, Elbing et les autres ports plus orientaux trouvaient à la fois dans les productions de l'intérieur et dans la pêche des parages voisins une source de commerce inépuisable. L'ambre était une richesse particulière à ce littoral : on venait y recueillir, après les temps d'orage, celui que les flots de la mer y avaient rejeté : cet article était regardé dans les autres pays comme un objet d'agrément et de luxe; il entrait dans la parure des femmes, dans la monture des bijoux, dans la fabrication de quelques objets d'art. Les accidents qui s'y rencontraient le faisaient encore plus rechercher : des insectes, de légers débris de végétaux, une goutte d'eau, une bulle d'air s'y trouvaient emprisonnés. On en avait de plusieurs nuances qui étaient préférées tour à tour; la mode, le caprice, la rareté donnaient un nouveau prix à cette substance transparente et parfumée, que les anciens avaient déjà connue, et dont les Grecs et les Romains appréciaient la valeur.

Le commerce d'ambre, très-affaibli depuis la chute de l'empire romain, reprit de l'activité dans le moyen âge, et il se forma, vers la fin du treizième siècle, une association pour l'exploiter. On en faisait de nombreuses expéditions pour les Pays-Bas ; et le duc de Brabant, Jean III, établit en 1315 sur chaque tonne d'ambre un droit d'entrée de quatre gros tournois.

Les productions les plus importantes de la Livonie étaient le froment, le seigle, l'orge, l'avoine, le lin, le chanvre. On exportait une grande quantité de bestiaux, de salaisons, de bois, débités en mâts, en planches, en courbes pour la construction des navires : le miel, la cire, les laines brutes ou filées, les peaux de chèvre, les pelleteries, le houblon, les houilles, les cendres fournissaient d'autres cargaisons. La Livonie avait un grand nombre de lacs d'eau douce, dont la pêche était abondante; et l'on avait fait celle du hareng dans ses parages maritimes, avant que les bancs de ces poissons voyageurs se fussent dirigés vers la Scanie.

La principale ville de commerce de ces contrées était Riga, dont nous avons déjà indiqué l'origine. Cette ville avait d'abord adopté l'ancien code de Wisby, elle y joignit en 1270 la plupart des articles des statuts de Hambourg : sa navigation fut florissante; et son pavillon noir, orné d'une croix blanche, se montrait dans tous les parages : un fanal attaché au mât le faisait encore reconnaître dans la nuit. Le code maritime de Riga avait imposé l'obligation d'éclairer ainsi tous les navires, afin qu'ils ne fussent pas exposés à se rencontrer, à se heurter au milieu de l'obscurité.

Les villes de Windau, de Libau, de Révél, de Narva avaient un commerce analogue à celui de Riga : elles recevaient les productions de la Lithuanie, de la Russie, et en envoyaient une partie dans l'île de Gothland; d'autres dans les villes anséatiques.

Déjà nous avons fait connaître l'importance des relations de Novogorod avec toutes les contrées de l'Orient. Ce commerce prenait une extension toujours progressive : il attirait par autant de routes différentes les précieuses pelleteries du Nord, les denrées des plaines de Moscovie, les laines d'Astracan, les fins tissus de l'Inde, les aromates du Midi, les perles des mers orientales, et jusqu'aux épiceries de leurs archipels. Ce fut par la voie de Novogorod que l'Angleterre reçut en 1303 des draps de Tarse, des soies écrues, des pièces de soieries, des cotons, des épiceries, des aromates. On fit à Bruges en 1313 une importation de safran, de poivre, de cannelle, de gingembre. Les produits de l'Orient arrivaient également en Flandre par la Baltique ou la Méditerranée; et l'on suivait par une de ces lignes commerciales les communications momentanément interrompues par une autre voie.

LIVRE CINQUIÈME.

Mœurs du treizième siècle. — Simplicité des habitations et des vêtements. — Entraves de la culture et de l'industrie. — Circonstances devenues plus favorables. — Progrès de la population dans le Nord. — Affluence des étrangers. — Sécurité rendue aux villes et aux campagnes. — Manufactures, constructions maritimes, accroissements de la navigation. — Influence des différentes classes de la société sur le développement des arts. — Profession militaire et chevalerie. — Opinions et institutions religieuses. — Constructions des temples, leur architecture, leurs sculptures. — Décadence du goût. — Propagation d'erreurs et de préjugés. — Magiciens, sorciers, sectaires, enthousiastes. — Remarques sur l'état du commerce. — Exploitations et travaux qui le favorisent. — Change et intérêt de l'argent. — Injustes persécutions contre les juifs. — Relations de l'ordre teutonique avec les anséates. — Agrandissement et puissance de cet ordre.

L'obligation où nous sommes de revenir quelquefois sur différentes questions qui nous ont occupé précédemment, résulte des variations que l'état des sciences et la direction de l'esprit humain durent éprouver d'âge en âge. Il convient que leur marche soit tracée, car nous avons à suivre, à travers ces périodes historiques, les progrès de l'intelligence des nations et ceux de l'humanité même : le tableau des siècles qui nous ont précédés nous explique par quelle transition les arts, le commerce, le génie des peuples qui durent leur célébrité à leurs institutions, à leurs travaux, à l'activité de leur industrie, se sont successivement développés.

Ne jugeons point, par l'état actuel de la population et de la culture des pays du nord, de ce qu'elles étaient dans le douzième et le treizième siècle. Les villes offraient alors de nombreuses réunions; mais la plupart des campagnes étaient désertes : on jouissait de trop peu de sécurité pour isoler les habitations; et les terres restaient en friche, partout où l'on n'était pas à portée de leur donner des soins journaliers. Les communes et leurs banlieues dont le territoire était cultivé se trouvaient distribuées comme des oasis dans de vastes solitudes, et la barbarie de quelques usages, dérivés du système féodal et des servitudes domaniales, tendait à frapper la terre de stérilité.

La chasse était l'exercice habituel des classes de la nation qui avaient le droit de porter les armes. Les seigneurs, les châtelains, les familles privilégiées la regardaient comme une image de la guerre; ils s'essayaient à ses fatigues, à ses périls, et maintenaient ainsi cet esprit militaire qui les entraînait à de plus hautes entreprises. Ce fut un coup mortel pour l'agriculture : on ne pouvait rendre la chasse abondante qu'en laissant en friche de vastes territoires et en conservant aux animaux sauvages le profond abri des forêts, sans lequel ils auraient manqué d'asile et de nourriture. On obligeait même le laboureur d'épargner ceux qui venaient dévaster ses récoltes : il ne pouvait se défendre de leur agression que par des clôtures, souvent trop basses ou trop faibles pour arrêter ces agiles ou puissants ennemis.

Quoique la quantité des bêtes fauves auxquelles on faisait la guerre offrît longtemps un moyen de subsistance aux habitants qui pouvaient se pourvoir de gibier dans les marchés, cette ressource était bien moins assurée que celle qu'on put tirer ensuite de l'éducation des animaux domestiques : on remplaça insensiblement l'une par l'autre; et l'on put aisément se convaincre des avantages d'un tel changement, lorsqu'on eut sous les yeux le spectacle d'un grand nombre de métairies, où le cultivateur rassemblait dans ses étables cette nombreuse famille d'animaux privés, qui, nourris autour de lui, accoutumés à sa voix et à son empire, lui rendaient le prix de ses soins par leurs services et leurs travaux journaliers, par la tonte de leur toison, par leur lait, par des engrais favorables à la culture. Cette nouvelle ressource devint plus générale, quand l'exercice de la chasse fut plus restreint, que de vastes forêts furent essartées, abattues, et que l'agriculture s'emparant de ses conquêtes rendit toutes les classes d'une nation plus laborieuses, plus sédentaires, plus propres à donner à la terre toute sa valeur.

On avait commencé à mieux sentir le prix du travail, et les masses entières obéirent à cette première impulsion; mais la marche de l'industrie était lente, indécise, et l'on se borna longtemps à subvenir aux simples nécessités de la vie.

D'abord on ne connaissait dans les ménages ordinaires aucune espèce de luxe : la plupart des hommes étaient couverts de vêtements de peau; la poterie était rare; on mangeait en commun dans la même jatte; une seule coupe suffisait, comme dans les anciennes agapes, et l'usage de la faire circuler à la ronde dans quelques festins solennels s'est longtemps conservé chez différents peuples.

Si une grande simplicité régnait aussi dans les maisons des riches, c'est à l'imperfection des arts qu'on peut attribuer une partie de leurs privations : ils ne connaissaient pas la lumière des bougies; on avait des torches résineuses pour éclairer les festins du soir : les boucheries étaient plus rares : la cherté du vin obligeait de s'en sevrer fréquemment, et l'on n'en buvait pas pendant l'été. On bâtissait en bois les maisons particulières, et la coutume de les construire en pierre ou en brique ne fut reprise que dans le quatorzième siècle. L'usage des cheminées s'établit vers la même époque : la fumée du foyer ne s'échappait auparavant que par une ouverture pratiquée au milieu du toit. Il était rare d'avoir plus de deux lits, et souvent on se réduisait à un seul, quand on avait à recevoir un étranger.

Les maisons des seigneurs n'avaient d'abord été qu'une tour, un simple donjon, recevant le jour par quelques étroits soupiraux : on y joignit ensuite une habitation plus vaste, éclairée par des fenêtres donnant sur une cour intérieure : le donjon n'en était plus que la citadelle. Quelquefois ces maisons étaient flanquées ou surmontées de plusieurs tourelles qui leur donnaient des moyens de défense.

Quoique l'invention du verre soit très-ancienne, et que le hasard ait pu conduire à cette découverte en faisant remarquer la vive action du feu sur quelques substances vitrifiables, il se passa un grand nombre de siècles avant qu'on fît usage de sa transparence pour éclairer les maisons : on se servait de talc, de gypse réduit en feuille, et d'autres substances ou tissus amincis, qui laissaient passer les rayons du jour. L'usage des vitres fut trouvé ou perfectionné à Venise, d'où il se répandit dans les autres pays : on l'appliquait d'abord aux fenêtres des églises, et l'on en trouve des exemples en France et en Allemagne dès le milieu du sixième siècle. On s'en servit ensuite jusque dans les régions du Nord, pour éclairer les simples habitations et se préserver de la rigueur du froid ; mais la composition du verre y fut longtemps grossière, avant de s'épurer dans les creusets et les usines de la Bohême.

Pour maintenir la simplicité dans les meubles et les vêtements, on publia quelquefois des lois somptuaires ; elles aidaient à distinguer par les costumes et les usages les différentes classes de la société ; ces lois pouvaient prévenir les caprices de la mode ; mais en établissant une routine immuable, elles nuisaient au développement de l'industrie. Cet état stationnaire se faisait remarquer dans la plupart des régions du Nord, et l'on ne pouvait y répandre l'aisance et le bien-être, avant d'y avoir attiré une plus nombreuse population.

Nous avons indiqué précédemment la cause de l'affaiblissement et de la dispersion des premiers habitants de ces contrées. Les uns avaient péri au milieu des fléaux de la guerre, d'autres avaient été expatriés par le vainqueur, ou s'étaient volontairement exilés pour chercher d'autres établissements ; mais depuis cette époque il s'était opéré dans le déplacement des populations un mouvement contraire, qui tendait à réparer les pertes des contrées du Nord, et à rétablir une espèce de nivellement entre tous les pays propres à la culture. Une région abandonnée par ses anciens habitants devait naturellement en attirer d'autres si la bonté du sol leur offrait des moyens de subsistance ; et il se trouvait dans toutes les parties de l'Europe un assez grand nombre d'hommes mécontents de leur situation, inquiets, misérables ou persécutés, pour qu'ils cherchassent une nouvelle patrie et qu'ils pussent y espérer plus de bien-être. Des familles indigentes quittaient leur pays où elles n'avaient plus rien à perdre : des artisans, chargés des ustensiles de leur profession, allaient de ville en ville, cherchant du travail et du pain, et terminaient leurs courses cosmopolites dans la cité qui pouvait leur offrir quelques ressources permanentes. Chaque ouvrier cherchait un lieu de refuge et des moyens d'existence, conformes à ses penchants : il trouvait un emploi dans la classe des hommes de guerre, dans celle des artisans ou des laboureurs : la culture avait besoin de bras, le commerce en s'agrandissant pouvait nourrir un plus grand nombre de familles ; l'activité des chantiers de plusieurs ports offrait du travail à tous les ouvriers qui pouvaient concourir à la construction des navires : on avait à les pourvoir ensuite de matelots ; et cette nouvelle profession assurait aux hommes robustes et laborieux des ressources habituelles.

L'arrivée de ces colonies étrangères se faisait surtout remarquer dans les ports : il s'y trouvait deux espèces de population ; l'une était fixe et sédentaire, elle comprenait les habitants du lieu ; l'autre était flottante et accidentelle ; elle se composait des matelots qui ne s'étaient engagés que pour une seule expédition, ou des étrangers qui étaient venus essayer un nouveau séjour. La sagesse des lois et l'abondance des ressources retenaient souvent les hommes qui n'avaient d'abord formé qu'un établissement temporaire, et ils aspiraient à devenir citoyens de la ville où ils avaient obtenu un accueil favorable.

Pour nous expliquer tous ces changements de patrie, ne perdons pas de vue l'état de désordre et de confusion où se trouvaient alors plusieurs contrées, surtout dans ces parties orientales de l'Europe, où de nombreuses populations, refoulées vers l'occident par l'invasion des Tartares, sous le règne de Gengis-kan et de ses successeurs, erraient d'un pays à l'autre avant de trouver un abri paisible. Les routes d'Allemagne furent couvertes de ces malheureux pèlerins : la fatigue et la misère en firent périr une grande partie ; d'autres obtinrent quelques terres incultes, et ceux que l'on admit dans les cités s'y mêlèrent aux anciens habitants.

D'autres cultivateurs, venus de l'intérieur de l'Allemagne et de la Bohême, s'avancèrent jusqu'aux bords de la Baltique, à la suite des guerres qu'on y avait longtemps soutenues contre les nations idolâtres. Un pays dévasté par le fer et la flamme ou par de violentes persécutions avait besoin de nouveaux habitants : il fut ouvert à un grand nombre de familles pauvres qui espéraient y sortir de l'indigence par le travail, et qui regardaient un changement de situation comme un bienfait.

On vit dans le douzième siècle un grand nombre de colons hollandais se transplanter au nord de la Frise : les uns suivirent le littoral de la mer et ils se répandirent dans les pays situés au nord de l'Elbe, d'autres gagnèrent le pays des Vendes : les souverains leur accordèrent des terres incultes qu'ils devaient mettre en valeur, et ils leur permirent de se gouverner selon leurs propres lois et de choisir eux-mêmes leurs magistrats. Ces émigrations avaient suivi de près l'époque où la mer du Nord vint former le Zuydersée, après avoir rompu les puissantes digues dont on retrouve encore des vestiges dans les îles et les lagunes qui s'étendent à l'entrée de ce grand golfe. La plupart des hommes échappés aux flots quittèrent précipitamment les régions basses du voisinage, dans la crainte d'une nouvelle irruption : l'évêque de Hambourg leur fit une concession de territoire; la ville en reçut d'autres au nombre de ses habitants ; elle dut à leur industrie et à leur amour du travail une partie des progrès de ses manufactures et de son commerce.

Le nombre des étrangers, leur origine nationale, leur mélange avec les anciens habitants des pays où ils venaient se fixer, eurent nécessairement de l'influence sur la langue des uns et des autres, sur les usages qui leur devinrent communs, et sur la direction de leurs rapports politiques et commerciaux. Ces colonisations, ces rapprochements nous expliquent la diversité des dialectes qui s'établirent dans différentes contrées du Nord et dont plusieurs parvinrent à acquérir la fixité d'une langue particulière. On reconnaît, si on les compare entre eux, qu'ils dérivent d'une source commune, et leur divergence résulte de leur amalgame avec l'idiome de quelque autre nation.

Cet alliage des langues germaniques qui se sont ensuite séparées les unes des autres, quoiqu'on puisse leur retrouver une physionomie semblable, est sans doute un des plus importants phénomènes du moyen âge. Leurs différences n'étaient pas devenues assez nombreuses pour que les peuples voisins les uns des autres ne pussent pas mutuellement se comprendre : la langue allemande avait d'ailleurs conservé sa prééminence dans tous les pays qu'embrassait la Ligue Anséatique ; elle y devint la langue usuelle des commerçants et des navigateurs, celle dans laquelle furent écrits la plupart des traités conclus par les Anséates, celle des comptoirs qui leur appartenaient dans plusieurs pays. Les peuples qui ont entre eux des relations habituelles ont besoin de recourir à un même langage : tantôt ils empruntent celui de la nation prépondérante, comme ils le firent sur les bords de la Baltique; tantôt la fusion de leurs différents idiomes fait naître un dialecte commun auquel ils ont tous participé, et c'est ce que l'on put remarquer dans la langue franque de tous les navigateurs de la Méditerranée, langue nécessairement mobile dans ses constructions, dans ses acceptions de mots, dans ses principes même, selon la situation des ports et des échelles où il devient nécessaire d'être compris.

Les différentes contrées du Nord, repeuplées et mises en valeur par ce concours d'étrangers dont elles avaient favorisé l'établissement, recueillaient journellement les fruits de leur hospitalité. Chaque pays reçut le genre de culture auquel le climat, l'exposition, la nature du sol pouvaient le rendre propre, et l'on doit attribuer à cette variété de productions celle des professions et des genres d'industrie qui furent souvent préférés par les habitants d'une même contrée, et qui lui assignèrent parmi les nations agricoles, manufacturières ou commerçantes, un rang et un caractère plus déterminés.

Les progrès de l'industrie avaient suivi ceux de la culture; mais la marche en avait été plus lente et moins assurée. Les arts, en effet, ne peuvent point parvenir dès l'origine à l'état de perfection qui leur est destiné : ils ont leur enfance et leur accroissement; ils dérivent souvent d'une cause fortuite, d'une rencontre inattendue: c'est un germe que l'esprit d'invention doit féconder, et qui ne peut ensuite être développé que par l'expérience et la méditation. Un seul exemple et quelques remarques, dont on peut faire l'application à d'autres genres d'industrie, suffiront pour indiquer ce mouvement progressif.

L'art de la filature et du tissage, dont on s'occupait dans l'intérieur de la famille, ne servit d'abord qu'à son usage : il était exercé par les femmes; on le pratiquait dans toutes les classes, et jusque dans le palais des rois. Leurs filles mêmes y prenaient part : elles donnaient l'exemple à des *fileresses* placées sous leur direction; le chanvre et le lin s'enroulaient sur leurs fuseaux; et de premiers travaux à l'aiguille les conduisaient à ceux de la trame où les fils sont entrelacés. L'art du tisserand, connu dès les temps les plus anciens, et retrouvé ensuite à diverses époques, chez différents peuples qui n'avaient eu sans doute aucune relation entre eux, nous indique assez positivement qu'il est quelques procédés d'industrie, dont tous les hommes placés dans une situation semblable peuvent également concevoir les principes, et dont ils ont été quelquefois avertis par les ouvrages même de la nature. Ici l'on pouvait avoir pour modèle l'entrelacement des fibres de quelques végétaux, les toiles filées et formées par divers insectes, plusieurs espèces de bourres ou de feutre dont le tissu peut être aminci et assoupli par le foulage.

La simple découverte d'un art y amène ensuite de nombreuses modifications. Différentes étoffes furent ornées de broderies, que l'on fit à l'aiguille, avant d'avoir inventé les machines qui devaient les exécuter plus régulièrement : on put en varier les couleurs, lorsque l'art de la teinture vint à se perfectionner ou à se retrouver; car une partie des arts connus des anciens s'était perdue dans les premiers siècles de la barbarie du moyen âge.

Cette industrie, que l'on avait d'abord exercée chez soi, le fut ensuite par des hommes qui s'attachaient à une profession particulière, et c'est dès cette époque qu'un art peut faire de véritables progrès, par l'effet d'une habitude exclusive, par la dextérité qu'elle donne, et par les observations que la pratique introduit dans la théorie.

Chaque réunion d'habitants comprit alors quelques artisans, dont les professions étaient diverses et adaptées aux besoins de la population : on avait dans un bourg le tisserand, le corroyeur, le forgeron, le ferronnier et d'autres ouvriers. Souvent on né-

BRÊME.

gligeait leur nom propre, et ils n'étaient désignés que par le titre de leur métier. Ces états, qui se transmettaient de père en fils dans plusieurs pays, laissaient aux descendants le surnom de leurs devanciers; et ce fut ainsi que l'hérédité des noms vint à s'établir dans un grand nombre de familles. Ne fut-ce pas aussi par cette voie qu'elle vint quelquefois à se perdre? Le fils qui changeait d'état recevait un autre surnom en quittant la profession de son père : il devenait pour ainsi dire un nouveau chef de famille, et commençait la lignée des artisans semblables qui allaient le suivre.

Si l'exercice des métiers variait quelquefois d'une génération à l'autre, les changements d'état étaient moins fréquents dans les hautes classes de la société, où la richesse dispensait du travail, où l'on s'attachait à la profession des armes, à l'exercice de la magistrature, aux diverses fonctions du gouvernement. On peut ranger dans cette classe les hommes qui reçurent les noms de chevalier, d'écuyer, de page, de capitaine, ceux de prud'homme, avocat, bachelier, ceux de le vasseur, forestier, fauconnier, ou tel autre surnom rappelant l'emploi dont ils étaient revêtus : les titulaires de ces places jouissaient d'un rang qui leur faisait désirer de conserver et de transmettre le même nom; tandis que l'exercice des métiers, longtemps mis entre les mains des esclaves, restait frappé d'une espèce de réprobation.

Cependant cette défaveur ne se remarquait point dans la plupart des villes anséatiques qui, accoutumées à se gouverner elles-mêmes, n'avaient pas adopté les préjugés des monarchies, et s'étaient constamment attachées à étendre les priviléges de la bourgeoisie et des corps et métiers. L'habitude du travail y avait passé dans toutes les classes; les familles les plus riches en donnaient l'exemple, et chaque ville devenait un vaste atelier qui occupait la population entière.

Les manufactures étaient moins avancées dans le nord de l'Allemagne que sur les rives de l'Escaut; et cette différence explique l'intérêt que trouvaient les villes anséatiques à fréquenter les marchés de Flandre, à y chercher les étoffes et tous les genres de tissus que l'on pouvait porter de contrée en contrée jusqu'au fond de la Baltique. La facilité de se pourvoir ainsi d'objets manufacturés, appropriés à tous les états et à toutes les classes d'habitants, détournait les Anséates du soin de fabriquer eux-mêmes ces différents articles. Placés entre les producteurs agricoles et les manufacturiers, ils étaient les agens d'une grande circulation commerciale; ils présidaient à cet échange de richesses, ils le favorisaient par l'activité de leurs expéditions maritimes; et l'art de la construction des vaisseaux était devenu pour eux le plus nécessaire : il exigeait l'emploi d'un assez grand nombre d'ouvriers et de professions différentes, pour les retenir longtemps dans l'exercice de cette industrie.

Les navigateurs, pouvant alors s'aider de la direction de l'aimant vers le pôle, reconnaissaient plus aisément leur route, et tentaient avec confiance de lointaines expéditions. Mais cet instrument qui leur servait de guide n'avait été perfectionné qu'avec lenteur : les anciens n'avaient attribué à l'aimant que la faculté d'attirer le fer, et l'on ne connut en Europe sa polarité que dans le onzième siècle. Il fut longtemps difficile d'appliquer à la navigation cette propriété que l'on rangeait parmi les qualités occultes. L'aiguille aimantée, que l'on désignait sous les noms de *calamite, magnète, marinette*, n'était pas assez mobile quand on la faisait flotter sur l'eau, à l'aide d'un fétu de paille qui lui servait d'appui; et l'on ne put en rendre l'utilité pratique que lorsqu'on eut trouvé le moyen de la soutenir sur un pivot qui lui laissait une libre direction, de la renfermer dans la boîte ou boussole dont elle a retenu le nom, et de mesurer toutes les variations de ses mouvements, à l'aide des divisions du cercle dont cette aiguille parcourait les degrés.

Dès que l'on put s'éloigner des côtes avec plus de sécurité, on reconnut aussi le besoin de donner aux navires plus de solidité et de grandeur, afin d'en proportionner la force à celle des vagues et des tempêtes de la haute mer.

La forme que l'on donnait aux corps de navires, dans les principaux chantiers de construction, dépendait du genre particulier de navigation auquel ils étaient destinés. Il fallait moins de carène et plus de largeur aux bâtiments destinés au cabotage du Zuydersée et des autres parages où la mer a peu de profondeur. Cette largeur qui leur donnait plus d'assiette sur les flots ne les exposait pas à sombrer sous voile par l'effet des coups de vent : on pouvait d'ailleurs accroître encore cette proportion, à l'aide de deux appendices, en forme d'ailes, qui s'attachaient aux flancs d'un bâtiment, et qui s'étendaient ou se reployaient à volonté. Les vaisseaux destinés à de longues navigations avaient un tirant d'eau plus considérable; et la profondeur de leur quille fixait mieux vers le fond de la cale le centre de gravité du navire dont elle assurait l'équilibre; mais quand ils revenaient au port avec leur chargement, il fallait souvent recourir à des allèges, qui les enveloppaient alors en forme de berceau, et qui les empêchaient de s'engraver, en les relevant davantage.

Si l'art de la navigation et l'activité des chantiers maritimes firent naître dans la plupart des villes anséatiques un grand nombre de professions différentes, l'art de la guerre et ses nombreux besoins y firent aussi élever des établissements où se préparaient tous les moyens d'attaque et de défense. Les machines destinées au siége des places étaient généralement empruntées des Romains; Philippe-Auguste avait opéré en France cette rénovation au commencement du treizième siècle, et les autres États de l'Europe l'avaient imité. Les tours roulantes les balistes, les catapultes, les béliers, tous les engins militaires dont on avait retrouvé la forme dans les traditions et les descriptions des auteurs anciens, se fabriquaient dans de vastes ateliers, et ce travail se subdivisait entre différentes classes d'artisans. L'armement des hommes de guerre et toutes les nécessités des camps développaient d'autres branches d'industrie : des fabriques de boucliers, de casques, de cuirasses et d'autres pièces d'armure défensive, occupaient de nombreux ouvriers : on forgeait des épées, des haches, d'autres armes d'estoc et de taille, des lances de toute forme, une grande variété d'armes de trait : l'art de la destruction et le soin de sa propre sécurité étaient assez inventifs, pour multiplier les moyens d'attaquer l'ennemi ou de chercher un abri contre l'agression.

D'importantes mutations s'étaient opérées dans la formation et l'équipement des corps militaires : la cavalerie en devint la principale force. Des hommes couverts de fer, et montés sur des coursiers dont la tête était protégée par un chanfrein, et dont le poitrail et les flancs étaient également cuirassés, ne pouvaient plus conserver dans leurs prisons de fer la souplesse de mouvement, que des armes moins complètes et plus légères leur auraient permise. On cherchait, avant tout, à les rendre invulnérables. Armés de leur lance, de leur hache, d'une massue, d'un cimeterre, ils portaient le ravage dans les rangs d'une infanterie qui ne pouvait opposer aucune résistance à ces fléaux exterminateurs. Les simples fantassins étaient à peine protégés par un casque et un faible bouclier; et s'ils pouvaient se mesurer entre eux à force égale, un cavalier dont les armes étaient impénétrables pouvait aisément s'ouvrir un sanglant passage à travers leurs rangs. Une si grande supériorité dans les moyens d'attaque explique la plupart des exploits gigantesques dont le moyen âge nous a légué la tradition : elle affaiblit le merveilleux qui les environnait, elle ramène aux pro-

HAMBOURG.

portions de la nature humaine les personnages remarquables qui paraissent les avoir excédées le plus. Ce sont là ces hommes fameux qui dominèrent en effet leur siècle : la fable, chez les peuples anciens, en aurait fait des dieux; plus tard ce furent des héros : ils conservent encore aujourd'hui ce caractère, cette désignation; mais du moins ils ne sortent pas des bornes de l'humanité.

Dans les temps dont nous parcourons ici les annales, ce génie militaire fut celui qui opéra le plus de changements dans les destinées des nations, dans leur puissance, dans les limites de leur territoire; mais nous n'avons à nous occuper ici que de l'influence qu'il eut sur leur industrie, et de la direction qu'il donna à leur commerce : c'est à ce point de vue que se rattachent nos observations, et nous sommes conduits à reconnaître que les arts et les professions qui ont contribué le plus à perfectionner l'art de la guerre sont souvent celles qui ont assuré dans la suite la prospérité sociale. Les artisans, par une espèce d'expiation, ont alors changé d'emploi : le même génie a donné à ses inventions et à ses travaux un caractère différent, il les a consacrés à la paix, et au bien-être public et particulier dont elle est la source.

Les Anséates avaient eu, comme les autres nations de l'Europe, leur siècle d'enthousiasme religieux, leurs croisades, leurs expéditions lointaines : ils avaient eu dans leur propre pays des guerres contre leurs voisins et quelquefois des dissensions entre eux. Une grande prospérité commerciale se développa pour eux, à la suite de ces événements ; l'industrie faisait des progrès rapides, et la plupart des inventions, des procédés usités dans les manufactures, appartiennent au treizième et au quatorzième siècle. On tendait à retrouver les arts anciens, et l'on y joignait des découvertes nouvelles, précieuses conquêtes de l'esprit de méditation.

L'influence des professions militaires sur le développement de l'industrie devint encore plus sensible après la création de la chevalerie, qui s'étendit dans le Nord comme dans les autres contrées de l'Europe. Une institution qui exigeait un si grand nombre d'articles pour son armement, son équipement, ses tournois, ses fêtes militaires, donnait une nouvelle activité aux ateliers, aux manufactures des villes les plus industrieuses. Les Anséates cultivèrent ces différentes branches de travail et de commerce : ils étaient d'ailleurs disposés à favoriser un établissement qui fut utile à l'affermissement de l'ordre public. La chevalerie concourut en effet à la répression du brigandage, à la défense des voyageurs, que l'on s'engageait à protéger depuis le lever du soleil jusqu'à son coucher, au soutien de la justice et de l'innocence, dont un guerrier se déclarait le champion, dans toutes les causes abandonnées au jugement de Dieu.

Les cérémonies religieuses et militaires que l'on pratiquait en recevant un chevalier lui indiquaient ses premiers devoirs. On lui prescrivait une piété fervente, la loyauté, la fidélité à sa parole, le dévouement envers la classe la plus faible : tous les objets de son culte se retrouvaient dans cette devise : Servir Dieu, l'honneur et les dames. Les femmes germaines étaient généralement révérées; elles avaient des sentiments nobles, de la vertu, et l'on remplissait avec zèle l'engagement de les défendre contre l'oppression.

Nous ne confondrons point les hommes qui jouissaient du rang de chevalier ou d'écuyer, à raison de leurs fiefs et de leurs tenures féodales, avec ceux qui ne recevaient ce titre que comme admis dans l'ordre de la chevalerie, et qui, après avoir mérité cette distinction par des actes de bravoure, étaient tenus de la justifier par un constant exercice de toutes les vertus militaires. Leurs épreuves, leur réception, leur caractère ont été signalés dans d'autres écrits; il serait étranger à notre sujet de reproduire ici les mêmes images.

Le tableau commercial que nous

avons tracé successivement et à plusieurs reprises montre quelle était l'importance des relations formées par la Ligue anséatique, des marchés qui lui étaient ouverts sur tous les points, et de la plupart des importations et des exportations dont elle avait acquis le monopole. Quelle que fût l'activité du travail dans plusieurs grandes villes de manufacture, les produits de la main-d'œuvre y devenaient insuffisants : le nombre des acheteurs se proportionnait, non-seulement aux progrès de la population, mais à l'accroissement de son bien-être. La vente d'un grand nombre d'articles était d'ailleurs favorisée par les opinions religieuses, et par cette multitude de pieux établissements qui s'étaient formés dans toutes les parties de l'Europe. Ainsi le temps du carême, et les jours d'abstinence qui revenaient fréquemment dans le cours de l'année, assuraient la vente et la consommation des nombreux produits de la pêche, du sel destiné à les conserver, et d'une grande quantité de fruits, de légumes, de racines et d'autres plantes potagères. On fabriquait pour l'usage des couvents et des chapitres différentes espèces d'étoffes dont il fallait varier le tissu et les couleurs, selon la différence des ordres religieux : la confection de leurs vêtements, de leur chaussure, des meubles de leurs cellules, des reliquaires, des chapelets, de tous les emblèmes d'un Dieu crucifié, de ses saints, de ses confesseurs, de ses martyrs, occupait un grand nombre d'états et de professions différentes. La plupart de ces travaux étaient simples, et les progrès de l'art s'y faisaient peu sentir; mais ils étaient plus remarquables, et l'on recherchait à la fois le luxe des ornements et la perfection de la main-d'œuvre, dans les fabriques dont les produits étaient consacrés à la parure des autels et aux grandes cérémonies du culte chrétien : ici nous voyons employer l'or et la soie et tout ce que l'art peut offrir de plus parfait, dans les décorations du clergé et dans les célébrations des fêtes. Le projet de rendre honneur à la Divinité semble avoir relevé le génie des artisans, dont la classe comprenait alors les artistes et les ouvriers : ils attachent une noble émulation à se surpasser, pour offrir au ciel le tribut de tous leurs efforts. Cette pompe, ces signes éclatants attirent les yeux d'un peuple immense; la piété se mêle à ses émotions, elle s'anime, et le cœur est pénétré d'un respect plus profond envers l'Être suprême auquel ces hommages sont adressés : c'est pour lui que l'art a déployé ses merveilles; il serait resté moins puissant, moins ingénieux, s'il ne se fût attaché qu'à la terre.

Cette inspiration naturelle, qui porta toujours les hommes à élever leurs regards vers le ciel, ne fut cependant pas suffisante pour les ramener constamment à ces principes de beauté et de grandeur que l'on avait observés dans les anciens monuments religieux. La barbarie s'était introduite dans les arts, dont les Goths et les Vandales avaient détruit les plus précieux modèles, et l'architecture gothique était venue remplacer celle dont les artistes de la Grèce et de Rome avaient tracé les belles proportions. Les temples qu'érigèrent les peuples du centre et du nord de l'Europe eurent un caractère de majesté; mais ils s'écartaient des règles anciennes; ils remontaient vers l'enfance et la simplicité de l'art, ils étaient nus et sans ornements; et lorsqu'on voulut, dans le onzième siècle, relever la pompe et la magnificence des édifices religieux, un autre goût, celui de l'architecture mauresque, présida à ces grands travaux. On en avait emprunté l'usage des Arabes, des Sarrasins, dont les domaines en Orient avaient été envahis pendant les croisades : les mêmes nations occupaient alors une partie de l'Espagne et du midi de la France; elles y avaient érigé des monuments civils et religieux, et l'Europe, qui leur devait les progrès de ses connaissances, imita dans ses plus somptueux édifices le genre d'architecture qu'ils avaient adopté, et qu'ils avaient chargé d'ornements.

Les riches manufactures occupées

de la parure des autels le furent ensuite de la décoration des palais; et dans un siècle, où le pouvoir souverain jouissait d'une espèce de consécration, il reconnaissait le besoin de s'entourer d'une pompe proportionnée à sa dignité : les goûts des sujets étaient simples; mais le trône s'environnait d'éclat. Les magistrats des villes libres usaient du même prestige; et la magnificence des fonctions et des cérémonies publiques suffisait à des citoyens, plus attachés à l'illustration de leur pays et aux signes de sa prospérité ou de sa grandeur, qu'à la jouissance d'un luxe individuel. Les hommes se confondaient dans la foule; et les honneurs personnels étaient réservés seulement à ceux qui avaient bien mérité de leur patrie : cette reconnaissance publique était rare; mais on en appréciait encore mieux les témoignages.

Amenés par l'étendue de notre sujet à le considérer sous de nombreux rapports, nous avons cru devoir offrir différentes suites d'observations et d'images, qui ne s'appliquent point d'une manière exclusive aux villes anséatiques, et qui peignent la situation générale des grandes contrées de l'Allemagne, où elles étaient dispersées. Il serait difficile de se restreindre à des remarques spéciales sur la part que chacune de ces villes a pu prendre au cours des événements, lorsqu'une même impulsion sociale entraînait à la fois l'Europe entière, et quand on avait partout sous les yeux les mêmes modèles d'imitation. Si nous prétendions séparer entièrement du tableau général des nations du moyen âge celui de tous ces points isolés, et distribués de distance en distance dans une longue zone territoriale, l'étude minutieuse de tous ces intérêts de localité n'amènerait qu'un assemblage confus de documents auxquels la postérité peut rester indifférente et n'attacher aucun prix. Ce genre de détails doit se conserver dans les archives des cités, et entrer dans leurs annales particulières; mais il se perdrait dans l'histoire d'une confédération, dont il faut expliquer l'agrandissement par des causes plus générales, et dont les affaires sont habituellement liées avec celles des autres nations.

Le grand nombre des villes de la ligue anséatique en constituait la force; mais, quoiqu'elles tinssent les unes aux autres par des obligations et des droits communs, nous avons vu que la plupart de ces villes n'étaient pas indépendantes, et avaient des institutions analogues à celles des contrées plus vastes où elles étaient enclavées. Les mœurs particulières, le degré des connaissances, la marche de l'opinion, participaient du caractère imprimé aux nations environnantes. En les considérant sous ce point de vue, il nous a paru que les traits qui leur appartiennent d'une manière générale pouvaient être groupés et présentés dans leur ensemble, et que cette peinture du mouvement qui entraînait alors les sociétés civiles, et des causes qui en avaient favorisé ou ralenti les progrès, faisait mieux concevoir à travers quels écueils la confédération des Anséates avait eu à se diriger, dans des temps si orageux et si féconds en naufrages.

Le caractère des siècles que nous avons parcourus était tout à la fois militaire et religieux. La guerre avait ses intervalles, et la paix pouvait alors laisser un mouvement plus libre à la navigation et au commerce; mais les opinions religieuses étaient constantes; leur action n'avait pas d'intermittence; elles se maintenaient dans tous les pays, et celles qui régnaient dans le moyen âge méritent encore quelques développements.

On peut attribuer au treizième et au quatorzième siècle l'érection d'un grand nombre de temples, dans les villes les plus remarquables par leur population et leurs richesses. Ces majestueux édifices, dont les dimensions et les ornements sont supérieurs aux constructions précédentes et à la plupart de celles qui ont été entreprises depuis, n'étaient pas l'ouvrage d'une seule génération : on se léguait de l'une à l'autre les travaux commencés; et comme le nouvel âge héritait du zèle religieux de ses devanciers, on continuait sur le même plan et avec la même ardeur les monuments consacrés à Dieu. Ne les avait-il pas adoptés pour l'assemblée des fidèles? le clergé et les ordres monastiques, où l'esprit de corps se perpétuait immuablement, ne veillaient-ils pas à la continuation de ces grands ouvrages et n'y attachaient-ils pas leurs intérêts et leur gloire? la société religieuse ne mourait point; elle poursuivait sans relâche ses grandes entreprises et y déployait toutes les ressources de l'art.

Nous remarquons au nombre des monuments qui s'élevèrent dans les villes anséatiques les cathédrales de Cologne, de Brême, de Brunswick, de Munster, de Magdebourg, de Dantzig; et si nous étendons nos recherches dans des villes plus méridionales qui eurent avec les Anséates d'importantes relations de commerce, nous voyons s'élever en Flandre les majestueuses églises de Bruges, de Gand, d'Anvers, de Malines, de Bruxelles, d'Aix-la-Chapelle; en France, celles de Rouen, de Paris, de Reims, de Strasbourg : les villes de Trèves sur la Moselle, de Mayence sur le Rhin, d'Augsbourg, de Nuremberg, de Paderborn dans le cœur de l'Allemagne, ont leurs grands monuments religieux. L'art byzantin s'y combine avec celui des Sarrasins : les voûtes sont hardies, élancées et terminées en ogive; les appuis qui les soutiennent ont pour enveloppe des faisceaux de colonnes nombreuses dont le fût est délié, et dont les chapiteaux sont découpés avec délicatesse : on a sculpté artistement les arêtes qui suivent le cintre des voûtes ou qui les partagent en divers compartiments; et le marbre ou la pierre ont pris la forme de guirlandes ou de festons, suspendus à différentes parties de ces édifices.

La majesté de l'ensemble et l'élégance des détails se sont ainsi réunies dans les plus belles constructions religieuses du moyen âge. L'architecture y trouva longtemps des modèles à suivre : elle voyait la forme des monuments complétement adaptée aux vues que l'art avait dû se proposer : tout était disposé dans les temples pour porter l'âme au recueillement, pour l'élever au-dessus des régions terrestres, pour prêter aux cérémonies pieuses la pompe la plus imposante, et montrer aux hommes agenouillés au pied des autels qu'ils étaient dans le palais du Roi des rois.

On a soutenu avec vraisemblance que la société des francs-maçons avait présidé pendant longtemps à la construction de ces basiliques, dont les églises de Salisbury, d'Amiens, antérieures au quatorzième siècle, nous offrent de parfaits modèles : quelques remarques viennent à l'appui de cette assertion. Les chrétiens ont, dans tous les âges, élevé des monuments à la Divinité : ils se sont appliqués à y joindre, autant que l'état des arts le permettait, un caractère de grandeur et de majesté; et l'on conçoit aisément qu'une classe d'hommes particulière se soit consacrée à ces travaux, qu'elle ait légué son exemple à ses successeurs, et qu'on ait séparé du vulgaire une association chargée d'ériger au Très-Haut des temples et des autels. Dans les premiers siècles de l'Église, ils maintinrent avec soin les relations qu'ils avaient entre eux : leurs liens durent même se fortifier pendant les crises de persécution, et lorsque les chrétiens accomplissaient leurs rites en secret, dans les cryptes, dans les temples souterrains, qu'ils faisaient creuser au milieu des rochers pour y célébrer les saints mystères.

Le christianisme, éprouvé par de longues et sanglantes luttes, en sortit enfin victorieux : les sanctuaires qu'il avait fallu cacher sous les voûtes de la terre se relevèrent avec magnificence au milieu du jour; et les hommes chargés de la construction de ces édifices reprirent librement leurs travaux, sans renoncer aux liens secrets qui les avaient unis dans des temps plus orageux. Ces monuments religieux suivirent le sort et les progrès du christianisme ; ils se multiplièrent en Europe ; et si l'on remarque l'analogie de leur architecture, de leur forme, de leur distribution, on croit y voir l'ouvrage d'une même corporation, dont les membres correspondaient habituellement entre eux, et allaient souvent d'un pays à l'autre porter leurs plans, régler les proportions des édifices et en entreprendre l'exécution.

Les inscriptions de plusieurs églises du moyen âge nous rappellent qu'elles furent construites par des maîtres maçons ; on ne leur donne aucun autre titre. Leur profession n'était pas régie, comme celle des autres artisans, par des règlements de corporation, et ils tenaient entre eux des chapitres annuels où ils fixaient le prix de leur ouvrage. L'importance que la religion donnait à leurs travaux explique aisément les franchises dont ils pouvaient jouir, et que leur nom même nous rappelle encore ; mais leur exemple prouve à quel point une institution ancienne peut être changée par le cours des âges. Le droit qu'ils avaient eu de construire des temples put cesser d'être exclusif, lorsque la société eut à employer un beaucoup plus grand nombre d'ouvriers pour la bâtisse de ses habitations. Les mêmes artisans furent alors indistinctement appliqués aux constructions civiles et religieuses ; et l'ancien corps privilégié put changer de caractère, et s'éloigner du but primitif de son association ; il adopta les idées cabalistiques que les opinions du temps favorisaient : ses titres, ses grades, cette organisation, qui avaient appartenu dans le principe à l'exercice d'une profession, devinrent honorifiques : on ne vit plus que des symboles moraux et philosophiques dans les images de ces instruments de maçonnerie, dont la forme pouvait rappeler ses premiers travaux.

L'architecture était celui des beaux-arts qui s'était ranimé le premier ; il fallut attendre plus longtemps la renaissance de la sculpture. Les conditions sociales qui la firent prospérer autrefois avaient changé : la même nature n'était pas sous les yeux du statuaire ; les modèles se prêtaient moins aux exigences de l'art ; on avait perdu les règles sans lesquelles il ne peut se maintenir.

C'était dans les régions du Midi que les anciens avaient choisi les véritables types de la beauté, et qu'ils s'en étaient formé un modèle idéal, en empruntant et en réunissant les charmes que la nature avait disséminés et répartis entre ses plus parfaites créatures. Les artistes des autres contrées avaient moins à choisir : ceux du moyen âge n'apprirent qu'à copier d'une manière servile ce qu'il aurait fallu imiter et rectifier avec goût ; et les défauts de leurs ouvrages durent paraître encore plus sensibles dans la copie des formes humaines.

Le caractère religieux du moyen âge eut d'ailleurs une grande influence sur celui des monuments de sculpture dont les églises étaient ornées : on y rassemblait les images des saints, et tous les symboles de l'humilité chrétienne devaient se retrouver dans leurs statues. On y remarque peu de variété dans les attitudes, peu de plis dans les draperies : aucun vêtement n'accuse les formes, aucune passion ne change les physionomies : quelques types généraux ont été adoptés, pour distinguer les images qui sont en vénération ; vous les reconnaissez aux signes de l'apostolat et de l'évangile, aux palmes des guerriers chrétiens, aux instruments du martyre, à l'auréole de la gloire ; mais ne demandez pas de parfaites imitations de la nature. On ne veut rien emprunter des chefs-d'œuvre de l'antiquité païenne, et l'on semble craindre un reproche d'idolâtrie, si l'on adopte un style et des formes qu'elle avait consacrés. Le genre humain ne professe plus ces opinions et ces dogmes qui dérivaient de la religion des sens, quand toutes les forces mystérieuses de la nature se métamorphosaient en êtres animés et surnaturels, quand les eaux, les champs, les airs avaient leurs dieux, et qu'il s'établissait entre eux une longue et brillante hiérarchie. Ce peuple de divinités avait fait place à la monarchie d'un seul ; et l'on voulut faire oublier, par les images et le caractère d'un culte, aussi majestueux, mais plus austère et moins sensuel, la pompe et les attraits des cérémonies du polythéisme. La plupart de ses anciens monuments avaient été détruits, dans les premiers siècles de l'ère chrétienne ; d'autres avaient été ensevelis sous les décombres des temples et des cités : on ne les avait pas encore exhumés du milieu des ruines ; et la réapparition de ces dieux mutilés était réservée pour de meilleurs temps, où ils ne redeviendraient pas un sujet d'idolâtrie ; mais où ils reprendraient dans l'empire des arts ce caractère d'immortalité qui appartient aux chefs-d'œuvre du goût et du génie.

L'exercice des arts utiles, que l'on avait également reçus des peuples anciens, avait éprouvé moins d'altérations dans le moyen âge : une pratique habituelle, fondée sur des besoins sans cesse renaissants, pouvait empêcher qu'ils ne dégénérassent, et la tradition première ne se perdait jamais. Prenons encore pour exemple l'art du tisserand et les diverses manufactures qui se rattachent à cette industrie ; nous voyons partout et dans tous les siècles la même nécessité d'y recourir : le pauvre a besoin de vêtements simples, le riche veut se parer de fines et brillantes étoffes. Quelles que soient les formes de gouvernement, les lois auxquelles on obéit et la classe où l'on est rangé dans l'ordre social, les besoins sont constants ; les raffinements du luxe augmentent, l'expérience éclaire, et l'on tend à multiplier ses jouissances. Mais les beaux-arts ne procèdent point ainsi : leurs progrès tiennent au perfectionnement du goût, et le goût peut s'égarer plus aisément que l'instinct et le sentiment du besoin : il est mobile de sa nature, il cède au caprice de la mode, à l'attrait de la nouveauté, au désir d'essayer des combinaisons nouvelles. Les beaux-arts n'appartiennent qu'à une partie de la société : la classe qui les cultive est peu nombreuse, et celle qui doit apprécier leurs travaux se trompe quelquefois : un semblable jugement exige des lumières, il exige l'habitude de voir et de comparer ; et comme les modèles en ce genre sont toujours rares, le goût se détériore et s'éloigne des plus dignes sujets d'imitation. Des ouvrages imparfaits remplacent ceux des anciens ; ils deviennent à leur tour des objets d'étude ; et si quelque génie mieux inspiré tend à relever la décadence de l'art en se rapprochant davantage de la nature, il ne peut avancer que lentement et avec hésitation dans une route où il a perdu ses guides. La science n'est pas encore venue à son secours ; l'anatomie n'a pas révélé le jeu des muscles et des autres organes qui expliquent tous les mouvements des corps animés ; et toutes les modifications de leurs formes et de leurs surfaces : l'art de la perspective aérienne n'est pas connu, celui de la perspective linéaire est oublié, et toutes les œuvres du dessin participent de l'état de langueur où les beaux-arts sont plongés.

Dans la marche des sciences exactes il semblait qu'on n'eût pas à craindre les mêmes erreurs : mais il fallait se défier des procédés mêmes de l'instruction : on inventait des systèmes, avant d'avoir observé un assez grand nombre de faits ; l'imagination s'opposait au savoir, et après avoir établi des principes hasardés, on en déduisait une suite de conséquences absurdes. La science n'appartenait qu'à un très-petit nombre d'hommes ; elle avait trop de mystères pour être à la portée de la foule et pour dissiper la crédulité ou l'ignorance.

L'algèbre que les Arabes avaient conduite jusqu'aux équations du second degré, était encore une science secrète qui avait pénétré d'Espagne et d'Italie dans le reste de l'Europe, et dont les adeptes pouvaient abuser aisément. L'emploi de ses signes, et l'obscurité dont on environnait ses calculs, contribuèrent sans doute à propager les opinions déjà formées sur la puissance des nombres et sur celle de quelques caractères dont la magie faisait usage. Toutes ces combinaisons de signes comparatifs, ou d'équation, ou de multiplication, semblaient d'abord enveloppées d'un voile; mais elles venaient à s'éclaircir à l'aide de plusieurs opérations successives; et le vulgaire, apercevant sans le comprendre ce rapprochement de signes et de lettres dont la valeur lui était inconnue, et voyant jaillir de tous ces calculs un résultat admirable auquel il ne s'attendait point, attribuait à l'emploi des signes une vertu secrète, qu'il n'eût fallu chercher que dans l'étendue de l'intelligence et la justesse du raisonnement.

On conçoit quel parti purent tirer de cette science occulte un grand nombre de fourbes qui cherchaient à fasciner les yeux de la multitude. Les nombres avaient paru mystérieux, les lettres le furent également, et le langage des imposteurs se chargea de mots et de combinaisons de syllabes aussi absurdes qu'étranges. On les employa dans les opérations les plus ténébreuses, dans la nécromancie où l'on évoquait les morts pour deviner l'avenir, dans la magie qui avait recours aux démons pour produire des effets surnaturels, dans la sorcellerie qui faisait un pacte avec eux, et cherchait dans la vertu des paroles, des caractères, et quelquefois des plantes, les moyens d'opérer des maléfices et de commander au sort.

L'art de tromper se divisait ainsi en plusieurs branches, et l'on avait voulu s'adresser à tous les genres de crédulité. Ici la chiromancie apprenait à lire la destinée des hommes dans quelques lignes de leurs mains et dans les plis que l'habitude du mouvement y avait formés : là c'était sur le jeu de leur physionomie qu'on leur prédisait les événements. L'influence des astres, des saisons, et du retour périodique de quelques phénomènes célestes, fut étudiée à son tour, et chaque genre d'observations et d'erreurs enfanta des systèmes.

Quels siècles furent plus féconds en préjugés que ceux qui ont passé devant nous! Et cependant l'esprit humain avait commencé à sortir de sa léthargie. Longtemps assoupi au milieu des ténèbres et de la barbarie, il s'était réveillé dans les jours de calme qui avaient suivi ces grandes calamités; mais en s'exerçant il essayait quelques voies nouvelles, et se trompait souvent de direction. L'ignorance ne s'éclaire que graduellement : elle s'égare encore avant d'atteindre à la vérité; et quand les erreurs ont pénétré dans la multitude, dont elles flattent les opinions, ou dont elles animent les espérances, il est difficile de lui ravir ses illusions et de les faire évanouir.

Tel fut le sort des préjugés qui accréditèrent la divination, les évocations, l'emploi des signes, des gestes, des procédés auxquels on eut recours pour ébranler l'imagination, ou pour agir sur l'économie animale. Quelques-uns de ces derniers phénomènes pouvaient sans doute être réels; mais avant que la physique et d'autres sciences naturelles parvinssent à les expliquer, le charlatanisme les faisait attribuer à une science surnaturelle, que l'on prétendait avoir acquise en entrant en relation avec les puissances de l'abîme.

Il résulta de ce rapprochement d'idées que les études et les sciences mystérieuses du moyen âge furent souvent confondues avec la magie, et qu'elles attirèrent à leurs adeptes des persécutions religieuses, dont la cause remontait à des temps anciens, et dont l'animosité se renouvela et s'accrut à plusieurs époques.

Dans les premiers siècles de l'Église on avait pris en haine les écrits profanes : le concile de Carthage en avait interdit la lecture aux laïques; le goût des discussions théologiques éloignait celui de la littérature; il ouvrait à l'imagination un champ illimité. Les livres saints, la révélation, tous les rapports de l'homme avec le ciel furent discutés, analysés; et toutes les spéculations religieuses firent naître un si grand nombre d'ouvrages qu'il fallut, pour les transcrire, effacer d'anciens manuscrits, trop hostiles sans doute aux vérités qu'on voulait mettre en lumière pour que l'on fût disposé à les respecter.

Dans le treizième siècle cette philosophie scolastique nuisait encore à la renaissance des bonnes études, et dirigeait les esprits vers des recherches abstraites dont elle ne parvenait pas à dissiper les obscurités.

L'habitude de copier laborieusement les écrits des anciens, et particulièrement ceux qui avaient un caractère religieux, apprit à quelques libres penseurs, séparés de la foule des écrivains vulgaires, à méditer sur les annales ecclésiastiques des siècles précédents. Ils comparaient les traditions anciennes aux usages actuels ; ils voyaient par quelles institutions successives le culte primitif s'était affermi ou altéré, quelles avaient été les variations de la discipline, comment s'était établi le pouvoir temporel des souverains pontifes, et par quels degrés ils étaient parvenus à disposer des couronnes. Cette religion, prêchée par des hommes simples et propagée au milieu des persécutions, avait pour chef un prince de l'Église, devenu supérieur à tous les autres : il avait mis en mouvement la chrétienté tout entière ; il avait présidé aux guerres saintes et à toutes les grandes entreprises : son autorité, redoutable aux rois sur le trône, avait pénétré dans l'intérieur des familles ; elle imprimait un caractère religieux à tous les principaux actes de la vie.

Cependant cette puissance universelle n'était pas exercée d'une manière uniforme. Des dissensions s'étaient élevées autour de la chaire de Saint-Pierre et dans plusieurs pays soumis à son obédience. Les discussions dogmatiques avaient amené la liberté de penser dans les questions religieuses ; et les hommes les plus courageux, les plus éloquents, prêchaient quelquefois de nouvelles doctrines, ou répétaient devant la foule assemblée autour d'eux celles de leurs devanciers. On n'avait que la voie de la prédication pour les répandre et les accréditer, dans un temps où un si petit nombre savaient lire et où les écrits étaient rares. L'enthousiasme est d'ailleurs plus communicatif dans une réunion d'hommes dominés par un même esprit. On l'avait reconnu, à l'époque de la publication des croisades : la voix puissante d'un seul ermite avait éveillé cette passion religieuse dans la foule qui accourait à lui : quelques apôtres, tels que saint Bernard et Foulques de Neuilly, avaient disposé du même levier pour soulever la multitude ; et ce qu'avaient fait quelques hommes pour exciter le zèle religieux fut ensuite imité par les ennemis de la cour de Rome.

Les controverses religieuses n'avaient pu d'abord être suivies qu'entre des personnages versés dans la langue des saintes Écritures ; mais ceux-ci, pour acquérir de nouveaux partisans, et pour intéresser la masse du peuple à l'objet de leurs querelles, traduisirent les livres saints en langue vulgaire. En cherchant à écarter ainsi le voile mystérieux qui les environnait, on dénatura plus d'une fois le sens des paroles, les images symboliques, les différentes figures de langage, qui varient selon le génie et l'imagination des peuples. Il résultait de ces altérations ou de ces obscurités, que chaque parti s'appuyait sur un même passage différemment interprété : on était d'autant moins disposé à s'entendre, que l'une et l'autre opinion semblaient avoir une base commune, que les adversaires persistaient dans leurs assertions, et ne s'accordaient à choisir et à reconnaître aucune autorité arbitrale qui pût prononcer entre eux.

Les conciles voulurent intervenir dans ces différends. Il était naturel que les catholiques les regardassent comme régulateurs de la foi, et ils se conformèrent aux décisions du concile de Toulouse qui, en 1229, avait défendu aux laïques d'avoir chez eux les saintes Écritures ; mais les nouveaux sectaires ne déféraient point à cette autorité, et ils ne purent concevoir pourquoi on leur dérobait la connaissance des livres où leurs premiers

LUBECK.

devoirs religieux se trouvaient tracés.

On avait vu reparaître la secte des manichéens, qui reconnaissaient deux principes, celui du bien et celui du mal, et qui, après s'être répandus une seconde fois dans l'empire d'orient sous le nom de pauliciens, avaient été transplantés en Bulgarie, d'où ils s'étaient répandus dans le centre et l'occident de l'Europe : ils y furent désignés sous les différents noms de Bulgares, Catharistes, Picards, Patarins, Albigeois. Les croisades dirigées contre eux en firent périr un grand nombre; mais l'esprit d'innovation et le prosélytisme avaient fait des progrès, ils ne firent que changer de direction.

Une autre congrégation de dissidents avait été fondée en 1160 dans le midi de la France, par Pierre Valdo, négociant de Lyon : leurs rapides progrès avaient alarmé l'église romaine, l'autorité publique, et on les avait poursuivis à la fois comme sorciers et comme séditieux. Ceux qui échappèrent à la persécution cherchèrent un abri au delà des Alpes, d'autres se retirèrent en Allemagne : l'humanité, la pitié s'intéressèrent à leur malheur, et en protégeant des proscrits on devint aussi partisan de leurs opinions.

Cette espèce de fermentation religieuse se propagea bientôt en Thuringe, en Saxe, en Bohême, où la secte des lollards fut répandue en 1315 par Lollard Walther. Ils prétendaient que la messe, le baptême, l'extrême-onction étaient inutiles; que Lucifer et d'autres anges avaient été injustement chassés du ciel et qu'ils y seraient un jour rappelés : ils niaient l'immaculée conception, la présence du corps de Jésus-christ dans l'Eucharistie, l'éternelle punition des fautes commises sur la terre : ils disaient que l'église romaine n'était pas celle du Christ, mais des infidèles; que l'usage des viandes était toujours permis; qu'on n'avait pas de jours de fête à observer; que l'intercession des saints était inutile. Nous ne rappelons ici qu'une partie de leurs dogmes; mais c'en est assez pour expliquer les persécutions religieuses qui furent dirigées contre eux :

Lollard Walter fut brûlé à Cologne en 1322; plusieurs de ses disciples le furent en Autriche et en Bohême. Leur secte y fit cependant des progrès; elle était favorisée par Millecz, chanoine de Prague; elle le fut en Saxe par Albert, évêque d'Halberstadt, en Angleterre par Simon Langham, archevêque de Cantorbéry; et l'on peut reconnaître dans ses principes ceux qui furent ensuite professés par Wiclef, et qui regagnèrent la Bohême où ils avaient pris naissance.

D'autres sectes envahissaient différentes parties de l'Allemagne : on y avait contracté, pendant les querelles des empereurs et des papes, l'habitude des discussions avec le saint siège; elles prirent un caractère religieux, lorsque la politique et la guerre leur manquèrent; et l'autorité, les dogmes de l'église romaine furent souvent attaqués par des novateurs, divisés quelquefois dans leurs croyances, mais constamment réunis contre la puissance qu'ils voulaient ébranler. Des sectaires, assemblés en Souabe, avaient publiquement prêché en 1248 dans la ville de Hall que le pape était hérétique, les évêques simoniaques, et que les péchés des prêtres les privaient du pouvoir de punir spirituellement les délits ou de les absoudre. La confrérie des *béguins*, qui devaient leur nom à Lambert le Bègue, leur instituteur, s'était formée près de Cologne vers la fin du même siècle : elle se joignit bientôt à celle des *fratricelles*, fondée à Macerata en Italie, d'où elle s'était répandue au midi jusqu'en Sicile, au nord jusque dans la basse Allemagne. Le but avoué et ostensible de ces congrégations était d'introduire la réforme dans les mœurs; mais leurs adhérents joignirent bientôt à leurs maximes tous les excès d'un faux zèle; et ce spectacle de fanatisme fut donné à l'Europe entière par les *flagellants*, qui parurent en Italie en 1260, vers la fin du règne d'Alexandre IV. Ils prétendaient expier les crimes d'autrui par les rigueurs de leur propre pénitence; et pour satisfaire la justice de Dieu, ils allaient en procession dans les villes, nus jusqu'à la ceinture, et tous armés d'un fouet, dont ils se frappaient avec violence, en implorant pour les pécheurs l'intercession de la Vierge et la miséricorde de Dieu. Cette cruelle dévotion fut pratiquée et propagée avec tant de frénésie, elle fit naître tant de désordres dans une société d'enthousiastes, où les hommes, les femmes, les enfants allaient pêle-mêle, de ville en ville et de royaume en royaume, renouveler ces sanglants spectacles, attirer la foule et faire de nouveaux prosélytes, que la puissance civile s'unit partout à celle du saint-siége, pour réprimer une secte dont les progrès commençaient à l'alarmer.

Cependant on les vit reparaître en Allemagne, en 1349, à la suite des maladies contagieuses qui avaient ravagé cette contrée. Le peuple se flagellait publiquement dans les villes, pour apaiser la colère de Dieu : deux cents fanatiques vinrent à Spire, sous la conduite d'un chef, et avec des torches et des bannières : ils portaient des vêtements noirs où une croix rouge était attachée ; des fouets pendaient à leur ceinture : ils se flagellaient le matin, le soir et dans la nuit, ne s'arrêtaient qu'un jour dans chaque paroisse, et après avoir ému la multitude, par la rigueur d'une peine qui avait à leurs yeux plus d'efficacité que les sacrements, ils allaient éveiller dans d'autres villes le même fanatisme. Un ange, disaient-ils, avait apporté dans l'église de Saint-Pierre à Jérusalem une lettre qui autorisait leur mission : on y lisait l'ordre donné par Jésus-Christ de se bannir de sa patrie pendant trente-quatre jours et de se flageller : les crimes dont le monde offrait le funeste exemple ne pouvaient être rachetés qu'à ce prix ; et le sang que répandaient ces martyrs volontaires, en se déchirant à coups de fouet, se mêlait à celui de Jésus-Christ pour la rémission des péchés.

Tant d'aberrations devaient avoir un terme. Les pèlerinages de la secte des flagellants augmentaient les discordes civiles et religieuses dans tous les pays qu'ils parcouraient ; et après avoir visité les différentes contrées de l'Allemagne, ils y furent enfin contenus par des mesures sévères : l'absurdité de leurs dogmes parvint à les discréditer, et d'autres opinions généralement répandues remplacèrent celles qui tombaient en désuétude.

Nous n'avons pas dû, en parcourant les annales du moyen âge, passer sous silence les différentes vicissitudes des arts, des opinions et des croyances, non-seulement chez les Anséates, mais chez les autres peuples qui entretenaient avec eux des relations habituelles. Tout est lié dans la marche des sociétés dont les intérêts sont communs : elles s'assimilent les unes aux autres par la fréquentation ; elles se prêtent mutuellement leurs connaissances ou leurs erreurs, et se placent au même rang dans la civilisation.

On peut donc apercevoir dans les villes anséatiques le même mouvement, les mêmes oscillations intellectuelles que dans la vaste contrée qui les environne ; mais on y remarque de plus une tendance qui leur est propre, le désir d'assurer par leur industrie et leur navigation la prééminence commerciale qui fut le principe de leur grandeur. Cette pensée les occupe sans cesse, elle forme le caractère qui les distingue, elle nous ramène à les suivre dans cette carrière où elles se sont engagées ; et nous allons y rentrer pour parcourir les événements qui intéressent leur commerce et leur puissance.

Les progrès d'un peuple ont toujours besoin d'une direction prévoyante et éclairée : elle est naturellement confiée à son gouvernement, à ses magistrats, et c'est par leur bienveillante et journalière influence que peuvent se développer les ressources publiques. L'heureuse situation des villes anséatiques avait favorisé leur activité commerciale ; mais ce fut la sagesse de leurs institutions qui la maintint et l'agrandit, en encourageant les arts utiles, en assurant du travail aux hommes laborieux, en accueillant les étrangers qui pouvaient concourir à la prospérité de l'État par leur indus-

HAMBOURG.

Église St Nicolas.

trie, leur fortune ou leurs connaissances.

L'administration de la ville de Hambourg méritait d'être citée comme exemple, par l'exercice impartial de la justice, par les hospices formés en faveur des malades, des infirmes, des vieillards, par les soins donnés à l'enseignement, par les mesures paternelles que l'on avait prises pour veiller au maintien du bon ordre et de la sécurité publique et particulière. Les précautions redoublaient à l'entrée de la nuit; et comme les rues n'avaient pas d'éclairage, chacun devait rentrer chez soi, au signal du couvre-feu. Un surveillant, en sentinelle au sommet du beffroi, donnait avec la cloche l'alerte aux habitants, si un incendie se manifestait, s'il éclatait quelque trouble, si l'on pouvait craindre un danger public : il proclamait les différentes heures de la nuit; et ce cri était répété par d'autres gardes qui parcouraient les différents quartiers, pouvaient se rallier dans le besoin, et prévenaient toute espèce de désordre, pendant leurs rondes qui se prolongeaient jusqu'au jour. Cet emploi, toujours donné à des hommes dignes de confiance, s'est conservé, à travers les vicissitudes des événements; et, par un louable esprit de corps, leur probité, leur intégrité première s'est constamment maintenue, sans qu'ils aient abusé contre l'autorité publique des moyens de vigilance et de force qu'elle leur avait remis.

L'activité du commerce ne laissait négliger aux habitants aucune des ressources agricoles que les pays voisins pouvaient offrir à leur industrie; et, parmi les plantes dont on favorisa la culture ou l'importation, nous devons remarquer celles dont la consommation fut accrue de jour en jour par l'établissement et le nombre des brasseries. On avait observé dans les temps les plus anciens la faculté d'extraire de toute espèce de grains farineux une liqueur fermentée, et l'on y avait eu recours pour la fabrication de la bière dans les climats où la vigne n'était pas connue. Les peuples du nord de l'Europe donnaient à cette boisson le nom de cervoise; ils en faisaient usage comme de l'hydromel, et ils avaient remarqué que l'orge devait être préférée pour la préparation de ce breuvage. On apprit à la manipuler avec soin, à l'aide du germoir, de la touraille, du moulin, des cuves, des chaudières, où l'on faisait passer ce grain pour en graduer convenablement la fermentation; et l'on reconnut, après de nombreux essais, que le mélange du houblon avec cette liqueur la rendait moins visqueuse, plus salubre, légèrement amère, et propre à se conserver davantage.

La culture de cette plante fut alors encouragée dans les différents pays du Nord où l'on établit des brasseries : les houblons de Pilsen et de Spalt en Franconie étaient renommés par leur qualité : un brasseur, nommé Breyhahn, citoyen de la ville d'Halberstadt, reçut des honneurs publics dans sa patrie, pour avoir découvert et pratiqué le perfectionnement dû à l'emploi du houblon, et pour avoir amélioré les procédés de la fabrication. Les brasseries se multiplièrent dans plusieurs villes anséatiques, et cette branche d'industrie développa et fit fleurir un nouveau commerce.

D'autres contrées du Nord s'appliquèrent à la culture des céréales, dans la vue d'en extraire différentes espèces de liqueurs : Dantzig s'occupa spécialement de leur distillation; et ses eaux-de-vie de grains passèrent dans les marchés de l'Europe entière : l'exemple de cette fabrication se propagea, et l'on tira parti dans d'autres villes anséatiques de tous les grains, de tous les fruits qui pouvaient subir une fermentation vineuse. On établit des pressoirs pour le cidre dans les lieux où le pommier pouvait être cultivé : si une température trop faible ne permettait pas que le fruit parvînt à une complète maturité, du moins elle y développait assez d'acide vineux pour qu'on pût en tirer un piquant et agréable breuvage.

Les villes anséatiques avaient de nombreuses relations avec Cracovie, et l'exploitation des mines de sel de Wielitska était devenue la base d'un commerce très-étendu. On avait découvert ces salines en 1252, sous le règne de Boleslas V : leurs travaux, leurs fouilles occupèrent un grand nombre d'ouvriers ; et l'on était parvenu, dans les siècles suivants, à y pratiquer les vastes excavations qui forment aujourd'hui l'étage supérieur de ces ateliers souterrains. Cet étage se composait de plusieurs galeries, et l'on avait taillé dans la mine des tables, des siéges et d'autres meubles à l'usage des travailleurs : on y voyait même des chapelles dont les autels, les piliers, les statues étaient en sel, et où l'office divin se célébrait les jours de fête. D'autres salles avaient été agrandies par les progrès de l'exploitation : les voûtes, les plafonds en étaient également soutenus par des colonnes de sel, dont la cristallisation reflétait le feu des flambeaux, et donnait à ces édifices l'apparence du palais des fées.

Nous avons déjà remarqué que les produits de plusieurs mines d'or et d'argent alimentaient le commerce des villes anséatiques. Mais les filons du minérai s'épuisaient successivement : il fallait, pour les suivre, creuser plus profondément le flanc des montagnes et les couches de la terre : les travaux allaient être plus pénibles, plus onéreux, et le sol devenait plus avare de ses richesses. On avait commencé par la facile récolte de quelques grains, de quelques paillettes d'or : elle s'était faite dans le lit des rivières et dans celui des ravins passant à travers les sables aurifères dont ils entraînaient les débris ; les noms donnés à différents lieux en attestent encore l'ancienne opulence, et ils contrastent aujourd'hui avec leur état de dénûment.

On descendait dans la plupart des mines, à l'aide d'un câble qu'un rouage mû par l'eau faisait dérouler ; et parvenu au fond du gouffre on avait sous les yeux le spectacle de tous les travaux des mineurs. Les uns taillaient les flancs de la mine, ouvraient de nouvelles galeries, et roulaient les blocs qu'ils avaient détachés ; d'autres les transportaient sur des chariots, jusqu'aux puits, aux orifices, par où l'on devait extraire le minerai. Les ouvriers sortaient tous les soirs de leurs souterrains ; mais les chevaux qu'on y avait descendus devaient y rester, jusqu'à ce qu'ils fussent hors de service : il en était de même dans les mines de sel ; et ces animaux y perdaient la vue de bonne heure.

Les fabriques et les exploitations que nous venons de signaler trouvaient un débouché habituel, soit dans l'intérieur de l'Allemagne, soit dans les ports de Flandre, où nous avons vu que venaient s'enchaîner les relations des Anséates avec les navigateurs du Midi. Les marchandises qu'on y apportait du Levant furent toujours recherchées par les Occidentaux : ils devaient les payer en argent, avant qu'ils eussent eux-mêmes des manufactures qui pussent leur offrir des moyens d'échange ; et ce commerce obligeait les négociants chargés de ce genre de relations à se pourvoir d'une quantité de numéraire qu'ils ne pouvaient quelquefois se procurer que par la voie des emprunts. L'intérêt de l'argent était alors très-élevé : le taux le plus habituel était de douze à quatorze pour cent ; il descendait rarement à dix ; on l'avait vu s'élever jusqu'à vingt. Les variations dépendaient du plus ou moins de rareté de l'argent, ou de différentes causes locales et accidentelles, telles que la guerre et le peu de sûreté des communications. L'argent était devenu lui-même l'objet d'un commerce généralement répandu, et les opérations de banque, de change, de prêt, furent pendant longtemps entre les mains des Italiens, plus connus dans les autres parties de l'Europe sous le nom de Lombards. On fit ce commerce avec plus d'activité dans quelques villes du midi de la France, surtout à Cahors ; et les banquiers de nos provinces méridionales se trouvaient compris sous la désignation générique de *Caorsini*.

Mais la principale nation occupée de ce trafic étaient les Juifs, peuple cosmopolite répandu dans toutes les contrées. La persécution qui les menaçait dans les pays catholiques, leur interdiction de tous les emplois civils, la défense d'acquérir des propriétés, les taxes personnelles et toutes les charges auxquelles ils étaient soumis les avaient généralement conduits à thésauriser, non pas pour enfouir le numéraire, mais pour le faire ensuite circuler par des emprunts, dont ils cherchaient à hausser les intérêts, en les calculant sur les risques personnels auxquels ils étaient soumis, et sur les besoins des emprunteurs qui recouraient à leurs services.

Leurs profits, leurs richesses leur furent souvent imputés à crime : on en regardait la cause comme illégale; on se plaignait du taux excessif des intérêts de leurs créances; et leurs nombreux débiteurs, dont la plupart devenaient insolvables, ameutèrent plusieurs fois contre eux la fureur populaire, en donnant un caractère religieux aux persécutions qui atteignaient une classe entière. Ce n'était plus seulement à l'usure que l'on déclarait la guerre, c'était aux descendants d'une nation proscrite : on faisait retomber sur eux, de race en race, l'accusation d'un déicide; et la flétrissure dont on cherchait à les marquer était d'autant plus ineffaçable, que les enfants de cette nation restaient isolés au milieu des autres peuples : leurs familles s'unissaient entre elles, soit parce que leur religion le voulait ainsi, et leur défendait de s'allier avec les Moabites et les autres ennemis du peuple de Dieu, soit parce que l'Église romaine, qui, les repoussait de sa communion, les avait privés de toute participation à ses sacrements et à l'assemblée des fidèles.

Les poursuites dirigées contre eux dans le moyen âge en firent périr un grand nombre. Chaque siècle avait offert ces tristes exemples de persécution; et cette inimitié invétérée qui ne s'assoupissait que par intervalles s'était réveillée avec plus de violence au signal des croisades. Les pèlerins armés qui, en 1096, partirent d'Occident pour la terre sainte, sous la conduite de Gauthier *sans avoir*, s'étaient jetés sur les Juifs, partout où ils en avaient rencontré. L'humanité des évêques de Worms, de Spire, de Trèves, parvint à en sauver quelques-uns dans les lieux de leur résidence; mais il y eut de nombreuses exécutions à Cologne, à Mayence; et des cruautés semblables ensanglantèrent la Bavière. Les Juifs ne pouvaient obtenir la vie qu'en changeant de religion : plusieurs abjurèrent, d'autres se donnèrent volontairement la mort : on vit des mères égorger leurs enfants avant de se tuer elles-mêmes; elles disaient qu'il valait mieux les envoyer au ciel que de les abandonner aux chrétiens.

En 1146, lorsqu'on eut prêché la seconde croisade, le fanatisme du moine Rodolphe vint ranimer en Allemagne les mêmes fureurs contre les Juifs : la plupart n'échappèrent à la proscription qu'en se retirant en Souabe, en Franconie, et dans les autres villes du domaine impérial, où Conrad III protégea leurs personnes et leurs biens légitimement acquis. Frédéric Ier, prêt à partir en 1189 pour la troisième croisade, prévint de nouvelles persécutions qui allaient éclater contre eux : quelques-uns de ses successeurs l'imitèrent; et pendant un siècle le repos de cette nation ne fut pas troublé; mais en 1298 un paysan, nommé Raindfleisch, prêcha dans le haut Palatinat, en Franconie et dans les contrées voisines, que Dieu l'avait envoyé pour détruire les Juifs : il leur imputa des crimes et des profanations, afin de les dévouer à la haine générale. Des bûchers s'allumèrent à Nuremberg, à Rothenbourg, à Bamberg et dans d'autres villes; on y brûla ces victimes de la superstition ou de la cupidité; et des familles entières, devançant l'heure du supplice, se jetèrent elles-mêmes dans les flammes.

Ratisbonne sauva les Juifs qui étaient dans ses murs : Albert, duc d'Autriche, parvint à réprimer dans ses

États les violences dont ils étaient menacés; et ce prince, étant devenu empereur, crut pouvoir leur rendre dans toute l'Allemagne la même sécurité; mais la haine des habitants était mal éteinte; elle se ralluma bientôt à Nuremberg, et l'on y condamna au gibet le célèbre Mardochée, auteur de savants commentaires sur le Talmud et sur les meilleurs ouvrages des rabbins.

Les Juifs de Frise et de Hollande en furent chassés par le comte Florent V, et ceux d'Allemagne le furent en 1309 par un édit de l'empereur Henri VII. Souvent ils avaient fait aux gouvernements des prêts considérables : on leur assignait, pour les rembourser, le recouvrement d'une partie des revenus publics; et quoiqu'ils eussent le droit de prélever sur les recettes la valeur de leurs créances, on leur reprochait de réduire ainsi les contributions, et l'on regardait comme illégaux tous leurs bénéfices.

La persécution contre eux se ranima en 1338 : un grand nombre furent tués en Franconie; d'autres se réfugièrent en Westphalie, en Bohême et jusqu'en Alsace; mais dans cette province ils furent également proscrits. Un hôtelier, du nom d'Armléder, se mit à la tête d'une troupe de fanatiques : il faisait porter devant lui une croix et une bannière, et allait de ville en ville, persuader aux peuples que leur salut dépendait de l'extermination des Juifs; il en fit une horrible boucherie, et cette férocité souleva enfin l'indignation générale : Berthold, évêque de Strasbourg, parvint à se liguer avec plusieurs seigneurs d'Alsace pour délivrer la province d'un si grand fléau. Armléder, battu et poursuivi, espéra se relever en Allemagne, où les mêmes fureurs lui paraissaient faciles à ranimer; mais il tomba bientôt entre les mains de l'empereur Louis de Bavière, qui le fit mettre à mort.

Ainsi avait éclaté à plusieurs reprises une haine fanatique contre l'ancien peuple de Dieu. Cependant cette nation toujours vivante réparait ses pertes : les rejetons, échappés à la fureur du glaive, allaient eux-mêmes enfanter une postérité nouvelle : Abraham en avait reçu la promesse; elle devait s'accomplir jusque dans ses derniers neveux.

Telle était la confiance de ce peuple, au milieu même des persécutions les plus violentes. La dispersion de ses membres faisait du moins espérer qu'ils ne seraient pas proscrits à la fois dans tous les pays : ceux qu'on avait expulsés des bords du Rhin, du Danube ou de l'Elbe, se retiraient plus à l'orient; ils gagnaient les bords de la Vistule : Thorn, Dantzig, d'autres villes de Pologne et des pays voisins, leur offraient des lieux d'asile : ces vastes régions, si souvent ravagées par la guerre, avaient besoin de nouveaux habitants; et les progrès de leur population et de leur culture étaient encouragés par un gouvernement étroitement uni à la Ligue Anséatique, et destiné à lui rendre un jour d'éminents services.

Rappelons-nous, en suivant vers l'extrémité de la Baltique la direction du commerce des Anséates, que la plupart des villes de cette contrée appartenaient à l'Ordre teutonique. Ces places situées en Prusse, en Livonie, en Courlande, avaient une existence mixte : elles reconnaissaient le grand maître de l'Ordre pour souverain; mais leurs intérêts commerciaux les unissaient aux Anséates; elles avaient part aux charges comme aux avantages des autres confédérés; elles devaient contribuer comme eux à la sécurité de la navigation, à celle des communications par terre, au maintien des prérogatives et des réductions d'impôts, dont cette grande association jouissait en pays étranger. L'autorisation d'accéder à la Ligue leur avait été accordée par le grand maître; et lui-même désirait vivement la prospérité de cette confédération.

Pour apprécier le degré de force que la Ligue espérait recevoir de l'Ordre teutonique, il convient de rechercher quelles étaient alors les ressources dont cet ordre pouvait disposer;

et un semblable examen nous oblige à suivre les progrès de sa puissance, depuis l'époque où Herman de Saltza, son quatrième grand maître, eut entrepris la conquête de la Prusse, jusqu'à celle où l'Ordre eût affermi sa domination dans ce pays et dans les contrées voisines. Cette période embrasse plus de deux siècles; et la plupart des événements qu'elle renferme se trouvent liés à l'histoire des villes anséatiques.

Pendant le magistère d'Herman de Saltza, l'Ordre teutonique avait reçu de l'empereur Frédéric II de nombreux domaines dans la Prusse et la Livonie: le duc de Masovie, attaqué par les païens, lui céda les territoires de Culm et de Libau s'il pouvait les en expulser: les chevaliers s'en emparèrent, ils poursuivirent leurs conquêtes, fondèrent en 1231 la forteresse de Thorn, et bientôt après celles de Culm, de Marienbourg, d'Elbing, de Braunsberg et d'Eilsberg.

Il fallut, en 1240, reprendre les armes contre les Prussiens; et le duc de Poméranie, leur auxiliaire, fut vaincu en voulant les secourir. La guerre se ralluma contre eux en 1254: Ottocare, roi de Bohême, le marquis de Brandebourg, les ducs d'Autriche et de Moravie, le landgrave de Thuringe et l'évêque de Cologne avaient uni leurs forces à celles de l'Ordre teutonique; et ce fut une véritable croisade, dont le but était de détruire entièrement le paganisme dans les contrées voisines de la Baltique. Ces peuples, attachés à leur idolâtrie, n'étaient pas convertis par le vainqueur; ils revenaient à leurs dieux et reprenaient les armes, dès qu'ils avaient pu réparer leurs pertes: on voulut établir dans leur pays des colonies nouvelles pour les assujettir, et l'Ordre teutonique profita de ses accroissements successifs pour défendre et assurer ses conquêtes: Kœnigsberg et Wélau furent fondés sur le Prégel; Karsow le fut sur les frontières de la Lithuanie. Cette guerre, qui dura quinze années, se renouvela encore plusieurs fois vers la fin du treizième siècle, et le grand maître étendit sa domination sur la Prusse entière.

Mais en créant vers le nord sa nouvelle puissance, l'Ordre teutonique perdait ses possessions au fond de la Méditerranée: Saint-Jean d'Acre qui en était le chef-lieu fut conquis en 1291 par le soudan d'Égypte; et lorsque les chrétiens eurent perdu ce dernier boulevard de la terre sainte, le petit nombre de chevaliers que la guerre avait épargnés se retirèrent à Venise; leur grand maître, Conrad Feuchtwangen, alla ensuite résider à Prague; et le chef-lieu du magistère fut successivement transféré à Marbourg dans le pays de Hesse et à Marienbourg en Prusse, où il resta fixé pendant deux siècles.

Les possessions de l'Ordre en Livonie et en Esthonie l'exposaient alors à de nouvelles guerres, soit contre les archevêques de Riga, soit contre les Lithuaniens et les Russes dont il touchait le terroir; et cette situation l'obligeait à distribuer dans toute la contrée les forces des chevaliers, de manière que toute l'autorité restât entre leurs mains, et qu'ils pussent aisément se rallier et se prêter secours dans toutes les occasions périlleuses. Le grand maître régla l'organisation de l'Ordre, qui se composait des dignités ou des charges suivantes: le grand commandeur, premier officier destiné à remplacer le grand maître en cas d'absence; le grand maréchal, résidant à Kœnigsberg et chargé du commandement et de l'administration de l'armée; le grand hospitalier, établi à Elbing; le drapier, chargé de la fourniture des vêtements, et le trésorier, résidant près du grand maître. L'Ordre teutonique avait des commandeurs particuliers à Thorn, à Culm, à Elbing, dans les autres principales villes, et dans les châteaux et les forteresses: d'autres fonctionnaires avaient les titres d'hospitaliers, de maîtres des couvents, de celleriers, de proviseurs, de maîtres de la pêche, de pannetiers: ces différentes désignations indiquaient les emplois qui s'y trouvaient attachés.

« Le caractère religieux et politique de l'Ordre teutonique lui imposait un double devoir à remplir. Créé d'abord pour la défense de la terre sainte et pour les secours à donner aux guerriers pèlerins, il ressemblait aux autres ordres militaires et hospitaliers qui furent fondés pendant les croisades ; mais lorsqu'il se fut élevé au rang des souverains, et qu'il eut été appelé à prendre part aux événements qui devaient changer de siècle en siècle la face de l'Europe, il dut avoir des armées proportionnées à sa puissance : leur composition ne ressembla plus à celle des troupes qu'il avait entretenues, quand il ne formait encore qu'une association religieuse. Les chevaliers occupaient les différents grades de l'armée ; ils commandaient les levées de la milice ; et si une partie d'entre eux restait encore réunie pour former un corps d'élite, c'étaient ceux qui entouraient le grand maître de l'Ordre ou le grand officier chargé de commander à sa place, et qui devaient, durant la bataille, se porter aux postes les plus périlleux, chercher à relever la fortune et à décider la victoire. Les pertes de cette troupe de réserve étaient les plus difficiles à réparer ; mais les grandes familles d'Allemagne tenaient à honneur d'appartenir à un ordre si vaillant, où l'amour de la gloire, le zèle religieux, l'ambition trouvaient également à se satisfaire.

Les exploits et les conquêtes de l'Ordre teutonique avaient accru en Europe sa considération politique et militaire. Les ports qui lui appartenaient sur la Baltique le faisaient jouir de tous les avantages du commerce et de la navigation ; il participait aux priviléges accordés aux autres villes anséatiques, soit dans leurs relations mutuelles, soit dans leurs communications avec l'étranger. Il formait d'ailleurs, vers les limites orientales de la Ligue, un puissant boulevard contre les nations inquiètes et belliqueuses qui avaient souvent troublé cette partie de l'Europe, et dont les mœurs sauvages pouvaient y faire rétrograder la civilisation.

LIVRE SIXIÈME.

AGRANDISSEMENT DES VILLES ANSÉATIQUES. — FLÉAUX QU'ELLES ÉPROUVENT. — RAVAGES DE LA PESTE NOIRE EN 1348. — EFFORTS DES ANSÉATES POUR RÉPARER LEURS PERTES. — LEUR GUERRE AVEC LES PUISSANCES DU NORD. — NOUVEAU ROI DONNÉ A LA SUÈDE. — ÉPOQUE FLORISSANTE DE LA LIGUE, SES RESSOURCES, SON ÉTENDUE. — RÉUNION DES TROIS COURONNES DU NORD SUR LA TÊTE DE MARGUERITE. — ARMEMENTS DES ANSÉATES CONTRE LES PIRATES VITALIENS. — PRINCIPAUX ÉVÉNEMENTS DE CETTE GUERRE, DANS LA BALTIQUE, LA MER DU NORD ET SUR LE CONTINENT VOISIN. — DÉMÊLÉS DE LA LIGUE AVEC L'ANGLETERRE. — SUSPENSION DU COMMERCE DES ANSÉATES. — LEUR RECOURS A L'INTERVENTION DU GRAND MAÎTRE DE L'ORDRE TEUTONIQUE. — ILS LE RECONNAISSENT POUR PROTECTEUR. — LEUR TRAITÉ AVEC L'ANGLETERRE. — PRINCIPALES DISPOSITIONS DES RÉCEZ DE LEURS DIÈTES. — PROGRÈS DE L'INDUSTRIE. — DISSENSIONS DE QUELQUES VILLES ANSÉATIQUES. MESURES PRISES POUR LES APAISER. — ABOLITION DES TRIBUNAUX WÉHMIQUES.

Les vicissitudes politiques des trois puissances du Nord eurent une grande influence sur les progrès de la Ligue Anséatique. La Norvége, d'abord indépendante, avait eu pendant longtemps ses souverains particuliers ; mais la possession de ce royaume était également convoitée par le Danemark et la Suède : elle passa plusieurs fois de l'un à l'autre, à titre de conquête ou d'héritage. Il survint entre les trois couronnes d'autres changements de dynastie ; et leurs guerres, leurs révolutions intérieures modifièrent la situation des Anséates qui, au milieu de ces graves discussions, s'étaient prononcés en faveur d'un des partis. On peut reconnaître, par le nombre des traités qu'ils conclurent pour se réconcilier tour à tour avec chacun de ces souverains, combien leurs démêlés furent fréquents. De nouvelles conventions de paix rétablissaient leurs anciens priviléges ; et ils en obtinrent aisément la confirmation, aussi longtemps qu'ils se bornèrent à faire fleurir leur commerce, sans prétendre à de nouvelles acquisitions de territoire.

Hambourg n'avait cherché à étendre sa juridiction que dans un cercle très-limité, et dans la vue seulement de protéger son indépendance. Cette ville s'était agrandie, en achetant quelques terres situées sur les rives de l'Alster; et en 1316 elle avait fait un traité avec les peuples de la Wortsace, afin d'obtenir leur secours, dans le cas où l'on voudrait attaquer et détruire la tour de Neuen-Werk, élevée à l'embouchure de l'Elbe, pour servir de phare aux navigateurs et pour défendre l'entrée du fleuve: entourée de voisins inquiets ou puissants, elle cherchait dans ses ressources et dans ses alliances la garantie de sa prospérité. Lubeck, Brême, Wismar, Lunebourg et les autres cités comprises dans la confédération suivaient le même système de prudence dans leurs relations avec l'étranger, et les mêmes principes d'amélioration dans leur gouvernement intérieur; elles s'attachaient surtout à maintenir l'intimité des liens formés entre tous les membres de la Ligue. Leur puissance maritime et leurs richesses étaient alors très-supérieures à celles des trois couronnes du Nord; et le mouvement du commerce de la Baltique était favorisé par la circulation de leur numéraire: le Danemark tirait ses monnaies d'argent de Lubeck, de Hambourg et des autres villes de la Hanse: la Suède et la Norvége n'avaient encore que des monnaies de cuivre et de fer.

L'activité du commerce de la Ligue se développait de jour en jour; les manufactures s'étaient multipliées dans les villes, et de nombreuses colonies, venues des régions méridionales, avaient rapidement accru la population des rives de la Baltique, lorsqu'en 1317, la peste qui ravagea le nord de l'Europe, moissonna un si grand nombre d'habitants que la plupart des campagnes restèrent sans culture: la rigueur inouïe de quelques hivers fit périr un grand nombre de plantes; et la terre ayant été frappée de stérilité, la famine pénétra dans les villes qui ne recevaient plus leurs approvisionnements.

D'autres calamités atteignirent en 1321 les Anséates qui commençaient à relever les ruines de leur commerce. Un ouragan, plus terrible que tous ceux dont les vieillards avaient conservé la tradition, se déchaîna sur la mer Baltique; et la plupart des vaisseaux dont elle était couverte furent coulés bas, ou chassés vers le sud avec une telle violence, qu'ils se brisèrent sur les côtes. Ce désastre fit éprouver aux villes des Vendes, et à Lubeck surtout, des pertes immenses qui, à la suite de plusieurs fléaux, devenaient plus difficiles à réparer.

Cette succession d'adversités rendit plus turbulente la classe des indigents dont elle augmentait la misère. Un grand nombre de ces malheureux cessaient de croire à la Providence, et cherchaient par des moyens illicites une subsistance que le travail ne leur procurait plus: des dissensions éclataient dans les villes; et l'autorité publique était souvent dans l'impuissance de soulager la pauvreté et de désarmer les partis. Cette sorte d'inquiétude et d'irritation, causée par les malheurs publics, se fait souvent remarquer dans le cours du quatorzième siècle: elle rend les arts sationnaires; elle fait même rétrograder l'ordre social; elle vicie les mœurs, amène le découragement, accroît la superstition, et porte les hommes crédules à expliquer par des causes absurdes l'origine de leurs souffrances.

Une épreuve encore plus funeste était réservée aux nations qui se croyaient déjà poursuivies par la colère du ciel. L'année 1348, époque de lugubre mémoire, vit propager dans l'Europe entière la peste qui s'était déclarée en Orient; et ce fléau menaça d'extermination les cités les plus florissantes. Les écrits de l'empereur Cantacusène, qui fut témoin des ravages de cette horrible contagion, nous en ont conservé l'image.

« La peste commença dans la Scythie hyperboréenne; elle envahit presque tous les rivages maritimes et enleva une grande partie des habitants: elle parcourut le Pont, la Thrace, la Macédoine, la Grèce, l'Italie, toutes les îles, la Syrie, la Judée, l'Égypte, la Libye, le monde entier. Le mal était incurable, et aucun régime, aucune force humaine ne pouvait y résister : il abattait également les corps robustes ou débiles ; et ceux que l'on soignait à grand frais succombaient comme les plus pauvres. Cette année n'eut aucune autre maladie, ou du moins elles dégénéraient toutes en affection pestilentielle, et l'art de la médecine était impuissant. Tous n'étaient pas également frappés : les uns l'étaient subitement, résistaient peu, rendaient l'âme le même jour, et quelquefois dans la même heure : ceux qui avaient lutté deux ou trois jours étaient saisis d'une fièvre aiguë ; le mal envahissait la tête ; ils devenaient muets, stupides, et comme absorbés par un profond sommeil. Si par hasard ils revenaient à eux, ils s'efforçaient de parler ; mais leur langue attachée au palais et la paralysie des nerfs du cerveau ne leur laissaient proférer que des sons inarticulés, et ils expiraient promptement. Chez d'autres hommes, le mal n'assiégeait pas la tête, mais les poumons ; il enflammait bientôt la plèvre et causait de vives douleurs dans la poitrine : les malades avaient des crachements de sang ; leur haleine dégageait une odeur infecte ; leur gorge et leur langue enflammées étaient noires et avaient des taches sanguinolentes : le plus ou le moins de breuvage ne les soulageait pas ; ils ne pouvaient jouir d'aucun sommeil, et souffraient une angoisse générale. Il se formait au bras et à l'avant-bras, souvent aux gencives, et quelquefois dans d'autres parties du corps, des abcès ou des ulcères plus ou moins grands et accompagnés de pustules noires. Quelques malades avaient tout le corps tacheté d'une espèce de stigmates, les uns plus rares et plus apparents, les autres plus fréquents et plus obscurs, et ils en mouraient tous. Un grand nombre avaient à la fois tous ces symptômes ; d'autres n'en avaient qu'une partie, et souvent un seul de ces signes était mortel.

« Mais dans cette multitude, le petit nombre de ceux qui avaient échappé à la maladie ne la reprenaient plus assez violemment pour en mourir : ainsi une nouvelle attaque leur laissait quelque espérance : on parvenait, en ouvrant leurs abcès, à dériver au dehors la source du mal. Quant aux autres, on n'avait trouvé aucun secours qui fût certain ; et si deux hommes éprouvaient les mêmes souffrances, ce qui avait sauvé l'un devenait un poison pour l'autre ; les funérailles s'accumulaient, et un grand nombre de maisons et de métairies furent bientôt désertes. Rien n'était plus affligeant, plus misérable, que le spectacle du désespoir de tous ces hommes souffrants, qui ne s'attendaient plus à guérir : ils tombaient dans un découragement absolu : cet abattement, cette tristesse, aggravaient la maladie ; et ils expiraient subitement. » Alors on vint à s'isoler, à fuir les malades, à chercher, comme préservatif ou consolation, le genre de vie que l'on croyait le plus salubre, ou le plus propre à distraire d'un péril auquel on n'espérait plus échapper. Les uns vivaient avec tempérance, d'autres se plongeaient avec ivresse dans les plaisirs : on abandonnait sa maison, sa ville, sa famille, et jusqu'à ses enfants ; les malades restaient sans secours, les morts furent bientôt sans sépulture ; l'air était corrompu par de fétides exhalaisons, et les progrès de la contagion furent si rapides que, dans les trois mois du printemps, ils emportèrent la moitié de la population.

La maladie qui ravageait le midi de l'Europe pénétra rapidement vers les contrées du nord avec un nouveau caractère de malignité. Partout elle trompait les efforts de l'art : plusieurs villes perdirent les trois quarts de leurs habitants : les campagnes restaient abandonnées aux animaux sauvages que ce cruel fléau épargnait encore ; il continua de sévir pendant une année entière, et les désastres qu'il causa furent si grands, que la Suède, la Norvége, l'Islande redevinrent de vastes solitudes. On attribue à ce terrible phénomène la disparition de la colonie qui s'était formée dans le Groenland.

Les progrès d'un fléau si destructeur frappèrent les nations d'un effroi universel. On en cherchait la cause afin de pouvoir s'en défendre ; mais on ne pouvait l'assimiler à aucune maladie connue ; il les excédait toutes par sa violence ; et les corps qu'il attaquait subissaient une si prompte désorganisation qu'aucun secours ne pouvait en arrêter les effets. La peste noire fut d'abord attribuée à des exhalaisons malfaisantes, échappées d'un gouffre qui s'était ouvert dans la Tartarie. Mézerai rapporte qu'il avait apparu dans le Cathay un globe de vapeurs infectes et enflammées qui, après avoir détruit les animaux et les végétaux d'une province entière, porta de contrée en contrée la désolation : d'autres prétendirent que des pluies de reptiles, d'insectes, d'animalcules immondes et vénéneux étaient tombées du ciel, avaient vicié l'air que respirent tous les êtres animés, et avaient fait pénétrer dans leur sein un poison subtil. Partout on apercevait un extrême désordre dans la nature, et l'on en cherchait l'origine dans le ciel ; soit qu'on y eût remarqué d'effrayants météores, ou des comètes, ou la conjonction de quelques astres, soit que l'on crût reconnaître dans quelques chocs des éléments les combats du ciel avec l'Océan ou avec la terre. Les observations que la science ne pouvait pas faire encore étaient remplacées par les conjectures de l'imagination : celle-ci suppléait à ce que la nature avait d'inexplicable ; et les opinions religieuses, venant se mêler à l'obscurité de cette recherche, portaient à croire que Dieu avait envoyé aux hommes un si grand fléau pour châtier leurs iniquités. La superstition vint aggraver les malheurs publics, en armant de nouveau la fureur de la multitude contre un peuple depuis longtemps en butte aux animosités des chrétiens. On crut que pour apaiser le ciel, il fallait un sacrifice d'expiation, et les Juifs furent calomnieusement chargés de l'absurde imputation d'avoir attiré la colère de Dieu sur tous les pays où ils s'étaient répandus. On osa même les accuser d'avoir empoisonné les puits et les fontaines : plusieurs Israélites furent mis à la torture, à Bonn et dans d'autres villes ; et l'excès de la douleur leur arracha quelquefois des aveux qui furent ensuite rétractés. Une assemblée de barons, convoquée à Rhinfeld, jugea qu'il fallait les chasser ; et la plupart n'échappèrent à la mort que par le bannissement.

Ces persécutions contre une classe d'hommes spécialement attachés au commerce ruinèrent une partie de ses opérations. L'Europe entière avait d'ailleurs si violemment éprouvé les ravages de la contagion qu'elle fut d'abord plongée dans l'accablement : les villes anséatiques participèrent au malheur général ; et l'on peut aisément se représenter tout ce qu'elles eurent à souffrir, par la perte des ouvriers, la ruine des manufactures, la pauvreté publique, l'interruption de toutes les voies de communication. Cependant les franchises dont ces villes jouissaient, la sagesse de leurs institutions, et les priviléges de leur commerce, favorisé dans tous les pays, attirèrent bientôt dans leurs murs de nouveaux habitants. Il se faisait partout un grand déplacement de population ; et tandis que la misère et le désespoir faisaient abandonner les derniers hameaux de plusieurs contrées qui ne renfermaient plus que des tombeaux, quelques villes où l'on espérait un avenir moins funeste, recueillirent ces colonies malheureuses. Les Anséates, accrus par de nombreuses familles, indigentes et laborieuses, parvinrent à réparer toutes leurs pertes, à rétablir leurs relations avec les autres pays, et à reprendre dans tous les marchés de l'Europe la prépondance dont ils avaient joui. L'identité d'intérêts et le soin de leur commune défense les déterminèrent à s'unir encore plus étroitement, et à rassembler toutes leurs forces contre la puissance qui menaçait le plus directement leurs libertés et leur commerce.

Lorsque Waldemar III se fut emparé en 1361 de la ville de Wisby qui fut abandonnée au pillage, les Anséates, n'ayant pu obtenir de ce prince aucune satisfaction, armèrent une flotte. Lubeck fournit une grande partie des vaisseaux et des hommes de guerre; et le commandement en fut remis au bourgmestre Wittenborg, qui obtint un premier avantage et fit un débarquement en Danemark ; mais les Danois saisirent une occasion favorable pour enlever aux Anséates douze vaisseaux chargés d'approvisionnements et de munitions de guerre. Ce revers fut imputé à Wittenborg : On ne lui tint aucun compte d'une victoire dont il avait perdu les fruits; il fut livré aux tribunaux et paya de sa tête son imprévoyance. Un armistice fut conclu en 1363 entre les belligérants; mais les causes de la guerre subsistaient encore, et de part et d'autre on n'avait pas quitté les armes.

Aucun motif ne fit mieux reconnaître aux Anséates la nécessité de leur union, que la crainte de voir passer sur la tête d'un seul monarque les trois couronnes du Nord. Magnus III régnait en Suède; Haquin son fils était devenu roi de Norvége, et ce jeune prince avait épousé Marguerite, fille de Waldemar III, roi de Danemark, qui n'avait pas d'autres enfants. Cette alliance ayant fait prévoir que les trois royaumes n'auraient bientôt qu'un seul souverain, les Anséates crurent devoir favoriser le parti qui venait d'offrir la couronne de Suède au prince Albert de Mecklembourg ; et soixante-dix-sept villes, dont la Ligue se composait en 1364, ayant uni leurs forces pour le placer sur le trône, envoyèrent leurs députés à Cologne, où l'on affermit les bases de leur confédération générale, et où l'on fixa les devoirs et les priviléges de tous les membres de cette grande association.

Waldemar tournait d'abord cette Ligue en dérision; mais attaqué à la fois par les villes de la Baltique et de la mer du Nord, qui concertèrent avec un parfait ensemble leurs résolutions et l'emploi de leurs forces, il fut obligé de rendre à la confédération tous ses droits; de déclarer libres les routes et la navigation; de consentir à la restitution des marchandises naufragées, qui seraient réclamées dans l'an et jour; enfin, de confirmer les priviléges que la Suède avait accordés aux Anséates, dans la province de Scanie dont il jouissait alors. Ce prince ayant fait naître de nouvelles difficultés sur l'exécution de ses promesses, la guerre fut poursuivie avec plus de vigueur en 1368; la diète des confédérés résolut de porter toutes ses forces en Scanie, et les Lubeckois fournirent seize cents hommes pour leur contingent. La Ligue était secondée par Albert, roi de Suède, et par un grand nombre de Danois mécontents; elle s'empara de Falsterbode, Schonoër, Helsingor, Niköping, Asholm; elle fit même une descente à Copenhague. Waldemar fut contraint de quitter ses États, et la paix fut conclue en 1370 avec la régence qui gouvernait après son départ. Les Anséates obtinrent pour seize ans la possession de la Scanie, en dédommagement des pertes qu'ils avaient faites à Wisby, où ils avaient des magasins considérables : leurs anciens droits dans les ports de Danemark furent renouvelés, et la navigation redevint entièrement libre.

Albert de Mecklembourg venait de confirmer en Suède tous les avantages accordés aux villes qui lui avaient prêté leurs secours. La Ligue entière se trouvait comprise dans cette convention conclue en 1368 : on y désignait nommément Lubeck, Brême, Hambourg, Kiel, Wismar, Rostock, Stralsund, Grypswald, Anclam, Stettin, New-Stargardt, Colberg. Les mêmes franchises commerciales étaient communes aux villes de Thorn, d'Elbing, de Dantzig, de Braunsberg, de Koenigsberg, appartenant à l'Ordre teutonique ; à celles de Riga, Dorpat, Revel, Pernaw, qui relevaient du gouvernement de Livonie; aux villes germaniques de Cologne, Dortmund, Soëst, Munster, Osnabruck ; à celles de Brunswick, Magdebourg, Hildesheim, Hanovre, Lunebourg, et à celles d'Utrecht, Schwoll, Hasselt, Deventer, Elborn, Zutphen, situées dans les provinces voisines du Zuydersée.

D'autres concessions, dont la base était la même, furent faites en 1376, par Haquin IV, roi de Norvége, aux mêmes villes, et à celles de Hollande et de Zélande, qui n'avaient pas été comprises dans les traités précédents : c'étaient celles de Campen, Bréda, Midelbourg, Arnheim, Dordrecht, Amsterdam, Enkuyzen, Harderwick, Hindelofen. Ces différents lieux avaient alors une importance que plusieurs d'entre eux ont perdue depuis.

La nomenclature des villes précédentes nous indique les développements que la Ligue Anséatique avait pris, par l'union de ses armes et par ses traités de paix et de commerce. Elle avait d'abord attiré dans son association les villes situées au bord de la mer, ou sur la rive des fleuves navigables qui en assuraient les communications avec l'Océan ; ses relations avec d'autres places de l'intérieur s'étendirent ensuite de proche en proche, et accrurent à la fois sa considération et sa puissance.

Les Anséates étaient alors parvenus au plus haut point de leur grandeur : ils tinrent à Lubeck, en 1385, une grande diète, à laquelle se trouvèrent plusieurs têtes couronnées, et où d'autres souverains furent représentés par leurs ambassadeurs. On y remarqua la reine Marguerite de Danemark, Albert, roi de Suède, le comte Eric de Saxe-Lawenbourg, les comtes Nicolas et Adolphe de Holstein ; les envoyés du duc de Bourgogne, ceux des comtes de Flandre et de Hollande, et un grand nombre de députés, non-seulement des villes de la Hanse, mais de ses comptoirs, et de différents États qui entretenaient avec elle des relations. On y négocia la remise de la Scanie au Danemark, et l'on y fit des règlements sur le commerce des Anséates avec la Suède, le Danemark, la Livonie, la Flandre, l'Angleterre et d'autres pays.

Cependant, malgré les sages mesures que les Anséates avaient prises pour prévenir la réunion des trois couronnes du Nord, cette concentration de forces allait s'accomplir. Albert, qu'ils avaient aidé à monter sur le trône de Suède, ne sut pas conserver l'affection du peuple qui l'avait reconnu pour roi. Il mécontenta les seigneurs du royaume, en réunissant au domaine de la couronne une partie de leurs fiefs ; il exigea du clergé des subsides considérables, à titre d'emprunt ; il chargea le peuple d'impôts ; et la nation tout entière, ayant résolu de le détrôner, fit proposer en 1387 la couronne de Suède à Marguerite, qui gouvernait déjà le Danemark et la Norvége : Albert fut alors solennellement déposé par les états, après vingt-cinq ans de règne. Ce fut en vain qu'il appela à son secours les princes de sa maison, les comtes de Holstein, les villes anséatiques, et les chevaliers de l'Ordre teutonique auxquels il promit l'île de Gothland : les troupes qu'il avait rassemblées furent défaites à Falköping en Westrogothie ; lui-même fut fait prisonnier avec son fils et ses principaux officiers, et on les transféra à Lindolm, château de Scanie, situé entre Ystadt et Malmoë. Les partisans qu'il avait eus en Suède abandonnèrent la cause du monarque captif ; et les seuls lieux où l'on continua de le reconnaître furent l'île de Gothland, dont il venait de faire la cession, et la ville de Holmia, capitale de la Suède.

Cette dernière place était assiégée par l'ennemi, et les habitants étaient réduits à la famine, lorsque Jean de Mecklembourg, beau-père du roi prisonnier, tenta de faire lever le siége par un armement dans la Baltique et par une diversion sur différents points des trois royaumes. Une tempête ayant dissipé sa flotte, il en répara les avaries, revint au secours d'Holmia, et parvint à y introduire d'abondantes provisions.

Les habitants de Rostock et de Wismar, qui étaient sujets d'Albert, faisaient des efforts pour le délivrer ; et les magistrats de ces deux villes appelèrent aux armes tous ceux qui voudraient exercer la piraterie, et tenter des incursions sur le territoire ennemi; on leur permettait de vendre leurs prises dans ces deux ports, et ceux de Golwiz et de Ribniz leur furent également ouverts.

Depuis trois ans la Suède était ravagée par la guerre; la population des côtes ne jouissait d'aucune sécurité, et la misère à laquelle on l'avait réduite lui inspirait enfin l'amour du pillage. Les pirates qui infestaient tous les rivages maritimes, y trouvèrent un grand nombre d'associés, et une foule d'hommes avides de butin se répandirent sur les mers. Comme leur but, ou du moins leur prétexte, était de ravitailler Holmia, dont Marguerite faisait continuer le siége, ils se donnèrent le nom de frères Vitaliens.

L'autorisation de faire des armements en course pour attaquer les navires ennemis remonte au temps où les gouvernements eux-mêmes n'avaient pas encore de forces navales. Les rois avaient recours aux navires de leurs sujets, et choisissaient les commandants et les officiers supérieurs des escadres qu'ils avaient ainsi réunies : les mêmes vaisseaux pouvaient servir à la guerre ou au commerce; et les armateurs qui les avaient équipés cherchaient tour à tour à s'enrichir par de paisibles spéculations, ou par les dépouilles enlevées à l'ennemi.

L'habitude d'armer en guerre et en marchandises les navires particuliers ne se perdit point lorsque les gouvernements eurent créé une marine qui leur appartint, et lorsque la construction, l'équipement et l'armement des vaisseaux de guerre se firent à leurs frais. On espérait nuire encore plus à l'ennemi, en multipliant les moyens d'attaque dirigés contre lui, et les armements en course des particuliers continuèrent d'être encouragés ; mais cette espérance de supériorité devenait illusoire, car l'ennemi jouissait du même avantage; il pouvait également prendre pour auxiliaires tous les armateurs privés : c'était agrandir de part et d'autre le champ des hostilités; c'était multiplier les occasions de se dépouiller mutuellement.

Une extension de maux si préjudiciable aux intérêts privés pouvait-elle s'accorder avec ces règles de sociabilité qui prescrivent de borner les fureurs de la guerre, de ne pas poursuivre les populations désarmées, et de n'engager dans la lutte de deux gouvernements ennemis que les hommes appelés à décider entre eux ces grands différends? Mais lorsque ces principes de raison et de modération eurent commencé à s'appliquer à la guerre de terre, on continua d'observer une législation maritime qui autorisait en pleine mer la prise de toutes les propriétés particulières appartenant à l'ennemi. On aurait épargné sur la terre la personne et les biens des habitants inoffensifs; mais la mer les livrait à la merci des ravisseurs.

Il résultait de cette contradiction entre les usages de la guerre de terre et de la guerre de mer, que la première laissait encore subsister quelques relations d'équité naturelle et d'humanité entre deux États ennemis. Quels que fussent les actes d'indiscipline et de violence d'un corps de troupes armées et victorieuses, ses excès avaient des bornes : il était d'ailleurs intéressé à ménager les ressources d'un pays conquis, à ne pas nuire aux travaux de l'agriculture, à la récolte des fruits de la terre, au paisible exercice des arts et métiers; mais en parcourant la mer on n'y voulait souffrir aucune entrave ; et des peuples qui se croyaient autorisés à retenir tout ce que le naufrage avait rejeté sur leurs bords, se trouvaient conduits à s'emparer de tout ce qu'un ennemi avait confié à l'Océan.

La piraterie entrait dans les mœurs des anciens habitants du Nord ; et cet usage remontait aux temps où des essaims de guerriers, appartenant à un pays pauvre et sans culture, allaient chercher sur d'autres rives des moyens de subsistance, et se fixer quelquefois dans des contrées plus fertiles. Ce système d'incursions périodiques avait été organisé d'une manière régulière, et nous avons rendu compte, dans les premiers livres de cette histoire, des principales expéditions qui en avaient été le résultat.

L'abolition de l'ancienne piraterie du Nord fut ensuite l'ouvrage du christianisme: elle eut lieu en Danemark, vers l'année 1010, sous le règne de Canut le Grand; et la confrérie de Roschild se devoua noblement à faire cesser ce barbare usage; mais il régnait toujours sur d'autres rives de la Baltique. Le pays des Slaves ne fut converti que dans le douzième siècle; la Prusse ne le fut que dans le siècle suivant; les mœurs anciennes y luttaient encore contre les principes des nouvelles doctrines, et le goût de la piraterie fut sans doute un des plus difficiles à extirper: il s'était transmis d'âge en âge, jusqu'à l'époque dont nous nous occupons ici.

Les Vitaliens ne furent que trop bien secondés dans leurs violences; et cette association, d'abord formée contre l'ennemi, s'étendit bientôt davantage: sa licence n'eut plus de frein, et ceux qui lui avaient donné des armes ne purent ni la conduire ni la comprimer. Des brigands sans chefs, sans gouvernement, sans discipline, cherchaient indistinctement leur proie, et se prétendaient cependant ligués pour une guerre légitime. Leur station dans l'île de Gothland, dont ils s'étaient emparés, leur permettait d'intercepter la navigation par des croisières habituelles: Wisby, longtemps célèbre par son commerce, était devenue leur place d'armes; ils y avaient élevé des fortifications et ils y trouvaient un refuge dans le besoin. Leur audace s'accrut avec leurs forces: déjà ils ne naviguaient plus isolément et en aventuriers; leurs flottes parcouraient la mer: ils pillèrent la Scanie, attaquèrent et réduisirent en cendre Malmoë, soumirent d'autres villes du littoral, et s'élevèrent le long des côtes de Norvége jusqu'à Bergen, qui était alors le marché le plus fréquenté par les Anséates. Les Vitaliens y firent un riche butin, et après avoir ravagé la ville par le fer et le feu, ils se retirèrent dans les ports dont ils étaient maîtres.

D'autres flottes exerçaient ailleurs la piraterie. Plusieurs rivages étaient dévastés tour à tour; mais leurs principales expéditions se dirigeaient vers Holmia, toujours assiégée par les Danois; ils y introduisaient des vivres, harcelaient les assiégeants, et réservaient aux plus cruels supplices les prisonniers qu'ils faisaient sur l'ennemi. Ils les enfermaient dans des tonneaux, au fond desquels on avait pratiqué une ouverture assez large pour que la tête pût y passer: chaque prisonnier occupait un tonneau séparé, et il y restait jusqu'après le jugement public qui le condamnait à mort.

Les cruautés des Vitaliens déterminèrent le pape Boniface IX à excommunier leurs chefs; et le souverain pontife ne permit à l'évêque d'Upsal de révoquer cet anathème que pour ceux qui apaiseraient la justice divine par des aumônes envers les pauvres ou par d'autres pieuses libéralités.

Les brigands ne se bornaient plus à attaquer les places ennemies; ils arrêtaient les navires mêmes des villes anséatiques: tout était confondu dans leurs déprédations; leur nombre croissait de jour en jour, et la terreur de leurs armes gagnait tous les rivages.

La pêche du hareng attirait alors vers les côtes de la Scanie un grand nombre de bâtiments: cette navigation fut bientôt interrompue. Le pillage des marchandises et des navires se multiplia tellement que les Vitaliens excitèrent une indignation générale, et que les villes anséatiques cherchèrent à remédier à des maux si graves. Elles invitèrent, en 1394, les habitants de Rostock et de Wismar à rendre le butin que les pirates y avaient déposé, à les rappeler et à révoquer les autorisations données à leurs armements. Les Anséates désiraient conclure la paix avec la reine Marguerite; et dans cette vue, les envoyés de Lubeck et de Hambourg eurent avec ceux de la reine une conférence pour traiter de la délivrance du monarque captif et des autres conditions du traité. On se sépara sans rien conclure; mais les mêmes députés se réunirent l'année suivante à ceux de Grypswald, de Thorn, d'Elbing, de Dantzig, de Revel, pour reprendre cette négociation.

Enfin, les sept villes obtinrent que la reine ne retiendrait plus Albert et son fils. Elle devait recevoir dans trois ans une rançon de soixante mille marcs d'argent pur : les villes se portaient garantes du payement ; Holmia leur serait donnée en dépôt jusqu'au terme fixé, et l'on remettrait ensuite à la reine cette place, ou la personne du roi, si ce prince ne remplissait pas ses engagements. Albert renonçait à ses droits sur la Suède ; il obtint à ce prix la liberté, et il retourna dans le Mecklembourg avec son fils ; mais au bout de trois ans ce prince n'ayant pas acquitté les sommes promises, et ne s'étant pas constitué de nouveau prisonnier, les villes anséatiques remirent Holmia aux troupes de la reine, qui fut alors maîtresse de toute la Suède ; et cette princesse affermit en 1397 son autorité sur les trois royaumes par le traité d'union de Calmar.

Les Vitaliens, que le retour de la paix ne faisait pas renoncer à la piraterie, mais qui ne pouvaient plus colorer des mêmes prétextes leurs hostilités habituelles, prévirent que de plus grandes forces allaient se réunir contre eux : ils avaient enlevé Éric, fils d'Albert ; ce jeune prince vivait au milieu d'eux, dans l'île de Gothland dont ils étaient toujours maîtres, et ils avaient augmenté les fortifications de Wisby, pour s'y mettre en défense. La guerre allait en effet se poursuivre contre eux avec plus de vigueur ; et les députés anséates réunis à Lubeck étaient convenus que les villes de Dantzig, de Thorn et d'Elbing, entretiendraient des croisières contre les Vitaliens dans le bassin oriental de la Baltique ; que Lubeck ferait croiser dans ses parages occidentaux, et que l'on construirait, aux frais de la confédération, de plus grands vaisseaux de guerre. Les Lubeckois en armèrent vingt : ils tinrent la mer pendant quatre mois, visitèrent la plupart des golfes, et harcelèrent les pirates ; mais pour extirper le mal il fallait de plus grands efforts. Les brigands, qui s'attendaient au dernier supplice s'ils étaient faits prisonniers, vendaient chèrement leurs jours et leur liberté : souvent ils étaient vainqueurs ; et dans leurs défaites mêmes ils échappaient à l'ennemi par l'agilité de leurs manœuvres et la rapidité de leur fuite.

On décréta en 1397 de nouveaux armements dans la seconde assemblée qui se tint à Lubeck : les préparatifs ne furent cependant faits que pour l'année suivante ; et dans cet intervalle les pirates continuèrent leurs dévastations.

Les villes de Prusse qui obéissaient à l'Ordre teutonique avaient à se plaindre des fréquentes incursions des Vitaliens : Conrad de Jungingen, grand maître de l'Ordre, entreprend de les chasser de l'île de Gothland. Il équipe une flotte nombreuse, ayant à bord quatre mille hommes d'infanterie et un corps de cavalerie : il s'empare de l'île entière, attaque et met en fuite les vaisseaux des Vitaliens, et affaiblit tellement leurs forces dans cette expédition, qu'ils abandonnent la mer Baltique et se réfugient dans les parages de l'Océan.

Albert, informé de la prise de l'île de Gothland, voulut alors y rentrer ; mais le grand maître qui l'avait enlevée aux pirates ne se proposait point d'y renoncer. Marguerite espéra elle-même s'en emparer, et cette princesse envoya des troupes pour faire le siège de Wisby : ainsi trois compétiteurs se disputaient cette possession. L'empereur Wenceslas intervint : une convention se fit à Copenhague ; et l'île de Gothland fut cédée, moyennant une indemnité pécuniaire en faveur de l'Ordre teutonique, à Éric XIII, neveu de la reine Marguerite, qui l'avait placé en 1396 sur le trône de Suède.

La retraite des Vitaliens sur les côtes de l'Océan atlantique allait changer le théâtre de leurs hostilités. Hambourg était appelé par sa situation à supporter les principales charges de la guerre, et cette ville avait surtout à maintenir la libre navigation de l'Elbe, dont elle avait obtenu la jouissance par ses conventions avec les habitants du Dittmarck et des autres pays riverains. Déjà depuis un siècle elle avait fait élever un phare dans l'île de Neuenwerk, située à l'embouchure du fleuve : le pape Boniface VIII lui avait accordé le privilége d'y ériger un autel portatif, où l'on célébrerait les saints mystères pour les navigateurs qui aborderaient sur la plage ; et la concession de l'île lui avait été formellement faite par les ducs de Saxe et de Westphalie. Les Hambourgeois firent en 1394 une autre acquisition plus importante, celle du bailliage de Ritzebuttel, qui fut également confirmée par le duc de Saxe-Lawenbourg. Ce territoire, situé sur la rive méridionale de l'Elbe, servit à en protéger la navigation : il devint aussi un lieu de relâche pour les vaisseaux qui, avant de prendre la mer ou de remonter le fleuve, pouvaient être retenus par quelques obstacles, et avaient à compléter ou à réduire leur lest, à prendre ou à déposer une partie de leur chargement.

Les Vitaliens avec lesquels on était alors en guerre étaient allés s'établir sur le littoral de la Frise, où ils occupaient quelques positions fortifiées, et après s'être affermis dans ce lieu d'asile, ils étendirent au loin leurs violences et leurs pillages ; ils parurent sur les côtes de Belgique, d'Angleterre, de France et d'Espagne : on dit même qu'ils naviguèrent aussi vers le nord jusqu'au Groënland, mais qu'ils perdirent dans cette expédition plus de la moitié de leurs navires.

Les Frisons favorisaient leurs pirateries et ils y prenaient part pour s'enrichir : Groningue et d'autres villes à l'occident de l'Ems eurent recours à leurs services contre la Hollande. Les premiers lieux où ils s'établirent dans l'Ost-Frise sont Wittmund, Brucke, Aurichshave, Marienhave : ils y avaient leurs quartiers d'hiver, et devenus maîtres des principaux points du rivage, ils purent infester habituellement par leurs incursions les embouchures de l'Ems, de l'Elbe et du Wéser.

La Ligue Anséatique délibéra sur les moyens de les poursuivre : il fut convenu que l'on armerait à ses frais de plus grands navires pour rétablir la liberté des mers : les seigneurs de Frise furent invités à chasser de leur territoire ces brigands maritimes : on pria le grand maître de l'Ordre teutonique de favoriser cette entreprise, et l'on eut principalement recours à la reine Marguerite, pour obtenir des secours de plus contre une association que ses brigandages mettaient en état d'hostilité contre tous les peuples.

Dans les nouvelles négociations qui eurent lieu à Lubeck et à Niköping entre les villes anséatiques et les couronnes du Nord, on renouvela les engagements anterieurs. Les habitants de Rostock et de Wismar, premiers auteurs de la réunion des Vitaliens, rentrèrent en grâce avec la reine : on somma le comte d'Oldenbourg et les seigneurs de Groningue et de Dockum de se joindre à une expédition contre les pirates ; et dans l'année 1400 une flotte, dont Lubeck et Hambourg avaient armé la plus grande partie, se mit en mer, gagna les côtes de Frise, se joignit aux vaisseaux de Brême, de Groningue, Kampen, Deventer, et attaqua les Vitaliens à l'embouchure même de l'Ems. Ceux-ci éprouvèrent une sanglante défaite : leurs prisonniers furent jetés à la mer ou livrés au supplice ; et l'on occupa deux de leurs repaires, Withmund et Grothusen : les seigneurs d'Ems et d'Aurich s'engagèrent à ne plus recevoir les pirates, et les gouverneurs de l'Ost-Frise conclurent même avec les villes anséatiques une alliance pour les expulser. Cependant la guerre s'étant rallumée entre les Hollandais et les Frisons, ceux-ci eurent encore recours aux Vitaliens : leurs déprédations s'accrurent ; ils enlevèrent près de Héligoland plusieurs navires de commerce.

Les Hambourgeois assemblèrent alors leurs vaisseaux armés ; ils descendirent l'Elbe, attaquèrent en mer les pirates ; et après un combat acharné, où ils leur prirent soixante-douze navires avec leurs chefs, la flotte revint triomphante à Hambourg, et les prisonniers furent décapités. D'autres brigands échappés au vainqueur continuaient leurs hostilités; mais la flotte remit à la voile : on les attaqua de nouveau, et cent cinquante prisonniers que l'on fit sur eux éprouvèrent le même sort.

Le droit de protéger la navigation de l'Elbe dérivait des priviléges que la ville de Hambourg avait obtenus des empereurs : Charles IV les avait confirmés en 1359, et cette ville avait besoin, pour la sûreté de son commerce, d'une entière liberté de navigation.

Les pirates ayant accordé en 1404 de nouveaux secours aux Frisons contre les Hollandais, Hambourg et Lubeck envoyèrent des députés à Amsterdam pour rétablir la paix : un corps de quatre cents hommes que l'on fit débarquer sur les côtes de Frise attaqua les châteaux qui servaient de retraite aux brigands et qui recélaient leurs larcins. Ceux de Falder, de Norden, de Pilsum, furent détruits, et ceux d'Arle, de Béruma, Grothusen, Osterhusen, furent remis au comte de Frise, à condition qu'il fermerait aux Vitaliens les embouchures de l'Ems et du Wéser, et que les navigateurs des deux villes trouveraient en cas de besoin un abri dans ses ports et dans ses châteaux.

Il y eut à Hambourg en 1410 une nouvelle députation des places maritimes, dont le but était d'extirper la piraterie; six ans après on suivit à Lubeck une négociation semblable. Les Brémois firent des armements pour assurer la navigation du Wéser : ils s'emparèrent de quelques territoires situés vers l'embouchure de ce fleuve, et obtinrent des comtes d'Oldenbourg l'engagement de ne plus protéger les Vitaliens. Ceux-ci commençaient à reparaître sur le littoral du Dittmark : les Hambourgeois s'en plaignirent au duc de Sleswick, et les liaisons des habitants avec les pirates furent interrompues.

Cependant les Vitaliens avaient étendu leurs intelligences dans l'intérieur du pays et jusqu'au voisinage de Hambourg. D'autres brigands liés avec eux, et connus sous le nom de *chenapans* et de *flibustiers*, continuaient de désoler le commerce des villes anséatiques : leur principal repaire était le château de Bergedorf, et ils avaient établi leurs communications avec les forêts, par une galerie souterraine dont ils avaient masqué l'ouverture : cette issue permettait aux brigands de sortir sans être remarqués, et d'échapper aux armes et à la poursuite de leurs ennemis. Ils attaquaient les marchands et les voyageurs qui se rendaient d'un pays à l'autre; et tantôt on les entraînait dans les bois, on pillait leurs biens et on les relâchait ensuite; tantôt on les conduisait, les yeux bandés, jusqu'à Bergedorf où on les plongeait dans les cachots, et ils ne pouvaient savoir dans quel lieu on les retenait prisonniers. Les troupes envoyées par Hambourg et Lubeck pour attaquer ces brigands pouvaient d'autant moins les atteindre, que le duc Henri de Saxe paraissait disposé à les soutenir, malgré les plaintes que les deux villes lui adressaient. Enfin deux bourgmestres, Jordan Pletskow de Lubeck et Heinrisch Hoyer de Hambourg, marchèrent sur Bergedorf avec deux mille hommes d'infanterie et huit cents de cavalerie, parmi lesquels se trouvaient un grand nombre de bourgeois et de marchands qu'animait l'amour de la patrie; la place se rendit après une courte résistance : elle fut pillée et brûlée; mais les brigands se retirèrent dans le château, où ils continuèrent de se défendre. On fit usage, pour les réduire, d'arquebuses, de pierriers, de canons, dont la fabrication était encore grossière : le cinquième jour, on alluma au pied de leurs retranchements des matières inflammables et résineuses, dont la fumée fut si épaisse que les défenseurs offusqués, par ce nuage et poursuivis par la flamme, se réfugièrent dans l'intérieur des retranchements : les assiégeants donnèrent l'escalade, et la garnison se rendit, à condition qu'elle sortirait librement.

Les troupes alliées marchèrent ensuite sur Riepenbourg, autre asile de brigands, situé sur l'Elbe, dans le lieu que l'on nomme aujourd'hui Kirchenwarden : la garnison était trop faible pour résister ; elle ouvrit ses portes ; et les troupes de Lubeck et de Brême allèrent s'emparer de Cuddeworte, qu'elles démolirent : elles auraient poursuivi leurs avantages, si les princes voisins n'avaient pas ménagé entre les deux partis une suspension d'armes. Leurs différends furent conciliés dans une diète tenue à Perleberg, où se réunirent le prince Frédéric de Brandebourg, le duc Guillaume de Lunebourg et d'autres souverains. Il fut convenu en 1430 que le duc de Saxe abandonnerait à perpétuité aux deux villes de Hambourg et de Lubeck les châteaux de Bergedorf et de Riepenbourg avec leurs appartenances, le péage et le bac d'Eslinger et la moitié de l'Herzogenwald.

Dès ce moment Bergedorf et Riepenbourg furent regardés comme une possession commune à l'une et à l'autre ville : on s'accorda sur leur administration, et le commandement en fut dévolu tour à tour à deux sénateurs, l'un de Lubeck, l'autre de Hambourg ; la durée de leurs fonctions était d'abord de quatre années ; elle fut ensuite de six ans. On comprit aussi dans ce gouvernement les quatre paroisses qui composaient la Fierlande ; c'étaient celles de Kirchenwarden, d'Alten-gamme, de Neuengamme et de Kurslack. Les habitants de la Fierlande étaient originairement une colonie venue des Pays-Bas : ils avaient conservé leurs mœurs et leurs usages primitifs : c'était une nation active et industrieuse, qui devait sa richesse au travail et à la fertilité de ses terres cultivées en jardin. La proximité de Hambourg l'attachait à cette place par des rapports habituels : les Fierlandais y venaient vendre le lait de leurs troupeaux, les produits de leur pêche et de leur chasse, les légumes et les fruits de leur territoire, et ils ont continué de pourvoir par leurs fécondes ressources à la consommation d'une cité qui s'est agrandie de jour en jour.

Lorsque les Vitaliens eurent perdu dans l'intérieur du continent leurs derniers auxiliaires, il leur restait encore quelques possessions sur le littoral, et particulièrement dans la Frise, où ils vendaient leurs services à quelques seigneurs en guerre avec leurs voisins. Mais en 1422 on tint une assemblée à Groningue, pour mettre un terme à ces hostilités toujours renaissantes : il fut résolu que les Vitaliens qui occupaient Dockum et le château d'Ems seraient compris dans le traité de paix s'ils évacuaient ces places dans six mois : ils étaient tenus de quitter la Frise ; on raserait les fortifications qu'ils auraient abandonnées ; et s'ils ne voulaient pas en sortir, ils seraient expulsés du pays par le secours des confédérés. Comme ils refusaient de partir, Hambourg et Lubeck armèrent une escadre, y embarquèrent mille hommes de bonnes troupes, des canons, d'autres instruments de siège, et attaquèrent le château d'Ems dont ils s'emparèrent : un grand nombre de pirates furent tués, et cent cinquante prisonniers furent livrés aux exécuteurs. De là on tourna ses forces contre la place de Dockum qui se rendit et dont on ruina les retranchements.

Les Vitaliens continuaient cependant de tenir la mer : ils firent en 1430 une incursion dans le Weser et ils s'avancèrent jusqu'à Brême ; mais ils ne purent surprendre cette ville où l'on prit subitement les armes, et ils ne parvinrent à s'emparer que du vaisseau de garde qui se trouvait à l'ancre en avant du port.

Une si longue suite d'agressions, à peine interrompues par quelques armistices dont on violait bientôt les conditions, fit enfin juger aux Hambourgeois qu'il leur était nécessaire d'acquérir et de garder quelque poste militaire, sur un littoral dont on n'avait pas encore pu déloger entièrement l'ennemi. Ils parvinrent à s'emparer par surprise de la place d'Ems, qu'ils avaient conquise une première fois, mais qu'ils avaient rendue à un seigneur frison; ils accrurent les fortifications de cette ville, et la firent gouverner par leurs magistrats. Cependant ils reconnurent, après une occupation de quelques années, que cette possession leur procurait peu d'avantages, et qu'elle faisait porter sur eux tout le poids d'une guerre qu'ils n'avaient d'abord entreprise que pour la cause commune : alors ils se déterminèrent à renoncer à cette conquête, et ils cédèrent la ville et le château d'Ems à Ulric, comte de l'Ost-Frise, dont les domaines venaient d'être érigés en fiefs de l'Empire. La guerre des Vitaliens touchait à son terme : ils furent affaiblis par de nouvelles défaites : leurs principaux chefs avaient péri, et il ne resta plus que le nom de cette association de brigands, qui s'était rendue redoutable pendant un siècle.

La guerre que la Ligue Anséatique avait eue à soutenir contre les pirates n'était pas la seule entrave mise à la prospérité de son commerce : celui qu'elle faisait avec la Grande-Bretagne fut exposé à de nombreuses vicissitudes dont nous avons à rendre compte.

Le marché d'Angleterre avait d'abord offert à la Hanse des avantages d'autant plus grands que les Anglais prenaient eux-mêmes peu de part aux expéditions des navires chargés de l'échange de leurs productions avec celles du continent; mais ils virent ensuite avec jalousie les bénéfices que cette circulation procurait au pavillon étranger. Édouard III voulut les affranchir de l'intervention et du monopole des Anséates, en encourageant la navigation et le commerce de ses propres sujets : il leur permit, pendant six années, l'exportation des laines et des peaux, et celle des étoffes et des draps fabriqués en Angleterre : une compagnie de commerce s'établit à Londres, et s'unit bientôt à une autre corporation d'aventuriers, qui entreprenait, à ses risques et périls, de faire passer sur le continent les marchandises anglaises. Les priviléges de ces associations n'étaient que temporaires : on voulait soumettre à l'épreuve du temps une si grande innovation : il fallait obtenir que le génie de la nation s'y prêtât; et le succès d'une première tentative permit au gouvernement de hasarder davantage. Un acte de navigation, publié en 1381 sous le règne de Richard II, défendit l'exportation des marchandises anglaises par tout autre navire que ceux des nationaux.

Les Anséates souffrirent impatiemment la perte d'une branche de commerce dont ils avaient joui exclusivement : ils usèrent de représailles, en ne permettant eux-mêmes l'exportation de leurs produits qu'à bord de leurs bâtiments. En même temps ils avaient recours à des négociations, pour obtenir la révocation des priviléges accordés par Richard II aux négociants anglais; mais ils ne purent y parvenir; et Henri IV qui succédait à ce prince consentit seulement à renouer de paisibles relations avec eux, en déclarant, et en faisant enrôler dans la chancellerie de Westminster que, si les marchands anglais étaient reçus amicalement dans les ports d'Allemagne, les marchands teutoniques jouiraient dans les ports d'Angleterre des mêmes avantages.

Ce palliatif ne remédiait point aux embarras d'une situation si précaire : les entraves, les limites du système d'exportation étaient les mêmes; et les prétentions de la Ligue Anséatique et les refus de l'Angleterre firent bientôt interrompre toutes leurs relations de commerce. Les vaisseaux britanniques n'étaient plus admis dans les ports de la confédération, et ceux qui lui appartenaient ne l'étaient plus en Angleterre : il y eut de part et d'autre des mesures de rigueur et des poursuites contre les navigateurs et les négociants qui avaient enfreint ces règlements prohibitifs. Ces actes que les gouvernements n'avaient pas toujours ordonnés, mais qu'ils ne désavouaient pas, donnaient lieu à de fréquentes représentations; et l'on se faisait de part et d'autre des promesses de conciliation qui restaient infructueuses.

Cependant quel que fût cet état de mésintelligence, les villes anséatiques évitèrent constamment l'éclat d'une rupture. Leur guerre contre les Vitaliens avait longtemps occupé leurs forces maritimes : il était, pour eux, d'une sage politique de ne pas disséminer leurs moyens de défense, et de ne pas avoir à soutenir dans des parages différents deux guerres à la fois. La plupart des villes anséatiques étaient d'ailleurs trop engagées dans les discussions et les intérêts des puissances du Nord, pour ne pas se réserver les moyens d'y intervenir librement et à leur gré, de secourir leurs alliés, de combattre leurs adversaires, et de protéger à main armée leurs priviléges de commerce et leur indépendance politique si souvent menacée. Ainsi, dans ses démêlés avec l'Angleterre, la Hanse se bornait à des actes de réciprocité, à des négociations, à des compromis; et en se voyant forcée de renoncer au monopole du commerce, elle cherchait du moins à se soutenir avec avantage dans la concurrence qui commençait à s'établir. Intéressée à un rapprochement, mais toujours soigneuse de ses droits, elle eut recours à la médiation de l'Ordre teutonique; et les bons offices du grand maître Conrad de Jungingen déterminèrent le gouvernement anglais à nommer en 1406 des envoyés, qui furent munis de pleins pouvoirs, pour traiter avec l'Ordre et avec la Hanse teutonique. Cette intervention eut du moins pour résultat d'écarter une guerre qui paraissait imminente, d'adoucir par quelque tolérance la rigueur des prohibitions, et de mêler insensiblement les intérêts commerciaux de deux nations, qui pouvaient prospérer l'une et l'autre, sans se nuire mutuellement.

Ce ne fut qu'après trente ans de négociations, suivies et abandonnées à plusieurs reprises, qu'un traité de commerce fut conclu en 1436 par Henri VI, roi d'Angleterre, avec le grand maître de l'Ordre teutonique et avec les villes anséatiques. Celles-ci étaient alors en guerre avec le Danemark; elles avaient vu détruire tous les priviléges qui leur appartenaient dans le port de Bergen; et leurs députés, réunis à Lubeck, s'étaient adressés de nouveau à l'Ordre teutonique, pour l'intéresser au rétablissement de leurs droits et pour obtenir de lui des secours. Les proconsuls de Lubeck, de Hambourg, Cologne et Dantzig, étaient chargés de cette mission : ils vinrent offrir au grand maître, résidant à Marienbourg, le titre de Protecteur de la Ligue Anséatique; et ce guerrier, flatté de l'honneur qu'on lui déférait, embrassa vivement les intérêts de la confédération et conclut avec elle un traité solennel. Le grand maître écrivit aux rois d'Angleterre et de Danemark, au duc de Bourgogne et aux autorités des villes où les comptoirs des Anséates étaient établis, afin d'obtenir le redressement de leurs griefs; d'autres orateurs de la Ligue furent envoyés en Angleterre, en Flandre, en Danemark, en Norvége et à Novogorod.

Les démêlés sur lesquels on avait à s'entendre avec le gouvernement britannique ne furent néanmoins que momentanément apaisés. On voulait, de part et d'autre, retenir quelque supériorité d'avantages; et l'intérêt privé faisait renaître des discussions que les clauses ambiguës d'un traité ne donnaient pas toujours les moyens d'éclaircir. Il aurait été sans doute utile de reconnaître que le commerce entre deux États ne peut prospérer qu'avec de mutuelles concessions : comme il se compose d'échanges entre les objets que l'on importe et ceux qui doivent être exportés, il est naturel que les navires de l'une et de l'autre nation puissent également participer à ce double transport; mais une telle simplicité de vues blessait des prétentions rivales; et quoique l'on reconnût la nécessité du partage, on y voyait un sacrifice auquel on ne pouvait se résigner.

Pendant la durée de cette mésintelligence, et pendant la guerre contre les Vitaliens, la Ligue Anséatique avait reconnu la nécessité d'unir plus intimement tous ses membres. Ses députés s'assemblèrent fréquemment; et les délibérations de leurs diètes embrassèrent les différents intérêts de leur politique, de leur marine et de leur commerce.

Nous citerons au nombre de leurs recez les plus remarquables ceux de 1412, 1417 et 1418 qui se rapportent à cette époque. Ils défendent de vendre des vaisseaux aux étrangers, et de construire pour eux des navires dans les ports des villes anséatiques. D'autres dispositions s'appliquent à la piraterie. Les patrons de navires qui reprennent sur un pirate les marchandises dont il s'est illégalement emparé, ont le droit d'en conserver une moitié, et l'autre moitié doit être remise au propriétaire : mais si cette reprise est faite par les bâtiments de guerre des villes alliées, les marchandises sont restituées en entier à leur premier possesseur. Il est interdit de donner aux Vitaliens aucun secours en armes, en munitions de guerre, en vivres, ou de toute autre nature. Les villes les plus voisines d'un port où l'on a signalé des pirates doivent y envoyer des bâtiments pour les détruire. On ne peut acheter aucune marchandise qui ait été pillée par des pirates, ou qui ait été rejetée par la mer.

D'autres clauses ont déterminé l'appui que l'on doit se prêter mutuellement, en cas de péril de mer, ou de naufrage. Le patron qui a besoin d'assistance pour entrer dans un port doit être aidé par ceux qui s'y trouvent mouillés avant lui, et son équipage est tenu de lui obéir lorsqu'il se porte lui-même au secours d'un vaisseau en détresse. L'équipage d'un navire qui fait naufrage doit aussi aider au sauvetage des marchandises; et si le prix des secours qu'il donne aux négociants n'a pas été convenu entre eux, les magistrats de la ville anséatique ou du comptoir le plus voisin peuvent le fixer.

Des règles sont établies par les mêmes recez, sur la saison de l'année où la navigation doit être suspendue. Aucun navire ne doit mettre à la voile, dans la mer du Nord pour la Baltique et réciproquement, depuis la Saint-Martin jusqu'au 2 février : cette règle ne subit qu'un petit nombre d'exceptions, pour les bâtiments dont la cargaison pourrait être avariée par un trop long chômage. D'autres navires ne doivent pas même partir, avant le 22 février, du port où ils ont hiverné. Mais pendant les mois où la mer est close, il est encore permis de remonter les fleuves avec de petits navires, dont le chargement ne doit pas excéder un poids de vingt-cinq lastes.

Les précautions dont nous venons de rendre compte avaient été prises pour la sûreté des navigateurs et du commerce, dans une saison où les parages habituellement fréquentés par les Anséates sont souvent embarrassés par les glaces, souvent exposés à l'obscurité des brumes et à la violence des tempêtes : si l'art de la construction et la science nautique devaient triompher un jour d'une partie de ces dangers, les autres tiennent à l'intempérie du climat, qui continue d'interrompre annuellement dans la Baltique l'accès et les communications de quelques ports.

On régla par le recez de 1412 le tirage d'eau et le chargement que les navires ne devaient pas excéder : cette mesure devenait nécessaire, afin que l'on pût pénétrer, à travers les bancs et les bas-fonds, jusque dans les ports où l'on devait débarquer. La surcharge d'un navire lui aurait fait courir le risque de s'engraver ou de faire naufrage; et le patron qui contrevenait à cet ordre pouvait être condamné, même lorsqu'il arrivait sans encombre, à une amende qui lui faisait perdre le fruit de sa spéculation illicite.

Quelques articles des recez de la diète étaient relatifs aux devoirs des patrons et à ceux des équipages. Un patron devait être muni, en mettant à la voile, d'un certificat de la ville d'où il partait, et il devait en rapporter un autre du lieu de son déchargement : il avait à payer les gages de ses matelots, un tiers avant le départ, un tiers au point de destination, et le reste aussitôt après son retour. Un matelot qui ne se rendait pas à bord quand il avait reçu son premier payement encourait la peine capitale. S'il abandonnait son patron au milieu du danger et si l'on pouvait le reprendre ensuite, il était emprisonné pendant deux mois : il subissait, en cas de récidive, une détention de trois mois; et on le marquait à l'oreille, pour qu'il fût reconnu et qu'il servît d'exemple.

Il n'était pas permis de prêter à la grosse sur le corps et la quille d'un bâtiment, sous peine de confiscation de l'argent prêté. On voulait que le navire restât indépendant des chances d'un emprunt, qu'il ne pût pas être détourné de sa destination, et offrir, en changeant de mains, moins de sécurité aux propriétaires de sa cargaison.

Ces nombreuses dispositions nous montrent avec quelle sollicitude la diète s'occupait des différentes questions qui intéressaient les navigateurs des villes anséatiques : elle s'attachait avec le même soin à étendre leur commerce chez les nations étrangères, à lui assurer de nouveaux priviléges, et à le faire jouir du monopole, partout où il pouvait offrir aux acheteurs des marchandises de meilleure qualité et à plus bas prix que celles des nationaux eux-mêmes. On retrouve dans tous les traités de cette époque la preuve de la prépondérance commerciale que la Ligue avait acquise chez des peuples où l'industrie avait fait moins de progrès, où le goût du luxe s'était néanmoins introduit, et où l'on avait à pourvoir également aux premiers besoins de la multitude et aux fantaisies des riches et des grands.

En voyant tendre au même but un si grand nombre de cités diverses, on peut sans doute admirer cette uniformité de direction, qui semblait résulter d'un même intérêt, quoique la plupart des villes ne fussent pas indépendantes. Sans nous plonger dans les détails de leurs institutions, de leurs usages et des événements qui leur sont propres, nous avons à les considérer comme un grand faisceau, remarquable par la réunion de ses forces; nous suivons l'esprit qui anime un si vaste corps, et qui lui imprime un grand mouvement politique, commercial et intellectuel. Toutes les relations qui unissaient entre eux les Anséates se trouvaient placées sous la garantie d'une législation commune, destinée à consacrer à la fois les obligations et les droits des associés.

Déjà nous avons reconnu ces principes de jurisprudence et d'équité, dans les premiers temps où se constituait la Ligue Anséatique : ils n'avaient pas ensuite changé de nature, car les règles de morale d'où ils dérivaient étaient immuables; mais ils durent recevoir plus de développement, lorsqu'on eut à les appliquer à des circonstances et à des questions qui n'avaient pas été prévues dans l'origine. Ainsi quand les violentes agressions des pirates eurent forcé la Ligue Anséatique à prendre les armes, non-seulement pour arrêter leurs pillages, mais pour reprendre les dépouilles dont ils s'étaient emparés, le droit de recousse sur les marchandises arrachées de leurs mains dut être déterminé avec précision. Quand les gouvernements eurent contracté l'usage de faire eux-mêmes des armements maritimes, et de ne plus se borner à faire servir aux opérations de la guerre les bâtiments du commerce, ils continuèrent néanmoins d'autoriser les armements particuliers; mais la course qui leur était permise fut assujettie à des règlements. Elle dut être exclusivement dirigée contre les propriétés appartenant à l'ennemi. La capture des marchandises qu'il avait à bord d'un bâtiment neutre fut permise aux armateurs; et lorsqu'on s'emparait d'un bâtiment ennemi on devait faire aux neutres la restitution des objets qu'ils y avaient chargés. Ces maximes sont directement contraires au principe que le pavillon couvre la marchandise; mais il serait prématuré d'en faire ici la comparaison, et nous croyons devoir la réserver pour une autre époque, où cette seconde règle a plus généralement prévalu.

L'usage des contrats d'assurance mutuelle se répandit dans tous les ports; les affaires de banque et de change se multiplièrent : on avait partout des facteurs et des correspondants : les valeurs monétaires de différents pays tendaient à s'assimiler : quelques-unes des monnaies les plus accréditées servaient de types pour les évaluations; et de même qu'on avait adopté en France pour signe d'unité les pièces frappées à Tours sous le règne de saint Louis, et les écus d'or frappés à Florence vers la même époque, on établit à Lubeck en 1340, avec l'autorisation de l'empereur Louis V, une monnaie d'or, du même poids et du même titre que les florins, ainsi nommés du lieu de leur origine. L'empereur Charles IV en fit frapper de semblables; et ces pièces, ayant cours dans l'Allemagne entière, aidèrent à simplifier les calculs et les opérations des négociants.

Les membres de la Ligue s'emparèrent, pour étendre leur commerce, de toutes les améliorations qui furent introduites dans l'exercice des arts, dans l'économie rurale, dans les travaux des manufactures. Aucune époque du moyen âge n'avait été plus féconde en inventions utiles, soit dans les villes anséatiques, soit dans les autres villes impériales, où de sages institutions favorisaient le développement de l'industrie. Des procédés plus ingénieux s'étaient établis dans les fabriques les plus usuelles : les toiles, les étoffes se raffinaient, les ameublements étaient plus commodes et d'un goût plus recherché : le bien-être créait à la fois de nouveaux besoins et de nouvelles ressources pour y satisfaire. Chaque pays acquittait son tribut : on importait d'une région dans l'autre les animaux, les végétaux qui pouvaient s'y naturaliser, et l'on s'enrichissait mutuellement par ces échanges et ces transplantations. La culture, en se diversifiant, s'appropriait mieux aux différences de localités : elle était encouragée par l'accroissement des consommateurs, elle l'était par la facilité des exportations : les brasseries se multipliaient dans le nord; l'art de travailler les métaux s'était perfectionné : en les appliquant à la mécanique, on donnait à ses rouages plus de solidité, et l'on offrait à l'adresse et aux forces humaines de nouveaux leviers.

L'invention du verre et son usage généralement répandu donnèrent lieu à un commerce important, quand les verreries d'Allemagne, celles de Bohême surtout, durent servir, par l'abondance et la variété de leurs fabrications, au vitrage des édifices, aux usages de la table, à différents articles de luxe ou d'ameublement. Les plus hautes sciences, les lois de l'optique surtout, commençaient à en tirer un plus grand parti : on connaissait, dans le quatorzième siècle, l'emploi des lunettes ordinaires, mais sans prévoir encore qu'il devrait conduire un jour à de merveilleuses découvertes sous la voûte étoilée du ciel.

Cette période du moyen âge est remarquable surtout par l'invention de la poudre à canon, généralement attribuée à Berthold Schwartz, moine franciscain de Mayence, quoique les historiens orientaux lui donnent une origine plus ancienne. Cette découverte allait changer tous les principes de la tactique et de l'art militaire; elle conduisit à l'invention des armes à feu : mais on n'appliqua d'abord cette force d'explosion qu'à des armes pesantes, destinées à battre en brèche et à faire crouler l'enceinte des murailles assiégées; et l'on ne fit usage qu'un siècle après d'armes plus commodes, que l'on rendit assez légères pour qu'elles fussent portatives.

Plusieurs villes anséatiques profitèrent bientôt de cette découverte. Lubeck eut en 1360 un moulin à poudre : le duc Alfred de Brunswick fit forger en 1365 la première coulevrine : vingt pièces de canon furent fondues à Augsbourg en 1372, les unes étaient d'airain, les autres de fer. D'abord on ne lançait que des boulets de pierre, de cinquante, soixante-dix et jusqu'à cent vingt livres; mais ensuite on réduisit les proportions du calibre et le poids des projectiles. En 1378 Lubeck fit usage de canons, au siége de Danneberg dont les Anséates cherchaient à s'emparer, pendant la guerre qu'ils avaient à soutenir contre Waldemar.

Aussi longtemps que les villes anséatiques eurent à combattre de communs ennemis, l'identité de leurs intérêts et le besoin de se défendre les tinrent constamment réunies. Ainsi les guerres qu'elles eurent à soutenir pour établir leur indépendance et pour affermir leurs premières relations de commerce, leur prescrivaient l'emploi simultané de toutes leurs forces. Il était également nécessaire qu'elles concourussent avec le même ensemble aux expéditions entreprises contre la piraterie. La sécurité de leur navigation l'exigeait; mais quelques incidents particuliers tendaient à disjoindre les forces des confédérés. Toutes les expéditions militaires ne leur semblaient pas avoir le même caractère d'utilité. Les principaux membres de la Ligue étaient quelquefois accusés de n'avoir eu en vue que leurs propres avantages; et les charges paraissaient plus pénibles à ceux qui avaient moins de part aux compensations. Appelés à contribuer de leur personne ou par des subsides aux opérations de la guerre, ils calculaient avant tout l'étendue de leurs sacrifices: ils refusaient le service, ils se plaignaient du fardeau des contributions; et les plaintes qui s'élevèrent dans quelques villes sur la levée et l'exagération des impôts y troublèrent à plusieurs reprises la paix intérieure et l'ordre public.

Il était rare que ces commotions n'amenassent pas de sanglantes querelles: on avait à vaincre d'aveugles résistances; et comme les libertés publiques ne pouvaient s'étendre qu'aux dépens de différents corps privilégiés, ceux-ci étaient dépossédés par la force, et il était rare qu'une multitude impétueuse et passionnée n'abusât pas de ses premiers avantages. Aussi on vit éclater, dans le treizième siècle, des troubles souvent excités par des factieux, qui, sous prétexte d'arracher le peuple à l'oppression, commirent en son nom de si graves désordres qu'ensuite il en désavoua une partie.

Ces mouvements tumultuaires auraient été plus difficiles à calmer dans les pays où la forme du gouvernement rendait plus inégales les différentes classes d'habitants et irritait la jalousie des hommes dont elle comprimait l'ambition. Mais on était moins exposé à ces profondes haines dans les villes qui, se régissant par des lois plus populaires, ne reconnaissaient pas les mêmes distances entre les citoyens, et regardaient la prospérité publique comme essentiellement fondée sur la base de l'industrie et du commerce.

Telle était sous ce rapport la situation des villes anséatiques: les hommes appelés à jouir des droits politiques y étaient plus nombreux: néanmoins les conditions n'étaient pas égales pour tous, et la répartition ou la surcharge des impôts donnait lieu à d'autres différends.

Une des principales taxes du moyen âge était la capitation, charge qui pèse d'une manière trop inégale sur les fortunes et les classes différentes de la société. Dans quelque proportion qu'elle soit réduite, elle écrase le prolétaire, l'infirme, la famille réduite à la pauvreté: elle porte, spécialement dans les villes, sur les artisans dont la foule est beaucoup plus nombreuse que les autres classes réunies; et comme les plaintes qu'elle excite ont pour elles la multitude, elles ne peuvent pas être imprudemment écartées par le gouvernement.

Le sénat de plusieurs villes anséatiques se trouva quelquefois exposé à une si pénible épreuve. Si les besoins de l'État lui faisaient regarder comme impossible la réduction des taxes, il cherchait à temporiser, à obtenir contre les mécontents l'appui des corporations plus paisibles, à balancer l'autorité tumultueuse des artisans par celle de la bourgeoisie, moins nombreuse, mais plus riche, et plus intéressée au maintien de l'ordre public. C'était à l'opinion de cette classe de citoyens que le sénat avait habituellement recours; et en effet elle formait une ligne intermédiaire entre lui et les corporations des arts et métiers. Les hommes admis dans la bourgeoisie avaient souvent commencé par l'exercice d'une profession. Cette classe moyenne comprenait les négociants en exercice, ceux qui s'étaient retirés du commerce après lui avoir dû leur fortune, les propriétaires de maisons et de domaines ruraux, les officiers publics, les magistrats entre lesquels se partageaient les différents emplois de la société, et tous les hommes enfin admis à y occuper quelque rang par leurs fonctions, et habiles à faire partie du sénat, soit qu'ils y fussent appelés et adjoints par les titulaires eux-mêmes, soit qu'ils eussent à concourir personnellement à la nomination de ce grand corps de l'État.

Ces premières remarques sur l'organisation sociale la plus généralement admise dans les villes anséatiques nous aideront à suivre les dissensions qui s'y manifestèrent par intervalles; elles pourront aussi nous expliquer par quels moyens termes, par quelles voies de conciliation on parvenait à y rétablir le calme. Il est, heureusement pour l'humanité, peu de crises sociales qui ne laissent quelque prise à une transaction, lorsqu'elles commencent et se terminent dans une même cité. Les émotions publiques peuvent y être plus fréquentes que dans un grand État, mais elles s'apaisent plus promptement. Les liens de famille, ceux que l'amitié ou l'habitude avaient formés peuvent encore retenir l'essor des passions et des inimitiés publiques, et cette communauté d'origine a préparé et facilité plus d'une réconciliation.

Si nous examinons la situation politique de quelques-unes des villes les plus importantes, nous pouvons remarquer que les habitants de Cologne rendaient hommage à leur archevêque et lui juraient fidélité, aussi longtemps qu'il les maintiendrait dans leurs droits et leurs priviléges: après avoir reçu leur serment, l'archevêque confirmait par écrit leurs anciens franchises. Cette ville dépendait immédiatement de l'Empire, et l'électeur n'y exerçait sa propre juridiction que dans les affaires criminelles. Toutes les fois qu'il voulut étendre son autorité, il rencontra une vive résistance; et les habitants donnèrent, en 1297, une preuve remarquable de leur attachement aux libertés publiques. L'électeur avait levé un corps de troupes pour les soumettre: ils sortirent des portes, marchèrent à sa rencontre; et déposant les clefs de la ville sur le champ de bataille, comme un prix réservé au vainqueur, ils attaquèrent les troupes de l'archevêque, les taillèrent en pièces, et rentrèrent victorieux dans la cité.

On essaya encore dans la suite de restreindre les priviléges dont Cologne jouissait. Un électeur exigeait qu'on lui livrât une des portes de la ville; il en fit la demande au sénat; et un enfant de neuf ans, fils d'un sénateur, voyant son père vivement inquiet, lui demanda et apprit la cause de sa tristesse: « Eh bien, lui dit-il, enlevez de « ses gonds une des portes, envoyez-« la à l'électeur à Bonn, et faites mu-« rer cette entrée. » Cet avis fut adopté: l'archevêque mourut, sans avoir pu se venger du refus dérisoire qu'il venait d'essuyer; et un enfant de neuf ans fut longtemps admis à siéger au sénat, en mémoire de cet événement.

Dans les villes qui n'étaient pas la résidence d'un évêque, et où les droits de l'Église et du pouvoir suprême n'étaient pas réunis dans la même personne, l'autorité ecclésiastique était souvent en rivalité avec l'autorité civile; toutes deux s'exerçaient dans une sphère particulière et séparée; mais leur ligne de démarcation n'était pas toujours assez précise pour qu'il n'y eût pas de fréquentes collisions entre elles. L'histoire de Hambourg nous offre, en 1335, un exemple de ces querelles de juridiction, où l'on montra de part et d'autre le plus d'animosité.

Depuis que les archevêques de Hambourg et de Brême avaient établi leur résidence dans la seconde ville, le chapitre qu'ils avaient laissé à Hambourg avait continué de jouir de ses anciens priviléges, et ils furent fixés en 1270, par une convention entre lui et le sénat : on traça l'enceinte territoriale où s'exercerait l'autorité du chapitre, les genres d'affaires qui ressortiraient au pouvoir civil ou ecclésiastique, les droits dont l'église jouirait pour la collation des bénéfices et pour l'inspection et la direction des écoles ; mais ce règlement laissait encore dans l'indécision un si grand nombre de cas, que les discussions se renouvelèrent dans la suite avec plus de violence et d'aigreur. Celles qui éclatèrent en 1335 furent occasionnées par une différence d'opinion sur le divorce, que la loi civile autorisait, mais qui était repoussé par les lois canoniques : cette question fut bientôt perdue de vue et fit place à d'autres difficultés plus graves.

Le chapitre n'ayant pas de force armée pour prévenir ou venger quelques actes de violence de ses adversaires, eut recours à l'excommunication contre le sénat et la bourgeoisie : il fit suspendre la célébration du culte, sortit de la ville, recourut à l'autorité du saint-siége, à celle de l'empereur Charles IV, obtint l'intervention du roi de Danemark, du comte de Holstein, de quelques autres autorités souveraines ou religieuses, et n'ayant pu forcer la courageuse résistance du gouvernement, il consentit enfin, en 1355, à entrer en arrangement avec lui. Le chapitre conserva les immunités de ses maisons, la juridiction sur les ecclésiastiques, la collation des bénéfices, le droit d'acquérir des biens-fonds qui seraient soumis à la taille : toutes les bulles lancées contre le sénat et la bourgeoisie furent révoquées. On continua de reconnaître et de distinguer les deux juridictions civile et religieuse ; mais les limites en furent mieux définies ; et le chapitre craignit d'engager une lutte nouvelle qui pouvait lui faire perdre quelques-uns de ses derniers avantages.

L'autorité de la bourgeoisie s'était progressivement accrue dans les différentes villes anséatiques qui jouissaient du droit de se gouverner : elle tendait à affranchir l'autorité civile du contrôle d'un autre pouvoir : elle souffrait même avec impatience l'exercice simultané de deux législations rivales, et cherchait à circonscrire plus étroitement le domaine de la juridiction et de l'influence religieuse.

Mais à côté de la bourgeoisie commençait à s'élever un autre corps, plus puissant, plus tumultueux, celui qui supporte dans chaque société la fatigue du jour et les plus nombreuses charges de l'État. Cette multitude, si énergique dans ses efforts, si mobile dans ses passions, et dont il faut toujours assurer le bien-être, n'avait pas dans chaque pays le même caractère, parce qu'en effet elle ne se composait pas d'éléments semblables. La classe occupée des travaux des champs était la plus paisible et la plus dispersée : répandue dans les hameaux, où elle jouissait d'un heureux état de médiocrité, elle n'embrassait pas dans ses vues un long avenir. Ses vœux, ses espérances s'étendaient du temps des semailles à celui de la récolte ; et si elle était épargnée par les taxes, elle s'en tenait à la modeste aisance que le travail et la nature lui avaient assurée.

Le grand nombre d'artisans, de fabricants et de manufacturiers, auxquels était abandonné l'exercice de toutes les professions, avait ses corporations, ses règlements distincts, et entrait davantage dans le mouvement général de la société. Chaque communauté avait ses priviléges : toutes n'avaient pas les mêmes intérêts ; elles se bornaient à défendre les prérogatives qui leur étaient propres : il était rare qu'il y eût de l'unanimité dans leurs plaintes ; et si plusieurs se prononçaient contre le gouvernement, d'autres lui restaient attachées : l'appui des corporations pouvait donner quelque force aux mécontents, mais il offrait aussi quelques moyens de leur résister.

La classe des matelots et des autres hommes attachés au service des ports formait dans les villes maritimes une masse de population beaucoup plus redoutable : elle se composait d'hommes plus exercés aux fatigues et aux périls de la navigation, endurcis au travail, vivant sous le ciel, accoutumés à une existence aventureuse, et animés de passions fortes, impétueuses et faciles à exalter. Les agitateurs y trouvaient des partisans, disposés à tout entreprendre, s'ils parvenaient à les séduire, et à leur faire espérer quelque prix de leur coopération. Reportons-nous à l'époque où ce genre de séduction était plus facile, où l'ignorance des classes inférieures les tenait moins en garde contre tous les piéges, où l'organisation des différentes parties de la société ne procédait encore que par tâtonnements, et n'arrivait que par des épreuves incomplètes et successives à quelques améliorations compatibles avec l'esprit du siècle. Cette marche progressive était embarrassée par un grand nombre d'obstacles : il fallait pour calmer les passions chercher souvent à les diriger, paraître céder à l'orage, louvoyer à travers les écueils; et si les périls devenaient plus imminents, si le gouvernement d'une ville anséatique était dans l'impuissance d'y rétablir l'ordre public, alors on avait recours à la médiation de quelques-uns de ses confédérés, et l'on se prévalait de la promesse que s'étaient faite tous les Anséates de se prêter une mutuelle assistance contre l'anarchie.

L'occasion d'exercer ce droit d'intervention ne se présentait que trop fréquemment : chaque ville renfermait quelque semence de trouble : on vit, en 1375, plusieurs corporations de Brunswick se soulever contre le sénat : les ouvriers qui leur appartenaient attaquèrent les sénateurs, en firent périr quelques-uns, expulsèrent les autres, et les remplacèrent par des magistrats qu'ils croyaient plus dévoués à leur cause. Mais cet exemple d'insurrection fut désavoué par la Ligue Anséatique; elle ne reconnut pas le nouveau gouvernement; elle exclut même cette ville de la confédération, jusqu'après le rétablissement du sénat qu'on avait si violemment détruit.

Cette exclusion allait priver Brunswick de tous les avantages politique et commerciaux que la Ligue lui avait procurés; et cette ville reconnut bientôt le besoin de renouer ses relations interrompues. Lubeck, Hambourg et Lunebourg lui offraient leur médiation : il fallut plusieurs années pour pacifier les troubles; et enfin les négociateurs obtinrent le rappel des sénateurs qu'on avait expulsés, le désaveu des mesures prises contre eux, et la réintégration de Brunswick au nombre des villes anséatiques. Le gouvernement fit célébrer de saints offices, pour le repos de l'âme de ceux qui avaient péri, et une députation égale à leur nombre fut envoyée à Rome en pèlerinage. Ce dernier mode d'expiation était alors un des plus usités; et des clauses analogues se retrouvent quelquefois dans les autres actes de réconciliation, conclus vers la même époque. Elles reposaient sur ce principe · Que la plupart des délits et des violentes agressions étaient rachetables par des compositions personnelles : cette législation dérivait du système féodal; les canons de l'Église y avaient joint et substitué quelquefois leur propre autorité, et l'expiation se bornait enfin à une peine canonique. On avait d'ailleurs senti que la mort, donnée au milieu des dissensions et des guerres civiles, ne pouvait pas être assimilée à un meurtre, à un homicide ordinaire, et qu'il n'y avait pas toujours lieu de poursuivre devant les mêmes tribunaux les auteurs d'un crime imputable aux fureurs des partis.

La ville de Hambourg, qui venait de concourir par ses bons offices à pacifier les troubles de Brunswick, avait elle-même donné des exemples d'insubordination contre les autorités publiques : on vit, en 1376, la plupart de ses corps de métiers s'unir aux autres artisans et s'insurger contre le sénat. Ils demandaient que la capitation fût réduite de moitié, et qu'on annulât plusieurs ordonnances qu'ils prétendaient contraires à leur industrie : mais le sénat sut habilement profiter des divisions établies entre les artisans et les bourgeois qui exerçaient le commerce : il obtint quelques jours pour délibérer sur les obligations qu'on voulait lui imposer ; et lorsqu'il put compter sur l'appui des bourgeois, et sur celui de plusieurs corps de métiers qui n'avaient pris aucune part à la révolte, il se refusa à la diminution d'une charge nécessaire aux dépenses publiques. L'émeute parut alors apaisée; cependant les causes de mécontentement et de division subsistaient encore ; elles devaient bientôt se manifester avec plus d'éclat.

Les habitants de Lunebourg, l'une des villes anséatiques les plus considérables, eurent aussi, en 1396, des démêlés avec les ducs, qui cherchaient à restreindre leurs priviléges. Hambourg et Lubeck, s'étant déclarés en leur faveur, prirent les armes contre le duc qui mettait des entraves à leur navigation sur les fleuves, et furent dédommagés, en faisant la paix, des sacrifices que la guerre leur avait coûtés.

Des troubles, plus difficiles à calmer, éclatèrent à Lubeck en 1408. Le rang supérieur que cette ville occupait dans la confédération lui imposait des dépenses plus considérables : les habitants se plaignirent de la gravité des charges; ils nommèrent soixante citoyens pour examiner et surveiller l'emploi des revenus publics et ils formèrent un nouveau sénat, après avoir mis en fuite les anciens membres, qui se réfugièrent à Hambourg et adressèrent leurs plaintes à l'Empereur. L'exemple de Lubeck fut suivi à Rostock, à Wismar, et les sénats de l'une et de l'autre ville furent également déposés.

L'empereur Sigismond cassa le nouveau sénat de Lubeck ; et cette ville ayant été mise au ban de l'Empire, les autres membres de la Ligue Anséatique suspendirent momentanément leurs relations avec elle. Hambourg aurait pu tirer avantage de cette circonstance, pour chercher à remplacer Lubeck dans la direction des affaires de la Hanse ; mais Hambourg respecta les titres d'un allié, et lui offrit sa médiation en 1415, pour pacifier de si graves différends entre les magistrats et la bourgeoisie. Le parti du nouveau sénat se discréditait de jour en jour : l'Empereur insistait sur le rétablissement de l'ancien, et enfin celui-ci fut réintégré en 1416. Ceux de Rostock et de Wismar le furent également ; mais l'esprit d'insurrection n'était pas éteint dans ces deux villes, et en 1428 il s'y ranima avec une extrême violence et fit plusieurs victimes.

Les luttes que le sénat de Hambourg eut à soutenir contre les prétentions de la bourgeoisie et des corporations ne purent être apaisées que par des concessions faites à l'autorité du grand nombre. Il fallait bien, pour faire cesser le mécontentement du peuple, avoir égard à ses plaintes et améliorer sa condition : ce sont là des devoirs imposés à toute administration paternelle ; et le gouvernement ne peut en effet en exercer aucune autre. Il sent d'ailleurs combien il a de ménagements à garder, dans une ville qui constitue l'État tout entier, et qui réunit dans son enceinte tous les pouvoirs, depuis l'origine et les éléments de la souveraineté jusqu'aux fonctions des plus hautes magistratures.

Dans un territoire plus étendu, le gouvernement a plus de force, et compte sur des ressources qui lui sont propres : l'autorité du nombre est plus divisée ; l'unité de masse et d'action lui manque plus aisément. Il s'élève, sur différents points, des intérêts de localité qui peuvent être opposés l'un à l'autre ; et le gouvernement qui sait profiter avec art de cette variété de besoins, de cette dissidence d'opinions, est moins embarrassé dans sa marche, moins exposé à d'invincibles résistances. Mais lorsqu'il est réduit à l'enceinte d'une ville, il se trouve sans cesse en présence de tout le peuple qui lui a remis ses pouvoirs : l'opinion publique fait sa force ; elle observe et juge tous ses actes : il devient plus difficile de la dominer ; et quelquefois il faut paraître céder à ses fluctuations, pour ne pas être entraîné par toute la violence de son cours. L'habileté de ce gouvernement est de temporiser, de faire subir aux questions difficiles une discussion nouvelle, de faire pénétrer au milieu des passions publiques les conseils de la raison et de la modération, auxquels les bons esprits se rallient, et qui tempèrent enfin les mouvements de la multitude.

Tel était généralement le but que se proposaient les magistrats de ces États populaires. Placés au premier rang dans la Ligue Anséatique, ils cherchaient à conserver les avantages de leur situation commerciale et de leur indépendance politique : souvent appelés à intervenir comme médiateurs dans les affaires et les discussions intérieures de leurs voisins, ils sentaient le besoin de mettre un terme à leurs propres agitations, et de conserver avec soin cette réputation de sagesse, qui avait été le principe de leur influence dans la Ligue et de leur considération dans l'Europe entière.

Ce caractère de prudence et de justice se retrouve dans les concessions que le sénat de Hambourg fit en 1418 à la bourgeoisie et aux corporations d'arts et métiers, dont la turbulence et les plaintes lui avaient d'abord inspiré de vives inquiétudes. Il fut résolu qu'aucun bourgeois ne pourrait être arrêté sans une sentence du juge ; que dans les affaires importantes et qui intéressaient l'État lui-même la bourgeoisie devrait toujours être consultée ; qu'on ne pourrait, sans son aveu, ni entreprendre une guerre, ni ordonner les dépenses que cette rupture rendrait inévitables ; que ses intérêts seraient spécialement protégés, soit dans l'exercice du commerce et dans le recouvrement de ses créances, soit contre les dénis de justice des tribunaux, ou les actes violents et arbitraires des gouvernements étrangers.

La participation de la bourgeoisie aux affaires publiques se trouvait réglée par cet acte ; et si l'autorité exécutive continuait d'appartenir au sénat, du moins elle se trouvait tempérée par les délibérations et l'assentiment d'un conseil plus nombreux, qui représentait le peuple et qui était investi de sa confiance. Ce conseil devint ensuite une sauvegarde pour l'autorité du sénat, contre lequel il avait d'abord paru formé : il établit une espèce de contre-poids entre le pouvoir exécutif et le peuple : celui-ci n'avait plus les mêmes motifs pour recourir à une émeute contre le sénat lorsqu'il avait à se plaindre de lui, et il pouvait paisiblement faire usage de l'intervention du grand conseil, composé d'hommes pris dans son sein, et organe naturel de ses vœux et de ses représentations.

L'esprit de mécontentement qui avait longtemps agité la plupart des villes anséatiques et qui avait amené des changements dans leur administration, s'était aussi manifesté dans d'autres parties de l'Allemagne, unies plus ou moins directement à la même confédération ; et il tendait à obtenir la réforme de différentes institutions contre lesquelles l'opinion publique se prononçait hautement. Comme elles embrassaient un grand nombre de villes, l'autorité impériale pouvait seule les abolir partout à la fois : elle y donna ses soins ; et nous devons signaler honorablement les efforts que fit l'empereur Albert II pour détruire en 1438 les tribunaux wehmiques, établis en Westphalie depuis plusieurs siècles. On remarque au nombre des villes anséatiques où ils étaient organisés, celles de Cologne, de Soëst, de Dortmund, d'Arensberg, de Munster, d'Osnabruck, et quelques autres places moins importantes : ils étendaient aussi leur juridiction dans les comtés de la Mark et de la Lippe, dans les villes de Minden, Rhéda, Bentheim, et sur tout le reste de la Westphalie.

Éginhard, secrétaire de Charlemagne, et d'autres contemporains qui ont retracé les événements de son règne, ne font aucune mention de l'établissement des tribunaux wehmiques ; et les premiers écrivains qui l'aient attribué à ce prince vivaient dans le quatorzième et le quinzième siècle : ce sont Herford et Æneas Sylvius, élevé ensuite au pontificat sous le nom de Pie II. Leur témoignage, opposé au silence des hommes qui avaient eu sous les yeux les actes civils, politiques et religieux de Charlemagne, ne suffirait pas pour constater qu'il fonda cette institution ; et nous n'en retrouvons aucune trace évidente avant la fin du douzième siècle, époque du démembrement des États qui avaient appartenu à Henri le Lion, duc de Saxe. L'empereur Frédéric Barberousse fit alors cession de la Westphalie à l'archevêque de Cologne, pour lui et ses successeurs. Cette région était bornée au midi et à l'occident par le cours de la Lahn et par celui du Rhin jusqu'aux limites de la Frise ; à l'orient par l'Éder, la Fulde et le Wéser jusqu'à l'embouchure de l'Ockhum dans le voisinage de Brême ; au nord par l'Oldenbourg et le pays des Frisons. La Westphalie avait été plus étendue ; mais elle se trouvait renfermée dans cette enceinte quand les tribunaux secrets y furent institués ; et les bornes primitives de leur juridiction ne nous permettent pas d'en faire remonter l'origine à une plus ancienne époque.

L'archevêque de Cologne exerçait, comme duc de Westphalie, une haute surveillance sur tous les actes de ces tribunaux : leurs décisions étaient rendues par de francs-juges, présidés par des comtes qui parcouraient le pays, et tenaient successivement leurs assises dans des lieux déterminés : les deux principaux siéges de la cour wehmique étaient Dortmund et Arensberg : l'Empereur avait le droit de convoquer tous les ans un chapitre général, et l'on pouvait y reviser les statuts de cette corporation.

Tantôt les francs-juges s'assemblaient dans une place publique, ou sous un vaste hangard, ouvert de tous côtés ; tantôt dans un champ, sous un tilleul, un vieux chêne, un orme, des aubépines : le tribunal portait le nom du lieu. On suivait généralement l'ancien usage de rendre la justice en plein air ; mais quoiqu'on eût un grand nombre de spectateurs, l'enceinte où se plaçaient les juges était gardée, et la présence de la foule ne nuisait pas au secret de leurs délibérations.

Ces cours spéciales prononçaient sur un grand nombre de questions criminelles. Les délits religieux qu'on leur déférait étaient l'abjuration de la foi, la profanation des églises, l'hérésie, la magie, la transgression des préceptes du décalogue et de l'Évangile : elles avaient aussi à juger les attentats contre l'ordre public, les violences, le vol commis dans les maisons, les incendies, les mauvaises mœurs, la désobéissance aux ordres du tribunal secret. Les limites de cette juridiction étaient incertaines, du moins nous n'avons retrouvé aucun code où elles eussent été fixées ; et cette latitude indéfinie rendait leur autorité plus redoutable. On regardait les juifs et les païens comme indignes de comparaître à ce tribunal ; mais ils n'étaient pas plus en sûreté : les uns étaient exposés à d'aveugles persécutions, les autres à des guerres qui exterminaient des populations entières.

Les causes wehmiques se divisaient en trois classes différentes, celles de flagrant délit, de procédure inquisitoriale et de simple accusation. On se dispensait de tout examen ultérieur pour les prévenus pris en flagrant délit : pour abréger la procédure inquisitoriale, on introduisit la torture, et l'on s'en tint aux aveux, souvent faux, qu'arrachait l'excès de la souffrance. Lorsqu'un prévenu était simplement accusé, il devait obéir sous peine de mort à la troisième et dernière citation des francs-juges qui le sommaient de comparaître.

Ces jugements secrets inspiraient un tel effroi, que nul accusé n'osait s'y exposer volontairement : il était rare qu'on pût échapper à une sentence de mort, et ces tribunaux avaient plus de cent mille affiliés qui se chargeaient de l'exécution : les hommes qu'elle devait atteindre ignoraient le nom de leurs accusateurs, les crimes qu'on leur avait imputés, les juges qui les condamnaient, et dont le visage était couvert d'un voile : un glaive constamment suspendu sur leur tête allait les frapper dans l'ombre, sans qu'ils pussent le détourner.

La seule autorité supérieure dont les tribunaux wehmiques relevassent était celle de l'Empereur; mais ce monarque ne pouvait pas annuler leurs jugements : il avait seulement le droit d'en suspendre l'exécution, en accordant aux condamnés un délai de cent ans six semaines et un jour. Au reste, il était rare que l'on pût implorer sa clémence, lorsqu'on n'était pas jugé par contumace; car le prévenu dont on avait saisi la personne était mis à mort aussitôt qu'on avait prononcé sa condamnation. Il était pendu à un arbre; et si le condamné était absent et qu'on pût l'atteindre dans sa fuite, il était frappé d'un poignard où l'on avait gravé le sceau des cours wehmiques. On laissait l'arme plongée dans la blessure, afin que cette mort ne fût pas confondue avec un suicide, ou un meurtre, et qu'elle fût regardée comme une punition juridique.

Cette institution sanguinaire ne laissa enfin de sécurité qu'à ses affiliés, et pour jouir de ses prérogatives un grand nombre d'hommes puissants cherchèrent à lui appartenir. On vit des magistrats, des chefs de gouvernements monarchiques ou populaires, des bourgmestres, des princes, des empereurs même demander leur inscription sur les registres de la cour wehmique, espèce de livre d'or où se mêlaient les noms de tous ces privilégiés. Les francs-juges ne devaient exercer leur autorité qu'en Westphalie; mais ils l'étendirent progressivement sur d'autres contrées; les unes subirent cet empiétement avec résignation, les autres lui résistèrent.

Lorsque la charge d'archichancelier de l'Empire eut été conférée à l'archevêque de Cologne, ses nouvelles fonctions politiques lui donnèrent la facilité d'étendre ses attributions judiciaires, et de les faire reconnaître dans toute l'Allemagne. L'autorité même des empereurs favorisa cette usurpation : plusieurs monarques reçurent, à l'époque de leur couronnement, le diplôme de franc-juge, des mains des comtes de Dortmund; et Sigismond présida lui-même, en 1429, le chapitre général convoqué dans cette place, où les archives des tribunaux secrets étaient déposées. Cette accession, cet appui donné par la puissance impériale, semblaient affermir encore l'autorité des cours wehmiques; cependant, quoique Sigismond crût devoir la ménager, il reconnaissait la nécessité d'y introduire des réformes, et il eut recours, pour les préparer, à l'intervention de l'archevêque de Cologne, dont la suprématie juridique avait été reconnue successivement par Charles IV et par Wenceslas. Le monarque hésitait encore de se déclarer contre une institution sous laquelle il avait fléchi lui-même; mais l'empereur Albert II, successeur de Sigismond, voulant enfin reconstituer sur de plus solides bases la puissance de l'Empire, convoqua en 1438 une diète à Nuremberg. L'Allemagne y fut réorganisée; on la partagea en quatre cercles, ceux de Bavière, de Souabe, du Rhin et de Westphalie : les institutions wehmiques furent abolies par un décret de cette diète; et sans doute elles auraient effectivement cessé, si le règne de ce prince se fût prolongé; mais Albert mourut l'année suivante; ses premiers successeurs n'eurent pas la même fermeté, et les tribunaux secrets purent encore exercer de nouveaux actes de violence, jusqu'à ce que leurs excès et leurs iniquités eussent soulevé contre eux l'indignation générale.

Si l'on considère la situation anarchique des peuples au milieu desquels les cours wehmiques furent établies, on conçoit le projet qu'eut leur fondateur de faire succéder une nouvelle forme de jugement aux bizarres ou cruelles épreuves que l'on faisait alors subir aux accusés. Celles de l'eau bouillante, du fer rouge, de l'immersion dans un bassin, de la croix, du combat judiciaire, avaient été si souvent contraires au bon droit, que l'on aima mieux s'en tenir aux décisions d'un tribunal. Les lois criminelles de ces temps barbares ne s'étaient pas d'ailleurs appliquées d'une égale manière à tous les états de la société ; et les institutions qui avaient permis de racheter par une composition pécuniaire la plupart des délits et des crimes, variaient le taux de cette amende, d'après le rang des victimes et celui des coupables.

Du moins en traduisant tous les accusés devant des tribunaux qui n'admettaient aucune acception de classe, de fortune et de personnes, et qui abaissaient sur toutes les têtes un même niveau, on avait paru obéir à un sentiment d'équité plus impartial; mais on était tombé dans le péril le plus grave, en abandonnant le sort des accusés à des juges qui n'obéissaient qu'à d'ignorantes préventions, et que l'esprit du temps où ils vivaient allait rendre impitoyables.

Quelle tolérance pouvait-on espérer de ceux auxquels la plupart des causes religieuses étaient soumises, quand des nations entières marchaient contre les infidèles, quand les hérétiques étaient frappés d'excommunication et proscrits par les lois, quand l'inquisition organisait ses tribunaux, et qu'on semblait attiser par des bûchers les flammes de l'enfer auxquelles on dévouait tant d'infortunés? Ce génie persécuteur était devenu celui des tribunaux wehmiques ; et, pour comble de maux, la religion dont on dénaturait les principes les plus saints ne servit plus que de voile pour couvrir les secrètes inimitiés ou les passions aveugles, et pour justifier les plus absurdes accusations : déplorables calamités, qu'éprouvèrent non-seulement toutes les villes de Westphalie attachées à la Ligue Anséatique, mais encore celles du Nord, sur lesquelles les tribunaux secrets de cette contrée voulurent étendre leurs attributions, sans que l'éloignement de ces villes et les franchises dont elles jouissaient pussent les mettre à l'abri d'une autorité si tyrannique.

LIVRE SEPTIÈME.

SOMMAIRE.

SITUATION RELIGIEUSE DE L'EUROPE. — TROUBLES DE L'ÉGLISE. — CONCILE DE CONSTANCE. — JEAN HUS ET JÉRÔME DE PRAGUE. — PROPAGATION DE LEUR DOCTRINE DANS PLUSIEURS VILLES ANSÉATIQUES. — MALHEURS ÉPROUVÉS PAR QUELQUES AUTRES. — PERTES RÉPARÉES PAR L'INDUSTRIE ET LE TRAVAIL. — EXPLOITATIONS ET CULTURE. — ACTIVITÉ DE LA NAVIGATION ET DES PÊCHERIES. — RELATIONS DE L'ORDRE TEUTONIQUE AVEC LES ANSÉATES. — SES GUERRES AVEC LA POLOGNE. — MOUVEMENT DES ESPRITS DANS LE QUINZIÈME SIÈCLE. — CAUSES QUI FAVORISENT CE DÉVELOPPEMENT. — INVENTION DE L'IMPRIMERIE. — SES ÉTABLISSEMENTS DANS LES VILLES ANSÉATIQUES. — FONDATIONS D'ACADÉMIES. — RÉSULTATS DE LA PRISE DE CONSTANTINOPLE POUR LES LETTRES ET LE COMMERCE. — TRAITÉ DES VILLES ANSÉATIQUES AVEC PLUSIEURS PUISSANCES. — COLOGNE MOMENTANÉMENT SÉPARÉE DE LA LIGUE. — NOUVELLE GUERRE DE L'ORDRE TEUTONIQUE AVEC LES POLONAIS. — SITUATION DU COMPTOIR ANSÉATIQUE DE NOVOGOROD. — CONQUÊTE DE CETTE VILLE PAR LES MOSCOVITES.

Ce serait trop restreindre l'histoire des villes anséatiques que de nous borner à peindre leur situation intérieure, sans embrasser leurs rapports avec les autres peuples. Si elles ont des traits spéciaux qui les caractérisent et les distinguent, il en est d'autres qui leur sont communs avec la grande famille de l'humanité. Ces villes participent au mouvement intellectuel et général qui se communique de proche en proche et se transmet d'âge en âge; elles flottent, comme les autres pays, au milieu de l'incertitude des opinions. Chaque génération obéit aux idées dominantes de son siècle; elle en adopte les vérités ou les erreurs, et se sent involontairement entraînée dans la direction que lui donnent les nations les plus avancées dans l'ordre social.

Plus les relations sont intimes et fréquentes entre différents peuples, plus ils sont disposés à emprunter les uns des autres ces traits de ressemblance. L'empire de l'exemple gagne insensiblement plusieurs contrées; et l'on remarque, à travers les révolutions particulières à chacune d'elles, une impulsion commune qui les emporte toutes.

Ainsi, quoique les villes anséatiques aient des institutions qui leur sont propres et qui dérivent de leur association politique et commerciale, elles s'identifient par le langage, les mœurs et la communauté d'origine, avec d'autres nations qui les environnent. La plupart de ces villes ont surtout avec l'Allemagne ces rapports d'esprit, de caractère, d'union fraternelle, qui constituent la nationalité : elles ont de semblables établissements religieux, et leurs relations avec la cour de Rome doivent éprouver les mêmes vicissitudes. Nous aurons plus tard à indiquer ces variations, et il convient d'en exposer ici l'origine.

Quel que fût l'ascendant du clergé dans les villes anséatiques, de même que chez les autres nations du moyen âge, les opinions religieuses commençaient à ne pas suivre partout une même direction : en s'accordant sur la morale, elles se divisaient sur les croyances, et l'on se livrait à de subtiles discussions sur des dogmes que l'argumentation pouvait obscurcir. Ces contestations nuisaient à l'autorité de l'Église romaine : on apprenait à ne pas confondre les intérêts de la religion avec ceux du saint-siége. L'exemple de cette liberté d'opinions était donné dans la capitale même du monde chrétien; et l'Europe s'accoutumait à moins respecter le caractère sacré d'un souverain que ses sujets temporels refusaient de reconnaître, et qu'ils avaient réduit à s'expatrier.

Le saint-siége avait éprouvé de fréquentes mutations depuis quarante ans : Rome avait compté dans cet intervalle douze pontifes et cinq années d'interrègne. Cette ville cherchait à se rendre indépendante de la souveraineté des papes : menacés par plusieurs séditions, ils crurent trouver ailleurs plus de sécurité; et l'exaltation de Bertrand de Goth au saint-siége, sous le nom de Clément V, amena en 1309 la translation de la cour pontificale à Avignon, où les papes résidèrent pendant soixante-dix ans. Ce changement de séjour fut un des événements qui entraînèrent le plus de variations, non-seulement dans la situation politique de Rome et de l'Italie, mais dans l'exercice du gouvernement pontifical, et dans les opinions religieuses dont l'autorité prévalut tour à tour. Si toutes ces vicissitudes ne doivent pas être imputées à une seule cause, du moins elles paraissent tellement enchaînées les unes aux autres, que nous ne croyons pas devoir les séparer; et nous allons les indiquer brièvement, dans la vue de faire remarquer celles qui se lient à l'histoire des villes anséatiques.

Quoique l'absence des papes leur aliénât l'affection des Romains, encourageât les vues d'indépendance de ce peuple, et préparât quelques succès momentanés à Crescentius, à Rienzi, qui cherchèrent en deux occasions à rétablir la majesté de la république romaine, nous ne nous arrêterons point à ce résultat qui ne produisit que des révolutions locales et passagères. Mais l'absence des papes eut un autre effet plus sensible pour la chrétienté tout entière, quand elle amena de doubles élections au pontificat, en divisant l'exercice de la puissance entre les membres du sacré collége qui étaient restés à Rome et ceux qui s'en étaient éloignés. On vit en 1378 éclater ces rivalités et ces dissensions, lorsque les Romains nommèrent Urbain VI, et que Clément VII, nommé à Fondi par un autre conclave, vint résider à Avignon. Le premier était soutenu par une partie de l'Italie et de l'Allemagne, par la Bohême, la Hongrie et l'Angleterre; le second l'était par la France, l'Espagne, le Portugal et les autres pays de la chrétienté. Clément se voyait environné des cardinaux de son parti; Urbain, qui resta en Italie, augmenta le nombre des siens; l'un et l'autre s'excommunièrent mutuellement; leurs adhérents étaient frappés des mêmes malédictions; et ce partage d'autorité et le désordre qui en fut la suite se perpétuèrent longtemps après eux. Urbain VI mourut en 1389 sans être regretté, et sa mort semblait devoir rallier à Clément VII toutes les opinions; mais la majorité des cardinaux qui se trouvaient à Rome s'empressa d'y ouvrir un conclave où Boniface IX fut élu; et ce pontife et Clément VII, lançant l'un contre l'autre leurs anathèmes, se disputèrent le droit de nommer des souverains. Clément donna le royaume de Naples à Louis d'Anjou; Boniface accorda la même couronne à Ladislas, roi de Hongrie; et une sanglante guerre fut le résultat du schisme qu'entretenaient les deux pontifes.

Après la mort de Clément VII en 1393, Pierre de Lune, cardinal espagnol et légat en France, lui fut donné pour successeur par les cardinaux qui étaient à Avignon, et il prit le nom de Benoît XIII. Son élection prolongeait le schisme; et l'université de Paris, le roi de France et d'autres souverains, désirant faire cesser les dissensions de l'Église, cherchèrent à obtenir que les deux pontifes renonçassent à leur dignité, et que l'on fît une nouvelle élection; mais ni l'un ni l'autre pape ne voulut y consentir. Boniface mourut à Rome en 1404, et les cardinaux de cette ville lui donnèrent Innocent VII pour successeur : deux ans après, ils nommèrent Grégoire XII. Enfin les membres de l'un et de l'autre parti, lassés du déchirement de l'Église, se réunirent à Livourne, et reconnurent la nécessité de convoquer un concile général, qui en effet s'ouvrit à Pise, le 25 mars 1409.

Les Pères de l'Église appelèrent devant eux les deux compétiteurs; et ceux-ci, n'ayant pas comparu, furent condamnés par le concile, qui les déclara schismatiques, hérétiques, déchus de leur dignité, défendit aux fidèles de les reconnaître sous peine d'excommunication, et promut au saint-siége le cardinal de Milan, sous le nom d'Alexandre V. Ce pontife ne régna que dix mois : il fut remplacé en 1410 par le cardinal Cossa, qui prit le nom de Jean XXIII; et l'empereur Sigismond invita bientôt la cour de Rome à convoquer un concile à Constance, afin de faire cesser complétement le schisme, et d'entreprendre la réforme des abus qui s'étaient introduits dans l'Église.

Les deux papes que le concile de Pise avait déposés vivaient encore, et ni l'un ni l'autre n'avait renoncé à ses prétentions. Pierre de Lune s'était retiré à Péniscole en Aragon, et l'Espagne, l'Écosse et quelques princes le reconnaissaient toujours : Grégoire XII habitait Rimini, et, quoiqu'il y fût presque abandonné, il se montrait inflexible. Jean XXIII, qui résidait à Rome, était devenu odieux à l'Italie, où il avait rallumé la guerre entre Ladislas et Louis d'Anjou; et le concile de Constance, qu'il vint présider vers la fin de 1414, prit le parti de le déposer, le 29 mai de l'année suivante. Ce pontife se soumit au jugement de l'assemblée : Grégoire XII adressa bientôt sa propre abdication; et le concile, avant de se séparer, éleva au saint-siége Othon Colonne, qui prit le nom de Martin V. Cependant il lui restait encore un compétiteur; et Benoît XIII continuait de s'attribuer dans sa retraite le titre et les pouvoirs de la papauté. Benoît mourut en 1424, après s'être fait promettre par deux cardinaux attachés à sa personne qu'ils lui donneraient un successeur; et ceux-ci élurent en effet Clément VIII, qui, après avoir obscurément joui d'un vain titre, prit le parti d'y renoncer en 1429, et mit enfin un terme au grand schisme d'Occident.

Le concile avait plusieurs fois exprimé le dessein de s'occuper des réformes de l'Église, et le chancelier Gerson, un de ses membres les plus éclairés, insistait sur la répression des abus; mais l'examen en fut constamment différé, sous divers prétextes, et les prélats allemands présentèrent inutilement un mémoire au concile, pour lui peindre tous les périls de cet ajournement. Ils prétendaient que le choc des autorités civiles et religieuses exposait la chrétienté à des troubles habituels; que la corruption des mœurs du clergé avait été la véritable cause du schisme; qu'il fallait attaquer le mal dans son principe, ramener l'autorité pontificale à de justes bornes, ne plus en faire une arme contre les souverains, et ne pas provoquer les plaintes des nombreux mécontents qui, en s'élevant contre les abus du clergé, y cherchaient un motif pour attaquer les dogmes eux-mêmes, et pour susciter de nouveaux ennemis à l'Église. On voyait leur nombre s'accroître de jour en jour: plusieurs contrées de l'Allemagne s'étaient imbues de leurs doctrines, et leurs opinions se répandaient dans les classes pauvres et malheureuses; classes d'autant plus faciles à séduire, qu'elles n'avaient rien à perdre aux changements, et qu'on leur faisait espérer la dépouille des hommes auxquels on imputait leur misère.

Les villes anséatiques, disséminées dans une grande partie de l'Allemagne, n'étaient pas étrangères à ces plaintes: elles avaient, comme les autres membres du corps germanique, leurs représentants au concile; elles devaient espérer comme eux la répression des désordres qui affligeaient tous les États de la chrétienté, et une assemblée si imposante leur paraissait avoir assez d'autorité pour obtenir ces grands résultats. Mais il était difficile de ramener aux anciens usages la discipline de l'Église; et pour rendre les mœurs plus régulières, il eût fallu commencer la réforme dans le lieu même où le concile était convoqué; mais la multitude assemblée autour de lui était d'autant plus malaisée à contenir qu'elle se composait d'éléments très-divers et du concours de toutes les nations qui reconnaissaient la légalité du concile; c'étaient des Allemands, des Français, des Italiens, des Anglais, des Espagnols. Les princes, les vassaux et une nombreuse noblesse étaient venus faire acte d'adhésion, et il se trouvait à Constance dix-huit mille ecclésiastiques et plus de quatre-vingt mille laïques étrangers. Cette multitude n'avait point à prendre part aux délibérations, qui ne devaient avoir lieu qu'entre les Pères du concile; mais elle recherchait comme un brillant spectacle la réunion la plus remarquable de la chrétienté, celle où l'on jugeait les rois, et où les papes venaient eux-mêmes reconnaître une autorité supérieure. Les fêtes religieuses s'y célébraient avec pompe; les plaisirs mondains y attiraient un grand nombre d'hommes, et, s'il faut en croire quelques écrivains du temps, quinze cents courtisanes et trois cent quarante-six histrions se mêlaient à cette affluence, et faisaient succéder aux pieuses cérémonies les distractions des plaisirs profanes.

Le concile de Constance fut d'ailleurs moins occupé de réformer des abus qui tenaient aux faiblesses humaines que de poursuivre les adversaires de ses décisions; il devint leur persécuteur, et il ne fit qu'aigrir les dissensions qui avaient éclaté à plusieurs reprises entre les autorités civiles et ecclésiastiques. Les moyens de réconciliation auraient été plus faciles dans les siècles où le clergé s'était habituellement rendu respectable par la pureté et la sainteté de ses mœurs. On se pliait sans effort à une puissance qu'on avait pris l'habitude de révérer: mais cette différence devint moins complète, moins absolue, à mesure que les vertus des pasteurs commençaient à défaillir, que des intérêts humains se substituaient au zèle religieux, et que le scandale pénétrait jusque dans le sanctuaire. Si les hommes qui avaient la garde des doctrines et la conduite des fidèles abusaient de leur autorité, ils discréditaient par leur exemple les vérités mêmes qu'ils annonçaient; et les novateurs qui s'élevaient contre eux, par ambition ou par conviction, ne les regardaient plus comme les apôtres d'un Dieu de paix et de charité.

Les contradictions que rencontrait alors la puissance ecclésiastique s'étaient déjà manifestées à plusieurs reprises; et sans remonter aux différentes sectes qui s'étaient déclarées dans les premiers siècles de l'Église, et dont nous avons indiqué le renouvellement à d'autres époques du moyen âge, nous devons signaler ici l'origine de celles qui troublèrent dans le quatorzième et le quinzième siècle la paix de l'Allemagne, et qui eurent dans plusieurs villes anséatiques de nombreux partisans.

On peut trouver la cause de ces dissensions dans les écrits de Jean Wiclef, né en Angleterre dans le comté d'York. Il fit ses études à l'université d'Oxford, où il obtint ensuite une chaire de philosophie et de théologie. Occupé journellement de questions religieuses et des affaires de l'Église, il s'éleva vivement contre les atteintes portées par la cour de Rome à la puissance et à la majesté des rois d'Angleterre : ses griefs remontaient jusqu'au commencement du treizième siècle, époque où Jean sans Terre, excommunié et déposé par Innocent III, n'avait pu recouvrer sa couronne qu'après avoir déclaré que l'Angleterre était feudataire du saint-siége et s'engageait à lui payer un tribut. La puissance temporelle des papes s'était constamment agrandie depuis ; mais enfin elle soulevait un grand nombre de contradicteurs, et la liberté de la pensée faisait assez de progrès pour que l'autorité ecclésiastique en fût alarmée. Wiclef, après avoir défendu contre elle la puissance civile, attaqua quelques dogmes de l'Église : il fut successivement dénoncé à plusieurs conciles tenus en Angleterre, et la plupart de ses propositions furent condamnées en 1382, par celui qu'avait assemblé à Londres l'archevêque de Cantorbéry. L'hérésiarque niait la présence réelle de Jésus-Christ dans l'eucharistie; il ne croyait point à l'efficacité des sacrements du baptême et de l'ordre, quand ils étaient administrés par un prêtre en état de péché mortel; la contrition lui paraissait suffire pour l'expiation des fautes, sans qu'on y joignît la confession auriculaire; l'Évangile n'avait pas ordonné la messe ; le pape n'avait aucun pouvoir sur les fidèles; le clergé ne devait jouir d'aucune propriété; l'égalité et l'indépendance devaient être établies parmi les hommes.

Ce dernier dogme, plus politique que religieux, avait occasionné en Angleterre le soulèvement des paysans; et plus de cent mille hommes, révoltés en 1379 contre les seigneurs dont ils cultivaient les terres, avaient commis de nombreuses dévastations. Ce fut à la suite de ces troubles que les principes de Wiclef furent condamnés; il était lui-même personnellement poursuivi ; mais il se tint caché, et mourut dans la retraite, en 1384.

Il suffisait que l'autorité de l'Église eût été attaquée hardiment et avec éclat, pour que cet exemple eût des imitateurs. La haine des partis était mutuelle et irréconciliable. D'abord elle fermentait sourdement ; elle donnait lieu à des conciliabules ; on cherchait par des conspirations sourdes à échapper à la surveillance des magistrats, dans les pays où le clergé conservait son crédit et pouvait compter sur l'appui de l'autorité civile : mais la liberté des opinions se faisait jour dans tous les lieux où le gouvernement ne cherchait pas à la comprimer, et où il paraissait disposé à concourir à l'abaissement d'une puissance rivale.

Telle était la situation de quelques parties de l'Allemagne, où les plus graves questions religieuses étaient mises en discussion, où les novateurs s'enhardissaient dans leurs discours, et formaient leurs élèves à toutes les subtilités de la dialectique et de la controverse. Les opinions de Wiclef s'étaient répandues dans cette contrée : elles furent embrassées et publiquement soutenues par Jean Hus, né en Bohême dans un bourg de ce nom, et devenu recteur de l'université de Prague. D'abord il n'en avait adopté qu'une partie : il admettait le sacrement de pénitence ; il reconnaissait aux papes le pouvoir d'accorder des indulgences, et il se bornait à le restreindre ; il ne voulait pas que des péchés pussent être expiés par une croisade ; il disait qu'une excommunication injuste devenait illégale et sans force; qu'aucun membre de l'Église ne pouvait en être séparé;

10ᵉ *Livraison* (VILLES ANSÉATIQUES.)

que le pape en était le ministre et non pas le chef; qu'il n'exerçait pas dans sa plénitude le droit de lier et de délier, et que Jésus-Christ avait seul le pouvoir de justifier un pécheur; que les fidèles devaient sans doute obéir aux évêques, mais seulement sur les points conformes à l'Écriture sainte, qui était leur premier guide.

Tous les dogmes de Jean Hus se trouvaient exposés dans son Traité de l'Église, et l'on défera au concile de Constance, le 5 novembre 1414, les propositions de cet ouvrage, qui paraissaient hérétiques ou erronées. Jean Hus avait obtenu de l'empereur Sigismond, qui avait réclamé la tenue de ce concile, un sauf-conduit pour y comparaître et pour se défendre : néanmoins, par une flagrante violation du droit des gens, il fut arrêté et condamné au feu. On le dégrada des ordres religieux; il fut livré comme hérésiarque au bras séculier, et, après avoir refusé obstinément de se rétracter, il garda ses opinions et son courage jusqu'au milieu des flammes où il expira.

Jérôme de Prague, qui partagea la destinée de Jean Hus, avait étudié successivement dans les universités de Paris, de Cologne, de Heidelberg : il vint défendre Hus au concile de Constance, et il fut son éloquent panégyriste. Lorsqu'on l'eut emprisonné, la crainte du supplice le porta d'abord à se rétracter; mais, rougissant bientôt d'un acte de faiblesse, il désavoua cette rétractation, fut condamné par le concile, et livré aux exécuteurs le 1er juin 1416. Lui-même il quitta ses vêtements, se mit à genoux devant le poteau où il devait être attaché, et chanta au milieu des flammes un hymne religieux, qui ne fut interrompu que par son dernier soupir.

La doctrine de Jean Hus avait commencé à se répandre en Prusse, à Thorn, à Elbing, à Kœnigsberg; elle fut publiquement enseignée à Dantzig par Gunter Tilman, qui eut de nombreux disciples. Les bourgmestres de cette ville les favorisaient; mais le grand maître de l'Ordre teutonique leur était contraire : ils furent condamnés par un synode ecclésiastique tenu à Braunsberg en 1416, et l'on déclara que tous les sectateurs des nouvelles doctrines seraient, après leur mort, privés de la sépulture. Cette menace eut assez de puissance sur l'imagination pour ralentir en Prusse le progrès des nouvelles croyances.

Cependant la mort de Jean Hus et de Jérôme de Prague devenait, en Bohême et dans quelques pays voisins, le signal d'une guerre qui ne fut éteinte que vers le milieu du quinzième siècle. Tous deux avaient laissé de nombreux disciples; et Jean Ziska, devenu chef d'une armée de paysans prêts à venger les deux martyrs, fit la guerre à l'empereur Sigismond, s'empara successivement et après de sanglants combats des plus fortes places de la Bohême, remporta onze victoires, fut le fléau des ordres monastiques, et détruisit leurs établissements dans tous les lieux dont il se rendit maître. Sigismond, n'ayant pu le réduire par la force, lui fit offrir des conditions d'arrangement : il n'obtint rien par ses négociations; mais la mort de Ziska, survenue en 1424, le délivra de son plus dangereux ennemi. Ce guerrier avait été privé d'un œil dans un premier combat; il perdit également l'autre d'un coup de flèche : mais ce malheur n'avait pas ralenti ses succès militaires, et les dernières années du vieillard aveugle furent encore signalées par ses triomphes.

La Bohême avait regardé Jean Ziska comme le défenseur de son indépendance : on lui éleva un tombeau à Prague, et il fut comparé dans son épitaphe à Furius Camillus, dont il avait eu la valeur en délivrant son pays, et au consul Appius Claudius, privé comme lui de la vue lorsqu'il remporta ses dernières victoires. Après sa mort, les Hussites ne quittèrent point les armes; leur zèle fanatique était le même; ils firent éclater de nouveaux troubles à Thorn, à Kœnigsberg, et surtout à Dantzig, où les novateurs avaient pour chef André Pfafendorf,

prêtre de l'Ordre teutonique : la multitude accourait à ses prédications, et lorsque les dominicains voulurent exciter un soulèvement contre lui, ils furent eux-mêmes menacés par le peuple, et ils ne s'échappèrent qu'avec peine.

Les troubles religieux qui agitaient alors cette partie de la confédération ne gagnèrent pas les autres villes anséatiques : elles s'attachèrent à faire fleurir leur industrie, à étendre leurs relations de commerce, à réparer les pertes que leur avaient fait éprouver différentes causes accidentelles.

L'année 1421 fut douloureusement marquée en Hollande par un désastre dont le cours des âges n'a point effacé le souvenir. L'Océan rompit ses digues près de Dordrecht, et les eaux couvrirent une vaste contrée où prospérait une nombreuse population : plus de cent mille habitants perdirent la vie; et cette plaine désolée, aujourd'hui désignée sous le nom de Biesbos, n'est plus qu'une lagune ouverte à la navigation. La mer avait englouti soixante-douze villages, et avait inondé une grande partie de la Flandre méridionale : les eaux, que l'on parvint à dompter et à réduire, laissèrent enfin à découvert une portion de ce territoire; mais vingt et un villages et deux monastères demeurèrent ensevelis. On voyait encore apparaître au milieu des régions submergées les sommets des tours et des clochers, que l'eau n'avait pas atteints, qui s'élevaient par intervalles et comme autant de monuments funéraires sur les victimes de l'inondation.

Cette grande calamité réveilla le souvenir de quelques autres invasions de la mer du Nord. En 1277, elle avait rompu ses digues près de l'embouchure de l'Ems, entre l'Ost-Frise et le pays de Groningue ; elle y avait submergé trente-trois villages, et la terre que recouvrent les eaux du golfe de Dollart avait été riante et fertile. Les débordements de l'Escaut-occidental inondèrent, vers la fin du siècle suivant, les plaines voisines de Biervliet et du Sas-de-Gand. Nous avons vu que le vaste golfe du Zuydersée avait été formé par une irruption de l'Océan ; et la mer de Harlem n'avait pas eu elle-même une autre origine.

Des malheurs si grands pouvaient faire craindre la dégradation et la ruine de quelques autres cantons, anciennement conquis sur les eaux et constamment menacés de leurs invasions; mais les Hollandais ne furent pas découragés par un péril habituel : l'élément qui battait leurs rivages était aussi l'inépuisable source de leurs richesses. Il en était de la situation de ces pays, comme de celle des fertiles campagnes qui s'étendent au pied du Vésuve et qui sont exposées à ses éruptions. Les tourbillons de cendre échappés de ce volcan, la lave qui coule de son cratère ou des fissures de la montagne, vont ravager et dépeupler les terres voisines; mais la fécondité du sol y attire bientôt de nouveaux habitants. Oublieux de l'infortune de leurs devanciers, ils cultivent ces riches plaines et leur redemandent des récoltes qu'une autre éruption pourra dévorer.

Ceux des habitants de la Hollande qui avaient le plus souffert de l'inondation firent de nouveaux efforts pour en prévenir le retour. On reconnut la nécessité de multiplier le nombre des *polders*, espèces d'enclos particuliers qui divisent en compartiments de vastes plaines, et qui sont séparés les uns des autres par de fortes digues, destinées à défendre les terrains qu'elles environnent. Si les flots de la mer brisent quelques-unes de ces barrières, ils rencontrent bientôt un second obstacle; leur invasion est circonscrite, et leur choc, déjà affaibli, va expirer sur une autre digue.

Plusieurs villes anséatiques, non-seulement en Hollande, mais sur d'autres rivages de la mer du Nord et sur ceux de la Baltique, recoururent aux mêmes moyens, pour préserver les plaines, quelquefois inférieures au niveau de la mer, dont

10.

un seul rang de dunes les tenait séparées. Hambourg eut aussi des *polders* le long du cours de l'Elbe, et ce fleuve usurpa et abandonna tour à tour une partie des terres voisines.

Lorsqu'on examine la situation de la Fierlande, celle du Billewerder, et cette longue lisière de territoire qui s'étend entre le cours de la Bille et le bras septentrional de l'Elbe, on y reconnaît les conquêtes que les habitants ont faites sur les eaux. La profondeur du lit d'une rivière est inégale; elle a ses vallées et ses collines; souvent ces ondulations varient, et lorsque de nouvelles couches de limon viennent à s'amonceler autour d'un premier obstacle, les atterrissements qu'elles y forment apparaissent enfin à la surface du sol, et commencent à lui être supérieurs dans la saison des basses eaux. Si alors on élève le long de ces bords une digue d'enceinte qui puisse résister à la crue et à l'action des flots, cette île nouvelle peut ensuite être livrée à la culture. Il en est de même des terrains d'alluvion qui se sont amassés le long des rivages du fleuve, et que l'on a mis à l'abri de l'inondation par quelques dunes artificielles: bientôt ils se couvrent de verdure; on voit fleurir des prairies, où de grands troupeaux s'élèvent, où des fermes s'établissent, où de nouvelles haies vont enclore les héritages. La fertilité du sol s'accroît; elle est due à l'industrie de l'homme qui a conquis ce nouveau domaine.

Des travaux semblables se sont accomplis près de l'embouchure de l'Elbe, dans le bailliage de Ritzebuttel et dans l'île de Neuwerk, qui appartiennent aux Hambourgeois. Ce dernier lieu n'était qu'un banc de sable, où s'élevait un fanal destiné à diriger les navigateurs: on y construisit des habitations, et l'homme déroba aux eaux quelques terres dont il essaya la culture.

Pour opérer près de Hambourg le desséchement des marais et des plaines inondées, on a suivi différents systèmes. L'eau n'est pas exclue de tous les terrains qu'on veut assainir: ceux du Hammerbrock, près de l'embouchure de la Bille, sont coupés par un grand nombre de canaux parallèles, assez larges et assez profonds pour recevoir l'eau qui couvrait la plaine entière. Les déblais provenant du creusage de ces canaux servent à exhausser les terrains qu'on laisse à découvert, ou du moins ils élèvent une digue le long de leurs bords. Ce mode d'exploitation partielle a souvent été préféré à un desséchement complet et absolu; il ne rencontre pas les mêmes résistances: l'eau ne peut plus assaillir avec violence les terres à travers lesquelles elle s'écoule, et l'humidité qu'elle entretient dans les plaines, où elle circule par un si grand nombre de canaux, y est favorable au luxe de la végétation.

L'acquisition que Hambourg avait faite du Ritzebuttel, du Hammerbrock et du Billewerder, ne remontait qu'à la fin du quatorzième siècle; elle ne lui avait coûté que quatre mille marcs d'argent: d'autres îles qui s'étaient formées près de Hambourg, entre les deux grands bras de l'Elbe, lui avaient été cédées pour une moindre somme ou lui avaient appartenu comme terres d'alluvion; et avant le milieu du quinzième siècle cette ville possédait les deux rives du lit septentrional du fleuve.

Nous avons indiqué combien furent utiles au desséchement et à la culture des rives de l'Elbe les Hollandais qui s'y étaient réfugiés. Le même genre d'industrie signala ceux qui se rendirent sur les bords de la Baltique, depuis les plaines du Mecklembourg, baignées par un si grand nombre de lacs, jusqu'à celles de la Prusse orientale, où les dunes étroites qui s'étendent au nord du Frischaff et du Curischaff nous montrent encore les brèches par où les eaux de la mer ont envahi cette partie de ses rivages.

Les travaux entrepris par les anciens et les nouveaux habitants de plusieurs villes anséatiques, pour découvrir et

ANVERS

Chapelle des Dames de Namur

mettre en valeur une grande étendue de terres submergées, ou pour sonder et exploiter quelques mines, firent reconnaître que les terrains bas recouvraient souvent des couches de tourbe, débris confus d'une immense quantité de substances végétales. Le cours des siècles les avait entassées, quand la terre, dans son état inculte et sauvage, faisait éclore cette profusion de plantes qui, se succédant les unes aux autres, héritaient des mêmes principes de vie et de fécondité. Ces couches, qui s'amoncelaient pêle-mêle, ne subissaient pas une complète décomposition : elles gardaient souvent une partie de leurs fibres, de leur substance ligneuse et combustible, et de leurs rameaux entrelacés; tandis que les lits supérieurs de ce nouvel *humus* se dénaturaient lentement, par l'effet du contact de l'air, de l'eau, de la lumière, et de tous les phénomènes qui se produisent à la surface du sol.

Les hommes qui découvraient ces richesses souterraines cherchaient moins à se rendre compte de leur formation qu'à les faire servir à leur usage : ils y trouvaient un combustible utile à leur chauffage, dans les pays qui n'étaient pas boisés; et ils surent également profiter de l'exploitation des mines de charbon de terre, pour l'entretien de la plupart des usines où l'action du feu devient nécessaire. Remarquons cependant qu'avant de recourir à des creusages qui pouvaient rendre le sol plus humide, et à des extractions de houille qui exigeaient souvent de pénibles travaux, on s'en tenait généralement à la coupe des forêts : elles étaient alors si étendues, qu'elles pouvaient suffire à tous les besoins. Mais on ne ménageait point assez cette ressource : la nécessité d'une semblable épargne ne se faisait ressentir que dans les cantons déjà dépouillés outre mesure par des déboisements irréfléchis ou par des accidents imprévus.

On eut dans le moyen âge de fréquents exemples de cette espèce d'épuisement. L'immense forêt du Hartz n'avait pas été seulement éclaircie pour faire place à la fondation des villes et des bourgs et aux champs des cultivateurs; plusieurs incendies l'avaient successivement ravagée : la culture du pays venant à s'accroître avec sa population s'était emparée de ces clairières, et les contrées, plus habitées et plus civilisées, avaient changé d'aspect.

Cette mutation, qui résultait du travail et des progrès de l'industrie, fut particulièrement sensible dans les villes anséatiques. Leur exemple excitait autour d'elles une salutaire émulation, et leur commerce aidait les pays voisins à tirer un plus grand parti des ressources du sol. L'éducation des troupeaux était encouragée dans la Fierlande et dans les autres plaines où l'on avait de gras pâturages : on élevait avec plus de soin les chevaux de l'Oldenbourg, du Holstein et du Mecklembourg. Le marché de Dantzig offrait aux cultivateurs de la Pologne un débit assuré : chaque région mettait en valeur ses ressources naturelles, afin d'attirer par leur échange les articles nécessaires à sa consommation.

Il serait superflu de revenir ici sur l'ensemble commercial que nous avons esquissé précédemment; mais, n'ayant encore retracé que les ressources territoriales des villes anséatiques, nous croyons devoir rappeler celles que la mer leur offrit et qui dérivèrent de l'activité de leurs pêcheries : elles furent très-considérables dans le quatorzième et le quinzième siècle, et il nous a paru naturel de choisir cette époque pour en offrir l'analyse.

La pêche de la baleine avait été essayée de bonne heure par les Norvégiens, les Danois et les navigateurs des îles Feroë, dans les mers de l'Islande et du Groënland, mais surtout vers le cap Nord. Dès qu'on était averti de l'apparition d'une baleine par le cri d'alerte d'un matelot monté sur la hune d'un navire, quelques hommes se jetaient dans les chaloupes attachées au service du bâtiment; et lorsqu'on était à portée de l'animal, un pêcheur armé d'un harpon le lançait sur lui, en cherchant à l'atteindre dans les parties du corps les plus sensibles. La baleine prenait la fuite après de violentes convulsions, et le bateau pêcheur la poursuivait, en filant le câble du harpon qui l'avait blessée et qu'elle emportait avec elle : son sang et ses forces s'épuisaient insensiblement. On se rapprochait d'elle, on lui portait de nouveaux coups lorsqu'elle revenait sur l'eau pour respirer, enfin elle était remorquée par le navire baleinier : elle ne vivait plus, et les charpentiers montés sur elle commençaient à la dépecer. Sa dépouille offrait au commerce des Anséates plusieurs objets recherchés dans les arts; l'huile, dont on peut se servir pour l'éclairage, pour la fabrication du savon, pour la préparation des cuirs; les fanons ou lames barbues dont sa gueule est armée; le blanc de baleine, que l'on recueille dans son cerveau.

Parmi les ressources que la mer fournissait au commerce et à la subsistance des peuples du Nord, nous devons signaler la pêche de la morue, que les Norvégiens faisaient depuis plusieurs siècles dans les eaux du Loffoden. Les approches de ce golfe sont exposées aux tempêtes; mais l'intérieur en est abrité par les îles d'un archipel : les glaces y pénètrent moins, le fond en est sablonneux, et les morues viennent, à la fin du mois de mars, y déposer leur frai. Quelque orageuse que fût la navigation des parages voisins, les pêcheurs accoutumés à ce genre de périls pénétraient dans les passes du golfe, souvent marquées par des naufrages, et ils en rapportaient d'immenses cargaisons. Cette industrie occupait dans le quatorzième siècle un grand nombre de mariniers hollandais. Plusieurs fois ils joignirent leurs forces aux partis qui déchiraient l'État; et, pendant ces moments de trouble, les deux factions furent distinguées par les noms de *cabillaux* et de *hocketins* : l'un était celui d'une espèce de morue; l'autre indiquait le *hock*, ou hameçon avec lequel on prend le cabillau.

Mais la pêche de la morue offrit bientôt aux Anséates beaucoup moins d'avantages que celle du hareng, à laquelle se livrèrent d'abord les navigateurs de la Baltique, lorsque les bancs de ces poissons voyageurs fréquentaient les eaux du golfe de Finlande, et les abandonnaient ensuite pour les parages de l'île de Rugen et surtout pour ceux de la Scanie. Les pêcheurs de la mer du Nord donnèrent encore plus d'activité à leurs armements, quand ils eurent à poursuivre les mêmes espèces dans différents parages de l'Océan.

On trouve des harengs depuis le cinquante-cinquième degré de latitude jusque vers les pôles : ils habitent au fond des mers, et quittent ces régions à plusieurs reprises, au printemps, en été, en automne, pour se rendre dans des contrées plus méridionales. C'est dans les parages de la mer du Nord, situés entre l'Écosse, les archipels voisins et le Danemark, que la pêche des harengs est la plus abondante : les bancs et les hauts-fonds de cette partie de l'Océan deviennent les lieux de station les plus favorables à leurs innombrables colonies; elles y trouvent en été une multitude infinie de petits poissons et de vers de mer dont elles se nourrissent; mais c'est aussi dans ces parages qu'elles vont être attaquées par d'autres familles qui sont leurs ennemies naturelles, par quelques cétacés, et surtout par de nombreuses troupes de chiens de mer, qui ont fait donner au banc principal de la mer du Nord le nom de *Dogger-bank*.

Les harengs parcourent pendant plusieurs mois les différentes régions de la mer du Nord : ils ne les quittent qu'après y avoir épuisé leurs moyens de subsistance, et y avoir déposé leurs œufs et leur frai, qui deviennent l'origine d'une nouvelle postérité. Souvent la trace de leurs voyages à travers l'Océan est indiquée par de longues traînées d'une couleur blanchâtre qui en sillonnent la surface; elle l'est pendant la nuit par la phosphorescence des écailles de ces poissons. On reconnaît ainsi la direction que suivent leurs caravanes : elle est d'ailleurs signalée par le vol des goëlands et des autres oiseaux pêcheurs, qui cherchent leur proie, et viennent s'abattre sur les flots pour la saisir. Mais, quels que soient le nombre et l'avidité des oiseaux et des poissons voraces qui leur font la guerre, aucun ennemi n'est plus redoutable pour eux que cette foule de mariniers, armés pour la pêche. La plupart ont fait leurs préparatifs dans les ports de Hollande, de Hambourg, de Brême; d'autres se sont équipés dans la Baltique. Plusieurs milliers de bateaux partent de différents points du littoral: ils choisissent leurs parages, et l'on cherche, dans cette distribution générale, à se cantonner avec ses nationaux. Les Hollandais vont ordinairement se réunir vers les îles Schetland, à l'époque du solstice d'été, où les harengs s'y trouvent en plus grande quantité ; ils y rassemblent leurs *buyses* ou bateaux pêcheurs, et dans la nuit du 25 juin, qui suit la fête de saint Jean, ils lancent à l'eau leurs filets, disposés sur une même ligne et formant une chaîne de douze cents pieds de longueur. La bande supérieure en est garnie de liéges qui la font flotter à la surface de l'eau, et les plombs attachés à la bande inférieure maintiennent ces filets dans une position verticale. Les mailles en sont assez petites pour que les harengs n'échappent point au travers, et assez espacées pour qu'ils puissent y engager la tête et y être retenus par les ouies, qui sont très-ouvertes.

Alors commencent les procédés pour le transport et la conservation du poisson. Quelques bâtiments bons voiliers gagnent les différents ports de la côte avec les produits de la première pêche, tandis que les autres navires restés sur place donnent successivement d'autres coups de filets. Le hareng se partage en trois classes : celui qui n'a pas encore frayé, celui qui renferme la laite ou les œufs, et celui qui les a déposés. La seconde espèce est la plus estimée : on les met séparément dans le sel, à bord même des bateaux de transport. Celui qui doit être bientôt consommé ne subit pas d'autre préparation; c'est le hareng *peck*, dont la qualité est déjà inférieure au hareng frais. Il faut d'autres soins pour ceux qui doivent être expédiés vers différents points du continent, et on les arrange, on les encaque dans des tonneaux, entre des couches de gros sel. La découverte de ce procédé, qui remonte au commencement du quinzième siècle, est attribuée à Guillaume Beukelsen, né à Biervliet, dans la Flandre hollandaise. Ses concitoyens lui élevèrent un tombeau, et l'on rappela par une inscription le service qu'il avait rendu.

D'autres pêches moins importantes n'avaient pour plusieurs villes anséatiques qu'un intérêt local, telle que la pêche du saumon, qui se faisait dans le lit de l'Elbe. Ces poissons, remontant les eaux du fleuve dans la saison du frai, se trouvaient engagés entre deux rangs de pieux dont l'intervalle allait en se rétrécissant, et ils rencontraient à l'extrémité de cette double digue un filet où ils étaient retenus prisonniers. Les nautoniers de l'Oder, de la Vistule, de la Dwina et de quelques grands lacs voisins de la Baltique, y exerçaient aussi d'autres pêches particulières : celles du Frischaff et du Curischaff étaient abondantes. On exploitait avec le même avantage celles des golfes de Livonie et de Finlande; et le grand maître de l'Ordre teutonique était intéressé à les favoriser et à les protéger, depuis qu'il étendait sa domination sur tous ces rivages. Waldemar III, roi de Danemark, lui avait vendu en 1347, pour dix-neuf mille marcs d'argent, les villes de Revel, de Wessemberg, de Narva, et toutes ses autres possessions en Esthonie. De si grandes acquisitions, jointes aux vastes domaines dont cet Ordre jouissait en Prusse et en Livonie, l'avaient rendu assez puissant pour soutenir et justifier le titre de protecteur que lui avait donné la Ligue Anséatique; et il s'était montré particulièrement utile à la confédération en ouvrant au commerce des Anséates un marché très-étendu non seulement dans ses propres États, mais dans les contrées intérieures avec lesquelles il correspondait. Les villes de Dantzig, de Thorn, de Kœnigsberg, de Riga, de Revel, de Narva, continuaient d'être les plus grands entrepôts de ce commerce : elles entretenaient des communications habituelles avec la Lithuanie, la Samogitie, la Russie; ces rapports n'étaient pas même interrompus par l'hiver, et les expéditions se faisaient alors en traîneaux.

Le haut degré de puissance et de considération auquel les chevaliers teutoniques étaient parvenus les fit enfin renoncer aux anciennes désignations d'humilité d'un ordre religieux et hospitalier, et les chevaliers, qui ne s'étaient qualifiés que de frères, reçurent en 1382 le titre de seigneurs. Les séductions de la fortune changèrent aussi la simplicité de leurs mœurs : ils crurent qu'il fallait plus de faste pour soutenir leur dignité, et les embarras du luxe se firent remarquer dans leurs expéditions militaires. La plupart des commandeurs, et même des simples chevaliers, avaient un cortége qui nuisait à l'ensemble et à la célérité de tous les mouvements. Le grand maître de l'Ordre teutonique reconnut la nécessité de réformer un tel abus; et il fut décidé en 1405, dans un chapitre tenu à Marienbourg, qu'un commandeur n'aurait pas plus de cent chevaux pour lui et ses équipages, et qu'un chevalier n'en aurait que dix.

Quoique les Anséates eussent choisi le grand maître pour protecteur, néanmoins ils ne s'engagèrent pas à intervenir eux-mêmes dans ses querelles particulières, et ils n'eurent à prendre aucune part aux sanglants démêlés de l'Ordre teutonique avec les nations voisines de ses domaines. Cet ordre était souvent aux prises, tantôt avec les Samogitiens et les Russes, tantôt avec les Lithuaniens et les Polonais : les deux derniers peuples étaient alors ses plus redoutables ennemis; mais lorsqu'il était en guerre avec l'une des deux nations il cherchait à obtenir la neutralité de l'autre, et il eut rarement à les combattre à la fois, aussi longtemps qu'elles formèrent deux gouvernements séparés. Cette position fut changée par la réunion des deux couronnes sur la tête d'un prince de la famille des Jagellons; et Ladislas IV disposait des forces de la Pologne et de la Lithuanie, quand Ulric de Jungingen, grand maître de l'Ordre teutonique, déclara la guerre à ce prince. Ulric avait sous ses ordres quatre-vingt-trois mille hommes; Ladislas en avait cent cinquante mille, au nombre desquels se trouvaient des Samogitiens et des Moscovites. Une grande bataille fut livrée, le 15 juillet 1411, dans la plaine de Tanneberg; et le combat fut si acharné que l'Ordre teutonique perdit quarante mille hommes et que ses ennemis en perdirent soixante mille. Malgré la grandeur de leur sacrifice, la supériorité numérique de leur armée les rendit maîtres du champ de bataille, et ils purent y ériger un trophée avec cette triste inscription biblique : *Centum mille occisi.*

Le grand maître avait péri avec la moitié de ses troupes; et les ennemis, poursuivant leurs succès, s'emparèrent de Thorn, de Graudentz et de quelques autres places de la Prusse; mais Henri de Plauen, successeur d'Ulric, les fit rentrer sous son obéissance. La sanglante défaite de l'Ordre teutonique fut promptement vengée, et Ladislas conclut la paix avec lui.

Une nouvelle rupture éclata en 1422 : les Polonais et les Lithuaniens firent des incursions dans le pays de Culm, et pillèrent cette place qui était au nombre des villes anséatiques; mais le grand maître avait reçu des secours de l'archevêque de Cologne, du palatin du Rhin, du duc de Bavière et de quelques autres princes d'Allemagne. Ladislas ne voulut pas prolonger une lutte trop inégale, et il se réconcilia de nouveau avec l'Ordre teutonique. Cependant ces traités étaient peu durables : on reprenait les armes par intervalles ; quelques trêves passagères suspendaient les hostilités, et la paix ne fut fixée qu'en 1436 par un traité définitif.

Trois ans auparavant, les hussites avaient offert leur alliance au roi de Pologne, et ils avaient envoyé à Ladislas huit mille hommes d'infanterie et huit cents hommes de cavalerie. Ces alliés pénétrèrent en Prusse, en Poméranie, où ils commirent de nombreux dégâts, et ils vinrent assiéger la ville anséatique de Dantzig ; mais les chevaliers de l'Ordre teutonique et les habitants se défendirent avec tant de courage, que les assiégeants durent renoncer à leur entreprise.

Les hussites, longtemps victorieux, mais affaiblis enfin par leurs divisions, par quelques défaites et par la mort de leurs plus habiles chefs, parurent entièrement soumis en 1436 ; et cependant un grand nombre de partisans restaient secrètement attachés à leur doctrine ; ils désiraient une réforme, et aspiraient à s'éclairer sur ce qu'ils devaient croire.

La commotion qui commençait à ébranler les esprits n'eut pas un même caractère dans tous les pays ; elle suivait le cours des opinions qui étaient le plus en faveur dans chaque contrée : ici elle s'attachait aux idées religieuses, aux questions dogmatiques, aux discussions philosophiques ou d'érudition qui occupaient les libres penseurs ; là elle tendit à favoriser le goût des lettres et les arts d'imagination. Le domaine de la pensée s'était agrandi ; chacun choisit à son gré le champ qu'il désirait cultiver, et il en résulta une si grande variété d'études, de directions, d'essais en tout genre, que les esprits superficiels n'y apercevaient d'abord qu'un mélange et un confus amas de connaissances. Mais ce chaos devait se débrouiller ; l'ordre intellectuel allait naître, et plusieurs hommes qui s'étaient élevés au-dessus de la foule des écrivains et des artistes allaient servir de guides à leurs successeurs.

L'Italie était l'heureuse contrée où ces génies privilégiés avaient apparu : le Dante s'était illustré au commencement du quatorzième siècle ; Pétrarque et Boccace l'avaient suivi de près, et tous trois avaient fixé la langue italienne par leurs écrits. Ils étaient en même temps parvenus à exhumer par de laborieuses recherches une partie des ouvrages de l'antiquité. Ce genre de mérite était recherché par les littérateurs et les savants les plus distingués, et l'on regardait comme une précieuse conquête l'acquisition de ces riches dépouilles : elles étaient surtout recueillies dans les monastères ; et chaque couvent avait une salle d'étude, un *scriptorium*, où l'on copiait les écrits des auteurs anciens.

Mais les hommes attachés par profession à ce genre de travail n'étaient pas toujours ceux qui en appréciaient le mieux l'importance. D'habiles calligraphes passaient plusieurs années, quelquefois leur vie entière, à la transcription d'un ouvrage. Tout occupés de la beauté d'exécution, ils s'occupaient moins du fond des pensées que de la forme des lettres. Leur manuscrit devenait un chef-d'œuvre : des arabesques, des images artistement coloriées l'avaient embelli ; et la réputation d'élégant copiste était recherchée. Souvent elle se bornait à l'enceinte d'une ville, à celle d'un monastère : chaque couvent avait ses célébrités ; et l'amour de la renommée n'était pas plus exigeant, dans un état où l'on devait se faire un mérite de l'abnégation.

N'espérons cependant pas que la plupart des copistes aient fidèlement transcrit tous les mots d'un ouvrage. Si quelques lettres du texte étaient effacées ou mal formées, l'écrivain y suppléait, selon son intelligence ou ses conjectures ; et s'il ne connaissait pas bien la langue qu'il avait à transcrire, cette source d'erreur amenait de nombreuses inexactitudes. L'incurie, la distraction en produisaient d'autres ; et lorsqu'on s'était trompé, les mots erronés paraissaient trop bien écrits, pour qu'on voulût les raturer ou les surcharger. De là résulte la variété de quelques leçons entre les différents manuscrits d'un même ouvrage : c'était au discernement de la critique à rectifier ensuite ces altérations.

On peut remarquer, vers la même époque, la qualité et l'arrangement des tissus dont se composaient alors les manuscrits. Ce n'était plus, depuis les premiers siècles de l'ère vulgaire, la forme de ces *volumes* qui devaient, comme leur nom l'indique, se dérouler et s'enrouler autour d'un corps cylindrique : les livres se partageaient en feuillets, dont chaque page était écrite, et dont on parcourait successivement la série. Le *papyrus*, emprunté d'Égypte, avait été remplacé par les tissus végétaux qui forment le *liber* de quelques plantes, ou par ces feuilles de parchemin, dont le nom rappelle celui de Pergame, où l'on avait inventé cette préparation du cuir. Le vélin et d'autres peaux plus ou moins fines servirent au même usage; mais cette ressource était bornée; et l'abondance des manuscrits fit enfin tellement augmenter le prix et la rareté des parchemins, que l'on chercha des feuilles moins dispendieuses, et que l'on fut conduit par divers essais à l'invention du papier. Cette découverte devint, par son utilité, une des plus importantes du moyen âge; elle accrut le nombre des manuscrits, et donna aux esprits méditatifs et aux vives imaginations les moyens de fixer leurs pensées : la science put faire de plus rapides progrès, et les hommes de différents pays multiplièrent leurs communications. L'usage habituel et la circulation du papier facilitèrent à la fois le développement de la pensée, l'échange des idées utiles, le mouvement des affaires et toutes les opérations du commerce.

La priorité de l'invention du papier paraît appartenir aux Chinois : on ignore à quelle époque elle remonte; mais l'origine en est très-ancienne, et il resterait seulement à décider si l'Europe emprunta les procédés des Chinois, ou si elle découvrit quelque mode de fabrication analogue, sans avoir d'exemple sous les yeux, et par un effet naturel de la marche de l'industrie et de ses combinaisons ingénieuses. Une invention encore plus utile aux lettres et au développement de l'esprit humain allait nous offrir d'autres points de rapprochement avec l'Asie orientale : cette découverte était celle de l'imprimerie.

Les Chinois ont eu, longtemps avant nous, des planches de bois, gravées pour l'impression des caractères de leur écriture : on en eut de semblables en Europe, au commencement du quinzième siècle, pour l'impression des images accompagnées de quelques légendes. Ces tables étaient sculptées en relief : on étendait sur les parties saillantes l'encre qui devait se reproduire sur le papier; tout le reste de la planche était évidé, et formait les intervalles des traits qui représentaient ces images et ces caractères.

Gutenberg de Mayence, retiré à Strasbourg vers l'année 1435, pour échapper aux troubles de sa patrie, ayant eu sous les yeux quelques épreuves des figures faites par les *formiers* et les *imagiers*, et notamment une image de saint Christophe, gravée en 1423, et au bas de laquelle se trouvait une légende de deux lignes d'écriture, médita sur le procédé que l'on avait suivi, et il en fit l'application à d'autres sujets. On remarque au nombre des premiers ouvrages qui furent ainsi gravés le *Speculum vitæ humanæ*, en cinquante-huit planches qui paraissent avoir été publiées par Gutenberg lui-même; l'histoire de l'Ancien et du Nouveau Testament, en quarante planches, avec des explications et des sentences latines également gravées. L'histoire de saint Jean l'Évangéliste et un autre recueil de gravures, intitulé *Ars moriendi*, sont composés de la même manière : les feuillets sont imprimés d'un seul côté, et chaque estampe est accompagnée d'une explication.

L'écriture n'était encore admise

que comme accessoire dans ces planches gravées ; elle allait bientôt en former la partie principale. On passa de l'impression de quelques lignes à celle de plusieurs pages entières ; et en reproduisant de cette manière quelques feuillets de manuscrit on put ensuite en obtenir, par le simple procédé du tirage, autant d'épreuves qu'on le désirait. Mais il fallait une longue suite de planches gravées si l'ouvrage à imprimer avait quelque étendue : ce procédé devenait long et dispendieux, et le génie de Gutenberg méditait sur les moyens de l'abréger et de le simplifier. Il vit qu'en séparant les unes des autres toutes les lettres d'une planche gravée, on pourrait ensuite en combiner l'arrangement à son gré, et que si l'on gravait isolément tous les caractères de l'alphabet, il fallait aussi avoir un assez grand nombre d'échantillons de chaque lettre, pour suffire à tous les besoins d'une impression où les mêmes signes viennent souvent à se répéter.

Ces caractères, sculptés sur la tranche de petites lames ou réglettes de bois, taillées carrément et pouvant se ranger à la suite les unes des autres, furent les premiers types mobiles dont Gutenberg fit usage ; mais la matière en était fragile, la température de l'air les dilatait ou les contractait ; ils étaient rarement égaux, et ils se dérangeaient aisément, quoiqu'on eut cherché différents moyens de les assujettir : le poids de la presse pouvait les faire éclater, les déformer, en émousser les angles, les écraser. On y substitua des types sculptés en cuivre, en étain, ou en d'autres métaux assez ductiles pour se prêter à ce travail : ils résistaient mieux à l'action de la presse et ils avaient plus de netteté ; mais la gravure en était plus difficile, elle exigeait plus de talent et de soins.

Enfin l'on conçut l'idée de sculpter des poinçons de lettres sur un fer doux et maniable, que l'on trempa ensuite. On frappa, à l'aide de ces poinçons, des creux ou matrices qui furent également trempées, et qui devinrent les moules où les types de chaque lettre devaient être fondus. On choisit pour cette dernière opération le plomb, qui paraissait être le métal le plus fusible et le plus prompt à se refroidir et à se solidifier : l'étain fut également essayé : mais l'un et l'autre étaient trop tendres ; un choc, une pression forte les défiguraient ; la fonte n'en était pas pénétrante, et ne rendait pas d'une manière assez vive la finesse des arêtes et des formes du modèle. Il fallait un corps plus divisible dans l'opération de la fonte, et ensuite plus dur et plus résistant : on crut devoir unir au plomb ou à l'étain un mélange d'antimoine ; mais il ne fut pas employé dans les premiers essais : ce demi-métal était encore peu connu, et l'on ne s'occupa de son analyse que vers la fin du quinzième siècle.

Nous venons d'indiquer les différents procédés auxquels on eut recours. Qu'ils aient été entièrement découverts par Gutenberg, ou qu'ils l'aient été en partie par ses deux associés Jean Faust et Pierre Scheffer, lorsqu'il revint à Mayence en 1445, et qu'il imprima, de concert avec eux, plusieurs grands ouvrages, cette question, de quelque manière qu'on la résolve, n'ôte point à Gutenberg le mérite de sa découverte, celui de l'invention et de l'application des caractères mobiles. L'art fut ensuite perfectionné par le choix des instruments, par l'emploi des métaux, par les différents modes d'exécution ; c'était là l'œuvre du talent ; elle fut recommandable ; mais on ne peut l'assimiler au génie : lui seul est inventif ; et sa découverte est devenue l'impérissable titre de la renommée de Gutenberg, de cette gloire qui s'est déjà prolongée pendant quatre siècles et qui traversera tous les autres.

Pour avancer les progrès de son art, Gutenberg observa les procédés auxquels on avait eu recours dans quelques opérations analogues, tels que l'emploi des poinçons dont on faisait usage pour la marque des pièces d'orfévrerie, celui des coins dont les pièces de monnaie recevaient l'empreinte, les sceaux qui servaient à timbrer les actes publics : il examina les différents ouvrages que l'on obtenait par la fusion et le moulage de plusieurs métaux. La routine se bornait à suivre les voies déjà connues ; mais le génie allait au delà et il frayait à l'industrie une nouvelle carrière.

Le premier ouvrage, publié par Gutenberg, après son retour à Mayence et son association avec Faust, fut celui de Donat, grammairien du quatrième siècle, dont nous retrouvons l'éloge dans les écrits de Cassiodore, et dont les traités sur la langue furent longtemps regardés comme classiques. On a reconnu récemment que cet ouvrage avait été imprimé avec des caractères mobiles, gravés, frappés et fondus ; mais ils sont beaucoup moins parfaits que ceux de la première Bible qui fut publiée à Mayence. Quoiqu'elle ait paru sans nom d'imprimeur et sans date, on la regarde comme évidemment antérieure à l'année 1454. Gutemberg et Faust avaient pris alors pour adjoint Pierre Scheffer, de Gernsheim, dans le pays de Darmstadt : celui-ci s'était occupé auparavant de la transcription des manuscrits : il adopta pour les usages de l'imprimerie le beau caractère des écritures faites à la main ; et le comble de l'art fut de faire passer pour des manuscrits les premiers exemplaires de la Bible qui fut imprimée.

Gutenberg revint en 1456 à Strasbourg où il avait longtemps résidé, et il y établit une imprimerie ; tandis que Faust, resté à Mayence, et constamment associé de Scheffer qui avait épousé sa fille, publia successivement deux éditions du *psalmorum Codex*, un *Rationale divinorum officiorum* de Durandi, le *Catholicon*, les constitutions de Clément V, et en 1462 une Bible latine.

Plusieurs savants, dont le système a été soutenu par Meerman, ont assigné à l'imprimerie une autre origine, et ils font honneur de cette découverte à Laurent Coster de Harlem, né en 1370. Mais l'examen des témoignages qu'ils allèguent nous porte à croire que Coster s'était borné à graver sur des tablettes de bois quelques légendes dont il fit passer l'impression sur le papier : aucun fait avéré ne détruit l'authenticité de ceux qui laissent à Gutenberg l'honneur de cette découverte.

L'imprimerie fut bientôt introduite dans plusieurs villes anséatiques : elle le fut à Cologne en 1468, par Jean Kœlhoff, de Lubeck ; à Rostock en 1472, à Lubeck trois ans après ; elle fut établie, avant la fin du siècle, à Londres, à Bruges, où la Hanse avait des comptoirs, à Deventer, à Nimègue, à Lunebourg, à Brunswick, qui appartenaient à la confédération. En même temps elle se répandait dans les autres parties de l'Allemagne, en Italie, en Espagne et en France ; et le monde commençait à s'enrichir des premières éditions des auteurs classiques. Le commerce, qui s'était borné à pourvoir aux besoins de la vie, en mettant en commun entre tous les peuples leurs moyens de subsistance, les produits de leur sol, ceux de leur industrie, et qui avait puissamment encouragé les arts utiles, allait prendre un essor plus élevé, en concourant à répandre de toutes parts les productions et les richesses de l'esprit humain. L'homme agrandissait le cercle de ses idées ; un bien-être matériel ne lui suffisait plus. L'érudition prit naissance lorsqu'on eut un plus grand nombre de livres à consulter ; et la plupart des savants, livrés à de profondes études, cherchèrent à connaître ce qui avait été fait avant eux ; tandis que plusieurs esprits supérieurs, tournant les yeux vers l'avenir, préparaient par leurs méditations d'autres découvertes, et entraient dans ces voies de perfectionnement dont nous ne pouvons point assigner les limites.

L'intervention des villes anséatiques fut favorable à ce grand développement intellectuel ; elle le fut à l'échange des pensées et des opinions, comme à celui de tous les autres biens qui contribuent à nos jouissances. Les livres étaient recherchés comme des trésors nouveaux et inappréciables : ils

MAGDEBOURG.

La Cathédrale.

l'étaient surtout par les sociétés que leur profession devait attacher à l'étude, telles que différents ordres religieux, le corps du clergé séculier et celui des universités où la jeunesse destinée à la cléricature allait s'éclairer. Les premières universités d'Allemagne avaient été fondées dans le quatorzième siècle : celle de Heidelberg l'avait été par l'électeur palatin Ruppert Ier, celle de Prague par l'empereur Charles IV, celles d'Erfurt et de Cologne par les sénats de ces deux villes. Ces précieux établissements se multiplièrent dans le siècle suivant. Les villes anséatiques de Rostock, de Grypswald, de Cologne, eurent des académies : d'autres furent fondées dans les principales villes d'Allemagne, qui étaient également renommées par leur industrie et leur prospérité, telles que Wurtzbourg, Ingolstad, et surtout Leipzig, placé au centre de cette contrée comme un foyer de lumière, et destiné à occuper un si haut rang dans l'ordre social, par l'étendue et l'utilité de son commerce, et par la célébrité de ses institutions scientifiques et littéraires.

Les progrès de l'imprimerie, et ceux des connaissances humaines qui en furent la suite, caractérisent cette grande époque du moyen âge. C'était pour l'Europe une ère de rénovation : l'esprit humain s'ouvrait un libre champ ; il étendait ses vues, sans avoir toujours un but bien déterminé ; mais du moins il passait du connu à l'inconnu, et chaque nouveau pas semblait accroître sa force : elle dérive en effet du mouvement ; l'esprit a besoin d'action ; il s'énerve dans le repos, et l'inertie le conduirait au sommeil.

Les arts et les lettres étaient alors encouragés, dans différentes parties de l'Europe, par les princes les plus renommés, par l'empereur Sigismond, par les papes Eugène IV, Nicolas V et Pie II, par ces illustres Médicis que leur mérite a fait placer au rang des grands souverains, par Mathias Corvin, roi de Hongrie, par Jacques Ier, roi d'Écosse, par Alphonse Ier, roi d'Aragon et des Deux-Siciles.

Le moyen de reproduire avec plus de finesse et de vérité les compositions des artistes suivit de près l'établissement de l'imprimerie : il avait commencé par d'informes gravures en relief, et l'art de la gravure en taille douce fut bientôt découvert par Finiguerra. Le hasard, dit-on, favorisa l'inventeur ; mais les causes accidentelles ne sont jamais fécondées que par un esprit ingénieux : l'inattention et la médiocrité ne sauraient en tirer aucun parti.

Tandis que l'Occident, favorisé par les progrès de l'imprimerie, voyait hâter les progrès de la renaissance des lettres, l'Orient paraissait près de rentrer dans la barbarie : l'empire grec était livré à tous les fléaux de la conquête ; un sceptre de fer allait peser sur lui, et l'accabler de tous les maux qui suivent l'ignorance et la servitude.

La prise de Constantinople par les Turcs ne pouvait pas être regardée comme un événement inattendu : elle avait été précédée par une longue suite d'invasions et de démembrements, depuis qu'Othman s'était établi à Brousse, et que son fils Orcan avait soumis la Phrygie, la Carie et la Mysie. L'Europe n'était pas encore attaquée ; mais lorsque Amurat Ier, devenu maître de toute l'Asie Mineure, eut franchi l'Hellespont en 1360, sur des navires que les Génois lui avaient frétés, chaque année vint agrandir la puissance des Turcs en Europe. La Bulgarie, la Macédoine, l'Albanie, la Thessalie furent conquises par Bajazet ; et ce prince, redouté comme la foudre dont on lui donna le nom, couronna ses conquêtes, en 1395, par une victoire remportée à Nicopoli contre les Hongrois. Tamerlan, qui le vainquit à son tour en 1402 dans la célèbre bataille d'Angora, laissa aux fils de Bajazet de sanglantes pertes à réparer ; mais ils rentrèrent bientôt en possession des provinces que Tamerlan avait occupées en Asie. Amurat II poursuivit en Europe les conquêtes de ses prédécesseurs : il s'empara de Salonique ; gagna, en 1444, la bataille de Varna contre Ladislas, roi de Hongrie; institua la redoutable milice des janissaires, et trouva dans leur fanatisme et leur dévouement de nouveaux moyens de vaincre. L'empire grec, incessamment resserré dans ses limites, se trouvait enfin réduit aux extrémités orientales de la Thrace, quand Mahomet II vint en 1453 faire le siége de Constantinople. Le pape Nicolas V venait alors de recevoir une lettre de Constantin Paléologue qui implorait l'assistance de la chrétienté; et ce pontife lui promettait des secours, en même temps qu'il lui reprochait de ne pas s'être rattaché à l'Église romaine; mais pendant cette négociation la capitale de l'empire d'Orient fut prise par les Turcs, après cinquante et un jours de siége, malgré l'héroïque défense de Paléologue qui, ne pouvant plus repousser les sanglants assauts de l'ennemi, resta enseveli sous cette grande ruine. Le vainqueur acheva ensuite la conquête de tous les pays situés entre la Macédoine et le Danube : la Rascie, la Servie, la Bosnie, tombèrent sous le joug. Mahomet II s'empara de l'Acarnanie, de l'Épire, de l'Achaïe, de tous les établissements vénitiens en Morée et dans l'Archipel; et il fit transporter en Asie une partie de leur population, pour la remplacer par de nouveaux habitants.

La cour de Rome, alarmée des progrès du conquérant, ne cessa pas d'exciter contre lui les puissances chrétiennes. Calixte III occupait alors le saint-siége : il fit prêcher en Europe une nouvelle croisade, et ses envoyés, ses missionnaires la publièrent jusque dans les villes de Vandalie qui appartenaient à la Ligue Anséatique. On accordait des indulgences, non-seulement aux hommes qui prendraient les armes, mais à ceux qui trois fois par jour, et au signal de l'*Angelus*, adresseraient au ciel leurs prières en faveur des guerriers chrétiens. Le plus grand nombre des fidèles se réduisit à faire des vœux, et il y eut plus de supplications que de secours effectifs.

Les mêmes projets d'expédition sainte furent suivis par Æneas Sylvius, qui prit le nom de Pie II en arrivant au pontificat, et que ce rapprochement de titres fit quelquefois nommer *Pius Æneas*. Il assembla en 1459 un concile à Mantoue, dans l'espérance d'y faire déclarer la guerre aux Turcs; mais ils avaient alors achevé leur établissement en Europe : ce n'était plus un empire à défendre contre eux, c'étaient d'immenses territoires à reconquérir : il était trop tard pour repousser le vainqueur; et le pape prit enfin le parti d'écrire à Mahomet II, pour essayer de convertir celui qu'on n'espérait plus soumettre, et pour l'exhorter à se faire chrétien, s'il voulait être légitime empereur d'Orient.

Les princes de Géorgie, l'empereur de Trébizonde et Ussum-Cassan qui régnait en Perse avaient offert au pape leurs services, dans le cas où l'Europe prendrait les armes; mais, ne voulant pas attirer sur eux seuls le poids de la guerre, ils étaient entrés, peu de temps après, en arrangement avec les Turcs : Ussum-Cassan était devenu l'allié de ses coréligionnaires, et l'empereur de Trébizonde avait fiancé sa fille à un prince de la famille de Mahomet.

Cependant les Vénitiens, intéressés à reprendre leurs possessions en Orient, ne cessaient pas de solliciter une nouvelle croisade : l'esprit religieux du pape se prêtait à leurs desseins. Pie II se persuada de nouveau que le zèle de la guerre sainte pouvait se ranimer : ses vues se portèrent sur les habitants du nord de l'Allemagne, et l'évêque de Crète se rendit en 1464 dans les villes anséatiques, pour exciter les habitants à prendre part à cette entreprise. Il eut recours à des prédicateurs enthousiastes, et leur zèle immodéré décida un grand nombre d'hommes à partir sans provisions et sans armes : ils allaient aux portes des églises et des monastères demander des secours pour accomplir cette grande et sainte expédition. Tous avaient la même ferveur : ils regardaient comme sacrilége la moindre tentative que l'on aurait faite pour les détourner de leur dessein. C'était par

des songes et des visions qu'ils avaient été avertis de prendre la croix. Ils prétendaient avoir trouvé ce signe imprimé sur leurs vêtements ou sur leur personne, et les plus étranges récits s'accréditaient de toutes parts. Bientôt les routes furent couvertes de pèlerins : les plus riches étaient armés, allaient à cheval, et portaient à leur ceinture une bourse de voyage; mais un beaucoup plus grand nombre étaient sans armes, sans ressources, et voyageaient en mendiant, comme si le pays qu'ils cherchaient devait leur rendre enfin l'abondance. Les gens qui désespéraient d'un meilleur sort en restant dans leur patrie s'en éloignaient, pour s'enrichir ailleurs sur la terre, ou pour être bientôt heureux dans le ciel. Il arriva à Rome une foule innombrable de pauvres : ils étaient réduits au plus extrême dénûment; et le pape déplorant leur misère, et embarrassé de leur présence, se hâta de les renvoyer dans leur pays, en leur accordant la rémission de leurs péchés. D'autres pèlerins se rendirent à Ancône, où le pape allait attendre l'arrivée du doge de Venise, auquel les soins et la direction de la guerre sainte allaient être remis; ils y reçurent également la bénédiction et l'ordre de retourner dans leur patrie. Le souverain pontife touchait à ses derniers moments, et sa mort suspendit les préparatifs qu'il avait commencés.

Ces nuées de voyageurs qui portaient d'un pays à l'autre leur inquiétude et leur misère rendaient les routes plus périlleuses : on était exposé au brigandage; une partie des terres restait inculte : il se répandait des maladies contagieuses; la Vandalie eut particulièrement à en souffrir, et la peste qui se déclara en 1465 y fit périr plus de deux cent mille habitants. On ne prenait encore que dans quelques villes du midi des précautions contre ce fléau; et quoiqu'un lazaret eût été établi à Milan depuis près d'un siècle, le nord de l'Europe n'avait pas suivi cet exemple.

Chaque pontife cherchait à son tour à faire revivre l'esprit des croisades : Paul II détermina, en 1467, l'empereur Frédéric III à convoquer à Nuremberg les princes de l'Empire, pour délibérer sur un nouveau projet d'expédition : la guerre contre les Turcs fut décidée; mais les promesses de levées d'hommes et de subsides ne s'exécutèrent point. Paul II exhorta l'Empereur à convoquer, dans le même but, une diète à Ratisbonne · elle se réunit en 1471, et le cardinal de Sienne y fit le touchant récit des malheurs et de l'oppression des chrétiens. L'assemblée fut émue; elle adhéra aux propositions du pape; elle convint que l'on payerait la dîme dans toutes les provinces, dans toutes les villes, pour soutenir les frais de cette guerre; et Lubeck et les autres villes du Nord furent sommées par l'Empereur d'exécuter les décisions de la diète : mais Lubeck, cherchant à temporiser, attendit une nouvelle jussion. Le pape venait de mourir, son successeur pouvait avoir d'autres vues; l'inutilité des tentatives précédentes ralentissait le zèle, et les circonstances qui avaient favorisé les premières guerres d'Orient n'étaient plus les mêmes : chaque nation avait à s'occuper de ses propres intérêts, à réunir ses forces pour sa défense, à veiller à la conservation de son territoire.

Les Turcs, devenus si redoutables à leurs voisins, n'étaient plus regardés comme d'irréconciliables ennemis par les nations plus éloignées d'eux. Comme celles-ci n'avaient pas à craindre leurs invasions, elles cherchaient à former avec eux des relations de commerce. Les Anséates suivirent particulièrement cette tendance : ils regardaient leur comptoir de Novogorod comme destiné à favoriser toutes leurs communications avec l'Orient : ils cherchaient à les maintenir, quelles que fussent les révolutions de ces contrées, et à ne pas interrompre avec l'Empire ottoman les rapports paisibles et inoffensifs qu'ils avaient entretenus avec les Grecs.

Il s'était d'ailleurs établi entre différentes parties de l'Europe des relations si nombreuses, que les Anséates, mêlés à tous les grands intérêts du commerce, ne voulaient pas les exposer à de nouveaux risques.

L'Europe s'accoutumait à l'héritage que la ruine de l'empire grec lui avait laissé : elle avait recueilli les arts de l'Orient; et tandis que les Turcs jouissaient de ce territoire envahi, que les premiers fléaux de la conquête avaient dépeuplé, l'Europe était destinée à recevoir d'illustres bannis qui allaient changer ses mœurs, et donner à l'esprit humain une nouvelle et salutaire impulsion.

Constantinople avait gardé jusqu'au moment de la conquête le dépôt des lettres et des sciences : on venait d'Italie et des autres pays latins y perfectionner ses études; le grec ancien y était encore usité, et s'il avait été corrompu dans la classe du peuple par le concours des marchands de tous les pays, du moins on continuait de le parler correctement dans les écoles d'enseignement public, dans les rangs supérieurs de la société, et surtout chez les femmes, qui vivaient habituellement entre elles et n'avaient pas de relations avec les étrangers. On conservait à Constantinople les ouvrages de Platon, d'Aristote, de Démosthène, de Xénophon, de Thucydide : l'antiquité chrétienne y avait aussi déposé ceux de saint Basile, de saint Jean Chrysostôme, de saint Grégoire de Nazianze, d'Eusèbe, d'Origène. Ces précieux monuments de la littérature grecque ne périrent pas avec l'empire d'Orient; ils furent apportés en Italie, et un grand nombre de savants se réfugièrent dans cette péninsule, où ils furent accueillis avec tous les égards dus au mérite et à l'adversité. On remarquait au nombre de ces illustres étrangers George Gémiste de Constantinople, Bessarion de Trébizonde, Phranza, Chalcondyle, Argyropule. Ils répandirent en Italie le goût de la littérature grecque, et rendirent aux studieux amis de l'antiquité quelques-uns de ses plus parfaits ouvrages.

L'exemple de cette contrée offrait aux autres peuples de l'Europe un digne objet d'imitation, et les lettres ne pouvaient s'y ranimer, sans que les rayons de ce foyer de lumière projetassent au loin leurs clartés.

Ce progrès des arts et des connaissances humaines dut influer d'une manière favorable sur les relations du commerce : il faisait naître de nouveaux besoins et de nouvelles jouissances; l'industrie et le travail répandaient plus de bien-être; chaque État avait moins de pauvres; la facilité des communications rendait les voyages plus fréquents, et permettait de mêler davantage les intérêts des nations.

Aussi le commerce des Anséates prit depuis cette époque une activité nouvelle. Il obtint en 1455 de Christiern Ier, roi de Danemark et de Norvége, de nouveaux priviléges dans le comptoir de Bergen; et ce monarque conclut en 1470 une convention d'alliance défensive avec les villes de Lubeck et de Hambourg, le duc de Sleswick et le comte de Holstein. Philippe le Bon, duc de Bourgogne et comte de Hollande et de Zélande, accorda aux villes anséatiques les mêmes priviléges à Anvers que dans le comptoir de Bruges. Alphonse V, roi de Portugal, favorisa leurs négociants qui venaient s'établir dans ses États; et les prérogatives dont Louis XI les fit jouir en France furent confirmées par Charles VIII, son successeur. Hambourg obtint de l'empereur Frédéric III la plus bienveillante protection : cette ville fut inscrite en 1471 sur la matricule de l'Empire, comme relevant immédiatement de lui; elle fut bientôt autorisée à frapper des monnaies d'or, avec l'empreinte de ses armes; elle reçut en 1482 la confirmation d'un droit d'étape, en vertu duquel les farines, les grains et les autres marchandises amenées par le commerce devaient être déposées dans ses magasins et réexpédiées sous son pavillon. Cette concession, dont jouissaient aussi quelques autres villes anséatiques, y favorisait le commerce de commission, moins exposé que tous les autres, et n'ayant à subir ni les accidents du marché ni la dépréciation des valeurs.

L'Angleterre était alors la seule puissance qui entrât en concurrence commerciale avec les villes anséatiques : la paix qu'elle avait faite en 1436 n'avait pas été de longue durée; et les Anséates avaient à se plaindre du séquestre mis en Angleterre sur leurs marchandises, lorsque, en 1465, des conférences s'ouvrirent à Hambourg entre leurs envoyés et ceux du gouvernement britannique. Lubeck, Brême, Rostock, Wismar, voulurent, avant de négocier un arrangement, qu'on leur rendît tous les objets séquestrés, et la querelle fut bientôt aigrie par les différends qui s'élevèrent en 1468 entre l'Angleterre et le Danemark. Christiern Ier n'ayant pas obtenu satisfaction d'un acte de violence récemment commis en Islande par des Anglais qui avaient tué le commandant de cette île, fit arrêter quatre navires britanniques, revenus de Prusse avec de riches cargaisons, et il retint prisonniers les marchands et les équipages. On prétendit à Londres que cette mesure n'avait été prise qu'à l'instigation des Anséates et de concert avec eux, et l'on demandait à grands cris que tous les marchands *osterlings*, ou de l'est, qui se trouvaient en Angleterre fussent arrêtés par mesure de représailles. Quoique l'accusation portée contre les Anséates fût dénuée de preuves, le gouvernement britannique fit saisir leurs personnes et leurs biens; et cette mesure violente accrut leur irritation contre une puissance qui n'avait pas égard à leurs autres griefs, et qui cherchait constamment à réduire leurs priviléges commerciaux. L'Angleterre leur avait originairement accordé une entière liberté d'importation et d'exportation, et elle n'avait pas eu à réclamer dans les ports anséatiques un droit de réciprocité, lorsqu'elle n'avait elle-même aucune marine : il lui avait été indispensable de recourir alors au pavillon étranger. Mais depuis qu'elle avait reconnu l'avantage de participer à ce grand mouvement de commerce et de navigation, on ne pouvait plus espérer qu'elle se restreindrait dans les bornes des anciens traités : elle insistait sur ses prétentions nouvelles, et prolongeait contre les marchands anséates ses mesures de rigueur. Lorsqu'elle crut apercevoir dans la Ligue quelques germes de dissolution, elle prit soin de les fomenter, en offrant plusieurs avantages aux villes qui consentiraient à se détacher de l'association. Cologne se laissa gagner par de telles promesses; elle renonça en 1470 à ses liens avec les villes anséatiques, et obtint de l'Angleterre des franchises particulières.

Cette défection fut sensible aux confédérés, mais elle n'affaiblit pas leur courage. Cologne fut exclue de l'union et déchue de tous ses droits : les alliés suspendirent en même temps toute relation avec la Grande-Bretagne, et n'admirent dans leurs ports aucune marchandise anglaise. Enfin, de nouvelles négociations se rouvrirent sous la médiation du duc de Bourgogne. Les députés d'Angleterre et des villes anséatiques s'assemblèrent à Utrecht; ils signèrent, en 1474, un traité de réconciliation, et les Anséates obtinrent d'Édouard IV une indemnité de quinze mille livres sterling pour les pertes que leur commerce avait éprouvées par l'effet des saisies et des confiscations.

Robert, archevêque de Cologne, n'y jouissait pas de la plénitude de la souveraineté : cette ville avait son gouvernement municipal et ses franchises, placées sous la garantie de la puissance impériale, et l'électeur n'avait pas le droit d'y porter atteinte. Cependant, il voulut profiter, pour agrandir son autorité, du moment où Cologne s'était séparée de la Ligue Anséatique et ne pouvait plus compter sur l'appui de la confédération. Ce prince, n'ayant pas assez de troupes pour réduire les habitants, avait eu recours à l'alliance de Charles le Téméraire, duc de Bourgogne; et Charles fit avancer vers le Rhin un corps d'armée qui, au lieu d'assister l'électeur, voulut faire des conquêtes et les retenir. Mais Cologne, menacée à la fois par deux ennemis, avait eu recours, comme ville impériale, à la protection de Frédéric III; et l'approche d'une armée que l'Empereur amena lui-même sur les rives du Rhin donna bientôt lieu à une suspension d'armes et à un traité de paix.

Cologne, qui s'était séparée de la Ligue anséatique, reconnut alors le danger de sa désunion. Cette ville envoya des députés à Lubeck pour obtenir de la diète sa réintégration : sa demande était recommandée par l'Empereur lui-même; elle l'était par l'archevêque, nouvellement réconcilié avec les habitants; et, quoique la diète fût animée de quelque ressentiment, elle consentit à rendre à cette ville la place qu'elle avait occupée dans la Ligue. Le magistrat de Lubeck, au nom de la confédération entière, notifia au gouvernement anglais cet événement; et Cologne, rentrée dans ses anciens droits, fut admise à jouir du traité de paix qu'Édouard IV avait conclu ; mais l'exemple d'une telle scission fit pressentir d'autres démembrements. La ville de Colberg voulut, deux ans après, se séparer à son tour des autres villes anséatiques ; et cette ligue devint en effet moins forte, dès que les engagements mutuellement pris entre ses membres parurent moins inviolables. Les villes de l'Océan et celles de la Baltique commencèrent à donner à leurs opérations commerciales une direction différente : leurs communications n'étaient plus libres, lorsque le Danemark cherchait à fermer les passages du Sund et des Belts. Ces entraves momentanées rendaient les relations de la Hollande avec Hambourg et Brême plus habituelles qu'avec Lubeck et les autres villes de la Baltique. Le marché de Hambourg surtout devint plus fréquenté; et les régions de l'intérieur de l'Allemagne qui se trouvaient baignées par l'Elbe et ses affluents, dirigèrent toutes leurs expéditions sur un port où affluaient toutes les marchandises de l'Europe occidentale.

Quoique la Ligue entière fût intéressée à ne pas relâcher ses liens, cependant elle reconnaissait la difficulté de les maintenir sans altération. Les démêlés de quelques-uns de ses membres auraient eu moins de périls pour elle, s'il avait existé une autorité fédérale assez influente sur l'opinion des dissidents pour les ramener à leurs devoirs envers la Ligue, ou assez forte pour leur faire respecter cette obligation; mais la dispersion des villes anséatiques sur un vaste territoire ne leur permettait ni cet ensemble de vues, ni cette unité d'action que l'intérêt commun aurait exigée. L'accession de toutes les villes était volontaire, et leur union en un seul faisceau se prolongeait aussi longtemps qu'elles n'avaient pas à faire de trop grands sacrifices; mais après s'être liées pour établir et consolider leurs relations de commerce, elles ne se trouvèrent plus également intéressées à soutenir la guerre contre quelques ennemis; et plus elles étaient éloignées du théâtre habituel des hostilités, moins elles étaient disposées à prendre part à des expéditions dont elles ne recueilleraient pas directement les fruits. Ainsi, dans les guerres contre les puissances du Nord, les villes éloignées de la Baltique concouraient avec regret aux dépenses des armements maritimes destinés à en protéger les rivages : les villes de la Frise, de la Hollande, des bords du Rhin ou de l'Escaut s'attachaient de préférence aux relations du commerce avec l'Angleterre et avec les côtes occidentales de l'Europe ; les villes plus centrales cherchaient à multiplier leurs communications avec l'Allemagne, et il s'établissait en Prusse et dans le golfe de Finlande d'autres rapports habituels avec les contrées orientales de l'Europe. Cette différence dans les vues et dans les directions politiques et commerciales des villes de ces diverses contrées, les induisait à ne vouloir supporter qu'une partie des charges de la confédération ; elles tendaient à se rallier en plusieurs groupes autour des principales villes qui paraissaient avoir avec elles des intérêts plus analogues.

Le titre de protecteur que la Ligue avait conféré au grand maître de l'Ordre teutonique ne lui donnait aucun droit de souveraineté sur elle, ni même aucune supériorité de juridiction. Les Anséates avaient eu recours à ce prince comme à un bienveillant médiateur, lorsqu'ils avaient eu de graves différends à concilier avec l'Angleterre, la Hollande ou les puissances du Nord : son intervention leur fut utile, et l'influence politique dont il jouissait facilita les négociations ouvertes sous ses auspices. Mais il n'avait pas sur les délibérations de la diète le même ascendant que dans les discussions avec l'étranger : les moyens de maintenir un parfait accord entre tous les membres de la Ligue étaient à la fois hors de son pouvoir et de ses attributions ; et lui-même fut bientôt réduit à se défendre dans ses propres États contre un nombreux parti de mécontents. Les habitants de Dantzig, de Thorn, d'Elbing, se soulevèrent en 1453 contre l'Ordre teutonique, et la noblesse du pays embrassa leur cause. Le grand maître fit équiper quelques navires, pour intercepter le commerce maritime de Dantzig, et il dirigea sur cette ville une armée de terre qui eut avec les insurgés plusieurs engagements. Les divisions du peuple et du sénat vinrent se joindre aux malheurs de la guerre. La majorité des habitants désirait la terminer : elle eut recours au roi de Pologne Casimir IV; elle lui offrit de le reconnaître pour souverain s'il confirmait ses privilèges, et ce monarque vint à Dantzig, en 1461, avec des troupes nombreuses. Il était prêt à marcher aux ennemis, et il leur envoya un héraut pour leur offrir le combat dans le lieu qu'ils voudraient choisir ; mais ses forces étaient trop supérieures pour que le chef des troupes teutoniques acceptât une telle invitation. Il répondit au monarque qu'il n'était pas dans l'usage de recourir pour combattre aux conseils de ses adversaires. La guerre traînait en longueur; et le roi, n'ayant pu engager d'action décisive, revint dans ses États.

Cependant la situation de Dantzig et de quelques autres villes anséatiques inspirait un vif intérêt à tous leurs confédérés. La diète de Lubeck prit connaissance de leurs griefs contre l'Ordre teutonique, dont elles ne pouvaient souffrir les vexations : le grand maître cherchait à les engager dans ses guerres avec les nations voisines, et il en résultait une augmentation de charges dont ces différentes villes aspiraient à se délivrer. N'étant pas assez fortes pour rester indépendantes, elles désiraient du moins changer de souverain et en adopter un qui les protégeât. Le parti qui inclinait pour le roi de Pologne était nombreux ; mais si on préférait ce monarque, on ne voulait pas néanmoins se mettre à sa merci, et il fallait obtenir de lui d'équitables conditions.

Le sénat de Lubeck entreprit de concilier les différends du roi de Pologne, de l'Ordre teutonique, et des villes de Prusse qui désiraient se soustraire à son autorité. Il envoya à Thorn des députés qui entrèrent en négociation avec ceux du roi et du grand maître. Ces premières conférences furent sans succès; mais elles se rouvrirent en 1466 ; l'on convint que la Prusse serait divisée en deux parties : l'une eut le titre de Prusse royale, et passa sous la domination de la Pologne; l'autre resta sous le gouvernement de l'Ordre teutonique, et ne releva du même royaume qu'à titre de fief.

Cet arrangement conserva aux villes qui s'y trouvaient comprises leurs anciennes relations avec la Ligue Anséatique; mais le riche comptoir qu'elle avait à Novogorod fut bientôt exposé à des périls beaucoup plus grands, par une suite d'événements dont nous avons à rendre compte.

Les villes de l'intérieur avec lesquelles Novogorod avait continué d'entretenir le plus de relations étaient Kiow sur le Dniéper, devenue en 1037 capitale de la Russie, Smolensk sur le même fleuve, Moskou fondée en 1147, et dont le Kremlin ne fut construit qu'au commencement du quatorzième siècle. Kiow était tombée en 1240 sous la domination des Tartares : Batou-kan, après s'en être emparé, ravagea la Volhynie et la Gallicie, gagna successivement deux batailles, l'une près de Cracovie, l'autre à Lignitz en Silésie, vint attaquer Breslau, et ne fut arrêté dans ses conquêtes que par l'apparition d'une aurore boréale, dont l'éclat et l'intensité extraordinaire jetèrent l'épouvante dans son armée. L'air était enflammé, de sombres nuages semblaient hérissés de lances de feu dirigées contre les assiégeants, et les Tartares se crurent menacés par le ciel.

La même nation reprit, à la fin du quatorzième siècle, ses conquêtes longtemps interrompues; mais Tamerlan leur donna une autre direction. L'Europe fut épargnée par le vainqueur de l'Asie; et les trois principautés russes, dont les chefs s'étaient établis à Kiow, à Moscou, à Volodimir, purent servir de points de ralliement aux nombreuses tribus qui devaient à leur tour envahir les domaines des Tartares.

Le règne du czar Ivan III Vasilievitz, qui monta sur le trône en 1462, devint l'époque de ce mouvement de réaction. Ce prince, après avoir pacifié l'intérieur de ses États et avoir soumis à son autorité la plupart des chefs moscovites, déclara, en 1468, la guerre aux Tartares de Casan. Ses troupes ravagèrent dans une première campagne le territoire des Tchérémisses, alliés d'Ibrahim-kan : l'année suivante, une autre armée vint investir Casan; elle s'en empara, et mit ainsi à couvert les principautés russes de Volodimir et de Moscou, que les Tartares avaient longtemps menacées.

Le czar Ivan méditait, vers les frontières de Lithuanie, une conquête plus importante, celle de Novogorod, qui lui promettait les plus riches dépouilles. Cette ville, près d'être accablée par les forces du czar, leva courageusement des troupes pour lui résister, et envoya une députation au roi de Pologne, dont elle réclamait l'assistance; mais avant qu'elle pût recevoir aucun secours ses troupes furent taillées en pièces. Douze mille hommes restèrent sur le champ de bataille, et les deux mille prisonniers que firent les Russes furent renvoyés à Novogorod, avec les lèvres, le nez ou les oreilles coupées. Cette ville, tombée au pouvoir des vainqueurs, fut soumise à un rigoureux subside; et les efforts qu'elle fit, quelques années après, pour recouvrer son indépendance l'exposèrent à une nouvelle guerre. Ivan vint encore l'assiéger en 1477; il s'en empara, la mit au pillage, et en ramena trois cents chariots chargés d'or, d'argent, d'étoffes et d'autres objets précieux qu'il fit passer à Moscou. Un grand nombre d'habitants y furent conduits comme esclaves; d'autres furent exilés vers les frontières orientales de la Russie, et Ivan les fit remplacer à Novogorod par des Moscovites.

La ville de Pletskow fut également soumise aux armes des Russes. C'était une place moins importante que celle de Novogorod; mais elle avait également joui de son indépendance, et avait entretenu avec les villes anséatiques un commerce florissant, à l'aide de la navigation du lac Peipus et de la Narva, vers l'embouchure de laquelle s'élevait une ville du même nom.

La guerre que Novogorod avait eue à soutenir contre les Russes, et les ravages qui accompagnèrent la conquête, firent éprouver de nombreuses pertes au commerce des villes anséatiques dont le comptoir y était établi : il fallut se résigner à un sacrifice irréparable, et l'on assimila ce fléau à un vaste incendie qui avait tout dévoré. Mais l'intérêt, le besoin, l'attachement aux habitudes anciennes, ranimèrent bientôt ces relations dont on avait connu le prix; et quoique Novogorod eût perdu le droit de se gouverner, elle fut encouragée par ses nouveaux maîtres à reprendre ses communications.

Cette ville, où la religion chrétienne avait été introduite en 980, et où l'on avait établi un évêché quelques années après, n'eut pas à changer de croyance lorsqu'elle eut été conquise par les Moscovites : eux-mêmes s'étaient convertis au christianisme depuis plusieurs siècles. Le prince de Kiow avait quitté le rite grec en 1249, pour embrasser la religion romaine; il reçut du pape Innocent IV la couronne royale, et ses successeurs dans la dignité de czar avaient également hérité de sa religion.

Ivan accorda aux arts les mêmes encouragements qu'au commerce; il les fit concourir à l'éclat de son règne, à l'embellissement de ses villes principales, à l'affermissement de sa puissance : Moscou, où il résidait, se fit bientôt remarquer par la grandeur et la magnificence de quelques monuments. D'habiles artistes d'Italie s'y rendirent en 1484, à la suite d'un envoyé vénitien : l'architecte Aristote y était arrivé deux ans auparavant, et d'autres y furent envoyés de Rome. Ce concours d'hommes industrieux fit pénétrer en Russie les arts de l'Europe, et produisit un grand nombre de beaux ouvrages : une basilique et plusieurs églises furent érigées ; on eut des usines pour la fonte des métaux, des ateliers pour la fabrication des instruments d'agriculture, pour celle des armes blanches, pour la ciselure des vases d'or et d'argent, et pour différents travaux d'ameublement et d'ornement empruntés du luxe asiatique. Ivan eut un règne de quarante-trois ans : cette longue durée lui permit de suivre avec constance ses projets d'amélioration, et d'achever une partie des établissements qu'il avait commencés. Il entretint des relations habituelles avec les puissances de l'Europe : on vit arriver à Moscou des envoyés de l'empire d'Allemagne, de la cour de Rome de Venise, de Pologne, de Danemark, du sultan Bajazet II, successeur du conquérant de Constantinople. Il s'établit entre le czar et ces différents princes des rapports d'autant plus intimes que l'on regardait alors les armées et les États de ce monarque comme un solide boulevard contre les invasions des Tartares.

Les Russes, en profitant des relations de Novogorod avec les villes anséatiques, se procurèrent par cette voie une importation considérable d'armes à feu, et de toutes les machines de guerre que la découverte et l'usage de la poudre avaient fait inventer aux Européens. Elles trouvaient dans ce comptoir un débit assuré : les marchands de Moscou, de Kiow, de Volodimir, venaient les y chercher, en échange des nombreuses productions de leur pays. On approvisionnait, à l'aide de ce commerce, les arsenaux et les camps; et ces nouveaux moyens d'attaque et de défense procuraient aux Moscovites des succès plus faciles contre plusieurs nations nomades, réduites encore aux armes tranchantes, aux lances, aux javelots qui avaient suffi à leurs ancêtres.

Si l'on se représente la situation d'un peuple n'ayant à l'orient et au nord de son territoire que d'immenses déserts abandonnés par leurs anciens habitants, ou des forêts, ou des pâturages temporairement occupés par des hordes et des tribus souvent faibles et dispersées, on s'explique aisément comment des hommes armés de flèches durent être vaincus par ceux qu'ils nommaient *les enfants du feu*. Les armées d'Ivan s'avancèrent jusqu'à la chaîne des monts Ourals; elles les franchirent, et reconnurent les premières régions de la Sibérie.

Les villes anséatiques se repentirent bientôt d'avoir mis entre les mains des Moscovites de si redoutables armes : ils ne les tournaient pas encore contre l'Europe; mais on prévit les progrès de leurs invasions et les périls dont leurs voisins seraient menacés.

La possession de Novogorod et celle de Pletzkow allaient les amener jusqu'à l'embouchure de la Néva et de la Narva ; et, quoique leur genre de vie et leurs habitudes les éloignassent de toute expédition maritime, et leur fissent préférer d'étendre leurs acquisitions sur le continent, on devait pressentir qu'un jour ils prendraient part à la navigation de la Baltique. Les villes qui jouissaient de cet avantage étaient intéressées à prévenir une dangereuse concurrence : elles désiraient d'ailleurs ne pas exposer aux agressions d'un peuple trop puissant les différentes contrées du Nord qui entretenaient avec elles de paisibles relations.

Mais il n'était plus temps d'arrêter l'impulsion donnée au commerce ; et lorsque les villes anséatiques voulurent empêcher que les arts de la marine, de la guerre et de l'artillerie, ne pénétrassent chez les Russes, on leur avait déjà fait parvenir de nombreuses expéditions d'armes à feu, de munitions et d'engins militaires : les règlements que l'on publia pour mettre un terme à ces exportations furent éludés ; l'activité des particuliers trompa la vigilance des magistrats, et le commerce de Lubeck et des autres villes de la Baltique continua de fournir aux Moscovites les moyens d'étendre leurs conquêtes.

Novogorod n'avait pas cessé d'être l'entrepôt des marchandises du Midi et de l'Orient, destinées aux pays du Nord ; et les révolutions, les conquêtes ne pouvaient lui faire perdre un avantage fondé sur sa situation même. Ses relations, prolongées jusqu'à la mer Noire et à la mer Caspienne, avaient été favorisées par les Turcs, maîtres de l'Anatolie, par les princes de Géorgie, les rois d'Arménie et les différentes dynasties qui s'étaient succédé en Perse. Les Tartares ouvrirent un champ plus vaste à ce commerce avec l'Asie, lorsqu'ils eurent accru la population de Samarkand, en y transportant plus de cent cinquante mille hommes enlevés de Damas et de Bagdad. Ces nouveaux habitants l'enrichirent de leur industrie : Samarkand devint un centre de civilisation et de lumières, et les relations de commerce, qui s'étaient étendues de proche en proche jusqu'à cette capitale, influèrent aussi sur ce grand développement intellectuel.

D'autres résultats analogues se font souvent remarquer dans le cours du moyen âge ; on y reconnaît ce mouvement progressif de la raison et de l'intelligence humaine, qui tend sans cesse à se développer, qui se fait jour à travers les obstacles, et entraîne à leur insu les caractères les plus insoumis. Ces conquérants, qui furent les fléaux de la terre, calment enfin leur fureur sauvage ; ils veulent jouir en paix des dépouilles arrachées aux vaincus ; ils demandent aux arts et à l'industrie d'autres richesses, et, rassasiés des tristes fruits de la guerre, ils cherchent à combler l'abîme qu'ils avaient creusé et à réparer des maux qui furent leur ouvrage.

LIVRE HUITIÈME.

SOMMAIRE.

ACTES DE LA DIÈTE ANSÉATIQUE. — ÉTAT DU COMMERCE DES ANSÉATES. — LEURS RAPPORTS AVEC L'ANGLETERRE, LA FRANCE, LA HOLLANDE, LE DANEMARK — TRANSLATION DU COMPTOIR DE BRUGES A ANVERS. — INFLUENCE COMMERCIALE DES VOYAGES FAITS EN ASIE DEPUIS LE TROISIÈME SIÈCLE — INFLUENCE DES GRANDES DÉCOUVERTES COMMENCÉES DANS LE QUINZIÈME. — NOUVELLE DIRECTION DONNÉE AU COMMERCE. — AVANTAGES DONT JOUISSENT LES VILLES ANSÉATIQUES DE LIVONIE. — NOUVEAUX EXPLOITS DE L'ORDRE TEUTONIQUE DANS CETTE CONTRÉE. — COMMERCE DES ANSÉATES AVEC LA MOSCOVIE. — LEURS RELATIONS AVEC LES PUISSANCES DU NORD. — LEUR ALLIANCE AVEC LA SUÈDE. — LEURS GUERRES CONTRE LE DANEMARK. — RÉVOLUTION OPÉRÉE EN SUÈDE PAR GUSTAVE WASA. — SES TRAITÉS AVEC LES ANSÉATES. — ÉTABLISSEMENT DU LUTHÉRANISME. — SON INTRODUCTION DANS LES VILLES ANSÉATIQUES.

La Ligue Anséatique ne se bornait pas à seconder le commerce par des règlements applicables à toutes ses transactions : elle cherchait à maintenir la paix intérieure et l'ordre public dans chacune des villes de la confédération, et regardait la sécurité comme nécessaire au développement de l'industrie. Il fut décidé, dans la diète de 1418, dont nous avons déjà fait connaître quelques règlements maritimes, qu'aucun citoyen ne pourrait, sans encourir la peine de mort, convoquer des assemblées publiques, exciter des troubles dans sa commune, et animer les paroisses contre leur consulat.

Si les membres d'un consulat étaient violemment déposés par leur commune, celle-ci devait être privée du secours des autres villes de la Hanse; elle cessait de jouir des mêmes priviléges et des mêmes franchises, jusqu'au moment où elle aurait amendé son délit et rétabli sa magistrature.

On voulut prévenir le danger des attroupements et des émeutes contre l'autorité, en imposant à celui qui aurait des affaires à traiter devant le magistrat, l'obligation de ne pas se faire accompagner par plus de six personnes.

Il fut résolu dans la même diète que nul ne devait jouir des priviléges des marchands, ni devenir leur alderman dans un comptoir, à moins qu'il ne fût citoyen d'une ville de la Hanse.

Pour encourager l'art de la teinture dans chaque ville où l'on fabriquait des draps, on ordonna, sous peine de confiscation, que le drap acheté dans une ville ne fût pas transporté dans une autre, avant qu'on l'eût fait teindre.

De sages précautions furent prises pour assurer le bon aloi et la valeur des monnaies. Il était défendu aux orfévres de couler ou de frapper des pièces d'or ou d'argent : les hommes qui jouissaient de ce droit de fabrication avaient le titre de monétaires; et l'on retrouve dans les archives de Lubeck le nom des citoyens qui se succédèrent dans cet emploi depuis l'année 1341. La monnaie de Lubeck avait généralement cours; mais, quoique d'autres villes se réglassent sur cette valeur primitive, elles avaient une empreinte particulière; c'étaient les armes de la commune, le nom du bourgmestre, et une devise ou légende qui variait quelquefois.

La diète crut devoir interdire les conventions aléatoires qui, ne reposant que sur des chances éventuelles, pouvaient entraîner la ruine du vendeur ou de l'acheteur. Elle défendit aux marchands et aux nautoniers d'acheter du blé et du froment avant la moisson, du hareng avant la pêche, du drap avant sa fabrication. Le vendeur qui enfreignait cette règle était soumis à une amende de dix marcs envers la ville où le marché s'était conclu, et l'acheteur était privé des objets qu'il avait acquis.

Afin d'assurer exclusivement aux Anséates le commerce des grains de la Baltique, on ordonna que les chargements de blé qui proviendraient des villes de la Hanse fussent les seuls qui pussent être conduits dans les ports du Sund ou des Belts, et dans ceux de l'Elbe et du Weser.

Ces différentes mesures émanaient d'une diète également remarquable par le nombre des députés et par l'importance des villes qui les avaient nommés : la confédération entière s'y trouvait représentée; et l'on peut juger, par la nomenclature suivante, de l'extension qu'elle avait alors. Les villes dont les députés prirent part à cette délibération étaient celles de Lubeck, Cologne, Brunswick, Dantzig, Hambourg, Brême, Soltwédel, Stade, Kiel, Rostock, Wismar, Anclam, Grypswald, Stralsund, Rugenwald, Stettin, Colberg, Wisby, Thorn, Elbing, Riga, Dorpat, Revel, Magdebourg, Hildesheim, Halberstadt, Goslar, Osnabruck, Munster, Soest, Dortmund, Lunebourg, Stendal, Minden, Buxtehude, Rhinwegen, Wesel, Harderwick, Goettingue, Dordrecht, Harlem, Amsterdam, Zutphen, Swoll, Campen, Deventer.

Le comptoir de Bruges, avec lequel toutes ces villes entretenaient des relations, était encore l'entrepôt général du commerce d'Occident. Cette cité était une des plus manufacturières de l'Europe; et la richesse, la variété des produits de son industrie offraient aux négociants un grand nombre d'objets d'exportation. La plupart des habitants étaient des ouvriers, auxquels l'activité des fabriques procurait du travail et d'abondantes ressources; mais cette classe turbulente, et qu'il est malaisé de contenir au milieu même de l'aisance, était encore plus indocile, quand les chances de la guerre, de la navigation ou du commerce, avaient été contraires et avaient occasionné quelque interruption de travail. Alors les fonctions des magistrats devenaient plus pénibles : l'ordre public était difficile à maintenir; et, comme une grande partie de la population se composait d'étrangers, qu'avait attirés l'appât de la fortune, on craignait tout à la fois les jalousies entre eux et les nationaux, et les rivalités qui sont assez fréquentes entre les différentes corporations d'une même cité.

La comtesse Marguerite de Flandre, fille de Baudouin, empereur de Constantinople, ayant fixé sa résidence à Bruges, en avait agrandi l'enceinte, et avait favorisé les relations commerciales avec l'Orient : les marchandises du Levant et d'Italie apportées à Bruges étaient ensuite expédiées pour Lubeck, Hambourg ou Brême : de là on les envoyait à Lunebourg, à Brunswick, à Magdebourg, d'où elles pénétraient dans les contrées environnantes. Cette place était dans la situation la plus florissante, quand les ducs de Bourgogne eurent fait successivement l'acquisition de la Flandre, du Brabant, de la Zélande et de la Hollande. Philippe le Bon, père de Charles le Téméraire, avait achevé cet agrandissement de territoire, commencé par son aïeul Philippe le Hardi : il aimait le séjour de Bruges; il y avait fondé en 1430 l'ordre de la Toison d'or : cette ville fut embellie par ses établissements, et elle devint le centre du commerce de ses vastes États.

A mesure que ces différents pays, précédemment partagés entre plusieurs souverains, s'étaient réunis sous la domination d'un même prince, les villes qui s'y trouvaient situées étaient devenues moins libres dans leurs relations avec la Ligue Anséatique, dont elles faisaient partie : elles avaient des intérêts qui leur étaient propres; elles entrèrent en rivalité avec les principales villes de la confédétion, et cherchèrent à s'affranchir des charges qu'entraînaient les fréquentes guerres des Anséates avec les couronnes du Nord. Cet esprit de désunion devint plus sensible dans les villes qui avaient plus de confiance dans leurs ressources particulières, telles qu'Amsterdam, Dordrecht, Midlebourg, Anvers et quelques autres places. Elles étaient devenues florissantes par les bénéfices de leurs pêcheries ou par l'activité de leurs manufactures, et n'avaient plus besoin de l'alliance anséatique pour assurer leur navigation et leur commerce : la puissance des ducs de Bourgogne leur procurait une protection spéciale : bientôt elles eurent des démêlés avec les Wendes qui cherchaient à exclure de la Baltique le pavillon hollandais; et cette mésintelligence ne se termina que par un traité conclu en 1441, sous la médiation du roi de Danemarck, entre le duc de Bourgogne, seigneur de Hollande, et les villes de Lubeck, Hambourg, Rostock, Stralsund, Wismar et Lunebourg. Un traité semblable fut signé quelques jours après entre le duc de Bourgogne et les pays de Prusse et de Livonie. L'une et l'autre convention avaient pour but d'assurer aux contractants une entière et mutuelle liberté de commerce et de navigation. Plusieurs navires anséates avaient été enlevés par les Hollandais; ceux-ci s'engagèrent au paiement d'une indemnité.

Les démêlés de la Hollande avec la Ligue Anséatique avaient été passagers; ceux de l'Angleterre furent plus durables. Ils n'avaient été que suspendus par un traité de 1436; et, quoique l'on fût convenu par cet acte que les Anséates seraient rétablis en Angleterre dans tous leurs anciens priviléges, qu'ils pourraient y aborder, y négocier librement, et que la navigation et le commerce anglais jouiraient des mêmes franchises dans tous les ports de la Baltique, les relations ainsi renouvelées avaient été bientôt entravées de part et d'autre; on avait exhaussé les droits de douanes et opéré des saisies et des confiscations. Un traité conclu à Utrecht en 1474 mit enfin un terme à ces longues contestations : il concilia les intérêts des deux parties; et, s'il restreignit le commerce exclusif dont les Anséates avaient joui, il donna plus de sécurité et de stabilité aux autres prérogatives qui leur restaient. L'importance de cette transaction nous détermine à en offrir l'analyse.

Il fut convenu entre l'Angleterre et la Hanse teutonique que toutes hostilités cesseraient par terre, par mer et dans les eaux douces; qu'on pourrait librement passer d'un pays dans l'autre, y demeurer, en sortir, y entretenir ses relations de commerce, et que l'on renoncerait de part et d'autre à toute action, litige ou représailles, pour cause des désordres, des prises, des hostilités qui avaient eu lieu précédemment. Les clauses du traité de 1436, relatives à cette liberté de commerce, furent confirmées et renouvelées.

La Hanse teutonique jouissait à Londres, depuis deux siècles, d'un comptoir ou *Guildhall*, où ses négociants faisaient le dépôt et la vente de leurs marchandises : le roi agrandit cet établissement, afin de le proportionner aux progrès du commerce; il y joignit d'autres habitations attenantes, où les Anséates jouirent des mêmes franchises : ce quartier prit le nom de Stahlhoff; et d'autres entrepôts semblables leur furent accordés à Lyn dans le comté de Norfolk, et à Boston dans le comté de Lincoln.

Pour indemniser les Anséates des dommages qu'ils avaient soufferts, le roi leur accorda une somme de dix mille livres sterling, dont le payement leur fut assuré sur les recettes de la caisse des douanes. Un dédommagement fut également remis aux négociants qui avaient été détenus dans la Tour de Londres pendant les hostilités.

Si quelques membres de la Ligue Anséatique venaient à se séparer d'elle, le roi d'Angleterre les regarderait comme étrangers à cette confédération, et il cesserait de leur accorder les priviléges dont elle jouissait, jusqu'à ce qu'il eût été assuré, par d'authentiques témoignages, de la réconciliation des communes ou autres gouvernements qui auraient momentanément rompu cette union fédérale.

Il fut convenu que toutes les obligations contractées par le roi envers les Anséates seraient acceptées par la ville de Londres, nonobstant tous les priviléges dont cette capitale pourrait jouir. La possession et la garde de la porte de Londres, nommée *Bishop's-gate*, devait appartenir aux marchands de la Hanse, suivant la teneur d'un contrat anciennement passé avec eux.

On régla les formes à suivre pour le pesage des marchandises et pour le mesurage des étoffes et des toiles, afin que le commerce fût à l'abri des altérations et des changements arbitraires dans les valeurs et les quantités. Des précautions furent prises pour que les douaniers et les inspecteurs des marchandises ne ralentissent pas, par d'inutiles délais, les opérations du commerce, et pour que les procédés de la visite des pelleteries et des fourrures ne les exposassent pas à des avaries.

Si un navire faisait naufrage sur les côtes d'Angleterre, le bâtiment et sa cargaison devaient être rendus au propriétaire, sauf la valeur des droits de sauvetage; « pourvu que quelque être « vivant, homme, chien, chat, poulet « ou autre animal, eût pu gagner la « terre. »

L'entrée des vins et des sels était au nombre des principales importations; elle fut protégée par un article spécial.

La police de bord fut abandonnée aux patrons et capitaines de navires : les autorités locales n'eurent point à en prendre connaissance.

Cette transaction, signée au nom de la Ligue Anséatique par les orateurs de Lubeck, de Hambourg, de Dantzig et de Brême, reçut aussi l'assentiment des aldermans de Bruges, de Londres et de Bergen. D'autres députés de la Hanse y intervinrent, tels que ceux de Munster, Campen, Deventer; et la paix rétablie avec l'Angleterre donna au commerce de la Ligue une nouvelle activité. Ses relations avec la France étaient alors très-étendues : elles avaient été favorisées sous le règne de Louis XI, par une charte publiée en 1465; et les priviléges accordés aux Anséates furent confirmés et agrandis en 1484 par le même prince, et par Charles VIII son successeur.

Les Anséates ne furent soumis en France à aucune autre imposition, charge ou gabelle, qu'à celles des sujets du roi, et ils leur furent assimilés sous le rapport du commerce. Ils pouvaient résider dans le royaume, y faire des acquisitions, et y disposer par donation, testament, vente ou tout autre acte, de leurs biens meubles et immeubles. Leurs héritiers pouvaient les recueillir, en user, en jouir, comme s'ils étaient sujets naturels et originaires du royaume. En cas de guerre entre la France et les proconsuls, consuls, aldermans, marchands et habitants de la Hanse, ceux-ci auraient un an pour exporter du royaume leurs marchandises, navires et autres biens, et pour les transporter dans leur pays, pour recouvrer les valeurs qui leur seraient dues par les sujets du roi, et pour aller, venir, séjourner dans le royaume durant le même espace de temps, sans avoir à craindre ni empêchement, ni dommage.

Lorsqu'un Anséate mourait en France, il était prescrit aux ecclésiastiques ayant charge d'âmes de l'inhumer en terre sainte, de même que les sujets catholiques du royaume.

Dans le cas où la France entrerait en guerre avec une nation étrangère, les Anséates pourraient néanmoins se porter chez la puissance ennemie, avec leurs navires, équipages, biens et marchandises, pour y suivre leurs affaires et y exercer leur commerce, sans qu'on pût les regarder comme infracteurs de la paix et de l'amitié que l'on se promettait de part et d'autre.

S'il arrivait que quelques villes anséatiques se séparassent de leur communauté, ou fussent en état de révolte contre leurs magistrats, les navigateurs, marchands ou autres habitants de ces villes cesseraient de jouir des conventions de paix et des priviléges et franchises que le roi avait accordés aux membres de la confédération, jusqu'à ce que la régence de Lubeck eût attesté que les villes dissidentes s'étaient réconciliées avec la Ligue, et qu'elles avaient pleinement réparé les dommages occasionnés par leur défection.

En supposant qu'il s'élevât quelque ambiguïté sur l'application des articles précédents, le roi promettait qu'on les interpréterait en faveur des villes anséatiques; et pour faire plus aisément observer ces dispositions amicales et bienveillantes, il nommait conservateurs des priviléges de la Hanse l'amiral de France, le vice-amiral, le bailli de Rouen, les sénéchaux d'Aquitaine, de Lyon, de Ponthieu, les gouverneurs de la Rochelle, d'Arras, de Boulogne ou leurs lieutenants, et il leur donnait pour mandat de connaître de tous les litiges entre ses sujets et les proconsuls, marchands ou habitants de la Hanse teutonique.

L'analyse que nous venons de faire des priviléges accordés aux Anséates par leur dernier traité avec l'Angleterre, et par les lettres patentes qu'ils obtinrent de Charles VIII, nous rappelle quelques-uns des principes du droit commercial et du droit des gens, tels qu'ils étaient observés dans le moyen âge. Elle nous indique aussi la tendance qu'avaient plusieurs villes anséatiques à se séparer d'une Ligue qui avait d'abord contribué à leur grandeur. Cette tendance devint encore plus forte en Hollande, lorsque la princesse Marie, fille de Charles le Téméraire, et héritière des vastes États de la maison de Bourgogne, eut épousé l'archiduc Maximilien, fils de l'empereur Frédéric III. Cette alliance, qui eut lieu en 1477, entraîna la Hollande et les Pays-Bas dans toutes les guerres de la France avec la maison d'Autriche : d'autres commotions intérieures suivirent en 1482 la mort de la princesse Marie; et la ville de Bruges devint le centre de ces agitations : les états généraux qui s'y assemblèrent se plaignirent des désordres commis par les troupes de Maximilien. Les bourgeois et les artisans y prirent les armes contre lui; et leur exaspération alla si loin qu'ils s'emparèrent de sa personne, firent trancher la tête à quelques-uns de ses conseillers, et nommèrent de nouveaux magistrats.

A la nouvelle de cette insurrection, l'empereur Frédéric fit marcher des troupes vers la Flandre; le pape Innocent VIII menaça d'excommunication les rebelles; les états généraux, tenus à Malines et ensuite à Gand, entrèrent en négociation; et ils signèrent, le 16 mai 1488, un arrangement, en vertu duquel Maximilien fut remis en liberté, après deux mois et demi de détention. L'Empereur, voulant punir la ville où son fils avait été retenu prisonnier, fit bientôt obstruer le port dont le canal conduisait à Bruges : les négociants allemands en furent rappelés; ils transportèrent à Anvers leur commerce, et la Ligue Anséatique y plaça son comptoir. Les priviléges que cette ligue avait obtenus, en 1315, de Jean, duc de Brabant, avaient été confirmés par ses successeurs, et ils eurent la même étendue dans la nouvelle résidence : les plus grands vaisseaux pouvaient remonter jusqu'à Anvers : cette ville étendit partout ses relations maritimes; elle devint la plus florissante des Pays-Bas ; et Bruges, en perdant les avantages de son entrepôt, ne conserva plus que la supériorité de ses manufactures.

Mais nous avons déjà remarqué qu'en étendant au loin son commerce la Hollande cherchait à le rendre indépendant. Elle était favorisée dans ses vues par le roi de Danemark ; et ce prince voyait avec trop d'inquiétude la prospérité dont la Ligue Anséatique jouissait encore, pour ne pas désirer la désunion d'un corps si puissant. Il crut devoir accorder des franchises particulières à la navigation et au commerce hollandais, dans les ports de Danemark, de Scanie et de Norvége ; et il traita avec la même faveur les Anglais, qui ne voulaient plus abandonner aux Anséates le monopole du commerce dans la mer Baltique.

Les Anglais et les Hollandais, auxquels les passages du Sund et des Belts se trouvaient ouverts, continuaient ainsi de fréquenter les parages orientaux de cette mer intérieure : ils entretenaient des relations directes avec la Livonie et la Courlande, comme avec les différents ports de la Finlande et de la Suède. Leur commerce de Bergen était favorisé ; et ils devenaient les auxiliaires naturels des puissances du Nord, dans leurs démêlés avec les villes anséatiques.

Ces démêlés furent très-graves sous le règne de Christiern 1er, qui, après la mort de Charles Canutson, roi de Suède, désirait joindre cette couronne à celles de Danemark et de Norvége : les villes anséatiques contrariaient cette réunion, afin de conserver dans le Nord leurs anciens avantages ; mais elles ne purent l'empêcher de s'effectuer, et les trois puissances du Nord furent réunies, en 1483, sous le sceptre de Jean II, comme elles l'avaient été près d'un siècle auparavant sous celui de Marguerite.

D'autres nuages s'étaient élevés entre le Danemark et quelques villes anséatiques, sur lesquelles les comtes de Holstein avaient prétendu exercer un droit de suzeraineté. Le roi, devenu souverain du Holstein, essaya de faire revivre cette ancienne prétention ; mais Hambourg et Lubeck refusèrent de s'assujettir à aucun lien féodal : ces deux villes ne relevaient que de l'Empire ; elles n'avaient à reconnaître aucune autre juridiction ; et, sans manquer d'égard et de déférence envers le roi de Danemark, elles ne lui sacrifièrent ni leurs droits ni leur indépendance.

Les Anséates avaient aussi à se plaindre des faveurs accordées par ce prince à plusieurs villes de Hollande qui s'étaient séparées de la Ligue ; cependant, ils évitèrent un éclat qui aurait pu les exposer à des dommages plus considérables, et ils n'eurent recours qu'à des négociations, pour recouvrer en Danemark et en Norvége leurs anciennes prérogatives.

Mais les priviléges dont on leur rendait la jouissance cessaient d'être exclusifs : les Hollandais en avaient obtenu de semblables ; et l'Angleterre parvint, en 1490, à conclure avec Jean II, roi de Danemark, un traité qui assurait à la navigation et au commerce anglais tous les avantages accordés aux Anséates. Ce n'était point assez pour l'Angleterre : elle voulait obtenir le droit de naviguer et de commercer librement dans tous les ports de la Ligue ; et ses négociateurs déclarèrent en 1491, dans une diète convoquée à Anvers, que tous les Allemands seraient traités en Angleterre, pour l'exercice et les priviléges du commerce, comme les Anglais le seraient eux-mêmes dans les villes anséatiques. La Hanse avait recueilli pendant longtemps les principaux avantages du commerce ; mais son exemple avait instruit les autres nations maritimes, et lui avait suscité des rivales, qui devaient à leur tour participer à sa prospérité et lui disputer la prééminence. Une révolution maritime et commerciale allait être opérée par les découvertes des Européens dans les différentes parties du monde.

Pour mieux reconnaître l'importance de ces découvertes, il convient de remonter à leur origine, et de les enchaîner les unes aux autres, en rappelant d'abord quelques-uns des voyageurs de terre qui eurent le plus de célébrité et qui influèrent d'une manière favorable sur le commerce des Européens avec la plupart des contrées de l'Orient.

Nous ne remonterons point ici aux voyages faits à Jérusalem et dans les régions voisines, en 970, par Bernard le Sage, et trente-deux ans après par Saewulf, ni à ceux que Benjamin de Tudéla termina en 1173, après avoir visité dans le midi de l'Europe et en Orient les synagogues de sa nation. D'autres voyages plus remarquables furent entrepris en 1246 par Ascelin et par Jean du Plan Carpin, et en 1253 par Guillaume Rubruck. Ces trois religieux étaient contemporains de saint Louis, et ils avaient reçu du pape Innocent V la mission de porter l'Évangile chez les nations tartares, de rechercher leur alliance contre les Turcs, et de seconder par cette diversion les succès des armes de la chrétienté. Quoique ces voyages, intimement liés au système des croisades, eussent une importance politique et religieuse plutôt que commerciale, néanmoins ils contribuèrent puissamment à faciliter ce dernier genre de relations entre les Européens et les nations conquérantes de l'Asie. Batou-khan, petit-fils de Genghis-khan, régnait alors en Crimée et dans les pays voisins : il accorda des saufs-conduits aux négociants et aux autres voyageurs qui se rendaient dans ses États ; il favorisa le passage des envoyés d'Innocent V ; et les relations que les uns et les autres publièrent à leur retour répandirent des notions nouvelles sur la situation, le gouvernement, les mœurs des pays et des hordes qu'ils avaient visités. Si leurs récits sont mêlés de fables, il faut sans doute attribuer ces altérations à ce goût pour le merveilleux et à cet esprit de crédulité qui dominaient leur siècle, à des traditions locales sur des objets que les voyageurs eux-mêmes n'avaient pas vus, à ce sentiment involontaire qui les portait à se faire valoir davantage, en exagérant ce que leur entreprise avait eu d'extraordinaire ou de périlleux. Dans un temps où les communications étaient difficiles, où les longues excursions étaient rares, on conservait l'espérance de ne pas être démenti par d'autres voyageurs, en les détournant de la même carrière, et en leur persuadant de ne pas s'engager dans de si téméraires entreprises.

Le plus remarquable des voyages qui furent entrepris dans les régions orientales fut celui de Marco-Polo, commencé en 1269. Son père et son oncle avaient déjà résidé longtemps en Tartarie : il les y accompagna dans leur seconde expédition commerciale; il parcourut d'occident en orient tout le centre de l'Asie, obtint la faveur de Kublay-khan, empereur des Tartares, remplit d'honorables missions dans les vastes États de ce monarque, et fut à portée de bien connaître les différentes contrées d'Asie, sur lesquelles il nous a laissé d'intéressantes relations qui ont tous les caractères de la sincérité. Ces relations qu'il dicta en 1295, quelques années après son retour, et dont le texte fut bientôt traduit en d'autres langues, en latin, en français, en espagnol, en allemand, se propagèrent promptement en Europe : elles dissipèrent une partie des fables qui s'étaient répandues sur différentes régions de l'Asie; elles en éclaircirent les annales obscures, et Marco-Polo devint le plus fidèle guide des voyageurs qui parurent après lui.

Ce Vénitien avait été précédé par Hayton, roi d'Arménie, qui partit de ses États en 1254, pour aller lui-même négocier une alliance avec Mangou-khan, empereur des Tartares : sa relation et celle d'un religieux du même nom ont été publiées depuis. Mandeville quitta l'Angleterre en 1332 pour voyager en Asie; il y résida longtemps, et il se rendit ensuite en Égypte, en Libye, en Abyssinie.

Odéric de Frioul alla en 1317 prêcher la foi en Tartarie, et Jordan de Sévérac fit en 1330 un voyage en Perse et dans l'Inde, où il était chargé d'étendre la religion chrétienne. Cette mission lui avait été confiée par Jean XXII qui occupait alors le saint-siége. Jordan ne se borna point à la remplir, et les notions nombreuses qu'il se procura sur les contrées orientales furent utiles aux négociants qui entretenaient des rapports d'intérêt avec leurs habitants. Rodolphe de Frameinsberg partit de Bavière en 1346, pour parcourir la Palestine, le mont Sinaï et l'Égypte. La visite des saints lieux fut encore, pendant plus d'un siècle, le but ordinaire des voyageurs; mais on apprenait aussi à mieux connaître les pays intermédiaires, et, en accomplissant un pèlerinage, on ouvrit au commerce de plus libres voies et des marchés plus étendus.

Étienne de Gunpenberg fit en 1449 un voyage en Palestine : le duc Balthazar de Mecklembourg s'y rendit vers la même époque, avec Hans Bucher de Nuremberg, qui publia sa relation. Sieben Burger écrivit en 1458 le récit de son esclavage en Turquie, où il avait été prisonnier de guerre : Jean de Solms, accompagné d'un peintre d'Utrecht, se rendit dans la terre sainte et au mont Sinaï : d'autres voyages en Syrie et en Palestine furent accomplis, dans les dernières années du quinzième siècle, par Hans Merle de Zimmern, par un baron de Axel et un bourgmestre de Gand, par Bernard de Bridenbach, doyen de Mayence, par le comte Alexandre des Deux-Ponts et le comte Jean Louis de Nassau, par le duc Bogislas de Poméranie, par Nicolas de Furnad, religieux franciscain : chacune des relations publiées par ces voyageurs répandait quelques lumières sur les pays qu'ils avaient parcourus.

On était sorti des ténèbres du moyen âge : l'instruction faisait des progrès : l'enseignement de la jeunesse était favorisé par quelques personnages influents; et l'on doit citer au nombre de ces bienfaiteurs de l'humanité et de la raison Herman Divérus d'Erfurt, chanoine de Cologne, qui légua en 1430, par son testament, une somme pour la fondation de deux colléges, l'un à Cologne, l'autre à Erfurt. Chaque collége devait avoir douze élèves, choisis en nombre égal dans les villes d'Erfurt, de Cologne, de Leyde, de

Breslau, de Lubeck et de Deventer : presque toutes ces villes appartenaient à la Ligue Anséatique, et un établissement d'instruction publique qui leur était commun, formait entre elles un lien de plus.

Plusieurs écrivains commençaient à rassembler, dans des corps d'ouvrage, les observations faites avant eux, et ils offraient, sous le nom de chronique du monde, ou sous d'autres titres analogues, l'analyse des connaissances qu'on avait alors sur l'histoire et les mœurs des différentes nations. Quelques-uns de ces auteurs étaient originaires des villes anséatiques, tels que Werner Rolewinck de Munster et Gobelin Persona de Paderborn. Un des chroniqueurs les plus renommés par le nombre de ses travaux et l'étendue de ses recherches fut Albert Krantz, né à Hambourg vers le milieu du quinzième siècle : on remarque au nombre des ouvrages qu'il a publiés une chronique du Danemark, de la Norvége et de la Suède, une histoire de Saxe, une histoire de Vandalie depuis les temps les plus anciens. Ses observations sur l'origine des peuples furent conjecturales; mais en arrivant aux temps historiques il put recueillir d'exactes traditions, et il consulta avec soin toutes les annales des pays du Nord.

Les voyageurs qui publiaient leurs relations y joignaient souvent des itinéraires propres à indiquer d'un seul coup d'œil les distances et la position des lieux qu'ils avaient parcourus. La géographie fut encouragée; on l'étudia dans les ouvrages de Ptolémée, qui furent publiés en 1462; et l'Almageste de cet auteur fut analysé par Purbach et par Jean Muller, son élève, né en 1436 à Koenigshofen en Franconie, et plus généralement connu sous le nom de Régiomontanus. Les connaissances de Muller en astronomie et en mathématiques lui donnèrent de la célébrité, et sa pénétration, accrue par de longues études, lui fit prévoir quelques-unes des découvertes qui honorèrent son siècle. Martin Béheim, né à Nuremberg en 1430, prit part à plusieurs expéditions dans l'océan Atlantique : il perfectionna l'astrolabe, dont on put alors se servir en mer pour se diriger; et dans une de ses navigations il découvrit Fayal, qui fait partie de l'archipel des Açores.

Quoiqu'on eût commencé à donner une nouvelle direction aux voyages de découvertes, néanmoins on n'abandonnait pas les anciennes routes ouvertes au commerce d'Orient : l'habitude les faisait suivre; et aucun voyage du quinzième siècle ne fut aussi utile à consulter que ceux qui furent entrepris en 1471 et dans les années suivantes par trois envoyés vénitiens. Nous avons vu qu'à cette époque la cour de Rome et le doge de Venise faisaient des préparatifs de guerre contre Mahomet II, et entretenaient des intelligences avec Hussum-Cassan qui régnait en Perse : ils envoyèrent à la cour de ce prince Catherino Zeno qui parvint à conclure une alliance avec lui. Josaphat Barbaro s'y rendit deux ans après, avec les armes à feu et les munitions de guerre que le doge lui avait promises; une flotte vénitienne qui parut bientôt dans la mer Noire était destinée à seconder les opérations d'Hussum-Cassan; et Barbaro, après avoir accompli sa mission en Perse, revint en Italie, par Derbent, la mer Caspienne, Astrakan, le Volga, le Tanaïs, et les provinces méridionales de la Pologne et de l'Allemagne.

Ambrosio Contarini fit, en 1473, un autre voyage en Perse, à la suite de Marcus, ambassadeur moscovite : il visita successivement Moscou, Casan, Astrakan, Derbent et les provinces situées au midi de la mer Caspienne, et il recueillit des notions nombreuses sur le commerce, qui se faisait par caravanes en temps de paix et à la suite des armées en temps de guerre. Contarini était arrivé à Astrakan, peu de temps après la dévastation de cette ville par les Tartares; il visita les riches salines du voisinage; il remarqua les progrès du commerce des Russes dans les contrées orientales, l'accroissement de leur puissance, les nouveaux embellissements de Moscou, et les encouragements que le czar Ivan

Basilowitz avait donnés aux arts et à l'industrie.

Le commerce de Novogorod et de Moscou avec le centre de l'Asie s'étendait de proche en proche et par une longue chaîne de communications jusqu'aux rives de l'Oxus et au grand marché de Samarkand. Ce dernier lieu de réunion attirait les voyageurs des autres contrées de la Tartarie, ceux de la Chine, du Tibet et du nord de l'Inde; et les caravanes qui s'y rendaient étaient protégées par les chefs de hordes, ou par les autres gouverneurs dont elles traversaient le territoire. Plusieurs espèces de subsides acquittaient le prix de cette protection : chaque prince était intéressé à l'accorder; et les négociants des divers pays étaient généralement regardés comme une classe inoffensive, qui ne se mêle ni aux révolutions politiques ni aux chances de la guerre, et qui aide à réparer une partie de leurs calamités. Quelquefois ils servirent de médiateurs, pour rapprocher deux nations ennemies : on eut recours à leurs avances, pour subvenir à l'entretien des armées ou à d'autres nécessités publiques. Si le commerce n'était pas toujours protégé par sentiment de justice, on était du moins intéressé à le ménager et à tenir en réserve les ressources qu'on pouvait en attendre.

Cependant, malgré les soins que l'on prenait pour multiplier les relations commerciales de l'Europe avec les régions orientales, on ne pouvait remédier, ni aux pénibles fatigues d'une si longue route, ni aux accidents imprévus que les troubles et les désordres du moyen âge rendaient inévitables. Combien de pays à parcourir, où les voies de communication étaient à peine tracées, où elles étaient infestées par des brigands, où l'on rencontrait des steppes stériles, des forêts difficiles à franchir, des régions entières que de barbares conquérants avaient dévastées! La terre, dans son état d'abandon et de nudité, opposait trop d'obstacles au commerce ; la mer offrait de plus libres moyens de communication; et les expéditions maritimes, qui embrassaient alors une grande partie de l'Europe, depuis le golfe de Finlande jusqu'au fond de la Méditerranée et de la mer Noire, prirent une nouvelle extension. On recourut à ce moyen de transport partout où il était praticable; et au lieu de traverser des régions immenses pour arriver aux extrémités des continents, on conçut la pensée de circuler par mer autour de leurs rivages. Si l'Océan enveloppait la terre entière, le navigateur ne pouvait-il pas espérer d'en parcourir toutes les côtes, d'arriver sous voiles ou à force de rames jusqu'aux plages les plus inconnues, de remonter le cours des fleuves dont il rencontrerait l'embouchure, et de pénétrer ainsi par de nouvelles voies dans l'intérieur des pays que l'on n'avait parcourus jusqu'alors qu'à travers tant de fatigues et de travaux? Le midi de l'Europe donna aux autres peuples l'exemple de ces grandes navigations qui allaient changer les principales lignes du commerce, et qui devaient avoir une si grande influence sur les destinées de la Ligue Anséatique.

Les expéditions maritimes des Européens dans les parages occidentaux de l'Afrique s'étaient multipliées dès le commencement du quinzième siècle : Jean de Béthencourt, illustre Normand, aborda en 1402 aux îles Canaries, et il entreprit la conquête de cet archipel, déjà connu des anciens sous le nom d'îles Fortunées. Cette expédition fut féconde en résultats; elle ouvrit la route aux navigateurs qui s'avancèrent vers le midi et le long des côtes d'Afrique, et à ceux qui cinglèrent vers l'ouest et cherchèrent le nouveau monde.

On doit aux nobles travaux de l'infant don Henri, fils du roi Jean, les premières tentatives que firent les Portugais pour prolonger leur navigation le long des côtes d'Afrique et pour s'ouvrir un passage maritime vers les Indes. Ce prince avait suivi son père au siége de Ceuta en 1415, et il put, pendant cette expédition militaire, connaître les traditions des Maures sur les régions occidentales de l'Afrique. Animé du désir de faire des découvertes utiles à son pays et à sa gloire, il cultiva les sciences, favorisa tous les arts propres à perfectionner la navigation, et fixa sa résidence dans les Algarves, près du cap de Sagres, pour être plus à portée des parages que ses bâtiments devaient parcourir.

Les découvertes antérieurement faites par les Espagnols s'étaient arrêtées au cap Non, situé à la hauteur des îles Canaries. Deux vaisseaux équipés par les soins du prince Henri s'avancèrent en 1415 jusqu'au cap Boyador : la violence des courants les empêcha de le franchir ; mais deux autres navires, expédiés trois ans après sous les ordres de Gonzalve Zarco et de Tristan - Vaz-Texeira, gagnèrent le large afin d'éviter les courants : ils tenaient leur route au nord de l'archipel des Canaries, et, après avoir été battus par une violente tempête, ils trouvèrent un refuge dans la rade d'une île qu'ils nommèrent Porto-Santo. L'île de Madère, ainsi nommée des bois qui la couvraient, fut reconnue par eux l'année suivante.

L'infant don Henri, encouragé par ces premiers succès, méditait d'autres entreprises : il obtint en 1432 du pape Martin V la donation au Portugal de toutes les terres que l'on découvrirait depuis le cap Boyador jusqu'aux Indes. D'autres navigateurs, faisant voile le long des côtes d'Afrique, reconnurent successivement la baie *Dos ruivos*, le cap Blanc, les îles d'Arguin, où ils firent quelques échanges de commerce avec les Maures, qui leur remirent plusieurs nègres et leur apportèrent de la poudre d'or. L'embouchure du Sénégal, le cap Vert furent découverts en 1447 et l'archipel de ce nom le fut en 1463. Cadamosto de Venise et plusieurs marins de Gênes avaient passé au service du Portugal ; ils reconnurent la rivière de Gambie, celle de Santo-Domingo ; et d'autres navigateurs s'avancèrent jusqu'à l'embouchure du Sierra-Leone. Ce fut le terme des découvertes faites sous les auspices du prince Henri : il mourut au cap de Sagres en 1463, entouré des savants et des grands navigateurs qui formaient son illustre cour. En léguant à son pays de précieuses acquisitions, il excita le roi Alphonse V à poursuivre de si grandes entreprises.

Bientôt les côtes de Guinée furent reconnues dans toute leur longueur. On espérait, en observant leur direction d'occident en orient, avoir trouvé le passage que l'on cherchait pour arriver aux Indes ; mais, après une navigation de cinq cents lieues, on vit la côte brusquement tourner vers le midi, et l'on eut à suivre cette nouvelle direction. Les îles de Fernando-Po, du Prince, de St-Thomas, d'Annobon, furent successivement découvertes, et les navigateurs reconnurent les rivages du continent jusqu'au cap St^e-Catherine, situé au nord du royaume de Loango. Ils avaient passé l'équateur ; une partie des phénomènes du ciel avait changé pour eux et toutes les étoiles australes leur apparaissaient : de nouvelles terres leur étaient acquises, et ils étaient frappés des avantages promis au commerce et à la puissance de leur pays. Le roi de Portugal Jean II, fils et successeur d'Alphonse V, prit alors le titre de Seigneur de Guinée et de la conquête et navigation sur les côtes d'Afrique : ses vaisseaux s'avancèrent jusqu'au Zaïre. Les Portugais fondèrent leurs établissements dans le Benin et le Congo, où ils établirent des colonies, et ils doublèrent le cap Negro. Barthélemi Diaz suivit en 1486 avec trois vaisseaux la longue étendue des côtes de la Cafrerie et du pays des Hottentots : il tourna l'extrémité méridionale de l'Afrique, s'avança jusqu'au Rio de los Vaqueros, et reconnut, en revenant sur ses pas, le cap des Tourmentes, ainsi nommé des violentes tempêtes qui assaillirent son escadre.

Pendant cette expédition maritime, deux envoyés portugais s'étaient rendus par la Sicile et l'île de Rhodes à Alexandrie ; ils avaient parcouru la mer Rouge et s'étaient séparés à Aden.

Païva gagna l'Abyssinie, où il mourut : Covilhan visita dans un premier voyage Cananor et Goa sur les côtes de l'Inde, Sofala sur celles d'Afrique ; il se rendit dans un second voyage à l'entrée du golfe Persique. Arrivé à Ormuz, il revint sur les côtes d'Afrique, pénétra dans l'intérieur, et ouvrit des relations entre le roi de Portugal et celui de cette contrée, généralement désigné, à cette époque, sous le nom de Prêtre-Jean d'Abyssinie.

Le roi Emmanuel reprit, vers la fin du siècle, les grandes explorations commencées avant lui. Vasco de Gama partit de Lisbonne, le 8 juillet 1497, avec trois vaisseaux et cent soixante hommes d'équipage, pour chercher une communication maritime jusqu'aux Indes. Ses navires furent séparés par une tempête, dans les parages des îles Canaries ; mais huit jours après ils se rejoignirent près du cap Vert. Le 18 novembre, il découvrit heureusement et par un temps calme le promontoire qui fut dès lors connu sous le nom de cap de Bonne-Espérance : il gagna ensuite la baie de San-Blas, les rochers de la Cruz, la terre de Natal, la rivière de los Reyes et le cap des Courants. On entrait alors dans le canal de Mozambique : l'île de ce nom fut découverte le 10 mars 1498 ; et Vasco de Gama se rendit ensuite à Monbaza et à Mélinde, dont la population arabe était civilisée, industrieuse, commerçante, et entretenait des relations régulières avec les Indes. Il partit de cette ville le 22 avril pour le continent asiatique, qu'il était sûr de rencontrer ; il découvrit le 20 mai les hautes montagnes qui dominent Calicut, et alla jeter l'ancre près de cette ville, dix mois et demi après son départ d'Europe.

Une expédition plus mémorable s'était accomplie six ans auparavant : Christophe Colomb avait découvert le nouveau monde, et avait débarqué en 1492 dans l'île d'Hispaniola, qui prit ensuite le nom de Saint-Domingue : il avait reconnu dans son second voyage les côtes de la terre ferme, voisines du golfe Paria ; et s'étant ensuite avancé jusqu'au fond du golfe du Mexique, il avait ouvert la route aux navigateurs et aux conquérants qui devaient changer le sort de ces vastes contrées. Colomb avait quitté l'Espagne pour aller par une route nouvelle à la recherche des pays d'Orient : la forme sphérique de la terre lui faisait espérer qu'il parviendrait à ces régions en naviguant vers l'ouest, et il crut en effet les rencontrer lorsqu'il aborda sur les premières plages d'Amérique.

Le désir d'ouvrir de plus libres communications avec l'Orient devint ainsi le premier mobile des navigateurs qui, abandonnant les parages anciennement fréquentés, se hasardèrent sur des mers inconnues, et acquirent par la grandeur de leurs entreprises une gloire qui ne périra point.

Le résultat des découvertes des Portugais est en ce moment celui qui doit nous occuper le plus, parce qu'il changea, d'une manière prompte et immédiate, le système des grandes communications avec l'Asie. Les Portugais furent bientôt maîtres de Diu et de Goa : ils s'emparèrent ensuite de Malacca, qui était l'entrepôt général du commerce de l'Asie méridionale et orientale : les marchands de la Chine, du Japon, des îles de la Sonde, des Moluques et des autres archipels asiatiques venaient s'y réunir à ceux du Bengale, des côtes de Coromandel et de Malabar, de l'île de Ceylan, et même des côtes orientales de l'Afrique. Tous les ports que faisait prospérer ce grand commerce de l'Asie furent fréquentés par les Portugais : ceux-ci cherchèrent ensuite à échelonner leurs possessions entre l'Orient et l'Occident, en s'établissant à Ormuz dont ils firent leur principal comptoir, en obtenant quelques points de relâche dans les ports d'Abyssinie, et en étendant leur domination sur une partie des côtes orientales d'Afrique.

Les républiques d'Italie, qui avaient été jusqu'alors les intermédiaires d'une partie du commerce de l'Orient, prévirent les pertes dont elles étaient menacées. Venise excita le soudan d'Égypte à déclarer la guerre aux Portugais : le doge lui permit de prendre des bois de construction dans les forêts de Dalmatie; et ces provisions navales, débarquées à Alexandrie, furent transportées par terre jusqu'à Suez. Le soudan fit équiper sur la mer Rouge douze vaisseaux de guerre, qui détruisirent une escadre portugaise, et restèrent quelque temps maîtres de l'océan Indien ; mais ces entraves mises au commerce et à la navigation portugaise ne furent que passagères ; et les anciennes voies d'expédition, entre la Méditerranée et la mer des Indes, ne purent pas être maintenues. Les peuples qui avaient si longtemps fourni aux entrepôts de la Hollande et des villes anséatiques les soieries, les épices, les aromates et les autres productions du midi de l'Asie, se trouvaient supplantés dans ce commerce par les navigateurs et les marchands portugais ; ils voyaient décroître de jour en jour leurs relations avec les principaux marchés de l'Occident, et la Méditerranée cessa d'être le centre du commerce lorsque le monde se fut agrandi.

Les nouvelles communications ouvertes par l'Océan n'exposèrent cependant pas aux mêmes sacrifices toutes les villes qui faisaient partie de la Ligue Anséatique. Celles du golfe de Finlande continuaient d'entretenir par la voie de Novogorod, de Moscou, de Kioff, de Tana, d'Astrakan, des relations nombreuses avec les rives de la mer Noire et de la mer Caspienne. Ces rapports s'étendaient dans les pays mahométans, à l'aide des caravanes, qui avaient à la fois un but commercial et religieux, et qui se dirigeaient vers les villes saintes, ou vers d'autres lieux de pèlerinage. On y faisait ainsi parvenir les marchandises du Nord ; et les productions qu'on y prenait en échange se transportaient par les mêmes voies vers les marchés de la Livonie.

Cette dernière contrée, où se trouvaient situées les villes anséatiques de Riga, Pernow, Revel, Dorpat et Narva, était alors dans un état prospère : elle avait été récemment illustrée par une victoire de l'Ordre Teutonique contre les Moscovites, et cette victoire intéressait la Ligue entière, qui continuait d'avoir pour protecteur le grand maître de l'Ordre : elle tendait à relever la puissance d'une confédération qui avait déjà éprouvé de sensibles pertes, et les circonstances en furent si glorieuses pour le vainqueur et si mémorables par leurs résultats qu'elles ne doivent pas être passées sous silence.

Le commandement de la Livonie, qui dépendait de l'Ordre Teutonique, avait été confié à un maître provincial, et Walther Plettemberg, gentilhomme de Westphalie, fut investi de cette dignité en 1495. Son premier soin fut de concilier les différends de l'Ordre Teutonique avec l'archevêque de Riga, et de réunir toutes les forces des deux partis contre les Moscovites, qui avaient souvent fait des incursions en Livonie, où ils avaient ravagé les environs de Dorpat, de Narva, de Pletskow, et s'étaient même avancés jusque vers l'embouchure de la Dwina. La bataille que Plettemberg leur livra le 10 mai 1500, dans la plaine voisine de Pletskow, est un des plus héroïques exploits de cette époque. Ce général avait sous ses ordres sept mille hommes de cavalerie allemande, cinq mille hommes d'infanterie courlandaise, deux mille hommes levés par l'archevêque de Riga et par les évêques de Dorpat, de Revel, de Hapsal, et un corps de chevaliers teutoniques, accoutumés à chercher avec audace les plus grands périls. Ce fut avec ce petit nombre de troupes que Plettemberg se mit en campagne contre une armée de plus de cent mille Moscovites. Des cérémonies religieuses accompagnèrent ses préparatifs militaires : il fit célébrer pendant trois jours des prières publiques pour implorer le secours du ciel : ses troupes, animées d'un saint enthousiasme, crurent marcher à une victoire assurée : elles envahirent le territoire russe, s'emparèrent de plusieurs villes, et se rendirent, le jour de l'exaltation de la Croix, dans la plaine de Pletskow, où le grand-duc Basile s'avança lui-même à la tête de son armée. La disproportion du nombre n'étonna point le courage de Plettemberg; il rassemble autour de lui ses principaux officiers et les hommes les plus signalés par leurs services, et il les anime au combat qui va se livrer.

« Guerriers, vous êtes au moment « d'obtenir de la bonté du ciel et de « votre valeur une glorieuse victoire. « Souvenez-vous de vos anciens ex- « ploits; songez que vous combattez « pour la religion, la patrie, la li- « berté, la gloire. D'autres seraient « effrayés de cette multitude de « barbares; mais, quand je considère « qui vous êtes; quand je songe à « vos belles actions, et à ces périls « que vous avez bravés tant de fois, « pour défendre votre honneur, vos « familles, vos autels, contre d'ir- « réconciliables ennemis, je ne puis « douter du succès de cette grande « journée. Dieu favorise la cause la « plus juste; Dieu nous protége : « marchons. »

Ces derniers mots sont répétés dans tous les rangs : le combat s'engage. Les archers moscovites s'avancent, et une nuée de flèches obscurcit les airs; mais l'artillerie et la mousqueterie de l'Ordre Teutonique portent le ravage dans leurs rangs. La plupart des guerriers allemands et livoniens avaient des casques et des cuirasses impénétrables aux armes de trait : ils fondent sur l'armée ennemie, et y répandent la terreur et la mort. Attaqués par des troupes nouvelles, ils combattent avec la même ardeur et le même avantage : l'ennemi tombe ou se retire précipitamment, et le désordre des premiers rangs va se communiquer à ceux qui les suivent. La plupart des Moscovites, atteints par des armes invisibles auxquelles ils ne peuvent résister, rougissent néanmoins de reculer devant un si petit nombre d'hommes, et attendent avec impassibilité la mort qu'on leur envoie; mais ils cessent d'être soutenus par les corps de troupes encore éloignés de ce théâtre de carnage. Une partie de l'armée russe ne prend aucune part à un combat où elle n'a plus l'espérance de vaincre : leur nombre aurait pu envelopper la légion victorieuse et l'ensevelir sous ses premiers trophées; mais, frappés de stupeur, ils perdent l'occasion de ressaisir leurs avantages. Plettemberg anime sans cesse les efforts et le courage de ses guerriers : le combat se prolonge jusqu'à la nuit; et les Moscovites, abandonnant enfin la plaine couverte de morts et de blessés, vont rallier dans l'enceinte de Pletskow leurs sanglants débris.

Cette bataille, où les Russes perdirent quarante mille hommes, si l'on en croit les relations qui furent alors publiées, hâta la conclusion de la paix entre eux et l'Ordre Teutonique; et Plettemberg put appliquer à la prospérité de la Livonie les soins et le zèle qu'il avait d'abord consacrés à sa défense. Sous son gouvernement, les villes de Riga, de Revel, de Dorpat, conservèrent leurs intimes relations avec les villes anséatiques, remplirent tous leurs devoirs envers la Ligue, et fournirent leurs contingents de troupes, d'argent et de vaisseaux, dans les guerres qu'elle eut à soutenir pour défendre ou pour recouvrer ses anciens priviléges.

La trêve de cinquante ans que Plettemberg avait signée avec les Moscovites devint favorable aux relations commerciales des Anséates avec les régions situées à l'orient et au midi de la Livonie, lorsque ces contrées se trouvèrent réunies sous la domination d'un même souverain et que le grand-duc Basile eut étendu ses conquêtes jusqu'aux limites orientales de la Lithuanie et de l'Ukraine.

La Ligue Anséatique, en agrandissant son commerce dans cette direction, y cherchait un dédommagement des pertes qu'elle faisait sur d'autres points; et nous devons ici reconnaître avec quelle habileté elle ménageait ses ressources, réparait ses sacrifices, et savait tirer avantage des événe nents inattendus qui établissaient de nouveaux rapports entre les nations. Le génie du commerce ne peut avoir un système immuable : sa marche est soumise à des chances accidentelles; et la mobilité des circonstances, qui passent et qui varient, détermine celle de ses spéculations.

Si nous n'avons pas perdu de vue dans quelles circonstances la Ligue Anséatique fut formée, nous reconnaissons qu'elle eut d'abord pour but de soustraire la navigation et le commerce de quelques villes aux actes de violence des pirates et des brigands qui entravaient alors toutes les relations par mer et par terre. L'avantage de se prêter contre eux des secours mutuels fut ensuite plus généralement senti : d'autres villes s'associèrent à cette confédération. Nous en avons suivi les progrès, et nous l'avons vue étendre son influence protectrice sur les parties septentrionales et occidentales de l'Europe : les lignes de communication se multiplièrent; elles aidaient à lier entre eux tous les membres de la Ligue Anséatique; et pendant longtemps elles leur assurèrent des moyens de force et d'union qui les firent généralement respecter. Leurs vaisseaux couvraient les mers; les troupes de leurs contingents militaires s'assemblaient en corps d'armée; le commerce des Anséates était utile à d'autres nations moins avancées; et leur exemple devait un jour propager autour d'eux les mêmes arts et la même industrie.

Mais durant les siècles que nous avons traversés, les progrès de la plupart des sociétés se développaient avec lenteur, et ils rencontraient tant d'obstacles, que chaque ville anséatique, enclavée dans un autre État, s'y trouvait pour ainsi dire isolée, et avait peine à maintenir, à travers les dissentions des peuples voisins et l'anarchie du moyen âge, toutes ses communications avec ses alliés.

La situation était la même pour d'autres confédérations qui s'étaient formées, sous des noms différents, dans l'intérieur de l'Allemagne. Elles n'avaient eu d'abord qu'une courte durée; mais on avait reconnu la nécessité de les renouveler par intervalles : celle de Souabe subsistait encore sous le règne de Maximilien; et cet empereur proposa en 1495, à la diète de Worms, de la prolonger pour douze ans. Il eut également recours à l'autorité de cette diète pour faire abolir par un règlement formel les guerres privées, les combats judiciaires, et l'usage d'expier ou de racheter par une amende pécuniaire la plupart des actes d'offense et de violence personnelle. Un précis de cette délibération peut nous retracer l'image des désordres auxquels on voulut alors mettre un terme.

Il fut déclaré par un acte, généralement connu sous le nom de *paix publique*, que les défis seraient abolis à perpétuité dans tout l'Empire; que personne, quelle que fût sa qualité, ne pourrait déclarer la guerre à un membre ou sujet de l'Empire, l'attaquer dans sa personne ou dans ses biens, et former des ligues contre lui; qu'on ne pourrait pas le dépouiller par violence de sa juridiction, de ses titres, de ses droits régaliens; qu'aucune autorité n'empêcherait les sujets ou citoyens étrangers de passer et de séjourner dans son pays, et ne permettrait qu'on attentât à leur sûreté et à leur liberté; que personne ne pourrait exciter les sujets d'autrui à la révolte contre leur seigneur, et ne prendrait les rebelles sous sa protection; qu'on ne tolérerait point dans les États de l'Empire la présence des gens de guerre errants et vagabonds, et que les gouvernements voisins se concerteraient pour les expulser; qu'on ne pourrait ni prêter assistance, ni accorder l'hospitalité aux criminels réfugiés, et à ceux qui menaceraient injustement les seigneurs et leurs sujets, et qu'en leur donnant asile on serait regardé comme infracteur de la paix; qu'il serait permis de poursuivre et d'attaquer les perturbateurs, leurs adhérents, leurs receleurs, et de secourir, même sans en avoir été requis, ceux auxquels ils porteraient dommage; qu'on ne pourrait donner aucune espèce d'appui à ceux qui troubleraient l'ordre public.

Les peines prononcées contre les infracteurs de la paix se proportionnaient à la gravité des délits : c'était ou une amende plus ou moins forte, ou la privation des priviléges dont on avait joui, ou le ban de l'Empire : quelquefois même on encourait la peine capitale.

L'application de cette loi fut d'abord confiée à une chambre impériale, créée en 1495; et chacun des cercles de l'Empire fut appelé à concourir à la nomination de ses membres. Ces cercles étaient alors au nombre de six : ceux de Bavière, de Franconie, de Souabe, de Saxe, du Rhin et de Westphalie : on y joignit, sous le règne de Maximilien, les cercles d'Autriche, de Bourgogne, de Haute-Saxe et du Haut-Rhin : le nombre en fut ainsi porté à dix, et la Bohême ne s'y trouvait pas encore comprise. Chaque cercle eut un directeur pour présider à la haute administration, un duc pour veiller aux armements et aux expéditions.

La chambre impériale à laquelle ressortissaient les affaires qui intéressaient le corps de l'État, ou qui avaient besoin d'une sanction souveraine, n'exerçait pas toujours une autorité sans appel : ses décisions étaient quelquefois renvoyées à l'examen d'un conseil de régence; et ce dernier tribunal fit place, plusieurs années après, à un conseil aulique, présidé par l'Empereur.

Les mesures qui furent adoptées pour rétablir dans tout l'Empire l'ordre et la paix publique s'appliquaient à la plupart des villes anséatiques comme aux autres parties de l'Allemagne où elles étaient situées. Les plus importantes cités de la confédération mettaient au premier rang de leurs priviléges le titre de villes impériales et les droits qui s'y trouvaient attachés : elles comptaient sur la protection de l'Empire; elles étaient représentées dans ses diètes, lui fournissaient leurs contingents militaires, et acquittaient leur quote-part des *mois romains* et des autres subsides. Les règlements qui tendaient à la pacification de l'Empire les intéressaient d'ailleurs d'une manière spéciale, et ils donnaient plus de sécurité à leur commerce, dont les relations devenaient plus difficiles à conserver, depuis qu'elles avaient à soutenir la concurrence de plusieurs autres puissances maritimes.

Les Anséates, privés d'une partie de leurs forces et de leurs ressources, soit par la défection de quelques villes qui s'étaient retirées de la confédération, soit par les découvertes dont nous avons rendu compte et par la rivalité des grandes nations du Midi, pouvaient au moins espérer de conserver dans la mer Baltique leur prépondérance; mais ils avaient besoin, pour y parvenir, de diviser les puissances du Nord, et ils craignaient de voir replacer les trois couronnes sur la tête d'un seul souverain, qui pût, comme après le traité d'union de Calmar, rassembler ses forces contre eux. Dans cette vue, ils favorisaient l'indépendance de la Suède, et ils avaient conclu en 1490 un traité avec Steen Sture qui, sous le titre d'administrateur, jouissait en effet de tous les pouvoirs du gouvernement.

Jean II, roi de Danemark, ayant résolu, en 1503, de porter la guerre en Suède, invita les villes anséatiques à ne pas favoriser le parti de Sture et à ne lui fournir aucunes munitions; mais elles répondirent qu'elles ne croyaient pas devoir interrompre leurs relations de commerce avec la Suède, qu'elles y avaient des fonds et des marchandises entre les mains de leurs correspondants, et qu'elles n'avaient à prendre aucune part aux querelles des deux parties. Les commandants des vaisseaux danois furent alors chargés de saisir les navires anséates qui faisaient ce commerce : ils arrêtèrent un bâtiment lubeckois, expédié de Riga pour la Suède; et la régence de Lubeck n'ayant pu obtenir par ses démarches la restitution de ce navire, se hâta de lever des troupes et d'équiper une flotte pour se mettre en état de défense. Les Danois firent bientôt une seconde prise, également destinée pour la Suède ; et d'autres hostilités étaient imminentes, quand le cardinal Raymond, légat du saint-siége, fit des efforts pour les prévenir. Il avait été chargé de prêcher en Allemagne le jubilé et une réconciliation, ou du moins une suspension d'armes entre les puissances chrétiennes, afin qu'elles réunissent leurs forces contre les Turcs. Arrivé à Lubeck, il écrivit au roi Jean, pour le prier d'envoyer dans cette ville des négociateurs qui pussent pacifier ses différends avec la régence : leurs conférences n'eurent aucun résultat ; mais le cardinal Raymond parvint à ouvrir une autre négociation à Stralsund entre les Danois, les Suédois et la régence de Lubeck. L'arrangement qu'ils signèrent ne fut pas de longue durée : les Anséates envoyèrent de nouvelles munitions à la Suède, dès qu'elle eut rompu sa trêve avec le Danemark ; et le roi Jean fit alors établir des croisières dans la Baltique, pour enlever les navires anséates qui commerceraient avec l'ennemi. L'escadre danoise était commandée par Séverin de Norby, qui captura un grand nombre de bâtiments : cet amiral tourna ensuite ses forces contre la Suède, incendia la ville d'Abo, et s'empara de l'île d'Aland, à l'entrée du golfe de Bothnie. Une nouvelle suspension d'armes entre le Danemark et la Suède fut conclue jusqu'au 11 novembre 1507 ; mais après la reprise des hostilités, la régence de Lubeck conserva ses relations avec les Suédois, et leur envoya plusieurs chargements de munitions : la présence d'une flotte danoise, qui vint croiser à l'embouchure de la Trave, n'arrêta que momentanément les communications avec la Suède ; et bientôt la régence fit expédier pour Stockholm dix-huit vaisseaux chargés de draps, de sels, de munitions de guerre et d'autres approvisionnements.

Le gouvernement danois eut alors recours aux rois d'Angleterre et d'Écosse ; il leur demanda de saisir dans leurs ports les navires et les marchandises de Lubeck : la régence s'adressa de son côté à l'empereur Maximilien, et ce monarque enjoignit aux princes de l'Empire de défendre Lubeck et les autres villes impériales qui pouvaient, à ce titre, réclamer la protection du corps germanique : Maximilien écrivit aussi au roi de Danemark de ne pas troubler la liberté de commerce dont les Anséates devaient jouir dans la Baltique ; mais il se borna à ces premières représentations : elles n'empêchèrent pas le Danemark de faire de nombreux armements maritimes : ses forces dominèrent un instant dans la Baltique, et les Anséates n'eurent plus de sécurité pour leur commerce. La Suède, qui ne recevait plus d'eux les mêmes secours pour continuer la guerre, prit, en 1508, le parti de négocier avec le Danemark un arrangement, en vertu duquel elle s'engageait à lui remettre un dédommagement pécuniaire, aussi longtemps qu'elle aurait des administrateurs de son choix. Mais cette condition, ce subside établissaient un lien de sujétion que la Suède considéra bientôt comme également contraire à ses intérêts et à sa dignité ; elle rompit, en 1510, un engagement qui blessait l'esprit national : les Anséates embrassèrent ouvertement sa cause ; et leurs députés, convoqués à Lubeck, déclarèrent la guerre au Danemark. Les forces navales de la Ligue Anséatique s'étant partagées en plusieurs escadres, firent une descente dans les îles danoises de Langeland et de Mona, capturèrent treize navires venus d'Elseneur, portèrent du secours aux Suédois qui assiégeaient Calmar, et firent des incursions dans l'île de Bornholm, dans celle d'Oeland, et dans la province de Blecking occupée par les Danois ; elles livrèrent dans les parages de l'île de Gothland un combat naval dont le résultat fut indécis. La guerre maritime se poursuivit avec activité de part et d'autre : le Danemark avait autorisé les armements en course ; cet exemple fut suivi par les Anséates, et leurs corsaires désolèrent les côtes du royaume. Conrad, surnommé Régulus, se signala par la hardiesse de ses entreprises, et la petite escadre qu'il commandait enleva aux Danois plus de trente navires. Les rivages anséatiques, où l'on transportait les nombreuses dépouilles arrachées à l'ennemi, étaient exposés aux mêmes incursions : quatorze bâtiments furent enlevés par les Danois dans le port de Wismar : Warnemunde fut pillé, avant que la ville de Rostock pût y envoyer des secours, et d'autres dégâts furent commis dans l'île de Rugen.

Comme le bassin occidental de la Baltique était le théâtre habituel des hostilités, le duc de Mecklembourg était directement intéressé au rétablissement de la paix : ses envoyés et ceux de quelques princes voisins se rendirent en Danemark, au commencement de l'année 1511, pour chercher à opérer une réconciliation ; mais le roi ne voulut pas s'y prêter : il comptait sur les secours que les Hollandais et les Frisons lui avaient promis ; leur flotte devait arriver au printemps ; et en effet, on vit bientôt paraître à l'entrée de la mer Baltique plusieurs vaisseaux de guerre hollandais, qui escortaient deux cents navires de commerce : le Danemark y joignit une flotte de vingt vaisseaux commandée par Holiger ; et lorsque le convoi se fut rendu vers les côtes de Livonie, les vaisseaux danois s'en séparèrent, pour revenir dans les parages des Wendes où la régence de Lubeck rassemblait ses moyens de résistance : elle avait convoqué une diète générale, afin que les villes anséatiques concertassent leurs efforts pour défendre toutes ensemble les priviléges qui leur étaient communs ; mais, quoique cette ville ne pût alors avoir pour auxiliaires que les habitants de Wismar, de Rostock, de Stralsund et de Lunebourg, ce petit nombre d'alliés, abandonné à ses propres ressources, se montra prêt à soutenir avec résolution toutes les charges de la guerre.

Un combat naval fut livré le 9 août, près de l'île de Bornholm, entre les Danois et les Anséates : les chances en furent incertaines, et la violence du vent et l'obscurité de la nuit le firent cesser. La flotte des Anséates se dirigea ensuite vers l'est, pour attaquer les navires hollandais qui s'étaient précédemment rendus sur les côtes de Prusse et de Livonie, où ils avaient débarqué leurs cargaisons, et qui effectuaient leur retour avec de nouveaux chargements. Cette flotte les rencontra vers la presqu'île de Héla, au nord du golfe de Dantzig : elle dissipa une partie de ce nombreux convoi : et d'autres bâtiments furent coulés bas : les Anséates s'emparèrent de soixante navires richement chargés : ils eurent bientôt avec la flotte danoise un second engagement, dont chaque parti s'attribua l'avantage, et ils rentrèrent à Lubeck avec les prises qu'ils avaient sauvées.

Il avait fallu de grands efforts pour soutenir une sanglante lutte contre les Danois et leurs alliés : le petit nombre de villes qui avaient pris part à cette guerre en étaient fatiguées ; elles désiraient traiter avec l'ennemi, et deux consuls de Lubeck se rendirent à Flensbourg où le roi de Danemark vint également ; mais la paix que ce monarque conclut dans la dernière année de sa vie devait être bientôt troublée sous le règne de Christiern II ; et le joug que ce prince voulut appesantir sur la Suède entraîna une nouvelle guerre, dans laquelle les villes anséatiques se trouvèrent encore engagées.

Christiern, après avoir reconquis la Suède, avait souillé sa victoire par de sanglantes proscriptions, quand Gustave Éricson, qu'il s'était fait livrer pour otage pendant un armistice, et qu'il avait fait transférer comme prisonnier dans la forteresse de Kalo en Jutland, forma le dessein de délivrer son pays, sortit de cette place au mois de décembre 1519, se dirigea sur Flensbourg, et parvint, à l'aide d'un déguisement, à gagner Lubeck, où il avait le projet de s'embarquer.

Nicolas Gems était alors bourgmestre de Lubeck : Gustave alla le trouver avec confiance, se fit connaître à lui, espéra l'intéresser à son entreprise, et sollicita des secours : «Sa cause n'était-elle pas celle des villes anséatiques? L'agrandissement du Danemark leur était funeste : ce gouvernement avait souvent entravé leur commerce et menacé leur indépendance : lui abandonner les deux rives du Sund c'était laisser entre ses mains les clefs de la Baltique. La Suède avait eu de longues alliances avec les Anséates ; Lubeck surtout avait été assistée par ses armes ; on était intéressé de part et d'autre à maintenir ces utiles liens. »

Le sénat, auquel furent déférées les demandes de Gustave, ne voulut pas prendre immédiatement un parti, qui aurait entraîné une rupture avec le Danemark ; mais le bourgmestre qui avait reçu ses premières ouvertures fut autorisé à faciliter son passage en Suède ; il lui fit espérer les secours de la régence, s'il parvenait à se former dans le royaume un parti assez considérable pour entrer en campagne ; et le patron d'un navire marchand, à bord duquel Gustave s'embarqua, le mit à terre près de Calmar. Cette ville n'était pas encore occupée par les Danois ; mais elle était menacée ; et le gouverneur, voulant sans doute se réserver une capitulation avantageuse, refusa d'embrasser la cause du jeune prince. Gustave dut partir précipitamment pour ne pas être arrêté, et il se rendit en Sudermanie, où il avait des parents et d'anciens amis : ni eux ni le peuple de la province ne voulurent se prononcer. Après avoir inutilement cherché à se jeter dans Stockholm, il espéra pouvoir passer quelques mois dans un couvent de chartreux, fondé à Gripsholm par ses ancêtres ; mais on ne voulut pas l'y recevoir : alors il revint en Sudermanie, et se retira dans la cabane d'un paysan, ancien et fidèle domestique de sa maison.

Calmar et Stockholm étaient les seules places qui tinssent encore contre les troupes danoises, lorsque Christiern vint lui-même, en 1520, achever la conquête de la Suède. Calmar se rendit à son approche ; et Stockholm, dont il commença le siège au printemps, ne capitula qu'au mois de décembre, après avoir épuisé toutes ses munitions. Christiern avait soumis la Suède ; et, pour la retenir sous le joug, il conçut l'affreuse pensée de faire périr, non-seulement tous les hommes puissants qui s'étaient prononcés contre lui, mais tous ceux dont il pouvait redouter l'influence. La plupart avaient été excommuniés en 1518, par une bulle de Léon X, parce qu'ils avaient condamné et déposé le dernier archevêque d'Upsal : Christiern voulut faire revivre contre eux cette bulle, dont l'exécution avait été confiée par le pape à l'archevêque de Lunden en Scanie et à l'évêque d'Odensée en Fionie : ces deux prélats qui accompagnaient Christiern furent chargés d'instruire le procès des accusés : ils les considéraient comme hérétiques, et tous les sénateurs qu'on avait entre les mains furent livrés aux exécuteurs. Les magistrats de Stockholm et quatre-vingt-quatorze seigneurs qu'on avait arrêtés subirent le même sort : la ville fut abandonnée à la fureur des soldats ; et, lorsque Christiern, chargé de l'exécration publique, eut quitté la Suède, les troupes qu'il y avait laissées exercèrent dans les provinces les mêmes cruautés.

Gustave, encore caché dans la cabane de son ancien serviteur, l'avait envoyé à Stockholm, pour y prendre des informations. Il apprit, à son retour, les sanglantes exécutions où son père, ses amis et les personnages les plus illustres avaient été enveloppés ; et, le cœur ulcéré par tant de maux, il quitta la Sudermanie pour chercher à soulever ailleurs un parti : il traversa la Néricie, la Westmanie, et, toujours travesti en paysan, il gagna les montagnes de Dalécarlie, pays sauvage où l'on ne trouve que des forêts, des lacs, de pauvres villages, et où Gustave fut réduit à travailler à l'exploitation des mines de cuivre. Mais quelques indices ayant fait soupçonner que ce nouvel ouvrier était un proscrit, il fut visité et reconnu dans les mines par André Lakinta, qui avait étudié avec lui dans l'université d'Upsal et qui lui offrit l'hospitalité. Gustave lui fit confidence de ses projets ; et, n'ayant pu le décider à s'y associer, il quitta sa maison pendant la nuit, et se rendit, à travers les forêts, chez un autre gentilhomme nommé Péterson ; mais celui-ci, après lui avoir montré tous les dehors de l'amitié, alla le dénoncer à un officier danois ; et Gustave ne fut sauvé des mains de ce traître que par la pitié de son épouse, qui le fit sortir pendant la nuit, et le fit conduire chez un curé, où il trouva un sûr asile. Ce digne ecclésiastique lui conseilla de ne recourir qu'à l'énergique appui des paysans : il lui promit de l'aider dans son entreprise, par ses exhortations et par celles des curés de son canton ; il fit répandre la nouvelle que les troupes danoises allaient entrer dans la province pour la charger d'impôts, et invita Gustave à se rendre pour les fêtes de Noël à Mora, où les paysans des villages voisins se rassemblaient tous les ans. « C'est, disait-« il, une conjoncture favorable pour « l'exécution d'un si grand dessein ; « et le peuple n'est jamais plus hardi « et plus aisé à faire révolter que « dans ces assemblées publiques qui « le font apercevoir de sa force. »

Gustave se rendit au milieu d'eux : sa situation avait changé ; il renonçait au travestissement d'un proscrit, et il s'offrit à leurs yeux comme un libérateur et sous des formes plus propres à leur imposer. Il peignit des plus vives couleurs les barbaries de Christiern, le supplice de tous les gens de bien, les exactions du fisc, les violences des gens de guerre, l'invasion prochaine de la province, le pillage, la servitude dont elle était menacée ; « mais on pouvait préve-« nir l'ennemi : la Dalécarlie avait « assez d'hommes courageux pour se « préserver des fléaux de la conquête « et pour venger la patrie : en les « appelant à cette noble entreprise, « il venait partager leur péril, et « vaincre ou mourir avec eux. » La voix de Gustave les avait émus profondément : ils courent aux armes, forment un corps de quatre cents hommes, parmi lesquels ils désignent seize hommes d'élite pour lui servir de garde ; et c'est à la tête de cette troupe que Gustave commence les opérations militaires qui devront affranchir la Suède.

Sans laisser au gouverneur voisin le temps d'être informé de cette résolution, les insurgés se dirigent par différents chemins vers le château où il réside : ils en escaladent les murailles pendant la nuit : le gouverneur et ses gardes sont sacrifiés, et ce premier succès augmente la confiance des Dalécarliens, qui accourent en foule autour de leur nouveau chef. Gustave parcourt ensuite, pour y faire des levées militaires, toutes les côtes occidentales du golfe de Bothnie : ses émissaires se répandent dans les provinces ; la noblesse, les paysans prennent les armes et rejoignent ses drapeaux : il a de nombreuses intelligences dans les troupes du vice-roi que Christiern a laissé en Suède, et dans celles de Norby, qui commande la flotte danoise : le nombre de leurs déserteurs augmente, et Gustave a déjà autour de lui une armée de quinze mille hommes, avec lesquels il s'avance en Westmanie. D'habiles manœuvres et un sanglant combat le rendirent maître de Westéras qui était la capitale de cette province, et dont le château seul resta occupé par une garnison danoise : la Sudermanie, la Néricie, la Westrogothie se déclarèrent pour lui, à la nouvelle de ces brillants succès ; et, pour rendre le soulèvement plus général, il fit partir à la fois des détachements pour plusieurs provinces : un corps de troupes fut dirigé sur Upsal dont il se rendit maître : des populations entières se prononçaient en faveur de Gustave, et ce prince envoya un officier à Lubeck, pour réclamer les secours que la régence de cette ville lui avait fait espérer.

Gustave avait besoin d'une flotte pour attaquer Stockholm et d'autres villes maritimes; il désirait aussi recevoir quelques troupes de terre pour réparer les pertes de son armée. La plupart des paysans qu'il avait enrôlés lui demandaient un congé pour aller faire chez eux la moisson : il comptait sur leur retour; mais leur absence momentanée allait le réduire à une compagnie de cavalerie et à un corps d'infanterie de six cents hommes. Ses ennemis, informés de son dénûment, marchèrent subitement contre lui, et ils espérèrent le surprendre à Upsal, où il se tenait sur la défensive ; mais il fut prévenu de leur approche, assez à temps pour évacuer cette place, et pour attendre quelques secours avant de rentrer en campagne : Gustave fut rejoint, au mois de juillet, par un corps de troupes de douze cents hommes sous les ordres du colonel Sassi, qui, à l'exemple des *condottieri* italiens, s'était engagé à lui amener quelques compagnies, espèce de milice aventurière qu'attirait l'amour du butin, qui n'avait pas de solde régulière, vivait aux dépens de l'ennemi, et devenait souvent par son indiscipline le fléau des habitants qu'elle avait d'abord servis. Leur arrivée mit Gustave en état de rentrer à Upsal et de marcher sur Stockholm : les paysans revinrent fidèlement sous ses drapeaux après le temps des récoltes : Urvide, un de ses plus habiles officiers, s'empara des principales forteresses de l'Ostrogothie : sa cause s'affermissait de jour en jour, et il convoqua pour le 24 août les états généraux du royaume, dans le château de Wadsten près du lac Wettern. L'assemblée lui déféra les honneurs et les pouvoirs du gouvernement : on voulait le nommer roi ; mais il s'y refusa, et il n'accepta, comme ses prédécesseurs, que le titre d'administrateur et de gouverneur général de Suède.

Les devoirs attachés à ces hautes fonctions furent dignement remplis. Gustave vendit ou engagea tous ses biens pour faire de nouvelles levées : il vint presser le siége de Stégeborg, s'empara de cette place et de celle de Niköping, et s'avança vers Stockholm, dans l'espérance de réduire cette capitale que les troupes danoises occupaient encore. L'amiral Norby était parvenu à leur porter des secours ; il était maître de la mer ; et Gustave n'ayant pas de flotte ne pouvait ni l'attaquer, ni l'empêcher de revenir sur les côtes : Norby occupait les principaux ports de la Finlande ; y il préparait ses armements, ses opérations, et se portait avec sécurité sur les points du littoral de Suède, où l'autorité de Christiern était encore reconnue.

La prolongation d'une lutte indécise pouvait faire perdre à Gustave tout le fruit de ses premiers succès : il chargea son secrétaire Sigward de Hotten de se rendre à Lubeck, pour presser l'envoi des secours qu'il avait demandés aux villes anséatiques et pour conclure un traité d'alliance avec elles. La régence promit de faire incessamment partir dix-huit vaisseaux, ayant à bord quatre mille hommes de troupes qui seraient payées pour un an. Frédéric Brunn devait commander la flotte, et les troupes étaient sous les ordres du bourgmestre Jean Stammel : le gouvernement suédois s'engageait à rembourser soixante mille marcs pour les frais de cet armement; et, avant qu'il pût acquitter sa dette, les marchands de Lubeck n'auraient à payer en Suède aucun droit d'entrée et de sortie ; ils feraient exclusivement le commerce de ce royaume. Gustave ne conclurait ni paix ni trêve sans la participation de la régence ; et il promettait d'opérer une diversion en Danemark, à la tête de vingt mille hommes, si Lubeck était attaquée par Christiern.

Ces conditions étaient onéreuses ; mais un secours était nécessaire à Gustave ; son envoyé consentit au traité et le signa. La flotte de Lubeck partit peu de temps après, et arriva le 11 juin 1522 à Suderköping où les troupés débarquèrent. Gustave vint lui-même recevoir le serment de fidélité qu'elles ne voulaient prêter qu'entre ses mains, et on les conduisit ensuite devant Stockholm pour les employer aux travaux du siége : la flotte vint stationner dans la rade voisine, et on la réunit à une escadre suédoise dont le commandement fut donné à Éric Flemming.

Bientôt on découvrit en pleine mer un convoi considérable que l'amiral Norby envoyait à Stockholm : il était précédé de deux frégates qui s'avançaient à quelque distance l'une de l'autre sans savoir qu'elles avaient été prévenues par une flotte ennemie. Cette flotte se trouvait masquée par le prolongement d'un promontoire qui couvrait la rade; et, lorsque la première frégate en eut dépassé la pointe, elle fut tout à coup enveloppée par plusieurs vaisseaux qui l'abordèrent et la forcèrent à se rendre. Flemming en fait retirer l'équipage; il y place des matelots et des soldats suédois; et ce bâtiment capturé se porte, en revirant de bord, vers la seconde frégate qui cinglait avec confiance vers la rade. Le commandant du convoi montait cette frégate; il fut étonné de voir revenir à lui ce vaisseau d'avant-garde, et prenant une chaloupe pour en gagner le bord, il vint s'informer lui-même des causes de ce mouvement rétrograde; mais en montant sur le tillac il fut arrêté, et la frégate qui venait de perdre son chef fut immédiatement abordée et se rendit. Bientôt la flotte entière sortit de la rade, attaqua le convoi et s'empara de tous les navires, à l'exception d'un seul dont le capitaine prit l'énergique résolution de se brûler, après avoir combattu jusqu'à la nuit.

En apprenant la perte de son convoi Norby ne se découragea point : il prépara en Finlande une nouvelle expédition; et la flotte, qu'il commanda lui-même, avait à bord des munitions, des vivres et des soldats, qu'il espérait faire arriver à Stockholm. L'entrée de la rade lui fut disputée par une forte canonnade; et, n'ayant pu y pénétrer, il alla mouiller vers le soir dans une passe voisine, où les eaux paisibles et peu profondes sont quelquefois surprises par la gelée. Le froid devint si rigoureux que ses vaisseaux se trouvèrent enfermés par les glaces : Gustave forma le dessein de les détruire : les troupes de Lubeck étaient chargées de l'exécution; et les soldats, armés de lances, et de torches incendiaires, s'avancèrent sur la glace jusqu'aux navires, dont les équipages se défendirent courageusement. Ce combat de nuit, dont l'horreur fut bientôt accrue par l'incendie de plusieurs vaisseaux, menaçait de destruction la flotte entière. Cependant la plupart des hommes chargés de cette attaque étaient tellement exposés aux coups d'un ennemi pour qui chaque vaisseau était une espèce de retranchement, que leur commandant fit sonner la retraite. La glace commençait à se fondre, et à s'entr'ouvrir : le vent, qui tournait rapidement au sud, allait dégager les navires de l'obstacle qui les retenait encore, et Norby, qui parvint à en sauver le plus grand nombre, se dirigea vers le midi, et vint s'abriter dans le port de Calmar où le pavillon danois flottait encore. Il allait faire dans quelques mois une nouvelle tentative pour secourir la garnison de Stockholm, lorsqu'il apprit la révolution qui avait éclaté en Danemark. Les sujets de Christiern l'avaient détrôné : ils lui avaient donné pour successeur Frédéric d'Oldenbourg, son oncle; et Christiern en quittant Copenhague, le 23 avril 1523, se rendit en Flandre, pour solliciter des secours de l'empereur Charles-Quint dont il avait épousé la sœur.

La nouvelle de sa déposition facilita les succès ultérieurs de Gustave : Calmar tomba au pouvoir de ce prince, et Stockholm assiégé depuis longtemps ne pouvait pas résister davantage. Gustave assembla à Strengnez les états généraux, qui le proclamèrent roi, et il revint sous les murs de la capitale qui se rendit à lui sans condition, et s'abandonna pleinement à sa merci.

Norby avait soutenu la cause de Christiern; mais, en apprenant la chute de ce monarque, il ne songea qu'à retenir pour lui-même la possession de l'île de Gothland où il se retira. Ses forces navales étaient imposantes : il établit ses croisières dans la Baltique, et ouvrit dans le port de Wisby un asile à tous les corsaires; lui-même il le devint, et ses vaisseaux attaquèrent indistinctement les bâtiments danois, les suédois et ceux des autres nations. Les navires anséates furent particulièrement exposés à ses hostilités, parce que la régence de Lubeck s'était réservé tout le commerce de la Suède : il se faisait alors sous les pavillons de Lubeck, Rostock, Wismar, Dantzig, et l'appât de leur riche capture tentait davantage la cupidité des armateurs.

Le petit nombre de villes anséatiques qui avaient pris part à cette alliance avec la Suède ne recueillirent donc pas avec sécurité les avantages commerciaux qu'elles s'en étaient promis : elles durent continuer leurs armements pour protéger leurs navires contre les corsaires; et ce genre de sacrifices devint d'autant plus onéreux que les autres villes de la Hanse n'étaient pas disposées à le partager : elles étaient occupées elles-mêmes d'événements beaucoup plus graves, et d'innovations hardies qui allaient modifier les bases de la société chrétienne, les rapports des nations entre elles et ceux de l'homme avec Dieu.

On était arrivé à l'époque où toutes les croyances religieuses devaient être ébranlées. Le temps n'avait assoupi, ni cet esprit d'indépendance, ni ces ferments de trouble et de division que les doctrines de Jean Hus avaient excités : ils se développaient en secret; et, péniblement contenus pendant un siècle, ils amenèrent une violente explosion. Le mécontentement causé par la vente des indulgences devint le signal de cette grande révolution religieuse qui changea les opinions d'une partie de l'Europe, et dont les villes anséatiques ressentirent promptement les effets.

Léon X, en arrivant au pontificat en 1513, s'était trouvé engagé dans les vastes entreprises commencées par Jules II, son prédécesseur. La guerre contre les Turcs était constamment proclamée par la cour de Rome; mais on ne pouvait plus espérer de les refouler en Asie, depuis qu'on avait laissé tomber l'empire d'Orient sans le secourir; et les intérêts des grandes puissances de l'Europe étaient trop divers, trop compliqués, pour qu'il fût possible de rétablir entre elles une ligue sainte contre les ennemis de la chrétienté : Léon X chercha néanmoins à la former, et pour couvrir les dépenses de ses armements, il eut recours à la vente des indulgences. Les mêmes moyens devaient aider à l'achèvement de l'église de Saint-Pierre; et le goût de ce pontife pour la magnificence, et pour les arts, que la famille des Médicis aimait à protéger, allait absorber une grande partie de cette ressource : elle permit d'accomplir la construction de notre plus beau monument religieux, mais elle fit perdre à la communion du saint-siége la moitié de l'Europe chrétienne.

Le temps où Léon X fit répandre en Allemagne une si grande profusion d'indulgences n'était plus ce siècle de foi et de docile obéissance où tous les actes émanés de la cour de Rome étaient reçus indistinctement et sans examen et devenaient la règle de tous les fidèles. Les agents du saint-siége dans la chrétienté ne prêtaient pas toujours à leurs prédications l'autorité d'une vie exemplaire : les uns manquaient de conviction dans les dogmes qu'ils annonçaient; d'autres ne voyaient dans la vente des indulgences qu'une opération de fisc : ils songeaient moins au salut des âmes qu'au bénéfice à faire sur leur rédemption; ils épuisaient les ressources des hommes simples et crédules, et leur faisaient acheter l'espérance du ciel par un impôt sur les biens de la terre.

L'archevêque de Mayence, que ses fonctions de chancelier de l'Empire plaçaient en Allemagne à la tête du collège des princes, avait été choisi par le souverain pontife pour faire publier les indulgences; il chargea de ce soin Jean Tetzel, dominicain et inquisiteur de la foi en Allemagne; et les religieux du même ordre commencèrent en Saxe leurs prédications : mais le commerce qu'ils firent des indulgences fut bientôt accompagné des plus criants scandales. D'autres agents partageaient avec eux cette spéculation : on débitait ces lettres d'absolution sur les places publiques et dans les tavernes; la vente en était affermée; et la facilité de les obtenir favorisait la licence; car elles effaçaient toutes les fautes; elles rachetaient même les péchés à venir; elles dispensaient de la pénitence, et pouvaient épargner jusqu'aux remords. La modicité de la taxe attirait un grand nombre d'acquéreurs; et le ciel avait été mis à si bas prix que l'on trouvait plus commode de l'acheter que de le mériter par de bonnes œuvres. La multitude, moins riche et plus confiante, se prêtait à ce léger sacrifice ; un marché trop onéreux l'aurait fait réfléchir davantage et aurait pu rencontrer plus d'incrédules.

Cependant ces manœuvres mercantiles, que l'on cherchait à couvrir d'un voile sacré, allaient exciter de vives controverses entre les hommes accoutumés aux discussions dogmatiques et religieuses. Les dominicains, chargés de la publication et du débit des indulgences, eurent de puissants adversaires dans l'ordre des augustins; et Jean Staupitz, qui en était le vicaire général, chargea Luther, un des plus savants et des plus éloquents prédicateurs de cet ordre, de s'élever contre un commerce si condamnable.

Martin Luther, né à Eisleben, dans la haute Saxe, avait pris l'habit religieux à Erfurt dans le monastère des augustins. La gravité de son caractère le disposait à la méditation; la lecture de la Bible devint la base de ses opinions religieuses : mais il étudia également la doctrine des théologiens de son siècle; et lorsque Frédéric, électeur de Saxe, eut fondé l'académie de Wittemberg, Luther y fut nommé en 1508 professeur de philosophie. Une mission qu'il eut bientôt à remplir à Rome, de la part du vicaire général de son ordre, le mit à portée d'observer les opinions et les mœurs de cette capitale du monde chrétien. A son retour à Wittemberg, il fut nommé docteur en théologie : il se distingua dans la chaire et dans les discussions particulières. Ses profondes connaissances donnaient plus de poids à ses paroles; et il avait déjà combattu depuis deux ans plusieurs actes de la cour de Rome, lorsqu'il prêcha en 1518, devant l'électeur de Saxe, contre les vices des hommes qui faisaient le commerce des indulgences, et qui le dégradaient encore davantage par une vie licencieuse.

Après avoir dénoncé l'abus, Luther s'éleva contre les indulgences mêmes. Les dogmes de la cour de Rome furent alors attaqués plus directement : l'accusateur précisa ses objections, il les rangea sous quatre-vingt-cinq chefs différents : la guerre scolastique se trouvait engagée; et lorsque l'inquisiteur de la foi en Allemagne fit brûler ces propositions, Luther usa de représailles, en faisant brûler à Wittemberg les propositions publiées par son adversaire.

La cour de Rome ne paraissait pas encore vivement inquiète de ces premières oppositions, et Luther n'en laissait pas apercevoir toute la portée : il semblait toujours prêt à se soumettre à l'autorité et aux ordres du saint-siége; du moins il lui en faisait la protestation ; et le pape, croyant qu'il était prudent de le ménager, ne s'exposa pas d'abord à faire condamner à Rome sa doctrine ; il consentit à la faire examiner par le cardinal Gaëtan, légat en Allemagne, et général de l'ordre des dominicains. Lorsque Luther se rendit à Augsbourg devant le cardinal, celui-ci chercha à obtenir de lui la rétractation de ses erreurs; mais Luther prétendit n'en avoir exprimé aucune : il offrait de justifier ses doctrines par écrit ou dans une conférence; il ne désavouait rien, et se bornait à convenir qu'il se soumettrait à la décision de l'Église, et même à celle de quelques universités, recommandables par leurs lumières.

Le légat, n'ayant pu l'amener à aucun acte de soumission immédiate, voulut le faire arrêter; mais il partit secrètement d'Augsbourg, il revint à Wittemberg; et quand le cardinal Gaëtan écrivit à l'électeur de Saxe pour demander son extradition, ou du moins son bannissement, ce prince déclara qu'il le protégerait, jusqu'à ce qu'on l'eût convaincu des erreurs qui lui était imputées. Luther évitait encore d'en venir à une rupture; il ne voulait pas paraître se séparer de l'église romaine, et il publia, le 28 novembre 1518, un acte dans lequel il déclarait qu'il en appelait de la décision du pape mal informé, à celle d'un concile général, légalement assemblé.

La mort de l'empereur Maximilien, décédé le 12 janvier 1519, l'interrègne de cinq mois et demi qui précéda l'élection de Charles-Quint, et les circonstances qui firent différer jusqu'au 23 octobre 1520 son couronnement à Aix-la-Chapelle et son arrivée en Allemagne, laissèrent à Luther le temps d'y propager ses doctrines. Il publia dans cet intervalle plusieurs écrits contraires à la puissance des papes et favorables à celle des souverains : il s'éleva contre le célibat des prêtres, les vœux monastiques, la hiérarchie, le luxe et les richesses de la cour de Rome : il exhortait les gouvernements à s'emparer des biens et des possessions dont jouissaient les évêchés, les abbayes, les couvents : il voulait qu'on changeât les monastères en écoles publiques et en hôpitaux, et qu'on appliquât leurs revenus à l'entretien des pasteurs, à celui des malades, des pauvres et des orphelins. Ces derniers conseils furent mieux compris que les opinions du réformateur sur le dogme des indulgences et sur quelques autres doctrines. Plusieurs princes s'emparèrent des biens ecclésiastiques ; ceux de l'archevêché de Lunden en Scanie furent saisis par le gouvernement danois : le luthéranisme fut enseigné en Suède par les deux frères Laurent et Olaüs Pétri qui avaient étudié à Wittemberg : il le fut dans la Marche de Brandebourg, la Misnie, la Poméranie, le Mecklembourg : les souverains ne s'opposaient pas à cette prédication, et voyaient avec plaisir qu'il s'élevât, dans le sein même du clergé, des opinions contraires à son luxe et à l'accumulation de ses richesses.

L'électeur de Saxe Frédéric, dont la protection offrait à Luther une honorable sauvegarde, passait alors pour le prince d'Allemagne le plus prudent et le plus modéré : un parti nombreux lui avait offert la couronne impériale après la mort de Maximilien; mais Frédéric refusa cette haute dignité : il pensait que, dans l'état de crise et de péril où se trouvait l'Europe, l'Allemagne avait besoin d'un défenseur plus puissant; et s'attachant à réunir sur Charles-Quint la majorité des voix, il parvint à assurer son élection. Un si grand service explique les égards qu'eut ensuite l'Empereur pour un prince dont il ne partageait pas les opinions religieuses. Le pape Léon X ménageait lui-même l'autorité de l'électeur de Saxe : il lui montrait des déférences personnelles, et cherchait à le gagner par des négociations, et à lui faire abandonner la cause des réformateurs. Luther avait eu à Leipzig de longues conférences avec Eckius, professeur de théologie à Ingolstadt : chaque parti s'était attribué la victoire, et l'on se serait borné de part et d'autre à persister dans ses opinions, si Eckius, rassemblant dans quarante et un articles les propositions de son adversaire, ne s'était pas rendu immédiatement à Rome, et n'avait pas obtenu de Léon X une bulle où la doctrine et tous les livres de Luther furent condamnés : on lui laissait un délai de soixante jours pour révoquer ses erreurs et brûler ses ouvrages, sous peine d'être condamné comme hérétique: mais Luther, affermi dans ses convictions, et récusant enfin d'une manière absolue l'autorité du saint-siége, publia de nouveaux écrits, pour inviter les Allemands à secouer le joug de la cour de Rome : il rappelait toutes les guerres que les papes avaient suscitées dans l'Empire, leurs empiétements sur les droits des couronnes en Allemagne, en Angleterre, à Naples, dans tous les pays, et il attaqua de nouveau le faste de cette cour, l'institution des cardinaux, les annates, la daterie, le droit canonique. La chaire retentissait en même temps de ses publications : il appuyait sur l'Évangile et sur l'Écriture sainte les questions de dogme utiles à conserver : il en séparait tout ce qui ne dérivait que des règlements et de l'autorité de l'Église, et joignant à la force des raisonnements la vivacité et l'énergie de la parole, il dominait l'auditoire qui s'assemblait en foule autour de lui. Si l'on examine ses écrits dogmatiques et ses allocutions, on y trouve souvent un mélange des qualités et des vices de style les plus contraires : les mouvements en sont outrés, les figures peu naturelles : les plaintes sont exagérées, la haine va quelquefois jusqu'à la grossière injure, et l'ironie et le sarcasme dégénèrent en bouffonnerie; mais ne jugeons pas le mérite oratoire de Luther par les règles et les exemples que nous ont laissés les écrivains des siècles les plus éclairés. Le goût des auteurs classiques n'avait qu'un petit nombre de juges à l'époque où le réformateur parut, et son langage variait, avec les classes d'hommes auxquelles il avait successivement à s'adresser : subtil dans ses arguments avec les docteurs et les érudits, il prodiguait les figures et les mouvements aux imaginations qu'il fallait ébranler; et pour être entendu de tous il avait recours à toutes les formes de pensée et de style. Ces inégalités, ces bizarreries peuvent nous frapper davantage, quand nous les voyons rapprochées les unes des autres dans le recueil de ses écrits; mais nous serons moins choqués d'un ton si disparate, si nous nous plaçons dans la situation où Luther se trouvait lui-même : les injures ne lui étaient pas épargnées par ses adversaires : les personnalités, la licence se mêlaient aux discussions les plus graves : en aigrissant les esprits elles pouvaient hâter le moment d'une rupture, et l'on prenait de part et d'autre des mesures pour arriver à ce but.

Tels étaient les progrès de la réforme et l'irritation des deux partis, lorsque Charles-Quint prit, après son couronnement, les rênes de l'Empire. Un des premiers soins du monarque fut de convoquer à Worms une diète générale, assemblée tout à la fois politique et religieuse, où l'on cherchait à rétablir les liens du corps germanique, affaiblis pendant l'interrègne, et où Luther fut sommé de comparaître pour rendre compte de sa doctrine. Il arriva dans cette ville le 16 avril 1521, moins comme un prévenu, cité devant ses juges, qu'avec la pompe triomphale d'un vainqueur : un cortége de cent hommes de guerre s'était joint à lui; on accourait sur son passage, pour lui exprimer un vif intérêt et pour l'accueillir; il fut logé près du palais occupé par l'électeur de Saxe; et, quand la diète l'eut invité à rétracter ses doctrines, plusieurs membres eurent des conférences avec lui, pour l'amener à une conciliation, et pour ne pas avoir à le condamner. Sa persistance dans ses opinions ne fit espérer aucun rapprochement; et la majorité de la diète s'étant prononcée contre lui, l'Empereur déclara qu'il allait le poursuivre, lui et ses sectateurs; mais, comme ce prince lui avait accordé un sauf-conduit pour se rendre à Worms, il ne voulut pas manquer à sa parole : il lui laissa un délai de vingt et un jours pour se retirer; et Luther partit pour Fridberg et Eisenach, d'où il paraissait vouloir retourner à Wittemberg. Ses amis n'étaient cependant pas rassurés, et ils lui réservaient un autre lieu de retraite : leurs émissaires furent apostés sur sa route, ils l'enlevèrent, et le conduisirent secrètement à Wartbourg, château qui appartenait à l'électeur de Saxe, et où Luther resta caché pendant neuf mois. Un nouvel édit impérial fut publié contre lui le 6 mai : on le tenait pour hérétique ; il était défendu de le voir et de le protéger, de garder ses écrits, de les lire, de les réimprimer, et il était ordonné de chercher à s'emparer de lui et de ses complices et de confisquer leurs biens. Mais, pendant ces persécutions, Luther achevait d'établir ses doctrines dans de nouveaux ouvrages : elles se répandaient dans toute l'Allemagne ; elles étaient accueillies par la jeunesse qui aime les innovations, par les esprits indépendants qui souffraient avec peine une autorité étrangère, et par les gouvernements, prêts à donner aux revenus et aux possessions de l'Église une autre destination. Gustave Wasa, devenu roi de Suède, introduisit la réforme dans ses États : elle s'établit également dans les autres pays voisins de la Baltique.

Quand le chef d'un gouvernement monarchique inclinait personnellement pour les doctrines nouvelles, il pouvait prendre l'initiative des mesures propres à les répandre : son exemple entraînait les amis de la faveur, les ambitieux, et son autorité rendait plus faciles les innovations : mais elles pouvaient rencontrer plus d'obstacles dans les villes qui avaient un gouvernement populaire ; et comme les forces y étaient plus divisées et les esprits plus remuants, les dissensions religieuses y amenaient quelquefois des déchirements politiques : l'histoire des villes anséatiques nous en offrira plus d'un exemple.

Les apôtres de la réforme commençaient d'ailleurs à se diviser sur le dogme ; et la longue absence et la disparition de Luther avaient accru la désunion entre plusieurs de ses disciples : Carlostad avait fondé la secte des sacramentaires, Nicolas Storck celle des anabaptistes dont l'exaltation, portée jusqu'à la fureur, allait exposer une partie de l'Allemagne à tous les fléaux des guerres civiles et religieuses. Luther, pour combattre ces nouveaux antagonistes, s'échappa de la retraite où il avait été relégué, disait-il, comme saint Jean dans l'île de Pathmos, et il reparut le 9 mars 1522 à Wittemberg. La persécution avait accru l'énergie de son caractère, et avait donné une nouvelle sanction à sa doctrine : ses opinions prévalurent sur celles de ses rivaux ; et le pape Adrien, qui venait de succéder à Léon X, eut la douleur de voir le triomphe du luthéranisme assuré dans la plupart des États d'Allemagne et dans tout le nord de l'Europe. La diète qui fut assemblée à Nuremberg ne parvint point à ralentir les progrès de la réforme : les luthériens se trouvaient en plus grand nombre dans cette réunion que dans celle de Worms, et le principal résultat de ses délibérations fut consigné dans un long mémoire, où elle exposait, sous le titre des *cent griefs*, ses sujets de plaintes contre la cour de Rome.

Adrien crut devoir prêter quelque attention à ces demandes : sans doute il reconnaissait la nécessité de corriger les mœurs, et de restreindre les prétentions de la cour de Rome : c'en fut assez pour que les Romains lui reprochassent comme une faiblesse sa modération. Un grand nombre tiraient avantage des abus dont on demandait la réforme ; ils censuraient la conduite d'Adrien, et bientôt ils se réjouirent de sa mort : la maison du médecin qui l'avait soigné dans sa dernière maladie fut ornée de guirlandes, et l'on y plaça cette inscription : *Au libérateur de sa patrie*.

La réforme s'était étendue en Allemagne ; Francfort, Nuremberg, Hambourg, d'autres villes importantes l'avaient embrassée et avaient aboli différentes cérémonies du culte romain : elle avait pour protecteurs l'électeur de Brandebourg, les ducs de Brunswick, de Lunebourg et le prince d'Anhalt ; elle fut adoptée par le nouvel électeur de Saxe Jean, successeur de Frédéric ; et ce prince, qui fit sa profession de foi, en 1526, entre les mains de Luther, abolit l'autorité du pape dans ses États, supprima les couvents, s'empara des revenus de l'Église, et les appliqua aux dépenses du gouvernement et aux hôpitaux : Philippe, landgrave de Hesse, embrassa également le luthéranisme. Cet exemple fut suivi par quelques-uns mêmes des princes qui, réunissant en leur personne le caractère et l'autorité politique et religieuse, semblaient devoir être plus intimement unis au saint-siége ; et de tous ces changements de religion aucun ne dut avoir sur le sort du catholicisme une influence aussi marquée que l'abjuration d'Albert de Brandebourg, grand maître de l'Ordre Teutonique : il renonça aux statuts de cet ordre ; le gouvernement, dont il resta le chef, fut sécularisé ; les commanderies devinrent héréditaires, et le partage du territoire entre la Prusse et la Pologne fut consommé. Le duc Albert épousa la princesse Dorothée, sœur du roi de Danemark ; et ce monarque ayant adopté la réformation l'introduisit dans son royaume.

Luther avait prêché contre le célibat des prêtres et des religieux : il confirma sa doctrine par son exemple ; et le mariage qu'il contracta, en 1526, avec Catherine de Bore, sortie de son couvent depuis quelques années, entraîna un grand nombre de moines et d'ecclésiastiques à former des liens semblables.

La rapidité avec laquelle se propageaient les opinions nouvelles annonçait qu'elles étaient favorisées par le vœu du plus grand nombre ; mais elles avaient besoin d'une garantie politique : tous les partisans de la réforme se réunirent pour réclamer la liberté de religion ; et il fut décidé, en 1529, dans une diète assemblée à Spire, que jusqu'à la convocation d'un concile, on s'en tiendrait aux changements qui avaient eu lieu, sans porter plus loin les innovations. Une autre diète fut convoquée à Augsbourg en 1530 : les protestants y présentèrent leur profession de foi, rédigée par Mélanchton, un des plus modérés disciples de Luther : cette confession était signée par l'électeur de Saxe, le landgrave de Hesse, cinq autres princes et plusieurs villes impériales : les articles en furent discutés, on en modifia plusieurs, et elle devint la base de la doctrine généralement admise parmi les luthériens.

A l'époque où cette religion s'étendait en Allemagne, l'église romaine perdait également la suprématie dans d'autres pays. Henri VIII, roi d'Angleterre, allait rompre avec le saint-siége et devenir chef de l'Église anglicane : Zuingle avait prêché et accompli en Suisse une réforme analogue à celle de Luther : Calvin allait supprimer à Genève toute espèce de hiérarchie et de pompe religieuse ; ses principes devaient se répandre dans quelques provinces de France ; et la facilité de dérober aux yeux du public un culte et des pratiques si simples permettait souvent aux religionnaires d'échapper à la surveillance et aux persécutions.

LIVRE NEUVIÈME.

SOMMAIRE.

COINCIDENCE DES RÉFORMES POLITIQUES ET RELIGIEUSES A HAMBOURG, A BRÊME, A LUBECK, ET DANS QUELQUES AUTRES VILLES ANSÉATIQUES. — DÉMEMBREMENT DU LUTHÉRANISME. — ANABAPTISTES. - SIÉGE DE MUNSTER. — INFLUENCE DES ANSÉATES SUR LA SITUATION DES PAYS VOISINS. — LEURS HOSTILITÉS CONTRE LE DANEMARK. — LIGUE DE SMALCALDE, FORMÉE ENTRE LES PROTESTANTS. — LES VILLES ANSÉATIQUES Y SONT ADMISES. — GUERRE DE LA RÉFORMATION. — TRANSACTION DE PASSAU, TRAITÉ DE PAIX. — CONQUÊTE DE LA DITTMARSIE. — DIFFÉRENDS ENTRE HAMBOURG ET LES DANOIS. — GUERRE DES ANSÉATES ET DES SUÉDOIS. — COMMERCE AVEC LA MOSCOVIE. — DISSENTIONS AVEC L'ANGLETERRE. — GUERRE DE L'INDÉPENDANCE DES PAYS-BAS. — ESSOR DE LEUR MARINE. — NAVIGATION VERS LE NORD. — EXPÉDITIONS POUR LES INDES ORIENTALES. — CONQUÊTES DES HOLLANDAIS. — DIRECTION DONNÉE A LEUR COMMERCE. — LEUR SÉPARATION DE LA LIGUE ANSÉATIQUE. — EXEMPLE SUIVI PAR D'AUTRES VILLES DU CONTINENT.

Le temps où le luthéranisme s'établit dans les villes anséatiques, de même que dans d'autres États, ne fut pas uniquement marqué par cette grande révolution religieuse : il le fut aussi par des commotions politiques, et par des innovations dans la forme de plusieurs gouvernements. Les ouvrages publiés par les réformateurs, ceux de Luther surtout, s'appliquaient non-seulement à des discussions théologiques, mais aux plus graves questions de l'ordre social : les droits des gouvernements et ceux des peuples commençaient à être comparés : on analysait leurs devoirs mutuels : on établissait à la fois les limites du pouvoir des souverains et celles où l'obéissance des sujets pouvait s'arrêter. Les rapports mutuels des citoyens et des différentes magistratures étaient également fixés ; et l'opinion publique, éclairée et dirigée par plusieurs écrits, devenait de jour en jour plus exigeante, et réclamait hautement des améliorations.

Les réformateurs surent habilement profiter de cette tendance générale, pour multiplier le nombre de leurs adhérents. Il n'aurait pas suffi, pour entraîner la multitude, de lui prêcher des dogmes abstraits, de lui inspirer la résignation aux maux actuels et l'espérance d'un bonheur à venir : tous les biens dont l'humanité peut jouir devaient être mis à sa portée : la religion même ordonnait aux grands de la terre de faire le bonheur des peuples dont le sort leur était confié : ses principes sur ce point s'accordaient avec ceux de la justice et de la raison ; et les innovateurs, cherchant à lier entre elles toutes leurs doctrines, voulurent puiser dans l'Écriture sainte les principes de la société civile et religieuse. Soit que la forme du gouvernement fût monarchique, soit que l'autorité fût remise à un sénat, ou qu'elle tendît à la démocratie, Luther ne chercha point à l'ébranler ; et quelle que fût la nature des différentes constitutions civiles, il tenta d'y appliquer ses principes de réforme. En essayant une rénovation complète il aurait pu échouer dans ses projets ; ce fut en conservant la plupart des idées reçues qu'il parvint à consolider son ouvrage : il pensa même qu'il était utile de ménager une partie des cérémonies du culte contre lequel il s'élevait, et qu'il ne fallait pas priver ses sectateurs de cette pompe des solennités religieuses qui attachent les regards, élèvent l'imagination vers le ciel et disposent l'âme au recueillement.

Ces égards pour quelques usages de l'ancien rite donnèrent à la réforme de Luther un grand avantage sur les autres doctrines qui se répandirent à la même époque : elle eut plus de succès, parce qu'elle innovait un peu moins ; et on la vit s'étendre avec rapidité dans le nord de l'Allemagne et chez les puissances voisines de la Baltique. Ce grand changement avait été préparé à Hambourg par Ordo Stemmel, qui s'était élevé en 1521 contre l'abus des indulgences. Étienne Kempe, religieux franciscain, vint bientôt y prêcher les principes du luthéranisme : le peuple les écoutait avec faveur : il fit venir de Magdebourg Jean Ziegenhagen, qui, malgré l'opposition du sénat, proclama en pleine chaire la religion nouvelle ; et il adopta le règlement publié à Wittemberg pour les églises luthériennes.

Le clergé séculier de Hambourg s'élevait alors au nombre de quatre cent vingt ecclésiastiques : il tenait à la conservation du catholicisme ; mais les vues des ordres monastiques étaient différentes ; ils désiraient la réforme, et ce fut généralement parmi eux qu'elle trouva des auxiliaires. La bourgeoisie lui était également favorable : elle cherchait à réduire les prétentions du clergé ; et les *anciens* des paroisses tenaient à reprendre le droit de nommer des curés, droit que le chapitre métropolitain avait revendiqué pour lui seul. Ils nommèrent en effet plusieurs curés qui adoptaient les innovations et qui les propagèrent : les prédications de Ziegenhagen contribuèrent surtout à ce résultat ; et quand le sénat voulut éloigner cet apôtre de la réforme, les pressantes sollicitations et les menaces de la bourgeoisie parvinrent à le retenir. Bientôt même il fut nommé curé de la paroisse de Saint-Nicolas ; et le nouveau pasteur s'éleva avec plus de

force contre les désordres des hommes qui, par état, auraient dû continuer d'être les défenseurs de la morale.

Le sénat restait encore attaché aux anciennes doctrines, parce qu'il trouvait le clergé romain plus favorable à son autorité; et n'osant pas s'opposer aux progrès de la réforme, il cherchait du moins à empêcher les attaques personnelles, et à bannir de la chaire les discussions de théologie, afin de conserver la paix publique; mais le zèle des prédicateurs était difficile à contenir : les catholiques voulurent engager des conférences sur le dogme; les protestants les imitèrent; et ces disputes ne firent que donner de nouveaux partisans à la réforme, déjà favorisée par l'opinion de la multitude.

Alors commença la suppression de quelques institutions religieuses, auxquelles furent substitués plusieurs établissements civils : on prohiba les offrandes ecclésiastiques, et on les remplaça par des *caisses de Dieu*, destinées à secourir les pauvres et alimentées par des aumônes. Les bourgeois de la paroisse de Saint-Nicolas donnèrent l'exemple de cet établissement de bienfaisance; ils en confièrent l'administration à douze citoyens intègres et charitables : les trois autres paroisses créèrent des institutions semblables : leurs administrateurs réunis étaient au nombre de quarante-huit; et l'on choisit douze d'entre eux pour former le collége des Anciens, placé comme intermédiaire et comme contre-poids entre le sénat et la bourgeoisie. Les deux colléges furent ensuite augmentés dans la même proportion, lorsqu'on eut créé une cinquième paroisse; le premier corps fut de soixante membres, et il y en eut quinze dans le second.

La réforme faisait journellement de nouveaux progrès : le sénat, entraîné par ce mouvement général, fut obligé de bannir cinq hommes qui s'en étaient montrés les plus violents adversaires; et comme la bourgeoisie insistait sur la nécessité de faire à la fois des améliorations dans l'Église et dans l'État, le sénat et les bourgeois formèrent de concert un collége plus nombreux, qui fut chargé de délibérer sur les innovations à introduire dans l'administration de l'Église et dans la forme du gouvernement. Chaque paroisse adjoignit vingt-quatre bourgeois aux douze membres qui étaient chargés d'administrer la caisse des pauvres : le nombre en fut ainsi porté à trente-six, et les quatre paroisses réunies formèrent un conseil de cent quarante-quatre membres. Ceux-ci posèrent les bases de la constitution et du gouvernement de Hambourg, dans un acte que l'on a nommé le *long recez*, et dont les principes se conservent depuis plus de trois siècles : rare exemple de permanence, que nous devons attribuer à la sagesse des délibérations premières, et à ce sentiment de prudence qui fait souvent craindre les innovations subites et les déchirements intérieurs.

Les dispositions de cet acte, dont nous devons faire connaître les bases, s'appliquèrent aux différentes autorités civiles et ecclésiastiques. Le sénat, chargé de la haute administration, se trouvait placé sous la surveillance des colléges de la bourgeoisie : il se composait alors de dix-huit membres, dont douze devaient toujours assister aux délibérations. On leur accordait pour tout émolument l'exemption des impôts. Il ne leur était permis d'occuper en même temps aucun autre emploi. Le sénat ne pouvait, sans le consentement de la bourgeoisie, faire aucun changement aux recez. Le collége des Anciens devait en surveiller l'exécution. Il avait le droit de convoquer le collége des cent quarante-quatre; et celui-ci pouvait assembler le corps de la bourgeoisie, lorsque les droits et les statuts de l'État, ou les règlements de l'Église, avaient été enfreints par un acte du sénat, ou sans opposition de sa part. Le recez déterminait les cas où le sénat avait à prononcer sur les affaires contentieuses, et ceux où il pouvait modérer ou aggraver une sentence criminelle. Il réglait les droits civils des femmes, et leur imposait des tuteurs pour l'administration de leurs biens, lorsqu'elles n'avaient pas d'enfants. D'autres articles étaient relatifs à la construction et à la vente des navires, aux droits de sauvetage, à l'acquisition de la bourgeoisie, à la capitation. Il était défendu aux sénateurs et aux bourgeois de s'éloigner en temps de guerre. Les individus qui se croyaient lésés par un acte violent ou arbitraire devaient suivre les voies légales pour obtenir réparation. Aucun ecclésiastique ne pouvait devenir syndic ou secrétaire du gouvernement : les religieuses sortant du cloître rentraient dans leurs droits d'héritage : les prêtres et les moines devaient conserver leurs revenus, tant qu'ils ne se mariaient pas : la caisse des pauvres était administrée par douze bourgeois. D'autres clauses tendaient à mettre en harmonie les pouvoirs du gouvernement et ceux des autorités inférieures.

A mesure que l'on exécutait à Hambourg les dispositions du *long recez*, la réforme religieuse y recevait elle-même de nouveaux développements : elle avait commencé à Wittemberg où son chef résidait, et c'était toujours de cette ville que venaient les directions suivies par les luthériens. Lorsque ceux de Hambourg invitèrent le pasteur Bugenhagen à venir mettre en vigueur son règlement sur les églises, le sénat envoya au-devant de lui une députation pour le recevoir, et sa présence affermit l'établissement du nouveau culte. Chaque paroisse eut un pasteur; les messes privées furent abolies; on retrancha du service divin les chants et les cérémonies que n'ordonnait pas l'Écriture sainte : les religieux du couvent de Saint-Jean furent transférés dans celui de Sainte-Marie-Madeleine; et l'on établit dans ce premier monastère une école publique, qui reçut le nom de *Johanneum*, institution remarquable d'où sont sortis des hommes éminents par leur savoir.

Le règlement des églises fut approuvé par le sénat et la bourgeoisie : le chapitre métropolitain refusait encore de s'y soumettre; mais comme on laissait à ses membres la jouissance du revenu de leurs bénéfices, et qu'on ne devait en faire qu'après leur mort le versement dans la caisse des pauvres, ils se soumirent tacitement à cette disposition. La plupart des religieux qu'on avait transférés dans le couvent de Sainte-Madeleine en sortirent volontairement, et cette maison devint un hospice pour les malades : le chant fut bientôt interdit dans la cathédrale : la plupart des membres du chapitre embrassèrent la réforme : elle était complétement établie avant que Hambourg entrât dans l'alliance des autres États protestants.

La situation de Brême était à peu près la même. Cette ville avait été une des premières qui s'étaient converties au christianisme : ce fut aussi une des premières où s'introduisit la religion luthérienne; et ce changement, qui commença en 1522, fut favorisé par les contestations qui subsistaient depuis longtemps entre les autorités civiles et ecclésiastiques.

Le siége métropolitain des archevêques de Hambourg et de Brême était établi dans cette dernière ville depuis trois cents ans : on y tenait les synodes et les assemblées du chapitre. Tout le territoire situé entre l'Elbe et le Wéser, au nord-ouest de cette capitale, et jusqu'aux limites de la Frise et du duché d'Oldenbourg, était placé sous la juridiction politique et religieuse des archevêques : ils y avaient joint l'acquisition de plusieurs comtés et seigneuries dont la supériorité territoriale leur appartenait. Les villes de Stade, Boxtehude, Bremerwerde en faisaient partie; et celle-ci était devenue la résidence habituelle des archevêques, qui allaient remplir à Brême leurs fonctions épiscopales, mais qui préféraient un autre séjour, où leur autorité s'exerçait sans partage.

Lorsque le luthéranisme fut prêché dans cette ville, l'archevêque était un prince de la maison de Holstein, qui se montrait favorable aux protestants :

ANVERS.

Vue de la Bourse des Anistes

il songea moins à défendre dans l'enceinte de la ville son autorité déjà affaiblie qu'à conserver hors de ses murs la possession des terres dont il avait la souveraineté. Les établissements monastiques de Brême eurent le sort de ceux des autres villes où la réformation s'était introduite: on réunit d'abord plusieurs communautés dans un seul monastère : chaque religieux conserva une pension : le reste des biens fut consacré à des établissements d'éducation, d'enseignement, d'humanité ; et l'on accrut ces fondations de bienfaisance, à mesure que s'éteignirent les subsides viagers dont les moines jouissaient. La cathédrale était encore occupée par le chapitre métropolitain; mais la ville s'en empara en 1530 ; et Christophe, qui était alors archevêque de Brême, eut inutilement recours à l'intervention de l'empereur Charles-Quint, pour recouvrer sa suprématie et la possession de ses biens, et pour arrêter les progrès de la réforme : elle avait été adoptée par le grand nombre ; elle s'était introduite dans le chapitre lui-même ; et celui-ci avait terminé par une transaction ses anciens différends avec le sénat, sur les limites de l'autorité civile et de la juridiction religieuse.

La situation de l'évêché de Lubeck avait beaucoup de rapports avec celle de la métropole de Brême. Cet évêché avait été fondé en 952 par l'empereur Othon le Grand, et le siége en avait d'abord été fixé à Altenbourg, petite ville située au nord-est de la Wagrie : les évêques y continuèrent leur résidence pendant plus d'un siècle ; mais alors la Wagrie fut si fréquemment exposée aux incursions des pirates slaves, et des Rugiens surtout, que la succession des évêques y fut interrompue. Elle ne fut rétablie qu'en 1149, par la nomination de Vicelin, qui reprit l'ancienne résidence. Adolphe II, duc de Holstein, cherchant à réparer les malheurs de cette contrée, reçut en 1160 une colonie hollandaise dans la petite ville d'Eutin qui s'élevait au centre de la Wagrie : il y fit construire un château pour la défendre ; et il donna ensuite le château, la ville et trois cents arpents de terre à l'évêque, dont les possessions furent bientôt augmentées par Henri le Lion, duc de Saxe. Ce prince transféra le siége épiscopal à Lubeck ; il y fit bâtir l'église de Notre-Dame ; il fonda le chapitre, il lui assigna des revenus et des domaines ; et lorsque Lubeck fut mise au nombre des villes impériales, l'évêque fut admis lui-même à prendre rang parmi les princes ecclésiastiques de l'Empire.

Reventlau était le quarante-troisième évêque de Lubeck, lorsque les dogmes de la religion catholique y furent remplacés par ceux de la confession d'Augsbourg. En perdant sa juridiction ecclésiastique qui lui était enlevée par la réformation, il restait possesseur de la principauté d'Eutin, et de quelques autres terres, enclavées dans la Wagrie : ces possessions particulières devaient un jour appartenir aux ducs d'Oldenbourg, après avoir été occupées par différents princes de la maison de Holstein.

Les magistrats de Lubeck avaient profité de la fréquente absence des évêques, pour étendre et exercer avec moins d'entraves leur propre autorité. La même cause favorisa les progrès du luthéranisme ; et les fondations religieuses de cette ville reçurent une destination analogue à celle qu'elles avaient eue à Hambourg, à Brême, et dans d'autres villes où la réforme avait pénétré. Quelques exemples vont nous faire juger de l'esprit dans lequel furent conçues ces différentes innovations.

La plupart des grands établissements de Lubeck remontent à l'époque de la réformation, et les revenus appliqués à leur entretien furent ceux qui avaient appartenu au clergé séculier et régulier. On en consacra la principale partie à la fondation de différents hôpitaux : il y en eut un pour les vieillards infirmes, et les hommes et les femmes y furent également admis : une autre maison fut érigée pour les orphelins et pour les enfants des pauvres ; on y soignait leur éducation et on leur faisait apprendre un métier. Les voyageurs étaient reçus dans un hospice : s'ils arrivaient malades, on leur donnait des soins jusqu'à la guérison ou à la mort ; s'ils étaient valides, on les hébergeait pendant trois jours, et ils recevaient un argent de passage pour continuer leur route. Les vieux artisans, tombés dans l'indigence, furent recueillis et nourris dans le cloître de Saint-Georges : on construisit dans une même rue une suite de petits logements pour y recevoir des veuves pauvres, et l'on y pourvut à leur vêtement et à leur nourriture : un hôpital fut établi pour les pestiférés. Celles de ces institutions qui existaient avant la réforme reçurent à cette époque une dotation plus riche et mieux proportionnée à leurs besoins.

Lubeck eut dans tous les temps une noble émulation de bienfaisance, qui lui fit désirer de ne pas être surpassée par d'autres villes dans les généreuses et philanthropiques institutions, destinées à développer l'industrie, à étendre les lumières, à soulager les souffrances. Cette ville, placée à la tête de la Ligue Anséatique, ne voulait donner à ses confédérés que de bons exemples : elle tenait à conserver dans l'opinion de tous cette priorité de rang, sanctionnée par un long usage, et qui lui imposait l'obligation de ne jamais déroger. C'est en effet par cette constante attention sur soi-même qu'un gouvernement, quelle que soit l'exiguïté de son territoire, conserve au milieu des circonstances les plus critiques, son énergie, son noble caractère et sa prééminence.

La situation où s'étaient trouvés l'archevêque de Brême et l'évêque de Lubeck nous explique comment d'autres prélats conservèrent une partie de leur souveraineté après l'établissement de la réforme. Quelques seigneuries appartenaient sous différents titres aux évêques des villes anséatiques de Magdebourg, Hildesheim, Halberstadt, Minden, Cologne, Utrecht, Munster, Osnabruck : les châteaux, les forteresses qu'ils avaient élevés sur ces territoires y protégeaient du moins dans les campagnes l'autorité qui leur échappait dans les villes ; les seigneurs y trouvaient un dernier abri contre les innovations, jusqu'au moment où plusieurs d'entre eux adoptèrent volontairement la réforme, par conviction ou par calcul, et firent servir les fondations religieuses situées dans leurs domaines à l'accroissement de leurs revenus ou à des établissements publics.

Cette complication d'intérêts, ces débats entre plusieurs autorités rivales se firent aussi remarquer dans d'autres villes anséatiques, qui participaient aux droits comme aux charges de la confédération, et qui néanmoins relevaient d'un souverain particulier, et avaient des obligations à remplir envers lui. Telle était la situation des habitants de Rostock et de Wismar, qui dépendaient des ducs de Mecklembourg, mais qui jouissaient des privilèges les plus étendus, soit pour leur administration municipale, soit dans leurs relations avec la ligue dont ils étaient membres.

La maison de Mecklembourg, une des plus anciennes de l'Allemagne, descendait des anciens princes des Obodrites, dont la première dynastie remonte au temps de Charlemagne : plusieurs d'entre eux unirent à la dignité souveraine le titre de rois. Trois dynasties se succédèrent ; et la troisième, qui subsiste encore, fut commencée en 1130 par Niclot, dont le successeur fut prince de Mecklembourg. La ville de ce nom était une importante place de commerce ; Wismar lui servait de port, comme Warnemunde en servit ensuite à Rostock : alors on n'établissait pas au bord de la mer les villes de commerce, afin qu'elles fussent moins exposées aux attaques d'une flotte ennemie.

Après la ruine de Mecklembourg, que les Saxons détruisirent en 1322, les débris de la population se retirèrent à Wismar, qui fut enrichie par le commerce, et à Schwerin, où les souverains du pays transportèrent leur résidence. Albert II reçut en 1348 le titre de duc ; un de ses fils, Albert III, devint roi de Suède ; et cette maison fut unie plusieurs fois par des alliances de mariage aux rois de Danemark, aux ducs de Brunswick, de Saxe, de Poméranie, à d'autres souverains d'Allemagne ou du nord de l'Europe. Ses relations de famille mêlèrent ainsi ses intérêts politiques à ceux des autres puissances ; mais elles ne changèrent point les rapports de Wismar et de Rostock avec la Ligue Anséatique. Les souverains de ces deux villes étaient intéressés à ménager un commerce qui devait sa prospérité à la confédération : leurs relations amicales avec la régence de Lubeck furent mutuellement utiles ; et si quelque mésintelligence les altéra par intervalle, elle ne fut que d'une courte durée.

Les villes anséatiques de Poméranie avaient, comme celles du Mecklembourg, un souverain particulier : c'étaient celles d'Anclam, Colberg, Demmin, Golnow, Grypswald, Rugenwald, Stargardt, Stolpe, Stralsund. Leurs liens avec la confédération commençaient à être moins intimes : les grands intérêts de la Ligue se discutaient alors dans les parages occidentaux de la Baltique ; ils concernaient plus spécialement Lubeck et les villes voisines ; et celles de Poméranie purent conserver la neutralité, pendant les dissensions de la régence, soit avec le Danemark, soit avec la Suède : elles adoptèrent le luthéranisme, comme les autres villes anséatiques ; et l'introduction des dogmes nouveaux ne rencontra d'opposition sérieuse, ni de la part du prince, ni de celle des habitants.

Nous avons vu que les provinces soumises à l'Ordre Teutonique, et comprises sous le nom générique de Prusse ducale, accueillirent la réforme avec d'autant plus de promptitude que le grand maître leur en donnait l'exemple : les villes anséatiques de cette contrée étaient Braunsberg, Culm, Dantzig, Elbing, Hall, Warbourg, Thorn, Koenigsberg. Les mêmes dogmes furent admis dans l'île de Gothland ; mais il n'en fut pas ainsi dans les villes d'Esthonie et de Livonie, où les lieutenants provinciaux de l'Ordre Teutonique conservaient leur existence politique et religieuse, et où l'archevêque de Riga et ses suffragants luttaient contre les nouvelles doctrines. Leur résistance et celle des autres princes ou États restés fidèles au catholicisme étaient encouragées par les armements de l'empereur Charles-Quint et par les bulles de la cour de Rome : l'un et l'autre pouvoir se prêtaient des secours, pour chercher à extirper les opinions naissantes ; mais déjà elles s'étaient trop enracinées, elles étaient trop vivaces, pour qu'il fût possible de les détruire ; et les protestants, menacés dans leurs plus chers intérêts, s'étaient unis étroitement et cherchaient à concerter leur résistance.

La division de l'Allemagne en un grand nombre de souverainetés particulières n'empêchait pas les nouveaux dogmes religieux de se répandre avec facilité d'un pays dans l'autre. Comme ils avaient été protégés dès l'origine par l'électeur de Saxe, un des princes les plus considérés et les plus puissants, ils se propagèrent, sous ce patronage, dans la plupart des États voisins, avant que le chef de l'Empire pût assembler ses troupes pour arrêter les progrès de la réforme. Quelle digue aurait-il pu d'ailleurs leur opposer ? La guerre contre les opinions ne ressemble pas à toutes les autres : on peut, par la supériorité des armes, vaincre un ennemi et conquérir son territoire : mais les doctrines qu'on a voulu combattre échappent à la force, se font jour à travers les obstacles, et subjuguent souvent le vainqueur lui-même. C'est ce que l'on put reconnaître plusieurs fois, pendant les guerres entreprises contre la réformation : quelques-uns des princes qui l'avaient d'abord combattue se rangèrent ensuite sous ses drapeaux : cette multitude de petits États où elle pénétrait à la fois leur donnait toutes les ressources d'une corporation puissante; ils avaient tous un même intérêt à s'entre-secourir, et ils purent rapidement assembler des forces nombreuses.

La guerre que s'étaient déclarée les deux partis n'aurait pas sans doute été d'une si longue durée, si leurs troupes n'avaient pas été d'abord disséminées sur un grand nombre de points ; mais à côté d'un pays réformé, un autre était resté fidèle à l'ancien culte. Cette opposition se rencontrait dans les différentes parties de l'Allemagne, surtout dans les contrées occidentales, et l'on y voyait plus souvent aux prises les deux adversaires. C'était un puissant appât pour les promoteurs de la guerre civile et religieuse : les rivaux, les ennemis étaient d'autant plus redoutables les uns pour les autres que leurs habitations et leurs forteresses étaient plus rapprochées ; et cette situation nous explique par combien d'excès ces années de trouble et d'irritation furent signalées.

Tant de fureurs furent encore aigries par le fanatisme religieux d'une branche de réformateurs qui, s'élevant à la fois contre toutes les institutions reçues, et prétendant vouloir reconstruire la société, portèrent tout à coup la dévastation dans plusieurs parties de l'Allemagne.

L'ouvrage publié par Luther en 1521, sur la liberté chrétienne, fut une des principales autorités dont plusieurs autres innovateurs se servirent, pour s'écarter à leur tour des principaux dogmes de la réforme. Les anabaptistes furent ceux qui s'en prévalurent le plus ; et comme l'enthousiasme et l'inspiration étaient le caractère de leur doctrine, ils s'abandonnèrent plus librement à des excès qu'ils prétendaient justifier par l'impulsion même de la volonté divine.

Nicolas Storck, né à Zwickau en Silésie, était le fondateur de cette religion nouvelle : il avait commencé ses prédications en 1522, pendant que Luther était dans le château de Wartbourg, et il avait déjà fait de nombreux prosélytes par la souplesse de son caractère et par l'entraînement de sa parole, lorsque Muncer, qui avait obtenu à Nuremberg et à Prague des succès semblables, vint se joindre à lui. Le nombre des anabaptistes s'accrut rapidement en Thuringe et en Bohême ; et les habitants des campagnes commencèrent à s'y soulever contre l'Église, les princes et les autorités publiques.

Ils se répandirent dans les pays voisins, et poursuivirent également les luthériens et les catholiques. Ils abusaient des textes de l'Écriture sainte ; ils les interprétaient à leur gré, pour ébranler l'autorité des lois et des magistrats, les droits de la propriété et tous les principes de l'ordre social. Muncer, un de leurs chefs les plus fanatiques, commença dans le midi de l'Allemagne la guerre des paysans, et les hostilités de la multitude, qu'il assembla sous ses drapeaux, furent spécialement dirigées contre les classes supérieures. Ces forcenés, dont la fureur était encore augmentée par leur exaltation religieuse, proscrivaient indistinctement les richesses, l'industrie, les lumières, et abaissaient sur toutes les têtes leur sanglant niveau. Quelques-unes des villes anséatiques, situées en Hollande et en Westphalie, éprouvèrent leur rage effrénée ; et l'image de tant d'infortunes put avertir les autres villes confédérées des fléaux qu'entraînent avec elles les guerres civiles et religieuses : leçons terribles, que le ciel nous donne sans doute dans sa colère, quand nous outrageons le père et le bienfaiteur des hommes, en osant couvrir de son autorité nos propres fureurs.

Les paysans qui avaient pris les armes pillèrent l'église de Müllerbach en Saxe : Muncer s'établit ensuite à Mulhausen en Thuringe : il parvint à faire déposer les anciens magistrats, fit nommer un sénat chrétien dont il devint le chef, détruisit les autels, brisa les statues et les vases sacrés, fit évacuer les monastères et renversa les églises : on dépouilla les riches ; les biens furent mis en commun ; Muncer distribuait au peuple les revenus et les approvisionnements; et il eut bientôt pour adjoint Pfiffer, qui alla encore plus loin que lui dans ses projets de nivellement.

La division se mit ensuite dans leur camp : les uns ne voulaient pas de lois, d'autres refusaient le payement des impôts : la plupart des dissidents prirent le titre d'union chrétienne : ils s'emparèrent de Mergentheim, qui avait appartenu à l'Ordre Teutonique, de Winsperg, de Hailbronn, de Dourlach, de Spire, et de quelques autres villes. Enfin, le duc Antoine de Lorraine marcha contre eux et tailla en pièces six mille paysans : le landgrave de Hesse attaqua ceux qui s'étaient retirés à Fulde : ceux de Thuringe et de Saxe furent défaits près de Franchusen; et Muncer, qui s'était retiré dans cette ville après la bataille, fut arrêté et mis à la torture : la place de Mulhausen se rendit; Pfiffer fut fait prisonnier près d'Eisenach, et Muncer et lui furent décapités.

La guerre des paysans avait gagné le Wirtemberg et le diocèse de Wirtzbourg; mais ils rencontrèrent enfin un général ennemi qui les arrêta, les vainquit et ruina leur confédération. Truchses, baron de Walpurg en Souabe, s'empara sur eux de Winsperg, de Necker-Ulm, leur fit lever le siége de Koenigshoffen, les battit près de Wirtzbourg, et acheva, de concert avec le général Fronsperg, la ruine de l'armée des anabaptistes.

Cependant leur secte n'était pas anéantie : elle se conservait en Silésie, où leurs doctrines étaient prêchées par Schwenckel, disciple de Storck, et distingué par son élocution facile, par la politesse de ses manières et les avantages de la naissance. Ses partisans, au nombre desquels se rangèrent des nobles et des riches, se répandirent dans plusieurs parties de l'Allemagne : leur religion pénétra dans les Pays-Bas; et après avoir été chassés en 1527 du diocèse d'Utrecht, par Henri de Bavière qui était alors duc et évêque de cette ville, ils y revinrent bientôt; ils soulevèrent le peuple contre le clergé, forcèrent l'évêque à s'éloigner, et formèrent enfin à Utrecht un établissement. On parvint à le maintenir, parce qu'il devenait pacifique, et que l'on se bornait à professer les dogmes et à suivre les rites de l'anabaptisme, sans se montrer rebelle à l'action des autorités, et sans leur porter ombrage. Utrecht faisait alors partie de la Ligue Anséatique, et cette époque de ses annales nous a paru digne d'être rappelée.

La secte des anabaptistes allait pénétrer sur d'autres limites de la confédération : elle commença en 1531 à se répandre en Moravie. Hutter, né en Tyrol, était devenu un de ses chefs : il vint former en Moravie un plan de république, et il y rassembla les disciples que Storck avait formés dans les contrées voisines. Sherding était son collègue, et tous deux achetèrent un territoire inculte, avec les sommes que les *frères* leur avaient remises : cet établissement, commencé par des hommes probes et pacifiques, fit de rapides progrès; il prit une forme régulière de gouvernement; et le genre de vie des frères moraves retraça celui des premiers cénobites : ils vivaient à la campagne, devenaient fermiers des seigneurs, se distinguaient par leurs mœurs, par une vie frugale et par l'amour du travail.

Mais comme ils affectaient l'indépendance des magistrats, et voulaient former une république religieuse dans l'État où ils étaient enclavés, Ferdinand, roi des Romains, ne voulut pas les tolérer : il donna au maréchal de Moravie l'ordre de poursuivre les huttérites par le fer et le feu, et de détruire les édifices où ils se rassemblaient. Le nombre des anabaptistes s'était accru, mais leurs colonies étaient encore dispersées dans les fermes et les métairies : Hutter les fit passer dans les bourgades pour les mettre plus en sûreté; ils s'y fortifièrent; et lui-même se rendit en Tyrol et en Bavière, pour attirer à lui d'autres anabaptistes, qui allèrent se joindre à ceux de Moravie, après avoir vendu leurs biens. Là ils vivaient en commun avec tous les autres, et ils offrirent de payer un tribut, pour qu'on leur laissât librement pratiquer les maximes de leur religion et de leur gouvernement; mais on fit marcher des troupes pour les chasser, et pour s'établir dans les terres qu'ils avaient défrichées : ils se retirèrent sans résistance.

C'est sans doute, dans l'histoire des innovations religieuses, un phénomène remarquable, que de voir des réformateurs, tantôt redoutables à tous les gouvernements, employer la violence et les armes, pour détruire les institutions établies, tantôt plus modérés dans leur action et plus humbles dans leurs vœux, ne demander que la tolérance, et se plier à tous les devoirs civils et à toutes les lois régnantes. Cette diversité de conduite et de caractère ne nous prouve-t-elle pas que les opinions seules ne régissent point les hommes qui les professent et qui se réunissent pour les faire triompher? Un petit nombre de chefs s'emparent de ce levier pour soulever les masses, et c'est leur génie personnel qui les fait mouvoir : ils s'en servent, ils les dirigent, au gré de leurs propres passions; et la même opinion dominante peut tour à tour, et selon qu'elle est mise en œuvre par des âmes énergiques ou patientes, créer des persécuteurs, ou inspirer la résignation aux martyrs. Les dissidences et les luttes que fit naître la réformation nous offrent plusieurs fois cette différence de résultats.

Quelques-unes des villes anséatiques où le luthéranisme avait fait des progrès furent bientôt exposées à la guerre civile, soit par les animosités mutuelles des catholiques et des protestants, soit par les divisions qui éclatèrent entre les partisans mêmes de la réforme. Munster offrit un des plus tristes exemples de ces déchirements. Les ministres luthériens y avaient été reçus en 1532; l'évêque avait été forcé de s'éloigner avec les principaux membres du clergé; et, après s'être menacé de part et d'autre pendant quelques mois, on avait conclu un arrangement qui rappelait l'évêque, rendait aux catholiques l'église cathédrale, et accordait six temples aux protestants.

Cependant les deux partis restaient en présence, et la paix fut troublée de nouveau par un réformateur qui avait embrassé la secte des sacramentaires, démembrée de celle des luthériens, et conforme à celle de Zuingle et d'Œcolampade : elle abolissait l'épiscopat, mettait les biens du clergé à la disposition du gouvernement, et ne laissait subsister ni les images, ni les reliques, ni les ornements des temples. François de Waldeck était alors évêque de Munster; on l'avait réduit à partir pour la seconde fois : les religieux étaient expulsés, et le gouvernement de la ville était resté au pouvoir des évangéliques : c'était le nom que prenaient alors les luthériens et les sacramentaires réunis.

Dans ces circonstances orageuses, plusieurs anabaptistes arrivèrent à Munster; ils y furent tour à tour en discrédit et en faveur. Rothman quitta la secte des sacramentaires pour passer dans ce nouveau parti; et deux hommes plus habiles et plus ambitieux, Jean Mathis et Jean Bocold, généralement connu sous le nom de Jean de Leyde qui était sa ville natale, vinrent achever la révolution que les anabaptistes avaient commencée. Cinq cents fanatiques, gagnés par leurs prédications, prirent les armes, s'emparèrent de l'arsenal, déposèrent les sénateurs, et firent nommer de nouveaux magistrats. Ce changement d'autorités n'était qu'une transition au pouvoir que Jean Mathis parvint à se faire conférer : il se hâta de mettre la ville de Munster en état de soutenir un siége; il y fit entrer une grande quantité d'approvisionnements et de munitions, et appela à son secours les anabaptistes de Flandre, de Hollande, des différentes parties de l'Allemagne. L'évêque de Munster s'avançait pour assiéger la place, et Jean de Mathis avait déjà obtenu contre lui de premiers avantages, lorsqu'il périt dans un combat : les anabaptistes lui donnèrent pour successeur Jean de Leyde. L'évêque pressait les travaux du siége, le canon ouvrit une brèche, et l'ennemi donna l'assaut : mais ses troupes furent repoussées avec tant de vigueur que l'évêque, renonçant à une attaque de vive force, prit le parti de changer le siége en blocus, afin de réduire les habitants à capituler quand leurs provisions seraient épuisées.

Les premiers succès de Jean de Leyde avaient accru son autorité : il voulut établir dans la cité qu'il regardait comme la ville sainte le gouvernement des douze juges d'Israël : lui-même était désigné sous le nom d'Élie ; il passait pour le plus grand prophète ; et à l'aide des secrètes intrigues formées par ses partisans et ses disciples, il fut proclamé roi. Son couronnement se fit avec magnificence le 24 juin 1534 : il fit battre monnaie, eut des gardes et des officiers, fit porter à ses côtés par ses premiers serviteurs une couronne, une bible, une épée, et rendit la justice sur un trône dressé au milieu de la place publique. Un édit fut proclamé le 12 juillet suivant : on y traçait les bases du gouvernement d'Israël, et cette charte était signée par Jean le Juste, roi du nouveau peuple, et ministre du Très-Haut. Bientôt on nomma vingt-six missionnaires pour aller annoncer au loin le nouveau règne de Dieu. Un de ses apôtres, Jean Gléchen, voulut aussi se faire couronner à Amsterdam ; mais il fut arrêté, et il périt avec ces complices.

Le blocus de Munster traînait en longueur, et les assiégeants avaient tracé autour de la place une ligne de circonvallation, défendue par quelques forts, afin d'intercepter tous les convois qu'on voudrait y introduire : la famine y exerçait déjà ses ravages, et la misère des habitants était extrême, lorsqu'un d'entre eux, voulant mettre un terme à des maux devenus intolérables, profita d'une sortie pour s'évader comme un transfuge, se rendit au camp ennemi, et parvint à faire entrer dans la ville pendant la nuit quelques hommes déterminés qui ouvrirent les portes aux assiégeants. Jean de Leyde, tombé en leur pouvoir, fut, par un raffinement cruel, exposé pendant plusieurs mois à la dérision publique, avant d'être livré au dernier supplice : on conduisit de ville en ville le roi de Sion, garrotté et chargé de fers, et au mois de janvier 1536 on le ramena à Munster, où l'échafaud était dressé pour lui et pour ses deux principaux complices. Ce fanatique n'était plus qu'un objet de commisération : il fut déchiré par des tenailles ardentes, avant qu'on lui portât le coup mortel ; et ceux mêmes qu'avaient effrayés ses fureurs ne virent plus en lui qu'un martyr, et furent attendris des gémissements que lui arracha l'excès des souffrances. Jean de Leyde n'avait que vingt-six ans : les égarements, les infortunes de cet âge pourraient-ils ne pas exciter un vif sentiment de pitié ?

Les protestants étaient aussi opposés que les catholiques aux anabaptistes : Luther attaqua leurs doctrines : le gouvernement de Hambourg publia contre eux des édits sévères ; mais d'autres villes anséatiques leur donnèrent asile. Un certain nombre s'enrôlèrent au service de Lubeck : ils ne recherchaient plus l'empire ; ils se bornaient à fuir la persécution ; et de dominateurs qu'ils avaient été, ils devinrent bons serviteurs, citoyens fidèles et soumis aux lois.

Le grand tableau des réformes religieuses, qui furent généralement adoptées par les membres de la Ligue Anséatique, nous aurait paru moins complet, si nous n'étions pas entrés dans quelques détails sur les contrées voisines. La société religieuse s'y reconstituait sur de nouvelles bases, et il en devait naître une partie des événements dont il nous reste à nous occuper dans le cours de cet ouvrage. Si nous allions nous perdre dans les annales de chacune des villes de la confédération, nous craindrions de n'offrir qu'un amalgame confus d'événements, dont la plupart seraient sans importance et ne devraient pas être arrachés à l'oubli ; mais en négligeant une foule de faits obscurs, pour ne nous attacher qu'aux actes éclatants et féconds en résultats, nous avons reconnu que ce grand tableau d'une association illustre devenait plus important et plus digne de mémoire : le moyen âge s'est présenté à nous avec ses diverses institutions, liées les unes aux autres, et inséparables de notre sujet. L'histoire des Anséates se trouvait nécessairement mêlée à celles de l'Allemagne, de la Hollande, des puissances du Nord, et des autres États qui s'élevaient sous différents noms dans les régions orientales de la Baltique. Tant de villes, disséminées sur un vaste territoire, participaient des lois, des usages, des intérêts de leurs voisins ; et si l'on se trouve amené à expliquer par quelques digressions les événements qui leur sont propres, cette extension de vues devient nécessaire, pour mieux embrasser dans son ensemble une corporation dont les membres s'étendent au loin, et dont les éléments sont si divers. Poursuivons donc le système d'explications et de développements que nous avons adopté sur la Ligue Anséatique, sur ses relations et sur les causes qui tendaient à es maintenir, à les modifier, et à leur donner plus d'activité.

Nous avons placé au premier rang de ces améliorations l'agrandissement du commerce, qui sera toujours le plus ferme principe de l'union des peuples, parce qu'il se fonde sur leurs besoins, sur leurs intérêts, et qu'il leur assure de mutuels secours. Aussi nous retrouvons fréquemment l'occasion de louer, de bénir les efforts que fit la Ligue Anséatique pour multiplier les communications qui lui furent ouvertes dans tous les pays. Sans doute elle avait en vue d'assurer ses bénéfices et sa grandeur ; mais un désintéressement absolu n'aurait pas accompli de tels travaux : il fallait, pour braver tant de périls, avoir à espérer quelques récompenses. Cette perspective excitait le zèle des navigateurs et des négociants anséates :

elle dirigeait la politique et la conduite de leurs magistrats, généralement choisis dans la classe du commerce, ou parmi les jurisconsultes et les autres hommes les plus éclairés : les questions d'intérêt public et particulier leur étaient familières ; et ils traitaient les affaires de la cité, avec ces principes d'ordre, d'économie, de prudence, qui avaient été l'origine de leur fortune.

On aime à reposer ses yeux sur un tel spectacle, lorsque l'on est forcé de parcourir un siècle de calamités, lorsqu'on voit de nombreuses nations, livrées à toutes les fureurs des guerres civiles et religieuses, se débattre dans des discussions obscures et passionnées, et se déchirer pour l'exercice du pouvoir, ou pour des conquêtes incertaines, que la violence a faites et que d'autres forces vont lui ravir. Le droit de la guerre s'exerça sans restriction, sans pitié, pendant une longue suite d'hostilités ; et les vainqueurs désiraient l'étendre, parce qu'ils en profitaient plus librement ; mais la Ligue Anséatique, habituellement intéressée à faire restreindre ce terrible droit, ne perdait aucune occasion de proclamer et de faire admettre d'autres règles plus conformes à l'ordre social. Les traités qu'elle eut successivement à conclure avec différentes puissances sont autant de précieux monuments de ces principes de droit public, qui tendait à se développer d'âge en âge, à mettre un frein aux fureurs mêmes de la guerre, et à faire quelquefois céder la colère des peuples à la voix et à l'autorité souveraine de l'humanité.

Ce suprême ascendant de la raison et de l'équité naturelle fut exercé quelquefois par de petits États sans armée et par la régence d'une seule ville : la force ne venait point à leur aide ; mais une puissance bien supérieure les favorisait. C'était cette puissance de la justice et de la conscience, qui enseigne à l'homme ses devoirs, et qui lui parle au nom d ciel même. Souvent elle suffit pour protéger le faible : elle tient la balance

égale entre les gouvernements, et apprend à ceux qui régissent les hommes à respecter les droits qu'ils tiennent de la nature.

Toutes les fois que la Ligue Anséatique eut à conclure des traités avec d'autres puissances, elle prit soin de consacrer par quelques stipulations formelles ces principes du droit des gens, dont elle se montra toujours une des plus vigilantes conservatrices; et quand ce droit éprouva des améliorations, tantôt elle en eut l'initiative, tantôt elle emprunta et se fit gloire d'adopter celles qui avaient été introduites par d'autres nations.

Mais avant d'arriver à des conventions semblables, il fallut souvent que la régence de Lubeck prît les armes, pour défendre les intérêts de son commerce, et pour maintenir ou étendre les priviléges que lui avaient accordés les puissances du Nord. Elle sut profiter de leurs dissensions pour agrandir sa propre influence; et lorsque l'île de Gothland fut devenue une pomme de discorde entre le Danemark et la Suède qui s'en disputaient la souveraineté, la régence excita d'abord Gustave Vasa à s'emparer de cette île; elle lui fournit même une flotte pour effectuer le transport et le débarquement des troupes chargées de cette expédition : elle favorisa ensuite les prétentions des Danois sur le même territoire qui leur avait long-temps appartenu; et enfin elle réussit à se faire choisir pour arbitre entre les deux rois, qui lui remirent le jugement de cette contestation et qui partagèrent provisoirement entre eux la possession de l'île de Gothland, dont Wisby continuait d'être le point commercial le plus important.

L'affermissement de Gustave Vasa sur le trône de Suède était entré dans les vues de la Ligue Anséatique, toujours intéressée à empêcher que les trois couronnes du Nord ne fussent réunies sur une seule tête. Le caractère, le courage et l'habileté de Gustave garantissaient la longue indépendance de la Suède; et ce prince avait accordé aux Anséates de si grandes prérogatives commerciales, que ceux-ci avaient constamment à s'applaudir d'avoir secondé ses glorieuses entreprises : mais Gustave avait si chèrement acheté leur secours, et la prospérité qu'il avait procurée au commerce et à la navigation des Anséates devenait si contraire au développement et aux progrès de ses propres États, qu'il aspirait à se dégager de cette espèce d'entraves, et à se rapprocher davantage du roi de Danemark Frédéric 1er, qui n'avait ni l'espoir ni la pensée de rétablir sa domination sur la Suède.

La situation des deux monarques avait donc changé : ils étaient disposés à rendre leurs relations plus intimes : tous deux voyaient avec ombrage les efforts que faisaient les Anséates pour réparer les pertes qu'avait déjà faites leur confédération, et pour conserver au moins tous leurs avantages dans la Baltique, lorsque leurs prérogatives dans les ports de l'Océan commençaient à s'affaiblir. La régence de Lubeck ne se contentait plus des priviléges qui assuraient tout le commerce de Suède aux négociants et aux navigateurs de cette ville et de celles de Hambourg, Rostock, Wismar, Lunebourg et Dantzig : elle voulut obtenir davantage. Elle demandait à la Suède que les Hollandais fussent entièrement exclus du commerce de la Baltique; et les mêmes démarches furent faites près du roi de Danemark, qui était disposé à les accueillir parce que les Hollandais avaient embrassé contre lui le parti de son prédécesseur Christiern II, lorsque ce prince avait été déposé, et lorsqu'il avait fait des tentatives pour remonter sur le trône. Mais le roi mourut à Gottorp le 3 avril 1533; sa mort fut suivie d'un interrègne qui dura plus d'un an, et le gouvernement intérimaire de Danemark changea de politique : il ouvrit des négociations de paix avec la Hollande, et un traité fut signé à Gand par les plénipotentiaires des deux États. On convint d'une trêve de trente ans entre les Pays-Bas et le Danemark, le Holstein et la Norwége : les navires hollandais devaient librement jouir de l'entrée du Sund, en payant un droit de passage : si le Danemark et la Norwége étaient attaqués, les Pays-Bas leur enverraient un secours de six vaisseaux de guerre, et chacun de ces navires aurait à bord deux cents hommes de troupes.

Les Danois, après avoir réglé leurs relations avec la Hollande, envoyèrent une ambassade à Gustave Vasa, pour lui proposer une plus étroite alliance : elle fut en effet conclue, et le Danemark et la Suède se promirent des secours mutuels dans le cas où ils seraient attaqués.

L'un et l'autre traité étaient alors dirigés contre la Ligue Anséatique; la régence de Lubeck avait armé une flotte de vingt-quatre vaisseaux qui s'étaient emparés d'un grand nombre de navires hollandais; et cette flotte était commandée par Marc Meyer, ancien serrurier à Hambourg, et parvenu ensuite par sa valeur et sa capacité aux différents grades de la milice à Lubeck : il y avait épousé la veuve d'un magistrat, et il était devenu sénateur. Georges Wullenwert, un de ses associés, était bourgmestre de Lubeck : celui-ci s'efforça de susciter des ennemis à Gustave Vasa, en encourageant en Suède les intrigues et l'ambition de quelques factieux jaloux du pouvoir, et surtout en cherchant, à l'aide de ses émissaires, à faire soulever Stockholm, pour que cette ville devînt indépendante et pût entrer dans la Ligue Anséatique.

Wullenwert sut aussi profiter de sa mission en Danemark, pour y exciter des troubles et ébranler la monarchie. Deux hommes puissants secondaient ses desseins : l'un était Ambroise Boeckbinder, bourgmestre de Copenhague, l'autre Georges Munter, bourgmestre de Malmoë : ils étaient convenus qu'au moment où la flotte de Lubeck apparaîtrait dans leurs eaux, ils se joindraient aux troupes de la régence, qu'ils chasseraient les nobles et les évêques, qu'ils feraient recevoir le luthéranisme, et que les villes anséatiques les prendraient sous leur protection.

C'était à l'aide de ces commotions intérieures que la régence de Lubeck espérait affaiblir les forces de ses ennemis : elle chercha d'autres alliés, et crut pouvoir intéresser à ses projets Henri VIII, roi d'Angleterre en lui faisant espérer une partie des dépouilles du Danemark : elle obtint même de lui une avance ou un subside de vingt mille écus; mais n'ayant reçu de ce monarque aucun autre secours effectif, elle prit le parti de seconder ouvertement l'ancien roi de Danemark, Christiern II, qui était alors détenu dans le château de Sunderbourg, et qui avait encore de nombreux adhérents.

Les premières hostilités qui s'engagèrent sur le continent furent contraires à la régence; et les troupes danoises ayant obtenu quelque avantage, s'avancèrent jusque sous les murs de Lubeck. Mais la flotte des Anséates avait pris la mer : elle se dirigeait vers le Sund : Georges Munter mettait au pouvoir de la Ligue la place de Malmoë, un des boulevards de la Scanie ; et Copenhague se rendit par capitulation au comte d'Oldenbourg, qui commandait une partie des troupes anséatiques, conjointement avec le duc de Mecklembourg, et qui s'empara des principales îles du Danemark. Cependant le Jutland et le Holstein n'étaient pas soumis, et ils étaient résolus à la résistance : les états de ces deux provinces s'assemblèrent à Aarhus, et reconnurent la nécessité de faire promptement cesser l'interrègne : ils élurent pour roi le duc Christian de Holstein; et le nouveau monarque se rendit à Horsens, où il fut solennellement couronné, sous le nom de Christiern III : il devait l'être également à Odensée en Fionie; mais cette île et les autres parties de l'archipel danois étaient occupées par les troupes de Lubeck et du comte d'Oldenbourg ; la Scanie l'était également; et ces pays allaient continuer d'être le théâtre de la guerre : la régence de Lubeck fit débarquer des troupes à Niebourg

en Fionie, et fit croiser une escadre dans le petit Belt pour empêcher que cette île ne reçût des secours du Jutland. Néanmoins elle ne put la conserver : les troupes danoises que Rantzau commandait reconquirent la Fionie, et gagnèrent l'île de Séeland, pour en recouvrer les différentes places, et surtout pour faire le siége de Copenhague, tandis qu'un autre corps dirigé vers la Scanie allait y concerter ses opérations avec un général suédois, et accélérer la reddition de Malmoë et de Landskron. Christiern III s'était intimement lié avec Gustave Vasa dont il était le beaufrère : il fit en 1535 un voyage à Stockholm, où le roi de Suède l'accueillit de la manière la plus amicale, et les deux monarques parurent disposés à n'ouvrir l'un sans l'autre aucune négociation avec la régence de Lubeck, et à suivre avec vigueur leurs opérations maritimes qui avaient été signalées jusqu'alors par plusieurs succès.

Cependant la guerre touchait à son terme : la régence de Lubeck inclinait vers la paix; et l'électeur de Saxe, le landgrave de Hesse, les villes de Hambourg, de Brême, de Magdebourg, de Brunswick, employèrent leurs bons offices pour la conclure. Cette négociation fut commencée à Hambourg le 14 février 1536, et l'on y régla toutes les conditions de la paix : il fut stipulé que toutes les hostilités cesseraient entre Christiern et la régence de Lubeck; que le Danemark et les villes anséatiques reprendraient tous leurs anciens rapports de paix et d'amitié; que l'on confirmerait les immunités et les priviléges de Lubeck et de ses alliés; que l'île de Bornholm serait engagée à la régence pendant cinquante ans; que Lubeck emploierait ses soins pour faire entièrement retirer du Danemark les troupes du comte d'Oldenbourg et du duc de Mecklembourg; que le roi de Suède, le duc de Prusse et leurs amis seraient compris dans le traité, et que toutes les prérogatives des Lubeckois en Suède seraient conservées.

Les places de Malmoë et de Copenhague étaient encore occupées par les troupes de la régence lorsqu'on suivit cette négociation; mais le 11 avril 1536 Malmoë ouvrit ses portes à Christiern, et Copenhague se rendit le 27 juillet, après un an de siége : la prise de ces deux villes completa le rétablissement de Christiern dans tous ses domaines. Chacune des parties belligérantes se trouvait replacée au même point qu'avant les hostilités; et la régence de Lubeck sortit honorablement des pénibles embarras d'une guerre où le caractère inquiet et remuant de quelques hommes l'avait engagée. Jamais elle n'avait eu à faire plus d'efforts et de sacrifices pour se soutenir contre de puissants ennemis : ses intérêts n'étaient plus embrassés par une confédération forte et nombreuse, qui perdait de jour en jour quelques-uns de ses membres : souvent elle fut réduite à ses seules ressources; et pour soutenir tant de charges et affronter tant de périls elle ne put recourir qu'au dévouement et au courage des citoyens; mais c'était là un principe de force qui ne lui manqua jamais, et qui lui permit, non-seulement de conserver dans la Baltique ses avantages commerciaux, mais de prendre part aux affaires de la confédération germanique, et de remplir envers les partisans de la réforme religieuse les devoirs que la ligue de Smalkalde avait imposés à tous ses membres. L'association formée en 1531 entre les protestants, dans la vue de maintenir le luthéranisme, avait été confirmée cinq ans après, par les comtes de Mansfeld, les villes de Magdebourg, Brême, Strasbourg, Ulm, Constance, Lindau, Memmingen, Kempten, Hailbronn, Rottlingen, Isne, Bibrach; l'invitation d'entrer dans cette ligue fut adressée au roi de Danemark, au duc de Poméranie, à celui de Mecklembourg, aux villes de Hambourg, Embden, Northeim, Francfort, Brunswick, Goetingen, Minden, Hanovre, Hildesheim, Lubeck, Stettin, et à quelques autres villes maritimes.

Le traité d'union auquel ces différents gouvernements accédèrent était purement défensif, et ils se garantissaient de mutuels secours dans le cas où ils seraient attaqués : mais ils ne le furent point alors; et quoique l'empereur Charles-Quint désirât s'opposer aux progrès du luthéranisme, il évita longtemps d'en venir à une rupture, soit par ménagement envers l'électeur de Saxe qui avait si puissamment contribué à son élection, soit dans la vue de réunir contre les Turcs toutes les forces de l'Empire. Ce prince aimait mieux recourir à des termes de conciliation pour déterminer les protestants à fournir des troupes contre Soliman, et en effet il se trouva bientôt à la tête d'une armée de quatre-vingt mille hommes d'infanterie et de trente mille hommes de cavalerie, levés dans les différentes contrées de l'Allemagne : ces forces empêchèrent Soliman de se maintenir en Hongrie; et quand le péril d'une invasion fut passé, Charles-Quint licencia une grande partie de son armée.

L'Empereur et les états de l'Empire avaient signé en 1532 un traité de paix et d'accord général, jusqu'à la convocation d'un concile œcuménique, et il avait été convenu que l'on suspendrait tous les procès intentés, pour fait de religion, contre l'électeur de Saxe et ses alliés. Une nouvelle trêve de quinze mois fut accordée aux protestants le 15 février 1539, et l'Empereur en prolongea bientôt la durée, afin d'appliquer toutes ses forces aux guerres qu'il avait à soutenir contre la France, à la lutte engagée contre Soliman qui venait de remporter en Hongrie la victoire de Bude, et à une grande expédition contre la régence d'Alger. Il était sans doute difficile d'accomplir avec succès d'importantes entreprises formées à la fois sur des points si éloignés; mais la dispersion des États de Charles-Quint l'exposait à ce genre d'embarras et de périls; et ce fut peut-être la principale cause qui l'empêcha de s'opposer plus efficacement à la ligue de Smalkalde. Charles était souverain de l'Espagne, des Pays-Bas, de Naples et Sicile, de quelques principautés de l'Italie supérieure ; il était empereur d'Allemagne : Ferdinand, son frère, était archiduc d'Autriche, roi de Hongrie et de Bohême; et il avait reçu le titre de roi des Romains, qui lui faisait espérer la survivance à l'Empire. Cependant ces nombreux États, placés dans différentes parties de l'Europe, et distingués entre eux par la langue, les lois, les mœurs et tous les caractères de la nationalité, n'accroissaient pas dans la même proportion sa puissance effective : une volonté forte ne suffisait pas pour les gouverner : il fallait se plier aux différences de leur situation; et quelle que fût la souplesse et la flexibilité du génie de Charles-Quint, il ne put ni éviter ni surmonter tous les obstacles qui s'opposèrent à ses grands desseins. Si vous joignez à toutes ses couronnes la vaste étendue de ses domaines et de ses colonies dans le nouveau monde, les empires du Pérou, du Mexique, les établissements en Floride, en terre ferme et dans les Antilles, et les conquêtes commencées dans les archipels du grand océan, ne vous semble-t-il pas qu'une puissance exercée en tant de lieux devient plus vulnérable sur les points où elle est vivement attaquée? Telle fut sa position en Allemagne, où l'autorité impériale trouva un grand nombre de contradicteurs, qui cherchaient à défendre contre elle le maintien de leurs anciens priviléges. L'attention de Charles-Quint fut souvent distraite des affaires de cette contrée par celles des autres parties de l'Europe; et comme il se trouvait mêlé à tous les grands événements de la politique et de la guerre, il ne fut pas assez fort pour les dominer habituellement, et il resta exposé à leurs vicissitudes. Néanmoins ce prince ne renonçait pas aux projets qu'il était réduit à différer : il attendait l'occasion d'agir; et après avoir temporisé pendant vingt-cinq ans avec les chefs et les signataires de la ligue de Smalkalde, il prit ouvertement les armes pour les combattre, et pour opposer à cette confédération l'alliance des princes qu'il avait engagés dans sa cause.

Luther était mort dans sa ville natale le 18 février 1546 : il avait vu s'étendre en Allemagne et dans le nord de l'Europe les progrès de sa doctrine, et il croyait à l'affermissement de son ouvrage ; mais sa mort ranima la confiance des adversaires de la réformation : Charles-Quint, après avoir assemblé ses forces, et avoir conclu avec le pape un traité d'alliance, qui pouvait, dans une guerre de religion, lui assurer quelque ascendant sur l'opinion des peuples, publia un manifeste contre les protestants, et mit en marche son armée. La ligue de Smalkalde s'était hâtée elle-même d'assembler ses troupes qui se partageaient en deux corps principaux, l'un sous les ordres de l'électeur de Saxe, l'autre sous ceux du landgrave de Hesse : elle fit porter à l'Empereur sa déclaration de guerre, par un officier, qui rapporta pour toute réponse l'édit de ce prince contre les luthériens ; et les hostilités s'engagèrent, avec des succès divers, sur la rive septentrionale du Danube, où les protestants étaient maîtres d'Ulm, de Donawert et de plusieurs villes de Franconie. Bientôt le principal théâtre des opérations militaires fut transféré en Saxe : l'Empereur y avait fait tenter une invasion par le roi Ferdinand son frère ; et l'électeur de Saxe dut y revenir avec une grande partie de ses troupes, afin de défendre ses propres États.

La plupart des villes anséatiques, qui avaient accédé à la ligue de Smalkalde, furent invitées à envoyer leurs contingents ou leurs subsides, pour le soutien de la cause commune : Hambourg, Brême, Brunswick, Magdebourg, Hildesheim, furent du nombre des villes qui s'empressèrent de remplir cette obligation. L'hiver allait suspendre les hostilités ; mais on faisait ses préparatifs pour la campagne suivante : elle s'ouvrit avec quelque avantage pour l'électeur, qui reprit quelques-unes des places occupées par les Impériaux. Cependant la fortune allait changer, et le sort de la Saxe devait être fixé par un combat décisif. L'électeur perdit la bataille de Muhlberg, le 24 avril 1547 ; il y fut blessé en combattant : on le fit prisonnier de guerre, et les malheurs de cette journée devinrent irréparables pour lui. Mais ils ne pouvaient pas entraîner la perte du parti protestant, dont les troupes se défendaient avec succès sur d'autres points. La ville de Brême, attaquée par Henri duc de Brunswick, prolongeait avec vigueur sa résistance, et forçait ce prince à lever le siège : les troupes que Hambourg envoyait au secours de Brême se joignirent à celles du comte de Mansfeld ; et ces deux corps réunis atteignirent dans sa retraite le duc de Brunswick, et lui firent éprouver de nouvelles pertes. La ville de Magdebourg se défendit bientôt, comme celle de Brême, contre les troupes impériales, et elle ne se rendit le 16 novembre 1551 qu'après un siège de quatorze mois.

L'Empereur, qui retenait prisonnier l'électeur de Saxe, avait aussi fait arrêter le landgrave de Hesse, dans une conférence où il l'avait attiré. Ce monarque, en retenant les plus illustres chefs du parti luthérien, espérait le soumettre plus aisément : il employait avec d'autres adversaires les séductions ou les menaces ; il voulait faire recevoir et exécuter partout les règlements religieux qu'il avait publiés sous le nom d'*intérim*, et qui devaient être en vigueur jusqu'au moment où ils seraient remplacés par les décisions d'un concile ; mais il ne put ramener à lui l'opinion des dissidents : leur nombre augmentait ; ils ralliaient à eux les défenseurs des libertés germaniques : ceux mêmes qui devaient à l'Empereur leur élévation allaient se déclarer contre lui ; et le nouvel électeur de Saxe, que Charles-Quint avait enrichi des dépouilles de son prédécesseur, se mettait à la tête du parti des protestants. Ceux-ci pouvaient d'ailleurs compter sur les secours de la France : Henri II, successeur de François Ier, avait conclu avec eux un traité d'alliance ;

14ᵉ *Livraison.* (VILLES ANSÉATIQUES.)

il leur envoyait des subsides, et formait une puissante diversion en leur faveur, en envahissant la Lorraine et l'Alsace, qui dépendaient alors de l'Empire : les Turcs faisaient en même temps une irruption en Hongrie, où ils s'emparaient de Temeswar.

L'Empereur céda enfin à la nécessité de reconnaître ce qu'il ne pouvait plus abolir, et il mit un terme aux troubles de l'Allemagne, en réconciliant entre eux les princes, les peuples, toutes les villes, que les guerres de liberté et de religion avaient divisés. Une transaction, signée à Passau le 2 août 1552, fit cesser provisoirement les hostilités; et les conditions d'une paix définitive furent réglées en 1555 par la diète d'Augsbourg, qui fut présidée par le roi des Romains. Cette ville était celle où l'on avait réglé les bases de la réformation; elle devint le lieu de son triomphe.

Il fut convenu qu'aucun État de la confession d'Augsbourg ne serait troublé dans sa religion, dans les rites et cérémonies de son église : que ces gouvernements jouiraient de leurs domaines, supériorités et juridictions : qu'on ne reviendrait point sur la disposition qui aurait été faite des biens ecclésiastiques, appliqués à des écoles, ou à d'autres usages et institutions : que l'ancienne juridiction ecclésiastique ne s'étendrait pas sur les protestants, qu'aucun membre de l'Empire n'emploierait la force ou l'adresse, pour faire embrasser sa religion par les États ou sujets d'un autre souverain, qu'on ne les prendrait pas sous sa protection, et qu'on ne les défendrait point contre leurs seigneurs : il était accordé aux sujets, qui voudraient changer de pays pour cause de religion, toute liberté de le faire, et de vendre leurs biens, moyennant un droit de détraction, en faveur de leur ancien gouvernement. D'autres clauses eurent pour objet de conserver les biens et les droits de l'Église catholique, dans les pays qui lui restaient attachés; d'autres enfin tendirent à assurer la bonne harmonie dans les États et dans les villes où les opinions religieuses étaient mixtes, et où l'un et l'autre culte étaient pratiqués.

Ce traité de pacification s'appliquait aux villes anséatiques, comme aux autres parties de l'Empire; il fut signé, au nom de toutes les villes libres, par le bourgmestre d'Augsbourg, de même qu'il l'était par les autres orateurs et envoyés du corps germanique.

Les sanglantes guerres que termina la paix de religion, conclue à Augsbourg, et sanctionnée deux ans après par la diète de Ratisbonne, avaient parcouru et dévasté une grande partie de l'Allemagne, et l'on avait vu, pendant leur durée, d'autres querelles particulières s'assoupir, et s'absorber pour ainsi dire au milieu de ces grands débats. Mais d'anciennes causes de dissension et de rivalité se réveillèrent, quand les gouvernements purent de nouveau disposer de leurs forces, et suivre plus librement le cours de leur politique et leurs vues d'ambition.

Frédéric II, devenu roi de Danemark en 1559, par la mort de son père Christiern III, forma avec son frère Adolphe, duc de Holstein, le projet de soumettre la Dittmarsie, située entre l'Eyder, le duché de Holstein, l'Elbe inférieur et l'océan. Ce pays, anciennement occupé par une colonie de Saxons, avait eu pendant longtemps ses comtes particuliers, et avait ensuite été cédé par Hartwig aux archevêques de Brême qui lui avaient donné en échange la terre de Stade : il appartint ensuite tour à tour à Henri le Lion, duc de Saxe, à la famille des comtes de Schauenbourg et de Holstein, à l'archevêque de Brême et au roi de Danemark : il parvint plusieurs fois à recouvrer son indépendance, et il en jouissait, lorsque Frédéric et son frère firent, avec leurs troupes réunies, une invasion dans cette contrée. Les princes s'emparèrent de Meldorp qui en était la ville principale, de Braunsbuttel sur l'Elbe, de Heyden vers la frontière du nord. Ils poursuivirent l'ennemi dans les plaines marécageuses du Marschland; et le réduisirent à implorer la paix, dont les conditions furent dictées par le vainqueur. Cette expédition, terminée le 21 juin 1559, n'avait duré qu'un mois, et le traité qui réunit la Dittmarsie au Holstein fut bientôt confirmé par l'empereur Ferdinand, successeur de Charles-Quint.

La nouvelle situation de cette province rendit plus de sécurité aux navigateurs de l'Elbe, souvent inquiétés par les pirateries des Dittmarses; mais elle devint l'occasion d'un différend assez grave entre les Danois et les Hambourgeois. Ceux-ci avaient obligé, en 1561, un navire chargé de grains en Dittmarsie de remonter l'Elbe, et de venir vendre sa cargaison dans leur port : le Danemark s'en plaignit, et il fit arrêter tous les navires de Hambourg qui se trouvaient dans ses États. Cette querelle fut apaisée par des arbitres; et Hambourg, sans entraver ultérieurement le commerce de la Dittmarsie, conserva la libre navigation de l'Elbe.

La guerre qui éclata l'année suivante entre la Suède et la régence de Lubeck avait un caractère plus grave : il s'agissait pour les Anséates de retenir dans leurs mains l'ancien commerce de la Baltique. Déjà Gustave Vasa avait cherché, vers la fin de son règne, à s'affranchir de la dépendance commerciale où le retenaient ses premiers traités avec la Ligue Anséatique : il ne voulait pas lui laisser des droits exclusifs : il admit aussi dans ses ports les navires marchands de France, de Hollande, d'Angleterre, et lui-même il créa une marine et encouragea la navigation de ses sujets. Ce système fut suivi par Éric, successeur de Gustave : il refusa de renouveler gratuitement les priviléges précédemment accordés à la régence de Lubeck; et lorsqu'il eut fait arrêter en 1562 les vaisseaux anséatiques qui revenaient du port de Narva, les Lubeckois s'unirent au roi de Danemark ainsi qu'aux princes et aux villes de la basse Allemagne, pour déclarer la guerre à ce prince; et la régence publia contre lui un manifeste, où elle annonçait qu'Éric avait troublé sa navigation et son commerce avec la Russie.

L'acquisition de Narva, faite depuis quelques années par les Moscovites, leur donnait un port sur la Baltique; et l'on vit bientôt les navigateurs et les négociants de Lubeck se diriger vers cette place, au lieu de conserver leurs anciennes relations avec Rével, qui avait été leur principal entrepôt dans le golfe de Finlande. La libre jouissance du port de Narva était d'autant plus importante pour les villes anséatiques qu'elle les mettait en communication directe avec les Moscovites, maîtres de Novogorod. Il fallait, pour arriver par toute autre voie à cet entrepôt général, traverser des territoires qui dépendaient de la Pologne, ou de la Prusse, ou de la Suède; et ce transit éprouvait souvent des obstacles, parce que les occasions de guerre devenaient plus fréquentes.

Ne soyons donc pas surpris que la régence de Lubeck ait fait de constants efforts pour maintenir ses relations immédiates avec les Moscovites. L'Europe commençait à s'inquiéter de leurs conquêtes; elle craignait qu'on ne leur portât les arts des Européens et de nouveaux moyens de s'agrandir : mais en temps de paix on n'a point le droit d'imposer au commerce de semblables restrictions; il est libre de sa nature : son but principal, son résultat inévitable est de répandre au loin les arts et l'industrie, et de faire participer aux biens et aux jouissances d'une nation celles qui les ignoraient encore. C'est par là que la race humaine fait de véritables progrès, que les bienfaits d'une civilisation plus avancée s'étendent chez les peuples barbares, et que ceux-ci contractent, en devenant plus éclairés et plus sociables, des inclinations plus paisibles.

Il y avait, chez les nations du moyen âge, de si grandes différences dans la condition des peuples, dans leurs usages et leurs lois, dans leur degré de lumières, que l'on doit regarder comme un avantage commun à tous cette liberté de commerce, si constamment et si vivement réclamée par la régence des villes anséatiques. Elles avaient obtenu en 1558 d'importants priviléges de Féodor Ivanowitz, czar et grand-duc de Russie; et le vaste marché qui leur était ouvert dans les États de ce prince favorisait l'écoulement des marchandises que leurs navigateurs continuaient d'exporter des pays d'Occident.

Mais ces exportations éprouvaient souvent des entraves, surtout en Angleterre, où le parlement avait supprimé en 1552 les priviléges de la compagnie teutonique qui, dans le cours de l'année précédente, avait expédié au dehors quarante-quatre mille pièces de draps, tandis que tous les marchands anglais n'en avaient expédié que onze cents pièces.

Les villes de Hambourg, de Wismar et de Lunebourg réclamèrent avec instance le rétablissement de ces priviléges : elles ne l'obtinrent qu'au prix d'une imposition considérable sur les marchandises que la compagnie exporterait; et cette condition fut également stipulée, au commencement du règne de Marie : mais lorsque cette princesse épousa en 1554 Philippe II, fils de Charles-Quint, les villes anséatiques furent affranchies pendant trois ans des taxes extraordinaires que le parlement avait imposées sur leurs exportations. Une suspension de si courte durée était peu importante; mais elle faisait espérer de plus longues concessions. Les droits des comptoirs anséatiques en Angleterre furent fixés en 1558 par un rescrit du gouvernement britannique, et les droits des marchands anglais qui se trouvaient à Hambourg furent également reconnus, en 1567, par une convention; mais la rivalité commerciale qui subsistait entre les deux parties faisait naître des dissensions fréquentes. La reine Élisabeth abrogea en 1578 les priviléges dont la Hanse avait joui en Angleterre; les villes anséatiques résolurent, l'année suivante, de lever un droit considérable sur toutes les marchandises importées ou exportées par les Anglais, et le gouvernement britannique usa de représailles. Si les communications, mutuellement gênées par de telles entraves, ne furent pas interrompues, du moins elles cessèrent d'être aussi fréquentes : les relations légales étaient remplacées par un commerce interlope, toujours exposé à des périls et propre à écarter la bonne foi de la plupart des transactions. L'intérêt maintenait encore ce genre de spéculations aventureuses; mais des saisies ou des séquestres en faisaient souvent perdre les fruits; et l'Angleterre, en réduisant les priviléges des Anséates, s'accoutumait à suivre sous son propre pavillon la plupart de ses relations de commerce.

D'autres événements mémorables menaçaient en Hollande les intérêts de la ligue, et tendaient à lui susciter de puissants rivaux : cette crise politique et commerciale influa d'une manière si remarquable sur les destinées de la confédération, qu'il devient nécessaire d'en exposer avec quelque étendue les causes et les résultats. A l'avénement de Philippe II au trône d'Espagne, les Pays-Bas étaient dans une situation florissante; on les regardait comme les plus riches provinces des vastes États de ce monarque; mais il ignorait l'art de les gouverner : il voulut les soumettre à l'Espagne, et dès le commencement de son règne il blessa leur dignité, enfreignit leurs priviléges, les chargea d'impôts, voulut les gouverner arbitrairement, et fit servir toutes les forces qu'il envoyait dans cette contrée, à la persécution des protestants, et au projet barbare d'éteindre dans leur sang les brandons de la guerre civile et religieuse que son intolérance avait allumée.

Les Pays-Bas avaient été, depuis l'établissement de la réforme, l'asile d'un grand nombre de réfugiés de France et d'Allemagne. Poursuivis pour leurs opinions, ils avaient porté leur industrie et les débris de leur fortune chez les peuples qui les avaient accueillis : là ils reprenaient leurs opérations de commerce, ils exerçaient librement les cultes conformes à leur croyance ; et quoique les Pays-Bas n'eussent pas été spécialement compris dans les transactions politiques et dans la paix de religion, qui avaient réglé en Allemagne les rapports des catholiques et des protestants, néanmoins on avait reconnu l'avantage de leur appliquer les mêmes règles, et l'on recueillait les fruits de cette sage tolérance, lorsque Philippe II résolut d'établir l'inquisition dans ces provinces. On n'y comptait alors que trois évêchés ; mais pour y renforcer l'autorité ecclésiastique, on en porta le nombre jusqu'à dix-sept, par une nouvelle circonscription de diocèses, et les plus cruels édits furent publiés contre tous les hommes qui suivraient ou qui favoriseraient la religion protestante. La duchesse de Parme, Marie, sœur naturelle du roi, avait été nommée en 1560 gouvernante des Pays-Bas, et Philippe lui avait donné pour conseil et pour ministre le cardinal de Granvelle, que les remontrances et les plaintes des Flamands parvinrent à faire éloigner quatre ans après. Ce prélat s'était aliéné l'opinion publique par la dureté de son administration et par une inflexible sévérité ; mais son éloignement n'améliora pas le sort des habitants : le tribunal de l'inquisition se montrait impitoyable dans ses poursuites, et les échafauds étaient dressés de toutes parts pour le supplice des hérétiques, sans que de si barbares exécutions diminuassent le nombre et la ferveur des prosélytes de la réforme.

Le mécontentement, la douleur publique étaient extrêmes : l'esprit de révolte pénétrait dans toutes les classes ; on cherchait un point de ralliement pour se réunir ; et tous les yeux étaient ouverts sur le comte d'Egmont, et sur Guillaume de Nassau, prince d'Orange, qui, placés plus en évidence que les autres classes de la population, s'étaient vivement récriés contre les violentes mesures du gouvernement, et avaient paru prêts à se dévouer pour la cause d'une nation si opprimée. D'Egmont s'était déjà signalé par son courage et son habileté, dans la bataille de Saint-Quentin et dans celle de Gravelines : son mérite l'avait fait élever aux plus hauts honneurs ; on respectait la franchise de son caractère, et il proclamait hautement son aversion contre les auteurs des calamités publiques. Le prince d'Orange, plus circonspect dans ses démarches et plus adroit dans les négociations, évitait de se compromettre sans utilité pour la cause publique, et de devancer par d'imprudentes attaques le moment où il pourrait servir efficacement cette cause, en se déclarant ouvertement, et en lui assurant de nombreux défenseurs.

Le comte d'Egmont fut inutilement envoyé en Espagne, pour y porter les doléances de la population entière ; on ne lui fit que de vagues promesses : il vit, à son retour dans les Pays-Bas, l'inquisition établie dans toutes les villes, les protestants poursuivis de toutes parts, et les libertés de la nation anéanties. Le duc d'Albe allait s'embarquer le 20 mai 1567, pour se rendre dans cette malheureuse contrée, avec un corps de dix mille hommes de troupes espagnoles et italiennes : il était chargé d'y mettre à exécution tous les édits prononcés contre les hérétiques, et toutes les mesures fiscales prises contre les habitants. Un conseil des douze fut créé par lui, comme pour dégager sa propre responsabilité, et couvrir d'un voile légal les sanglantes décisions qu'il lui dictait. La gouvernante des Pays-Bas n'avait plus qu'une autorité illusoire : elle prit le parti de la résigner, pour échapper à la haine qui s'attachait à l'administration ; et le duc d'Albe, croyant effrayer les mécontents par le supplice des plus illustres d'entre eux, fit condamner par son conseil, et exécuter publiquement à Bruxelles le comte d'Egmont et le comte de Horn qu'il avait fait emprisonner. Ce pur et noble sang féconda les semences de la révolte : on vit qu'il n'y avait plus d'espérance que dans le sort des armes ; d'autres têtes éminentes avaient été condamnées par contumace, et le prince d'Orange était du nombre : il s'était retiré en Allemagne avec quelques-uns de ses adhérents, il y formait un noyau de troupes, qu'il espérait grossir en les ramenant dans l'intérieur ; et en 1568 il commença contre le duc d'Albe les hostilités, avec une armée de vingt-huit mille hommes. De premiers succès, obtenus dans le Brabant par le principal corps qu'il commandait, et dans le pays de Groningue par le comte Louis de Nassau son frère, furent sans résultat. Les troupes, levées à la hâte, étaient mal pourvues et mal disciplinées : il fallut les licencier à l'entrée de l'hiver; et le prince d'Orange se rendit en France, où il avait formé quelques relations avec le prince de Condé et l'amiral de Coligny, qui étaient alors à la tête du parti protestant.

L'amiral lui conseilla de tourner ses principales vues vers la mer, de profiter des nombreux armements que l'exercice du commerce maritime avait rassemblés dans les ports de Hollande, et d'offrir à bord de ces navires un asile et des moyens de vengeance à cette foule de religionnaires que la cruauté du duc d'Albe avait proscrits. Ceux-ci avaient quitté leurs maisons, pour échapper à leurs persécuteurs; ils s'étaient réfugiés dans les bois; et la plupart n'ayant aucun moyen de subsistance ne pouvaient vivre que de brigandage, et craignaient d'être surpris, en venant dans les lieux habités implorer quelques aumônes. Leur misère et leur vagabondage leur avaient fait donner le nom de *Gueux*: on l'appliqua ensuite à tous les hommes qui embrassèrent leur cause et qui se rallièrent sous la même bannière : la plupart d'entre eux composèrent les équipages de ces nombreuses escadres, qui devaient bientôt croiser sur les côtes, et intercepter les secours envoyés d'Espagne au duc d'Albe. On avait cherché à les dégrader par un titre méprisant; mais ils en relevèrent la bassesse, en remportant sur leurs ennemis de nombreux avantages. D'abord ils n'attaquèrent que les navires espagnols : bientôt leurs succès les encouragèrent à étendre leurs hostilités : ils les dirigèrent contre les pavillons des autres puissances, et tout ce qu'ils rencontraient en mer fut exposé à leurs agressions.

Quelque blâmables que fussent les abus et les excès de ces armements lorsqu'ils se dirigeaient contre des pavillons neutres, on peut reconnaître qu'ils préparèrent et accrurent la puissance maritime de la Hollande : le peuple s'accoutumait à l'empire de la mer; et le prince Guillaume d'Orange, qui avait d'abord employé contre l'ennemi ces nouveaux et redoutables flibustiers, s'attacha ensuite à réprimer leurs actes illégaux, et à ramener l'exercice de la course à de plus justes bornes.

Nous ne suivrons pas toutes les vicissitudes des événements, et les nombreuses alternatives de succès et de revers qui signalèrent la guerre de l'indépendance des Pays-Bas : attachons-nous aux faits qui intéressèrent leur commerce, donnèrent une direction particulière à ses spéculations, et séparèrent de la Ligue Anséatique les villes de Flandre et de Hollande qui en avaient fait partie pendant plus de trois siècles.

L'essor donné à la marine hollandaise, et les nombreux armements qu'elle fit dans les îles de la Zeelande, furent excités par le besoin de se défendre. Mais en veillant à leur sûreté, ces peuples ne négligeaient pas les progrès de leur commerce : les vaisseaux qu'ils avaient armés en guerre servaient aussi à protéger, à convoyer d'autres bâtiments qui portaient leurs marchandises dans des contrées éloignées, et qui allaient ouvrir un nouveau cours à leurs spéculations.

Depuis la découverte de l'Amérique, et depuis celle d'un double passage aux Indes orientales, soit par le cap de Bonne-Espérance, soit par le détroit de Magellan, les Hollandais n'étaient pas encore parvenus à prendre directement part à ce commerce. Leurs navires allaient à Cadix recueillir une partie des produits que les Espagnols étaient allés chercher dans le nouveau monde; ils allaient à Lisbonne prendre ceux que les Portugais avaient rapportés de leurs comptoirs situés dans les Indes et dans les archipels de la mer du Sud : mais pendant la guerre de l'indépendance des Pays-Bas, l'Espagne voulut leur interdire le commerce de Lisbonne. Philippe II s'était emparé du Portugal en 1581 : il avait soutenu à main armée ses prétentions à cette couronne, depuis la mort du roi Henri qui n'avait laissé aucun héritier direct; et le duc d'Albe, à la tête d'une armée de vingt-quatre mille hommes, avait défait les troupes qui servaient la cause de don Antoine : ce dernier prince avait même été réduit à s'embarquer et à chercher un asile hors du pays où il n'avait joui qu'un instant du vain titre de roi.

Si les Hollandais avaient pu conserver leurs relations commerciales avec le Portugal, peut-être ils n'auraient pas encore songé à les étendre immédiatement jusqu'aux Indes : il leur aurait suffi de distribuer dans l'occident et le nord de l'Europe les cargaisons qu'ils allaient chercher à Lisbonne; mais pour échapper à de nouvelles entraves, ils songèrent à s'ouvrir eux-mêmes un passage vers les Indes, et à chercher les lignes de communication qui pourraient leur offrir le moins d'obstacles. D'abord ils avaient essayé de faire venir de Lisbonne, sous pavillon neutre, les marchandises des Indes orientales qu'ils ne pouvaient plus extraire de ce port sur leurs propres navires; mais cet emprunt de pavillon fut bientôt prohibé par Philippe II : le port d'Anvers, sur lequel on avait dirigé tous ces arrivages, et qui s'était élevé rapidement à une grande prospérité, la vit tout à coup disparaître : il fut ruiné par la guerre; la ville fut incendiée; les négociants cherchèrent un refuge dans d'autres lieux où ils pussent reprendre leurs opérations de commerce; et Amsterdam, où la plupart d'entre eux vinrent s'établir, hérita des avantages dont Bruges et Anvers avaient successivement joui, et devint la plus importante place de la Hollande. Cette ville était protégée par sa situation; et dans les guerres des Pays-Bas avec l'Angleterre, ou la France, ou l'Espagne, elle était plus à l'abri des incursions de l'ennemi. L'union des sept provinces du nord avait été signée à Utrecht le 23 janvier 1579; et quoique ce traité n'annulât pas celui qu'elles avaient précédemment conclu avec les dix autres provinces, il établit entre les nouveaux contractants une union plus intime, il concentra mieux leurs forces, et les mit en état de conquérir, par de constants efforts d'habileté et de courage, leur indépendance.

Les navigateurs de Hollande et de Zéelande entreprirent de gagner les extrémités de l'Asie orientale, par les mers arctiques qui baignent le nord de l'Europe et de l'Asie. Une escadre de trois vaisseaux, commandée par Guillaume Barentz, partit d'Amsterdam le 5 juin 1594, et revint le 16 septembre, après avoir découvert les côtes occidentales de la Nouvelle-Zemble jusqu'au cap de Nassau : elle avait pris connaissance du détroit de Waygatz entre cette île et le continent; et deux autres expéditions furent inutilement tentées, dans les deux années suivantes, pour essayer de le franchir.

Tandis que l'on tentait cette voie de communication à travers les mers polaires, il s'était formé à Amsterdam en 1595 une *compagnie des pays lointains,* qui envoyait aux Indes quatre vaisseaux par le cap de Bonne-Espérance : Outman était à la tête de cette expédition. Il avait recueilli à Lisbonne, où on l'avait retenu plusieurs années comme prisonnier de guerre, des notions précises sur le commerce de ce pays avec les Indes et les îles orientales : la nouvelle compagnie le chargea d'ouvrir des relations dans les îles qui produisent les épiceries, et dans les lieux où les Portugais n'étaient pas établis.

D'autres expéditions furent successivement tentées dans les dernières années du seizième siècle : les unes partirent des ports de Zéelande, d'autres de Rotterdam, du Texel, d'Amsterdam, où se préparaient toujours les principaux armements. Plusieurs compagnies s'étaient formées dans différents ports : chacune d'elles unissait ses capitaux, et les sociétaires participaient aux mêmes risques et aux mêmes bénéfices : la plupart des vaisseaux allaient doubler le cap de Bonne-Espérance ; plusieurs pénétraient dans l'océan Pacifique par le détroit de Magellan, avant que Schouten et Le maire eussent franchi le large détroit qui porte ce dernier nom.

L'Espagne voulut s'opposer à ces nouvelles entreprises ; mais elle ne put les arrêter ; les Hollandais remportèrent sur ses escadres plusieurs avantages : leur marine avait déjà acquis de la célébrité : elle la soutint par de nouvelles victoires dans les Indes, et par la conquête des riches établissements que les Portugais avaient formés dans les mers orientales.

Il s'était établi une telle émulation entre les compagnies de commerce, que leurs expéditions se succédaient, sans même qu'on attendît le retour des premiers navires. Le gouvernement n'avait pris d'abord aucune part à ces entreprises ; mais ensuite il remit des patentes et des commissions aux armateurs qui tentaient ce commerce, afin qu'ils ne fussent pas considérés comme des aventuriers, voyageant sans autorisation. On réunit bientôt en une seule compagnie toutes celles qui avaient été séparément formées ; et par là on put donner plus d'ensemble à leurs opérations et plus de consistance à leurs ressources : on se mettait en état de mieux supporter les pertes, d'étendre les différentes spéculations, et de les combiner avec assez de justesse pour qu'elles ne pussent pas se nuire. La création de la compagnie hollandaise des Indes eut lieu le 20 mars 1602 : ses priviléges lui furent accordés pour vingt ans ; et ce fut sous cette puissante et sage direction que furent accomplies les conquêtes des Hollandais. Ils enlevèrent à leurs ennemis Columbo dans l'île de Ceylan ; Malacca, Ternate, Tidor, Amboine, les comptoirs des Moluques, de Java, de Sumatra ; et le commerce des épiceries passa dans leurs mains.

Quoique les Hollandais fussent sortis avec gloire de tous ces combats, cependant ils désiraient donner plus de sécurité à leurs expéditions ; et comme ils avaient à traverser, pour se rendre aux Indes, une longue suite de parages maritimes fréquentés par l'ennemi, ils se voyaient si habituellement exposés à ses croisières et à la rencontre de ses forces navales, qu'ils cherchaient encore, comme ils l'avaient fait quelques années auparavant, à s'ouvrir de nouveaux passages pour pénétrer dans la mer Pacifique. Dans cette vue ils engagèrent Henri Hudson, qui avait quitté la marine anglaise pour s'attacher à leur service, à chercher au nord de l'Amérique un passage entre les deux Océans. Ce voyage de découvertes eut lieu en 1609 ; et s'il ne conduisit pas au but que l'on cherchait, du moins il fraya la route aux autres navigateurs, qui un jour devaient reconnaître les limites septentrionales du nouveau monde.

Les vœux des Hollandais pour la sécurité de leur commerce furent plus efficacement remplis par le traité qui affermit dans la même année l'indépendance de leur pays, et qui leur assura le droit de suivre librement leurs relations avec les Indes orientales. Ce traité n'était qu'une trêve de douze années ; mais ce temps suffisait à la Hollande pour affermir son existence politique et pour la faire définitivement reconnaître par les autres gouvernements.

La guerre de l'indépendance des Provinces-Unies avait interrompu leurs communications habituelles avec les pays voisins de la Baltique : d'autres intérêts étaient nés de leurs expéditions dans les Indes orientales : une nouvelle puissance s'était élevée en

Hollande, et après avoir acquis des comptoirs en Asie, elle y poursuivait ses conquêtes. La compagnie des Indes qui s'était formée à Amsterdam jouissait d'un privilége exclusif; elle était disposée à ne pas faire participer d'autres nations à ses bénéfices; et les villes de Hollande rompirent définitivement leurs anciens liens avec la Ligue Anséatique. Celles qui avaient fait partie de cette association étaient Arnheim, Bolswerde, Campen, Deventer, Elbourg, Groningue, Hardswick, Nimègue, Ruremonde, Stavern, Swolt, Venloo, Zutphen : ces différentes places ne séparèrent plus leurs intérêts commerciaux de ceux des principales villes de Hollande; et les rapports qu'elles avaient eus successivement avec les comptoirs anséatiques de Bruges et d'Anvers se dirigèrent vers Amsterdam, qui était devenu le centre des grandes opérations du commerce.

La perte que fit la Ligue Anséatique de plusieurs villes de Hollande entraîna celle de quelques autres places, situées sur le Rhin et dans les parties occidentales de l'Allemagne, telles que Andernach, Emmerich, et Cologne surtout. Ces différentes séparations devenaient le principe d'une dissolution plus générale : la Ligue perdit ses nombreux associés en Westphalie, en Saxe, dans les Marches de Brandebourg et de Magdebourg : l'Allemagne commençait à être différemment constituée; et chaque prince désirait affermir d'une manière plus absolue son autorité sur les villes qui faisaient partie de ses États. Charles-Quint avait commencé cette concentration politique, et son système devint celui de ses successeurs.

Le commerce, venant à s'accroître dans chaque pays, ne pouvait plus être exercé seulement par quelques villes : il rendait nécessaire un concours plus général; et l'effet de sa marche, de sa circulation, de ses progrès, fut d'enrichir un plus grand nombre de places, sans appauvrir celles qui en avaient eu pendant longtemps le monopole. Ainsi tous les peuples furent appelés à recueillir les fruits qu'avait semés l'association des villes anséatiques : partout on emprunta d'elles les sages institutions commerciales qui les avaient fait prospérer : l'Europe leur fut redevable des inventions les plus utiles, des grands développements de l'industrie, et d'une partie des découvertes qui furent accomplies dans le seizième siècle.

La Ligue Anséatique s'affaiblissait et commençait à se dissoudre; mais dans sa décadence même elle gardait sa dignité : les villes qui furent le berceau de cette association se signalaient par de constants efforts pour retenir la plupart de leurs avantages : elles perdaient une portion de l'ancien territoire de la Ligue; mais elles conservaient l'héritage entier de sa gloire : on devait encore les voir défendre leurs droits à main armée, consacrer leurs priviléges par des traités avantageux, et faire fleurir dans leurs ports un commerce qui allait étendre ses relations dans toutes les parties du monde.

LIVRE DIXIÈME.

PARTICIPATION DES VILLES ANSÉATIQUES AUX PROGRÈS DES SCIENCES.—LUMIÈRES RÉPANDUES A CETTE ÉPOQUE SUR L'ASTRONOMIE ET LA GÉOGRAPHIE, SUR LA MÉCANIQUE, LA PHYSIQUE, LES SCIENCES NATURELLES, SUR L'ÉTUDE DU DROIT DES GENS. — NOUVEAUX ÉTABLISSEMENTS D'UTILITÉ PUBLIQUE A HAMBOURG.— EFFORTS DE LA RÉGENCE DE LUBECK, POUR MAINTENIR L'UNION DES VILLES ANSÉATIQUES. — RECTIFICATION DE LEURS CODES MARITIMES ET DE CELUI DE LA CONFÉDÉRATION ENTIÈRE. — ANALYSE DE CE DERNIER ACTE. — TRAITÉS DES ANSÉATES AVEC DIFFÉRENTES PUISSANCES. — LEURS RELATIONS AVEC LE DANEMARK ET LA SUÈDE. — LEUR SITUATION, LEURS VICISSITUDES PENDANT LA GUERRE DE TRENTE ANS. — LEUR CONCOURS A UNE PARTIE DE SES OPÉRATIONS. — PRÉCIS DES GRANDS ÉVÉNEMENTS DE CETTE GUERRE.— PRINCIPAUX PERSONNAGES QUI S'Y SONT ILLUSTRÉS. — NÉGOCIATIONS DE PAIX.— CLAUSES DU TRAITÉ DE WESTPHALIE, RELATIVES AUX VILLES ANSÉATIQUES. — REMARQUES SUR L'ÉTAT OU SE TROUVAIT ALORS LEUR CONFÉDÉRATION.

En traçant les progrès des villes anséatiques, la prospérité de leur commerce, le développement qu'elles donnèrent à l'industrie générale et leur influence sur la civilisation, nous avons cité, comme exemple de leurs services et de leurs bienfaits, une partie des découvertes et des perfectionnements qui leur appartinrent, et les noms de quelques hommes qui furent l'honneur de leur pays et de leur siècle. Chacune des grandes périodes de l'histoire semble avoir un caractère qui lui est propre : l'opinion publique a souvent changé de direction; les routes de la célébrité ne sont plus les mêmes; et, après avoir remarqué des hommes signalés par leurs inventions dans les arts utiles, ou par leur profonde érudition, ou par la subtilité de leur dialectique, après avoir vu l'Europe ébranlée par les créateurs de plusieurs religions nouvelles, ou le monde agrandi par la découverte d'un continent de plus, ou quelques âmes héroïques délivrant leur patrie et lui assurant l'indépendance, on remarque d'autres génies qui s'élèvent aux plus hautes spéculations des sciences, et embrassent dans leurs études les lois de la nature et les mouvements du ciel.

Nous plaçons à la tête de cette classe illustre Nicolas Copernic, né en 1472, dans la ville anséatique de Thorn. Ses observations, ses calculs firent tomber le système astronomique de Ptolémée : il replaça le soleil au centre du monde : la terre et les autres planètes accomplirent autour de lui leurs révolutions d'occident en orient; et la lune, emportée par le mouvement de la terre, continua de tourner autour d'elle. Notre globe accomplissait tous les jours sur lui-même un autre mouvement de rotation, et son axe était incliné de près de vingt-trois degrés et demi sur l'écliptique. Tout l'ensemble de ce système rendait aisément compte de la succession des jours et des nuits, de celle des saisons, et de tous les phénomènes offerts par les révolutions des planètes, qui paraissent tantôt progressives, tantôt stationnaires, ou même rétrogrades, aux yeux du spectateur placé sur la terre. On opposait aux doctrines de cet homme célèbre quelques passages de la Bible; mais ses élèves répondirent que l'objet de l'Écriture sainte était d'enseigner aux hommes la religion, et non pas l'astronomie.

Tycho-Brahé, qui fleurit vers la fin du seizième siècle, crut devoir modifier l'un par l'autre les systèmes de Ptolémée et de Copernic : il essaya de concilier entre elles les croyances religieuses et les observations de la science, et il supposa la terre immobile : le soleil et la lune devaient tourner autour d'elle; et le soleil devenait lui-même un centre de mouvement, autour duquel les autres planètes décrivaient leurs orbites. Les apparences célestes s'expliquaient également dans ce système; et quoique les principes en fussent défectueux, il eut de nombreux partisans. Les erreurs du génie ne nuisent pas toujours à sa renommée, et elles n'ont pas rendu Tycho-Brahé moins célèbre; mais il le devint, à plus juste titre, par l'importance et le mérite de ses observations sur plusieurs branches de la science : il perfectionna la théorie de la lune, reconnut ses différents degrés de vitesse dans le parcours de son orbite, et remarqua l'inégale durée des mois lunaires, qui varie selon les saisons de l'année : il fit entrer dans ses calculs astronomiques l'effet des réfractions qui trompent nos yeux sur les véritables positions sidérales : il traça quelques éléments de la théorie des comètes, dont les révolutions n'avaient pas encore été calculées. Ce Danois, placé par sa naissance et sa fortune dans les premiers rangs de la société, voulait devoir à des titres personnels son illustration : il fonda le château d'Uranibourg dans l'île de Huesne, que le roi lui avait donnée à titre de fief, et dont le plateau élevé domine le passage du Sund et les plaines de la Scanie. Bientôt il y fut entouré de nombreux disciples; on y fit venir les instruments les plus parfaits, et l'on y commença une longue série d'expériences sur toutes les parties de l'astronomie : mais l'établissement de cette colonie, terminé en 1580, ne dura que vingt ans; et Tycho-Brahé fut privé du fief qu'il avait reçu. Cet illustre disgracié, qui alla finir ses jours en Bohême, avait quelquefois résidé à Wandsbeck, lieu situé près de Hambourg; et l'on conserve encore dans le château qu'il occupa, l'espèce de campanile qui lui servait d'observatoire.

En étendant les progrès de l'astronomie, on était naturellement conduit à en faire l'application à d'autres sciences; et nous devons rappeler la réforme qu'éprouva, en 1582, sous le pontificat de Grégoire XIII, le calendrier adopté en 325 par le concile de Nicée. L'équinoxe s'était avancé de dix jours entre ces deux époques; il ne coïncidait plus avec le 21 mars, mais avec le 11; et, pour lui rendre la date convenable, on réduisit à vingt jours un des mois de cette année. Le cours des siècles devait ramener un mécompte semblable; mais pour en prévenir le retour on perfectionna le système d'intercalation des années bissextiles.

Képler, né en Wirtemberg, en 1571, fut le plus célèbre disciple de Tycho-Brahé; mais bientôt il abandonna son système, pour s'attacher à celui de Copernic, et il substitua aux cercles et aux épicycles, où l'on faisait mouvoir les planètes, de véritables ellipses, dont il calcula tous les mouvements. Les lois de Képler sur les proportions de la vitesse, de la masse et des distances de ces corps célestes, restèrent immuables dans nos principes d'astronomie.

Le télescope, qui fut inventé, en Hollande, vers l'année 1607, fut ensuite perfectionné par Galilée, qui s'en servit pour reconnaître les taches de la lune, les inégalités de sa surface, les quatre satellites de Jupiter, et qui entrevit par le même secours deux satellites de Saturne et les premières lueurs de son anneau, dont la forme fut déterminée, quelque temps après, par de meilleurs instruments. Les phases de Vénus et sa révolution autour du soleil furent également reconnues par Galilée, par Fabricius de Hambourg, par Scheiner, professeur de mathématiques à Ingolstadt; et le système de Copernic, longtemps combattu par la cour de Rome, quoique son ouvrage sur les révolutions célestes eût été dédié au pape Paul III, trouva de plus nombreux apologistes dans les pays qui s'étaient soustraits à l'autorité du saint-siége. Un écrit sur les constellations fut publié en 1603, sous le nom d'Uranométrie, par Bayer, astronome d'Augsbourg; et Longomontanus, disciple de Tycho-Brahé, fit paraître, en 1609, son astronomie danoise.

On avait reconnu le besoin de régulariser la mesure du temps, pour perfectionner les observations célestes, celles de latitude et de longitude, les directions et les calculs de la navigation. Si la longueur diurne du temps put se régler sur le passage des étoiles au méridien, il fallut d'autres expériences pour le diviser en fractions égales, et pour apprécier tous les instants de sa durée. Aussi l'on donna un soin particulier au perfectionnement de l'horlogerie : les clepsydres, qui aidaient à mesurer le temps par l'écoulement de l'eau ou du sable, avaient été souvent remplacées par des gnomons ou cadrans, tracés sur différentes surfaces, et chacune des heures du jour était successivement indiquée par l'ombre d'un style, sur ces plans exposés aux rayons du soleil. Clavius de Bamberg publia, en 1581, un traité de gnomonique. Mais cet art était insuffisant; et, comme on ne pouvait, durant une grande partie de l'année, faire aucun usage des cadrans solaires surtout dans les pays du nord, on chercha de bonne heure d'autres moyens de mesurer le temps. L'usage des horloges à poids s'introduisit en Allemagne; et, pour en ralentir le mouvement accéléré, on y joignit les oscillations du pendule, et le système d'échappement qui les détermine et les rend uniformes.

Des observations sur l'optique, et sur l'organe même de la vue, se trouvaient liées aux expériences que l'on fit pour perfectionner le télescope.

Jean Porta, Napolitain, né en 1545, imagina, en s'emparant d'un heureux hasard, l'expérience de la chambre obscure : il pensa ensuite qu'on pouvait regarder le fond de l'œil comme une chambre obscure; et Képler confirma, en 1604, la justesse de cette observation, par l'anatomie qu'il fit des différentes parties de l'œil, et par l'analyse de la marche que suivent les rayons lumineux. La cause de l'arc-en-ciel avait été observée par l'un et l'autre savant ; elle le fut ensuite par Antoine de Dominis. Un traité d'optique, publié par Képler, expliqua le principe de la lunette actuelle; et Corneille Drebbel de Hollande passe pour avoir inventé le microscope en 1618.

La perfection des instruments influa tellement sur les progrès des sciences et des découvertes, que les hommes les plus ingénieux s'attachèrent à multiplier sous toutes les formes les essais et les procédés de la mécanique. Les anciens n'avaient pas les mêmes secours, et l'insuffisance des moyens dont ils pouvaient disposer était souvent un écueil contre lequel venaient se briser tous les efforts du génie : la science, privée de l'appui des expériences, était réduite à de simples conjectures, et si les calculs et les méditations la conduisaient à la vérité, une partie des preuves matérielles lui manquait encore. On peut être néanmoins surpris du grand nombre de machines ingénieuses que les anciens avaient inventées, et qui s'appliquaient à leurs différents travaux, telles que le lévier, la poulie, les plans inclinés, la vis hydraulique, dont on attribue l'invention à Archimède, quoiqu'elle paraisse être d'une date plus ancienne.

Le développement des sciences fut remarquable depuis le seizième siècle : la race humaine semblait arrivée à une époque de rénovation ; partout on faisait des tentatives pour étendre ses découvertes, et l'émulation était accrue par les nombreux exemples que l'on avait sous les yeux. Les villes anséatiques prenaient part à ce grand mouvement intellectuel; et, quoique la tendance des goûts et des habitudes y fût spécialement dirigée vers le commerce qui était le principe de leur prospérité, les plus hautes sciences y étaient aussi cultivées : on cherchait à faire d'utiles applications de leurs théories aux arts, à l'industrie, aux divers intérêts de la société.

Les connaissances géographiques de Philippe Cluvier, né à Dantzig, en 1580, se développèrent dans les voyages qu'il fit en Allemagne, en Angleterre, en France, en Italie, en Hongrie : il varia, selon les époques, ses remarques sur les mêmes lieux : son érudition lui aidait à résoudre un grand nombre de questions historiques, et il répandit des lumières sur la géographie comparée. Abraham Ortélius, né à Anvers, avait publié avant lui un savant atlas que l'on consulte encore : il eut pour disciple Gramaye, né dans la même ville, auquel on doit des ouvrages instructifs et des cartes sur la géographie des Pays-Bas, sur l'Afrique et l'Asie : ce savant mourut à Lubeck où il avait continué ses travaux.

Les études astronomiques et géographiques étaient d'autant plus encouragées par les Anséates qu'elles devenaient utiles aux progrès de leur navigation et à leurs rapports avec les pays étrangers. Les sciences concouraient d'ailleurs à leur illustration, à leur influence sociale : ils désiraient augmenter en Europe le domaine des vérités, et favoriser ce développement graduel de l'intelgence, qui suit la marche des générations, les enrichit l'une par l'autre, et assure l'hérédité de leurs connaissances. Chaque savant cherchait à soulever une partie du voile jeté sur les merveilleuses lois de la nature. Othon de Guéricke, né en 1602, dans la ville anséatique de Magdebourg, étudia les qualités et les effets de l'air, inventa la machine pneumatique, fit d'importantes observations sur quelques phénomènes de l'électricité, et fut un des premiers physiciens de son siècle.

Peut-être l'habitude des discussions religieuses avait disposé les esprits à la contemplation des phénomènes du ciel et des beautés de la terre. Les uns s'affermissaient ainsi dans leur foi ; d'autres cherchaient à expliquer par des lois simples et naturelles les effets les plus mystérieux ; ils croyaient difficilement aux prodiges ; et si un fait leur semblait s'écarter des règles générales, ils pensaient que cette apparente anomalie pourrait être éclaircie et dissipée par une analyse ultérieure. D'autres auteurs portèrent leurs études sur l'homme considéré comme être social, sur les droits qu'il tient de la nature, et sur les principes qui doivent diriger les relations des peuples entre eux.

Le premier de ces observateurs et de ces législateurs des sociétés humaines fut sans doute Grotius. Cet homme célèbre, né en 1582, à Delft, en Hollande, fut un des plus illustres amis de Barneveldt : il s'attacha aux mêmes projets de réforme politique et religieuse, et embrassa comme lui le parti populaire des Arminiens, dans la querelle qui s'éleva entre eux et les Gomaristes, favorables à l'autorité du stathouder. Les persécuteurs qui conduisirent à l'échafaud le vertueux Barneveldt, firent condamner Grotius à une prison perpétuelle ; mais l'ingénieuse tendresse de son épouse parvint à le délivrer. Elle avait obtenu du gouverneur du château de Louvenstein, où il était détenu, l'autorisation de lui faire habituellement passer dans une malle les livres qui devenaient nécessaires à ses études ; elle pouvait reprendre de la même manière ceux qui ne lui étaient plus utiles ; et le coffre qui devait les recevoir servit à sauver Grotius. Les gardes du château l'emportèrent eux-mêmes sans le savoir : ils croyaient n'être chargés que d'un bagage d'érudition, et ils mettaient en liberté le savant lui-même. Grotius se retira successivement dans les Pays-Bas catholiques et en France ; et après avoir essayé de rentrer dans sa patrie, qui le proscrivit de nouveau et le condamna à l'exil, cet homme illustre se retira à Hambourg, où il jouit d'une honorable hospitalité. Plusieurs souverains cherchaient à l'attirer à leur service ; il se rendit aux flatteuses invitations de Christine, reine de Suède ; et cette princesse, auguste protectrice des savants de son siècle, l'accueillit, le combla d'honneurs et lui confia, en 1635, la mission d'ambassadeur de Suède en France. Grotius jouissait enfin de toute la considération due à son caractère : le temps avait fait taire la haine ou l'envie de ses accusateurs, et la Hollande cherchait à le rappeler dans son sein. Lui-même il désirait aussi la revoir ; et, après être revenu à Stockholm pour y rendre compte de sa dernière mission, il mit à la voile, dans l'espérance de finir au moins ses jours dans sa patrie ; mais il ne put l'atteindre, et il mourut à Rostock.

L'étendue de ses connaissances dans les langues, l'histoire, la fable, les antiquités profanes et religieuses, et dans les intérêts politiques des nations, lui assure une juste célébrité : son ouvrage sur le droit de la guerre et de la paix joint le mérite d'une très-vaste érudition à celui, beaucoup plus grand, de proclamer des doctrines et des vérités qui sont devenues la base de la science des publicistes et des hommes d'État. De tels principes constituent les règles premières de la diplomatie ; ils tendent à lui donner une sage direction, et à la détourner de ces routes obscures et fallacieuses où l'ambition, la cupidité, la ruse ont trop souvent cherché à l'entraîner. Si on l'a quelquefois confondue avec des vices qui lui prêtaient leurs couleurs, nous devons la dépouiller de ce travestissement ; et ses vrais principes, tels que nous aimons à les concevoir, sont de l'ordre le plus élevé : on peut en dégrader l'usage ; mais sa dignité lui reste, et jamais elle ne peut perdre ses droits à nos hommages. La diplomatie, envisagée dans son application la plus juste et la plus étendue, doit toujours être considérée comme la science du droit des gens, et du droit politique, généralement admis par les nations, et comme la base des traités qui doivent le fixer. On y puise des leçons salutaires sur la force que donnent les principes de la justice aux relations établies entre plusieurs nations. La violence, l'iniquité n'ont qu'un succès temporaire; nous en recueillons la preuve dans les différents témoignages de l'histoire; et, quoique les annales des peuples n'offrent qu'un petit nombre de traités qui n'aient pas été dictés par la force, et où le vainqueur n'ait pas abusé de ses avantages, ce petit nombre suffit à nos méditations; il nous indique le but où la diplomatie doit tendre, à mesure qu'elle s'éclaire. En nous attachant à son type idéal, nous ne la concevons ni rampante, ni déloyale, ni obéissant à de viles passions, ni cherchant à corrompre ses arbitres; et l'habileté d'un négociateur ne doit coûter aucun sacrifice à sa loyauté, à sa vertu. Telle était l'opinion que l'on pouvait se former de Grotius, dont l'autorité sera toujours grande en diplomatie : il professa de nobles principes, il les observa dans sa conduite, et légua un bel exemple aux continuateurs de son œuvre et à ses imitateurs.

Les circonstances où il vécut, sa jeunesse formée au milieu des guerres qui allaient affranchir sa patrie, le séjour qu'il fit dans quelques villes anséatiques, où régnaient les théories de droit public et maritime plus accréditées, sa participation aux actes politiques et religieux qui mettaient alors en mouvement l'Europe entière, eurent sans doute une grande influence sur la nature de ses études; sur la trempe de son caractère, sur les services que le plus remarquable de ses ouvrages devait rendre à l'humanité. Les principes que Grotius a émis sur le droit de la guerre et de la paix sont applicables à tous les pays; ils deviennent surtout favorables aux faibles, à ceux auxquels le droit et la raison publique tiennent lieu de puissance. Cette espèce de force morale était alors nécessaire à la Ligue Anséatique, déjà privée d'une partie de ses confédérés : le pouvoir de l'opinion y suppléa plus d'une fois à celui des armes, et il prévint plus d'une atteinte aux privilèges dont cette ligue jouissait.

On remarque parmi les écrivains qui fleurirent dans les villes anséatiques, vers le commencement du dix-septième siècle, Pfeffinger de Hambourg, Brachelius de Cologne, Vinand Pigghius de Campen, savant antiquaire, mort en 1604, Pierre Willebrand et Antoine Köhler de Lubeck; qui publièrent jusqu'en 1630 les annales de la Ligue Anséatique. Jean Hévélius de Dantzig fut géographe et mathématicien. On cite comme philologues Lubinus d'Oldembourg, professeur de poésie à Rostock, Lucas Holstenius de Hambourg, qui devint bibliothécaire du Vatican, Frédéric Gronovius de la même ville, éditeur et annotateur du traité de Grotius et de plusieurs écrivains latins, Christophe Schroeder de Lunebourg, Wasmuthius de Kiel, savant orientaliste, Morosius de Wismar, professeur à Rostock, Janus Gutherus d'Anvers, où la Hanse teutonique avait encore un comptoir de commerce, André Schott, né dans la même ville, très-versé dans l'histoire et les lettres, auteur ou éditeur de plusieurs ouvrages d'érudition, et devenu professeur d'éloquence à Rome.

La considération qu'obtinrent dans les villes anséatiques tous ces hommes, remarquables par leur science ou leur génie, ou par l'importance de leurs découvertes, nous montre que la liberté de penser s'y appliquait à toutes les questions, et que cet esprit d'indépendance remuait profondément et d'une manière durable des imaginations moins promptes à émouvoir, mais plus difficiles à calmer.

La même époque fut signalée à Hambourg par plusieurs établissements d'humanité, d'instruction, d'utilité publique. On y construisit, en 1597, un hospice pour les orphelins, en 1606, un autre pour les pestiférés; six ans après on institua un gymnase, d'où sortirent plusieurs hommes célèbres, tels que Lambeccius et Fabricius qui s'occupèrent de l'histoire de leur patrie. Une maison de correction et de travail fut fondée, en 1614, pour améliorer le sort des prisonniers, et l'on y reçut aussi les pauvres: l'année suivante, le corps et le service des pompiers furent organisés.

Cette suite d'établissements utiles était due aux soins paternels d'une administration qui continuait l'œuvre commencée par ses devanciers: elle léguait à ses successeurs un pieux et noble exemple à suivre; et ce gouvernement fut toujours fidèle au devoir qu'il s'était imposé de veiller au soulagement des malheureux, au bien-être et à l'ordre public.

Les magistrats des différentes villes de l'union tendaient au même but, et la régence de Lubeck, placée au premier rang de la confédération, cherchait, en même temps, à en resserrer les liens; mais la dispersion de ses membres, la diversité de leurs intérêts, la difficulté de réunir leurs forces en un seul faisceau, faisaient renaître de fréquentes contrariétés. Cette cause de dissensions et de démembrement, déjà remarquée à d'autres époques, devait encore se reproduire; elle était inévitable, et tenait au caractère même de l'association. Ce corps politique, périssable comme tout ce qui a reçu la vie, recélait dans son sein les principes de sa décadence; il eût fallu, pour le régénérer et lui garantir une plus longue suite de prospérité, un rapprochement, une contiguïté de territoire, que la situation et la puissance des autres États ne lui permettaient pas d'obtenir.

Le chef de l'Empire avait été longtemps le protecteur naturel de cette confédération; et les villes anséatiques mettaient au premier rang de leurs priviléges le titre de villes impériales et les droits qui s'y trouvaient attachés; elles étaient représentées dans les diètes germaniques, fournissaient leurs contingents militaires, acquittaient leur quote-part des *mois romains* et des autres subsides, destinés à couvrir les frais des expéditions d'Italie, et de celles qui intéressaient la sûreté et la défense de l'Allemagne entière. Toutes ces villes regardaient comme un devoir d'observer les règlements des diètes relatifs au maintien de l'ordre et de la paix publique: elles y trouvaient d'ailleurs un principe de garantie pour leurs relations avec les différentes parties de l'Empire.

Mais quand la tranquillité de ce grand corps eut été troublée par les dissensions religieuses qui précédèrent et qui suivirent la réformation, quand les plus graves querelles politiques vinrent accroître ces premières divisions, et que toute l'Allemagne se fut partagée en deux camps, dont l'un favorisait le catholicisme et l'autorité impériale, dont l'autre soutenait les religions dissidentes et les libertés publiques, la plupart des villes anséatiques, attachées aux dogmes de Luther ou aux autres branches de la réforme, suivirent en politique le parti de leurs coreligionnaires: elles se liguèrent avec eux contre le pouvoir qui prétendait enlever aux évangéliques les possessions et les franchises que plusieurs traités leur avaient formellement assurées.

Quelques-unes des villes anséatiques, dépendantes de la Pologne ou de la Moscovie, n'embrassèrent pas en politique le même parti que les villes plus occidentales. Cependant, les anciens rapports de commerce qui avaient uni entre elles tant de cités différentes ne devaient pas encore être rompus: ils étaient protégés par l'empire de l'habitude, par l'avantage de fréquenter des marchés et des ports anciennement connus, où affluaient en abondance les marchandises et les objets d'échange. On était sûr d'y trouver crédit et assistance: le souvenir des relations fraternelles n'était pas effacé; et le même pavillon anséatique couvrait encore la plupart des expéditions du commerce.

Quoique les intérêts politiques de toutes les villes de la Hanse ne fussent pas semblables, et que la plupart d'entre elles ne prissent depuis longtemps aucune part aux guerres de quelques-uns de leurs confédérés, cependant le plus grand nombre ne s'étaient pas retirées de la Ligue par un acte formel de renonciation : elles s'étaient bornées à laisser tomber en désuétude leurs anciens rapports; et, si elles ne remplissaient pas toutes les charges de l'alliance, du moins elles tenaient encore au titre d'Anséates, qui avait eu tant d'illustration, et aux priviléges commerciaux qu'il leur avait assurés dans d'autres pays. Ce nom n'était pas sans prestige; il rappelait l'image d'une ancienne puissance dont on cherchait à voiler l'abaissement, et dont les bornes restaient indécises. La régence de Lubeck continuait de négocier et de traiter avec les autres gouvernements au nom de la Ligue Anséatique : souvent ses transactions n'étaient signées que par ses députés et ceux de quelques villes principales, telles que Hambourg et Brême; et, comme on n'y insérait pas la nomenclature de toutes les villes de la Hanse teutonique, elles n'indiquaient pas les limites réelles auxquelles cette confédération se trouvait alors réduite; elles en dissimulaient les pertes, et paraissaient toujours s'appliquer à cette grande et populeuse association qui avait occupé un si haut rang dans la politique et le commerce européen.

Cet ancien esprit d'adhésion entre les membres d'une corporation, déjà privée d'une grande partie de ses forces, se reconnaît dans la plupart des actes de la diète anséatique, surtout dans les *recez* où elle a fixé les bases de son code maritime. Une longue expérience et la fréquentation des principaux ports de l'Europe avaient mis les Anséates à portée d'être bien instruits des ordonnances publiées dans tous les pays, sur le commerce, la navigation et toutes les questions qui s'y rapportent; et de même qu'ils avaient consulté, à l'époque de la formation de la Ligue, les différents codes qui avaient eu jusqu'alors le plus de célébrité, ils continuèrent d'emprunter des autres nations, ou de chercher eux-mêmes les perfectionnements qui pouvaient y être introduits.

On reconnaît ces améliorations progressives, quand on parcourt les codes de quelques villes anséatiques, et surtout ceux qui furent adoptés par la Ligue entière : ceux-ci nous intéressent plus généralement, parce qu'ils constituent un système plus vaste et plus important par ses résultats. S'il n'entre pas dans le plan de notre ouvrage d'en faire textuellement connaître les différentes dispositions, du moins il peut être utile d'en indiquer la tendance et le but, et de montrer les précautions que l'on avait prises, dans l'intérêt des négociants, des armateurs, et de tous les hommes d'équipage placés à bord des navires. Quelques observations sur les premiers éléments de cette législation commune pourront aider à la faire mieux apprécier, et à reconnaître comment les usages et les règlements de quelques villes, venant à se combiner et à se compléter les uns par les autres, devinrent la base de ceux qui furent ensuite appliqués à la confédération entière, et se convertirent pour elle en corps de lois et en principes de droit maritime et commercial.

Lubeck, devenu, vers le milieu du douzième siècle, le plus important établissement des rives occidentales de la Baltique, avait obtenu de Henri le Lion, duc de Saxe, la confirmation de ses règlements maritimes : ils furent imités ou adoptés, dans le siècle suivant, par Rostock, par Wismar, par d'autres villes qui s'élevèrent dans le Mecklembourg, en Poméranie, dans les pays slaves, et jusqu'en Livnie : ils furent également adoptés par Kiel, Altembourg et d'autres villes du Holstein et de la basse Saxe. Le gouvernement de Lubeck revisa ce premier code à plusieurs reprises, notamment en 1348 et 1586, et il emprunta de quelques autres règlements, et surtout de la compilation de Wisby, les clauses qui lui manquaient.

Hambourg, qui avait publié en

1270 un code semblable, se conformait avant cette époque à des usages, à des coutumes, qui, sans être rédigées par écrit, avaient néanmoins force de loi. C'est par des traditions de ce genre que les règles de jurisprudence et de droit ont ordinairement commencé; il avait fallu, dans toute organisation sociale, des magistrats et des arbitres qui pussent juger les différends, suivant les principes d'équité naturelle : on recueillait leurs décisions, et l'on en composait un corps de doctrine.

Avant qu'un gouvernement sanctionnât et fît entrer dans sa législation les règles du droit maritime, celles-ci n'étaient qu'une convention faite entre les négociants, les armateurs de vaisseaux et les navigateurs, qui avaient réglé, de concert et de gré à gré, leurs droits et leurs obligations respectives. Ces codes, consentis par eux-mêmes, servaient de base à leurs relations; mais ce qui n'était qu'un accord particulier et volontaire, entre des hommes dont les intérêts se trouvaient liés, devint ensuite un statut général, dont le gouvernement lui-même avait à faire exécuter toutes les dispositions. Le code maritime de Hambourg ne se composait d'abord que de vingt-huit articles : d'autres y furent insérés dans la suite; les uns étaient empruntés de la compilation de Wisby, et les autres de la législation des Pays-Bas : les principales révisions de cet acte eurent lieu en 1495 et en 1603. On ne pouvait procéder que par essai et par degrés à l'amélioration de ce code; car on n'avait pas prévu toutes les infractions qu'il était destiné à réprimer; et, à mesure qu'il se commettait de nouvelles violations, il fallait avoir à leur appliquer d'autres dispositions pénales.

Brême avait suivi, comme d'autres villes, les maximes du droit commun, avant d'avoir une législation maritime qui lui fût propre : cette ville emprunta ensuite le code de Hambourg : d'autres statuts y furent ajoutés en 1303, 1433, 1450; on y inséra, vers le milieu du siècle suivant, plusieurs clauses sur les contrats d'assurances, empruntées de la législation des Pays-Bas; et le sénat désira y introduire, en 1606, de nouvelles modifications qui ne furent pas consenties par la bourgeoisie.

La ville de Kiel, quoiqu'elle dépendît des comtes de Holstein, fut longtemps placée au nombre des villes anséatiques : nous avons vu qu'elle se conformait au code maritime de Lubeck. D'autres statuts régissaient les anciennes villes danoises de Sleswick, Flensbourg, Happenrade, Hadersleben, Tonningue, Frédérichstadt, Sunderbourg, Roschild : la Scanie avait ses règlements; ceux de la Séelande étaient communs aux îles de Laland et de Falster; ceux du Jutland s'observaient aussi en Fionie. Chacun de ces codes fut ensuite modifié et complété, soit par celui de Lubeck, soit par la compilation de Wisby; et ils furent remplacés, en 1561, par un règlement général, qui assimila en partie le droit maritime du Danemark à celui des villes anséatiques.

La Suède avait eu anciennement autant de lois que de provinces; néanmoins on les divisait en deux classes principales, appartenant aux deux peuples de cette contrée. La Westrogothie, l'Ostrogothie et l'île de Gothland avaient leurs statuts particuliers : on comptait dans la Suède propre les lois de l'Uplande, celles de Westmanie, de Sudermanie, de Dalie, d'Helsingue; et celles-ci s'appliquaient également à la Bothnie, à l'Angermanie, au Médelpad, à la Gestrie. Les statuts de chaque province furent tous réunis en 1442, et l'on en fit un code uniforme, qui fut de nouveau coordonné et rectifié en 1608. Birka, ancienne capitale de la Suède, avait eu un code maritime qui, après la ruine de cette ville, fut porté à Stockholm : on fit ensuite entrer dans ce règlement plusieurs articles de celui de Wisby, emprunt d'autant plus naturel que Wisby appartenait à la Suède.

L'usage de recourir à cette compilation avait d'ailleurs prévalu dans toutes les villes de la Baltique : son autorité et celle du droit de Lubeck étaient répandues dans les villes de Poméranie, dans celles de Prusse qui avaient appartenu à l'Ordre teutonique depuis Dantzig jusqu'à Koenigsberg, et dans celles de Courlande, d'Esthonie et de Livonie.

Les nombreux exemples que nous avons rappelés montrent que dans les différentes contrées du Nord, et particulièrement sur les rivages étendus de la mer Baltique, chaque ville avait eu anciennement un code séparé et distinct ; qu'on avait ensuite amalgamé ceux d'une même province ; et que, cherchant encore à les réunir dans un code plus général, on avait voulu appliquer une commune règle aux contrées qui dépendaient d'un même gouvernement. Ces centralisations, ces fusions législatives rendaient plus faciles la connaissance et l'action des lois ; mais le résultat en aurait été moins complet et moins utile si, en ramenant toutes les provinces d'un État à l'observation d'un même code, on n'avait pas également songé à rapprocher et à rendre identiques les lois maritimes et commerciales de plusieurs nations qui avaient de communs intérêts et des relations habituelles. Tous les peuples riverains de la mer Baltique désiraient établir cette uniformité : on la réclamait surtout dans les villes anséatiques, et elle fut solennellement reconnue et confirmée dans le *recez* publié à Lubeck, le 23 mai 1614, par les bourgmestres et députés des villes unies de la Hanse teutonique.

Ce recez est une ordonnance maritime, spécialement adressée aux armateurs, patrons et gens d'équipage qui désirent servir à bord des navires de l'État ou des particuliers : il rappelle et modifie les lois qui avaient été proclamées précédemment, et il a continué d'être la base de la législation maritime des Anséates. L'importance d'un tel acte exige que nous en fassions connaître les dispositions principales.

Le titre premier s'applique à la construction des navires : il faut, pour les mettre sur le chantier, être bourgeois d'une ville anséatique, ou en avoir obtenu la permission de l'autorité locale : tous les cointéressés à la construction d'un vaisseau doivent s'être accordés d'avance sur sa forme, ses dimensions, sa capacité, sur les frais de la main-d'œuvre et sur ceux de l'équipement. Le titre second est relatif aux engagements mutuellement pris par les propriétaires et les patrons. Les fonctions et les devoirs de ceux-ci sont déterminés par le titre troisième : le patron est spécialement chargé de la police du navire, de la surveillance et de la direction des gens d'équipage, du payement de leurs salaires, de la poursuite et de la répression des délits. On indique les peines dont il serait passible lui-même, s'il refusait de défendre le navire contre des pirates ; s'il commettait des actes d'infidélité ; s'il se rendait dans un autre port que celui pour lequel il aurait été frété ; s'il négligeait, en approchant de quelques plages mal connues, de prendre, quand il le pourrait, un pilote côtier. Le titre quatrième se rapporte à l'engagement et aux devoirs des hommes d'équipage : ceux-ci doivent fidèlement obéir au patron ; s'établir à bord dès qu'ils en ont reçu l'ordre ; ne pas s'y enivrer ; ne pas y retenir leurs femmes pendant la nuit ; faire la garde avec zèle soit dans le port, soit en pleine mer ; ne pas détacher le canot du navire sans autorisation du patron ou du contre-maître ; ne pas quitter sans permission le navire, s'il hiverne en pays étranger, ou s'il a jeté l'ancre ; suivre le patron vers un autre port, quand ce changement de destination a lieu de l'aveu des armateurs. On indique les cas où un matelot peut demander et recevoir son congé, les peines qu'il encourt s'il déserte ; s'il commet des actes de violence envers son patron ; s'il se mêle à une sédition ; s'il refuse de prêter son assistance contre l'ennemi, ou dans les gros temps, les accidents de mer, les naufrages. L'article cinquième règle les mesures qui doivent être prises par les armateurs pour l'approvisionnement des navires par les patrons, pour la conservation des marchandises et la distribution des subsistances : il est défendu aux patrons, par le titre sixième, de faire des emprunts à la grosse, excepté dans plusieurs cas de nécessité urgente, où ils n'auraient aucun autre moyen de se procurer des ressources pour les besoins et la conservation du navire. Le titre septième enjoint aux patrons de ne pas se séparer des autres vaisseaux qui les accompagnent, lorsqu'ils ont pris l'engagement de voyager de conserve. Le titre huitième est relatif aux pertes qui résultent des avaries d'un bâtiment et du jet des marchandises; il détermine les cas où ces pertes doivent proportionnellement se répartir sur la valeur du navire et sur celle des marchandises sauvées; il indique les accidents de guerre et de capture où cette répartition n'a plus lieu, et où chacun doit supporter les pertes qu'il a faites. On règle par le titre neuvième les droits à percevoir sur les marchandises sauvées, quand un navire se brise en mer; les dommages dont le patron doit répondre, quand les avaries ont eu lieu par sa faute; la différente quotité des droits de sauvetage, lorsque l'on rencontre des marchandises naufragées et flottant sur la mer, ou lorsqu'on va les chercher sur un récif où les vagues les ont jetées, et enfin les soins qu'il faut donner au sauvetage des hommes, à celui des agrès et à celui de la cargaison. Le titre dixième détermine comment doivent être acquittés les dommages occasionnés par des événements fortuits ou par une force majeure; lorsque deux navires se sont accidentellement rencontrés en pleine mer; lorsqu'un bâtiment stationné dans un port est coulé par l'abordage d'un autre vaisseau arrivant sous voile, ou quand un navire, privé de son ancre par la tempête, vient à heurter une autre embarcation. Quelques règles sont établies par le titre onzième, sur les formes à suivre pour le déchargement des vaisseaux et la livraison des marchandises. Les quatre derniers titres de ce recez de la diète anséatique s'appliquent au règlement des comptes du patron; au droit de pacotille dont jouissent les hommes d'équipage dans les voyages de retour; aux secours à donner aux matelots, dans leurs maladies ou après de longs services; aux mesures à prendre pour assurer l'exécution du code que la diète a promulgué.

L'analyse que l'on vient de faire indique quels étaient, au commencement du dix-septième siècle, les règlements maritimes des nations les plus commerçantes. Cet acte constituait la législation particulière des Anséates, de même que leurs conventions et leurs traités avec différentes puissances établissaient la base de leurs relations et des avantages politiques et commerciaux dont ils jouissaient en pays étranger. Par là se trouvaient fixés les principes de leurs droits conventionnels, et ceux de ce droit naturel qui a précédé tous les autres, et qui fut écrit dans le cœur des hommes, avant d'être inséré dans leurs lois et dans leurs traités. Ce code était constamment susceptible d'amélioration; car il se trouvait lié aux progrès de l'ordre social, qui a eu son enfance, et qui ne peut se développer qu'à l'aide de l'expérience et du temps. On pouvait donc se proposer de le reviser encore; mais il était du moins aussi parfait qu'on pouvait l'espérer à cette époque.

La Ligue Anséatique, déjà privée d'une partie de ses membres, et ne pouvant plus espérer de les rappeler dans son sein, allait s'ouvrir une carrière nouvelle, et conserver sous d'autres formes ses anciennes relations avec les associés qu'elle avait perdus : son commerce était intéressé à ne pas se priver des lieux d'entrepôt et de marché ouverts si longtemps à ses spéculations. Les démembrements de cette ligue n'eurent donc pas pour sa navigation et ses intérêts les funestes résultats qu'on avait pu redouter. Campen, Bruges, Anvers et les autres villes des Pays-bas, qui avaient acquis l'indépendance, reprirent, en vertu des traités, l'intimité de leurs liaisons avec les Anséates : ce fut un changement politique; mais il ne détruisit pas les relations d'affaires; il en prolongea même le maintien, et leur donna toutes les garanties que cette différence de situation pouvait exiger. Un traité, conclu le 13 mars 1613, entre les États-Généraux de Hollande et la régence de Lubeck, traité auquel accédèrent les autres villes anséatiques, stipula entre les contractants la liberté du commerce de la Baltique et de la mer du Nord. Il se forma, au mois de décembre 1615, une confédération entre les États-Généraux et les Anséates, pour conserver la même liberté, les mêmes priviléges dans l'une et l'autre mer; et les sénats de Lubeck et de Hambourg veillèrent avec soin au maintien de leurs relations, soit avec la Hollande, soit avec l'Angleterre et la Suède.

Plusieurs traités du Danemark avec Hambourg appartiennent à la même époque, et ils confirmèrent les priviléges de commerce, de douanes et de navigation, précédemment accordés à cette ville: d'autres conventions terminèrent des discussions de limites entre Hambourg et le Holstein; un accord fut fait, en 1613, entre le roi de Danemark et la régence de Lubeck, sur les péages de l'entrée de la Baltique.

La confédération avait obtenu, au mois de juin 1603, des lettres patentes du czar Borys-Féodorowitz; et la régence de Lubeck renouvela, en cette occasion, ses anciens règlements sur le commerce de Novogorod, dont les privilèges venaient d'être confirmés. Les villes les plus intéressées à ce commerce n'étaient pas seulement celles de la Baltique: on doit y joindre Hambourg, Brême, Lunebourg, Brunswick, Magdebourg et quelques autres places.

L'Espagne, devenue maîtresse du Portugal, conserva aux Anséates, par un traité du 28 septembre 1607, les priviléges commerciaux dont ils y jouissaient; et bientôt elle leur en accorda de semblables en Andalousie et en Castille. Ceux qu'ils avaient obtenus en France, avant le règne de Henri IV, venaient d'être confirmés par ce prince, au mois de novembre 1604.

On peut remarquer que ces différents traités avaient été spécialement conclus avec Hambourg et avec Lubeck. Ces deux villes et celle de Brême étaient alors les plus considérables: leur indépendance politique et une heureuse situation commerciale leur assuraient plus d'influence et de pouvoir, et les destinaient à recueillir un jour l'héritage de la confédération dont elles faisaient partie.

L'union des villes anséatiques était souvent mise à l'épreuve, non-seulement par les hostilités et les agressions que d'autres États dirigeaient contre elles, mais par les guerres qui s'élevaient entre leurs voisins, et par la difficulté de conserver des communications libres avec chacune des puissances belligérantes. Celles-ci prétendaient quelquefois interdire aux Anséates tout commerce avec l'ennemi; et comme on cherchait à se soustraire à une injonction si absolue, il en résultait des collisions et des représailles qui pouvaient amener une rupture.

Ces froissements d'intérêts et ces actes de violence se faisaient surtout remarquer pendant les guerres du Danemark avec la Suède. Celle qui éclata, en 1611, entre ces deux puissances, fut favorable au Danemark, qui s'empara de Calmar, de l'île d'Oeland, de Wisby, établit ses croisières sur les côtes du Smaland et de l'Ostrogothie, et dirigeant ensuite ses vaisseaux vers la Trave, tenta d'enlever, dans les eaux mêmes de Lubeck, vingt navires marchands, prêts à mettre à la voile avec des cargaisons pour la Suède. L'amiral danois aurait réussi à s'en approcher et à les surprendre, à la faveur d'un brouillard, s'ils n'avaient pas eu le temps de lever l'ancre, et de se retirer sous le canon de la place. Cette expédition hardie n'empêcha pas Lubeck d'entretenir des relations avec la Suède; mais ses bâtiments ne naviguèrent plus que de conserve, afin d'être en état de résister.

La Hanse teutonique désirait un

rapprochement entre les deux puissances : elle eut recours à la médiation de l'Angleterre et de la Hollande, et leurs démarches réunies parvinrent à faire rétablir la paix. Les conquêtes faites sur la Suède lui furent rendues ; et le Danemark, qui les restituait, reçut quelques indemnités pécuniaires ; il consentit à supprimer les surtaxes de guerre qui avaient été imposées à l'entrée du Sund, et à ramener les droits de passage à leur ancien taux. L'Empereur avait lui-même interposé ses bons offices en faveur de la régence de Lubeck ; il avait écrit au roi de Danemark, pour l'inviter à rendre les navires anséates qui avaient été capturés, à réduire les péages, et à laisser à la navigation la liberté dont elle avait joui avant la guerre.

Le retour de la paix entre la Suède et le Danemark faisait espérer au commerce des villes anséatiques une nouvelle prospérité : les différends du duc de Brunswick avec la ville de ce nom furent aisément conciliés par la médiation de Christiern IV : Gustave-Adolphe, récemment élevé sur le trône, cultivait avec soin ses relations d'amitié avec ce monarque ; et les guerres qu'il eut à soutenir au fond du golfe de Finlande ne menaçaient pas les parages occidentaux de la Baltique ; mais d'autres germes de dissensions et de trouble fermentaient en Allemagne : ils allaient y jeter de profondes racines : on prévoyait leurs progrès et leurs développements ; ils s'étendaient de proche en proche ; et les villes anséatiques ne pouvaient pas échapper longtemps à leur invasion.

Le sujet que nous abordons tient à une des plus importantes périodes de l'histoire, et il embrasse de vastes contrées, des nations nombreuses, qui diffèrent entre elles de mœurs, de religion, d'intérêts et de langage. La guerre, allumée au centre de l'Europe, doit s'y propager dans tous les sens et en atteindre les extrémités. En parcourant cette longue série d'événements, et ces images successives d'opérations militaires et de calamités publiques, l'emploi de la force et de la ruse, les violences des hommes armés, le choc de toutes les passions, et les haines religieuses mêlées aux fureurs des guerres civiles, on est ému d'une vive et profonde pitié sur le sort des peuples qu'atteignirent de si cruels fléaux. Il appartenait aux écrivains d'un pays qui essuya tous les malheurs de cette guerre, d'en transmettre les récits et les graves leçons à la postérité, et ce soin a dignement occupé le premier de ses poètes dramatiques et un de ses meilleurs historiens. Sans avoir à reproduire un tableau si noblement tracé, nous avons du moins à nous arrêter par intervalles aux événements qui se lient à l'histoire de la Ligue Anséatique ; et quelques excursions nous seront sans doute permises, lorsqu'elles paraîtront nécessaires à l'enchaînement et à l'explication des principaux faits.

Les contestations que fit naître, en 1609, la succession au duché de Juliers semblaient d'abord ne concerner que les princes appelés à prétendre à cet héritage ; mais chacun d'eux avait contracté des alliances de famille ou d'intérêts avec d'autres cours ; chacun avait de puissants auxiliaires ; et une si faible étincelle faillit amener un vaste embrasement. D'autres questions épineuses étaient venues compliquer et animer les premiers débats : l'autorité impériale s'était emparée de cette affaire et avait mis en séquestre les domaines dont l'héritage était contesté. Plusieurs gouvernements voyaient avec inquiétude s'accroître la puissance de la maison d'Autriche ; ils désiraient y mettre des bornes ; et cette nécessité était plus vivement ressentie dans le cœur de l'Allemagne, où l'Empereur tendait sans cesse à restreindre les priviléges du corps germanique, où les haines religieuses, loin d'être apaisées par une autorité conciliante et paternelle, s'étaient encore envenimées, où les protestants réclamaient contre la spoliation d'un grand nombre de biens ecclésiastiques, dont ils avaient le droit de jouir en vertu des traités de religion. Ce parti avait reconnu l'obligation de résister à de tels empiétements : il voulait recouvrer ses biens et ses priviléges, et il avait formé, en 1608, sous le titre d'Union évangélique, une confédération qui fut confirmée cinq ans après et dont l'électeur palatin devint le chef. La plupart des princes protestants adhérèrent à cette association, et prirent part aux levées d'hommes et de subsides qu'entraînait le besoin d'une commune défense. Ces mesures, destinées à donner plus de poids aux réclamations des confédérés, n'étaient encore qu'une simple précaution contre les actes du pouvoir; mais en annonçant le projet de résister à l'oppression, on tenait en défiance le parti contraire; et bientôt il se forma contre les protestants une ligue catholique, à la tête de laquelle fut placé Maximilien duc de Bavière : les princes de la même religion y furent appelés; ils y prirent leurs rangs; et l'Allemagne se trouva partagée en deux corporations ennemies, entre lesquelles les hostilités paraissaient imminentes.

Les querelles de religion auxquelles la Bohême avait été livrée s'y renouvelèrent en 1617, avec une extrême violence, et entraînèrent une guerre de trente ans, dont le principal théâtre changea plusieurs fois : d'illustres guerriers furent tour à tour amenés sur la scène; ce fléau les dévora presque tous : il semblait que l'édifice des libertés germaniques ne pût être élevé que sur des ruines.

L'empereur Mathias, qui n'avait pas d'enfants, venait d'adopter l'archiduc Ferdinand, petit-fils de l'empereur de ce nom; et ce prince, que les états de Bohême avaient reconnu pour roi, et qui avait été couronné le 17 juin 1617, s'était engagé à maintenir les priviléges du royaume et le libre exercice de la religion protestante; mais plusieurs atteintes portées aux droits des habitants excitèrent bientôt leurs plaintes, qui furent encore aigries par le comte de Thurm, homme violent, ambitieux, jouissant d'un grand empire sur l'esprit de la multitude. Il était devenu le principal personnage du royaume; et, comme il avait reçu le titre de défenseur des protestants, il s'en autorisa pour convoquer les états de Bohême sans l'aveu de l'empereur Mathias, et pour exciter une insurrection contre le conseil d'État, auquel était remise l'autorité du roi Ferdinand pendant son absence. De nombreux mécontents, à la tête desquels s'étaient placés le comte de Thurm et plusieurs membres des états, se portèrent en tumulte au château de Prague où le conseil était réuni. Leurs bruyantes réclamations et la hauteur des réponses qu'on leur fit engagèrent bientôt une querelle plus violente : les séditieux étaient encouragés par les cris de la populace, et ils jetèrent par les fenêtres deux membres du conseil et Fabricius qui en était secrétaire. Publiant ensuite un manifeste, pour justifier la mesure qu'ils avaient prise, ils soutinrent qu'ils avaient eu le droit de se rendre justice eux-mêmes : ils cherchèrent d'anciens exemples pour établir la légalité de leur conduite, et prétendirent s'être conformés aux bons et louables usages de leurs pères. L'apologie d'une sentence et d'une exécution si expéditive et si cruelle nous montre quelle était la barbarie des mœurs de cette époque. Un incident imprévu sauva les trois proscrits : l'eau ou la vase du fossé qui les reçut dans leur chute en affaiblit la violence, et les préserva d'une mort qui semblait inévitable. Tels étaient chez ces magistrats les règles de l'étiquette et l'attachement à ses formules, que Fabricius qui fut précipité le dernier s'excusa près du conseiller Sbalata de la liberté qu'il avait prise de tomber sur lui.

Les armements qui suivirent ce premier acte de révolte faisaient prévoir d'autres hostilités. L'empereur Mathias essaya vainement de les détourner par de nouvelles promesses : il avait perdu la confiance des protestants, et l'inquiétude qu'ils causèrent à ce prince abreuva d'amertume ses derniers jours. Il mourut le 20 mars 1619, et l'élection de Ferdinand II, son successeur, eut lieu le 28 août suivant, après un interrègne qui favorisa les progrès de l'anarchie.

Le nouvel empereur chercha par plusieurs concessions à recouvrer son autorité et à rétablir le calme en Bohême. Il y avait perdu une couronne, et les états avaient proclamé sa déchéance, au moment même où il obtenait la dignité impériale. Ce prince fut attaqué par les insurgés jusqu'aux portes de sa capitale. La guerre dirigée contre lui s'était rapidement étendue en Silésie et en Moravie : les mécontents avaient pour auxiliaire Bethlem Gabor, prince de Transylvanie, qui fit une invasion en Hongrie, s'avança jusqu'à Presbourg, et y fut proclamé roi par un nombreux parti soulevé contre l'empereur Ferdinand. Les Bohêmes, qui s'étaient eux-mêmes soustraits à son autorité, avaient besoin d'un nouveau chef : le comte de Thurm n'osait prétendre à cette haute dignité, quoiqu'il eût perdu l'habitude d'obéir ; et cette couronne, donnée et ôtée tour à tour par les mêmes états, fut offerte à Frédéric, électeur palatin, gendre du roi d'Angleterre Jacques Ier. C'était un dangereux présent ; et le roi Jacques et Maurice, stathouder de Hollande, invitèrent l'électeur à ne pas l'accepter ; mais l'ambitieux Frédéric n'écouta pas leurs prudents avis. Il se rendit à Prague, fut couronné roi le 25 octobre ; et, profitant de la faveur populaire qui accueillit son avénement, il leva promptement en Bohême une armée de trente mille hommes. Ils étaient commandés par le margrave de Bade-Durlach, et ils tinrent la campagne jusqu'au 3 novembre 1620, époque désastreuse où ils perdirent la bataille de Prague.

Toute la Bohême fut bientôt soumise par les armes de l'Empereur : ce monarque fit faire le procès aux artisans de la révolte : la plupart des chefs périrent sur l'échafaud, et Ferdinand commua en prison perpétuelle la peine capitale à laquelle d'autres étaient condamnés. Déjà l'électeur palatin avait été mis au ban de l'Empire : Ferdinand désirait transmettre cet électorat à Maximilien duc de Bavière ; il le lui conféra, en 1622, dans la diète de Ratisbonne ; et ce prince fut mis en possession d'une grande partie du Palatinat, malgré les protestations de l'électeur de Saxe, de celui de Brandebourg, et de plusieurs autres membres du corps germanique.

Une décision si arbitraire, si absolue, était regardée par les mécontents comme une flagrante violation des lois et des constitutions de l'Empire. Les états de la basse Saxe, où les principales villes anséatiques étaient situées, songèrent à se prémunir contre d'autres infractions : ils tinrent à Lunebourg une session, où se trouvèrent les ambassadeurs du roi de Danemark, l'électeur de Brandebourg, les ducs de Brunswick, de Mecklembourg, de Holstein, les députés des villes anséatiques. On y forma une association pour la défense de la basse Saxe, et l'on choisit pour chef de l'armée le duc de Brunswick, coadjuteur de Halberstadt.

Les hostilités n'éclataient encore qu'entre différents États d'Allemagne ; mais on prévoyait que d'autres gouvernements prendraient bientôt part à ce démêlé : les uns y étaient attirés par leurs alliances de famille avec les princes belligérants ; d'autres par la conformité des opinions religieuses qu'ils étaient disposés à soutenir ; plusieurs par le désir d'empêcher l'agrandissement de la maison d'Autriche, et de lui opposer, dans le sein même de l'Empire, un contre-poids habituel. Cependant on n'en venait pas encore à une rupture ; on se bornait à envoyer à ses partisans quelques subsides, à leur permettre des levées d'hommes sur son territoire, à tenter des négociations pour rapprocher les belligérants, ou pour prolonger leurs dissensions, si l'on espérait en recueillir quelques fruits.

Avant que la confédération formée en Allemagne contre l'Empereur trouvât des alliés en Suède, en France et dans d'autres pays, son principal appui fut le comte Ernest de Mansfeld, qui mit à son service les troupes qu'il avait levées lui-même. Plusieurs fois il fit triompher la cause qu'il défendait : quelques revers firent éclater sa constance, son génie militaire, la fécondité de ses ressources; mais il trouva dans le comte de Tilly un redoutable adversaire, auquel l'Empereur dût ses premières victoires, et qui acheva promptement la ruine de l'électeur palatin, pour les intérêts duquel les mécontents avaient pris les armes.

La défaite de ce prince, qui ne chercha plus qu'une obscure retraite, n'amena cependant pas un rapprochement entre les partis. Quelques États de l'Empire, et surtout ceux de l'union évangélique, voyaient leur indépendance menacée par la prépondérance de la maison d'Autriche : ils cherchèrent un nouveau chef qui partageât leur ressentiment et se montrât dévoué à leur cause, et ils jetèrent les yeux sur Christiern IV, roi de Danemark. Ce monarque s'unit à leurs intérêts, dans une assemblée convoquée en 1625 à Ségeberg, ville du Holstein : il comptait sur les subsides de l'Angleterre, de la Hollande et de la France : des troupes furent levées sur leurs territoires; et celles du comte de Mansfeld, commandées par lui-même, balancèrent plus d'une fois les succès et la fortune des armées de l'Empereur. On remarquait dans les rangs des confédérés le duc de Meklembourg, celui de Brunswick, l'administrateur de Brandebourg, et les villes impériales de la basse Saxe, empressées de fournir leurs contingents pour l'armée du cercle où elles se trouvaient situées.

De nouveaux guerriers s'illustrèrent dans cette lutte mémorable; et un homme, dont la réputation s'était rapidement accrue, le baron de Walstein dut à ses premiers exploits la faveur de l'empereur Ferdinand II, le titre de duc de Friedland, celui de prince de l'Empire, et le commandement général des armées.

Les opérations de la campagne de 1626 commencèrent près du Wéser, et les Impériaux sous les ordres du comte de Tilly obtinrent contre Mansfeld de premiers avantages, à la suite desquels ils s'emparèrent de Hameln, de Minden, de quelques autres villes de la confédération; la guerre fut ensuite portée sur les rives de l'Elbe, où ils étaient maîtres du pont de Dessau. Mansfeld essaya de les déloger de cette position, afin d'établir une libre communication entre les deux rives; mais, quoiqu'il eût cherché à dérober sa marche à l'ennemi, il fut surpris dans son camp par l'activité et la vigilance de Walstein : ses tentes, ses bagages furent incendiés; et se voyant réduit à gagner la rase campagne, il y fut attaqué par Walstein, qui tailla en pièces son infanterie, et poursuivit les fugitifs jusqu'à Zerbst, où il en fit un nouveau carnage.

Mansfeld se retira dans la Marche de Brandebourg; il n'était point découragé par sa défaite; et sa cavalerie, qu'il avait sauvée, devint le noyau d'une nouvelle armée, à laquelle se réunirent les renforts du Danemark, du Mecklembourg et des villes anséatiques. On le vit bientôt rentrer en campagne, gagner la Silésie, la Moravie, et s'avancer en toute hâte vers la Hongrie, avec un corps de troupes, qui s'éleva rapidement jusqu'à vingt-cinq mille hommes. Son but était de se rallier à Bethlem Gabor, qui avait fait une nouvelle invasion dans les plaines de Hongrie situées sur la rive gauche du Waag; et il voulut se concerter avec lui, ainsi qu'avec les pachas de Bude et de Bosnie, pour porter en Autriche ses opérations ultérieures; mais les fatigues de cette campagne hâtèrent les progrès d'une phthisie qui consumait ses forces. Il laissa au prince de Transylvanie les troupes qui lui restaient, et sentant approcher sa fin, il désira se faire transporter à Venise. Mansfeld mourut en Bosnie, dans les bras de quelques officiers qui l'accompagnaient; et son corps fut inhumé à Spalatro, où la république de Venise lui fit faire d'honorables obsèques. Ce guerrier avait été constamment poursuivi par les Impériaux, dans sa marche rapide à travers la Silésie, la Moravie, la haute Hongrie; et Walstein, quoique supérieur en forces, n'avait pu l'entamer dans cette marche longue et difficile. La mort de Mansfeld priva les confédérés de leur plus habile général; et Tilly et Walstein obtinrent ensuite de plus faciles avantages contre l'armée dont le roi de Danemark avait gardé le commandement.

Ce monarque avait divisé ses troupes en plusieurs corps, afin de ne pas exposer aux chances d'une bataille rangée toutes les nouvelles levées qu'il voulait avoir le temps d'aguerrir; mais en évitant d'agir avec ses forces réunies, il éprouva successivement et sur différents points plusieurs échecs qui affaiblirent ses ressources. Bientôt il fut réduit à se défendre de poste en poste le long des rives de l'Elbe, et à se replier enfin sur le Holstein, le Sleswick et le Jutland, où il fut vivement poursuivi par les Impériaux que commandait le comte de Tilly. Les alliés de Christiern commencèrent à se détacher de lui : découragés par le malheur de leurs armes, ils cherchaient à se réconcilier avec l'Empereur, et à sauver du moins une partie de leurs possessions et de leurs droits comme membres du corps germanique. Déjà on avait disposé du Mecklembourg, dont le duc avait été mis au ban de l'Empire; et Ferdinand II en avait donné l'investiture à Walstein, en récompense de ses services. Walstein et Tilly poursuivaient leurs avantages; et quoique le roi de Danemark continuât de soutenir contre eux une lutte inégale, sa position, qui empirait de jour en jour, lui fit enfin désirer la paix. Ce vœu était également celui de Hambourg, de Brême, de Lubeck, et des autres villes anséatiques, dont le commerce était appauvri par les ravages de la guerre : elles ne voulurent plus concourir à ses opérations, cherchèrent à recouvrer la neutralité, et envoyèrent, pour l'obtenir, une ambassade à la cour de Vienne.

Une diète anséatique, convoquée à Lubeck en 1628, avait alors à délibérer sur les plus importants intérêts de la confédération. Son commerce du Nord allait être menacé par la concurrence d'une compagnie qui avait obtenu de l'Empereur le privilége de l'exploiter, et la maison d'Autriche désirait que les villes anséatiques favorisassent les intérêts de cette corporation : mais c'était leur demander le sacrifice de leurs principales ressources. Pendant longtemps les Anséates avaient été exclusivement en possession du commerce du Nord, et particulièrement de celui de la Baltique : d'autres pavillons, ceux d'Angleterre et de Hollande, avaient ensuite paru dans cette mer intérieure et avaient partagé les bénéfices de sa navigation. Si l'Espagne et l'Autriche, ces deux grandes branches d'une même famille, allaient être encore admises à en jouir, ne consommeraient-elles pas la ruine des villes anséatiques, déjà si réduites en nombre et en puissance? L'Espagne, maîtresse des richesses du nouveau monde, pourrait les importer dans la Baltique sur ses propres navires, et l'Autriche y ferait arriver les marchandises de l'intérieur de l'Allemagne, par le cours des grands fleuves qui traversent cette vaste contrée. Les mêmes ports recevraient ainsi, soit par terre soit par mer, les objets d'échange que la nouvelle compagnie autrichienne voudrait y introduire, et les Anséates cesseraient d'être les facteurs et les intermédiaires d'un commerce de commission qui les avait longtemps enrichis.

L'intention de la maison d'Autriche était de ruiner les finances du Danemark, en le forçant à supprimer ou à réduire les droits du Sund, et l'on voulait aussi supplanter dans la Baltique les Anglais et les Hollandais. L'Empereur et le roi d'Espagne avaient envoyé des négociateurs à Lubeck, pour inviter la régence anséatique à s'associer à leur entreprise et pour lui offrir l'avantage de participer au commerce qui allait être remis à la nouvelle compagnie : ces deux cours espéraient, en associant les Anséates au même privilége, les intéresser au succès de ce projet, et les détacher entièrement de l'union évangélique, à laquelle ils tenaient encore par des liens politiques et religieux, quoiqu'ils désirassent être neutres. Mais la diète de Lubeck, ayant à délibérer sur des propositions si graves, déclara qu'elle ne pouvait pas y accéder. Quel que fût son intérêt à s'affranchir d'un péage onéreux, elle ne voulait pas, pour obtenir la suppression des droits du Sund, entrer en guerre avec le Danemark, dont elle avait été l'alliée ; elle craignait d'ailleurs la rivalité d'une nouvelle compagnie qui, ayant à compter sur la protection de deux grandes puissances, deviendrait de jour en jour plus entreprenante et plus ambitieuse.

Un concours de circonstances favorables semblait néanmoins faciliter les plans de la maison d'Autriche. Le nouveau duc de Mecklembourg, Walstein, devenu général en chef des armées de l'Empereur, avait aussi été nommé grand amiral de la mer Baltique : il devait attaquer la Poméranie, afin que l'Empire eût de nouveaux ports sur ce littoral ; et l'on projetait d'assembler à Stralsund, dont on espérait s'emparer aisément, une flotte assez considérable pour dominer dans la Baltique, attaquer le Danemark et s'emparer des forteresses qui gardent le passage du Sund. Une seconde flotte, dont l'Espagne aurait équipé une partie, devait croiser dans la mer du Nord, et chercher à ruiner la marine marchande des Provinces-Unies.

C'était à l'aide de ces forces combinées que la maison d'Autriche se proposait d'envahir le commerce de la Baltique ; et pour agir plus librement contre le Danemark, elle cherchait à se préserver d'une attaque de la Suède, en occupant Gustave-Adolphe sur les frontières de la Livonie, dont la possession lui était disputée par le roi de Pologne Sigismond III, et en donnant des secours à ce dernier prince.

La Ligue Anséatique, en refusant de concourir à des actes hostiles, soit contre le Danemark, soit contre la Suède, conservait par cet acte de prudence les priviléges commerciaux dont elle jouissait en vertu de ses traités avec l'une et l'autre puissance : elle craignait d'ébranler par de nouvelles commotions l'ancien système de sa confédération politique, et cherchait du moins à ne pas provoquer les périls dont elle était menacée. Ce fut un moment d'orage ; il passa ; et l'Autriche, moins occupée de l'agrandissement de son commerce que du soin de poursuivre ses opérations militaires contre un ennemi obstiné dans sa résistance, remit à d'autres temps un projet qui entraînait alors trop de difficultés. Son intention était de ménager les villes anséatiques si la guerre venait à se prolonger ; et quoique la fortune des armes lui eût été habituellement favorable, ses troupes avaient tant souffert, par les pertes que coûte la victoire elle-même, et par les fatigues, la désertion, les maladies, qu'elle désirait terminer la guerre, et obtenir par des traités la confirmation de ses avantages. Le roi de Danemark était toujours à la tête de ses ennemis, et c'était d'abord avec lui qu'il fallait se réconcilier ; mais les exigences de l'Empereur étaient devenues telles, que Christiern IV aimait mieux lui disputer pied à pied ses dernières possessions sur le continent que de condescendre par un traité aux nombreux sacrifices qui lui étaient demandés.

Cependant, malgré l'irritation que l'on remarquait de part et d'autre, des conférences avaient été ouvertes à Lubeck pour la négociation de la paix entre le roi de Danemark et Ferdinand II ; et quoique les premières conditions proposées par l'Empereur eussent été rejetées, les discussions se prolongeaient ; elles devenaient moins vives, et l'on tendait à se rapprocher par de moyens termes. Une réconciliation fut préparée par Walstein, qui cherchait, depuis qu'il avait été mis en possession du duché de Mecklembourg, à établir entre lui et le roi de Danemark des relations d'amitié. Son intervention et son influence déterminèrent l'Empereur à se relâcher de la plupart des prétentions qu'il avait mises en avant. Le Danemark obtint la restitution des villes qui lui avaient été enlevées : l'Empereur cessa d'exiger de lui le remboursement des frais de la guerre, et les ducs de Holstein et de Sleswick furent remis en possession de leurs États. Le premier de ces deux pays était un fief de l'Empire; le second ne l'était pas et il ne dépendait que de la couronne de Danemark.

Lorsque la paix eut été rétablie entre l'Empereur et Christiern IV, ce dernier prince fit réparer et agrandir Gluckstadt, ville du Holstein située sur le rivage de l'Elbe. Cette place avait été ruinée pendant le siége qu'elle soutint contre les Impériaux; et l'on s'efforça d'y attirer de nouveaux habitants, par des concessions de terres et des priviléges de commerce. Christiern voulut y établir un droit de péage sur tous les vaisseaux qui remontaient l'Elbe; mais les Hambourgeois se plaignirent vivement d'une innovation si nuisible à leur navigation et à leur commerce; et, comme il n'eut aucun égard à leurs réclamations, ils résolurent de recourir à la force : ils armèrent quelques navires, ayant à bord quinze cents hommes, et attaquèrent dans le port même de Gluckstadt les vaisseaux danois chargés de la perception de ce péage.

Des représailles succédèrent aux premières hostilités, et la médiation des villes de Lubeck et de Brême ne put prévenir une rupture. Les escadres danoises et hambourgeoises se rencontrèrent, le 12 septembre 1630, près de Ritsbuttel, et il y eut entre elles un premier combat, que suivirent quelques autres engagements peu décisifs. Les attaques se renouvelaient; il fallut pour les suspendre l'intervention de l'Empereur; et enfin les démarches du gouvernement hollandais amenèrent un rapprochement. Hambourg restitua au Danemark les navires enlevés, lui remit une indemnité de cent mille rixdalers, conserva sur l'Elbe la liberté de sa navigation, et la recouvra également dans la mer du Nord et dans la Baltique.

Le traité de Lubeck, qui avait réconcilié, en 1629, le roi de Danemark avec l'Empereur, pouvait être regardé comme un acheminement à la paix générale; les esprits y semblaient préparés; et la diète germanique que l'Empereur convoqua, l'année suivante, à Ratisbonne, dans l'espérance d'y faire élire roi des Romains son fils l'archiduc Ferdinand, fit ses efforts pour obtenir un désarmement de part et d'autre, et pour ramener au pied de paix l'effectif des troupes de l'Empereur et de l'Empire. C'était ôter aux belligérants de fréquentes occasions de se nuire, et rendre aux habitants une sécurité dont ils étaient privés depuis longtemps.

Si nous nous reportons à ces époques, nous remarquons l'extrême licence des gens de guerre auxquels chaque parti confiait la défense de ses droits Cet esprit d'indiscipline et de violence tenait à la composition même des armées : souvent un chef enrôlait sous sa bannière une foule d'aventuriers qui, à son exemple, offraient et engageaient leurs services. Les troupes de Mansfeld avaient eu ce caractère : une partie des armées conduites par Tilly et par Walstein se composaient de levées semblables : elles dépendaient de leurs commandants, ne reconnaissaient qu'eux, s'attachaient à leur fortune, et embrassaient ensuite une autre cause quand leurs capitaines avaient changé de parti. Ces marques d'instabilité étaient fréquentes chez des hommes qui appartenaient à différents pays, qui n'avaient qu'une bannière pour point de réunion, et ne voyaient la patrie que dans leur camp.

Les services propres à assurer les subsistances et l'entretien des armées, n'étaient pas alors établis : les troupes vivaient aux dépens des populations; et malheur aux contrées où elles devaient séjourner! Le droit de la force y dominait tous les autres : le besoin d'avoir des hommes de guerre faisait tolérer leurs excès, et la plupart des actes de violence restaient impunis. Ce fléau menaçait également les pays amis ou ennemis : les armées se portaient sur les territoires où elles pouvaient vivre; après les avoir épuisés elles changeaient de lieu; comme on voit des tribus nomades planter momentanément leurs tentes dans les plaines qui leur offrent des moissons à récolter et des pâturages. La guerre dévorait promptement des ressources mal administrées; l'absence des règles exposait aux exactions particulières; et des troupes auxquelles on ne faisait aucune distribution de vivres étaient dans la nécessité de pourvoir à leur entretien : souvent elles exigeaient au delà du besoin; elles imputaient au mauvais vouloir des habitants la parcimonie, l'insuffisance de leurs fournitures, et cherchaient à leur arracher de nouveaux sacrifices. Quel recours pouvait-on exercer contre des troupes qu'il fallait ménager et retenir pour un jour de combat? Avaient-elles de la valeur, on les dispensait de beaucoup d'autres devoirs; et, si elles rançonnaient les villes que leur bras pouvait seul défendre contre l'ennemi, on était disposé à excuser leur licence. L'indiscipline militaire était alors si habituelle, que l'on s'accoutumait à la regarder comme un mal inévitable. Elle accroissait la misère publique; mais l'abondance régnait dans les camps : elle faisait oublier aux soldats leurs fatigues; et l'insouciance du péril, l'incertitude du lendemain leur faisaient rechercher toutes les jouissances du moment.

Les mêmes éléments, la même formation de troupes se faisaient remarquer dans les différentes parties de l'Europe. Lorsque Gustave-Adolphe était en guerre avec le Danemark, il avait fait lever en Écosse et dans les Pays-Bas un corps de trois mille hommes; et s'il congédia en 1614 ces milices étrangères, il en fit enrôler de nouvelles en 1629, lorsqu'il allait porter la guerre en Allemagne, pour soutenir les droits de la confédération germanique. Les unes lui furent amenées de Finlande et de Livonie; d'autres étaient levées en Prusse. Ce prince prit à son service six mille Anglais ou Écossais, qui débarquèrent en Poméranie sous les ordres de Jacob Hamilton, et qui furent employés sur les rives de l'Oder et en Silésie.

L'usage où l'on était d'acheter les services de quelques chefs de bandes qui levaient des soldats à leurs frais était emprunté des guerres d'Italie. Chacun de ces hommes, devenu le champion de la cause qu'il s'était engagé à servir, s'était fait un exercice habituel des travaux de la guerre, aimait à prodiguer sa vie, n'attachait de mérite qu'à la bravoure, et donnait toujours raison à la force. Il y trouvait encore *le jugement de Dieu*, tel que l'avaient admis ses ancêtres : il y voyait un principe de gloire, s'il avait l'âme élevée, et un moyen de fortune, s'il ne tenait qu'à dépouiller les vaincus. On admirait son courage dans les assauts, mais on plaignait les victimes de ses exactions. Acheté pour combattre, pouvait-il offrir au pays qu'il avait à défendre la même garantie que l'homme qui aurait pris les armes pour sa patrie?

Ces remarques ne s'appliquent cependant pas aux capitulations régulières qu'un gouvernement était dans l'usage de conclure avec d'autres nations, pour leur donner habituellement place dans ses armées. Il est des peuples éminemment doués d'esprit militaire, auxquels un sol ingrat refuse des moyens de subsistance. La stérilité de leur territoire n'y a pas toujours nui à la fécondité des familles, et il en sortait autrefois des essaims de conquérants, dont les émigrations périodiques allaient envahir et coloniser d'autres contrées. Des mœurs différentes prévalurent ensuite, et le service étranger vint offrir à ces mâles courages une noble perspective de périls et de renommée : leurs gouvernements eux-mêmes contractèrent pour eux des conventions militaires, et le pays qu'ils s'accoutumaient à servir devenait pour eux une patrie adoptive. Ils y consumaient leurs jours, ils y jouissaient des honneurs, des récompenses accordées aux autres corps de l'armée ; et l'État, qu'ils servaient avec fidélité, les assimilait à ses enfants. Mais on ne pouvait pas attendre le même dévouement d'un rassemblement d'hommes levés à la hâte, appartenant à plusieurs pays et qu'une circonstance fortuite réunissait momentanément.

Il résultait aussi de leur manque d'approvisionnements plus de difficultés dans la conduite de leurs opérations militaires. L'obligation de choisir les lieux où l'armée pouvait vivre faisait souvent manquer l'occasion de porter des coups décisifs ; et l'on pouvait voir déjouer les plus habiles combinaisons de la stratégie, lorsque l'épuisement d'un pays forçait à l'abandonner, avant qu'on eût pu attaquer l'ennemi avec avantage. Cet embarras de subsistances prolongeait la durée de la guerre. Les capitaines avaient soin de ménager les hommes qu'ils avaient fournis ; ils voulaient mettre à leur portée les ressources et les facilités de la vie, et ils étaient d'ailleurs intéressés à rendre leurs services longtemps nécessaires.

Aussi l'on voyait rarement réunir ces grands corps d'armée dont le choc peut décider en un seul jour du sort de toute une campagne et hâter la fin des hostilités. L'Allemagne fut ravagée par des troupes souvent dispersées, qui ne faisaient qu'y répandre en détail tous les malheurs de la guerre, sans avancer le moment d'y mettre un terme. Chaque année empirait la situation de ces belles contrées, et leur enlevait une partie de leurs ressources, jusqu'au moment où l'extrême lassitude de tous les partis ferait sentir la nécessité de la paix.

Les charges imposées aux habitants par des chefs qui ne recevaient du trésor public aucun secours, faisaient souvent haïr leur autorité, et craindre la protection de leurs armes. Les peuples étaient plus épuisés par leurs demandes arbitraires qu'ils ne l'auraient été par des prestations légales et proportionnelles ; et l'animadversion publique se dirigea spécialement contre Walstein, qui commandait alors toutes les forces de l'Empire, et tenait sur pied deux cent mille hommes dont il dirigeait tous les mouvements. La diète de Ratisbonne sollicita avec instance sa déposition, le licenciement d'une grande partie de l'armée, et sa réduction à un corps de quarante mille hommes : ce nombre paraissait suffire à l'état de paix, et l'Empereur consentit à sacrifier un général dont il croyait alors l'ambition plus dangereuse et les services moins nécessaires.

Un des principaux motifs de la haine des protestants contre Walstein était la rigueur avec laquelle il avait fait exécuter un édit de l'Empereur qui ordonnait la restitution de tous les biens enlevés au clergé catholique depuis la transaction de Passau, conclue en 1552. Trop d'intérêts individuels se trouvaient froissés par cet édit, pour qu'il n'excitât pas un mécontentement général. On remarquait d'ailleurs les nombreux empiétements de Ferdinand II sur les droits du corps germanique ; cet empereur cherchait, comme son devancier, à rendre héréditaire dans sa famille la dignité impériale ; et les électeurs, qui pouvaient avoir des prétentions semblables, tenaient aussi à la conservation de leurs priviléges. Dans ce moment d'inquiétude et d'irritation, ils obtinrent inopinément l'assistance de Gustave-Adolphe qui avait contre la maison d'Autriche de nombreux griefs. Ce monarque se plaignait des secours qu'elle avait donnés aux Polonais avec lesquels il était en guerre, de la défense qu'elle avait faite de lever des soldats en Allemagne pour le service de la Suède, de l'usurpation du duché de Mecklembourg sur un prince dont il était parent, de l'occupation de quelques ports de la Baltique, de la capture de plusieurs navires suédois, du siége de la ville anséatique de Stralsund, des armements que l'on avait faits pour enlever aux puissances du Nord le commerce et la navigation de cette mer intérieure, et enfin du refus de recevoir les ambassadeurs de Suède, lorsqu'on traitait à Lubeck du rétablissement de la paix.

Ces différents sujets de plaintes portèrent Gustave-Adolphe à déclarer la guerre à l'Empereur. Il débarqua, le 24 juin 1630, avec une armée de quinze mille hommes, dans l'île de Rugen, s'empara de celle d'Usedom, des places de Cammin, de Stettin, de Stargardt, et assura, par l'occupation de la Poméranie, ses communications avec la Suède, pendant la durée de l'expédition qui allait le retenir en Allemagne. Une assemblée que les États protestants avaient convoquée à Leipzick avait résolu de lever une armée de quarante mille hommes pour soutenir leurs priviléges, et d'établir un conseil permanent, chargé d'exécuter les mesures que l'intérêt commun leur ferait adopter.

L'électeur de Saxe et celui de Brandebourg, l'électeur palatin, le landgrave de Hesse-Cassel, les ducs de Brunswick, de Lunebourg, d'autres grandes maisons protestantes, les députés de Lubeck, de Brême et des principales villes impériales assistaient à cette réunion, convoquée par l'électeur de Saxe. Elle avait pour but de se concerter sur l'affaire des restitutions de biens ecclésiastiques ordonnée par l'Empereur, sur les moyens de réduire à de plus justes bornes l'autorité de ce monarque, sur le maintien des lois et des libertés du corps germanique, sur le rétablissement de la bonne intelligence entre les catholiques et les protestants, et sur les moyens de soulager la misère des peuples, déjà accablés par treize années de guerre.

Cette assemblée résolut d'envoyer à la ligue catholique une députation, pour lui témoigner le désir de conserver la paix; néanmoins l'empereur Ferdinand regarda comme séditieuses les délibérations qu'elle avait prises: il se hâta de terminer par le traité de paix de Cherasco la guerre de la Valteline et de la succession du Mantouan, et voulut ramener en Allemagne les troupes qu'il avait en Italie, afin de se défendre contre l'invasion de Gustave-Adolphe qui poursuivait ses succès dans l'Empire, et de chercher à démembrer et à détruire par la force la confédération des États protestants, encouragés par l'espérance d'attacher à leur cause un si vaillant auxiliaire. Quoique la ligue qu'ils formaient entre eux n'eût pas conclu d'alliance avec la Suède, elle opérait en sa faveur une puissante diversion, et tenait en échec une partie des forces de l'Autriche.

Les électeurs de Saxe et de Brandebourg hésitèrent quelque temps de se joindre d'une manière plus directe aux opérations de Gustave-Adolphe; mais enfin ils s'engagèrent dans son alliance; et les troupes de Saxe, commandées par leur prince, se trouvaient à la bataille de Leipsick, où Gustave-Adolphe battit complétement l'armée impériale. Cette victoire, remportée le 17 septembre 1631 sur le comte de Tilly, un des meilleurs généraux de l'Empire, accrut la renommée du roi de Suède, lui ouvrit tous les États occidentaux depuis le Rhin jusqu'à l'Elbe, le rendit maître de la basse Saxe, du Mecklembourg, et lui permit de déloger les Autrichiens des places de Rostock et de Wismar où ils s'étaient établis.

La direction suivie par le roi de Suède dans ses premières opérations nous explique l'avantage qu'eurent pour les villes anséatiques les succès de ce prince : en soutenant leurs libertés politiques et en les couvrant de ses armes, il rendit quelque activité à leur commerce.

Les derniers revers du comte de Tilly étaient difficiles à réparer; et le conseil de l'Empereur, craignant de nouveaux désastres, désirait que Walstein fût replacé à la tête des troupes, qui le regrettaient vivement : lui seul paraissait pouvoir lutter contre un ennemi victorieux; et quelle que fût la répugnance de Ferdinand II à rappeler un guerrier mécontent, qui avait conservé dans la disgrâce ses ressentiments et sa hauteur, il plia sous la nécessité, et envoya une députation à Walstein qui s'était retiré à Znaïm en Moravie. L'orgueilleux sujet refusait d'abord de se rendre aux prières de son souverain, et il parut enfin accorder une grâce en acceptant le commandement des armées.

Ses premières opérations furent de reconquérir la Bohême avec un corps de quarante mille hommes qu'il avait levés rapidement : il joignit ensuite ses troupes à celles du duc de Bavière, pour marcher contre l'armée suédoise : une sanglante affaire eut lieu près de Nuremberg, mais elle fut indécise; et les deux ennemis, observant les mouvements l'un de l'autre, se dirigèrent enfin vers Lutzen, à deux lieues de Leipzick : une bataille mémorable y fut livrée le 15 novembre 1632; elle fut gagnée par les Suédois qui restèrent maîtres du champ de bataille; mais Gustave-Adolphe avait été tué au commencement de l'action, et l'Autriche était délivrée de son plus redoutable adversaire. Cette bataille, où la victoire avait été disputée avec acharnement, n'affaiblit point la réputation militaire de Walstein, qui avait déployé dans toutes les dispositions du combat une grande habileté. Il porta en Silésie les opérations de la campagne suivante, descendit les rives de l'Oder jusqu'à Francfort, dont il s'empara, et revint en Bohême où l'attendaient d'autres genres de périls. Son inaction, pendant que les Suédois attaquaient au midi le duc de Bavière et qu'ils se maintenaient au nord dans la Poméranie, fit supposer qu'il commençait à entretenir avec eux quelques intelligences : les rivaux de sa fortune et de sa renommée accueillirent ces premiers bruits, s'attachèrent à lui faire perdre la confiance de l'Empereur, réussirent à inspirer à Walstein lui-même des doutes sur les dispositions du monarque, et à lui persuader que l'on cherchait à le perdre. Tous ses actes furent décriés; on lui attribua l'intention de livrer à l'ennemi ses plans de campagne, une partie de ses troupes et les places qu'il devait défendre. On répandit que la couronne de Bohême allait être pour lui la récompense de cette trahison, et qu'il s'était concerté avec la France, et avec la Suède dont le chancelier Oxenstiern dirigeait les affaires depuis la mort de Gustave-Adolphe. L'ambition dont on accusait Walstein donnait trop d'ombrage à un prince défiant et jaloux de son pouvoir pour ne pas amener une catastrophe. On aigrissait contre lui la haine de la multitude, en exagérant encore le récit des charges dont il accablait les provinces; mais on ne pouvait lui faire perdre l'affection d'une armée qui lui devait son bien-être, et qui avait si souvent vaincu sous les ordres de cet habile général.

L'union évangélique profita des hésitations de Walstein et de son animosité contre la cour d'Autriche pour se rapprocher de lui, et pour l'intéresser à sa cause. Un grand nombre d'officiers de son armée lui étaient personnellement attachés : il les rassembla autour de lui à Pilsen pour mettre leur dévouement à l'épreuve, et il leur exprima l'intention de se retirer et de renoncer au commandement, afin d'imposer silence à ses calomniateurs. Les hommes qu'il avait consultés combattirent sa résolution, voulurent le garder à leur tête, lui jurèrent de suivre sa fortune, et Piccolomini fut du nombre; mais celui-ci annonça aux princes de la famille impériale, qui se trouvaient alors à Pilsen, la trame formée sous ses yeux. Walstein fut déclaré rebelle par le conseil aulique; il fut mis au ban de l'Empire et l'on donna ordre de l'arrêter. Ce général, voyant l'orage prêt à fondre sur lui, s'était retiré à Egra où se trouvaient quelques hommes qui l'avaient assuré de leur attachement. Trois étrangers, Butler, Gordon, Lesli étaient du nombre : ils voulaient sa mort, et le trompant par une amitié feinte, ils le convièrent à un repas, où devaient aussi se trouver quatre autres généraux qu'ils avaient également proscrits. Ceux-ci furent massacrés; et Walstein, qui ne s'était pas rendu à cette invitation, fut attaqué chez lui et tué d'un coup de pertuisane par Butler, accompagné de plusieurs complices.

Quelles que fussent les accusations élevées contre lui, sa mort funeste, que n'avaient d'ailleurs précédée ni poursuite juridique, ni preuve légale, ni moyen de défense, put le faire regarder comme une victime de la haine de ses rivaux. On l'avait d'abord fait disgracier; et, lorsque les dangers publics l'eurent fait rappeler au commandement des armées, sans doute il n'accepta pas les nouvelles offres de l'Empereur dans le dessein de le trahir; mais l'inconstance de la faveur l'avait rendu plus défiant; les sourdes intrigues de ses ennemis se renouvelèrent, et on l'entraîna dans des pièges où son ambition pouvait se laisser surprendre.

L'histoire, en recueillant les témoignages de ses accusateurs, élève aussi la voix contre ses meurtriers; et l'assassinat d'un accusé dont on voulait flétrir la mémoire devient encore plus criminel. La gloire militaire de Walstein est restée dans le souvenir des hommes, sans qu'on ait évidemment reconnu la culpabilité d'un général qui ne laissait pas pénétrer ses desseins. Attenter aux jours d'un accusé qu'il fallait mettre en jugement, c'était renoncer à le convaincre et lui laisser tous les droits de l'innocence: le voile qui couvrait ses actions n'a pas été écarté, et les secrets de Walstein se sont ensevelis dans sa tombe.

Si nous consultons sur ce grand problème historique les autorités les plus imposantes, telles que celle d'Oxenstiern et de Puffendorf, nous n'admettrons pas que Walstein ait voulu trahir, et qu'on en ait recueilli la preuve; mais il cherchait à se former un parti dans l'armée, contre les ennemis qu'il avait à la cour. L'Empereur, en le replaçant à la tête de ses troupes, lui avait laissé la direction des opérations de la guerre, et Walstein voulait pouvoir exercer librement cette espèce de dictature: on lui avait promis qu'une souveraineté en Allemagne serait le prix de ses services, et il voulait être assez puissant pour que cet engagement fût rempli.

L'Empereur, s'il le croyait coupable, ne devait-il pas d'ailleurs mettre en balance tous les actes, toutes les époques de sa carrière militaire, et voir en lui l'héroïque défenseur qui avait relevé la fortune et soutenu la couronne de son maître? Le mérite de ses exploits ne pouvait pas être effacé en un seul moment, et l'on devait au moins la vie à celui qui avait sauvé l'Empire. Le monarque passait pour n'avoir ordonné que l'arrestation de Walstein; cependant on vit bientôt les meurtriers récompensés; ils furent élevés à d'autres grades militaires; et leur accorder sa faveur c'était prendre sur soi la responsabilité d'un acte si cruel. La perte de cet homme illustre fut regardée comme désastreuse: ceux qui l'avaient vu puissant plaignirent sa destinée: ses ennemis gardaient le silence; et sa mémoire était réhabilitée, à leurs yeux, par le souvenir de ses hauts faits.

A cette nouvelle, la Silésie fut troublée; elle se révolta, et les partisans de Walstein voulurent venger sa mort. Les Impériaux, attaqués à Liegnitz le 3 mai 1634, furent défaits et perdirent quatre mille hommes: mais les Saxons, qui avaient remporté cet avantage, ne purent maintenir leur supériorité. L'archiduc Ferdinand, roi de Hongrie, devenu général en chef des troupes de l'Empereur, porta la guerre sur le Danube, reprit Ratisbonne dont les Suédois s'étaient emparés, leur enleva toutes leurs positions en Bavière, les poursuivit en Souabe, et gagna sur eux la bataille de Nordlingue, le 6 septembre suivant.

Cette victoire fut assez décisive pour amener la dissolution de la ligue que plusieurs États de l'Empire avaient formée avec la Suède: l'électeur de Saxe se sépara le premier de cette alliance; la paix fut signée à Prague, le 30 mai 1635, entre l'Empereur et lui; et d'autres princes se détachèrent successivement de la confédération.

Cependant la guerre, qui parut momentanément assoupie, devait se ranimer avec plus de fureur : elle allait éclater à la fois à l'occident, au midi, au nord de l'Europe. La France, devenue alliée de la Suède par un traité signé à Wismar le 20 mars 1636, attaqua les deux branches de la maison d'Autriche, en Espagne, en Italie, en Allemagne et dans les Pays-Bas, tandis que les Suédois, sous les ordres du duc de Weymar et du général Banner, remportaient sur les Impériaux d'autres avantages. Ces généraux, formés sous Gustave-Adolphe, et dignes élèves de ce grand capitaine, poursuivaient la guerre avec habileté; et Torstenson, qui remplaça Banner, en 1641, se fit également remarquer par son génie et son activité militaire.

Pendant ces mémorables campagnes, le sort des villes anséatiques fut soumis aux chances et aux périls qu'éprouvaient les États voisins. Les relations politiques et commerciales qui devaient les unir entre elles étaient souvent interrompues : tantôt elles avaient à pourvoir à leur propre défense, tantôt elles devaient fournir leur contingent en levées militaires et en contributions, pour servir la cause commune, ou pour échapper à des exactions et à des actes de violence qui auraient augmenté leurs charges; mais ces mêmes villes que la paix et le commerce avaient fait longtemps fleurir, désiraient pouvoir reprendre leur ancienne prospérité; et comme les traces de leur indépendance politique n'avaient pas disparu, quoiqu'elle eût été souvent mise en péril, leurs gouvernements cherchaient à faciliter une réconciliation entre les puissances belligérantes.

Aussi quelques-unes des principales villes anséatiques furent considérées, pendant la guerre de trente ans, comme des territoires neutres, où l'on entama des négociations pour le rétablissement de la paix. De premières tentatives de rapprochement avaient été faites à Cologne en 1636 : deux ans après, le comte d'Avaux se rendit à Hambourg comme plénipotentiaire français : des préliminaires y furent signés le 25 décembre 1641, et l'on convint qu'un congrès serait ouvert l'année suivante, soit à Munster, soit à Osnabruck. Plusieurs incidents firent néanmoins différer, jusqu'au 11 juillet 1643, l'ouverture de cette assemblée, où les destinées d'une grande partie de l'Europe allaient être fixées. Ce ne fut même qu'au 4 décembre 1644 que les propositions de chacune des puissances intéressées purent être présentées au congrès.

L'ouverture des conférences ne ralentissait pas les opérations de la guerre; et comme on n'était pas convenu d'une suspension d'armes, la vicissitude des événements militaires vint plusieurs fois changer la situation des puissances, tantôt élever leurs prétentions, tantôt affaiblir leurs espérances, et compliquer les embarras de la négociation.

Deux traités furent enfin signés le 24 octobre 1648, l'un à Munster, l'autre à Osnabruck, pour régler les affaires de l'Empire et pour rétablir ses relations de paix avec la France, la Suède et leurs alliés. Ces actes solennels décidèrent toutes les questions politiques et religieuses qui avaient occasionné la guerre Il fut stipulé que l'on maintiendrait dans leur force et qu'on observerait saintement et inviolablement la transaction de Passau et la paix de religion, telles qu'elles avaient été confirmées à Augsbourg et dans plusieurs diètes de l'Empire; que les biens ecclésiastiques seraient restitués de part et d'autre, tels qu'ils étaient possédés au 1er janvier 1624 dans les États catholiques et dans ceux de la religion protestante; que les villes libres jouiraient des mêmes droits de réforme religieuse que les autres États de l'Empire, et que les concessions faites aux États et aux sujets catholiques, de même qu'à ceux de la confession d'Augsbourg, devaient s'appliquer également aux réformés. Les villes libres avaient, comme les autres

États de l'Empire, voix décisive dans les diètes générales et particulières : il ne serait pas touché à leurs droits régaliens, à leurs revenus, libertés et priviléges, ni à la levée de leurs impôts. Des charges inusitées et des péages, nuisibles au commerce ou à la navigation, avaient été établis pendant la guerre ; ils furent supprimés : une entière liberté de communications par mer et par terre fut garantie, et dut être protégée, comme elle l'était avant les troubles de l'Allemagne.

Le sort de plusieurs pays où se trouvaient enclavées différentes villes anséatiques fut changé par les traités de Westphalie. Stralsund et toute la Poméranie citérieure, placée à l'occident de l'Oder, furent remis à la Suède, où régnait alors Christine : cette cession comprenait aussi l'île de Rugen ; et la Suède obtint dans la Poméranie ultérieure les villes anséatiques de Stettin, de Golnow, et d'autres places, îles et territoires situés à l'embouchure de l'Oder. La ville et le port de Wismar lui furent cédés, en réservant toutefois les priviléges des habitants que l'on recommandait à sa protection et à sa faveur. La même puissance obtint l'archevêché de Brême et l'évêché de Verden ; mais il était convenu qu'on laisserait à la ville de Brême ses priviléges et ses libertés dans les affaires ecclésiastiques et politiques. Le nouveau souverain tiendrait toutes ces provinces en fief et comme État immédiat de l'Empire ; il aurait séance et voix dans les diètes, et il confirmerait, en prêtant hommage, les franchises et les droits que ces pays auraient obtenus légitimement, ou qu'ils auraient acquis par un long usage. Le monarque s'engageait à conserver aux villes anséatiques placées dans ses nouveaux domaines la même liberté de commerce et de navigation que celle dont elles avaient joui avant la guerre.

D'autres cessions de villes et de territoires furent faites à l'électeur de Brandebourg, afin de l'indemniser de ses pertes en Poméranie. L'évêché de Halberstadt, avec ses droits régaliens, ses autres priviléges et son territoire, lui fut cédé en fief immédiat de l'Empire : il obtint l'évêché de Cammin et celui de Minden avec leurs terres et leurs droits, sauf les immunités civiles et de juridiction dont la ville de Minden jouissait dans son enceinte et sa banlieue : on lui accorda, sous le même titre et avec les mêmes réserves, l'expectative de l'archevêché de Magdebourg, lorsqu'il viendrait à vaquer par la mort du duc Auguste de Saxe, ou par la promotion de ce prince à l'électorat.

En rappelant ici plusieurs clauses des traités de Munster et d'Osnabruck, nous avons dû nous borner à celles qui concernaient les villes anséatiques : l'examen des autres dispositions de ces actes solennels appartiendrait à l'histoire de l'Allemagne entière, et il excederait les bornes de notre sujet.

On a pu remarquer, par l'exemple des cessions de territoire dont nous avons fait mention, l'usage que l'on commençait à faire du principe des sécularisations. Ce fut dans ce système que l'on trouva la base des indemnités accordées à différentes puissances qui réclamaient le prix de leurs victoires ou un dédommagement de leurs pertes. La nature d'un grand nombre de souverainetés ecclésiastiques se trouvait ainsi changée : des dignités électives devenaient héréditaires, et la possession viagère faisait place à la propriété absolue et perpétuelle.

Ces changements de souverains, et ceux qui eurent lieu dans la nature des domaines et dans les formes de gouvernement et d'administration, rendirent plus précaires les priviléges dont plusieurs villes anséatiques devaient continuer de jouir. Elles faisaient partie des territoires cédés ; et, quoiqu'on eût expressément réservé le maintien de leurs anciens droits, elles n'avaient plus, sous un souverain plus puissant, la même liberté d'action que sous une autorité inférieure, plus disposée ou plus intéressée à les ménager. Leur ancienne

union avec la Ligue Anséatique était affaiblie par ces transmissions de souveraineté; et, depuis que les villes de Hollande s'étaient séparées de cette confédération, pour se grouper entre elles, sous un seul gouvernement devenu commun à toutes, on peut regarder les traités de Westphalie comme ceux qui amenèrent le plus de démembrements dans cette association, autrefois si forte et si grande, à laquelle tout le commerce et toute la navigation du Nord avaient appartenu.

La rupture de ses anciens rapports dut être regardée comme inévitable, dès le principe de cette guerre de trente ans qui bouleversait l'Allemagne entière; et cette dissolution parut encore plus imminente en 1630, lorsque la régence de Lubeck ayant convoqué dans cette ville une diète générale, la plupart des députés qui s'y rendirent déclarèrent que leurs commettants se séparaient de l'association. Il n'y eut, depuis cette époque, aucune assemblée générale; mais quelques-unes des villes les plus anciennement liées d'affection et d'intérêt, et le plus à portée de s'entre-secourir, continuèrent de se concerter dans des diètes particulières. Lubeck, Brême, Hambourg ne se séparèrent point, et se firent constamment remarquer, par le parfait accord de leurs vues, et par l'appui mutuel qu'elles se prêtèrent, lorsque leurs droits communs ou particuliers furent mis en péril.

La possession de chacune de ces trois villes pouvait tenter l'ambition de ses voisins, et l'indépendance de Brême fut menacée, quelques années après les traités de Westphalie, par le roi de Suède Charles-Gustave, successeur de Christine. Ce prince qui venait d'être investi des domaines de l'archevêque de Brême, se regardait comme ancien souverain de cette ville et voulait y jouir des mêmes droits; mais sa prétention n'était pas fondée; car la ville anséatique et le duché de Brême avaient été formellement séparés par les déclarations de l'Empereur : la ville avait constamment envoyé ses députés à la diète germanique, et ils avaient pris part aux délibérations du congrès d'Osnabruck : Brême jouissait de tous les priviléges des villes impériales; et le droit qu'elle avait de se gouverner elle-même fut soutenu avec tant de force et avec une si évidente justice, que ses prérogatives, son rang, son indépendance lui furent garantis de nouveau, lorsqu'en 1654 la Suède essaya de les mettre en doute.

Charles-Gustave avait chargé Koenigsmark, commandant de ses troupes dans le duché de Brême, de marcher sur cette ville; mais elle se mit en défense; on eut le temps d'y faire arriver des approvisionnements et cinq mille soldats : l'Empereur remit à la diète de Ratisbonne la décision de ce différend; et comme la Suède refusait de se prêter à cet arbitrage, il chargea les cercles de Westphalie et de basse Saxe de faire exécuter le décret de la diète. Le mouvement des troupes qui allaient marcher au secours de Brême, les représentations faites au nom des villes de Hambourg et de Lubeck, et la médiation offerte par la Hollande, comme par les villes anséatiques, déterminèrent enfin la Suède à consentir à une négociation de paix : les députés nommés de part et d'autre s'assemblèrent à Stade, et il fut convenu que la ville de Brême conserverait ses prérogatives et son gouvernement.

LIVRE ONZIÈME.

SITUATION DES ANSÉATES VERS LE MILIEU DU DIX-SEPTIÈME SIÈCLE. — LEURS TRAITÉS AVEC LA HOLLANDE, LE PORTUGAL, L'ESPAGNE, LA FRANCE ET L'ANGLETERRE. — ÉVÉNEMENTS DU NORD DE L'EUROPE. — CHRISTINE A HAMBOURG. — GUERRES ET TRAITÉS DE LA SUÈDE AVEC LE DANEMARK. — REMARQUES SUR LE DROIT DU SUND ET SUR LA LIBERTÉ MARITIME. — RÉVOLUTION DE 1660 EN DANEMARK. — DÉMÊLÉS DE CE GOUVERNEMENT AVEC HAMBOURG. — INSTITUTIONS FAVORABLES AU COMMERCE DES ANSÉATES. — LETTRES DE CHANGE. — ÉTABLISSEMENT DES POSTES. — AMÉLIORATIONS INTRODUITES DANS LES PRINCIPES DU DROIT MARITIME ET COMMERCIAL. — RÈGLEMENTS

SUR LES DROITS DES NEUTRES; SUR LA CONTREBANDE DE GUERRE, LES ARMEMENTS EN COURSE ET LES PRISES. — COMPAGNIES D'ASSURANCES. — COMMERCE DES INDES. —ISRAÉLITES.— PROTESTANTS RÉFUGIÉS EN ALLEMAGNE APRÈS LA RÉVOCATION DE L'ÉDIT DE NANTES. — LEUR ADMISSION A ALTONA. — ACCROISSEMENT DE CETTE VILLE.

Les négociations de paix que l'on suivit à Osnabruck et à Munster ralentirent pendant plusieurs années les opérations de la guerre dans la basse Allemagne : les Anséates y prennaient peu de part; ils cherchaient à recouvrer, par des traités de commerce avec les nations étrangères, les avantages dont ils avaient été privés si longtemps ; et quelques-unes des puissances de l'Europe avaient éprouvé des révolutions si remarquables, qu'il devenait nécessaire d'établir sur de nouvelles bases leurs relations avec le dehors. Cromwell avait précipité du trône Charles Ier, et il gouvernait l'Angleterre : le Portugal, soumis à l'Espagne pendant soixante ans, avait recouvré en 1640 son indépendance ; et celle des Provinces-Unies allait être reconnue par l'Europe entière, lorsque le stathouder conclut avec les Anséates, le 4 août 1645, un traité qui confirmait leurs conventions antérieures, et qui assurait de part et d'autre la liberté d'entrer dans les ports, de s'y réparer, de s'y pourvoir de vivres et de tous autres objets nécessaires, et de commercer dans l'intérieur. On avait expressément réservé dans cet acte qu'il ne porterait aucune atteinte aux relations des villes anséatiques avec l'Empereur et avec l'Empire, dont elles continuaient de relever, comme faisant partie du corps germanique.

Dans la même année 1645, le Portugal renouvela les priviléges qu'il avait anciennement accordés à la Hanse teutonique : les négociants hambourgeois en recueillaient spécialement les avantages : le commerce les attirait à Porto et à Lisbonne : ils avaient dans cette capitale un consul, un juge conservateur, chargé de prononcer sur les discussions judiciaires qu'ils avaient entre eux, et le Portugal pouvait également entretenir à Hambourg un consul ou un résident.

Les relations de la Ligue Anséatique avec l'Espagne furent rétablies par un traité signé à Munster le 11 septembre 1647 ; et un second traité du 26 janvier de l'année suivante les confirma et les rendit définitives. Les Anséates pouvaient avoir dans la Castille et dans les autres royaumes d'Espagne des maisons de commerce et des consuls : ils étaient exempts des charges publiques et du service militaire et maritime : ils avaient à Séville un juge conservateur nommé par le roi, et autorisé à connaître de leurs procès civils ou criminels. On leur accordait, en cas de guerre, un an et un jour pour vendre leurs biens ou en disposer autrement, et pour se retirer. La succession d'un décédé serait mise sous la garde d'un consul ou d'un autre dépositaire, qui la rendrait à ses héritiers. Aucun Anséate ne pourrait être rendu responsable des délits d'un autre, et ne serait retenu par représailles. Les effets qu'on aurait sauvés du naufrage devaient être restitués au propriétaire ou à ses représentants.

Ce traité avait été signé par les trois plénipotentiaires de Lubeck, de Brême et de Hambourg ; et l'acte de ratification donné par Philippe IV, le 3 mai 1648, fut accompagné d'une déclaration où se trouvaient spécifiés avec plus d'étendue les priviléges que les Anséates avaient obtenus en Espagne. Le roi leur accordait, dans ses royaumes de Castille, les franchises dont ils avaient joui en Portugal ; ils pouvaient y introduire toute espèce de marchandises qui n'étaient pas désignées comme articles de contrebande : si un procès s'élevait entre deux Anséates, ceux-ci pouvaient en appeler aux tribunaux de la Hanse teutonique, et s'il s'élevait entre un Anséate et un Espagnol, on en appellerait à l'audience de Séville : les Anséates pourraient bâtir dans l'enceinte et hors des murs de cette place, des maisons, halles et magasins, pour l'avantage de leur commerce : si le

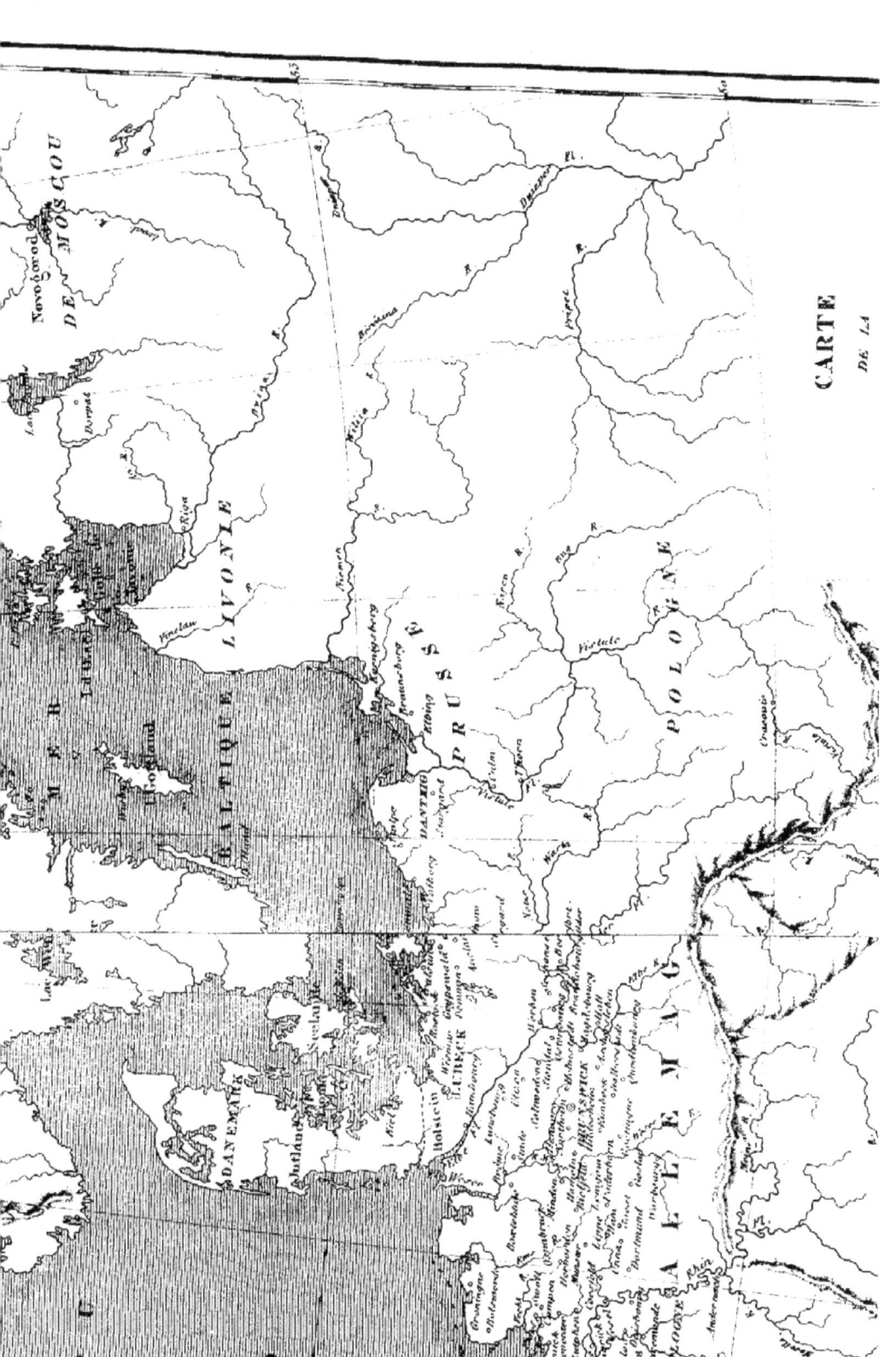

gouvernement espagnol avait besoin pour son service de quelque vaisseau qui leur appartint, il ne pourrait pas en disposer sans leur consentement; la valeur du navire serait constatée; et, en cas de perte, on la rembourserait d'après le taux d'estimation.

Il fut déclaré, dans une convention du 6 juin suivant, que les Anséates jouiraient en Espagne de la liberté de conscience, en respectant toutefois l'exercice du culte dominant. Le roi consentit à leur accorder une compensation pour les dommages qu'avait éprouvés leur commerce : il leur permit, pendant dix ans, de débarquer en Espagne et dans les Pays-Bas les marchandises d'Allemagne et des États du Nord; et ces importations furent défendues à tout autre, en exceptant néanmoins l'autorisation donnée aux Anglais d'importer en Espagne les marchandises de la haute Allemagne, et en les laissant jouir de ce privilége, concurremment avec les Anséates.

Les seules villes de la Hanse étaient comprises dans ce traité; et celles qui avaient été ou qui seraient séparées de la Ligue, soit volontairement, soit par contrainte, ne pouvaient pas prétendre aux mêmes avantages : cette exclusion s'appliquait expressément aux villes des Provinces-Unies, qui avaient été comprises dans la Ligue Anséatique, et dont les relations avec l'Espagne venaient d'être rétablies et fixées par un autre traité spécial.

Pendant la guerre de trente ans, le commerce de la France avec les villes anséatiques avait éprouvé de fréquentes interruptions : un traité du 10 mai 1655 renouvela toutes les concessions qui leur avaient été faites depuis 1464 par Louis XI, Charles VIII, François 1er, Henri II et Henri IV. Ce traité fixa les règles à suivre dans les relations mutuelles, soit pendant la paix, soit lorsqu'un des contractants serait en guerre avec une autre puissance; et les principes qu'il proclama méritent d'être spécialement rappelés, parce qu'ils constituent les bases d'un droit maritime plus libéral qu'il ne l'avait été antérieurement, qu'ils renferment dans d'étroites limites ce que l'on doit entendre par contrebande de guerre, et qu'ils respectent en toute circonstance la propriété des neutres. Ce traité stipule que les Anséates peuvent aller, venir, passer et repasser en France, par mer et par terre, avec leurs marchandises, qu'ils peuvent librement y trafiquer, et y jouir de toutes les immunités accordées aux autres nations qui sont en paix avec la France : qu'ils ont le droit de se rendre dans les villes, ports, havres et autres lieux dépendants des ennemis de la France, à moins qu'ils ne soient chargés de marchandises de contrebande qui aient cette destination. On regarde comme contrebande les munitions de guerre, les armes offensives et défensives, les chevaux, les câbles et quelques agrès maritimes; mais on n'y comprend point les blés, les grains, les légumes et autres productions servant à la vie : la contrebande trouvée à bord est confisquée, sans que les autres marchandises le soient; et, si quelques vivres sont retenus, il faut en payer la valeur. Le roi consent que pendant quinze années les navires anséates rendent libres les cargaisons ennemies qu'ils pourraient avoir à bord, et que leurs propres cargaisons trouvées à bord d'un bâtiment ennemi soient également libres, nonobstant les ordonnances contraires qui avaient été rendues par François 1er et par Henri III.

Les villes anséatiques de Lubeck, Brême, Hambourg et Dantzig, avaient conservé en Angleterre, sous le protectorat de Cromwell, leurs comptoirs et leurs relations de commerce : leurs priviléges, qu'avait restreints l'acte de navigation, furent agrandis après le rétablissement de Charles II; et ce monarque accorda, par un traité du 26 juillet 1661, aux citoyens, habitants, navigateurs et marchands de la ville libre et impériale de Hambourg, la faculté de venir et d'exercer librement le commerce dans ses États, avec des navires qui leur appartinssent ou qui eussent été construits dans leurs chantiers, pourvu que les patrons et la plupart des nautoniers fussent habitants de cette ville, que leurs marchandises fussent des productions de l'Allemagne, ou qu'elles eussent d'abord été apportées à Hambourg, pour être réexpédiées sur d'autres points.

Les mêmes priviléges furent accordés aux Lubeckois, par un traité du 10 août suivant; et ils purent importer en Angleterre non-seulement les marchandises d'Allemagne, mais celles qui provenaient de Norwége, de Suède, de Livonie et des autres ports de la Baltique. Les habitants de Dantzig obtinrent, par un traité de la même date, le droit d'importer les marchandises de la Prusse et celles de la Pologne, dont cette ville était le principal entrepôt. Un traité de même nature fut conclu en 1663 avec la ville de Brême.

Pour jouir de tous les avantages promis par ces traités de commerce, il fallait assurer la liberté des communications maritimes : le nombre des pirates s'était accru pendant la dernière guerre; et Hambourg, qui avait autrefois rendu contre eux de si grands services, reconnut le besoin d'opposer de nouvelles forces à leurs brigandages. Ce gouvernement remit, en 1639, à son collége d'amirauté le soin de pourvoir à l'équipement et à l'armement de plusieurs navires, destinés à protéger le commerce contre les pirates : on fixa le nombre de leurs canons, celui des hommes d'équipage, celui des bâtiments qui se réuniraient pour voyager de conserve; et chacune de ces escadres reçut de l'amirauté un commandant particulier, auquel les capitaines devaient obéir.

La sécurité rendue au commerce lui donna un nouveau développement : celui des vins que Hambourg tirait de France et d'Espagne remplaça en grande partie l'usage de la bière : le commerce du thé, introduit de Chine en Europe par les navires hollandais, et celui du café, venu d'Amérique ou d'Orient, concoururent aussi à diminuer le nombre des brasseries: Hambourg continuait d'être un lieu d'étape et d'entrepôt pour les grains, les farines et les autres denrées qui descendaient l'Elbe : la libre navigation du fleuve lui était confirmée : les habitants exportaient sur leurs propres navires les marchandises qu'ils avaient reçues; et l'activité du commerce, la tolérance religieuse, l'accueil fait à quelques colonies étrangères, contribuaient à l'accroissement de la population.

D'autres signes de prospérité suivirent immédiatement la paix de Westphalie : de nouveaux édifices s'élevèrent : la maison du sénat fut agrandie, et on l'orna des statues des empereurs d'Allemagne, depuis Rodolphe Ier jusqu'à Ferdinand III : on établit un mont de piété, un chantier de construction, un arsenal, un magasin de blé et la maison de correction et de travail de Spinnhause : l'avenue de la porte de Lubeck fut plantée; on commença les digues de l'Alster et les bâtiments du Jung-Fern-Steig.

La part que les Hambourgeois désiraient prendre au commerce des Indes orientales mérite d'être spécialement signalée; et pour s'en rendre compte, il est utile de remonter à quelques événements antérieurs.

Lorsque les découvertes faites dans les deux Indes par les Espagnols et les Portugais eurent ouvert aux navigateurs la route de ces vastes régions, les Anglais, les Hollandais, les Français voulurent y former à leur tour des établissements. Cet esprit d'entreprises gagna les peuples du Nord, et les Danois essayèrent bientôt d'avoir des colonies et des comptoirs dans les lointains parages de l'Atlantique et du grand Océan.

Il venait de se former en Europe plusieurs compagnies des Indes : celle d'Angleterre avait été établie à la fin de l'année 1600, celle de Hollande en 1602, celle de France en 1604; et Christiern IV fonda en 1612 celle de Danemark. Cette dernière compagnie, dont les sociétaires avaient réuni un capital de deux cent cinquante mille rixdallers équipa une flotte pour les Indes : ses vaisseaux partirent en 1616 de Copenhague, pour se rendre sur la côte de Coromandel, où l'ancien empire de Bisnagar venait de tomber en ruine, et où les gouverneurs de Maduré et de Tanjaour, récemment démembrés de cet empire, n'étaient plus que feudataires du Grand Mogol.

Les Danois, lorsqu'ils se présentèrent sur les côtes de Tanjaour obtinrent du radjah de cette contrée l'autorisation de former un établissement à Tranquebar, où les missionnaires portugais avaient déjà érigé une église, sans toutefois y jouir d'aucune autre possession. Une seconde escadre danoise, composée d'un bâtiment de guerre et de cinq vaisseaux de la compagnie des Indes, partit de Copenhague le 20 mars 1619, mouilla au cap de Bonne-Espérance, se rendit à Trinquemalé et ensuite sur les côtes de Coromandel. L'amiral qui la commandait fit un traité avec le radjah de Tanjaour, mit à terre ses troupes qu'il n'avait pas pu débarquer dans l'île de Ceylan, et fit construire, en 1621, le fort de Tranquebar ou Danebourg, que les Danois ont conservé depuis. Leur colonie devint florissante en quelques années; ils établirent des comptoirs sur plusieurs points des côtes de Coromandel et de Malabar; ils envoyèrent des vaisseaux dans les autres régions de l'Inde, ouvrirent, dans le cours de vingt années, un commerce considérable avec les Moluques, et firent partir pour l'Europe plusieurs vaisseaux chargés des riches productions du continent et des archipels indiens. Le Cap et Madagascar étaient leurs lieux de relâche habituels.

Cependant, la guerre de trente ans vint souvent entraver toutes les spéculations du commerce; et les charges, les sacrifices de toute nature qu'elle imposait aux peuples du Nord, comme à l'Allemagne entière, ne leur laissaient pas assez de ressources et de liberté d'action pour qu'on pût cultiver des relations si hasardeuses;

mais, après le rétablissement de la paix, on se proposa de les reprendre avec un nouveau zèle.

Les villes anséatiques furent invitées, en 1652, à concourir à la formation d'une compagnie, dont le but était de donner plus d'activité au commerce des Indes : les fonds de cette société auraient été fournis par le gouvernement danois, par l'électeur de Brandebourg, par des négociants anséates, et l'on devait expédier pour les Indes quatre grands navires, armés en guerre et en marchandises, avec un délégué qui veillerait aux intérêts commerciaux de ces établissements; mais la mésintelligence que l'on commençait à remarquer entre Christine, reine de Suède, et Frédéric III, roi de Danemark, fit perdre de vue ce projet d'association commerciale. Christine avait conclu avec l'Angleterre un traité d'alliance; Frédéric en avait fait un autre avec la Hollande, et il désirait avoir aussi pour auxiliaires les villes anséatiques. On s'attendait à voir éclater incessamment des hostilités dans les régions du Nord et dans leurs parages maritimes, lorsque plusieurs événements imprévus éloignèrent le moment de cette rupture.

Christine avait attaché sa gloire à conclure le traité de Westphalie, et à calmer dans toutes les parties de l'Allemagne les troubles qu'une si longue guerre avait excités; mais elle ne jouissait pas dans ses États du repos qu'elle avait rendu à l'Empire : l'accroissement des charges publiques faisait élever des plaintes contre ses libéralités : le sénat et les états de Suède lui avaient adressé plusieurs fois des remontrances sur le poids des impôts et sur la nécessité de ne pas sacrifier le bien-être du peuple à la splendeur du trône, et d'être moins prodigue des ressources d'un pays qui ne pouvait prospérer que par l'industrie, l'économie et le travail. Cette princesse, fille de Gustave-Adolphe, avait hérité, à l'âge de six ans, du trône et de la gloire d'un grand homme, et, comme elle le dit elle-même dans ses Mémoires, « elle avait reposé, durant son en-

« fance, sur les palmes et les lauriers,
« entre la fortune et la victoire, jouant
« avec elle dans son berceau. » Ses
généraux avaient préparé par leurs exploits les négociations que terminèrent habilement ses ministres. C'étaient là les plus brillantes phases de son règne; elle n'espéra pas de plus hautes destinées, et prit bientôt en dégoût une royauté qui ne lui offrait plus que de pénibles devoirs à remplir. Christine abdiqua la couronne en 1654, à l'âge de vingt-huit ans, en faveur du prince palatin Charles-Gustave, son parent : elle reçut, à titre d'apanage, quelques îles de la Baltique et plusieurs terres en Poméranie; et en quittant la Suède, elle se rendit à Hambourg, pour y régler ses affaires d'intérêt avec Texeira, riche Israélite, qui était son agent et son banquier, et qui devait lui faire parvenir les revenus de ses domaines à Rome, où cette princesse avait l'intention de se fixer. Elle abjura à Bruxelles le protestantisme; elle renouvela à Inspruck sa profession de foi; et le pape Alexandre VII lui envoya dans cette ville le savant Holstenius de Hambourg qui venait lui-même de se convertir au catholicisme, et qui avait été nommé bibliothécaire du Vatican et protonotaire apostolique.

Nous n'avons pas à suivre Christine dans ses différents voyages en Italie et en France, soit lorsque son esprit et ses connaissances lui attiraient des admirateurs, soit lorsqu'elle se rendit coupable de la mort de Monaldeschi; mais elle revint deux fois en Suède, où elle eut à renouveler sa renonciation à la couronne; et, dans chacun de ses voyages, elle s'arrêta longtemps à Hambourg : elle aimait cette résidence, où elle reçut constamment des hommages et des respects, et où elle trouvait aussi, disait-elle, une liberté indépendante des égards dus à la royauté. Christine cherchait d'ailleurs à obtenir, en échange de ses terres de Poméranie, les duchés de Brême et de Verden, qui appartenaient alors à la Suède, et qui lui auraient permis de continuer sa résidence sur les rives de l'Elbe, si elle n'avait été constamment entraînée par le goût des voyages et par le désir de changer de situation.

Pendant la courte durée de son règne, Christine s'était attachée à introduire dans ses États le goût des sciences et des lettres. Les hommes les plus célèbres furent honorés de sa correspondance : plusieurs furent attirés à sa cour; et l'on y vit paraître Saumaise, un des critiques les plus érudits; Bochard, idolâtre ami de l'antiquité, et connaissant peut-être mieux les siècles glorieux de Rome et d'Athènes que les annales de ses contemporains; Naudé, qui avait écrit sur la danse des anciens, et que Christine, dans une saillie de gaieté, condamna un jour à danser la pyrrhique devant elle; Descartes, qui ouvrit à la philosophie des routes nouvelles, et dont le génie éclaira ses successeurs. La reine recherchait la société des savants, prenait part à leurs discussions, et parlait à tous leur langage. Elle fut la bienfaitrice de l'université d'Upsal, fonda celle d'Abo, forma dans son palais des collections de livres, de médailles, d'objets d'art, qu'elle avait fait acheter dans toutes les parties de l'Europe; et lorsqu'elle eut quitté la couronne, elle conserva dans toutes les positions de sa vie le désir d'étendre ses connaissances.

Christine avait été illustre sur le trône : cependant, quand elle eut perdu cet éclat, ce prestige, tous ces hommages qui environnent le pouvoir, elle fut différemment appréciée : le jugement de la postérité commença pour elle; et si elle fut grande, elle parut encore plus singulière. Sa naissance l'avait appelée à régner : elle put apprendre cet art d'Oxenstiern, de Grotius, bien dignes de l'instruire : les études qui occupèrent ses premières années développèrent la force et l'étendue de son génie; et combien elle aurait accru la prospérité de ses États, si elle eût dirigé vers un si noble but les hautes qualités dont la nature et l'éducation l'avaient douée!

Pierre Lambeccius, professeur à Hambourg, fut au nombre des savants qui la suivirent à Rome et qui renoncèrent au protestantisme : elle désira qu'Isaac Vossius écrivît l'histoire de son règne, et ce théologien qui, suivant l'expression de Charles II, roi d'Angleterre, croyait à tout, excepté à la Bible, entreprit l'ouvrage qui lui était demandé ; mais il ne le termina pas.

Il y eut, pendant le séjour de Christine à Hambourg, une émeute populaire contre elle, parce qu'elle avait célébré par une fête, une illumination et un feu d'artifice, l'exaltation d'un nouveau pape, et qu'elle avait fait peindre dans une décoration le triomphe de l'église romaine sur le luthéranisme ; mais les réparations que le sénat lui fit adresser calmèrent son ressentiment ; et avant de retourner en Italie, où elle devait finir ses jours, elle donna aux magistrats et au peuple de Hambourg des témoignages de sa bienveillance. La reine avait souvent regretté le trône, et sans doute elle fit, à plusieurs reprises, des tentatives pour y remonter et pour regagner le cœur de ses anciens sujets ; mais le gouvernement de Hambourg se bornait à lui faire un accueil hospitalier, et il ne fit pour elle aucune démarche qui pût porter ombrage à son successeur.

Quand la guerre se ralluma, en 1657, entre la Suède et le Danemark, Charles-Gustave recherchait l'alliance des villes anséatiques ; il offrit même aux Hambourgeois, lorsque les troupes qu'il avait dans le duché de Brême se furent avancées dans le Holstein, de leur livrer Gluckstadt, s'ils voulaient s'unir à sa cause et prendre les armes contre le Danemark. L'acquisition de Gluckstadt leur aurait sans doute été utile ; elle leur eût assuré une nouvelle position sur le cours inférieur de l'Elbe, et une garantie pour la liberté de la navigation du fleuve ; mais Hambourg ne céda point à cette proposition, et ne voulut pas rompre avec le Danemark ses rapports de paix et d'amitié. Sa neutralité l'exposait à quelques sacrifices ; mais le sénat les préféra aux avantages éventuels qui lui étaient offerts.

La guerre fut favorable aux armes de la Suède. Charles-Gustave avait entrepris une campagne d'hiver, pendant laquelle il avait envahi le Holstein, le Sleswick et une partie du Jutland. Le froid devint si rigoureux qu'il tenta de traverser le petit Belt sur la glace avec son armée : il s'empara de l'île de Fionie, passa également sur la glace dans les îles de Langeland, de Laland, de Falster, de Seeland, et marcha sur Copenhague, dont il se proposait de faire le siége. Un autre corps de troupes, parti des provinces méridionales de Suède, avait en même temps envahi les provinces de Halland et de Scanie ; et le Danemark, attaqué de toutes parts, ne put conserver son indépendance que par d'onéreux sacrifices. Il s'engagea par un traité signé à Roschild, le 28 février 1658, à céder à la Suède les provinces de Bléking, de Scanie, de Halland, de Bohus, ainsi que le gouvernement de Drontheim.

Charles-Gustave aurait voulu encore davantage, et il regretta bientôt de ne pas avoir été plus exigeant. Ce prince projetait de soumettre le Danemark tout entier, de transporter à Landskrona en Scanie les priviléges dont jouissait Copenhague, de créer dans la même province une capitale de ses États, et d'entretenir dans la Baltique une flotte assez puissante pour ouvrir ou fermer à son gré les détroits qui la séparent de l'Océan.

Dans cette vue, Charles-Gustave fit, le 17 août d la même année, un débarquement de troupes à Korsör dans l'île de Seeland, et il vint lui-même assiéger Copenhague, qui fut en même temps bloqué du côté de la mer par la flotte de l'amiral Wrangel ; mais la fermeté de Frédéric sauva cette place.

La forteresse de Kronenbourg, qui gardait le passage du Sund, était en même temps attaquée par les Suédois : ils s'en emparèrent le 26 septembre. et leurs troupes, qui occupaient déjà Elsinborg, sur la rive orientale du même détroit, voulurent fermer ce passage à la flotte hollandaise de l'amiral Opdam, qui s'avançait vers le Sund et qui allait jeter quelques secours dans Copenhague; mais ni ces troupes, ni la flotte suédoise commandée par Wrangel, ne purent arrêter l'amiral hollandais; et, après un combat sanglant, qui dura un jour entier, les renforts qu'il apportait dans cette capitale purent y parvenir.

Dès ce moment la guerre changea de caractère, et la fortune redevint plus favorable aux Danois, qui venaient d'ailleurs de recevoir quelques troupes auxiliaires commandées par l'électeur de Brandebourg. Les Suédois perdirent les positions qu'ils occupaient dans les îles d'Alsen et de Bornholm : le bailliage et la ville de Drontheim leur furent également enlevés; et Charles-Gustave, qui continuait le siége de Copenhague, donna sans succès plusieurs assauts à cette place. On était au mois de janvier 1659 : l'hiver ne suspendait pas les opérations de la guerre, et il en rendit les fléaux encore plus désastreux : on s'obstinait dans l'attaque, dans la défense; et le Nord, les Pays-Bas, une partie de l'Allemagne se trouvaient compris dans ce sanglant démêlé. La France et l'Angleterre s'engagèrent enfin par un traité du 3 février à intervenir comme médiatrices dans ces grands débats qu'elles désiraient terminer : elles confirmèrent leurs engagements le 31 mai par un nouveau traité, et annoncèrent l'intention de se déclarer contre celle des deux puissances qui se refuserait à la paix. On proposait le dernier traité de Roschild comme base de réconciliation, et l'on offrit ensuite d'en modifier quelques clauses, afin de le rendre moins défavorable au Danemark. L'année s'écoula en opérations militaires mêlées de succès et de revers, et en négociations sans résultat. La mort de Charles-Gustave eut lieu le 23 janvier 1660, et cet événement hâta la conclusion de la paix, qui fut signée le 23 mai, sous une tente dressée entre le camp des Suédois et Copenhague dont ils faisaient encore le siége. La paix entre la Suède et la Pologne venait d'être conclue le 3 du même mois dans l'abbaye d'Oliva, située à quelques lieues de Dantzig.

Les cessions de territoire que le Danemark venait de faire à la Suède par les traités de Roschild et de Copenhague avaient rendu les Suédois maîtres de la rive orientale du Sund : ils cessèrent de payer dans ce détroit la taxe que le Danemark y percevait sur la navigation de tous les peuples; et cette première dérogation aux anciens usages fit prévoir que d'autres exemptions seraient sollicitées et pourraient être obtenues. Les villes anséatiques avaient plusieurs fois réclamé cet affranchissement; et s'il ne leur fut pas accordé, du moins elles obtinrent quelque réduction. L'établissement et les variations des droits du Sund se trouvent liés à leurs annales, et nous sommes naturellement conduits à donner à cette partie de leur histoire quelques développements.

On peut communiquer entre l'Océan et la mer Baltique par trois passages différents : par le petit Belt, qui sépare le Jutland et l'île de Fionie; par le grand Belt, entre l'île de Fionie et celle de Seeland, et par le Sund ou Ore-Sund, placé entre la Séeland et la Scanie. Le premier passage est étroit, et n'est fréquenté que par de petits navires de cabotage. Le grand Belt est large et profond; mais ses courants et ses écueils obligent d'y louvoyer avec précaution. Le passage du Sund est le plus facile et le plus fréquenté; et, pour en rendre la navigation plus sûre, on a établi sur les côtes de Scanie une longue suite de fanaux, de balises, et d'autres signaux destinés à guider les voyageurs. Ces fanaux ne pouvaient être entretenus que par le Danemark, lorsque les deux rives lui appartenaient; mais les Anséates, dont les navires devaient profiter habituellement de ce moyen de sécurité, consentirent les premiers à concourir à cette dépense : l'exemple en fut donné à la ligue entière par les villes de Lubeck et de Dantzig. Chaque vaisseau qui passait le Sund avait à payer aux autorités danoises un *noble à la rose*, équivalant à deux francs et demi : ce péage, convenu de gré à gré et dans l'intérêt des négociants, s'étendit bientôt aux autres nations; il devint pour les rois de Danemark un droit de régale, et il subit différentes variations. D'abord, il n'était appliqué qu'aux navires; il le fut ensuite aux cargaisons; et les surcharges du tarif des marchandises excitèrent quelquefois de vives plaintes.

Ce que l'usage avait établi et consacré fut reconnu comme une règle, dans les traités que le Danemark conclut successivement, depuis le milieu du quinzième siècle, avec l'Angleterre, la Hollande, l'Espagne, la France et les différents pays voisins de la Baltique. Tous les navires qui se rendaient d'une mer à l'autre devaient passer par le Sund, et non par les Belts, à moins qu'ils n'y eussent été forcés par le gros temps : cette nécessité devait être affirmée sous serment par le capitaine et deux hommes d'équipage; et dans ce cas, on devait acquitter les mêmes droits à Niebourg en Fionie, ou au passage du petit Belt à Fridericia.

Elseneur a été bâtie sur la rive occidentale du Sund, et vers le point où ce détroit est le moins large : c'est aussi le côté où les eaux ont le plus de profondeur : les vaisseaux sont obligés de passer sous le canon de cette place et de la forteresse de Cronenbourg destinée à la défendre, et ils n'ont point à se détourner pour acquitter les droits du Sund.

Pendant plusieurs siècles, la Ligue Anséatique avait joui, plus que toute autre puissance, de ce moyen de communication; elle en avait besoin, pour unir les forces de ses confédérés, répandus sur les côtes de la Baltique et de la mer du Nord; et lorsque cette Ligue eut vu décliner sa puissance, il lui devint encore nécessaire de conserver à son commerce les mêmes facilités de navigation. Ce commerce était toujours très-étendu; et, quoiqu'il se trouvât en concurrence avec celui de quelques autres puissances maritimes, cependant il jouissait souvent de plus de sécurité, parce que ces puissances se trouvaient impliquées dans les différentes guerres de l'Europe, tandis que les villes anséatiques cherchaient à conserver une neutralité, plus convenable à leur situation et au genre de prospérité et d'influence dont elles pouvaient encore jouir.

La question de l'affranchissement des droits du Sund intéressait si vivement le commerce qu'elle fut souvent discutée dans les conseils des villes anséatiques, dans ceux du Danemark, et dans les ouvrages des publicistes qui s'emparèrent de cette discussion. Les partisans de la liberté absolue des mers pensaient qu'on ne pouvait y apporter aucune exception. La mer, disaient-ils, est un élément dont la jouissance appartient à tous, et dont la propriété ne peut être réclamée par personne; on peut, sous ce rapport, la comparer à l'air que nous respirons, et dont il serait impossible de nous ravir l'usage. Le fond et la surface de la haute mer sont également libres, et l'utilité en est commune à tous les peuples; si plusieurs puissances ont prétendu, en différents temps, exercer un droit de souveraineté sur quelques parties de l'océan, ces usurpations sur le domaine de tous remontent à des époques où les souverains et les maîtres de quelques rivages de la mer jouissaient presque seuls d'une puissance maritime et commerciale, cherchaient à écarter d'autres navires des parages qu'ils fréquentaient, et pouvaient faire aisément reconnaître leur suprématie par d'autres nations hors d'état d'entrer en concurrence avec eux. Sans remonter à des usages trop anciens, nous citerons les droits de souveraineté que la république de Gênes s'arrogeait encore dans le quinzième siècle sur la mer de Ligurie entre l'île de Corse et le continent; la cérémonie annuelle des épousailles de la mer par le doge de Venise, considéré comme souverain de l'Adriatique, depuis la hauteur du cap de Ravenne jusqu'au fond des lagunes; les anciennes prétentions de l'Angleterre sur le canal de la Manche, sur le bassin de la mer du Nord jusque dans les régions boréales, sur les parages de l'Atlantique, voisins des côtes de France, et sur ceux qui s'étendaient à l'occident des Iles Britanniques. Ces prétentions étaient encore soutenues, au milieu du dix-septième siècle, dans les captieux écrits de Selden, quoiqu'elles fussent réfutées par Grotius, avec toute l'éloquence et l'autorité de la raison.

D'autres nations avaient usurpé dans l'Océan des titres de souveraineté encore plus étendus. Les rois d'Espagne et de Portugal ne s'étaient-ils pas partagé entre eux l'immensité des mers, en vertu d'une concession illusoire que leur avait faite le pape Alexandre VI? Les Portugais, après leurs premières expéditions dans les parages occidentaux de l'Afrique, ne prirent-ils pas le titre de seigneurs de la navigation sur les côtes de Guinée? et de sanglantes guerres ne s'allumèrent-elles point entre les premiers possesseurs des colonies européennes en Amérique, dans les archipels d'Asie et dans les îles de l'Océanie, sur l'étendue et les limites des droits de navigation et de souveraineté?

Pour obtenir une semblable suprématie, il faudrait que les puissances qui prétendent à la domination de quelques parages pussent y entretenir des forces suffisantes pour en écarter les autres nations; mais ces forces deviendraient le jouet des vagues et des tempêtes: elles ne défendraient que le point qu'elles occuperaient dans cette immense étendue; et les autres pavillons se croiseraient, se dirigeraient dans tous les sens, autour de ces vains et fragiles boulevards, qui ne constateraient que l'impuissance d'un usurpateur.

Le principe de la liberté des mers, liberté conforme à la nature, au droit des gens, et aux droits conventionnels le plus généralement adoptés, peut être envisagé sous un autre point de vue, lorsqu'il s'agit des mers intérieures qui n'ont avec l'Océan qu'une étroite communication; et c'est ici surtout que s'engage un conflit réel entre les partisans d'un usage restreint ou d'une absolue liberté. On soutient, dans cette dernière opinion, que lorsqu'une mer intérieure baigne les rivages de plusieurs États différents, leurs communications avec l'Océan ne peuvent jamais être entravées par les possesseurs des deux rives du détroit où il faut passer. On établit, en appliquant ce principe à un exemple, que les vaisseaux qui entrent de la Méditerranée dans l'Océan ne peuvent pas être retenus ni imposés, à leur passage dans le détroit de Gibraltar, et qu'ils ne doivent l'être ni au Bosphore ni aux Dardanelles, lorsqu'ils viennent de la mer Noire dans la Méditerranée. La même remarque a été faite sur la navigation de la mer Baltique : les navires des différents États qui l'environnent doivent librement communiquer avec l'Océan, sans être retenus au passage du Sund.

Cette dernière opinion a rencontré, il est vrai, des contradicteurs : ils ont allégué que la juridiction territoriale d'un pays voisin de la mer s'étend jusqu'à une certaine distance des côtes : on lui assigne généralement pour limite la portée d'un boulet de canon : elle peut ainsi s'exercer sur le passage du Sund qui n'a pas quatorze cents toises dans sa plus étroite largeur. Les partisans de cette opinion pouvaient aussi, lorsque les deux rives du détroit appartenaient au Danemark, soutenir que la souveraineté du passage devait encore moins lui être contestée, et que le Sund formait, à travers ses États, une espèce de canal de navigation, où le Danemark avait le droit de percevoir un péage, de même qu'il pouvait en imposer un sur les navires qui traversaient les deux Belts, également situés entre plusieurs parties de son territoire.

Mais cet important litige dut éprouver une modification nouvelle, lorsque le Sund se trouva placé entre deux nations différentes, dont chacune avait les mêmes droits à revendiquer. La Suède, qui venait d'obtenir par un traité le libre passage de ses navires, et leur exemption de toute espèce de droits, ne cherchait pas à faire jouir de la même franchise les pavillons des autres puissances : elle était intéressée à écarter leur concurrence dans la Baltique, en rendant leur condition moins avantageuse que la sienne; et les navires anséatiques, de même que ceux des autres nations, continuèrent d'acquitter le droit du Sund, à leur passage devant Elseneur.

La forme de la perception variait quelquefois; et pour ne pas en multiplier les embarras, en exigeant de chaque navire un paiement particulier, la Hollande fit avec le Danemark, en 1647, un contrat d'abonnement, en vertu duquel elle se rachetait, par une somme annuelle et fixe, des droits qu'aurait eus à payer chacun de ses navires; mais cet arrangement temporaire ne fut pas renouvelé. L'Angleterre cherchait à conclure une convention semblable, et ses négociations furent sans résultat.

Les Anglais désiraient alors diriger par le Sund et la mer Baltique les principales opérations de leur commerce avec la Russie : ils les avaient commencées, depuis plus d'un siècle, par la mer Blanche et le port d'Archangel; et Richard Chancellor avait ouvert cette périlleuse navigation, en doublant le Cap-Nord et en suivant les côtes de la Laponie. Mais quand les Russes eurent étendu leurs établissements vers le fond du golfe de Finlande, il devint plus facile d'arriver à eux par cette nouvelle voie de communication. Les villes anséatiques étaient intéressées à prendre part à ce commerce : il se liait à celui qu'elles avaient toujours fait avec Novogorod, et qui s'était progressivement étendu dans toutes les régions voisines. Cependant les Brêmois, les Hambourgeois conservèrent aussi des relations directes avec Archangel : il se faisait dans cette place un débit considérable de goudron, de câbles, de pelleteries, de produits de la pêche des mers boréales. On se rendait vers le milieu du mois d'août à ses foires annuelles; il y arrivait des marchands de toutes les provinces de la Moscovie, surtout des contrées situées entre la mer Blanche et la chaîne des monts Ourals, et ils y faisaient leurs échanges de marchandises avec les navigateurs des côtes occidentales de l'Europe.

Le Danemark prenait alors peu de part à ce commerce : il avait été épuisé par les malheurs d'une longue guerre avec la Suède; il avait perdu quelques-unes de ses plus belles provinces; la discorde régnait entre les différents ordres de l'État; et une révolution, qui vint changer, en 1660, les bases de cette monarchie, fit conférer au monarque un pouvoir absolu. Le poids des impôts et l'inégalité de leur répartition furent la première cause de ce grand changement. La guerre venait de se terminer, et de grandes forces militaires devenaient inutiles; mais on ne pouvait congédier l'armée sans lui payer les arrérages de sa solde; et il fallut, pour acquitter cette dépense, établir de nouvelles charges. La noblesse avait joui jusqu'alors du privilège de ne pas être taxée : elle était exempte du logement des gens de guerre; elle cherchait à rejeter sur le clergé et sur le peuple les obligations et les impôts dont elle s'était affranchie; et, en attaquant à la fois l'un et l'autre corps, elle eut l'imprudence de ne pas prévoir l'énergique opposition qu'elle allait rencontrer. Pour sortir de l'embarras de cette situation, le roi Frédéric IV eut recours à la convocation des états généraux : ils s'assemblèrent à Copenhague, au mois d'octobre : une scission éclata sur-le-champ; et les orateurs du peuple demandèrent avec force que les impôts fussent également répartis, et que les riches tenanciers, qui jouissaient de la plupart des propriétés, en acquittassent aussi les charges. De si justes réclamations méritaient d'être accueillies; mais un sénateur fut assez insensé pour oser dire que le peuple ignorait sans doute sa condition, et qu'il devait plus d'égards à la noblesse dont il était esclave.

Ces derniers mots soulevèrent l'indignation de tous les députés du peuple : Nanson, président de Copenhague et orateur de la bourgeoisie, répondit avec chaleur que le peuple ne se laisserait jamais traiter en esclave, et que le sénat en serait bientôt convaincu. Il rompit l'assemblée, et sortit avec Swane, évêque de Copenhague et chef de l'ordre du clergé : tous deux étaient suivis des députés qu'ils présidaient : ils allèrent se réunir dans la salle des brasseurs ; et, après avoir délibéré sur les moyens d'abattre le pouvoir de la noblesse et d'améliorer la situation du peuple, ils s'arrêtèrent à la résolution de remettre au roi les destinées de l'État, de lui offrir le pouvoir absolu, et de rendre la couronne héréditaire dans sa famille, par ordre de primogéniture.

Frédéric parut accepter avec regret les offres qui lui étaient faites par le peuple et le clergé : il voulait du moins pouvoir aussi compter sur l'assentiment de la noblesse ; et celle-ci ne crut pas pouvoir résister à l'invitation que vinrent lui faire les députés des communes et du clergé, de se joindre à eux, pour obtenir la complète adhésion du roi aux vœux qui lui étaient exprimés. Ce changement dans la forme du gouvernement fut bientôt accompli : tous les membres des états généraux se réunirent le 27 octobre dans une cérémonie solennelle, où le roi, environné de sa famille, de sa cour, de toutes les autorités civiles et d'une grande partie de l'armée, reçut l'hommage de tous les ordres, et le serment que fit individuellement chaque membre, de le servir en homme d'honneur et en sujet fidèle.

Dans cette grande réunion, où le monarque était revêtu d'une autorité sans bornes, une seule voix s'éleva pour exprimer quelques inquiétudes sur l'avenir : le sénateur Gersdorf témoigna le désir que les successeurs du roi actuel ne se servissent que pour le bien de leurs sujets de ce pouvoir illimité, et qu'ils ne le fissent pas tourner à leur ruine. Frédéric n'abusa point de la confiance que son peuple venait de lui accorder, et il employa les dernières années de son règne à réparer les maux de la guerre, à rétablir l'ordre dans les finances, à contenir le mécontentement des grands qu'il avait abaissés, et à diriger vers les progrès de l'industrie et vers le travail l'inquiète activité de la multitude. Le même peuple qui venait de renoncer à ses droits pourrait un jour désirer de les reprendre, et le roi cherchait à le distraire du sentiment de sa force, pour ne plus avoir à craindre qu'il voulût en faire usage.

Si de nombreuses remarques sur différentes questions de droit public ou maritime et sur quelques institutions propres à favoriser le commerce doivent naturellement se présenter dans le cours de cet ouvrage et se mêler au récit des événements politiques, nous avons aussi reconnu la nécessité de faire dans les annales des pays voisins quelques excursions, intimement liées à l'histoire des villes anséatiques. Dès que plusieurs peuples ont entre eux des relations, ils exercent l'un sur l'autre une action mutuelle ; et l'on doit cesser de les considérer isolément.

Lorsque le peuple de Danemark eut conféré à son souverain tous les pouvoirs d'un gouvernement absolu, les villes anséatiques n'apprirent pas cette révolution sans quelque regret. Comme elles jouissaient d'un gouvernement qui recevait sa force de celle du peuple et qui restait fidèle à son origine, l'exemple d'abdiquer les droits populaires ne pouvait séduire des citoyens satisfaits de leur forme d'administration, et il les rendit plus défiants sur les vues d'une nation qui venait de s'assujettir volontairement. Hambourg avait été souvent menacé d'une invasion danoise, et le même péril pouvait se renouveler : cette ville, toujours prête à se mettre en défense et à repousser une agression, ne tenait pas seulement à son indépendance nationale, elle voulait aussi garder ses libertés publiques, et sous la do-

COLOGNE.

mination du Danemark elle aurait craint de les perdre.

Hambourg allait bientôt éprouver un terrible fléau : la peste s'y déclara, en 1664; elle fit de rapides progrès, et ses ravages enlevèrent la huitième partie de sa population. Des précautions sanitaires préservèrent les pays voisins; mais elles isolaient cette place; et l'interruption du commerce allait aggraver encore ses calamités. Son gouvernement redoubla de soins, dans ces jours d'épreuves et de souffrances, pour ouvrir aux malades de nouveaux hospices, et pour assurer aux classes pauvres du travail et des secours. Quand les périls de la contagion furent passés, il attira dans la ville quelques colonies étrangères, afin de réparer ses pertes. On ne pouvait point oublier les services déjà rendus par un grand nombre de réfugiés hollandais qui, depuis la ruine d'Anvers, avaient porté à Hambourg leurs capitaux et leur industrie, et avaient perfectionné une partie de ses institutions maritimes et commerciales, en les modelant sur celles qui avaient fait fleurir leur ancienne patrie. Ces émigrants n'avaient d'abord cherché qu'un asile temporaire; ils s'attachèrent ensuite à leur nouvelle habitation et ils s'y fixèrent.

D'autres familles mennonites, qui s'étaient rendues dans le Holstein, furent également accueillies à Hambourg : la simplicité des mœurs, la frugalité, l'amour du travail les faisaient remarquer : elles établirent dans cette ville quelques nouvelles manufactures, entreprirent des expéditions maritimes, prirent part au commerce d'Archangel et aux grandes pêches qui s'exploitaient dans les parages du Groenland.

Les persécutions exercées en Portugal contre les juifs avaient déterminé un grand nombre d'entre eux à changer de patrie : leur religion cherchait de la tolérance, et la nature de leurs spéculations les attirait dans des places de commerce.

Leurs ancêtres avaient habité l'Espagne; ils y avaient obtenu, sous le gouvernement des Maures, les mêmes faveurs que dans les contrées musulmanes de l'Orient, et ils s'y étaient répandus de proche en proche, dans les provinces mêmes qui n'avaient pas été soumises à l'islamisme. Mais, après avoir terminé la guerre contre les Maures, Ferdinand et Isabelle ordonnèrent, en 1492, l'expulsion des juifs; et ceux qui se retirèrent en Portugal, où ils obtinrent de Jean II un accueil hospitalier, furent forcés par son successeur Emmanuel de sortir du royaume, sans qu'il leur fût permis d'emmener avec eux leurs enfants au-dessous de l'âge de quatorze ans. La plupart des juifs d'Espagne et de Portugal recoururent à la protection du chef de l'Église : Alexandre VI en reçut une partie dans ses États, et en fit admettre beaucoup d'autres dans différentes contrées d'Italie : ils jouirent d'un grand crédit sous le pontificat de Paul III; et, quoiqu'ils obtinssent moins de tolérance de quelques-uns de ses successeurs, ils continuèrent d'être reçus à Rome, à Ancône, à Avignon : ils eurent des synagogues dans les États vénitiens, dans le Milanez, en Piémont et dans les autres principautés d'Italie.

L'introduction du luthéranisme en Europe leur avait été favorable; et en réduisant le nombre des sacrements et des dogmes, elle ne permettait plus de les accuser de profanation d'hosties, d'atteinte à la croyance des mystères, de déclamations contre les miracles. Cependant les chrétiens, à quelque communion qu'ils appartinssent, étaient encore prévenus et animés contre cette nation. On la persécutait, vers la fin du seizième siècle, en Hongrie, en Moravie, en Bavière, quoiqu'elle fût tolérée par l'empereur Ferdinand 1er, qui lui accorda le droit d'avoir en Allemagne un prince de la captivité et des princes de la dispersion. Ces titres rappelaient aux juifs les anciens jours d'esclavage et d'exil; mais ils avaient cru, à plusieurs reprises, voir apparaître un libérateur; et ils obtinrent, en 1650, l'autorisation d'assembler un concile, en Hongrie, pour décider si le Messie était venu. Des juifs de tous les pays se rendirent dans la plaine d'Agéda, assignée pour leur réunion : il s'y trouva trois cents rabbins de nations différentes et une nombreuse foule de simples israélites : tous étaient campés sous des tentes, et l'on en avait érigé une très-grande pour les séances du concile, qui fut présidé par le rabbin Zacharie, de la tribu de Lévi. L'assemblée n'avoua aucun de ceux qui s'étaient successivement présentés sous le titre de Messie, et elle se sépara, dans l'attente de celui qui devait relever la nation.

Les juifs avaient alors des synagogues dans différentes parties de l'Allemagne; ils en avaient en Hollande, surtout à Roterdam, Amsterdam et la Haye. Cromwell leur accorda, en 1656, un établissement en Angleterre : Hambourg en avait accueilli un grand nombre; et cette ville était regardée par eux comme une petite Jérusalem : la plupart y exerçaient le commerce ; d'autres s'y appliquaient aux lettres, aux sciences, et surtout à la médecine : Joseph Athias, juif espagnol, était devenu professeur à Hambourg, avant d'aller s'établir à Amsterdam, où il acquit l'imprimerie des Elzévirs. La synagogue des juifs de Hambourg était située à Altona. Le gouvernement danois en reçut d'autres à Gluckstadt, et ils furent également accueillis à Brême et à Lubeck. Ceux qui trouvèrent un refuge dans les villes anséatiques y contribuèrent à la prospérité de plusieurs institutions, propres à faciliter les échanges, les payements et toutes les transactions que les négociants avaient à faire entre eux.

La profession de banquier était alors exercée fréquemment par les juifs : elle pouvait d'autant mieux leur convenir que cette nation cosmopolite était dispersée dans tous les pays, et que ses membres avaient la facilité de trouver partout des correspondants. Leurs relations comme coreligionnaires favorisaient leurs opérations et leurs bénéfices; l'usage des lettres de change rendait leur intervention plus habituelle; et si on les accusa plusieurs fois d'abuser de leur situation pour élever l'intérêt de l'argent, le taux du change et celui des droits de banque, il faut aussi reconnaître les importants services qu'ils rendirent au commerce, en facilitant ses escomptes, ses payements et toutes ses opérations pécuniaires. Leurs richesses les firent souvent persécuter; mais elles faisaient ensuite reconnaître la nécessité de revenir à eux.

L'avantage de multiplier ses relations devenait journellement plus sensible, et l'établissement des postes fut une des institutions les plus utiles à la circulation du commerce des Anséates. Celles de l'Empire remontent au règne de Maximilien 1er, qui les avait empruntées de la France. Ce monarque, pour faciliter les communications de l'Autriche avec les Pays-Bas, établit un service de postes à travers le midi de l'Allemagne, et il en remit la direction à François baron de Taxis : la même charge fut conférée à ses descendants par Charles-Quint et ses successeurs; et ce service, établi sur la route de Bruxelles à Vienne, reçut bientôt un embranchement entre Augsbourg et l'Italie. En 1615, la surintendance des postes fut érigée en fief de l'Empire par l'empereur Mathias, et Lamoral de Taxis en fut investi pour lui et ses descendants. Une même organisation s'étendit alors dans plusieurs contrées de l'Allemagne, et fut admise sans difficulté par les villes impériales ; mais elle donna lieu à de graves discussions dans les grands États de la confédération germanique. Les princes, jaloux de leurs droits et assez forts pour les défendre, voulaient les exercer dans toute leurs plénitude, et ne confier qu'à leur propres sujets l'administration et le service des postes qui auraient à traverser leur territoire.

Avant de recevoir cette institution, Hambourg n'avait que des messagers, qui se rendaient dans les principales villes où l'on avait à entretenir des relations d'affaires.

jours de leur départ, ceux de leur arrivée n'étaient pas réguliers : on attendait qu'il y eût un assez grand nombre d'affaires pour couvrir les frais de leur expédition : quelques-uns voyageaient à pied, d'autres étaient conduits ou portés par les mêmes chevaux, à petites journées, sans organisation de relais, et sans aucun moyen de contrôle et de surveillance. La même forme de correspondance subsistait à Brême et à Lubeck; mais le service des postes impériales y fut également établi; la maison de Taxis jouissait de ce revenu, de même qu'elle était chargée de tous les frais d'organisation et d'entretien, dans les bureaux et dans les relais qu'elle avait établis.

Il y avait aussi dans les villes anséatiques une direction de postes particulières, pour chacun des États qui entretenaient avec elles une ligne de correspondance : ainsi l'on avait à Hambourg un directeur des postes d'Autriche, d'autres pour les postes de Prusse, de Hanovre, de Danemark, de Mecklembourg, et chaque État désirait être chargé de sa correspondance. Il résultait de ces services séparés un accroissement de dépenses, que l'on aurait évité par une commune organisation; mais plusieurs États y trouvaient un moyen d'influence, dont ils auraient difficilement consenti à se priver.

Plus on éprouvait de facilité dans la transmission de la correspondance et dans la négociation des affaires de commerce, plus on était intéressé à donner à ses relations avec le dehors de nouvelles garanties, soit par des traités, soit par des améliorations progressives dans les principes du droit international, de ce droit qui tend sans cesse à se perfectionner et à rapprocher plus étroitement tous les peuples, à mesure qu'ils se connaissent et s'éclairent.

Les Anséates cherchaient à faire accueillir dans tous les ports leur pavillon et leur commerce : cette franchise était le but de toutes leurs négociations : l'état de guerre leur était généralement contraire; et l'intérêt public leur faisait désirer une constante neutralité, surtout depuis que leur confédération se bornait à quelques villes. Mais l'Europe était habituellement en guerre, et les nations belligérantes respectèrent rarement les droits des neutres. En 1668, une escadre hollandaise remonta l'Elbe, et vint pendant la nuit attaquer près de Hambourg dix-sept navires anglais qui étaient près de mettre à la voile. Les uns furent coulés bas, les autres se réfugièrent sous les murs de la ville, et les Hollandais les y poursuivirent. L'Angleterre supposa que Hambourg avait favorisé cette attaque : elle réclama un dédommagement de ses pertes; et cette ville consentit, pour éviter quelques actes d'hostilité, à un sacrifice pécuniaire de soixante-seize mille livres sterling.

Quoique les Anséates eussent souffert des événements de la guerre, ils ne purent cependant pas obtenir d'être compris dans le traité de paix qui fut conclu, la même année, entre l'Angleterre, la France, le Danemark et la Hollande. Cette dernière puissance se montrait souvent contraire à leurs intérêts, à leurs vues; et comme elle était devenue la rivale de leur commerce, elle voyait sans peine les embarras de leur situation : elle tendait à augmenter leur isolement, et à se ménager l'héritage d'une confédération si affaiblie et si souvent menacée.

La mort de Frédéric III, roi de Danemark, et l'avénement de Christiern V, en 1670, amenèrent chez les Anséates d'autres sujets de troubles. Ce prince exigeait, à l'exemple de ses prédécesseurs, que les magistrats de Hambourg lui prêtassent foi et hommage; mais un rescrit impérial défendit au sénat de déférer à cette sommation; et Hambourg, qui s'attendait à être attaqué par les Danois, se hâta de réparer ses remparts, de les armer et de se mettre en état de défense. Les difficultés de sa situation se compliquaient de jour en jour : des dissensions allaient éclater dans cette ville entre le sénat, jaloux de son autorité,

17e *Livraison.* (VILLES ANSÉATIQUES.)

et le peuple qui tendait sans cesse à étendre son pouvoir. Le conseil des anciens, placé entre l'un et l'autre, cherchait comme un bienveillant médiateur à rapprocher les deux partis; il n'y réussissait point; et l'Empereur fut prié par le sénat lui-même d'intervenir pour amener une réconciliation. Le comte de Windischgratz se rendit à Hambourg, en 1672, comme commissaire impérial: il eut des conférences avec les sénateurs, les anciens, les principaux membres de la bourgeoisie; et après les avoir entendus, il convint avec eux d'un arrangement que l'on paraissait empressé de conclure, mais qui ne fut pas longtemps observé.

Le commerce des Anséates eut momentanément à souffrir pendant la guerre qui se ralluma en 1674 entre l'Empire et la France. L'empereur Léopold Ier demandait le renvoi du résident français, accrédité près du cercle de Basse-Saxe; et Hambourg, qui négociait alors un traité de commerce avec la France, prévoyait que ce renvoi interromprait ses relations et ferait arrêter ses navires. Mais l'Empereur, le roi d'Espagne, quelques princes d'Allemagne insistèrent sur cette demande, et le sénat se trouva forcé d'y consentir. La France fit alors diriger vers la mer du Nord quelques armements en course qui croisèrent près des côtes; elle autorisa la capture des navires anséates, et plusieurs bâtiments hambourgeois furent arrêtés à l'embouchure de l'Elbe. Cette ville avait fait construire quelques vaisseaux de guerre pour protéger son commerce, et ses navires marchands furent eux-mêmes pourvus de moyens de défense: néanmoins elle fit de nombreuses pertes.

La condition commerciale des Anséates était d'autant plus malheureuse que la guerre se renouvelait alors fréquemment entre les grandes puissances, et que celles-ci se montraient plus ou moins contraires à la liberté des neutres: elles cherchaient à les engager dans leurs querelles ou à étendre sur eux leurs hostilités, et à se dédommager, aux dépens des faibles, des sacrifices que la guerre leur aurait coûtés.

Les Danois attendaient la première occasion d'une rupture avec les Suédois, pour chercher à leur enlever le duché de Brême; cette guerre éclata en 1675, et le gouvernement danois s'attacha à restreindre dans les plus étroites limites les relations commerciales de Lubeck avec la Suède.

La paix fut rétablie, en 1679, entre les deux couronnes; et Christiern V, faisant alors avancer près de Hambourg un corps d'armée, voulut faire revivre d'anciennes prétentions sur cette place, éleva près de Drakenbourg un fort qui paraissait la menacer, fit arrêter sur l'Elbe plusieurs navires, et réclama la foi et hommage que cette ville avait autrefois promise aux comtes de Holstein. Le sénat ne se prêta point à cette exigence; et ses députés représentèrent au roi de Danemarck que Hambourg relevait immédiatement de l'Empire. Les princes de la maison de Brunswick introduisirent des troupes dans la place, pour la défendre et pour en faire lever le siège: ils faisaient en même temps des démarches pour arriver à un rapprochement; et Hambourg obtint par un sacrifice de deux cent vingt mille francs la restitution de ses navires et l'éloignement de l'ennemi.

L'électeur de Brandebourg, les ducs de Brunswick et de Lunebourg étaient également intéressés à l'indépendance de Hambourg; ils la regardaient comme favorable à l'Allemagne entière, dont cette ville était devenue le plus grand entrepôt commercial.

Nous voyons à cette époque les villes anséatiques terminer plusieurs fois par une composition pécuniaire leurs démêlés avec les États voisins: elles aimaient mieux obtenir par un sacrifice le rétablissement de la paix, que de s'engager dans une lutte où les forces étaient devenues trop inégales: les dangers de leur position expliquent cette condescendance; et la prudente circonspection qui leur était nécessaire ne peut pas être considérée comme un acte de faiblesse. La paix que l'on cherchait à conserver avec ses voisins permettait de diriger toutes ses ressources vers le développement de la prospérité intérieure; et les gouvernements de Lubeck, de Brême, de Hambourg étaient constamment occupés de ce soin paternel.

Nous ne citerons pas, en suivant les progrès du commerce de Hambourg, différentes branches d'industrie, communes à toutes les villes manufacturières; mais quelques fabriques spéciales méritent d'être remarquées. Les raffineries de sucre établies à Hambourg étaient supérieures à celles des autres pays : les fabriques de velours et de rubannerie occupaient un grand nombre d'ouvriers; on avait des filatures pour la soie grége que l'on tirait d'Italie; les teinturiers de Hambourg passaient pour les meilleurs de l'Allemagne; les brasseries, les tanneries, les salaisons de tout genre procuraient d'importants bénéfices.

Un peuple privé de territoire et réduit aux ressources du travail et de l'industrie, avait su y joindre celles d'un commerce étendu et d'une banque dont le crédit était assuré. Il s'était formé, entre cette place et les autres marchés, de nombreuses relations qui se maintenaient par le mélange des intérêts, par l'empire de l'habitude et par les sentiments d'estime qu'inspire la fidélité à remplir ses engagements. Le commerce ne se prêtait point à de hasardeuses entreprises; et les bénéfices n'en étaient pas absorbés par un luxe imprudent, dont les négociants de cette ville avaient eu le bon esprit de se préserver. Accoutumés au bien-être, ils négligeaient le superflu, et ne songeaient pas à multiplier leurs besoins. La vaste étendue de leurs magasins leur laissait peu de place pour le logement : la salle de la Bourse devenait tous les jours leur centre de réunion : ils allaient observer quels étaient dans les différentes villes de commerce le cours du change, le prix des achats et des ventes, le tarif des douanes, et tous les frais d'importation et d'exportation. Ces remarques servaient de direction aux négociants commissionnaires ou expéditeurs; elles leur aidaient à choisir des cargaisons dont le débit fût facile. Les arrivages imposaient d'autres soins; et lorsqu'on voyait revenir à pleines voiles les navires qui avaient accompli leur voyage, déjà on calculait les préparatifs d'une expédition prochaine. Les opérations de commerce s'enchaînaient l'une à l'autre, et la fortune offrait toujours en perspective quelques nouveaux avantages.

Brême profitait de sa heureuse situation sur le Wéser pour continuer d'être l'entrepôt des productions de tous les pays arrosés par ce fleuve ou par ses affluents : elle devait au droit d'étape, qui lui avait été accordé et confirmé par les empereurs, le facile approvisionnement de ses magasins et la source de son commerce de commission. Le chargement et le déchargement de ses navires se faisaient ou à Végésack ou à Bracke, lorsque les vaisseaux étaient trop grands pour pouvoir remonter le Wéser jusqu'à Brême. Ce fleuve fournissait aux habitants une pêche abondante d'anguilles, de lamproies, de saumons surtout, que l'on fumait pour les livrer au commerce : la bière de cette ville était réputée : on y chargeait des bois de charpente et de construction, des draps, des laines, des cuirs, des métaux, tous les produits des duchés de Brunswick, de Lunébourg, de la Westphalie et des contrées voisines. La modicité des droits d'entrée et de sortie facilitait les relations avec le dehors : l'activité de la navigation était remarquable : on rencontrait les vaisseaux de Brême dans tous les parages, surtout dans la Baltique, dans les eaux de la Norvége et dans celles du Groënland où l'on faisait la pêche de la baleine.

La position géographique de Lubeck et son rang dans la Ligue Anséatique en avaient fait depuis longtemps le centre des relations de commerce suivies entre la Baltique et l'Océan. On y déposait une grande partie des chargements faits dans les ports de Livonie, de Pologne, de Prusse, de Poméranie, tels que les bois, les cuirs, les chanvres, les métaux, toutes les matières nécessaires à la construction, au gréement, au calfatage des navires, et tous les produits de pêche recueillis dans la Baltique; les cargaisons venues de l'Océan étaient également déposées à Lubeck, où se faisait un commerce d'échange et de commission très-considérable. Les vaisseaux les plus grands et les plus chargés pouvaient s'alléger à Travemunde, où ils trouvaient un abri sûr et un point de relâche : ils remontaient la Trave jusqu'à Lubeck; et ce fleuve qui n'a pas un long cours était du moins navigable jusqu'à Oldeslohe pour de petits bâtiments. Les autres lignes de communication, ouvertes par la Wackenitz et la Stecknitz, facilitaient le commerce avec l'intérieur. Ainsi les marchandises affluaient à Lubeck par différentes voies; et les manufactures établies dans cette ville y faisaient fleurir plusieurs branches d'industrie. On remarquait dans le nombre de ces fabriques les tanneries et tous les ouvrages de mégisserie, le tissage des toiles à voiles, les fonderies de cloches et de pièces d'artillerie, les raffineries, les fabriques de tabac, celles de savon noir et d'amidon, le laminage des métaux, et surtout les vastes travaux des chantiers, dont l'activité était entretenue, soit par la marine de Lubeck, soit par les navigateurs étrangers, qui préféraient à toute autre main-d'œuvre celle des habiles constructeurs de cette ville.

Des officiers étaient chargés de surveiller toutes les opérations du port, de faire curer le lit du fleuve pour en prévenir les ensablements, de prendre soin des fanaux et des balises destinés à guider la navigation, d'assurer enfin l'exécution de tous les règlements maritimes dont Lubeck avait autrefois posé les fondements, et que le temps avait ensuite perfectionnés.

Le commerce maritime de cette ville avait nécessairement décliné à mesure que celui des autres ports de la Baltique s'était agrandi; mais une partie de ses pertes était compensée par le développement d'une industrie manufacturière, dont les produits étaient recherchés dans les contrées voisines. Ce genre de progrès était favorisé par des institutions libérales, et par le soin avec lequel un bon gouvernement savait encourager l'amour du travail, varier la direction de l'industrie quand les circonstances l'exigeaient, et préparer de nouvelles ressources à une population devenue plus nombreuse.

Le bien-être des classes laborieuses était le but que l'on voulait atteindre. Les gouvernements des villes anséatiques en étaient spécialement occupés; et les perfectionnements qu'ils cherchaient à donner aux principes de l'ordre social, en rendant à la fois leurs nations plus heureuses et plus éclairées, se remarquaient aussi dans leurs relations avec le dehors, et dans le soin d'affermir et d'étendre les rapports politiques et tous les avantages commerciaux dont ils avaient joui précédemment.

Cette période de l'histoire, cette suite de transactions qui se succédèrent jusqu'à la fin du dix-septième siècle, nous offrent de graves sujets d'instruction, qui ne doivent pas être passés sous silence, dans un ouvrage où il faut rendre compte des variations du droit maritime et commercial, et où l'on a souvent à reconnaître combien les villes anséatiques étaient intéressées à maintenir et à protéger les intérêts de la neutralité.

On peut remarquer, en comparant entre eux les traités conclus à différentes époques, une amélioration sensible dans les règles du droit maritime et dans les franchises et les garanties accordées au commerce. Cette amélioration n'a pas seulement pour but de faciliter les relations des peuples pendant la durée de la paix : elle tend aussi à protéger leur neutralité lorsque la guerre est allumée quelque part, et à moins circonscrire les limites du commerce qu'il leur est encore permis de faire pendant les hostilités.

Les principes de ce droit conventionnel ont souvent différé, parce qu'ils dépendaient de la volonté des contractants; ils ont même été en opposition à plusieurs époques. Si l'on remonte au commencement du quinzième siècle, on voit que la capture d'une propriété ennemie, trouvée à bord d'un bâtiment neutre, était autorisée par la plupart des traités, et notamment par ceux que l'Angleterre conclut en 1406, 1446 et 1485 avec les ducs de Bourgogne et de Brabant, en 1468 et 1486 avec les ducs de Bretagne. La même maxime fut généralement observée pendant le cours du siècle suivant; mais dès le commencement du dix-septième siècle, il fut établi que le pavillon ami devait sauver la marchandise ennemie; et cet exemple fut donné à l'Europe dans un traité conclu en 1604 entre la France et Achmet, et dans un firman de 1612 sur la franchise du commerce des nations chrétiennes : il le fut dans les traités de 1646 entre la France et les Provinces-Unies, de 1650 entre ces provinces et l'Espagne, et de 1654 entre l'Angleterre et le Portugal, dans les traités que la France conclut l'année suivante, soit avec les villes anséatiques, soit avec l'Angleterre, dans celui des Pyrénées entre l'Espagne et la France, dans ceux que la Hollande signa en 1661 avec le Portugal, en 1668 et 1674 avec l'Angleterre.

La plupart des conventions qui déclaraient insaisissables les marchandises ennemies trouvées sous pavillon ami autorisaient la prise des marchandises amies trouvées sous pavillon ennemi : ce principe était expressément reconnu dans les transactions que nous avons rappelées.

Les mêmes traités laissaient aux neutres la liberté de conserver des relations de commerce avec l'ennemi; soit qu'ils partissent d'un pays neutre pour se rendre dans le port d'un belligérant, soit qu'ils entretinssent des communications directes entre deux ports ennemis : seulement il leur était interdit de se rendre dans un port réellement bloqué, et de porter à l'ennemi des articles de contrebande de guerre. Ces deux restrictions sont exprimées dans les traités antérieurs; elles le sont dans celui de 1644 entre la Suède et les Provinces-Unies, dans ceux que l'Angleterre conclut en 1625 avec la Hollande, en 1630 avec l'Espagne, en 1654 avec la Suède, en 1655 avec la France, dans le traité des Pyrénées en 1659, dans ceux de 1661 entre l'Angleterre et la Suède, dans ceux que la France conclut en 1662 soit avec la Hollande, soit avec le Danemarck, et dans celui de 1666 entre l'Angleterre et la Suède.

Pour expliquer la cause des variations que nous venons de remarquer dans les usages suivis envers les neutres, il nous paraît utile de remonter à l'origine de leurs droits, d'indiquer les réserves auxquelles ils sont inévitablement soumis par les belligérants, et les mesures qui ont été généralement adoptées pour reconnaître à bord des navires les marchandises qui peuvent être légitimement capturées, et pour éviter les collisions auxquelles ces saisies pourraient donner lieu.

Lorsqu'une puissance est en paix avec d'autres nations, elle fait avec elles un libre commerce. Cette franchise doit être encore la même, si quelques-unes de ces nations viennent à se faire la guerre, et il lui reste le droit de maintenir avec les belligérants les relations qu'elle avait avec eux avant leur rupture. Mais on reconnaît aussi que chacun d'eux doit jouir du droit de se défendre, de se conserver, d'empêcher qu'on ne porte à ses ennemis les moyens de l'attaquer et de lui nuire : ce droit est naturel, il passe avant tous les autres.

On peut donc restreindre par ce motif l'exercice du commerce des neutres. Quelle doit en être la limite? C'est sur cette question que se sont souvent élevées des controverses.

Un gouvernement, lorsqu'il entre en guerre, peut faire connaître aux neutres, avec lesquels il n'a pas de traité, les règles qu'il suivra envers eux, relativement à leur commerce avec l'ennemi, et les limites qu'il droit devoir y mettre pour sa propre défense.

Il est généralement admis dans le droit conventionnel qu'on peut arrêter et retenir les marchandises de contrebande de guerre, portées à l'ennemi, et que ceux à qui un belligérant les enlève n'ont aucun recours à exercer contre lui; mais il n'est pas interdit aux neutres de vendre sur leur propre territoire des marchandises de cette nature: elles ne sont pas même considérées comme contrebande de guerre, tant qu'elles sont déposées dans les magasins d'un pays neutre; l'ennemi peut les y acheter librement comme tout autre objet. Elles ne deviennent contrebande qu'après être sorties du territoire neutre, lorsqu'elles passent ou sont destinées à passer au pouvoir des belligérants; et on les regarde comme choses hostiles si on les trouve hors de toute juridiction souveraine, comme en pleine mer, et si elles ont été expédiées à l'ennemi, dont elles peuvent augmenter les forces.

Si les pièces de bord prouvent que ces marchandises ne sont pas destinées à l'ennemi, si, par exemple, elles ont été expédiées pour la Méditerranée, quand la guerre se fait dans le Nord ou sur l'Océan, on les laisse passer; elles ne sont pas regardées comme articles saisissables.

C'est au droit conventionnel à déterminer ce qu'il faut entendre par contrebande de guerre, si on peut confisquer indistinctement cette espèce de marchandises, ou s'il doit quelquefois être accordé une indemnité à ceux qui les perdent.

Dans un traité conclu le 5 mai 1655 entre la France et les villes anséatiques, on ne considéra point comme marchandises prohibées les grains et les vivres: la même clause fut insérée quatre ans après dans le traité des Pyrénées, et ce principe fut également reconnu dans les transactions ultérieures de la France. L'humanité, qui passe avant toutes les autres lois, dictait elle-même cette règle; elle ne permet dans aucun cas de ravir à des populations entières les moyens de se conserver la vie.

Quant à la nomenclature des marchandises de contrebande, elle était autrefois très nombreuse: on la restreignit progressivement: souvent on cessa d'y comprendre les métaux, le chanvre, les câbles, les voiles, les ancres, les bois et autres objets propres à la construction et au radoub des vaisseaux: la contrebande se bornait alors aux armes offensives et défensives, au salpêtre, au soufre, aux différents articles qui ont la forme d'un instrument de guerre.

On reconnut de bonne heure la nécessité de soumettre à des règlements sévères l'exercice du droit de prise, qui ne doit pas être indistinctement accordé à tous les navires, et qui ne peut l'être qu'aux vaisseaux de guerre et aux armements en course. Les anciens avaient peu de lois de police sur cet objet: l'usage des guerres privées, où chacun se faisait justice contre ses ennemis, s'appliquait aux hostilités sur mer et sur terre; et comme le droit de guerre appartenait également à tous les vassaux, qui l'exerçaient sans attendre l'aveu de leur suzerain, chaque vassal enjoignait à tous ses sujets de courir sus aux navires de son ennemi. Souvent on leur laissait la propriété entière des biens qu'ils avaient capturés; on ne les obligeait à prendre aucune lettre de marque: ils pouvaient même disposer de leurs prises, sans attendre une condamnation judiciaire.

Mais en ne soumettant à aucune loi ce genre d'hostilités maritimes, on eut bientôt à se plaindre soi-même des attaques et des actes de violence qu'on avait d'abord voulu diriger contre l'ennemi; et dès le treizième siècle, on cherchait à restreindre la course dans quelques limites. Il ne fut permis aux sujets de se faire justice eux-mêmes qu'après s'être inutilement adressés aux conservateurs de la paix. Il leur fallut ensuite obtenir de leur gouvernement des lettres de marque pour exercer la course sur mer, ou des lettres de représailles, pour saisir sur terre les propriétés ennemies. On exigea, dans le quinzième siècle, que les armateurs fournissent une caution, comme garantie de la légalité de leurs actes : les règles qu'on leur imposa furent plus exactement définies dans le siècle suivant : elles eurent pour but, non-seulement de prévenir toute violence contre les pavillons neutres, mais de poser les bornes des droits à exercer contre l'ennemi.

Il devenait difficile de faire respecter ces limites, quand les gouvernements n'avaient pas de marine qui leur fût propre, et quand ils se bornaient à requérir, dans un moment de besoin, les bâtiments des particuliers. On commença d'abord par mettre ces navires sous le commandement d'un amiral, dignité qui remonte au siècle des croisades, et dont le nom était emprunté de celui des émirs. L'amiral délivrait des lettres de marque au nom du gouvernement; et ceux qui les avaient reçues étaient autorisés à courir sus à l'ennemi; leur commission les distinguait des pirates, qui n'avaient aucune autorisation, et qui attaquaient indistinctement tous les navires, soit pendant la guerre, soit au milieu de la paix.

Quoique les lettres de marque accordées par l'amiral ne pussent être employées que contre l'ennemi, il était difficile d'en régler l'usage, et souvent elles furent le fléau des puissances neutres, parce qu'elles donnaient aussi le droit de faire des visites à bord de leurs vaisseaux. Les armements en course devenaient plus nombreux à mesure que l'on espérait de plus riches captures; et lorsqu'on avait à se faire la guerre pour des intérêts de commerce, les hostilités maritimes prenaient un caractère de rapine que celles de terre n'avaient déjà plus.

En effet on avait commencé, dans les guerres de terre, à ne pas faire porter sur les citoyens paisibles les actes de violence et de destruction. L'ancien usage de saccager les villes dont on s'emparait de vive force, et d'en abandonner le butin aux soldats, était généralement remplacé par une rançon; et à ce prix les propriétés particulières étaient épargnées. La guerre de mer continua d'être plus avide et plus impitoyable : tout ce qui était au pouvoir de l'ennemi put être capturé : souvent même on dépouilla les sujets des puissances amies, et l'on s'empara sur mer des biens qu'on aurait épargnés sur terre et dans les magasins de l'ennemi.

Le nombre des armateurs s'était singulièrement accru pendant la longue guerre de l'indépendance des Provinces Unies, et depuis que Maurice prince d'Orange avait armé en course les *gueux de mer*, pour attaquer les navires ennemis et intercepter toute communication maritime entre l'Espagne et les Pays-Bas. Ces corsaires ne se bornèrent pas aux hostilités qui leur étaient permises; ils poursuivirent indistinctement tous les pavillons, tous les navires qui pouvaient leur offrir quelque proie; et il fallut de toutes parts se défendre de leurs agressions. L'Espagne s'était hâtée de faire des armements contre eux; l'Angleterre en ordonna ensuite, et la France, les puissances du Nord, et les villes anséatiques, dont le commerce maritime était habituellement menacé, durent prendre des mesures pour le protéger, pour repousser les corsaires ennemis, et chercher à reprendre sur eux les marchandises dont ils s'étaient emparés. La nécessité de faire ces armements fit aussi reconnaître celle d'avoir une législation plus régulière sur les prises maritimes, sur la manière de les administrer, sur les tribunaux qui devaient en connaître, sur les questions de reprises ou *recousses*, et sur les autres incidents auxquels la capture d'un navire pouvait donner lieu. Si nous croyons pouvoir réduire en principes ces règlements ou ces usages, c'est parce qu'ils ont été consacrés par le temps et qu'ils se sont transmis jusqu'à nos jours.

Il a été généralement reconnu que

le droit d'accorder des lettres de marque appartient au gouvernement du pays, et qu'il n'a pu être quelquefois remis à des autorités inférieures que par délégation du souverain.

Un navire marchand peut armer pour se défendre, sans avoir besoin de se pourvoir de lettres de marque, puisque sa destination n'est pas de courir sus à l'ennemi; et s'il s'empare d'un vaisseau qui l'aurait attaqué, il peut obtenir de son gouvernement que la prise qu'il a faite lui soit adjugée.

Un souverain en état de guerre peut donner des lettres de marque à des étrangers et aux sujets d'une puissance neutre; mais cette puissance leur refuse souvent l'autorisation de prendre part aux armements des parties belligérantes, afin d'observer plus strictement la neutralité, et de ne pas s'exposer aux plaintes et aux agressions d'un ennemi : souvent les neutres interdisent aussi dans leurs ports toute espèce d'armement, pour le compte de l'un ou de l'autre adversaire.

Un armateur s'expose à être considéré comme pirate, lorsqu'il prend à la fois des lettres de marque de deux puissances. Si elles sont ennemies, on croit qu'il peut les trahir toutes deux en agissant tour à tour en leur nom : si elles ne sont pas ennemies, le délit est moins grand; mais il en résulte d'autres abus qui tiennent à la diversité des intérêts; et si les instructions ne sont pas les mêmes de part et d'autre, il devient impossible de s'y conformer.

La visite des bâtiments de commerce, rencontrés en temps de guerre par un armateur en course, doit être seulement faite par quelques officiers qui s'y rendent dans un canot; tandis que l'armateur se tient lui-même à distance, et à une portée ou demi-portée de canon.

C'est par la vue des papiers de mer que la neutralité du navire et la légalité de la cargaison sont assurées. Ces papiers sont : le passe-port, l'acte de propriété du navire, le rôle d'équipage, constatant que les deux tiers au moins des matelots appartiennent à l'État qui a donné le passe-port ou à d'autres pays neutres, les connaissements ou polices de chargement, le manifeste ou charte-partie.

Celui qui navigue en pleine mer se trouve hors de toute juridiction territoriale : s'il est arrêté et pris en contravention, il devient justiciable des tribunaux du capteur; mais on a établi que les navires et les effets saisis ne deviennent la propriété légitime de celui-ci, que lorsqu'ils ont été jugés de bonne prise par l'autorité compétente.

La législation relative aux prises n'avait pas un caractère uniforme dans tous les pays; elle éprouva quelques variations dans les villes anséatiques, comme dans d'autres États; mais une ordonnance maritime, publiée en France en 1681, obtint bientôt par la sagesse de ses dispositions, par les questions nombreuses qu'elle embrassait et par leur lumineuse solution, toute l'autorité d'une institution européenne : elle fut généralement adoptée par les nations commerçantes, comme l'avaient été successivement et à d'autres époques le consulat de la mer, les rôles d'Oleron, les lois de Damme, le code de Lubeck et la compilation de Wisby. Tel est l'avantage des règles qui se fondent sur le droit des gens, et que toutes les nations sont intéressées à reconnaître, comme impartiales et dictées par la raison. L'ordonnance de 1681, revêtue de cette sanction générale, déclare, dans son titre relatif aux prises, qu'aucun vaisseau ne peut armer en guerre sans commission de l'amiral; qu'un armateur doit fournir d'avance une caution pécuniaire; qu'aucun sujet ne peut, sans autorisation du souverain, prendre une commission d'un gouvernement étranger, sous peine d'être traité comme pirate; que tout vaisseau ennemi, ou commandé par des pirates et des forbans, sera de bonne prise; qu'il en sera de même d'un vaisseau combattant sous un autre pavillon que celui du souverain de qui il tient sa commission. On déclare de bonne prise le navire dont le capitaine aura reçu une double commission de deux États différents, et celui où il ne sera trouvé ni charte-partie ni connaissement, ni facture. Toute marchandise chargée sur navire ennemi peut être capturée. Si un bâtiment enlevé par l'ennemi est repris sur lui au bout de vingt-quatre heures, la capture est bonne; mais s'il est repris avant vingt-quatre heures, il est rendu au propriétaire, à la réserve d'un tiers qui doit être remis au capteur pour droit de recousse. La même remise et la même réserve sont ordonnées pour les navires qui auraient été repris sur les pirates, et qui auraient été réclamés dans l'an et jour. Les armes, poudres, boulets et autres instruments de guerre, transportés pour le service des ennemis, sont confiscables, dans quelque vaisseau qu'ils se trouvent. Tout navire qui refuse d'amener ses voiles, lorsqu'il a été semoncé par un coup de canon chargé à poudre, peut y être forcé; et, en cas de résistance et de combat, il est de bonne prise. Un capteur doit amener ses prises dans le port où s'est fait son armement, à moins qu'il ne soit forcé par la tempête ou par l'ennemi à se rendre dans un autre port. Il est défendu de couler à fond un vaisseau capturé, et d'en débarquer l'équipage sur une côte éloignée, afin de cacher sa prise, et l'on ne peut d'ailleurs disposer d'aucune capture avant qu'elle ait été jugée.

L'ordonnance dont on vient d'offrir l'analyse est un des honorables monuments du règne de Louis XIV; elle tendait à protéger les neutres, à borner les malheurs de la guerre, à les réduire aux seuls belligérants, et à maintenir entre tous les autres pays des relations utiles au rétablissement de la paix.

Plus les neutres conservent de priviléges sous leur pavillon, moins ils sont tentés de recourir à celui de l'ennemi, et d'attirer sur eux des périls, auxquels ils ne sont pas exposés s'ils naviguent sous leurs propres couleurs. La liberté de comprendre dans la cargaison de leurs navires quelques marchandises appartenant à l'ennemi ne résulte-t-elle pas d'ailleurs du droit qu'ils ont de suivre leurs relations de commerce avec lui, soit par des échanges directs, soit par commission, et en se bornant à lui offrir des moyens de transport?

L'intérêt et la prépotence maritime ont quelquefois cherché à restreindre les droits des neutres, lorsque ceux-ci n'avaient pas assez de puissance pour les soutenir à main armée; mais ces infractions momentanées n'ont pas anéanti la règle; elles en ont même fait mieux sentir les avantages; et l'on a dû reconnaître que les devoirs et les droits mutuels des nations ne peuvent pas être réglés par la force, qu'ils sont soumis au tribunal de l'opinion, et que ses arrêts ont souvent mis un frein à la violence et à l'injustice.

Les villes anséatiques se trouvèrent tour à tour dans la situation des puissants et des faibles. Lorsqu'elles avaient des forces supérieures à celles de leurs voisins, elles ne furent pas troublées dans la jouissance de leurs droits et dans l'exercice de leur commerce; elles surent profiter de leurs avantages pour les étendre encore. Mais quand la Ligue eut été réduite à quelques villes, sa situation politique se trouva changée, elle dut éviter un conflit inégal avec des gouvernements devenus plus puissants qu'elle. L'équité, le droit des gens, les usages fondés sur la raison publique étaient son principal recours : elle sut du moins se prévaloir avec habileté de cette force morale; elle entretint des relations de paix avec les États intéressés à sa conservation, et donna tous ses soins au commerce qui survivait à sa puissance.

Quoique la Ligue eût perdu le monopole dont elle avait longtemps joui, et quoique les négociants des autres pays eussent ouvert entre eux des relations directes, néanmoins leur concurrence n'avait pas arrêté les progrès des villes anséatiques. On avait vu se développer de toutes parts l'industrie et la richesse : l'accroissement du bien-être amenait de nouveaux besoins : la quantité des productions et leur affluence dans les marchés devaient se proportionner au nombre des consommateurs ; et à mesure que l'aisance pénétrait dans les différentes classes de la société, il fallait mettre à leur portée les moyens de satisfaire à leurs goûts.

Ici nous commençons à nous représenter toutes ces lignes de communications commerciales, comme un vaste réseau dont les mailles se multiplient, et qui doit s'étendre de proche en proche sur les plus lointaines contrées : les villes anséatiques avaient contribué à l'agrandir ; elles l'avaient étendu sur les rivages du nord et de l'occident, et dans les principales villes de l'intérieur : la direction qu'elles avaient donnée à leur commerce continua longtemps de leur appartenir, dans les places habituellement fréquentées par leurs négociants ou leurs navigateurs.

Les Anséates ne se bornaient plus à venir échanger, dans les ports de la Manche, les marchandises du nord contre celles du midi ; ils suivaient les côtes occidentales de la France, de l'Espagne, du Portugal : le port de Séville était le terme ordinaire de leur navigation ; et si l'on en excepte le temps des croisades, où leurs pavillons flottèrent honorablement jusque vers les côtes de Palestine avec ceux des autres nations chrétiennes, ils ne pénétrèrent que rarement dans la Méditerranée.

La piraterie des corsaires barbaresques aurait habituellement menacé leur commerce et ne lui aurait laissé aucune sécurité. Les Anséates désiraient ne pas s'engager à leur payer annuellement une espèce de rançon pour se mettre à l'abri de leurs attaques ; et ils aimaient mieux ne point participer à une navigation si périlleuse. Le petit nombre de ceux qui pénétraient dans la Méditerranée n'aurait pas pu espérer de l'ordre de Malte le même genre de protection que les navigateurs du midi de l'Europe. Cet ordre, devenu le défenseur de tous les pavillons de la catholicité, ne l'était pas de ceux qui appartenaient aux puissances séparées de l'Église de Rome : il vouait ses services à cette communion, et s'il porta quelquefois la tolérance jusqu'à secourir des dissidents et des hérétiques, ce fut moins pour remplir un des devoirs de sa mission que par sentiment d'humanité.

D'autres puissances, qui partageaient entre elles le commerce du Levant, étaient intéressées à ne pas laisser établir de rapprochement entre les villes anséatiques et les Barbaresques : la Hollande ne voulut pas les comprendre dans un traité qu'elle conclut en 1662 avec les Algériens ; et les Hambourgeois qui faisaient alors quelques expéditions de commerce dans la Méditerranée prirent le parti de construire deux vaisseaux de guerre pour les protéger. Ces armements ne furent que temporaires, et les avantages que pouvait en retirer le commerce ne dédommageaient pas de cette dépense : il parut bientôt plus utile de donner une direction différente aux spéculations des négociants, et de s'en tenir aux parages où leur pavillon jouissait de plus de sécurité.

Il serait difficile de parcourir successivement toutes les vicissitudes du commerce des villes anséatiques : leurs importations, leurs exportations changeaient d'objets et de nature, selon la marche de l'industrie et du commerce dans les autres pays ; la guerre y mettait souvent des entraves qui tombaient après le rétablissement de la paix ; les douanes avaient des tarifs variables, et divers articles étaient tour à tour allégés ou chargés de droits, admis ou prohibés. Sans chercher à rendre compte de toutes ces mutations, on peut remarquer du moins que le commerce des Anséates eut habituellement pour objet d'opérer l'échange des productions brutes de quelques pays avec les produits manufacturés des peuples dont l'industrie était plus avancée. Les forêts du Nord, ses goudrons, ses chanvres, ses mines fossiles ou métalliques fournissaient aux peuples navigateurs d'abondantes ressources pour leurs constructions maritimes et pour leurs usines; tandis que les fabriques du Midi et de l'Occident pourvoyaient aux besoins et aux usages domestiques des nations qui n'étaient encore qu'agricoles. Les relations fondées sur ce genre de spéculation étaient plus stables et moins exposées à des volontés versatiles que des échanges entre des peuples qui auraient eu des productions ou des branches d'industrie analogues. Les Anséates étaient les facteurs d'un commerce aussi fécond que varié; et les bénéfices de leurs droits de commission étaient à l'abri de toutes les variations du marché et de tous les caprices de la fortune.

Une longue expérience de la navigation et des périls qui en sont inséparables fit reconnaître aux Anséates l'utilité des compagnies d'assurances qui s'étaient formées en Hollande, et dont la sage institution fut ensuite adoptée par les autres nations maritimes. Ces compagnies s'engageaient, au moyen d'une prime, convenue d'avance entre elles et les armateurs ou les négociants, à se rendre responsables des pertes que la guerre, les naufrages ou d'autres accidents de mer pouvaient occasionner.

L'assurance devenait un contrat conditionnel et aléatoire, entre le propriétaire du vaisseau ou des marchandises et l'assureur qui prenait le péril sur lui et qui se chargeait de l'événement. Cette sorte de convention favorisait le commerce qui, sans un tel secours, n'aurait pu être exercé que par des personnes assez riches pour courir elles-mêmes les risques maritimes : mais il avait été très-difficile d'établir sur une base équitable les prix d'assurance : il fallait calculer les probabilités, analyser les cas fortuits, tenir compte des écueils, des courants, des dangers plus ou moins grands de la navigation. La prime n'était pas la même dans toutes les saisons et dans tous les parages, en temps de guerre ou en temps de paix, dans les mers libres ou dans celles qu'infestait la piraterie. Le contrat d'assurance devait exprimer si l'assuré était armé en course et en marchandises, s'il devait naviguer sous convoi, quels étaient les lieux où il se rendait, quelle était la durée de l'engagement. Il fallait insérer dans cet acte toutes les clauses, toutes les formules propres à prévenir des supercheries. Lorsqu'un voyage était assuré, le capitaine devait se rendre, par la route usitée, au lieu de sa destination : il ne devait pas changer de direction, ou relâcher volontairement, sans y avoir été autorisé; et comme l'assureur était tenu de répondre des sinistres, des dommages, des avaries qui pouvaient survenir, il fallait aussi que l'assuré n'occasionnât pas ce préjudice par sa propre faute. S'il avait imprudemment abordé un autre navire, s'il s'était engagé dans un passage dangereux, s'il n'avait pas pris de pilote côtier dans les parages où il devait le faire, lui seul était responsable des accidents qu'on pouvait lui imputer. L'assurance était un contrat de bonne foi : un principe de dol et de fraude le faisait annuler. On stipulait la prime, d'après la valeur des marchandises assurées : on prévoyait les cas où la police d'assurance pourrait être dissoute, et où l'on aurait à faire le *ristourne* ou la restitution de la prime, qui avait été acquittée, soit au moment même de la signature du contrat, soit aux époques dont les parties intéressées étaient convenues. Ces transactions furent mises, dans toutes les villes de commerce, sous la sauvegarde des tribunaux et de la loyauté publique. Les garanties qu'elles offraient aux négociants les encourageaient à donner plus d'étendue à leurs spéculations, et l'accroissement de la population suivait ce mouvement progressif.

Dans tous les pays que la guerre ou d'autres fléaux avaient ravagés, on avait pris soin d'attirer de nouveaux habitants, par des concessions de terre, des réductions d'impôts, des secours pour un premier établissement. Hambourg avait fait plusieurs fois des conventions avec des étrangers pour fixer les bases de leur admission ; et cet exemple avait été suivi dans d'autres villes anséatiques : ailleurs on exerçait une espèce de presse sur les voyageurs, et le gouvernement les attachait au sol où il les avait rencontrés. Les commissaires de l'électeur palatin étaient autorisés, en vertu du droit de *Wildfangiat*, à retenir comme serfs les vagabonds et les hommes sans aveu qui erraient dans leurs domaines : ils arrêtèrent, sous ce prétexte, un grand nombre de voyageurs qui avaient à parcourir l'électorat, et ils exigeaient un impôt des sujets des pays voisins qui se bornaient à passer sur ce territoire pour aller s'établir dans une autre contrée. L'abus de ce droit de transit fut supprimé, en 1667, par une convention entre l'électeur et les princes voisins ; mais l'ancien privilége, qui autorisait à retenir les hommes sans aveu, fut conservé ; et le Palatinat continua d'acquérir ainsi de nouveaux prolétaires.

D'autres causes valurent aux pays du Nord une augmentation d'habitants, plus utile à leur commerce et à leur prospérité. Ces causes remontent à la réformation qui avait eu, depuis un siècle, une si grande influence sur les événements politiques. Elle avait rapproché et uni par un lien religieux plusieurs nations, qui jusqu'alors étaient divisées : elle avait mêlé aux affaires de l'Europe celles des puissances du Nord ; leur poids était entré dans la balance ; et leur accession avait établi sur d'autres bases l'équilibre général si souvent interrompu. L'accord des opinions, la similitude des intérêts avaient prévalu sur les relations de famille, qui souvent unissent les souverains sans rapprocher les peuples ; et les ligues catholiques et protestantes devinrent les deux grandes confédérations entre lesquelles l'Europe entière fut longtemps partagée.

Ce n'est pas que cette séparation habituelle n'ait eu quelques exceptions. On vit plusieurs gouvernements favoriser sur leur territoire un culte religieux, et devenir en pays étranger les auxiliaires d'une autre opinion. Ainsi l'on proscrivait en France la réformation à laquelle on prêtait des secours en Allemagne : on avait assisté la même cause dans les Provinces-Unies, lorsqu'elles étaient en armes pour conquérir leur indépendance ; et l'on continua, dans les guerres qui se rallumèrent en Allemagne, à favoriser le parti de la confédération germanique.

Cette espèce de contradiction entre les alliances politiques et les doctrines religieuses était occasionnée par la différence des intérêts nationaux, par celle des langues, des institutions, des rapports de commerce. Les hommes, les peuples que désunissaient des opinions religieuses contractaient cependant ensemble des fraternités sociales. L'intérêt de l'État auquel ils devaient leurs services mettait leur conscience en repos ; et leur situation pouvait s'expliquer par une réponse de Turenne qui, ayant abjuré, en 1668, la religion réformée, avait cependant à soutenir en Allemagne la cause des princes protestants : « Je suis devenu catholique, disait-il, mais mon épée est restée calviniste. »

Ce mélange de religion, qui existait alors dans les camps des alliés, y introduisait aussi la tolérance, et l'on se trouvait rapproché les uns des autres par la communauté des périls et par la discipline militaire ; mais on ne remarquait pas dans l'administration intérieure de quelques États le même esprit de conciliation ; et les dissidences religieuses que l'on se pardonnait sous la tente étaient persécutées dans les villes.

Les poursuites dirigées en France contre les réformés en firent expatrier un grand nombre : ils se réfugièrent en Angleterre, en Hollande, dans plusieurs États d'Allemagne où leur culte était admis, et les contrées qui recueillirent une partie de ces émigrés s'enrichirent d'une population laborieuse.

Un certain nombre de calvinistes, encore chancelants dans leurs opinions, avaient été ramenés au catholicisme; mais leur conversion était douteuse. On crut, en France, pouvoir la fixer par des lois pénales; et l'on rendit, en 1666, une ordonnance pour enjoindre de punir avec rigueur tous les relaps qui, après avoir abjuré le calvinisme, l'auraient embrassé de nouveau. Cette loi effraya les réformés; elle leur fit craindre d'autres persécutions, et le nombre des exilés volontaires s'accrut de jour en jour.

On reprit avec zèle en 1675 la conversion des dissidents. Des missionnaires furent envoyés dans les provinces; et, pour encourager cette œuvre dans la classe pauvre, ou facile à gagner par l'appât de quelques secours, le gouvernement accorda des gratifications aux convertis: on consacrait à cette prime un tiers des revenus de la caisse des économats: une foule d'hommes sans aveu allaient abjurer entre les mains des distributeurs; et quelquefois ils se présentaient successivement à plusieurs bureaux de conversion, pour y renouveler une profession de foi dont le tarif leur était connu.

Quand cette fraude hypocrite eut été remarquée, on rendit plus rigoureuses les lois prononcées contre les relaps, et l'on ordonna leur bannissement et la confiscation de leurs biens. Les dissidents qui n'avaient pas varié dans leur croyance éprouvèrent eux-mêmes d'autres persécutions: ils furent exclus de leurs emplois dans les parlements du midi, dans les finances, dans la plupart des charges qui tiennent aux tribunaux. On défendit les mariages mixtes entre les personnes de communion différente: les enfants furent autorisés à se convertir dès l'âge de sept ans, et à se soustraire à l'autorité paternelle: on commença la démolition des temples: on affranchit du logement des gens de guerre les hommes qui se convertissaient; et les fureurs des dragonnades atteignirent tous les autres: elles devinrent si excessives, que les religionnaires prenaient la fuite de toutes parts, pour aller jouir en pays étranger des avantages qui leur étaient offerts.

Le gouvernement crut arrêter le cours de cette émigration, en menaçant des galères les fugitifs que l'on pourrait atteindre. Alors le sentiment d'un danger commun détermina les calvinistes à se concerter sur quelques mesures de conservation. Leurs députés s'engagèrent en leur nom à persévérer dans la réforme, à s'assembler de nouveau, soit dans les temples interdits mais restés debout, soit sur les ruines des temples abattus, et même au milieu des déserts, s'ils ne pouvaient pas se réunir avec sécurité dans les villes. Le Languedoc, les Cévennes, le Vivarez, le Dauphiné étaient les provinces où il se trouvait le plus de calvinistes; on y envoya des troupes qui se jetèrent en fureur sur les rassemblements. Le nombre des conversions parut s'accroître; mais les religionnaires n'attendaient qu'un moment favorable pour les révoquer; et le gouvernement, ne pouvant plus croire à leur sincérité, mit enfin le sceau à ses rigueurs, en proclamant, le 22 octobre 1685, la révocation de l'édit de Nantes. Ce nouvel acte prohibait l'exercice public de la religion réformée. Les ministres devaient être bannis, les derniers temples abattus, les enfants des calvinistes et des nouveaux convertis soustraits à leurs familles, et recueillis dans des colléges et des hôpitaux. Les assemblées du désert furent prohibées et dissoutes par la force. D'un côté, on punissait de mort les pasteurs exilés qui rentraient en France; de l'autre, on condamnait aux galères les proscrits arrêtés sur la frontière au moment où ils s'expatriaient. Ces violentes mesures n'arrêtèrent cependant point l'émigration: une immense frontière ne pouvait pas être exactement gardée, et l'on trompait la surveillance des postes militaires. Plus de cinq cent mille hommes quittèrent la France pour échapper à cette persécution religieuse, et pour retrouver en pays étranger la liberté d'exercer leur culte et d'obéir à leur conviction.

Le nombre des calvinistes qui restaient en France était encore assez considérable pour y rallumer une guerre religieuse : elle éclata en 1701 dans le Languedoc et les Cévennes. Les Camisards, ainsi nommés du genre de vêtement qu'ils avaient adopté pour se rallier, étaient conduits par de fanatiques prophètes, qui les animaient spécialement contre le clergé et les ordres religieux : ils attaquèrent ensuite les percepteurs des impôts et toutes les autorités publiques. On répondit à leurs cruautés par de terribles représailles. Il fallut envoyer contre eux des troupes nombreuses ; et cette guerre, assoupie et rallumée à plusieurs reprises, occupa tristement les dernières années d'un règne qui, dans ses plus beaux jours, avait répandu sur la France tant d'éclat et de gloire.

Une partie des religionnaires, qui avaient quitté ce royaume après la révocation de l'édit de Nantes, espéraient trouver un asile dans les villes anséatiques ; mais ils étaient calvinistes, et les pasteurs luthériens, soulevant contre eux l'opinion du peuple, empêchèrent qu'ils ne fussent admis. Ces exilés, que le malheur rendait si dignes d'intérêt, et qui auraient acquitté par leurs services le prix de l'hospitalité qu'ils réclamaient, allèrent porter ailleurs leur industrie. Le Brandebourg en reçut un grand nombre : d'autres obtinrent à Altona l'accueil que Hambourg leur refusait : tous les cultes y étaient admis ; chaque communion avait ses temples ; et les catholiques, les luthériens, les calvinistes et d'autres dissidents pratiquaient librement à Altona leurs cérémonies religieuses.

Altona, simple village dans l'origine, était devenu une bourgade, appartenant aux comtes de Schauenbourg : le roi de Danemark en avait hérité en 1640, ainsi que de la seigneurie de Pinneberg, et ce bourg fut érigé en ville en 1664. Hambourg avait autrefois négligé d'étendre dans cette région les limites de son territoire, lorsqu'on n'y trouvait encore que des forêts et des terres vagues, sans population et sans culture : l'occasion de les occuper ne se retrouva plus : les champs avaient reçu des cultivateurs : la navigation de l'Elbe attirait le commerce, et la colonie qui vint se former dans le voisinage de Hambourg ne fut séparée de cette ville que par un plateau élevé qui dominait l'un et l'autre port. Le gouvernement danois désira profiter de cette position, pour attirer à Altona une partie du commerce et de la navigation de Hambourg ; on y établit des chantiers de construction, des tanneries, des fabriques de toiles et de draps, différents ateliers de ferronnerie, des magasins pour le commerce d'entrepôt et de commission : le havre fut agrandi : la plupart des marchandises n'eurent à payer aucun droit d'entrée et de sortie ; et les franchises accordées aux négociants accrurent promptement le mouvement du port et la population.

LIVRE DOUZIÈME.

SOMMAIRE.

Accroissement de l'autorité du monarque en Suède et en Russie. — Situation politique de Hambourg. — Troubles civils et religieux. — Animosité contre les juifs. — Rapprochement du sénat et de la bourgeoisie. — Remarques sur la navigation de l'Elbe et sur l'activité des grandes pêcheries. — Premiers événements du règne de Charles XII et de celui de Pierre Ier. — Expéditions de Charles XII. Influence de ses guerres sur le commerce des Anséates. — Relations qu'ils conservent avec Dantzig. — Nouveaux troubles de Hambourg, et règlement pour les apaiser. — Ravages de la peste dans les villes anséatiques. — Différends de Hambourg avec le Danemark. — Prise de Stade par les Danois. — Leur défaite à Gadebusch. — Incendie d'Altona. — Retour de Charles XII en Suède. — Événements de la guerre. — Charges imposées aux Anséates. — Leurs traités de commerce avec la France. — Mort de Charles XII. — Condamnation de son ministre le comte de Görtz. — Rétablissement de la paix entre la Suède et les autres puissances.

Les mesures prises en Danemark

pour accroître l'autorité royale étaient d'un contagieux exemple ; elles coïncidaient avec l'époque où Charles II avait été rétabli en Angleterre, où Louis XIV jouissait en France d'un pouvoir absolu, et où la tendance à renforcer la puissance royale se faisait remarquer dans d'autres monarchies. Charles XI, roi de Suède, ayant atteint en 1676 sa majorité, préparait une révolution semblable: il s'attachait à détruire les priviléges du sénat, qui formait un corps puissant entre le roi et les états généraux, et qui portait également ombrage au monarque et aux différents ordres. Ces états se prononcèrent eux-mêmes contre l'ambition du sénat; ils réduisirent ses attributions, et le roi resta le maître de choisir et d'indiquer les affaires sur lesquelles il aurait à le consulter. L'autorité royale se trouvait alors sans contre-poids; elle devint plus absolue; et des commissions particulières, qui relevaient du gouvernement seul, furent chargées de faire des enquêtes sur les dilapidations commises pendant la minorité du roi et pendant la dernière guerre : elles furent également autorisées à faire rentrer dans le domaine de la couronne un grand nombre de terres féodales ou allodiales qui en avaient été démembrées, soit en Suède, soit dans les provinces d'Esthonie et de Livonie.

Cette révolution eut lieu en 1682; et dans la même année, le czar Foedor Alexiéwitz réduisit les prérogatives des anciennes familles russes, qui avaient eu jusqu'alors le droit d'occuper seules les principaux emplois civils et militaires. Un grand conseil fut convoqué à Moscou : on avait prescrit à tous les personnages illustres de se rendre dans cette capitale, et d'apporter avec eux leurs titres de généalogie et tous les actes qui constataient leurs rangs. Les intentions du czar furent appuyées par le patriarche et par la majorité des membres du clergé et de la noblesse, qui faisaient partie de cette réunion; et le conseil ordonna l'abolition des droits exclusifs et héréditaires. On fit brûler sur la place du palais tous les registres que les familles avaient apportés. Le patriarche prononça l'anathème contre les hommes qui désapprouveraient cette mesure, et deux ordres de noblesse furent ensuite créés par le czar. Ce monarque fit inscrire dans un registre les nobles de première classe, et les plus anciens s'y trouvèrent compris; mais il leur ordonna de servir dans les différents postes où ils seraient placés, et d'avoir à en parcourir la hiérarchie, sans se prévaloir des grades et des emplois supérieurs qu'avaient occupés leurs ancêtres. Cette mesure permit de conférer aux plus dignes les charges publiques, dont quelques familles s'étaient fait jusqu'alors un patrimoine : elle rétablit plus de subordination dans les différents degrés du commandement et dans les rapports mutuels des autorités.

La puissance royale s'était accrue dans les trois monarchies du Nord, en abaissant les autres pouvoirs qui l'avaient entravée. On n'eut pas à craindre dans les villes anséatiques les mêmes causes d'agitation ; mais on y était exposé à d'autres mouvements intérieurs. Le gouvernement cherchait plutôt à se maintenir qu'à se montrer agresseur; et, s'il se manifestait quelques troubles, ils tendaient en général à faire prévaloir la cause et les intérêts populaires. L'exercice de l'autorité publique était souvent très-difficile : il le devint à Hambourg en 1682 ; et cette ville fut livrée aux plus vives commotions par un parti nombreux qui désirait réduire les attributions du sénat et celles du collége des anciens. L'animosité de la bourgeoisie venait d'éclater contre Nicolas Krull, qui avait été nommé sénateur, après avoir été président de ce collége. On l'accusait d'avoir sacrifié à l'Empereur les intérêts et l'indépendance de sa patrie, et d'avoir détourné l'emploi des deniers publics. Le peuple insista près du sénat pour obtenir la destitution de Krull : il n'eut aucun égard aux mandats qui prescrivaient le rétablissement de ce magistrat et annulaient toutes les poursuites dirigées contre lui; et, après de longues discussions sans résultat, l'Empereur remit, en 1683, au duc de Lunebourg et au gouvernement de Brême le soin de pacifier les différends qui s'étaient élevés entre le sénat et la bourgeoisie. Cependant le peuple était loin de se calmer: il avait à sa tête deux agitateurs, Snitger et Jastram, qui l'excitaient à la révolte : ceux-ci exigèrent que le bourgmestre Meuring, dont ils soupçonnaient la fidélité, se démît de ses fonctions : ils furent encore plus irrités, lorsqu'ils apprirent que Meuring était protégé par l'empereur Léopold, et ils n'eurent pas plus égard à une sentence impériale qui le réintégrait, qu'à celle qui avait été rendue en faveur de Krull.

Le duc de Lunebourg, chargé de prendre, en sa qualité de directeur de la basse Saxe, des mesures pour réduire les mécontents, fit alors avancer dans la Fierlande et jusqu'aux portes de Hambourg quelques forces militaires ; et le roi de Danemark, croyant le moment favorable pour faire revivre d'anciennes prétentions sur cette ville, vint lui-même, à la tête d'un corps d'armée, offrir ses secours aux habitants. Mais la crainte de recevoir un tel protecteur eut bientôt rallié tous les partis : ils songèrent à défendre leurs murailles contre les Danois, qui voulaient y pénétrer de vive force ; et, comme ils avaient besoin de troupes étrangères, ils admirent celles qui leur étaient envoyées de Lunebourg : ils en reçurent d'autres du Hanovre, du Brandebourg, du duché de Brême; et les Danois, qui dirigeaient leurs principales attaques contre le fort de l'Étoile, furent repoussés à plusieurs reprises par sa garnison et par celle de la place. Le siége avait commencé le 21 août 1686, il fut levé le 10 septembre ; et la paix entre Hambourg et le Danemark fut rétablie par un nouveau traité. La faveur publique avait abandonné les deux factieux Snitger et Jastram : on les accusa d'avoir eu des intelligences avec l'ennemi, lorsqu'il était campé sous les murs de la ville; et ces hommes, qui avaient régné sur l'esprit de la multitude, furent chargés de ses malédictions, et conduits par elle au supplice.

Les Danois avaient également menacé l'indépendance de Lubeck, et quelques-uns de ses navires avaient été arrêtés à Copenhague; mais des médiateurs intervinrent dans ce démêlé : Christiern V consentit à la restitution des vaisseaux, et l'on obtint de lui, par quelques sacrifices, la cessation des préparatifs de guerre qui avaient déterminé cette ville à se mettre en état de défense.

Le roi de Danemark avait alors de plus graves différends dans sa propre famille. Le duc de Holstein-Gottorp, son beau-frère, saisissait toutes les occasions de s'affranchir des liens de vasselage auxquels on voulait l'assujettir. Ses droits de souveraineté n'avaient été qu'imparfaitement reconnus : on l'attaqua plusieurs fois sous différents prétextes ; il fut même dépouillé de ses États ; et ce prince s'était enfin retiré à Hambourg; mais il avait eu recours à l'assistance de plusieurs gouvernements étrangers : la Suède et les Provinces-Unies étaient disposées à le défendre ; et les Danois consentirent enfin à son rétablissement, par un traité signé à Altona, le 20 juin 1687. Ce traité assura au nord de l'Europe quelques années de paix ; et le Danemark et la Suède contractèrent même bientôt une plus étroite alliance. On répandit que Christiern V et Charles XI allaient profiter de ce moment d'union, l'un pour attaquer Hambourg, l'autre pour s'emparer de Brême ; mais les projets hostiles qu'on leur attribuait ne se réalisèrent point.

Durant ces troubles intérieurs, d'autres orages avaient éclaté dans les régions du midi. L'empereur Léopold avait à poursuivre la guerre contre les Turcs, qui occupaient encore une grande partie de la Hongrie, et il eut besoin, en 1683, des généreux secours de Sobieski, dont la valeur força l'armée du grand vizir à lever précipitamment le siége de Vienne. Dans une situation si périlleuse, toutes les forces de l'Autriche et de l'Empire se dirigeaient vers les frontières des pays si fréquemment menacés par les Musulmans. Ce n'était pas seulement la cause de l'Allemagne, c'était celle de la chrétienté qu'on croyait servir. Les mers étaient infestées par des corsaires barbaresques, et la France avait eu à diriger plusieurs expéditions contre Alger, Tunis et Tripoli, pour protéger son commerce, et forcer à la paix chacune des trois régences. Venise avait repris les armes contre les Turcs, et François Morosini s'était glorieusement vengé de la perte de Candie par la conquête du Péloponèse. Les Polonais recommençaient la guerre contre les Tartares de Crimée, auxiliaires habituels de la Porte Ottomane, et les Moscovites allaient eux-mêmes les attaquer vers les rives du Borysthène.

La guerre s'était dirigée vers l'orient et le midi; elle couvrit bientôt l'Europe presque entière, lorsque Guillaume, prince d'Orange, devenu roi d'Angleterre, entra, en 1689, dans l'alliance formée contre la France par les deux branches de la Maison d'Autriche, l'Empire, la Hollande et la Savoie.

Il fallait aux gouvernements des villes anséatiques autant d'habileté que de vigilance pour échapper à tous les périls de leur situation. Si leur qualité de villes impériales leur assurait une protection habituelle contre les prétentions de leurs voisins, elle leur imposait aussi des sacrifices, quand l'Empire était en guerre avec d'autres puissances; et ces renouvellements d'hostilités n'étaient que trop fréquents. Lorsque la paix de Ryswick eut été rompue, et que Louis XIV, si souvent agresseur, eut à soutenir la guerre contre ses nombreux ennemis, l'empereur Léopold réclama du sénat de Hambourg, en 1690, l'éloignement de l'envoyé français qui résidait dans cette ville. Un refus aurait exposé les habitants au séquestre de toutes leurs propriétés dans l'Empire, et il fallut céder à cette injonction; mais le renvoi du ministre de France les exposa bientôt à d'autres pertes. Une escadre, commandée par Jean Barth, vint croiser à l'embouchure de l'Elbe, et s'empara successivement des navires qui revenaient de la pêche du Groenland. On retint les capitaines prisonniers; ils furent emmenés à Dunkerque, et ne recouvrèrent leur liberté que lorsqu'on eut reçu le prix des navires et de leurs cargaisons. Les entraves mises au commerce de Hambourg gênaient également celui de Brême; car l'entrée du Wéser et celle de l'Elbe pouvaient être interceptées par les mêmes croisières.

Les pertes que faisait le commerce de Hambourg rendaient plus turbulentes les classes d'artisans, qui ne vivent que de leur travail, et celle des gens de mer, que la stagnation du port laissait sans emploi. Les dissensions intérieures se renouvelèrent; mais elles prirent un caractère différent : les mécontents n'avaient besoin que d'un signal; ils se rallièrent autour de quelques chefs qui cherchaient à exciter des querelles religieuses.

Il semblait que les principes de tolérance dussent être favorisés par des relations de commerce qui s'étendaient à tous les peuples, sans acception de dogmes et de rites. Néanmoins, l'église dominante suscita quelquefois des persécutions aux autres croyances. La très-grande majorité des habitants de Hambourg était luthérienne; les pasteurs de cette ville avaient fait refuser aux calvinistes l'autorisation d'y avoir un temple, quoiqu'ils offrissent une somme considérable pour jouir de ce privilége; et ils étaient tenus d'exercer leur culte et d'avoir leur cimetière hors des murs. A la même époque, les catholiques n'avaient pas d'église : ce ne fut qu'en 1676 que le résident impérial fit ouvrir pour eux une chapelle dans la *Fuhlen-twiet :* mais les pasteurs luthériens virent avec regret cette innovation; et ils en furent d'autant plus mécontents, qu'un certain nombre de protestants, gagnés par les prédications de quelques missionnaires

18ᵉ *Livraison.* (VILLES ANSÉATIQUES.)

catholiques, abjuraient les dogmes des réformateurs, pour rentrer dans le sein de l'Église romaine. On peut mettre au rang de ses plus zélés apôtres Nicolas Sténon, né à Copenhague en 1638 : il avait d'abord fait des études en médecine et en anatomie, et avait accru ses connaissances dans plusieurs universités de Hollande, de France, d'Allemagne et d'Italie, où le grand-duc de Toscane, Ferdinand II, l'avait accueilli avec bienveillance. Sténon était luthérien, mais il s'était lié en France avec Bossuet; il avait eu avec d'autres ecclésiastiques de longues conférences sur les principes de la foi, et il se convertit, en 1669, au catholicisme. Ce n'était point assez pour un néophyte si fervent : il fut admis, huit ans après, au sacerdoce; et le pape Innocent XI, informé de sa piété et de son mérite, le nomma bientôt évêque *in partibus*, et l'envoya, comme vicaire apostolique, dans le pays de Hanovre. Son zèle, ses bons exemples y multiplièrent les conversions, et il obtint du prince l'érection d'une église. Sténon devint ensuite suffragant de l'évêque de Munster; et, après la mort de ce prélat, il vint résider à Hambourg, où il se livra aux pénibles travaux de la parole et de la doctrine. Déjà on l'avait vu, dans ses précédents pèlerinages, parcourir les campagnes, aller d'une ville à l'autre, répandant ses charités et se refusant tout pour lui-même : il continua de se vouer aux conversions, à l'enseignement religieux, et d'être le guide éclairé des prédicateurs placés sous sa direction. Le duc de Mecklembourg lui permit de former à Schwérin un établissement pour lui et ses missionnaires. Sténon se rendit dans cette ville en 1685 : il y suivit avec le même zèle ses pieux travaux; il donna de constants exemples de charité chrétienne et d'humilité; et, succombant enfin aux fatigues du saint ministère, et à des infirmités qui s'étaient aggravées de jour en jour, il mourut vers la fin de l'année suivante.

Les catholiques de Hambourg avaient obtenu de la tolérance, et ils n'espéraient pas davantage; mais le clergé luthérien était devenu assez puissant pour entrer en rivalité avec le sénat : il prétendait avoir un tribunal, auquel serait déférée la connaissance des causes qui pourraient intéresser les mœurs : il voulait, comme autorité religieuse, avoir la préséance sur les autorités civiles; et après avoir attaqué leur juridiction, il s'était lui-même divisé en deux partis : l'un soutenait l'excellence du dogme, l'autre préférait la pratique des bonnes œuvres. Le pasteur Mayer, homme intolérant et emporté, était à la tête du premier parti : il avait pour antagoniste le pasteur Horbius; et se voyant appuyé par la multitude, qui se passionne aisément, il persécuta son adversaire et parvint à le faire bannir.

Cependant l'éloignement d'Horbius ne suffisait pas pour rétablir le calme : on continuait de part et d'autre des prédications sur la pratique ou sur le dogme : les factions politiques se joignaient à ces controverses religieuses; le sénat et la bourgeoisie étaient divisés plus que jamais; et ils ne songèrent à se rapprocher que lorsqu'ils eurent été prévenus des mesures qui allaient être prises par l'Empereur pour réduire les mécontents. L'amour de l'indépendance leur fit craindre l'intervention de ce monarque; et le sénat, la bourgeoisie, les pasteurs ecclésiastiques aimèrent mieux consentir à un arrangement volontaire que de s'exposer aux injonctions d'un médiateur armé. L'accord qu'ils firent entre eux n'était pas propre à concilier tous leurs différends : la bourgeoisie devenait plus exigeante : elle voulut que les membres du collège des Anciens, chargés de veiller au maintien de ses franchises, ne pussent être ni révoqués sans son aveu, ni élevés au rang de sénateurs; et en affermissant l'indépendance et l'autorité de ce corps intermédiaire, elle aspirait de plus à restreindre les droits du sénat : elle l'obligeait de souscrire à la déposition de quelques-uns de ses membres : elle s'attribua même le droit de nommer un sénateur; et soutint que tous les pouvoirs résidaient dans l'assemblée de la bourgeoisie, que l'exercice de toutes les magistratures et de toutes les autorités n'était de sa part qu'une délégation.

Des poursuites dirigées contre les juifs vinrent, en 1696, donner un nouvel aliment aux discordes civiles. Nous avons vu qu'un grand nombre de juifs portugais avaient été accueillis à Hambourg, et que leurs capitaux, leur industrie y avaient donné plus d'activité au commerce. Ceux qu'on y avait admis jouissaient d'une juridiction qui leur était propre; ils avaient des écoles, et ils exerçaient paisiblement, sous l'autorité des rabbins, leur culte et leurs professions, lorsque les juifs allemands, profitant de la faveur accordée à leurs coreligionnaires, parvinrent à consolider eux-mêmes leurs établissements. Le clergé luthérien leur était contraire : il chercha plusieurs fois à les faire expulser; et n'ayant pu obtenir du sénat leur bannissement, il parvint du moins, en 1697, à faire tellement aggraver leurs charges pécuniaires et les conditions de leur résidence, que la plupart d'entre eux se décidèrent à vendre leurs biens, à retirer de la banque leurs capitaux, et à quitter une ville où ils cessaient de jouir de la protection des lois. Cette persécution ne pouvait être que temporaire : le sénat avait reconnu l'utilité de leur coopération à toutes les entreprises du commerce; et lorsqu'ils furent rappelés, l'espérance d'un meilleur sort les attira de nouveau dans cette capitale.

On ne peut, sans un vif sentiment d'intérêt, suivre à travers les siècles ce peuple, sans territoire et sans patrie, qui dès les premiers temps du christianisme est errant, dispersé, et remplit la terre de ses malheurs. Constamment animé d'un même esprit, il conserve dans ses habitudes nomades toute sa nationalité : les persécutions auxquelles il est en butte resserrent ses liens : les familles proscrites ne s'unissent qu'entre elles; un sentiment religieux leur en fait d'ailleurs un devoir; et le temps, qui use toutes les institutions, toutes les chaînes, semble néanmoins donner plus de force à celles qui leur furent imposées. On était encore éloigné de l'époque où la tolérance suivrait le progrès des lumières, où la qualité d'homme passerait avant toutes les autres, et où la conscience serait considérée comme un sanctuaire inviolable. Les juifs étaient mis en dehors de la société : souvent on les condamnait à porter les couleurs et la livrée de leur ostracisme, et ils étaient, dans les temps d'orage, personnellement désignés aux persécutions. Sans doute on aurait plus aisément obtenu leur fusion avec les autres classes d'habitants, en faisant disparaître ces marques distinctives, et en rendant plus uniformes les charges publiques; mais, à cette époque, le sénat ne pouvait leur prêter aucun appui, et la décision des affaires dont on le dépouillait était abandonnée aux capricieuses délibérations de la multitude : celle-ci ne voulut pas, en 1697, autoriser l'admission de l'israélite Texeira, que le roi de Danemark avait choisi pour résident.

La bourgeoisie étendait chaque jour ses attributions : elle procéda elle-même au remplacement de deux sénateurs, et exigea la destitution d'un troisième qu'elle soupçonnait de malversation. Plusieurs fois elle fit fermer les portes du palais où le sénat était réuni, jusqu'à ce qu'il eût accédé à ses demandes : ses réclamations étaient souvent irréfléchies : les citoyens modérés et paisibles, ne pouvant plus influer sur ses opinions, avaient pris le parti de se tenir à l'écart, et ne voulaient plus s'associer à de si tumultueuses délibérations. Le sénat, réduit à protester contre la violence, attendait que des commissaires impériaux vinssent à son aide; c'était une espèce d'épouvantail qu'il essayait encore d'opposer aux séditieux; et comme la multitude, déjà aguerrie à cette menace, ne renonçait à aucune de ses prétentions exagérées, les commissaires de l'Empereur se rendirent à Hambourg en 1698 pour y remplir leur mission.

Il régnait une telle division entre le sénat et la Bourgeoisie, que l'intervention de cette autorité médiatrice était devenue inévitable. Les commissaires se concertèrent avec le collége des Anciens, qui, pouvant influer sur les délibérations de la bourgeoisie et du sénat, désirait prévenir entre eux une complète rupture. Le peuple semblait fatigué de ses propres agitations : il reconnut le besoin de rendre ses assemblées moins fréquentes ; et la bourgeoisie consentit à être représentée, dans les délibérations ordinaires, par une députation de cinquante membres, dont dix appartiendraient à chacune des cinq paroisses. Cette députation eut à examiner les griefs et les prétentions mutuelles des différents corps de l'État ; et le sénat et la bourgeoisie, qu'elle parvint à réconcilier, adoptèrent, en 1700, un recez qui eut spécialement pour but de mieux assurer l'administration de la justice et celle des revenus publics, de rendre au sénat le droit d'élection dont il avait été momentanément privé, de déterminer le genre d'affaires qui devaient être déférées aux colléges ou à la bourgeoisie, de faire reviser, tous les trois ans, les comptes des différents fonctionnaires par un collége à la formation duquel concourraient les sénateurs, les anciens et les bourgeois.

Cet arrangement parut satisfaire et calmer tous les esprits : le gouvernement de Hambourg put appliquer ses vues à d'autres objets, et il consacra aux intérêts publics et à ceux de la marine et du commerce les moments de tranquillité qui lui étaient rendus. Les mesures qu'il prit pour donner à la navigation de l'Elbe plus de sécurité, méritent d'être rappelées d'une manière spéciale.

On établit des sociétés de pilotes, qui avaient à subir un examen rigoureux avant leur admission : ils devaient s'exercer habituellement à pratiquer des sondages dans le lit du fleuve et entre les bancs placés à son embouchure, afin de connaître la ligne de navigation la plus assurée. Ces épreuves sont d'autant plus nécessaires, que le niveau et même la situation de quelques bancs de sable sont variables, et obéissent à l'action des vents et des eaux. Le flux rend navigables différents points où le reflux laisse le sol à découvert ; et une expérience habituelle permet seule de tenir compte de ces variations.

Deux bâtiments côtiers étaient spécialement chargés de croiser hors des bouches de l'Elbe, pour envoyer des pilotes aux navires qui réclameraient leur assistance. On était tenu de recourir à eux ; et l'on n'en était pas même dispensé, lorsqu'on avait pris un pilote dans l'île de Héligoland ; car les périls de l'entrée du fleuve étaient plus grands que ceux des parages maritimes où l'on venait de naviguer. Dès qu'un pilote avait été admis à bord d'un vaisseau, le soin de le conduire lui appartenait exclusivement, et le capitaine et l'équipage devaient obéir à ses directions : aussi, il devenait responsable de tout accident causé par négligence ou impéritie ; et la punition qu'il encourait, en cas de bris ou de naufrage, était portée quelquefois jusqu'à la peine capitale.

Les bâtiments venus de la haute mer rencontraient en avant de l'entrée du fleuve un navire à l'ancre, qui servait de signal : leur route était ensuite indiquée par les phares placés dans l'île de Neuwerk, et allumés depuis le 14 septembre jusqu'au 1er mai, à l'exception du temps où la navigation est entièrement fermée par les glaces. On découvrait successivement, depuis l'embouchure du fleuve jusqu'à Hambourg, une longue suite de bouées et de cônes flottants ; et chacun de ces signaux était retenu par une longue chaîne, à l'autre extrémité de laquelle était un bloc de pierre qui gagnait le fond et y restait assujetti. De simples mâts ou d'autres balises surmontées d'un pavillon servaient également de guide : enfin plusieurs tours et plusieurs fanaux avaient été érigés à Cuxhaven, ou sur d'autres points; et les pilotes jugeaient, par la position de ces signaux et par leurs différents aspects, de la direction qu'ils avaient à suivre. Ces fanaux étaient pour eux ce que sont les corps planétaires pour les astronomes, qui mesurent par leur conjonction, ou leurs distances, ou leurs phases variées, le cours du temps et les différents phénomènes du ciel.

Les frais d'entretien étaient considérables; mais le gouvernement de Hambourg les avait pris à sa charge, et comme une condition attachée aux priviléges dont il jouissait sur la navigation de l'Elbe. Le soin de faciliter celle du Wéser était également confié aux magistrats de Brême: on fit stationner à l'entrée du fleuve un navire à signaux : une suite de bouées et de balises fut placée le long de son cours, depuis le confluent de la Geeste jusqu'à la mer, et l'on prévint par des digues l'inondation des terres basses, voisines de son embouchure.

Ces prudentes mesures n'avaient cependant écarté qu'une partie des entraves de la navigation. Un droit de péage avait été établi à Gluckstadt par le gouvernement danois, et l'on prétendait y assujettir tous les vaisseaux qui remontaient l'Elbe. Les Hambourgeois se plaignirent de cet impôt, et ils s'adressèrent à l'Empereur, pour en obtenir la suppression, qui en effet leur fut accordée. Mais la Suède, maîtresse du duché de Brême, dont Stade est la place la plus importante, y avait également établi un droit de péage. Il fallut conclure un arrangement avec Charles XI, pour régler et modérer le tarif d'une taxe dont on ne pouvait pas s'affranchir. Cette convention fut confirmée en 1692 par les édits du roi de Suède et du sénat de Hambourg; et les dispositions en furent aussi appliquées au pavillon de Brême, par un autre rescrit que le roi fit publier l'année suivante.

Les pêcheries occupaient alors un grand nombre de navires, expédiés des ports de Brême, de Lubeck, de Hambourg surtout; mais cette branche de navigation et de commerce était quelquefois interrompue pendant leurs démêlés avec les gouvernements voisins. Une ordonnance danoise, du 25 février 1691, avait interdit aux Anséates la pêche des parages du Groenland : elle fut révoquée, au mois d'août de l'année suivante, par une convention qui leur rendit le droit de naviguer et de pêcher dans le détroit de Davis, où le Danemark avait plusieurs établissements.

La pêche la plus lucrative était celle de la baleine; mais elle était la plus difficile; et plusieurs siècles d'exploitation avaient diminué l'abondance de cette classe de cétacés qui n'ont que deux portées par an, et qui ne produisent à chaque fois qu'un seul petit. On ne les rencontrait plus sous les mêmes latitudes; il fallait se rapprocher du Nord, à mesure que la consommation de la pêche excédait la reproduction; et cette nécessité augmentait les périls des bâtiments baleiniers; car ils avaient à fréquenter des parages plus brumeux, plus exposés aux tempêtes, aux naufrages, au choc des glaces flottantes et des banquises. Ces obstacles n'arrêtèrent point les navigateurs anséates; et la pêche de la baleine, son huile, ses fanons, le parti que le commerce et les arts pouvaient tirer de toutes ses dépouilles, occupaient un grand nombre d'hommes et multipliaient leurs ressources.

Les Anséates avaient autrefois des relations habituelles avec l'Islande. Les marchandises qu'ils en exportaient étaient des poissons, surtout des harengs, des morues, des cabillauds : ils en tiraient aussi des salaisons, des huiles, des pelleteries, des duvets d'édredon, du soufre natif, différentes espèces de vêtements et d'étoffes, foulées comme le feutre, ou tricotées et tissues à l'aiguille.

On importait en Islande du fer, du bois, de la farine, des vins, du sel, de l'eau-de-vie de grains, des toiles, quelques soieries. Le prix de ces objets ne s'acquittait pas en argent monnayé mais en poisson. Un poisson de deux livres équivalait à un schelling de Lubeck. On se réglait sur les poids et les mesures de Hambourg, et il s'était formé dans cette ville une confrérie de marchands d'Islande.

Le Danemark, après avoir longtemps permis aux Anséates le commerce de cette île, voulut se le réserver exclusivement ; mais les bâtiments pêcheurs qui fréquentaient ces parages continuaient d'en extraire des marchandises de contrebande, et on les apportait à Bergen, où elles étaient achetées par les commis du comptoir des villes anséatiques : de là elles étaient expédiées à Lubeck, à Hambourg, à Brême, ou dans les autres ports ouverts au commerce des Anséates.

L'activité donnée à la pêche du hareng ne pouvait pas en diminuer l'espèce, qui se multiplie dans une proportion merveilleuse. Nous avons indiqué dans notre quatrième livre quelques-unes des stations que ce poisson nomade avait successivement fréquentées et abandonnées. Ses émigrations annuelles dans de nouveaux parages doivent être également observées. L'Océan a ses solitudes comme ses régions habitées : les mêmes eaux ne sont pas toujours occupées par une semblable population, et ses ennemis s'attachent à découvrir ses nouvelles demeures.

Hambourg avait eu une confrérie de Scandinavie, spécialement occupée de la pêche du hareng, lorsque cette espèce de poisson affluait dans les parages de la Suède et jusqu'au fond du golfe de Bothnie. Le comptoir des Anséates à Bergen trouva ensuite dans les pêcheries de Norwège une branche de commerce étendue et florissante ; mais vers le milieu du seizième siècle elle avait déjà dépéri ; et la confrérie de Bergen n'en recueillait plus que de faibles avantages. Les bancs de harengs avaient pris une autre direction.

La principale colonne de leur émigration, lorsqu'elle a quitté les profondes voûtes de la mer Glaciale, arrive au mois de mars dans les parages de l'Islande, dont elle occupe toutes les baies et tous les détroits ; là elle se divise en deux peuplades ; celle d'occident gagne les parages du Labrador, de Terre-Neuve et du golfe de Saint-Laurent ; la branche orientale se ramifie plusieurs fois autour des îles Féroë, des Orcades, des autres archipels voisins, et s'étend le long des côtes d'Écosse, d'Angleterre et d'Irlande. La Grande-Bretagne avait abandonné longtemps aux Hollandais la pêche et le commerce du hareng, quoiqu'elle fût plus à portée d'en jouir elle-même. Les couronnes d'Angleterre et d'Écosse étaient alors séparées et n'avaient pas de communs intérêts ; mais lorsqu'on les eut réunies, la nation désira participer aux avantages de cette industrie. La reine Anne fit une convention avec la ville de Hambourg, pour obtenir dans cette place le débit des produits de la pêche anglaise, et pour y avoir des emballeurs et des priseurs chargés de veiller aux intérêts de ce commerce.

Cette concurrence aurait pu nuire à la pêche des Hollandais, s'ils n'avaient pas continué d'être supérieurs dans leurs procédés et dans leurs moyens de conservation. Le meilleur hareng venait de Hollande, et on l'expédiait de Hambourg dans toute l'Allemagne, lorsque des emballeurs jurés en avaient achevé la préparation suivant la coutume de leur pays.

Les Anséates se conformaient eux-mêmes, dans la pratique de la pêche, aux sages ordonnances publiées par les Hollandais, et ils étaient assez prudents, assez habiles, pour emprunter des autres nations tous les usages propres à les éclairer. Les avantages obtenus par différents peuples se trouvaient ainsi mis en commun : il en résultait une louable émulation, et l'industrie se perfectionnait. C'était un genre de conquêtes inoffensives, qu'on avait achetées par le travail et la persévérance et qui ne coûtaient à l'humanité aucunes larmes.

Mais le dix-huitième siècle, que nous abordons en ce moment, s'ouvre par des événements d'une autre nature.

Les destinées du nord de l'Europe seront pendant quelques années dans les mains d'un seul homme : il va disposer des couronnes, ravager comme un torrent la terre de ses ennemis, et promener jusque dans l'Ukraine ses sanglantes victoires.

Charles XII était arrivé au trône, avant l'âge de quinze ans, par la mort de son père Charles XI, décédé le 15 avril 1697. Les brillantes qualités et les penchants belliqueux de ce jeune prince avaient séduit la nation suédoise, et il fut bientôt investi de tous les droits de la majorité par une délibération des États. Son premier soin fut de concourir, comme médiateur, à la conclusion du traité de Ryswick, afin de rendre la paix aux puissances qui étaient alors en guerre, et de faciliter le succès des expéditions qu'il projetait lui-même. Ce monarque se déclara hautement protecteur des droits du duc de Holstein-Gottorp, son allié et son beau-frère, dont les domaines étaient envahis par le Danemark : il fit passer dans l'île de Rugen huit mille hommes de troupes, et assembla en Scanie une armée plus nombreuse, qui devait opérer une descente dans l'île de Seeland, et venir assiéger Copenhague : il avait pour alliées l'Angleterre et la Hollande, dont les flottes arrivèrent dans la Baltique : les ducs de Lunebourg et de Saxe-Lawenbourg lui fournirent aussi quelque troupes ; et ces forces réunies allaient pénétrer dans le Holstein, pour le remettre sous la domination de son ancien duc. On devait s'attendre à une collision d'autant plus vive, que le roi de Danemark Frédéric IV avait fait de nombreux préparatifs de guerre, qu'il avait obtenu l'alliance de l'électeur de Saxe, du roi de Pologne et du czar de Russie, et que les troupes de ses auxiliaires s'étaient mises en marche et allaient attaquer la Suède sur différents points. Aussi Frédéric ne voulut d'abord se prêter à aucun arrangement ; mais se voyant enfin pressé dans sa capitale par les forces de ses ennemis, il consentit à une négociation ; et un traité du 28 août 1700 remit le duc de Holstein en possession de ses États.

Le rétablissement de la paix entre le Danemark et la Suède intéressait vivement les villes anséatiques, qui, se trouvant environnées de puissances belligérantes, n'auraient pu que difficilement jouir de la neutralité. D'autres combats allaient troubler le Nord ; mais du moins le théâtre de la guerre devait s'éloigner, et le commerce habituel des Anséates ne serait pas exposé aux mêmes violations.

Après avoir forcé le gouvernement danois à se séparer de la nouvelle ligue formée contre la Suède, Charles XII voulut attaquer à leur tour ses autres ennemis. Deux illustres rivaux allaient être aux prises ; et l'intrépide guerrier du Nord avait pour adversaire un prince qui avait déjà mérité sa gloire en entreprenant la civilisation d'un peuple barbare.

Le trône de Russie était alors occupé par le czar Pierre et par son frère le prince Ivan ; et Sophie, leur sœur, avait d'abord profité de la minorité de l'un et de l'incapacité de l'autre, pour retenir, sous le titre de régente, tous les pouvoirs de la royauté. Ses intrigues, ses conspirations contre ses frères ayant échoué plusieurs fois, elle fut confinée, en 1689, dans le couvent de la Trinité, près de Moscou. Ivan garda les insignes de la monarchie ; Pierre en prit toutes les charges ; et dès ce moment il suivit avec persévérance le plan de ses réformes. Ses premières vues se tournèrent vers la marine ; quelques essais de construction furent tentés par ce prince, sur un lac voisin de la Trinité et ensuite dans le port d'Archangel : il fit venir de l'étranger des marins, d'habiles officiers, des hommes experts dans les différentes branches de l'organisation sociale et de l'industrie ; et le célèbre Génevois Lefort mérita, par ses connaissances et son caractère, de concourir à de si grands desseins.

Le czar avait conçu le projet de détruire la milice des Strélitz, qui jusqu'alors s'étaient mêlés à tous les troubles, et avaient moins été les défenseurs que les tyrans de leurs maîtres. Il fallait leur opposer d'autres forces : Pierre s'entoura d'une garde fidèle, dans sa maison de campagne de Préobaginski; et le noyau de sa nouvelle armée fut un corps de cinq mille hommes, presque tous étrangers, qui servirent de modèles pour la discipline et les exercices militaires.

Le premier résultat de ses expéditions, vers l'orient de la Sibérie, fut de fixer, par un traité conclu en 1689 avec les Chinois, les limites des deux empires. Ce monarque voulut, quelques années après, étendre vers le Palus-Méotide les frontières méridionales de ses États; il attaqua les Tartares de Crimée et leur enleva en 1696 la place d'Azow, qui le rendait maître des bouches du Tanaïs; mais son entreprise la plus mémorable fut de venir étudier dans l'occident de l'Europe les principes de la construction des navires et les moyens de créer en Russie une force navale.

Ce prince, après avoir confié à des mains habiles les rênes du gouvernement, partit de Moscou, au mois d'avril 1697. Une ambassade russe, suivie d'un cortége de deux cents hommes, se rendait, au nom du czar, près de plusieurs souverains; et luimême voyageait simplement, à la suite de ses envoyés. L'ambassade passa par Novogorod, Riga, Koenigsberg, Berlin, et visita Magdebourg, Hambourg et quelques autres villes, avant de se rendre en Hollande. Hambourg était digne d'attirer l'attention d'un prince qui voulait introduire dans ses États des institutions favorables au commerce et à la navigation : il pouvait admirer dans cette ville les établissements de l'amirauté, le mouvement du port, l'opulence des magasins et des chargements, et cette heureuse activité de travail et d'industrie qui occupe utilement pour la patrie un si grand nombre d'hommes. Le czar précéda de quinze jours l'arrivée de ses ambassadeurs à Amsterdam : il voulait y garder l'incognito; et, pour étudier dans tous ses détails l'art de la construction des navires, il alla se joindre, sous le nom de maître Pierre, aux ouvriers des chantiers de Sardam. Robuste et infatigable, il maniait la hache avec autant de force que de dextérité, et il acquit assez d'habileté dans la main d'œuvre pour fabriquer lui-même les différentes parties d'un navire et le mettre en état de prendre la mer. L'illustre charpentier de Sardam n'interrompit ses travaux que pour visiter Utrecht et la Haye, où le roi d'Angleterre, Guillaume III, eut avec lui une entrevue. Le roi espérait le recevoir bientôt à Londres; et en effet il s'y rendit au commencement de l'année suivante : il suivit dans le chantier royal de Deptfort les études et les travaux qu'il avait commencés en Hollande; il perfectionna la pratique par la théorie, et s'initia aux éléments des sciences et des calculs, qu'il faut toujours consulter, soit pour la coupe et les proportions des navires, soit pour leur voilure et la disposition de tous leurs agrès. Guillaume lui fit présent d'un vaisseau de guerre, et le czar put y embarquer des ingénieurs, d'autres savants, et un nombreux équipage de marins et d'ouvriers. Ce navire bienfaiteur allait porter à la Russie de nouveaux moyens de puissance et d'agrandissement.

D'autres colonies d'artistes, de fabricants, d'hommes lettrés, partaient de différents points de l'Allemagne ou de l'Italie; et ils étaient attirés en Russie par des récompenses ou des encouragements. Le czar avait repris la route de ses États : il vit, en passant à Vienne, l'empereur Léopold : il concerta ensuite avec Auguste, que la diète de Pologne venait d'appeler au trône, un projet d'expédition contre l'Esthonie et les provinces voisines, fit, au mois de septembre 1698, sa rentrée à Moscou, et signala par la ruine des Strélitz, qui s'étaient révoltés de nouveau, les premiers moments de son retour.

La guerre entre la Russie et la Suède était près d'éclater, et si l'on compare la composition des deux armées qui allaient être aux prises, on reconnaît que les Suédois devaient avoir tout l'avantage de la discipline : ils avaient eu longtemps à combattre des troupes européennes, également instruites et aguerries : leurs victoires avaient été vivement disputées; et l'armée de Charles XII, fière de ses annales glorieuses, et conduite par un jeune héros qui ne savait douter d'aucun succès, marchait avec toute la confiance de la force et de l'audace contre un ennemi, dont les institutions militaires étaient trop nouvelles pour ne pas-être encore très incomplètes. Mais la puissance des masses appartenait à la Russie : ses armées avaient derrière elles une immense population, dont elles ne formaient, pour ainsi dire, que l'avant-garde; elles pouvaient, sans épuiser cette pépinière d'hommes, en recevoir de nombreuses recrues; tandis que la population plus bornée de la Suède était graduellement affaiblie par les essaims qu'elle avait constamment à fournir pour réparer les pertes que lui coûtaient ses sanglantes victoires. Le caractère de grandeur et de fermeté de Pierre 1ᵉʳ nous explique d'ailleurs la constance avec laquelle il soutint plusieurs années de revers, et les ressources qu'il trouva dans son génie et dans l'obstination de sa résistance pour rentrer dans les provinces où Charles XII avait passé sans pouvoir s'y maintenir, et pour continuer, au milieu même des vicissitudes de la guerre, les grandes réformes qu'il avait commencées.

Charles XII, après avoir fait la paix avec le Danemark le 28 août 1700, résolut de porter immédiatement toutes ses forces contre les Moscovites : sa flotte mit à la voile; et vingt mille Suédois étaient à peine débarqués à Wesenberg en Esthonie, qu'il les conduisit rapidement contre une armée de quatre-vingt mille hommes qui faisaient le siége de Narva. La victoire qu'il obtint le 30 novembre fut décisive : trente mille Russes restèrent sur la place; les autres s'échappèrent ou furent prisonniers. Un grand parc d'artillerie, resté au pouvoir des Suédois, leur fournit de nouveaux moyens de vaincre; et la prévention favorable qui suit un premier triomphe influa longtemps sur les opérations d'une guerre que Charles XII allait signaler par d'autres exploits. Ce prince vint alors en Livonie attaquer les troupes électorales d'Auguste, campées sur la rive gauche de la Dwina : il traversa ce fleuve sur des radeaux, à la vue de l'armée ennemie, emporta tous les postes qu'elle défendait, et rentra en possession de la Livonie et de la Courlande après quelques autres engagements partiels. L'intention de Charles était de pénétrer en Pologne et de détrôner Auguste : il était secondé par un nombreux parti, et Varsovie lui ouvrit ses portes, le 25 mai 1701, tandis qu'Auguste se retirait sur Cracovie, essuyait de nouvelles défaites, et se repliait sur la Lusace, la Silésie et ses États héréditaires de Saxe. Ce monarque fut solennellement déposé, le 14 février 1704, dans une diète assemblée à Varsovie. On proposa d'abord de lui donner pour successeur le prince Jacques Sobieski; et sans doute le souvenir des glorieux exploits de son père aurait déterminé ce choix, mais le prince refusa la couronne; et les suffrages se dirigèrent sur Stanislas Leczinski, palatin de Posnanie, qui fut nommé roi de Pologne le 12 juillet, et dont le couronnement eut lieu le 14 octobre suivant.

Nous n'avons point à suivre les divers événements de cette guerre, qui força le roi Auguste à renoncer formellement, par un traité du 24 septembre 1706, au trône de Pologne et aux alliances qu'il avait formées contre la Suède. Charles XII put alors ramener toutes ses forces contre les Moscovites. On faisait de part et d'autre de nouveaux préparatifs, et chaque parti attendait ses renforts, dans l'espérance d'opposer à l'ennemi une plus vive résistance.

Dès le mois de janvier 1708, les hostilités se renouvelèrent avec plus de vigueur. Charles XII marcha sur Grodno, sur Borisoff, sur la Bérésina, dont les Moscovites ne purent lui défendre le passage. Il se dirigea ensuite vers Mohiloff, et s'approcha de l'Ukraine, pour se réunir à Mazeppa, hetman des Cosaques, qui avait abandonné le parti des Moscovites et avait promis de joindre ses forces à celles de Suède. La fortune de Charles touchait à son terme : les corps d'armée qu'il ne commandait pas lui-même avaient été défaits en plusieurs rencontres : un renfort que lui amenait le général Lewenhaupt fut battu, au mois d'octobre, par les Moscovites, et les troupes de Mazeppa eurent le même sort. Le rigoureux hiver de 1708 à 1709 vint rendre plus pénible la situation des belligérants, et ses effets désastreux furent d'autant plus funestes pour les Suédois, qu'ils n'avaient aucun moyen de remonter leur cavalerie et de réparer leurs pertes : leur armée était affaiblie par la disette et les maladies, lorsqu'elle vint, au mois de mars 1709, investir la place de Pultava, où les Moscovites avaient formé de grands magasins. Le czar était campé avec quatre-vingt mille hommes, à cinq milles de Pultava : ses troupes légères harcelaient les assiégeants, surprenaient leurs fourrageurs, interceptaient leurs subsistances ; et Charles XII, après avoir tenu un grand conseil, où l'on résolut d'attaquer les Moscovites, marcha contre eux le 18 juin, à la tête d'une armée de vingt-huit mille hommes. Il n'y eut dans cette journée qu'un engagement partiel ; mais une bataille générale fut livrée le lendemain : la défaite des Suédois fut complète ; ils furent taillés en pièces ; et Lewenhaupt, qui leur amenait un dernier secours, fut bientôt forcé de capituler avec le corps de troupes qu'il avait sous ses ordres. Charles XII s'était précipitamment retiré vers le Borysthène ; il passa le fleuve, à quelques milles d'Oczakoff, et se rendit à Bender, sur l'invitation du séraskier, qui lui fit offrir ses services et tous les soins de l'hospitalité. Ce grand capitaine avait appris à ses ennemis à le vaincre ; et la nécessité de chercher un asile contre eux fut le dernier résultat de dix années de triomphe, qui avaient épuisé ses forces.

Avant que les ressources de la Suède fussent affaiblies par de si sanglants sacrifices, ce royaume jouissait d'un commerce florissant ; et, depuis longtemps, il avait cherché à s'affranchir de l'intervention des Anséates, dont le pavillon dominait dans la Baltique. Gustave-Adolphe avait encouragé l'agriculture, l'exploitation des mines et le développement de l'industrie : Christine suivit ce mouvement progressif ; Charles XI appliqua ses soins à la marine ; il fit établir, en 1667, une pêcherie de harengs, près de Gothembourg, conclut, en 1693, un traité avec le Danemark, pour assurer de part et d'autre la liberté de la navigation, et parvint à balancer la concurrence des Hollandais et des Lubeckois, par les franchises dont il fit jouir les navires appartenant à ses sujets et construits dans les ports de ses États.

Mais l'effet de ces mesures fut détruit sous le règne de Charles XII son successeur. Ce prince, exclusivement occupé d'expéditions militaires, épuisa, pour subvenir à ses entreprises gigantesques, toutes les richesses de son royaume : il entraîna au milieu des camps une population belliqueuse qui, sans redouter la fatigue et sans mesurer l'étendue de ses pertes, parcourut victorieuse les États de ses ennemis ; et il ne songea à laisser que de la gloire à son pays qu'il appauvrissait.

Les Anséates surent tirer avantage des guerres de la Suède, pour étendre eux-mêmes leur commerce, et pour substituer leur pavillon à celui des belligérants : leur cabotage sur toutes les rives de la Baltique devenait plus important : ils s'étaient chargés, pendant les conquêtes de Charles XII, de la plupart des convois de la Suède pour la Poméranie et pour les provinces situées à l'orient de la Vistule : souvent ils avaient eu à y débarquer des troupes, des armes, des machines de guerre, des approvisionnements de toute espèce. La plupart de ces fournitures étaient faites par les Anséates : elles étaient dues à leur commerce, qui prenait de l'extension de jour en jour, et qui les mettait en rapport avec toutes les contrées d'où l'on pouvait tirer ce genre d'exportations. Plusieurs traités conclus pendant le cours des guerres de Charles XII montrent avec quel soin les villes de la Hanse cultivaient leurs relations de commerce. Une convention faite en 1700, entre Hambourg et la Prusse, assura la libre navigation de la Sprée, du Havel et de l'Elbe : Dantzig conclut, en 1706, un traité avec l'Angleterre, qui l'assimilait aux autres villes anséatiques; et celles-ci obtinrent du Danemark, en 1707, la confirmation des priviléges dont elles avaient précédemment joui dans le comptoir de Bergen.

Le Danemark cherchait, à la même époque, à relever dans les Indes orientales le crédit et le commerce de ses établissements. Les missionnaires qu'il avait envoyés à Tranquebar y étaient arrivés en 1706 : c'était en propageant l'Évangile et en convertissant les naturels du pays que Frédéric IV se proposait d'y acquérir de nouveaux sujets : il aurait cru courir trop de hasards, en envoyant des colonies européennes dans des régions si éloignées. Ces missionnaires étaient chargés d'apprendre la langue du pays pour prêcher et pour enseigner, et d'établir des écoles pour les enfants pauvres. Il régnait à Tranquebar une grande liberté religieuse : on y avait érigé des églises catholiques, des temples protestants, des mosquées, des pagodes; et les jésuites, les évangéliques, les mahométans, les Indous y exerçaient leur culte. Tranquebar reprit alors quelque prospérité : la compagnie danoise des Indes orientales était soutenue par les souscriptions des étrangers; et les plus riches négociants des villes anséatiques étaient au nombre des actionnaires, et participaient aux spéculations de ce commerce.

Mais tandis que les contrées occidentales de la Baltique jouissaient des bienfaits de la paix, la Courlande, la Livonie, l'Esthonie, la Carélie étaient encore livrées à toutes les calamités de la guerre, et le même fléau ravageait depuis longtemps la Pologne et la Lithuanie. Souvent des populations entières étaient pillées ou rançonnées par les milices; d'autres prenaient la fuite à leur approche, n'osant ni leur résister, ni s'abandonner à leur merci. Les désordres étaient d'autant plus grands que le royaume s'était divisé en deux partis : les uns soutenaient la cause d'Auguste, les autres celle de Stanislas, et chaque fraction de territoire devenait un lieu de ralliement pour les hommes qui suivaient la même bannière. Les cantons amis étaient quelquefois enclavés par leurs adversaires, et ne pouvaient communiquer ensemble qu'en s'ouvrant un passage les armes à la main. La même diversité d'opinions se faisait remarquer au milieu des villes : les factions opposées occupaient une commune enceinte, et l'aigreur des haines politiques dégénérait en actes de violence et d'inimitiés personnelles : les formes du gouvernement polonais, les diètes armées, l'usage des confédérations opposées l'une à l'autre, favorisaient encore cette tendance à l'anarchie, et rendaient plus difficiles les réconciliations et le rétablissement de l'ordre public. La guerre avait absorbé les principales ressources du pays, en lui enlevant de nombreux cultivateurs pour en faire des soldats. Plusieurs cantons restèrent sans culture : la disette gagna les villes, que d'insuffisantes récoltes ne nourrissaient plus; et d'autres maux vinrent accroître les souffrances de ces régions désolées.

Cet hiver de 1709, qui affligea l'Europe entière, fut encore plus désastreux dans les contrées voisines de la Baltique : il y fit périr un grand nombre d'hommes et d'animaux, et rappela les tristes ravages de l'hiver de 1608, dont il devint la commémoration séculaire. L'intensité du froid était d'autant plus sensible, qu'elle se mêlait aux soudaines vicissitudes de la température. Une extrême humidité avait d'abord pénétré et amolli les plantes; elles furent tout à coup surprises par une vive gelée. La même alternative se renouvela plusieurs fois; elle désorganisa les fibres des végétaux : les tardives gelées du printemps vinrent ensuite enchaîner et paralyser les premiers mouvements de la séve : la plupart des semences confiées à la terre furent détruites, et de vastes territoires furent frappés de stérilité.

Un hiver où le froid eût été aussi violent, mais où il se serait développé progressivement et sans secousses, aurait causé moins de ravages : on jugea de sa rigueur par ses redoutables effets plutôt que par la mesure exacte de son intensité. Le thermomètre, à l'aide duquel on aurait pu l'évaluer, n'avait pas encore acquis les perfectionnements qui lui furent donnés bientôt par Fahrenheit, savant physicien de Dantzig, et par Réaumur, dont les nombreux travaux jouissent d'une si juste célébrité.

La famine suivit les calamités de l'hiver, et la peste vint s'y joindre immédiatement; elle se déclara, en 1709, dans quelques palatinats de Lithuanie, et se propagea vers l'ouest dans les provinces de la Prusse royale, où plusieurs cantons perdirent leurs habitants et n'offrirent que de sauvages solitudes. L'étendue de ces ravages est attestée par les mesures que prit le roi Frédéric-Guillaume pour réparer les pertes de la population. Une colonie de Saltzbourgeois vint bâtir au centre de la Lithuanie prussienne la ville de Gumbinen : les persécutions qu'ils éprouvaient dans leur pays les avaient réduits à le quitter; et le roi les avait attirés par des concessions de terre, des priviléges de commerce, des exemptions de milice et d'impôts pendant plusieurs années. Lui-même il fit construire les établissements publics, donna des fonds pour les maisons particulières, et rassembla dans la nouvelle ville d'autres habitants, que le travail et l'industrie fixèrent dans cette résidence. Les mêmes secours furent donnés par le roi pour la fondation de Stallupehnen et de quelques autres villes, destinées à servir de postes militaires ou de chefs-lieux d'administration. La tolérance religieuse aidait à repeupler ces déserts; et si l'on quittait pour des climats plus rigoureux les heureuses contrées du midi, c'est que la liberté de concience et celle de la pensée sont pour les hommes le premier de tous les biens.

Dantzig, où la peste éclata en 1709, avait été moins exposée que les autres places, voisines de la Vistule, aux violentes attaques des belligérants, qui s'étaient plusieurs fois disputé l'occupation de Thorn, de Varsovie, de Cracovie, et de quelques autres points fortifiés. Cette ville jouissait encore de ses institutions municipales et des avantages commerciaux attachés à sa situation locale. Les villes anséatiques s'intéressaient vivement au sort de leur ancien confédéré : elles ne regardaient pas Dantzig comme entièrement détaché de leur association; car les navigateurs et les négociants de cette place jouissaient encore en pays étranger d'une partie des priviléges de la Hanse teutonique; et les mêmes prérogatives leur avaient été expressément réservées par plusieurs puissances. Hambourg, Brême et Lubeck aimaient à se rappeler la part considérable que Dantzig avait prise aux plus grands événements de la Ligue Anséatique, lorsque cette métropole était placée à la tête du quatrième cercle de la confédération, et qu'elle comprenait dans son arrondissement les villes les plus florissantes de la Prusse, de la Pologne et de la Livonie. Dantzig allait changer de destinées; mais ses anciennes institutions duraient encore; elles méritent d'être remarquées.

Ce gouvernement ressemblait à celui des autres villes anséatiques : quatre consuls ou bourgmestres étaient placés à la tête d'un sénat de vingt-quatre membres, et réglaient avec eux les principales affaires : un conseil d'échevins ou d'anciens exerçait entre le sénat et le peuple un pouvoir conciliant et modérateur. On portait devant lui les causes civiles ou criminelles d'une haute importance, et l'on pouvait appeler de ses jugements à un grand conseil, composé de cent membres. Dantzig était depuis longtemps sous la protection des rois de Pologne, et avait conservé sous cet abri son propre gouvernement. Ses priviléges, confirmés par Étienne Battori, le furent également par Sigismond III, successeur de ce prince. Jean Casimir conféra la noblesse aux principaux magistrats; il entoura cette ville de nouveaux retranchements, et fit fortifier le Bischopsberg, qui la domine et qui en est devenu la citadelle.

Le roi de Pologne entretenait à Dantzig un burgrave, qu'il devait choisir parmi les sénateurs; et quoique l'autorité de ce magistrat se fît peu sentir dans les affaires administratives, néanmoins elle privait cette ville de son indépendance : elle l'attachait à d'autres intérêts que ceux de ses anciens confédérés; et cette place, plus étroitement liée au sort de la Pologne, réclama vainement les franchises dont elle avait joui comme ville anséatique, lorsqu'elle fut tour à tour rançonnée par les Prussiens ou les Polonais, et qu'elle eut à racheter d'eux sa neutralité, pour conserver encore quelques vestiges de ses droits.

La population de cette ville s'élevait à plus de quatre-vingt mille âmes; la plupart des habitants étaient luthériens : ceux-ci étaient même les seuls qui fussent admis aux principaux emplois. Cependant il y avait liberté de conscience pour les autres dissidents et pour les catholiques : les jésuites y avaient un collège, et ils se consacraient, comme dans les autres pays, aux soins de l'éducation et de l'enseignement.

Le territoire avait peu d'étendue; il se bornait aux *verders* ou prairies que baignent les eaux de la Vistule vers son embouchure; à la langue de terre qui se prolonge entre le Frischaff et la mer Baltique, et à une espèce de digues naturelles qui abritent du côté du nord la baie de Dantzig, et où l'on a bâti la petite ville de Héla. Les plus grands vaisseaux mouillent dans cette baie; les autres navires gagnent Wechselmunde, et ils s'y allégent, lorsqu'ils sont trop chargés pour remonter le fleuve jusqu'à Thorn ou Dantzig.

Malgré les exigences des belligérants, le commerce de cette contrée conservait encore quelque importance, lorque la perte de la bataille de Pultava changea pour la seconde fois les destinées de la Pologne, à laquelle Charles XII avait imposé un roi. Auguste, quoiqu'il eût solennellement abdiqué, ne croyait plus être lié par un engagement que la force lui avait prescrit. Les courtisans de la victoire changèrent de parti; et Stanislas se vit à son tour abandonné par ceux que la disgrâce met en fuite. Le czar, instruit par une longue suite de revers qu'un triomphe éclatant et décisif venait de réparer, rentrait dans les provinces qu'il avait perdues, voyait la couronne rendue à son allié, et allait menacer à son tour les possessions ennemies que la valeur de Charles ne pouvait plus protéger.

Le roi de Danemark, Frédéric IV, était près de contracter avec le czar une nouvelle alliance, et il venait de terminer un voyage en Italie, quand les nouvelles de Pultava lui parvinrent. L'administration du royaume avait été sagement dirigée pendant son absence : l'armée était sur un bon pied, et le corps de troupes danoises, qui avait servi en Hongrie contre les Turcs, venait de rentrer dans ses États. Ce moment parut favorable au roi pour reprendre possession de la Scanie, qui avait été arrachée à son prédécesseur par la conquête et par les traités de Roschild et de Copenhague : Il fit, le 11 novembre 1709, une descente près de Helsinbourg et il s'empara de cette place : l'armée qu'il laissa en Scanie était de quinze mille hommes; il comptait réduire aisément cette province et celles de Halland et de Blecking; mais, dès l'ouverture de la campagne de 1710, ses troupes furent battues par les Suédois.

Après la perte de cette bataille, les Danois se retirèrent à Helsinbourg, qu'ils durent évacuer quelques jours après. Les Norwégiens tentèrent sans succès une invasion en Suède : un combat naval fut livré, le 7 octobre, dans les eaux de la Scanie ; on perdit quelques vaisseaux de part et d'autre, et les flottes se séparèrent après une vive canonnade.

De nouveaux préparatifs se faisaient pour l'année suivante. Le théâtre de la guerre allait s'étendre, il devait embrasser tous les rivages de la Baltique ; et, quoique les villes anséatiques de Lubeck, de Brême et de Hambourg désirassent vivement conserver la neutralité, il leur était difficile de se préserver d'un incendie prêt à les envelopper, de faire respecter leur territoire, d'échapper aux passages de troupes, aux réquisitions de vivres, de fourrages et de moyens de transport : les concessions faites à un belligérant, les exposaient aux représailles de l'autre, et leur situation les livrait aux violences du plus fort. Il en résultait un état de malaise et un aggravement de charges, dont les hommes turbulents cherchaient à tirer parti pour inquiéter leur gouvernement et fomenter les discordes publiques.

Les troubles religieux que Mayer avait excités à Hambourg, quelques années auparavant, n'étaient pas apaisés par son exil : le pasteur Krummoltz les avait ranimés ; et cette faction prit aussi un caractère politique, lorsqu'un autre séditieux, Stielke, ralliant autour de lui tous les mécontents, réussit à propager l'anarchie, afin de s'emparer ensuite de l'autorité. Les magistrats ne pouvaient plus conserver leur ascendant sur la multitude, et le gouvernement danois avait inutilement cherché à faire agréer sa médiation aux deux parties : on redoutait l'offre de cette protection intéressée, dont on avait plusieurs fois reconnu les périls, et l'on n'y voyait qu'un moyen de ressaisir le pouvoir. Les secours de l'Empereur portaient moins d'ombrage ; et Joseph Ier, qui occupait alors le trône, était naturellement appelé, comme chef de l'Empire, à pacifier dans les villes anséatiques les troubles intérieurs dont elles ne pouvaient plus se préserver elles-mêmes. Quelques troupes du cercle de Basse-Saxe, de Hanovre, de Brunswick, de Prusse, furent dirigées sur Hambourg à la suite des commissaires impériaux : leur présence contint les factions. Cette nouvelle autorité proposa un plan de conciliation concerté avec le sénat et avec un comité de cent membres qui agissait au nom de la bourgeoisie, et le résultat de leurs délibérations communes fut un recez d'union, publié le 17 novembre 1710.

Cet acte ne tranchait pas encore toutes les difficultés ; mais il conduisait à une plus complète solution et à des réformes définitives. La commission mixte continuait ses travaux ; elle montra autant de modération que de persévérance : le vœu public était habituellement consulté ; et Hambourg offrit l'exemple d'une grande réunion de citoyens, discutant leurs droits et leurs devoirs, balançant leurs intérêts, et cherchant à rectifier les principes et les bases de l'ordre social. Si leurs discussions furent souvent animées, on peut pardonner cette effervescence à des classes quelquefois souffrantes qui réclamaient un meilleur sort. Le choc était tumultueux ; mais il en jaillissait quelques lumières : le pouvoir s'éclairait sur les besoins de la multitude ; on avait fait de part et d'autre quelques pas pour se rapprocher, et ces concessions mutuelles amenèrent enfin une plus parfaite réconciliation.

De tels résultats semblent nous avertir que les institutions sociales, les mieux appropriées à l'époque où elles furent établies, ont dans la suite des temps besoin d'être modifiées, quand la situation des peuples n'est plus la même, quand l'industrie, les arts, les lumières sont plus répandus, qu'il règne plus de bien-être, et que l'accroissement des ressources fait aussi rechercher plus de jouissances. La stabilité des lois était un bienfait ;

mais les progrès de la société obligent à les revoir par intervalle; et l'autorité trop stationnaire, celle qui voudrait s'obstiner à résister à la toute-puissance du temps, risquerait de se briser contre cet obstacle.

Les travaux de la commission impériale avaient été interrompus par la mort de Joseph Ier: Charles VI, qui lui succédait, les fit reprendre immédiatement; et la commission, après avoir débattu toutes les questions en litige, fit promulguer en 1712 un recez définitif, dont nous avons à indiquer les principales dispositions.

Le pouvoir souverain réside dans le sénat et la bourgeoisie, conjointement et inséparablement. Le sénat se compose de vingt-quatre sénateurs et de quatre bourgmestres, dont un est investi de la présidence : un protonotaire, un archiviste lui sont attachés, et les différentes attributions du ministère sont réparties entre quatre syndics. Les droits régaliens appartiennent en commun au sénat et à la bourgeoisie, et ils sont exercés par le sénat. On comprend dans ces droits la garde du sceau, des archives, des clefs de la ville, la grande voirie, la juridiction dans la plupart des causes civiles, criminelles, ecclésiastiques; le droit de convoquer la bourgeoisie et de lui faire des propositions; le droit de grâce, celui de dispenses matrimoniales; la nomination des députés à la diète, celle des agents diplomatiques et consulaires; la réception des princes et des ministres étrangers; la préséance dans les cérémonies publiques, le droit de représenter la ville, la correspondance en son nom; la nomination et l'installation des ecclésiastiques; la réception du serment des employés; la jouissance des droits casuels, comme la chasse et la pêche; le droit d'accorder des saufs-conduits dans les affaires criminelles.

Le choix des bourgmestres, des sénateurs, des syndics, de l'archiviste, du protonotaire, appartient au sénat. L'organisation du collége des Anciens, de celui des Soixante et de celui des Cent quatre-vingts, est régularisée, et l'on détermine les rapports qu'ils doivent avoir entre eux, et le genre d'affaires sur lesquelles ils ont à délibérer en commun ou séparément. Si le sénat doit conférer avec un collége, il l'invite à s'assembler; mais il passe outre, quand le collége ne se réunit pas. Le sénat doit avoir le consentement des Anciens pour la publication des mandats les plus importants. Les lois ordinaires ne doivent être changées ou annulées qu'avec le concours du sénat et de la bourgeoisie. On se propose de joindre au recez plusieurs règlements pour maintenir l'ordre et le calme dans les assemblées de la bourgeoisie; pour déterminer les corporations et les confréries qui devront subsister; pour simplifier les formes de la justice, fixer les attributions des ministres du culte, éclairer l'administration des finances. D'autres règlements sont projetés sur la banque, les lettres de change, le courtage. Une nouvelle loi somptuaire sur les habillements doit être présentée à l'approbation de la bourgeoisie : les mandats publiés contre les jeux de hasard seront rendus plus sévères : chaque ouvrage sur les questions théologiques ou sur les affaires publiques sera soumis à la censure avant de pouvoir être imprimé. Il sera fait un nouveau règlement sur l'admission des juifs et sur leur existence politique. On rétablira l'ancien usage de lire annuellement au peuple, et dans son propre idiome, le texte des principales lois. Tous les recez antérieurs sont maintenus, en tout ce qui n'est pas contraire à celui de 1712 : ils servent de base au gouvernement de l'État : les articles fondamentaux en sont à jamais obligatoires; et les autres ne peuvent être modifiés que par le libre assentiment du sénat et de la bourgeoisie.

L'établissement d'un port franc est recommandé au sénat et au conseil des Soixante. Le sénat doit veiller au maintien des digues de l'Alster, à celui de la salubrité des eaux, à tous les travaux nécessaires pour le curage des canaux et du port, et pour que la navigation du fleuve ne soit pas embarrassée par des ensablements ou par tout autre obstacle. Les ordonnances relatives aux constructeurs de navires doivent être revisées : le tarif des droits de douane doit l'être également: on suivra pour le roulage entre Lubeck et Hambourg le règlement convenu entre les deux villes.

Quelques autres dispositions moins importantes, ou n'ayant qu'un effet temporaire, furent consignées dans ce recez; et pour compléter la réconciliation que l'on avait à cœur de rétablir, on accorda une amnistie aux hommes qui auraient troublé la paix publique, à l'exception de quelques provocateurs, condamnés, détenus ou coutumaces. Le sénat et la bourgeoisie s'engagèrent à observer les obligations contractées par ce recez et par les règlements qui devaient y être joints. Cependant ce dernier ouvrage resta incomplet ; et la plupart des actes supplémentaires ne furent pas publiés.

D'autres calamités, plus funestes que les troubles intérieurs, affligeaient alors les villes anséatiques: on y était consterné des ravages de la peste; et quand les jours d'une population entière étaient menacés, tout autre intérêt pouvait être mis en oubli. Cette maladie cruelle n'avait cessé à Dantzig qu'après avoir emporté trente mille habitants : elle s'était étendue en Pologne, en Prusse et sur toutes les rives de la Baltique, depuis l'extrémité du golfe de Finlande jusqu'à Copenhague. Il y eut en Suède et en Danemark un grand nombre de victimes : le Holstein fut atteint par la contagion; et les sénats de Hambourg, de Lubeck et de Brême, adoptèrent toutes les mesures sanitaires que leur prescrivait le salut du peuple. Les étrangers arrivant des lieux suspects ne furent point admis : tous ceux qui s'introduisaient sans passe-ports furent condamnés à des peines afflictives, et même à la peine de mort s'ils venaient d'un lieu contagieux, et l'on brûla tous leurs effets : le commerce fut prohibé avec la Prusse, la Poméranie et les autres pays où la peste s'était déclarée. Cependant, malgré toutes ces mesures, Hambourg ne pût en être préservé; elle pénétra dans la *Böhmchen Strasse* au mois de septembre 1712, et bientôt elle gagna d'autres quartiers. Les pauvres en étaient attaqués les premiers : on leur défendit la mendicité, mais on fit des quêtes pour les secourir. Un hospice avait été établi pour les pestiférés : d'autres maisons servirent de lazaret pour les personnes et les effets qui devaient être soumis à la quarantaine.

Les mouvements militaires de tous les peuples du Nord avaient favorisé la contagion; et ce fléau, prompt à se joindre à celui de la guerre, était venu frapper au milieu des villes, de paisibles populations, innocentes du sang répandu. La guerre bornait aux champs de bataille le théâtre de ses fureurs ; mais la peste ne fut circonscrite par aucune limite : lorsqu'elle avait pénétré dans un camp, elle s'y étendait avec rapidité; et chaque nouveau combat devenait d'autant plus funeste que les hommes tombés sous les coups de l'ennemi n'expiraient pas seuls : la contagion qu'ils répandaient autour d'eux allait les venger et porter la mort à leurs vainqueurs.

Plusieurs nations s'étaient confédérées pour soutenir l'un ou l'autre parti ; mais souvent elles ne s'accordaient que d'homicides secours : elles empruntaient l'une de l'autre la maladie qui consumait leurs forces ; elles la propageaient dans les pays qu'elles avaient à traverser ; et comme la nécessité de se pourvoir de subsistances les mettait journellement en communication avec les habitants, elles laissaient chez les amis et chez les ennemis les mêmes vestiges de leur funeste passage.

Ce fut par ces inévitables relations que la peste pénétra dans les villes anséatiques de même que dans les contrées environnantes. Hambourg en fut spécialement affligé : on y compta sept mille victimes dans les cinq derniers mois de 1712. L'art de guérir devenait impuissant; et l'altération des organes était si rapide, que dès les premièrs symptômes elle était déclarée mortelle.

Pendant cette calamité, le gouvernement de Hambourg permit aux calvinistes d'avoir une chapelle dans l'intérieur de la ville et un cimetière dans les faubourgs. Ils ne pouvaient plus exercer leur culte hors de la place, depuis que les Danois avaient établi un cordon sanitaire autour de ses murailles : un malheur commun fit oublier les dissensions religieuses; et la tolérance accordée aux calvinistes leur fut conservée après la cessation de ce fleau.

Le voisinage des troupes étrangères faisait d'ailleurs sentir à tous les Hambourgeois la nécessité de la concorde. Ces troupes ne se bornaient pas à intercepter les communications de la ville avec le Holstein : quelques régiments danois avaient pris leurs quartiers dans la Fierlande et dans les deux bourgs possédés en commun par Hambourg et Lubeck : Frédéric IV ne renonçait pas aux prétentions qu'avaient eues les comtes de Holstein : il se plaignait vivement du refus qu'avait fait le sénat de recourir à son intervention et de reconnaître son protectorat; et il saisissait, pour étendre ses droits, toutes les occasions qui lui paraissaient favorables. Son projet d'assujettir au péage de Gluckstadt tous les bâtiments qui naviguaient sur l'Elbe, quelle qu'en fût la provenance ou la destination, n'était pas abandonné; et, comme les Hambourgeois continuaient de s'y refuser, il en résulta de part et d'autre différents actes d'agression et de représailles qui aigrissaient encore les anciennes animosités.

Le gouvernement danois fit alors saisir plusieurs navires de Hambourg, qui se trouvaient en Norwége, où les Anséates continuaient de jouir de leur ancien comptoir; et il donna l'ordre d'arrêter également, partout où l'on pourrait les rencontrer, les vaisseaux de la même ville et les biens qui lui appartenaient.

Il était urgent de prévenir la suite des dommages dont le commerce et la navigation de Hambourg étaient menacés; et le sénat, qui désirait recouvrer la bienveillance du roi, lui envoya une députation pour obtenir un arrangement amiable. Il reconnaissait la nécessité de faire un sacrifice; et la satisfaction pécuniaire que demandait le gouvernement danois fut fixée à une somme de deux cent quarante-six mille rixdales. Le roi promit de retirer ses troupes du territoire de Hambourg et de celui des bailliages communs, et de n'y laisser prendre à l'avenir aucun quartier militaire : il ordonna de relâcher immédiatement les vaisseaux et les effets qui avaient été retenus en Norwége; il révoqua l'ordre d'en arrêter un plus grand nombre, et rendit à la navigation et au commerce un libre cours. Ce prince était également intéressé à pacifier ce différend et à recevoir une indemnité : la guerre contre la Suède multipliait ses dépenses, et réclamait l'emploi de toutes ses forces. Il en avait d'abord dirigé une partie sur Wismar, pour faire le siége de cette ville, et d'autres corps de troupes allaient se rallier aux Moscovites et aux Saxons pour attaquer la place de Stralsund; mais la rigueur de l'hiver vint suspendre l'une et l'autre entreprise, et les hostilités prirent momentanément une direction différente.

L'expédition des Danois en Poméranie avait laissé à découvert les rives méridionales du Holstein : elles étaient exposées aux attaques d'un corps de troupes suédoises qui se trouvait alors dans le duché de Brême; et plusieurs milliers d'habitants s'étaient réfugiés vers le nord de cette province, pour se soustraire aux périls d'une invasion. L'ennemi n'avait en effet qu'à traverser l'Elbe, pour se porter sur Altona, Gluckstadt, ou d'autres places du Holstein.

Le roi de Danemark résolut d'aller au-devant du danger, et de couvrir ses États, en prenant lui-même l'offensive contre le duché de Brême. Une escadre, qu'il envoya vers l'embouchure de l'Elbe, remonta ce fleuve, et s'empara de trente navires ennemis : un corps de troupes danoises vint débarquer dans le duché de Brême et assiéger Stade, qui en était la plus forte place. Le feu fut ouvert par une artillerie formidable ; et lorsqu'elle eut ruiné une partie de la ville, les habitants demandèrent à capituler; mais les conditions qu'ils proposaient n'ayant pas été acceptées, toutes les batteries de canons et de mortiers recommencèrent leurs attaques : les Danois eurent bientôt emporté les ouvrages extérieurs ; ils se logèrent dans le chemin couvert ; leur bombardement alluma un vaste incendie ; et l'explosion d'un magasin à poudre ayant détruit la plupart des édifices que l'artillerie n'avait pas encore atteints, la garnison et les habitants furent forcés de se rendre à discrétion.

Cette prise facilita l'invasion des autres parties du duché de Brême, où la Suède n'avait qu'un petit nombre de troupes; mais un tel succès n'avait rien de décisif : la Poméranie allait redevenir le théâtre de la guerre. Les Danois, les Saxons et les Moscovites devaient reprendre le siège de Stralsund; ils faisaient aussi celui de Wismar; et l'armée suédoise chargée de leur tenir tête était commandée par Steenbock, par ce même général qui avait déjà remporté près d'Helsinbourg une victoire contre les Danois. Il était campé près de Wismar, et comme il attendait quelques renforts de Suède, il avait d'abord négocié une suspension d'armes : les ennemis y consentirent; et ils espéraient en profiter eux-mêmes pour avoir le temps de réunir contre lui toutes leurs forces; mais à peine l'armistice fut-il expiré que Steenbock marcha contre l'armée danoise, renforcée par les Saxons, et encore éloignée des Moscovites, dont elle cherchait à se rapprocher. Il la joignit près de Gadebusch dans le Mecklembourg : les forces étaient très-inégales : les Danois et les Saxons avaient l'avantage du nombre, et venaient d'enlever à leur ennemi un convoi de munitions, dont ils avaient dissipé l'escorte : ils avaient battu quelques-uns de ses détachements, et ils manœuvraient pour envelopper son corps d'armée mais ils furent complétement défaits dans la sanglante journée du 2 décembre 1712. La guerre entre les Suédois et leurs ennemis avait pris un tel caractère d'extermination, que plusieurs corps qui combattaient à Gadebusch ne s'étaient fait aucun quartier, et qu'un carnage aussi cruel qu'inutile avait tristement accompagné la victoire.

Cette impitoyable haine se fit encore plus remarquer dans une expédition que le général Steenbock dirigea bientôt contre Altona, tandis que le roi de Danemark, ralliant ses troupes après leur défaite, se retirait vers le nord du Holstein, où il allait attendre de nouvelles levées. Le général savait que les Danois avaient formé à Altona des approvisionnements considérables en farine, en pain, en fourrages : ne pouvant pas les emporter, il prit la résolution de les détruire; et comme ils étaient distribués dans un grand nombre de maisons, il voulut brûler la ville entière.

En arrivant vers cette place, qui ne pouvait lui opposer aucune résistance, Steenbock fit enjoindre aux habitants d'avoir à sortir immédiatement d'une ville qu'il allait réduire en cendres : les magistrats lui adressèrent d'inutiles supplications, pour émouvoir sa pitié et pour se racheter : la rançon qu'il exigeait d'eux était si excessive, qu'on ne pouvait satisfaire à ses demandes.

Dans la nuit du 8 au 9 janvier 1713, des soldats, armés de haches et de torches incendiaires, brisèrent les portes d'Altona ; ils mirent le feu à plusieurs quartiers, et toute la ville fut bientôt dévastée par d'impétueux tourbillons de flamme. Les habitants s'échappaient en toute hâte de leurs murs embrasés : ils furent livrés dans leur fuite à toutes les rigueurs de la saison, et ils allèrent demander un refuge aux autres villes, aux hameaux du Holstein, qui recueillirent leur misère. Un petit nombre s'étaient arrêtés dans les campagnes voisines ; ils y suivaient des yeux avec une profonde douleur les progrès de l'incendie, espérant encore que quelques habitations échapperaient à ses ravages, et que le vainqueur, prenant enfin en pitié tant d'infortunes, laisserait debout les édifices que le hasard aurait épargnés. La plupart d'entre eux revinrent, quand ce grand incendie fut éteint : on les vit errer à travers les décombres, cherchant à exhumer quelques débris de meubles, d'ustensiles, de marchandises que la flamme n'avait pas entièrement dévorées.

L'auteur de ce grand désastre chercha vainement à se justifier devant les peuples qui l'accusaient, et il prétendit avoir exercé de justes représailles contre les Danois, en se vengeant sur Altona des malheurs qu'ils avaient fait éprouver aux habitants de Stade ; mais les calamités de l'une et de l'autre ville n'avaient pas la même origine. Stade avait soutenu un siége, et s'était exposée par sa résistance à tous les fléaux de la guerre : Altona, ouverte à ses ennemis, et n'ayant pas eu à se défendre contre eux, ne laissait aucun prétexte à leur furie.

Steenbock, après avoir détruit Altona, ramena ses troupes vers le nord du Holstein : il leva sur son passage de nombreuses contributions, et voulut ensuite pénétrer dans le duché de Sleswick ; mais les Danois et leurs alliés couvraient cette frontière : ils disputèrent aux Suédois le passage de l'Eyder ; et, après les avoir battus dans plusieurs engagements successifs, ils les réduisirent à se renfermer dans Tonningen, à y soutenir un siége, et à conclure, le 17 mai 1713, une capitulation, aux termes de laquelle les troupes suédoises furent faites prisonnières de guerre.

Ce succès rendit aux Danois la supériorité des armes pendant le cours de cette campagne : il leur restait à réparer les malheurs d'Altona ; et le roi avait déjà cherché à relever cette ville de ses ruines par des secours pécuniaires, de nombreuses reconstructions et des priviléges de commerce qui devaient un jour la replacer dans un état plus florissant. Les habitants d'Altona reprochèrent aux Hambourgeois de ne pas leur avoir donné l'hospitalité ; mais le malheur, qui rend injuste, les empêcha d'examiner si la situation sanitaire de Hambourg, où la peste exerçait alors de si cruels ravages, lui permettait de recevoir des étrangers et de livrer de plus nombreuses victimes à la contagion. Sans doute le gouvernement de Hambourg craignit d'étendre encore dans cette ville les progrès d'une épidémie qui ravageait sa population et réduisait de jour en jour les relations de son commerce. Déjà une grande partie de ses communications était interrompue : la mortalité était encore progressive ; et ce cruel fléau n'épuisa sa violence, et ne cessa vers la fin de 1714, qu'après avoir dépeuplé les quartiers qui lui offraient le plus d'aliment.

Tandis que le Nord était encore livré à toutes les calamités de la guerre, les grandes puissances de l'Occident et du Midi renouaient entre elles les liens de la paix, et concluaient à Utrecht ces traités célèbres qui devaient fixer pendant longtemps les destinées de l'Europe, et qui eurent pour elle autant d'importance que les traités de Westphalie. Les villes anséatiques furent comprises dans cette grande pacification : cependant il fallut attendre quelques années pour fixer d'une manière définitive leurs relations de commerce avec la France. Elles avaient été souvent entravées pendant la guerre que ce royaume avait eue à soutenir, depuis 1702, contre les grandes puissances maritimes et continentales ; mais la Hollande avait conclu, en 1711, de nouvelles conventions avec la Hanse : l'Angleterre avait suivi cet exemple ; et la reine Anne, après s'être détachée de la ligue formée contre la France, avait aussi voulu préparer la paix du Nord : elle avait offert, en 1712, au czar, au roi Auguste, à celui de Danemark, sa médiation entre eux et les Suédois, afin que la guerre, prête à s'éteindre dans le Midi, pût cesser en même temps de ravager les rives de la Baltique.

Mais la Suède, toujours animée de cet esprit militaire que Charles XII avait porté jusqu'à l'exaltation, ne voulait faire aucun acte de conciliation que son monarque pût désavouer. Ce prince, encore fasciné par les illusions de conquêtes et de gloire qui l'avaient longtemps ébloui, ne renonçait pas à l'espérance de rentrer en vainqueur dans les provinces qu'il avait perdues : son but était de rallumer la guerre entre la Porte Ottomane et la Moscovie, et de pénétrer en Pologne à la tête d'un corps de spahis et de janissaires, tandis que la Suède tenterait au nord une diversion et lui enverrait de nouveaux secours. Tout lui faisait espérer de pouvoir troubler encore la paix du monde : ses agents à Constantinople étaient parvenus à opérer une révolution dans le divan : l'exil du grand vizir Cuprugli était leur ouvrage ; et la Porte s'était déterminée à déclarer la guerre à la Russie pour venger la défaite de Charles XII. Une armée de cent mille hommes, conduite par le nouveau vizir Balthadji Méhémed, et accrue de quarante mille Tartares que commandait l'hospodar Cantemir, s'assembla en Moldavie, marcha contre le czar, qui n'avait que vingt-quatre mille hommes, parvint à l'envelopper et surprit tous ses convois. L'armée russe était campée sur la rive gauche du Pruth : elle soutint avec perte plusieurs engagements partiels qui l'affaiblissaient encore ; et une bataille générale contre des ennemis si nombreux ne lui aurait offert aucune chance de succès. La czarine qui accompagnait son époux, dont elle avait voulu partager tous les périls, fit alors ouvrir une négociation avec le grand vizir, parvint à le déterminer à la paix, et signa, de l'aveu du czar, un traité qui sauva l'armée moscovite. La seule clause stipulée en faveur de Charles XII, fut que le czar n'empêcherait pas le retour de ce prince dans ses États ; mais il fallait le décider à quitter la Turquie, et il s'y refusa : une lettre du sultan Achmet III ne l'y détermina point. Déjà il avait perdu, en s'obstinant à rester près de Bender, la possession de la Livonie et de l'Esthonie, dont le czar s'était emparé, tandis que la Scanie et la Poméranie lui étaient également disputées par le roi de Danemark, devenu l'allié des Saxons et des Moscovites. On ne put l'arracher qu'avec violence de sa maison, où il soutint un siége ; et lorsqu'on l'eut transféré de Bender à Démotica, près d'Andrinople, il ne céda qu'après un séjour de dix mois aux vives instances qu'on lui faisait pour qu'il retournât en Suède. Charles XII partit enfin de Démotica, le 14 octobre 1714 ; il renvoya, en arrivant à Targovitz, l'escorte qu'il avait reçue du pacha d'Andrinople, donna à tous les gens de sa suite rendez-vous à Stralsund, et partit pour cette ville, seul en poste, avec le colonel During. Charles XII se dirigea par la Hongrie, la Moravie et l'Autriche : il gagna la Bavière, le Haut-Palatinat, la Westphalie, traversa la basse Saxe, le Mecklembourg, et arriva le 21 novembre à Stralsund. Ce prince n'avait pas voulu consentir à la neutralité de la Poméranie et des autres possessions suédoises situées en Allemagne : il s'y trouva bientôt enveloppé par les forces de ses ennemis. La ligue formée contre lui entre le Danemark, la Saxe et la Moscovie, fut accrue par l'accession de la Prusse et par celle du roi d'Angleterre en sa qualité d'électeur de Hanovre ; et le Danemark, qui s'était emparé du duché de Brême en 1712, l'engagea à ce monarque pour une somme de sept cent mille écus. Dès ce moment il fit partie des domaines de l'électorat, et cette cession fut confirmée par des traités ultérieurs.

L'acquisition de ce duché par le Hanovre n'était pas sans intérêt pour les villes anséatiques de Hambourg et de Brême. Dès ce moment, elles se trouvaient moins exposées aux attaques des Danois et des Suédois, lorsque ces deux peuples étaient en guerre et qu'ils choisissaient pour théâtre de leurs hostilités le pays qui s'étend entre l'Elbe et le Wéser. La navigation de l'un et de l'autre fleuve acquit en même temps plus de liberté et la ville de Brême fut enfin affranchie des prétentions que les Suédois avaient eues si longtemps sur sa souveraineté.

Cependant, la guerre était encore trop animée dans le voisinage des villes anséatiques pour qu'elles pussent échapper aux charges que leur imposaient les belligérants. Les Moscovites exigèrent de Hambourg, en 1714, le payement d'une somme de trois cent mille écus, et les Saxons lui en demandèrent cent mille autres : ils revinrent dans la Poméranie qu'ils avaient abandonnée momentanément : chaque puissance tenait à conserver ses conquêtes, ou à recouvrer tout ce qu'elle avait perdu ; et des prétentions contradictoires, auxquelles on ne renonçait pas, empêchaient toute espèce de rapprochement et de conciliation.

L'obstination, la violence des hostilités éveillèrent l'inquiétude des souverains d'Allemagne qui, après avoir rétabli par les traités de Rastadt et de Bade leurs paisibles relations avec la France, craignaient que la guerre encore allumée au nord de l'Empire ne vînt à en regagner les autres parties. Ces princes ou leurs ministres convinrent, dans une assemblée tenue à Brunswick, de la formation d'un corps de vingt mille hommes, dont la levée serait répartie entre l'Empereur, le roi de Prusse, l'électeur Palatin, celui de Hanovre, l'évêque de Munster et le landgrave de Hesse. L'armée devait s'assembler sur les bords de l'Elbe ; elle avait pour but d'assurer la neutralité du duché de Brême et celle de la Poméranie : cette dernière contrée serait mise en séquestre entre les mains de l'Empereur, et Stettin serait occupé, au même titre, par le roi de Prusse. Les résolutions de cette diète seraient communiquées aux belligérants, et s'il se livrait entre eux un nouveau combat, l'armée de neutralité prêterait son assistance au parti qui pencherait vers la paix.

Cette intervention de plusieurs princes de l'Empire ne fit pas encore cesser la guerre dans le nord de l'Allemagne ; mais du moins elle en ralentit les opérations ; elle les concentra dans une partie de la Poméranie, et les villes anséatiques, devenues plus libres dans leurs relations de commerce, purent en accroître le développement et recouvrer les avantages qu'elles avaient perdus. La variété de leurs spéculations se prêtait aux changements de situation des autres États : si la guerre venait à leur fermer l'accès de quelques ports, elles cherchaient d'autres débouchés, faisaient de nouvelles tentatives, et transportaient ailleurs leurs entrepôts et leurs marchés. Ces déplacements entraînaient sans doute quelques pertes individuelles, mais on pouvait les compenser par d'autres bénéfices, et l'ensemble des opérations était généralement favorable. Quelques fabrications particulières aux Anséates, telles que les brasseries de bière, la mouture des grains, les raffineries de sucre, les tanneries, la quincaillerie, les constructions de navires, et plusieurs espèces de fonderies, les enrichissaient d'une manière directe ; et déjà nous avons indiqué les produits de la culture ou de l'industrie qui leur arrivaient de l'étranger et rendaient florissant leur commerce de commission.

Le traité que la France conclut en 1716 avec les villes anséatiques de Lubeck, Brême et Hambourg, peut faire juger de l'activité et de l'étendue qu'avait alors le commerce des Anséates. Cette convention eut pour eux une telle importance que nous croyons devoir en rappeler sommairement les dispositions.

Les habitants des villes anséatiques doivent jouir, dans le royaume et dans tous ses domaines européens, des mêmes libertés que leurs ancêtres; ils peuvent y aller, venir, passer et repasser par mer et par terre, avec leurs marchandises, dont l'entrée, la sortie et le transport ne seraient pas défendus aux sujets du roi par les lois et les ordonnances.

Ceux qui trafiquent et demeurent en France ne sont pas assujettis au droit d'aubaine : ils peuvent librement disposer de leurs biens, par testament, donation, ou autrement ; et leurs héritiers peuvent aussi leur succéder *ab intestat*, sans avoir besoin d'obtenir des lettres de naturalité.

Ils n'ont pas à payer, pour leurs personnes, leurs denrées et leurs navires, des taxes, gabelles, ou contributions plus fortes que s'ils étaient sujets du roi. Ils ne sont soumis à un droit de fret de cinquante sous par tonneau que lorqu'ils prennent des marchandises dans un port de France, et qu'ils les transportent dans un autre port du royaume, pour les y débarquer.

L'importation des produits de leurs grandes pêcheries est favorisée en France par des réductions de droits d'entrée, et plusieurs autres articles de leur commerce ont également obtenu une diminution de droits.

Les Anséates jouissent des mêmes franchises que les sujets du roi pour les marchandises du Levant qu'ils importent à Marseille et dans les autres ports du royaume où l'entrée en est permise. Ils doivent jouir, en ce qui concerne la navigation et le commerce, non-seulement des droits et des priviléges que ce traité leur assure, mais encore de ceux qui seraient accordés dans la suite aux Provinces-Unies et aux autres nations maritimes dont les États sont situés au nord de la Hollande.

Leurs capitaines de navire, hommes d'équipage, officiers ou soldats ne peuvent être arrêtés dans les ports de France; leurs vaisseaux ne peuvent y être retenus pour un service quelconque, et leurs denrées ou marchandises ne peuvent être saisies en vertu d'un ordre général ou particulier, si ce n'est du consentement des intéressés ; sans préjudice néanmoins des saisies qui seraient faites par autorité de justice. Leurs patrons qui relâcheraient dans un port de France ne sont pas contraints d'y faire le débarquement et la vente de leurs marchandises; mais ils peuvent y vendre une partie de leur cargaison, pour acheter les vivres dont ils auraient besoin et les objets nécessaires au radoub de leurs vaisseaux, après en avoir obtenu l'autorisation des officiers de l'amirauté.

Les navires anséatiques qui échoueraient sur les côtes de France, doivent être rendus aux propriétaires, avec leurs apparaux et leurs cargaisons, s'ils sont réclamés dans l'an et jour, et en déduisant la valeur des frais de sauvetage. La vente n'en peut être faite qu'à l'expiration de ce terme, à l'exception des marchandises les plus périssables.

S'il survient une guerre entre la France et quelques puissances, autres que l'Empereur et l'Empire, les vaisseaux anséatiques ne peuvent être arrêtés, même quand ils iraient dans les ports et autres lieux dépendants des ennemis de la France ; à moins qu'ils ne soient chargés de contrebande de guerre, ou de marchandises appartenant aux ennemis. On entend par contrebande les munitions, armes, chevaux, harnais et autres fourniments militaires : on n'y comprend pas les froments, vivres, boissons, et tout ce qui sert à la nourriture; à moins que ces articles ne soient portés à une place actuellement investie, bloquée ou assiégée, ou qu'ils n'appartiennent aux ennemis de l'État. Dans le cas précédent, la contrebande et les denrées sont confisquées; mais le navire et le reste du chargement ne le sont pas.

Le navire et la cargaison sont confiscables, si des papiers ont été jetés à la mer par le capitaine ou le contre-maître : ils le sont également, s'il ne se trouve à bord ni charte-partie, ni connaissement, ni facture.

Quand les capitaines refusent d'amener leurs voiles, après avoir été semoncés, ils peuvent y être contraints par la force, et en cas de résistance ou de combat ils sont de bonne prise.

Si l'on arrête un vaisseau chargé de marchandises prohibées, on ne peut en faire la vente que lorsqu'elles ont été mises à terre, inventoriées, et déclarées saisissables. Les vaisseaux anséatiques, à bord desquels il se trouve des marchandises ennemies, ne peuvent être confisqués, non plus que la partie neutre de leur cargaison. On déroge, à leur égard, aux ordonnances de 1536, 1584 et 1681, qui portent que la robe ennemie confisque la marchandise et le vaisseau amis.

Il faut, pour connaître les véritables propriétaires, que les connaissements indiquent la qualité et la quantité des marchandises, le nom du chargeur et de celui auquel on doit les consigner, le lieu d'où l'on est parti, celui de la destination, et le nom du capitaine.

Toute marchandise appartenant aux Anséates et trouvée dans un navire ennemi, est confiscable; mais elle ne l'est pas, si le chargement a eu lieu avant la guerre, ou s'il a été fait depuis sa déclaration, pourvu qu'il l'ait été dans les termes et les délais suivants. Ces délais sont de quatre semaines pour les chargements faits dans la mer du Nord, depuis les côtes de Norwége jusqu'à l'entrée de la Manche; de six semaines jusqu'au cap Saint-Vincent; de dix semaines dans la Méditerranée ou jusqu'à la ligne; et de huit mois au delà de l'équateur et dans toute autre partie du monde.

Si quelques marchandises de contrebande font partie d'un chargement, elles ne sont rendues que lorsqu'on a reçu caution qu'elles ne seront pas portées à l'ennemi. Le capteur a aussi le droit de les retenir, en payant leur valeur, qui doit être convenue de gré à gré. Si l'on trouve, à bord d'un navire anséatique, des passagers appartenant à une nation ennemie de la France, ils ne peuvent pas être enlevés, à moins que ce ne soient des gens de guerre, actuellement au service de l'ennemi : dans ce dernier cas, ils deviennent prisonniers de guerre.

Pour qu'un bâtiment soit réputé appartenir aux villes anséatiques, il faut qu'il soit de leur fabrique ou de celle d'une nation neutre, ou qu'il ait été acheté d'un ennemi avant la déclaration de guerre : il faut aussi que les capitaines, contre-maîtres, pilotes, subrécargues, commis et les deux tiers des équipages soient sujets naturels des villes anséatiques ou d'une nation neutre, ou qu'ils aient été naturalisés. Ces preuves de patrie ou de naturalisation doivent être établies par les passe-ports ou lettres de mer et par les rôles d'équipage : elles doivent être présentées par le capitaine ou le patron.

Les navires anséates, rencontrés en temps de guerre, dans les rades ou en pleine mer, par les vaisseaux du roi ou par ceux des armateurs français, doivent amener leurs voiles, dès qu'ils ont été semoncés par un coup de canon, tiré sans boulet. Le vaisseau ne s'en approche qu'à portée de canon : il envoie sa chaloupe et quelques hommes au navire anséate, et le capitaine de ce navire représente les actes et papiers qui constatent sa nationalité, son chargement et la régularité de son expédition. Les gens de guerre du vaisseau français ne doivent commettre aucune violence à bord : ils ne peuvent rien enlever, sans s'exposer à la restitution du quadruple, et sans encourir les autres punitions prescrites par les ordonnances. Le navire continue sa route, lorsqu'on a reconnu qu'il ne renferme ni contrebande ni marchandises ennemies.

Pour préserver de toute violence les gens de guerre qui viennent visiter un navire, on fait descendre dans la chaloupe où ils étaient quelques hommes de son équipage, et ils y restent jusqu'à ce que les gens de guerre se soient rembarqués.

Les capitaines français ou anséates, armés en guerre et en course, doivent donner, avant leur départ du lieu où l'armement s'est fait, une caution suffisante pour répondre de toute contravention aux clauses du traité.

Les jugements concernant les prises faites sur les villes anséatiques doivent être promptement rendus suivant les lois du royaume. En cas de plainte contre ces jugements, le roi les fait revoir par son conseil ; et en attendant cette nouvelle décision, qui doit être rendue dans les trois mois, on ne doit vendre aucun article de la prise, à l'exception de ceux qui pourraient dépérir.

La durée de la convention que nous venons d'analyser est indéfinie ; et si quelque mésintelligence interrompt les rapports d'amitié et de commerce rétablis entre la France et les villes anséatiques, les sujets de celles-ci doivent avoir un délai de neuf mois pour se retirer du royaume avec leurs effets, les transporter, ou en disposer comme ils le jugent convenable.

Les contractants convinrent par un article séparé que dans le cas où il surviendrait quelque rupture entre la France et l'Empereur, les villes de Lubeck, Brême et Hambourg seraient réputées neutres à l'égard de la France, et jouiraient de la liberté du commerce et de tous les droits reconnus par ce traité, à condition qu'elles obtiendraient aussi de l'Empereur la reconnaissance de cette neutralité, et qu'il y aurait sûreté dans leurs ports pour les vaisseaux et le commerce français.

Quelles que fussent les faveurs commerciales accordées aux Anséates par les dispositions de ce traité, ils virent néanmoins avec peine restreindre l'exercice de leurs droits de neutralité pendant les guerres qui pourraient survenir entre la France et d'autres puissances. Ils pouvaient effectivement conserver leurs relations avec l'ennemi et se rendre dans ses ports avec leurs propres marchandises ; mais ils ne pouvaient pas prendre à bord de leurs bâtiments ses propriétés, sans que celles-ci courussent le risque d'être arrêtées et déclarées de bonne prise. Le commerce de fret et de commission, qui avait toujours enrichi les Anséates, se trouvait ainsi gêné en temps de guerre, et la France dérogeait à ses usages en déclarant que la neutralité du pavillon anséatique cesserait de couvrir la propriété ennemie. Cette exception à la règle était d'un dangereux exemple ; et le gouvernement qui se déclara si souvent protecteur des droits des neutres, ne les aurait pas sans doute limités en cette circonstance, s'il n'avait reconnu pendant ses dernières guerres que l'ennemi profitait habituellement de la marine des Anséates pour continuer avec plus de sécurité les expéditions de son commerce. Au reste, une restriction, dont on n'avait pas à faire l'application immédiate, put alors paraître moins rigoureuse : la paix était rétablie entre la France et les autres États, et la perspective d'une nouvelle rupture ne s'offrait que dans un avenir éloigné.

La guerre dont on était délivré dans les contrées occidentales de l'Europe, venait de se diriger vers l'Orient : les Pays-Bas, les bords du Rhin était pacifiés ; mais les succès obtenus par les Turcs contre les Vénitiens, qu'ils avaient chassés de la Morée en 1715, étaient devenus pour la république chrétienne un sujet d'inquiétude. La Hongrie était menacée d'une invasion, et ses périls avaient déterminé l'empereur Charles VI à déclarer la guerre à la Porte Ottomane.

Ce monarque demanda, en 1716, un subside en hommes et en argent aux différents cercles de l'Empire ; et il fut convenu dans la diète de Ratisbonne que ce subside serait levé, dans la proportion de cinquante *mois romains;* mais plusieurs États le trouvaient trop onéreux, après les pertes que la guerre leur avait déjà imposées : les princes du cercle de Basse-Saxe déclarèrent qu'ils ne pouvaient fournir que vingt-cinq *mois* : les députés de Mecklembourg, du Holstein, de Brunswick, de Hambourg, de Lubeck, demandèrent à être exonérés de cette taxe, et l'Empereur eut égard à leurs représentations. Une armée de soixante mille hommes s'assemblait en Hongrie sous les ordres du prince Eugène : celle des Turcs était de cent cinquante mille; mais malgré la supériorité du nombre, ils perdirent, le 6 août 1716, la bataille de Péterwaradin : les Impériaux s'emparèrent de Témeswar le 13 septembre, et le prince Eugène devait bientôt remporter à Belgrade une nouvelle victoire.

A la même époque, Charles XII cherchait à reprendre l'ascendant que ses derniers malheurs lui avaient fait perdre. Après avoir soutenu un long siége dans les murs de Stralsund, et avoir épuisé tous les moyens de défense, il avait quitté cette place le 20 octobre 1716, et s'était retiré en Scanie, sans perdre l'espérance de relever une puissance abattue et de fonder son rétablissement sur la ruine de quelques autres États. Le baron de Görtz l'encourageait dans ce dessein : lui-même il avait conçu une partie de ces plans gigantesques, et ses artifices devaient en préparer l'accomplissement.

Le baron de Görtz, né en Franconie, avait quitté son pays natal et s'était attaché de bonne heure au duc de Holstein-Gottorp, dont il était devenu le ministre. Lorsque ce prince fut dépossédé de ses États par le roi de Danemark, Görtz l'accompagna dans sa retraite à Hambourg, où il résida longtemps. Quelques services qu'il put rendre ensuite à Charles XII, pendant son exil en Turquie, lui valurent toute la confiance de ce monarque ; et Görtz prit sur l'esprit du roi un empire si absolu, qu'il lui fit approuver toutes les machinations qu'il allait mettre en œuvre pour rallumer la guerre en Europe et procurer à la Suède de puissants alliés.

D'abord, il chercha à détacher le czar de la ligue de ses ennemis, en offrant à ce prince la cession de la Livonie, de l'Esthonie et de la Carélie : il embrassa le projet de rétablir sur le trône d'Angleterre le prétendant, fils de Jacques; et dans cette vue il noua des intrigues en Espagne, avec le cardinal Albéroni, esprit brouillon, vif, audacieux, et digne de fomenter avec lui les troubles et les divisions qui pouvaient affermir son pouvoir. Il vit en France et en Hollande les hommes qui servaient la cause du prétendant ; il fit sonder en Angleterre les dispositions du même parti ; et ses menées ayant été découvertes en France par le régent, et en Hollande par le stathouder, le baron de Görtz fut arrêté à la Haye, et le comte de Ghillemberg fut arrêté à Londres, où il était ambassadeur de Suède. Leur détention dura quelques mois; et Görtz, encore plus aigri par sa captivité, chercha par d'autres voies à se venger de ses ennemis ; il reprit des négociations avec la Russie, pour la déterminer à la paix ; et le czar consentit à faire ouvrir des conférences dans l'île d'Alland, entre Osterman et le baron de Görtz.

Pierre Ier désirait la conclusion d'un traité qui devait lui assurer l'acquisition de plusieurs provinces. Toutes ses vues tendaient à la prospérité de la Russie, et il poursuivait sans relâche le projet d'introduire dans ses États les sciences, les lettres et tous les établissements propres à développer les arts et l'industrie. La noble mission de civiliser son peuple était l'occupation habituelle de sa vie : ce prince y consacra tous les moments dont une longue guerre lui permettait de disposer ; et afin de procurer à son empire de nouveaux éléments de puissance et de grandeur, il voulut, en 1717, revoir les pays où il était venu, vingt ans auparavant, puiser ses premières connaissances maritimes. Ce n'était plus le simple ouvrier, venant exercer lui-même les professions qui devaient lui préparer une puissance navale. Le temps avait secondé tous ses projets : ses vaisseaux parcouraient les mers ; ses armées étaient nombreuses et disciplinées ; lui-même s'était intruit de tous leurs devoirs, en parcourant successivement tous les grades ; il avait appris à connaître tous les besoins des camps, et en servant avec zèle, il s'était rendu plus digne de commander.

Lorsqu'il reparut dans l'occident de l'Europe, il n'avait plus à ébaucher de premiers travaux, et il ne lui restait qu'à consolider son ouvrage, en prenant parmi les grandes puissances le rang qui lui était réservé, et en assurant à son empire les alliances qui allaient le faire entrer pour toujours dans le système européen.

Quelques entretiens que le czar eut avec le comte de Görtz, pendant son séjour en Hollande, eurent pour résultat de ralentir les opérations de l'armée russe qui était alors en Poméranie : c'était un premier acheminement vers la paix avec la Suède. Ce monarque vint ensuite à Paris, et il eut de longues conférences avec le régent Philippe, duc d'Orléans, sur les mesures à prendre pour hâter cette réconciliation. Un traité d'amitié fut alors conclu entre la France, la Russie et la Prusse; et cette dernière puissance obtint, pour prix de son adhésion, que sa nouvelle acquisition de Stettin lui serait garantie. Le czar désirait que le duc d'Orléans devînt médiateur entre la Suède et la Russie pour rétablir la paix du Nord; mais l'obstination de Charles XII devait encore faire différer un résultat si désirable et si nécessaire à la situation de son royaume.

La Suède avait été tellement appauvrie par dix-huit années de guerre qu'il ne lui restait ni trésor, ni crédit. Le baron de Görtz avait imaginé de lui donner une monnaie fictive n'ayant que la quatre-vingtième partie des valeurs qu'elle représentait. Ces signes imaginaires achevèrent la ruine des finances : leur emploi faisait hausser tous les prix, et la plupart même des marchandises disparurent : on aimait mieux les soustraire aux acheteurs que de les livrer pour une valeur illusoire. Ces monnaies eurent en Suède l'effet que produisait en France le système de Law; et le commerce des villes anséatiques, participant à cette calamité commune, eut à subir à Stockholm et dans tout le royaume des pertes considérables. Ces villes avaient déjà éprouvé d'autres alarmes pour leur négoce et leur navigation, lorsque Görtz, voyant la marine de Suède entièrement délabrée, avait eu, en 1716, le dessein de faire recevoir dans le port de Gothembourg soixante vaisseaux appartenant à des pirates de différents pays, qui avaient formé entre eux une association et qui infestaient tous les parages où la course pouvait leur offrir quelques bénéfices. Ces hommes avaient choisi pour leur principal repaire un port de l'île de Madagascar, et ils interceptaient habituellement les communications de l'Europe avec les Indes orientales; mais aimant mieux se rapprocher des régions d'Occident où leurs spoliations pouvaient être plus fréquentes, ils avaient fait offrir leurs services à Charles XII, et ils demandaient à être reçus dans ses ports avec leurs richesses. Leur admission n'eut cependant pas lieu : d'autres combinaisons la firent suspendre; et le roi, exclusivement occupé des préparatifs qu'il faisait en Scanie pour ouvrir une nouvelle campagne contre la Norwége, ne prit alors aucune mesure pour relever sa marine, ou pour la remplacer par de si dangereux auxiliaires. Les Anséates continuaient de pourvoir au transport des approvisionnements dont les troupes du roi pouvaient avoir besoin et au service de cabotage qui se faisait de port en port le long des côtes de Suède. Ils s'étaient habituellement intéressés à la cause de cette puissance pendant ses guerres avec le Danemark, et la neutralité dont ils jouissaient alors ne leur interdisait pas toute espèce de relations.

Cependant les levées et les dépenses de l'armée suédoise aggravaient de jour en jour les charges publiques : le baron de Görtz voulut soumettre aux contributions le clergé comme les autres classes; et cette mesure lui suscita de nouveaux ennemis, que l'ascendant et la dignité de leur caractère rendaient plus puissants. Bientôt il fut poursuivi par la haine de la nation entière : on ne faisait pas remonter jusqu'au roi les reproches dont on accablait son ministre : l'esprit chevaleresque de Charles XII, ses malheurs, sa constance, ses efforts pour retrouver la fortune et la victoire, frappaient encore toutes les imaginations. On pardonnait tout, pour retrouver la gloire militaire, quelque chèrement qu'elle pût être achetée. Charles XII avait épuisé son peuple ; mais il avait acquis un nom qui ne périra pas ; son illustration en avait fait une idole, et l'on s'était prosterné en sa présence, comme devant un dieu armé de la foudre. Mais elle était près d'échapper de ses mains : elle allait même éclater contre lui ; et ce prince, qui avait envahi la Norwége avec un corps de trente mille hommes vers la fin de 1718, était venu mettre le siége devant Fréderieshall, lorsqu'il fut tué dans la tranchée, le 11 décembre, par une balle qui l'atteignit à la tête et qui causa une mort instantanée. Sa sœur, la princesse Ulrique-Éléonore, fut proclamée reine : on modifia la forme du gouvernement ; et le Sénat et les autres corps de l'État rentrèrent dans les priviléges qui leur avaient été enlevés sous les regnes de Charles-Gustave et de Charles XII.

On vérifia, après sa mort, qu'il ne restait à la Suède que trois vaisseaux marchands ; unique débris de la marine commerciale qui s'était développée sous son prédécesseur. Ce résultat explique la facilité qu'avaient eue les villes anséatiques de profiter d'une telle décadence.

Le baron de Görtz, accusé depuis longtemps d'être l'instigateur des mesures les plus désastreuses, fut arrêté aussitôt après la mort du roi ; il fut mis en jugement, et fut condamné par le Sénat à avoir la tête tranchée. Görtz reçut avec fermeté l'arrêt de sa mort ; mais, comme il devait être exécuté au pied du gibet, il demanda que du moins cette partie de la sentence fût adoucie : il se plaignait de n'avoir obtenu ni avocat ni conseil, et de n'avoir eu que quelques heures pour sa défense et pour la recherche des pièces propres à le justifier : il repoussa l'idée de trahison et de malversation, protesta de son innocence, et n'attribua sa mort qu'à celle du roi auquel il avait été fidèle. On l'enterra près du lieu de l'exécution ; mais ses serviteurs l'exhumèrent pendant la nuit ; et après avoir embaumé à la hâte ses tristes restes, ils les transportèrent à Hambourg, où son corps fut exposé sur un lit de parade, avant de recevoir la sépulture.

Un des premiers soins de la reine fut de rendre la paix à la Suède, et deux traités furent successivement conclus, l'un avec l'Angleterre, le 12 juillet 1719, et l'autre avec la Prusse, le 21 janvier de l'année suivante.

La Suède cédait au roi d'Angleterre, en sa qualité d'électeur de Hanovre, les duchés de Brême et de Werden, aux mêmes conditions que lorsqu'elle les possédait elle-même : elle cédait à la Prusse la ville de Stettin, toute la partie de la Poméranie située entre l'Oder et la Pehne, et les îles placées à l'embouchure de l'Oder.

L'une et l'autre pacification diminuaient le nombre des ennemis de la Suède, et cette puissance conclut un traité de paix avec le Danemark le 12 juin 1720. Le Danemark s'engageait à n'assister la Russie ni directement ni indirectement, pendant la guerre qui subsistait encore entre elle et la Suède ; à ne souffrir dans ses ports aucun armateur moscovite qui troublât le commerce et la navigation de la Baltique, à n'y recevoir aucune des prises qu'il aurait faites ; à rendre à la Suède l'île de Rugen, Stralsund, et les terres de Poméranie situées à l'occident de la Pehne. La Suède renonçait à l'exemption et à la franchise du péage du Sund et des Belts, et ce péage devait être le même pour elle que pour les Anglais, les Hollandais et les nations les plus favorisées.

Ce traité prépara celui qui fut conclu à Nystadt le 30 août 1721 entre la Russie et la Suède, et les principales clauses de cet acte furent la promesse d'une amnistie, dont on excepta toutefois les Cosaques qui avaient passé au service de Suède; la cession faite à la Russie des territoires et des villes de Livonie, d'Esthonie, d'Ingermanie, d'une partie de la Carélie, du district de Wibourg et des îles voisines des pays cédés. Il y aurait liberté de commerce entre les Russes et les Suédois, et ils pourraient passer et négocier d'un pays dans l'autre, en jouissant des droits de la nation la plus favorisée : on donnerait de part et d'autre secours aux naufragés, et les biens que l'on aurait sauvés seraient rendus à ceux qui les réclameraient ; on s'accorda sur l'extradition des criminels qui se réfugieraient d'un territoire dans l'autre.

Le rétablissement de la paix entre la Suède et la Pologne n'était pas encore conclu ; mais les deux gouvernements étaient convenus d'un armistice qui devait se prolonger jusqu'à la paix définitive.

Quelques dédommagements pécuniaires que la Suède obtint alors de la Russie, de la Prusse, de l'électeur de Hanovre, n'étaient qu'une bien faible compensation des nombreuses pertes de territoires qu'elle avait faites, mais la paix lui était devenue nécessaire : elle expiait les téméraires agressions de Charles XII, et l'aveugle imprudence d'avoir rallié contre elle toutes les puissances intéressées à l'affaiblir.

Pendant une si longue guerre, les Anséates avaient été souvent exposés à des actes de violence, ou à des entraves qui rendaient plus difficiles toutes leurs relations : plusieurs ports leur étaient fermés, et l'on arrêtait la circulation d'une partie de leurs marchandises devenues contrebande de guerre. Le retour de la paix rendit une nouvelle activité à leur commerce ; et il fut également favorable à celui de la ville de Dantzig, qui continua d'être traitée par plusieurs puissances comme membre de la confédération des Anséates, quoiqu'elle eût cessé d'envoyer des députés à leurs diètes et de prendre part à leurs délibérations. Les négociants de cette ville conservaient en Angleterre les mêmes droits que lorsqu'elle avait fait partie de la ligue. Un acte publié le 4 décembre 1725 par le gouvernement français déclara que Dantzig, ayant été comprise dans le traité d'Utrecht au nombre des villes anséatiques, jouirait dans ses relations avec la France des priviléges accordés par le traité de 1716 aux villes de Lubeck, Brême et Hambourg : les Français qui résidaient à Dantzig y étaient aussi favorablement traités ; et cette réciprocité d'avantages fut maintenue avec fidélité.

Si l'on parcourt la série des conventions diplomatiques qui furent souvent faites, soit avec la Ligue Anséatique, soit avec chacune des villes qui en faisaient partie, on remarque un progrès et une sensible amélioration dans les principes de droit public et de liberté commerciale, que l'expérience, les lumières et un mutuel intérêt avaient modifiés et consacrés. On tendait généralement à rendre plus faciles les relations des peuples, à les rapprocher, à les unir ; et ce système était naturellement adopté par les villes anséatiques, accoutumées à devoir au commerce leur prospérité, leur crédit, et le rang dont elles jouissaient dans la grande société européenne. Héritières d'un nom illustre, mais d'une succession commerciale souvent disputée et partagée, elles avaient à soutenir leur renommée, et à ménager en même temps les biens et les franchises qui leur restaient. Elles eurent constamment soin de veiller à ce double intérêt ; elles restèrent au niveau de la position qui leur était faite ; et si elles ne purent conjurer tous les périls auxquels les États faibles sont souvent exposés, elles surent par leur prudence tourner une partie de ces écueils, soutenir courageusement leurs pertes, les réparer avec habileté, opposer la prévoyance à la fortune, et ne jamais désespérer du salut de la patrie.

LIVRE TREIZIÈME.

SOMMAIRE.

PÊCHERIES DES ANSÉATES VERS LE GROENLAND. — REFONTE DES MONNAIES DE HAMBOURG. — CRÉATION ET CHUTE DE LA COMPAGNIE D'OSTENDE. — PARTICIPATION DE HAMBOURG, DU DANEMARK ET DE LA SUÈDE AU COMMERCE DES INDES. — AFFAIRES INTÉRIEURES. — SITUATION MORALE ET LITTÉRAIRE DES ANSÉATES. — LEURS CONVENTIONS AVEC PLUSIEURS GOUVERNEMENTS. — TRAITÉ DE COMMERCE ENTRE HAMBOURG ET LA FRANCE. — SUPPRESSION DU DROIT D'AUBAINE DANS PLUSIEURS ÉTATS. — FIN DES DÉMÊLÉS DE HAMBOURG AVEC LA MAISON DE HOLSTEIN. — BONNE INTELLIGENCE AVEC LE DANEMARK. — ADMINISTRATION DE STRUENSÉE. — RÉVOLUTION OPÉRÉE EN SUÈDE PAR GUSTAVE III. — PROJET D'OUVRIR LE CANAL DE GOTHA.

Si nous comparons la destinée de quelques villes, dont la prospérité se fonde sur le commerce, les arts et la paix, à l'inquiète turbulence des États plus puissants qui ne cherchent que la gloire des conquêtes, ce n'est pas à l'empire de la force que nous assignerons le premier rang : une illustration moins périssable appartient aux gouvernements modérés et justes qui respectèrent les droits des autres nations, cultivèrent leur amitié, et veillèrent au bonheur de la cité avec un soin paternel.

Les villes anséatiques, dans leurs rapports avec les étrangers et avec leurs propres citoyens, ne perdirent pas de vue ces principes de modération. Les étroites limites de leur territoire et de leur puissance ne leur laissaient ni l'espérance ni même le désir de s'agrandir; mais elles s'attachaient à maintenir leur indépendance, à se concilier l'amitié de leurs voisins par de justes égards envers eux, à multiplier leurs relations maritimes dans tous les ports où leur pavillon était admis. Les Anséates avaient su conserver, au milieu des calamités qui affligeaient une grande partie de l'Europe, quelques-unes des branches de leur ancien commerce : ils variaient avec habileté la direction de leurs entreprises, se-

lon que la difficulté des temps l'exigeait; et ils savaient remplacer les ressources qui venaient à leur manquer par celles que d'autres combinaisons pouvaient leur offrir. Les Anséates envoyaient tous les ans dans le détroit de Davis leurs bâtiments baleiniers; mais ces parages commençaient à s'épuiser, et il fallait remonter au delà du 70e degré, soit dans la baie de Baffin, soit entre le Groenland et le Spitzberg, pour trouver une pêche plus abondante. On allait poursuivre à travers les glaces, et jusque dans leurs plus profondes retraites, les baleines qui ont souvent plus de cent pieds de longueur, le narval armé de sa longue lance ; les épées de mer, qui s'attroupent autour de la baleine pour l'attaquer toutes à la fois; les morses, auxquels les pêcheurs du Nord donnent le nom de bestiaux de la côte, et qui viennent y chercher les coquillages dont ils se nourrissent; les phoques dont les nageoires sont articulées, et qui tour à tour vivent dans la mer ou sur les glaces et les rivages.

Le Danemark cherchait habituellement à restreindre les grandes pêcheries des Anséates et des autres nations maritimes; et même il avait anciennement prétendu à la souveraineté des mers du nord, entre les îles Ferroe, l'Islande et le Groenland : il voulait exclure les étrangers de tout commerce direct avec chacune de ces contrées ; mais les prétentions de ce gouvernement n'avaient été reconnues ni par l'Angleterre, les Pays-Bas et la Suède, ni par les villes anséatiques: ces différentes nations s'unirent pour revendiquer leurs libertés maritimes, et elles ne se crurent point liées par les ordonnances prohibitives que le Danemark publia successivement. Hambourg parvint en 1692 à faire reconnaître ses droits de navigation et de pêcherie dans le détroit de Davis; mais cet affranchissement fut passager; et le gouvernement danois, qui s'était réconcilié avec la Suède, profita du retour de la paix pour rendre une nouvelle activité à sa navigation, à son commerce, et reprendre avec plus de suite l'exploitation de ses pêcheries. Les communications de ce royaume avec le Groenland avaient été interrompues depuis le commencement du quinzième siècle, et l'accumulation des glaces avait rendu inaccessibles les rivages de cette contrée. Lorsque les navigateurs eurent reconnu qu'ils étaient devenus plus abordables, par l'effet sans doute de quelques années d'une température plus douce, qui avait détaché de la côte ces barrières de glace et qui les avait entraînées ou dissoutes, le roi Frédéric IV envoya de nouvelles colonies sur les rives occidentales du Groenland : il n'y restait aucune trace de la population danoise qui s'y était autrefois établie ; et cette région était occupée par les Eskimaux. Le projet d'établir une mission au milieu d'eux, et d'y conduire un certain nombre de Danois et de Norvégiens, fut conçu par Hans Égède, ministre luthérien à Drontheim: il se rendit en 1719 à Copenhague, pour présenter ses plans au ministère ; et n'ayant pu le déterminer à les exécuter lui-même, il alla s'adresser aux négociants de Bergen, qui formaient une compagnie pour l'exploitation de la pêche dans le détroit de Davis. Le roi lui accorda l'autorisation d'établir une colonie dans le Groenland: on leva une capitation sur les ordres civils et ecclésiastiques, on chercha des actionnaires ; et, en 1721, Égède partit de Bergen avec sa famille, et avec les premiers colons destinés à cet établissement : les navigateurs gagnèrent les parages de l'Islande ; ils doublèrent le cap Farewell, et remontèrent la côte occidentale du Groenland, jusqu'à une île située à l'embouchure de la rivière de Baal ; ils s'y établirent ; et ce premier asile reçut le nom de *Good-hope*, ou Bonne-Espérance. Une seconde colonie, conduite par son pasteur Albert Top, s'embarqua deux ans après, suivit la même direction, remonta jusqu'au soixante-septième degré, et s'établit dans l'île de Népissène ; mais l'une et l'autre colonie ne purent résister à la rigueur du climat et à la misère, et il fallut bientôt ramener en Europe les débris de leur population.

En cessant d'avoir dans cette contrée des établissements permanents, le Danemark put reconnaître l'impossibilité de conserver seul le privilége de la pêche dans ces parages, et d'en écarter les baleiniers des villes anséatiques et ceux des autres nations.

Le sénat de Hambourg eut à s'occuper en 1734 d'une refonte des monnaies : il la croyait nécessaire, pour empêcher qu'elles ne passassent en Danemark où le titre des pièces d'or et d'argent était plus faible ; et le voisinage d'Altona rendait si facile et si habituel leur écoulement d'un lieu dans l'autre, que les désavantages du change devenaient plus nuisibles de jour en jour. Mais quand la refonte fut effectuée, de manière à assimiler l'un à l'autre les titres des deux monnaies, les Danois regardèrent comme une perte les bénéfices qu'ils ne pouvaient plus faire ; ils s'en plaignaient hautement ; et Frédéric IV, n'ayant pu obtenir la révocation de cette mesure, prit le parti de fermer l'entrée de ses États aux marchandises de Hambourg. Le commerce de cette ville souffrit beaucoup d'une telle interdiction, mais elle ne fut que temporaire : ce prince était prudent et juste ; et l'on put aisément le convaincre que tout gouvernement a le droit de faire, en ce genre, des réformes qui n'aient pour but que de rassurer la bonne foi et de prévenir des gains illicites.

Ce sujet nous conduit à quelques observations sur le système monétaire des villes anséatiques, et sur les modifications qu'il avait éprouvées dans ce pays comme dans tous les autres.

On sait que le commerce ne subsiste que par des échanges, qu'il se fonde sur des besoins mutuels, et qu'il doit recevoir le prix des marchandises qu'il a livrées. La difficulté de s'acquitter par des échanges en nature fit promptement recourir à des signes monétaires qui paraissaient propres à les représenter, et que l'on s'accoutuma de part et d'autre à regarder comme équivalents. Ces signes varièrent, selon les ressources dont on pouvait disposer : on avait pris pour moyen d'échange, des bestiaux, des poissons, des coquillages; d'autres objets les remplacèrent ; les métaux parurent ensuite les plus commodes de tous. D'abord ils étaient employés en barres ou en lingots, et on les évaluait au poids. L'empreinte qu'on y appliqua ensuite, comme on le fait encore pour les pièces d'orfévrerie dont on veut légaliser le titre, ne donnait aucune sécurité contre l'altération du poids; mais on obtint cette garantie, en les frappant d'un coin qui couvrait complétement les deux faces et la tranche des pièces monnayées. Leur poids et leur titre changèrent plusieurs fois chez les anciens et dans le cours du moyen âge. Sous le règne de Charlemagne l'unité monétaire avait le poids d'une livre : la livre sterling avait aussi en Angleterre un même poids sous le règne d'Édouard Ier ; mais ces valeurs effectives diminuèrent successivement, et les gouvernements eurent quelquefois recours à cette réduction pour payer leurs dettes.

L'or et l'argent furent également en usage ; et la valeur comparative des deux métaux ne pouvait pas être toujours la même : elle changea selon leur degré de rareté, et ces variations devinrent encore plus sensibles, lorsque le nouveau monde vint accroître les richesses monétaires de l'ancien. Ces changements de valeur paraissent plus marqués, si l'on compare entre elles deux époques très-éloignées l'une de l'autre, mais comme ils arrivent par degrés, leur différence est moins sensible, et il n'en résulte pas de soudaine révolution dans la marche et les opérations du commerce.

Chaque ville anséatique avait un système monétaire, dont les espèces différaient de valeur et de désignation : elle le suivait dans le cours de son commerce intérieur; mais les comptes qu'elle avait à régler avec l'étranger se supputaient en espèces plus généralement connues. La livre de Lubeck avait longtemps servi de type et d'unité monétaire pour ce genre de calcul; on se régla ensuite plus habituellement sur la valeur du marc de Hambourg, et la banque de cette ville servit d'intermédiaire, pour tous les payements que les Anséates avaient à opérer, dans leurs relations de commerce avec le dehors. Le choix de cette place était motivé par l'étendue de ses ressources, et par le crédit dont elle jouissait dans tout le monde commercial : on la regardait comme le plus riche entrepôt de l'Allemagne, comme la ville dont le commerce et les richesses offraient le plus de garantie à tous ceux qui entraient en relation avec elle ou avec ses voisins.

Le commerce des Indes orientales était alors un de ceux qui occupaient le plus les nations maritimes de l'Europe : il allait occasionner quelques démêlés entre les puissances qui voulaient le conserver exclusivement et celles qui désiraient jouir aussi de ses avantages. Comme les villes anséatiques furent appelées à prendre part à ces importants débats, il paraît utile de connaître comment vint à s'engager et à se compliquer une discussion qui portait sur de si grands intérêts.

Les Pays-Bas espagnols, auxquels le commerce des Indes orientales avait été interdit par les traités, obtinrent néanmoins de la cour de Madrid, en 1698, un octroi qui révoquait cette prohibition. Mais la guerre qui éclata immédiatement, et dont la Flandre et le Brabant furent le principal théâtre, ne leur permit de faire aucune entreprise de commerce : on ne revint au projet d'ouvrir des relations avec les Indes qu'après la conclusion des traités d'Utrecht, et lorsque les Pays-Bas eurent été détachés de l'Espagne et cédés à l'empereur. Le prince Eugène en devint gouverneur général; et ce fut pendant son administration que quelques armateurs expédièrent, en 1717 et dans les années suivantes, plusieurs navires de commerce. On fut encouragé par le succès de ces premières expéditions ; et le projet d'établir à Ostende une compagnie des Indes fut formé par quelques négociants étrangers, et fut favorablement accueilli par les ministres de la cour de Vienne.

Mais cette entreprise excita les plaintes des Provinces-Unies : elles voulurent s'opposer à un commerce qui nuisait à leurs intérêts en leur suscitant des rivaux; et l'on apprit en 1719 qu'un vaisseau hollandais venait de s'emparer, dans les parages de Guinée, d'un bâtiment expédié par la compagnie d'Ostende. Un armateur au service de cette compagnie usa de représailles; il s'empara à son tour d'un navire hollandais richement chargé, et les réclamations que l'on s'adressa de part et d'autre n'empêchèrent pas cette nouvelle association d'expédier en 1730 cinq vaisseaux pour les Indes, et de faire l'année suivante d'autres armements pour Moka, Surate, le Bengale et la Chine. Un de ces navires fut saisi par les Hollandais, un autre par les Anglais : mais en 1721 quatre vaisseaux qui lui appartenaient revinrent des Indes richement chargés. Ce succès détermina la compagnie à faire de nouvelles expéditions; et enfin elle obtint de la cour de Vienne l'assurance d'un octroi qui la constituerait d'une manière légale, et lui assurerait la protection de l'empereur.

Ces promesses d'autorisation, de faveurs nouvelles et de priviléges, inspirèrent une grande confiance à tous les hommes intéressés au succès d'un tel projet. Il se trouvait dans ce nombre, non-seulement des négociants de Bruges, de Gand, d'Anvers, d'Ostende, mais des Français, des Hollandais, des Anglais, qui se livraient à leurs spéculations propres, quoique leur pays fût exposé à souffrir de la concurrence de cette nouvelle corporation.

L'envoyé de Hollande à la cour de Vienne s'éleva avec force contre l'établissement de la compagnie d'Ostende : ses plaintes étaient appuyées par plusieurs membres du conseil de l'empereur, et par le prince Eugène qui les croyait justes, et qui désirait ne pas troubler, par un acte contraire aux traités, la paix rétablie entre l'Autriche et les puissances maritimes. On rappelait que les clauses du traité de Munster, conclu en 1648 entre l'Espagne et la Hollande, n'avaient pas permis aux habitants des Pays-Bas espagnols de trafiquer aux Indes, et que les mêmes provinces étant ensuite tombées sous la domination impériale, n'avaient acquis par ce changement de souverain aucun privilége supérieur à ceux qui leur avaient appartenu précédemment. Le gouvernement britannique se prononça également contre cette innovation : un bill, passé dans les deux chambres du parlement, et approuvé par le roi Georges Ier, défendit aux sujets de la Grande-Bretagne de prendre aucun intérêt dans les fonds de la compagnie d'Ostende et de passer à son service.

Mais malgré les représentations des ministres d'Angleterre et de Hollande, la cour de Vienne publia, au mois d'août 1723, les lettres patentes qu'elle avait fait dresser vers la fin de l'année précédente. L'octroi de la compagnie d'Ostende lui était accordé pour trente ans : elle pouvait négocier aux Indes orientales et occidentales, sur les côtes d'Afrique en deçà et au delà du cap de Bonne-Espérance : on lui permettait de construire des forteresses, de les pourvoir d'artillerie et de munitions, d'armer et d'équiper des vaisseaux, d'en faire construire dans tous les ports des États de l'empereur, et de traiter au nom de ce prince avec les souverains des pays où elle s'établirait. Le fonds de la compagnie fut fixé à six millions de florins : on ouvrit à Anvers des registres de souscription, ils furent remplis le même jour : une expédition partit, les comptoirs dans les Indes furent organisés, et ce commerce prit rapidement une grande activité.

Les États-Généraux continuaient cependant d'adresser leurs plaintes à la cour de Vienne : ils défendirent à leurs administrés de prendre aucune part aux actions de la compagnie d'Ostende et à la direction de ses affaires : de semblables injonctions furent faites aux Français par un édit de leur gouvernement; et le roi d'Espagne Philippe

V se prononça lui-même contre l'établissement de cette société : il reconnut que l'Espagne s'était engagée par le traité de Munster à ne pas troubler les Hollandais dans leurs comptoirs des Indes, et que les Pays-Bas avaient été formellement exclus de ce commerce.

Cette affaire entraîna plusieurs années de négociations : la cour de Vienne éprouvait une vive opposition de la part de la France, de l'Angleterre, de la Hollande, et de la Prusse, qui ne voyait pas sans inquiétude l'accroissement de la puissance de l'Autriche; et l'empereur Charles VI s'engagea enfin, par un traité du 20 mai 1727, à suspendre pendant sept ans l'octroi de la compagnie d'Ostende. Il fut seulement permis à ses navires, expédiés pour les Indes avant la signature de cette convention, d'effectuer librement leur retour.

Quoique l'on ne fût ostensiblement convenu que d'une suspension de priviléges, la suppression définitive eut lieu quelques années après. L'Autriche espéra se dédommager de ce sacrifice, en transférant dans quelques autres ports de ses États une partie du commerce de la compagnie : on nettoya le port de Fiume; on donna plus d'activité aux travaux des chantiers de Trieste; mais ni l'une ni l'autre ville n'offrait les mêmes avantages que le port d'Ostende.

Les anciens directeurs de la société cherchaient à continuer le commerce des Indes, à l'aide des commissions qu'ils sollicitaient de différents princes; et ils obtinrent quelques passe-ports du roi de Pologne. Cette simulation ne leur fut pas toujours utile; un de leurs navires fut pris par les Anglais, en 1730, vers l'embouchure du Gange; mais un autre vaisseau richement chargé, et muni d'un passe-port prussien, revint heureusement des Indes en Europe, entra dans l'Elbe, paya, en passant à Stade, les droits accoutumés, et vint mouiller à Hambourg le 12 septembre 1731. L'arrivée de ce bâtiment inspira une nouvelle confiance aux associés : ils crurent qu'ils pourraient approvisionner de marchandises des Indes l'Allemagne entière; ils annoncèrent l'époque où l'on ferait la vente de leur cargaison, et fondèrent leur sécurité sur les franchises dont la navigation de l'Elbe jouissait, sur le crédit de la ville libre de Hambourg, sur la protection qu'ils s'attendaient à recevoir de ses magistrats et de l'empereur lui-même. Cette annonce fit renaître quelques rivalités, et les ministres d'Angleterre et de Hollande se plaignirent de ce qu'on favorisait les opérations d'une compagnie formellement supprimée : mais le sénat de Hambourg représenta que le navire avait un pavillon et des passe-ports prussiens; qu'il avait été considéré comme tel à Stade où il avait acquitté les droits; qu'il était arrivé depuis trois mois à Hambourg, sans qu'on eût mis en doute sa nationalité; que la navigation de l'Elbe était commune et libre pour tous les États dont il arrose le territoire, et qu'en maintenant cette franchise on ne faisait que remplir ses devoirs envers l'Empire dont on était membre, et envers le monarque qui en était le chef. Hambourg était disposé à admettre dans son port tous les vaisseaux qui n'étaient ni ennemis de l'empereur ni pirates, et lorsqu'ils avaient acquitté les droits usités le sénat devait laisser aux propriétaires de leur cargaison la faculté d'en disposer à leur gré. S'il n'avait pas le droit de s'opposer à leurs opérations de commerce, au moment de l'arrivée du navire, il pouvait encore moins les entraver quelques mois après, quand les marchandises étaient débarquées, emmagasinées, vendues en partie, et mises à l'abri du droit de visite qu'on ne peut plus exercer dans les maisons particulières. Le sénat écrivit en même temps à l'empereur, pour recourir à son intervention et à sa justice; il lui référa les nouvelles demandes faites par les ministres d'Angleterre et de Hollande : la discussion se prolongeait; les deux puissances maritimes laissèrent enfin tomber cette affaire, et l'on termina la vente contre laquelle elles avaient d'abord protesté.

Les mêmes actionnaires crurent

qu'à l'aide d'un pavillon masqué ils pourraient faire arriver à Hambourg d'autres cargaisons qu'ils attendaient des Indes : ils envoyèrent à la rencontre du navire *la Sirène* une corvette, pour lui enjoindre de se rendre à Cadix ; et les marchandises y furent transbordées sur un autre bâtiment, qui se dirigea vers l'Elbe et vint mouiller à Hambourg ; mais on avait suivi la trace de cette expédition : l'Angleterre et la Hollande s'adressèrent à la cour de Vienne, pour qu'elle fît prohiber la vente du chargement ; et un rescrit impérial du 1ᵉʳ octobre 1732 invita le sénat à ne point l'autoriser. Le gouvernement de cette ville fit alors publier que la compagnie d'Ostende ayant été abolie par des traités, il avertissait les négociants et les autres habitants de ne pas se prêter à un commerce fait au nom et avec la participation de cette société.

Quand ce port eut été fermé aux opérations de la compagnie, ses anciens membres cherchèrent encore à se dédommager de leurs pertes, en intéressant le Danemark à leurs spéculations. Déjà van Aspern, négociant hollandais, avait proposé en 1728 au gouvernement danois, qui avait formé depuis cent ans une compagnie des Indes, d'augmenter ses capitaux et de lui donner de nouveaux souscripteurs. Cette société fut transférée de Copenhague à Altona. Les nouvelles actions étaient de mille rixdales comme les anciennes ; les étrangers pouvaient devenir actionnaires ; et les négociants des villes anséatiques prirent part à cette souscription. Les fonds de la compagnie devaient servir à équiper des vaisseaux pour Tranquebar, le Bengale et la Chine : on fit des préparatifs d'expédition ; et lorsque la Hollande et l'Angleterre se récrièrent contre cette nouvelle corporation et demandèrent qu'elle fût abolie, le gouvernement danois répondit que son intention n'avait pas été d'établir une compagnie nouvelle, et qu'il n'avait fait que transférer d'une ville à l'autre celle qui existait : aucun nouveau privilège ne lui était accordé, et l'on se bornait à confirmer les anciens : le commerce direct avec la Chine ne pouvait pas lui être interdit ; et le roi, en favorisant ces expéditions lointaines, ne blessait les droits d'aucune autre nation.

La Suède n'avait pas encore pris part au commerce des Indes. Ce royaume a des côtes étendues, de bons ports, des bois de construction, d'excellents fers, tous les matériaux nécessaires à la marine : mais il se borna longtemps à exploiter ses pêcheries, et à vendre les produits de son territoire aux marchands des villes anséatiques. Ceux-ci allaient les distribuer en pays étranger ; et ce commerce de commission se maintint, jusqu'au moment où les Anglais et les Hollandais envoyèrent leurs vaisseaux dans les ports de Suède, et eurent avec ce pays un commerce direct.

Gustave-Adolphe voulut, en 1626, ouvrir à cette nation le commerce des deux Indes ; mais ses guerres en Allemagne l'occupèrent ensuite exclusivement : Christine projeta un établissement en Guinée, et joignit d'autres colonies à celles que son illustre père avait envoyées en Amérique sur les bords de la Delaware ; mais elles furent dépossédées par les Hollandais, comme ceux-ci le furent à leur tour par les Anglais. Le commerce, qui commençait à se ranimer avant l'avénement de Charles XII, fut anéanti sous le règne de ce prince ; mais la Suède, après avoir recouvré la paix en 1720, remit en valeur les ressources que pouvaient lui offrir le travail, l'industrie et le commerce.

Henri Kœning, négociant de Stockholm, proposa en 1731 à ce gouvernement d'établir une compagnie des Indes ; et le roi lui accorda un octroi qui l'autorisait, pendant quinze ans, à naviguer et à négocier depuis le cap de Bonne-Espérance jusqu'au Japon, excepté dans les ports appartenant à quelques États européens. Les vaisseaux devaient partir de Gothembourg et y faire, à leur retour, le déchargement et la vente de leurs marchandises. La compagnie aurait des actionnaires ; sa direction se composerait de trois membres, nés ou naturalisés Suédois : elle pourrait employer des étrangers comme subrécargues, officiers, matelots ou soldats; elle ferait ses règlements, rendrait compte des profits ou des pertes aux intéressés, serait soumise au collège du commerce, et en deviendrait justiciable, si elle outre-passait ses droits et ses priviléges.

Au moment où cet octroi fut expédié, la Suède en donna connaissance au gouvernement hollandais; et malgré le mécontentement de cette puissance, les directeurs armèrent et équipèrent en 1732 deux vaisseaux pour la Chine : ceux-ci se rendirent à leur destination; mais en regagnant le détroit de la Sonde pour revenir en Europe, un de ces bâtiments fut pris par une escadre hollandaise, et il ne fut relâché qu'après de vives explications. La compagnie suédoise établit un comptoir sur la rivière de Canton, et continua d'y expédier des navires qui revenaient à Gothembourg avec de riches cargaisons.

La Prusse voulut à son tour former à Embden une compagnie des Indes orientales; mais cet établissement eut une courte durée.

Les villes anséatiques, et Hambourg surtout, prirent une grande part au commerce des Indes; et sans employer à ces expéditions lointaines leurs propres navires, elles entrèrent du moins dans toutes les spéculations propres à les favoriser. Elles prenaient des actions dans les différentes sociétés dont leurs négociants pouvaient faire partie; elles cherchaient à étendre en Europe le débit des articles de ce commerce, et à s'ouvrir dans tous les pays un accès et un marché facile, en rétablissant ou en maintenant par des traités leurs paisibles rapports avec les autres États.

Hambourg eut en 1734 quelques discussions avec le Danemark : elles étaient occasionnées par l'exigence des douanes de Gluckstadt, et par de nouvelles entraves mises à la navigation de l'Elbe. Le gouvernement danois avait fait armer deux frégates qui interceptaient les communications et arrêtaient les navires marchands expédiés pour Hambourg ; mais cette querelle fut terminée en 1736 par une transaction; et les négociants anséates firent le sacrifice d'un million de marcs de banque, pour reprendre librement leurs relations de commerce.

Les franchises de leur comptoir de Bergen avaient été confirmées en 1673 et 1707 : elles le furent encore en 1747, et quoique les Anséates eussent cessé de prétendre au monopole dans les régions du Nord, ces priviléges leur permirent de prendre encore une part active au commerce de ces contrées, d'expédier du port de Bergen de nouveaux bâtiments baleiniers, d'y entreposer les produits de leur pêche, et de les porter ensuite dans les pays où ils en trouvaient un débit avantageux.

Les prétentions de la maison de Holstein à la souveraineté de Hambourg s'étaient renouvelées à plusieurs reprises : elles avaient amené de graves discussions en 1686, 1712, 1726; et quand le Danemark eut hérité des droits de cette maison, les mêmes démêlés s'aigrirent davantage. La lutte était inégale; et Hambourg continuait d'obtenir, par quelques compositions pécuniaires, une trêve plus ou moins prolongée.

Les villes anséatiques eurent le bon esprit de ne prendre aucune part aux événements qui troublèrent la paix de l'Europe pendant la première moitié du dix-huitième siècle : cette heureuse neutralité leur permit de suivre paisiblement leur commerce, et d'appliquer toutes leurs vues aux progrès de la prospérité publique et aux différentes questions qui intéressent l'ordre social. Cette époque est une des plus remarquables, non-seulement par l'impulsion donnée à l'industrie, mais par une noble émulation entre les hommes qui cultivaient leur intelligence, qui avançaient les progrès des lettres et des arts, puisaient une nouvelle instruction dans leurs voyages, et faisaient servir les développements de leurs connaissances ou de leur génie au bien-être et à l'ornement de leur patrie.

La société n'est pas immuable; elle marche et s'avance à travers les siècles qui la changent et la perfectionnent: ses besoins augmentent, ils se multiplient; et avec eux se développe une nouvelle activité dans les connaissances humaines. Rare bienfait de la Providence, qui accorde aux hommes toutes les facultés nécessaires pour améliorer leur ordre social! et par quelle simplicité de vues elle arrive à ce grand résultat! Elle n'appelle pas tous les membres d'une société qui s'éclaire à participer à ce premier mouvement progressif; elle se repose sur un petit nombre d'hommes d'élite, dont l'influence et l'ascendant peuvent entraîner la multitude. Le génie fut toujours rare; mais il suffit que quelques hommes en soient doués, pour ouvrir à leurs concitoyens et à leur siècle une carrière plus vaste: les découvertes, les inventions qui sont leur ouvrage s'étendent autour d'eux, se popularisent, et deviennent enfin le domaine de tous.

Si, en parcourant les annales du temps, nous nous arrêtons par intervalles aux noms de ces hommes distingués, c'est qu'ils furent en effet les bienfaiteurs de leur pays: les meilleurs esprits s'appliquaient à développer les connaissances utiles, et le mouvement qu'ils imprimèrent à la société nous fait un devoir de consacrer quelques pages à leur mémoire. Les hommes qui honorent une nation par leur haute intelligence et par l'éminence de leurs travaux et de leurs services, font partie de sa richesse et doivent être cités dans ses traditions.

Déjà nous avons remarqué, à l'époque où la Ligue Anséatique était plus nombreuse, le mérite de plusieurs hommes célèbres: ils eurent des successeurs; et Hambourg doit conserver la mémoire de Lambeccius, Holstein, Lindenbrock, Gronovius, qui recueillirent avec soin ses anciennes annales: Eggeling de Brême appliqua ses recherches aux antiquités grecques et romaines: Hévélius, né à Dantzig, s'était fait un grand nom par ses connaissances en astronomie, et surtout par la perfection de ses cartes sélénographiques. L'art de la navigation s'éclairait par l'étude des phénomènes du ciel, et si Cluvier de Dantzig avait avancé les progrès de la géographie, ceux de l'hydrographie le furent par les disciples d'Hévélius. L'utile direction donnée à la science en relevait encore le mérite, et les arts se perfectionnaient par une heureuse application de la théorie à la pratique. Pour mieux apprécier les ouvrages de quelques écrivains qui résidèrent et acquirent leur renommée dans les villes anséatiques, nous entrerons dans quelques détails.

Albert Fabricius, né à Leipzig en 1667, vint se fixer à Hambourg dès l'âge de vingt ans: il y suivit les cours du célèbre Vincent Placcius, devint après lui professeur de morale et d'éloquence, et composa tous ses ouvrages dans cette ville, où il mourut en 1736. Le plus remarquable de ses écrits parut sous le titre de *Théologie de l'eau*. L'auteur reconnaît dans la création de cet élément un des plus évidents témoignages de la bonté, de la sagesse et de la puissance de Dieu: il analyse toutes les propriétés de l'eau; il en observe la distribution sur toute la surface de la terre, dans les mers, les fleuves et les lacs, et dans les lieux où elle surgit de l'intérieur du globe: il en remarque le mélange dans la composition de toutes les substances, et dans celle de tous les corps organisés; il suit le mouvement des eaux, occasionné par la révolution de la terre, par l'action des vents, par les variations de la chaleur, qui les vaporise, les condense en nuages, les résout en pluie, les fait pénétrer dans toutes les parties de la nature.

La manière dont l'auteur cherche à expliquer les différents problèmes liés à son sujet, est conforme aux notions de physique répandues au commencement du dix-huitième siècle; et cette science a fait ensuite de si grands progrès qu'une partie des principes de Fabricius ne serait plus admissible; mais on doit lui tenir compte de ses nombreuses recherches. La science de la nature est si compliquée et si vaste qu'elle ne peut s'éclaircir que par degrés : la vérité nous paraît simple, dès le moment où on l'a découverte; mais pour y parvenir on a souvent eu à traverser de nombreuses erreurs : on a changé d'hypothèses; on a flotté entre diverses conjectures, avant d'arriver à un système plus propre à expliquer tous les phénomènes connus ; et peut-être même les théories qui nous paraissent si probables et si complètes s'évanouiront à leur tour devant d'autres opinions, lorsqu'un plus grand nombre de faits nous aura été révélé.

En composant un ouvrage sur l'excellence de l'eau, et sur ses nombreux usages, au premier rang desquels on devait mettre la navigation, Fabricius était sûr d'intéresser la ville qu'il avait adoptée pour patrie et qui devait à son port et à son commerce maritime la prospérité dont elle jouissait.

Le même auteur fit paraître, sous le titre de Mémoires de Hambourg, une biographie des personnages de cette ville qui avaient obtenu quelque célébrité par leurs talents, leur savoir ou leurs services; et il publia d'autres recueils sur l'Ancien et le Nouveau Testament, sur la bibliothèque grecque et latine, sur celle du moyen âge, et sur différentes questions de controvese, d'histoire et d'antiquité. La vaste érudition de Fabricius et l'activité de ses travaux excitèrent l'émulation des hommes qui se vouaient comme lui à l'étude, aux sciences, à la culture des lettres, et au service de leur pays.

Jean Hübner, né à Leipzick, devint aussi professeur à Hambourg, et il y fut recteur du *Johanneum*. Son père avait publié, sous le titre de Questions géographiques, un ouvrage qui fut traduit dans toutes les langues de l'Europe : Hübner, formé par un si habile maître, fit paraître une géographie universelle, dont la plus grande partie est consacrée à la description de l'Allemagne et du nord de l'Europe. Cette préférence donnée au pays natal se retrouve dans la plupart des géographes ; et c'est après en avoir consulté et comparé plusieurs, que l'on peut acquérir des notions plus exactes sur chacune des contrées du globe. Cet érudit avait étudié les anciens : il rapproche la géographie des différents âges, et ses écrits renferment de nombreuses observations sur les produits agricoles ou manufacturés de chaque pays, et sur l'utilité de leurs échanges.

Plus le commerce vient à s'agrandir, plus on est intéressé à acquérir des notions positives sur les différentes contrées où il peut étendre ses relations. Le désir d'obtenir ces documents ne tient point à une curiosité vaine et à la seule ambition de la science ; il s'y mêle de plus nobles motifs : le géographe peut devenir un guide pour le négociant, et le zèle patriotique dont il est animé le porte à donner constamment une utile direction à ses recherches. S'il ne peut avoir vu lui-même qu'une faible partie des objets et des lieux qu'il décrit, du moins il profite de toutes les notions recueillies par les voyageurs ; il les compare pour les rectifier, et il complète ses propres observations par le fruit qu'il sait tirer de ses nombreuses lectures.

Nous devons mettre au nombre des plus célèbres contemporains de Hübner et de Fabricius, Jean Anderson, dont la vie entière fut consacrée à la culture des lettres et aux intérêts de sa patrie. Il naquit à Hambourg en 1674, et il s'occupa de bonne heure de l'étude des langues classiques et orientales, de celle de l'histoire naturelle, de la philosophie, des mathématiques, de la jurisprudence, des antiquités teutoniques. En 1697 il se rendit en Hollande, fut admis dans les cercles diplomatiques où l'on négociait la paix de Ryswick, suivit à Leyde les expériences physiques de Muschenbröck, à Delft celles de Leuwenhöck, revint dans sa patrie où il s'attacha au barreau, fut nommé en 1702 secrétaire du sénat, et devint six ans après un des syndics de la république. Anderson se rendit à Utrecht en 1713, et il obtint que les villes anséatiques fussent comprises dans le traité de paix : l'année suivante il eut le même succès au congrès de Bade. Le sénat de Hambourg l'envoya ensuite en France; et ses négociations amenèrent, en 1716, la conclusion du traité de commerce et de navigation dont nous avons déjà donné l'analyse. Le roi d'Angleterre désirait l'avoir à son service, et le duc de Brunswick lui offrit également une place dans son conseil; mais il préféra aux faveurs d'un autre gouvernement l'honneur de servir sa patrie. Il fut nommé en 1723 bourgmestre de Hambourg; et on lui confia, neuf ans après, le commandement des troupes de la ville et de son territoire. Des études variées occupaient ses loisirs : Leibnitz eut souvent recours à ses lumières : Eckard et Sirenius lui soumirent plusieurs articles de leur dictionnaire sur les étymologies et les antiquités : il embrassa dans ses recherches et ses travaux le droit germanique, le droit public et les statuts de Hambourg, la philologie, la physique, les arts, la géographie, l'économie politique : son cabinet d'histoire naturelle faisait partie des richesses de sa ville natale : plusieurs académies l'admirent au nombre de leurs associés ; et ce savant, aussi recommandable par ses vertus que par sa simplicité et par l'aménité de son caractère, mourut en 1743. L'ouvrage qu'il avait publié sur l'Islande et quelques autres régions du Nord est le principal monument qu'il nous ait laissé de l'étendue de son savoir et de l'application de ses études aux intérêts commerciaux de son pays. Anderson avait visité l'Islande ; il avait eu de fréquents entretiens avec les capitaines qui venaient habituellement de cette île à Gluckstadt et à Hambourg, et il avait recueilli dans leurs entretiens toutes les notions que l'on pouvait avoir sur l'état naturel et politique des régions du Nord : il avait également consulté tous les documents publiés avant lui sur la pêche, les productions, les antiquités, l'histoire naturelle de l'Islande et du Groenland. Son ouvrage était, lorsqu'il parut, la relation la plus complète qu'on eût en Europe sur les ressources que l'un et l'autre pays pouvaient offrir au commerce.

La géologie de l'Islande et quelques-uns des phénomènes qu'on y observe avaient déjà occupé les savants du Nord. Eeckoff avait formé à Lubeck une riche collection de marbres, de minéraux, de substances volcaniques, de soufre natif, et de ces spaths dont la réfraction et la transparence doublent l'image des objets. On avait souvent remarqué dans cette île le spectacle des aurores boréales, celui des anneaux de lumière apparaissant autour du soleil, celui des parhélies ou images solaires qui se réfléchissent et se répètent dans les nuages : la physique cherchait à en expliquer l'origine ; et ses notions encore imparfaites se réduisaient sur ce point à des conjectures.

Anderson remarqua dans cette île, où la terre fut souvent déchirée et bouleversée par des éruptions volcaniques, que de nombreuses solfatares, exhalant leurs vapeurs enflammées, allumaient quelquefois des incendies au milieu des campagnes : il y en eut un en 1729 dans le district de Hunswick, et quelques villages y furent brûlés avec leurs bestiaux : un incendie semblable éclata trois ans après dans l'île de Jean Mayen, située au nord de l'Islande.

En étudiant l'histoire naturelle des régions du Nord, les Anséates qui naviguaient dans ces parages s'attachaient spécialement au genre d'observations qui pouvait intéresser le commerce : ils pratiquaient depuis longtemps les eaux de l'Islande, où la pêche du hareng continuait de les attirer, quoiqu'elle y fût devenue moins abondante, et les eaux du Groenland où ils allaient pêcher la baleine, et aguerrir leurs matelots à tous les périls, à toutes les difficultés de la navigation.

Avant le quinzième siècle, les Norvégiens fréquentaient presque seuls les ports d'Islande; le commerce de cette île passa ensuite aux Anglais : les Allemands s'en emparèrent à l'époque de la réformation, et les villes anséatiques, celle de Hambourg surtout, s'en occupèrent avec une grande activité. Une ordonnance, rendue en 1602 par Christiern IV, vint leur interdire ce commerce; le privilége de le faire fut exclusivement réservé à une compagnie danoise; mais celle-ci n'empêcha pas qu'il fût souvent troublé par des corsaires, et elle ne parvint point à faire cesser la contrebande que continuaient d'y introduire les négociants et les armateurs de différentes nations.

On ne pouvait visiter l'Islande, sans donner une attention particulière aux monuments d'ancienne littérature qui s'y sont conservés, et qui remontent à une époque où la civilisation de ces insulaires était plus avancée que celle du continent. La langue scandinave est celle dans laquelle sont écrites les Sagas, que les habitants conservent encore et qu'ils aiment à répéter, parce qu'ils y voient revivre le souvenir des héroïques et aventureux exploits de leurs ancêtres.

Les voyageurs qui parcouraient une région si souvent ravagée par la violence et l'explosion des feux souterrains, devaient être également frappés du spectacle des *Huerer*, de ces jets d'eau naturels, dont plusieurs s'élèvent de soixante à quatre-vingt-dix pieds; on en découvre dans différentes parties de l'île, mais le *Geyser* est le plus considérable de tous. L'eau jaillit par élancements, comme une fusée qui change de proportions : le jet n'en est pas continu; il se renouvelle fréquemment dans la même journée, et sa hauteur n'est pas toujours la même. L'eau qui sort en bouillonnant de cet orifice rejette les pierres qu'on y avait lancées; et la température de ces *Huerer* est quelquefois assez élevée pour que les habitants voisins puissent y faire cuire leurs aliments.

On reconnaît dans les relations qui furent publiées sur l'Islande, soit par Anderson, soit longtemps après lui par Troïl, évêque de Nycöping, un esprit d'observation et de sincérité qui les fait rechercher, et qui augmente l'intérêt de leur lecture.

Cette application à l'étude de la nature ne faisait pas négliger celle des hommes; et l'érudition qui avait régné pendant le siècle précédent, commençait à faire place à des œuvres d'imagination, destinées à honorer la littérature allemande et à lui faire prendre un rang élevé dans l'histoire des progrès de l'esprit humain. Les villes anséatiques participaient, comme les autres contrées de l'Allemagne, à ce grand mouvement intellectuel, et leurs monuments littéraires devaient être empreints du même caractère de nationalité; car il s'établit, entre les peuples qui parlent la même langue et qui eurent le même berceau où ils se conservent encore, un mélange si habituel d'idées et d'opinions, que leurs systèmes dans les lettres et les arts se fondent sur les mêmes principes et dérivent en effet d'une source commune.

La poésie en Allemagne avait plusieurs fois changé de caractère : les bardes des anciens Germains suivaient les guerriers, les animaient au combat, et les chantaient après la victoire : leurs hymnes, leurs traditions passaient d'une génération à l'autre, et les historiens suivants y puisèrent la plupart de leurs récits.

Les *minnesingers*, qui parurent dans le treizième siècle, chantèrent la beauté, la nature, les hauts faits de la chevalerie : c'étaient les troubadours de l'Allemagne : ils furent favorisés par Frédéric Barberousse, fleurirent sous les empereurs de la maison de Souabe, et tombèrent avec cette dynastie.

Des corporations de *meistersingers* s'établirent dans le seizième siècle : ils flattaient les grands, censuraient les autres classes, et se faisaient remarquer par de brusques attaques contre les travers et les vices.

Opitz, qui parut au commencement

du dix-septième siècle, s'attacha dans ses écrits à épurer la langue déjà corrompue : il rendit la versification plus harmonieuse et mieux cadencée, en la soumettant à un rhythme où l'on appréciait la valeur et la mesure de chaque syllabe ; il éleva le but de la poésie, en instruisant les hommes et en chantant la Divinité. Le style de cet écrivain était naturel : d'autres qui vinrent après lui tombèrent dans l'éxagération, dans l'enflure, dans toutes les recherches du faux goût et d'une vaine et pompeuse affectation.

Quelques bons esprits cherchèrent à ramener et à faire prévaloir l'amour du simple et du vrai : Wernick de Hambourg fut de ce nombre ; et il se fit remarquer par le naturel de ses églogues et la finesse de ses épigrammes. Un autre poëte, Frédéric Hagedorn, né en 1708 dans la même ville, acquit bientôt une juste célébrité dans les genres de poésie les plus gracieux comme les plus élevés : il était contemporain de Haller, illustre restaurateur de la poésie allemande ; ces hommes de génie se rapprochèrent ; et leur louable émulation fit faire de nouveaux progrès à la littérature. D'autres poëtes, parmi lesquels nous admirons Gesner, Gellert, Schmidt, Rabener, Zacharie, secondèrent cette heureuse impulsion. Un prince éclairé et bienfaisant, Frédéric V, roi de Danemark, appelait à sa cour plusieurs hommes déjà célèbres, Cramer, Schlegel, Klopstok ; et celui-ci fit paraître, en 1760, la première partie de la *Messiade*, poëme qui réunit à l'élévation du sujet la majesté des pensées, celle du style, la grandeur et la variété des images. On publiait à Hambourg, vers le même temps, les fables et les autres poésies légères de Hagedorn, à Brême celles de Schlégel, à Altona les hymnes sacrées de Schmidt qui avait recueilli tous ses sujets dans les livres saints ; à Berlin les chants de guerre prussiens, composés par Gleim pendant les campagnes de 1756 et de l'année suivante.

Hagedorn unissait à un grand mérite littéraire des connaissances commerciales très-étendues ; et à son retour d'un voyage qu'il fit à Londres, il fut nommé secrétaire de la compagnie anglaise du commerce à Hambourg.

Ces grands noms avaient commencé l'illustration littéraire de l'Allemagne : elle fut dignement soutenue par Wieland, Schiller, Goethe, Schlosser, Müller, Herder, qui, honorés et protégés par l'illustre maison de Saxe-Weimar, firent de sa capitale une nouvelle Athènes, et couronnèrent leur siècle d'une gloire qui ne périra point.

La France avait donné, sous Louis XIV, l'exemple d'une si louable émulation : elle offrait un grand nombre de modèles ; et les honneurs qui furent alors accordés aux lettres, leur firent espérer aussi de généreux encouragements dans les autres pays. Les effets que produisit en Europe, et surtout en Allemagne, l'apparition de tous ces monuments littéraires, ne doivent pas être passés sous silence.

Tel avait été en France le mouvement imprimé à tous les esprits, que toutes les branches des sciences, des lettres et des arts, y étaient cultivées : chaque homme studieux s'attachait au genre de travaux et de recherches qui tenait à sa vocation. L'éloquence de la chaire, l'histoire, les antiquités avaient fait la réputation de Bossuet et de Fénelon, celle de Rollin, de Vertot, de Montfaucon ; Pascal et la Bruyère avaient pénétré dans tous les replis du cœur humain ; Fontenelle poursuivait dans les sciences exactes et dans les lettres sa carrière séculaire ; Montesquieu comparait entre elles les institutions des différents peuples, et il retrouvait les principes des droits et des devoirs qui forment les liens des sociétés humaines : Buffon, dont le génie parut égal à la nature, publiait ses savantes observations et ses ingénieuses hypothèses, lorsqu'un homme, célèbre par le mérite et le nombre de ses ouvrages, dans la littérature dont il embrassa toutes les parties, fut sur la scène le digne successeur de Corneille et de Racine, donna un beau poëme à la France dont il chanta un des meilleurs rois, enrichit et agrandit le domaine de l'histoire, rendit le roman plus instructif, et répandit sur la poésie légère des grâces inimitables. La poésie lyrique fut cultivée par d'autres génies ; la philosophie, considérée comme véritable amour de la sagesse, trouva quelques dignes interprètes ; et si de faux systèmes, ou l'exagération d'un zèle mal entendu, égarèrent quelques sophistes, on s'avançait néanmoins vers un grand nombre de vérités. Un vaste dépôt littéraire vint embrasser, vers le milieu du dix-huitième siècle, le cercle entier des connaissances humaines. Sans doute il devait comprendre beaucoup d'erreurs, puisque leur alliage est inséparable de la vérité ; mais les générations suivantes étaient appelées à le rectifier ; et ce grand ouvrage, recomposé sous une forme méthodique, où chaque branche d'études fut traitée séparément, devint le type de ceux qui furent ensuite publiés, soit en France, soit dans les autres parties de l'Europe, sur les progrès indéfinis auxquels la Providence nous a sans doute réservés.

Cette émulation littéraire devenait générale ; et le roi de Prusse, Frédéric II, attirait alors à sa cour quelques-uns des beaux génies dont il aimait les ouvrages ou dont il partageait les opinions. Cette réunion, où les sciences naturelles et physiques étaient représentées par Maupertuis, et la littérature italienne par Algaroti, fut surtout illustrée par Voltaire ; et les goûts du roi, entraîné vers la littérature française et vers l'homme qui en tenait alors le sceptre, influèrent sur la direction que prit la littérature allemande et concoururent à les rapprocher l'une de l'autre. La guerre elle-même vint encore multiplier leurs affinités. Des armées françaises poursuivaient leurs opérations dans différentes parties de l'Europe, soit comme ennemies, soit comme auxiliaires : l'étude de leur langue faisait en même temps des progrès ; et l'Allemagne apprenait à mieux connaître une littérature où l'on avait à consulter de si beaux ouvrages. Cependant, même en l'imitant, on ne la jugeait pas toujours impartialement : on l'accusait d'être timide, de se régler plutôt sur les beautés des anciens que sur la nature, et de ne pas donner à toutes ses productions ce caractère d'originalité qui distingue l'inventeur et qui appartient au génie. Mais de tels reproches ne nous paraissent point mérités par les écrivains que la France continue de placer à la tête de sa littérature.

Les échanges d'idées qui s'étaient établis entre la France et l'Allemagne, constituaient une espèce de commerce intellectuel qui s'étendait avec autant de rapidité que toutes les autres relations, et s'appliquait, non-seulement aux belles-lettres qui ornent et charment la société, mais aux plus profondes théories d'économie politique et d'administration. Ce dernier genre d'études intéressait spécialement les villes anséatiques ; et les discussions qui s'élevaient sur les véritables sources de la richesse publique, et sur les faveurs à accorder, soit à l'industrie, soit à l'agriculture, tendaient à répandre plus de lumières sur ces questions, à se défendre des préférences exclusives, et à faire concourir au bien commun toutes les ressources, toutes les branches du travail : nous pouvons réduire aux principes suivants ceux qui paraissaient généralement adoptés :

La terre commence les richesses, le travail les achève : il faut craindre d'écraser l'agriculture sous le poids de l'impôt direct ; car il est d'autant plus pénible qu'il se montre sans déguisement ; tandis que l'impôt indirect se mêle à des idées de jouissance : mais celui-ci doit être modéré, afin que le travail puisse acquérir plus d'activité et compter sur plus de récompenses. La division du travail aide à le perfectionner ; l'emploi des machines en augmente l'énergie ; le nombre des consommateurs lui donne plus d'activité. Pour agrandir le marché, il faut des routes, du crédit, une grande liberté d'industrie, une accumulation de capitaux qui ne peut résulter que de l'esprit d'association.

Les labeurs de l'agriculture sont moins susceptibles de cette division de travail ; mais dans les manufactures elle accroît la dextérité de l'ouvrier, épargne son temps, et ne le détourne pas de ce qu'il fait le mieux. Le désir de rendre le travail encore plus parfait a fait imaginer un grand nombre de machines qui fonctionnent constamment avec la même régularité : chaque opération s'accomplit par des procédés simples, qui, se succédant les uns aux autres, terminent enfin avec une égale perfection les produits de l'art les plus compliqués.

C'est surtout dans les grandes villes et les marchés étendus que le travail se divise, et que l'exécution de ses plus beaux produits est facilitée par l'emploi des machines. Quand l'industrie a terminé son œuvre, le commerce vient s'en emparer; de grandes voies de communication par terre et par eau lui sont nécessaires ; et les secondes sont à la fois les plus favorables, les moins dispendieuses et les plus étendues. Les villes anséatiques, généralement placées sur les bords de la mer ou sur ceux d'un fleuve navigable, jouissaient de cette facilité de correspondance ; et l'on peut encore remarquer l'heureuse situation de celles qui ont survécu à une confédération autrefois si puissante.

Cette position leur permit, toutes les fois que la guerre se renouvelait dans le nord de l'Europe, de recueillir une partie des avantages commerciaux que perdaient les belligérants. Mais elles n'étaient pas toujours maîtresses de conserver la neutralité, et quand les exigences d'un parti armé leur avaient arraché quelques services, l'autre parti cherchait à les en punir : c'était leur faire un crime de leur faiblesse.

Les villes anséatiques eurent moins à craindre cette violation de leur neutralité, pendant les guerres qui se renouvelèrent en 1717 entre l'Espagne et l'Autriche, et qui ne furent entrecoupées que par des trêves passagères. L'esprit remuant d'Albéroni avait donné le signal de ces démêlés : il voulait faire passer à Philippe V la couronne de France, et au Prétendant, fils de Jacques II, celle d'Angleterre ; il voulait aussi remettre l'Espagne en possession des États qui en avaient été démembrés par le traité d'Utrecht ; et sa politique cauteleuse et tracassière, contre laquelle la France, l'Angleterre, l'Autriche, la Hollande avaient à se prémunir, amena une suite de négociations, d'alliances, d'hostilités, qui changèrent à plusieurs reprises la situation de la Sicile, de la Sardaigne et de plusieurs États d'Italie. Les traités qui furent signés par intervalle ne parvenaient pas à satisfaire toutes les prétentions, à calmer tous les ressentiments ; ils n'amenaient que de nouvelles combinaisons politiques, dans lesquelles d'autres souverains allaient se trouver engagés. La mort de quelques princes rompait les alliances qu'ils avaient formées : elle faisait naître d'autres systèmes et d'autres prétentions ; on voulait les soutenir par les armes, et la guerre sortait souvent tout armée des conseils des négociateurs et des ministres de paix.

Nous n'avons point à nous engager dans toutes ces questions, et dans le récit des hostilités dont le midi de l'Europe fut alors le principal théâtre : les traités de paix conclus à Vienne en 1731 mirent un terme aux débats antérieurs ; et la guerre que l'Empereur et l'Empire eurent à soutenir, deux ans après, contre la France, l'Espagne et le roi de Sardaigne, fut terminée à la fin de 1735 par un traité préliminaire ; mais il fallut encore trois ans de négociations pour concilier tous les intérêts ; et la paix définitive ne fut conclue à Vienne que le 8 novembre 1738. La seule stipulation de ce traité qui intéresse les villes anséatiques est celle qui prescrit le rétablissement des libertés du commerce, telles qu'elles avaient été stipulées par les traités de paix de Ryswick et de Bade, et qui déclare que les citoyens et habitants des villes impériales et anséatiques jouiront par mer et par terre de la plus entière sûreté, et des droits, immunités, priviléges et avantages obtenus par des traités solennels ou consacrés par d'anciennes coutumes.

On avait fixé par ce traité le sort des duchés de Bar et de Lorraine, qui furent remis au roi Stanislas, celui de la Toscane, dont le duc François de Lorraine dut jouir après la mort du possesseur actuel, celui des Deux-Siciles, qui furent conservées à l'infant don Carlos, et enfin celui des autres États ou duchés d'Italie, qui durent appartenir à l'Autriche ou au roi de Sardaigne.

Bientôt la mort de l'empereur Charles VI ralluma la guerre entre les princes qui prétendaient à son héritage, quoiqu'ils eussent accédé à la *pragmatique sanction*, et qu'ils eussent reconnu l'ordre de succession établi dans la Maison d'Autriche entre les deux lignes Caroline et Joséphine. Charles VI avait laissé pour fille la princesse Marie-Thérèse, et la succession lui appartenait; mais elle avait pour compétiteur principal l'électeur de Bavière qui avait épousé la fille de Joseph Ier; et ce fut à ces deux partis que se rallièrent les autres puissances qui prirent part à ce grand démêlé. La France, l'Espagne, la Prusse, la Sardaigne soutenaient la cause de l'électeur de Bavière, et Marie-Thérèse eut d'abord à lutter seule contre ses nombreux ennemis: mais, pour dissoudre cette ligue, elle se décida promptement à des sacrifices, en abandonnant au roi de Sardaigne quelques districts du Milanais, et au roi de Prusse la Silésie et le comté de Glatz dont ce prince s'était emparé. Il y eut, dans le cours de cette guerre, différentes variations d'intérêts et d'alliances: l'empereur Charles VII mourut, et son fils conclut la paix avec Marie-Thérèse; l'époux de cette princesse, François, duc de Lorraine, reçut à son tour la couronne impériale. La guerre, qui se ralentissait en Allemagne, se prolongeait dans les Pays-Bas; elle y fut signalée pour la France par les victoires de Fontenoi, de Raucoux, de Lawfelt: de premières conférences pour la paix furent infructueuses; mais il s'en ouvrit d'autres à Aix-la-Chapelle: des préliminaires de paix y furent signés le 30 avril 1748; et la France, l'Angleterre et la Hollande conclurent, le 18 octobre, un traité définitif, auquel accédèrent tous les autres belligérants. Cet acte confirma tous les traités antérieurs qui intéressaient l'Empire comme les autres puissances; il ne changea rien aux relations des villes anséatiques; mais le rétablissement de la paix devenait favorable à leur commerce, et lui laissait un plus libre cours.

Il y eut, pendant cette période historique, une si rapide et si fréquente succession d'hostilités, qu'on se hâtait de profiter d'un intervalle de paix pour étendre ses spéculations commerciales, se dédommager des pertes du passé, et se mettre en état de subir les chances périlleuses de l'avenir.

La régence de Lubeck venait alors d'obtenir de Frédéric V, roi de Danemark, une déclaration du 29 avril 1747, qui confirmait les priviléges dont les Anséates avaient joui dans le port de Bergen, sous les règnes précédents: ils conservèrent le droit d'avoir dans cette ville leur comptoir, leur église, leur magasin, la juridiction du quartier où leurs établissements étaient situés, et la faculté de s'approvisionner dans tous les marchés voisins. Bergen continuait d'être un des premiers entrepôts du commerce des Lubeckois: les relations de Brême et de Hambourg s'étendaient davantage dans les contrées plus méridionales: leurs pêcheries donnaient lieu à un commerce très-étendu, et leurs intérêts sur ce point se trouvaient mêlés avec ceux de la Grande-Bretagne. Le sénat de Brême avait conclu avec l'Angleterre en 1731 une convention, en vertu de laquelle le hareng, pêché sur les côtes britanniques, pouvait être librement importé dans cette ville, vendu aux habitants ou réexpédié sur d'autres points. Tout autre produit des pêcheries était également admissible; et il avait été réservé aux Brêmois qu'ils pourraient négocier, selon leur ancienne coutume, dans les provinces britanniques, y porter des marchandises, les échanger contre ces poissons et d'autres denrées.

Les Hambourgeois avaient conclu avec l'Angleterre, en 1719, une convention semblable, et les priviléges qui leur avaient été accordés en France, en Espagne, en Portugal, facilitaient leurs relations sur toutes les côtes de l'Atlantique. Pour donner plus de sécurité à leur commerce au delà du détroit de Gibraltar, ils entrèrent en négociation avec l'empereur de Maroc, et ils conclurent, le 22 février 1751, un traité de paix et d'amitié avec la régence d'Alger. Cet acte allait mettre leur pavillon à l'abri de toute insulte : il admettait leurs marchandises dans tous les ports algériens, fixait à un taux très-modéré les droits de douane à percevoir, déclarait que les Hambourgeois ne seraient jamais mis en esclavage dans les possessions de la Régence, assurait à ceux qui s'y établiraient la faculté de disposer librement de leurs biens, et leur réservait les mêmes traitements qu'aux Anglais, dans toutes les relations et les affaires personnelles et commerciales.

Mais le roi d'Espagne crut devoir se plaindre des dispositions de ce traité, et des arrangements pris dans le même but avec l'empereur de Maroc : il regardait ces deux gouvernements comme ennemis héréditaires de sa couronne, et il déclara, par un édit du 19 octobre 1751, qu'il interdisait aux Hambourgeois tout commerce avec ses États ; qu'aucun de leurs vaisseaux ne serait admis dans ses ports ; que l'on confisquerait au bout de trois mois toutes les marchandises qu'ils auraient encore dans le royaume, et que les consuls et négociants hambourgeois devaient en sortir avant l'expiration de ce délai.

Le sénat de Hambourg chercha, par de vives instances, à faire révoquer cette résolution : il avait en effet pour lui tous les droits de la raison, de la justice et de l'humanité. Pouvait-on lui imputer à crime la protection accordée à ses administrés et les mesures prises pour rendre moins misérable la condition de ceux qui étaient tombés au pouvoir des corsaires d'Afrique ? L'esclavage, cette grande et profonde plaie des États barbaresques, devait inspirer encore plus de pitié, dans un temps où leur état social, moins avancé, ou plus dégénéré, augmentait la misère des captifs, et les livrait à la merci d'un maître, sans que le frein de l'opinion et des mœurs le contraignît d'être plus humain et d'épargner ses victimes : chercher à supprimer l'esclavage en faveur de quelque nation, c'était faire un pas dans la voie d'une émancipation qui devait un jour se réaliser d'une manière plus générale et plus absolue.

Remarquons en cette circonstance, que l'initiative d'une mesure bienfaisante et salutaire fut proposée par un État faible ; mais en parlant au nom de l'humanité il pouvait hausser la voix ; et son opinion, lorsqu'il défendait les droits de la nature, devenait une autorité. Si elle fut quelquefois repoussée par la jalouse politique d'une autre puissance, du moins elle doit être consignée dans les pages de l'histoire, comme un témoignage honorable pour un gouvernement qui, n'ayant pas à dominer par la force, dut au bon emploi de son autorité paternelle un autre genre d'illustration. Le sénat, ne pouvant plus écarter les obstacles que sa généreuse résolution avait rencontrés, obéit enfin aux nécessités de sa situation. Il se trouvait placé dans l'alternative de perdre son commerce avec l'Espagne, ou de renoncer aux avantages de celui de la Méditerranée, qui ne pouvait fleurir que par la liberté de ses communications avec tous les ports de la Péninsule : il aima mieux ne pas innover et s'en tenir à d'anciennes relations dont il recueillait habituellement les avantages : la France et l'Autriche se portèrent pour médiatrices de ses démêlés avec la cour de Madrid ; et il consentit à renoncer à ses nouvelles liaisons avec l'empire de Maroc et la régence d'Alger, afin de conserver les priviléges commerciaux dont il avait joui en Espagne. Le roi révoqua par un édit du 14 novembre 1753 les mesures qu'il avait prises contre les Hambourgeois : il ordonna qu'ils fussent admis dans tous les ports de la Péninsule, qu'ils pussent librement y commercer, et qu'on les accueillit avec la même faveur qu'avant la dernière mésintelligence.

Un traité d'amitié que la cour de Copenhague conclut à la même époque avec l'empereur de Maroc donna lieu aux mêmes plaintes de la part du gouvernement espagnol, qui suspendit également toutes ses relations de commerce avec le Danemark, par un manifeste du 26 août 1752, et qui ferma l'entrée de ses ports aux sujets danois, à leurs navires et à toutes leurs importations. Le roi Frédéric V, informé de cet interdit, se hâta d'user de représailles : il défendit à ses sujets, par un acte du 22 octobre 1753, tout commerce avec l'Espagne, déclara confiscables toutes denrées et production de ce royaume, et ordonna qu'aucun Espagnol ne fût admis en Danemark. Cette interruption de commerce dura quatre années : elle ne se termina que le 12 novembre 1757, par un édit de Frédéric, qui rouvrit aux Espagnols les ports de ses États et rétablit les anciennes relations.

Pendant la guerre de sept ans, qui éclata en 1756, Hambourg et Brême furent placés dans une situation difficile : le théâtre des hostilités se trouvait rapproché de ces deux villes lorsque le duc de Cumberland eut signé, le 10 septembre 1757, la capitulation de Closterseven qui mettait momentanément à la disposition de la France les duchés de Brême et de Werden : les États voisins de l'Elbe et du Wéser voyaient avec inquiétude cette occupation de territoire; et le gouvernement français eut à se plaindre d'une extrême partialité des Hambourgeois en faveur de ses ennemis. On facilitait leurs enrôlements dans cette ville, et l'on en refusait l'entrée aux soldats français qui avaient quelques affaires à suivre près de la léga-tion de leur pays : on s'était emparé d'un navire frété pour le compte de ce gouvernement, et les hommes qui avaient contribué à son chargement étaient judiciairement poursuivis : il s'élevait encore d'autres réclamations; et Louis XV déclara, le 24 mai 1760, que les Hambourgeois cesseraient de jouir en France des avantages accordés aux villes anséatiques par leur traité de commerce de 1716. Un embargo fut mis, à la même époque, sur les navires de Hambourg qui se trouvaient dans les ports du royaume; mais il fut levé par un ordre du 17 juillet de l'année suivante; et les négociants de cette ville continuèrent d'être assimilés, dans leurs personnes, leurs biens, leur navigation, aux nations neutres avec lesquelles la France n'avait conclu ni convention ni traité de commerce. Le rétablissement de la paix générale, qui fut signée en 1763, n'apporta aucun changement à cet ordre de choses, et il ne fut modifié que six ans après, par un traité de marine et de commerce entre la France et la république de Hambourg. On y conserva les bases du traité de 1716; mais elles furent modifiées sur plusieurs articles et notamment sur les moyens de prévenir les infractions à la neutralité, lorsque la France serait en état de guerre. Le sénat de Hambourg promit de ne permettre, sous aucun prétexte, que les habitants de cette ville fournissent aux ennemis de la France des armes, des munitions de guerre et des marchandises de contrebande : il fut convenu que les contraventions de ce genre seraient sévèrement punies, et que s'il y avait déni de justice, la ville cesserait de jouir de tous les avantages qui lui étaient accordés par ce traité. On stipula dans cet acte que les Français à Hambourg et les Hambourgeois en France avaient droit aux priviléges de la nation la plus favorisée. Les Français qui venaient s'établir dans cette ville pouvaient y acquérir le droit de bourgeoisie, en suivant les formes et les conditions usitées, ou conserver leur caractère national, en entrant dans le *contrat étranger*. Les denrées et les objets manufacturés qu'ils importaient jouissaient du traitement le plus favorable quant aux droits d'accise et de douane. On régla les formules à suivre pour les passe-ports à délivrer en temps de paix ou en temps de guerre. Ce traité, plus explicite que celui de 1716 et plus avantageux à quelques égards, eut pour effet d'établir entre la France et la ville de Hambourg de plus nombreuses et plus importantes relations de commerce. On conserva les anciennes dispositions du premier traité, sur la protection de tous les intérêts et de tous les droits dans les affaires judiciaires, dans le règlement des faillites, dans le sauvetage, l'administration et la remise des effets échoués ou naufragés.

Le même traité de 1769 stipula la complète suppression du droit d'aubaine entre les contractants. La faculté de transporter librement la valeur des biens acquis par testament, donation ou autrement, ne s'était appliquée jusqu'alors qu'aux biens mobiliers : dès ce moment elle s'étendit aux immeubles, sous la réserve d'un droit de détraction ; et ce droit devait être perçu par la France sur les successions échues aux Hambourgeois, aussi longtemps qu'il serait perçu par Hambourg sur les successions qui seraient ouvertes aux Français et que l'on voudrait exporter de ce territoire. Quant aux villes de Lubeck, de Brême et de Dantzig, leurs relations avec la France continuèrent d'être régies par le traité de 1716, et la libre exportation des héritages ne s'appliqua qu'aux effets mobiliers.

D'autres arrêts du conseil, publiés vers cette époque et dictés dans le même esprit, supprimèrent en France, sous condition de réciprocité, le droit d'aubaine, en faveur des citoyens et habitants d'Aix-la-Chapelle et de quarante-sept autres villes impériales, dispersées dans différentes parties de l'Allemagne. Le privilége qu'elles avaient d'ouvrir en leur propre nom des négociations sur cet affranchissement, dérivait de leur titre d'anciennes villes libres ; et il remontait au temps où l'Allemagne entière était morcelée et divisée en un grand nombre de petits États, dont la plupart affectaient tous les droits de l'indépendance et de la souveraineté. Une immense pépinière de souverains, de princes, de seigneurs, de villes gouvernées par leurs propres lois, couvraient la surface du sol : les dangers de l'isolement les amenèrent à former les différentes confédérations dont nous avons rendu compte dans le cours de cette histoire. Telle avait été également la situation des nombreuses villes qui appartinrent à la Ligue Anséatique. Ainsi l'on reconnaît encore en Allemagne, vers la fin du dix-huitième siècle, les traces, à demi effacées, de cette primitive indépendance et des prérogatives qui s'y trouvaient attachées.

Les grands États où ces différentes villes étaient enclavées ouvrirent eux-mêmes des négociations qui eurent un semblable résultat ; et la suppression du droit d'aubaine s'appliqua partout aux biens meubles et immeubles.

La longue série de ces conventions eut une favorable influence sur les opérations du commerce ; et les villes anséatiques purent en apprécier tous les avantages. La France était une des premières puissances qui eût favorisé les étrangers : ils étaient accueillis et protégés sur son territoire ; et le tribut annuel qu'on leur avait primitivement imposé ne subsistait plus depuis longtemps : ils étaient assimilés aux nationaux dans presque toutes les circonstances de la vie : la même justice leur était rendue par les tribunaux ; ils jouissaient des mêmes moyens d'éducation et d'enseignement. L'autorisation d'établir leur domicile dans le royaume leur était facilement accordée ; ils y exerçaient leurs droits civils pendant toute la durée de leur résidence : ils pouvaient acquérir des immeubles ; et ils étaient encore plus encouragés à le faire, depuis qu'on avait renoncé à ce principe : que les biens de la succession des étrangers appartiennent au gouvernement du lieu, et depuis qu'on avait déclaré qu'ils pourraient librement les transmettre aux personnes que la nature, la loi, ou leur volonté propre, avaient désignées pour leurs héritiers.

Si l'on n'avait eu à suivre, dans l'abolition du droit d'aubaine, que les principes d'équité naturelle et de philanthropie, qui portent à ne voir dans le genre humain qu'une famille immense, dont les intérêts généraux doivent être préférés à ceux de son pays, on serait disposé à croire que ce droit doit être supprimé gratuitement et sans compensation : mais il est juste qu'une nation, ayant aussi à veiller à ses intérêts, veuille obtenir des autres peuples la réciprocité des avantages qu'elle leur accorde, et que, si elle cesse de regarder comme dévolue à son domaine la succession des étrangers, elle demande à jouir au dehors d'une parfaite assimilation.

Il serait à désirer que la transmission des héritages ne fût pas grevée d'un droit onéreux, qui s'élève jusqu'au dixième de la valeur des biens qu'on exporte; mais presque tous les États d'Allemagne ont tenu à la conservation de ce droit; et les gouvernements qui traitaient avec eux ont dû se réserver un même prélèvement, aussi longtemps que l'autre partie contractante n'y aurait pas renoncé.

On voit par cet exemple que, si chaque nation a des lois particulières, destinées à régler les rapports mutuels de tous les membres qui la composent, elle a également reconnu la nécessité de fixer par d'autres contrats plus généraux les relations qu'elle est appelée à entretenir avec d'autres peuples. Ces contrats, qui lient entre elles les différentes puissances, deviennent leur droit conventionnel : les bases n'en sont point arbitraires : elles ne peuvent être durables qu'autant qu'elles se fondent sur l'équité et sur de réciproques avantages. Nous avons pu le reconnaître dans l'examen que nous venons de faire de la question du droit d'aubaine, et dans les nombreuses conventions que l'on a faites pour le supprimer, et pour rendre plus douces et plus hospitalières toutes les lois relatives aux étrangers.

Un autre avantage, beaucoup plus important pour Hambourg, fut le règlement définitif des contestations qui s'étaient élevées depuis longtemps entre cette ville et la maison de Holstein-Gottorp. Les deux branches de cette maison étaient appelées à régner en Russie et en Suède : Charles-Pierre-Ulric, chef de la branche aînée, avait été déclaré, en 1742, grand-duc de Russie et héritier présomptif de la couronne : Adolphe-Frédéric, chef de la branche cadette, avait été élu successeur au trône de Suède.

Le Danemark, inquiet de l'agrandissement d'une maison, avec laquelle il avait eu des démêlés habituels sur la possession des duchés de Sleswick et de Holstein, craignait d'avoir pour voisins des princes devenus si puissants, et désirait qu'en acquérant d'autres couronnes ils renonçassent pour eux-mêmes à leurs États patrimoniaux et en investissent un autre membre de leur famille. Des négociations furent ouvertes avec l'une et l'autre cour, pour arriver à ce résultat; et le Danemark leur proposait en même temps d'échanger le Sleswick et le Holstein contre les comtés d'Oldenbourg et de Delmenhorst. La cour de Stockholm consentit à cet arrangement, et conclut, en 1750, avec celle de Copenhague, un traité, aux termes duquel l'un et l'autre comté durent être remis à la branche cadette, pour être possédés par elle en toute souveraineté : Adolphe-Frédéric avait pour frère Frédéric-Auguste, prince d'Eutin, auquel il céda tous ses droits; et cette nouvelle ligne ducale devint celle qui règne encore aujourd'hui.

L'échange du Holstein contre l'Oldenbourg offrait au roi de Danemark l'avantage de rendre contiguës toutes ses possessions continentales, d'y donner plus d'unité à l'action du gouvernement, et d'écarter la cause de tous ces démêlés de voisinage et de juridiction, qui s'étaient si souvent renouvelés.

Mais il était plus difficile d'obtenir

la renonciation du grand-duc de Russie. Ce prince, qui parvint au trône en 1761, voulait faire revivre et soutenir à main armée ses droits sur les duchés de Sleswick et de Holstein. La catastrophe qui le priva du trône et de la vie, six mois après son avénement, ne lui laissa pas le temps d'attaquer le Danemark; et l'impératrice Catherine, qui lui succéda, suivit une autre politique, rappela l'armée russe qui s'était déjà avancée dans le Mecklembourg, témoigna le désir de terminer par un arrangement amiable tous ses différends avec la cour de Copenhague, et conclut avec elle, le 22 avril 1767, un traité conforme à celui qui avait été fait entre le Danemark et la Suède. Les duchés de Sleswick et de Holstein furent échangés contre les comtés d'Oldenbourg et de Delmenhorst en faveur du prince d'Eutin, évêque de Lubeck: la possession de cet évêché, entièrement indépendant de la ville du même nom, était assurée de père en fils à la famille du titulaire actuel; et le roi de Danemark lui remit une indemnité pécuniaire, pour lui tenir compte des arrérages de fidéicommis et d'apanage, auxquels la branche cadette renonçait.

Ces arrangements furent également favorables au gouvernement de Hambourg, et ils amenèrent la prompte négociation d'un traité en vertu duquel le roi de Danemark renonça, en sa qualité de duc de Holstein, à toute prétention de souveraineté sur cette ville et sur son territoire.

Les querelles auxquelles cette prétention avait donné lieu s'étaient ranimées à plusieurs reprises. Souvent elles avaient dégénéré en hostilités; quelquefois elles avaient abouti à une demande pécuniaire, espèce de sacrifice auquel le sénat de Hambourg se résignait, pour obtenir le renvoi de cette discussion à une autre époque. C'était ainsi que la maison de Holstein avait obtenu du gouvernement de Hambourg différentes sommes, à titre de prêt ou d'indemnité, et que le roi de Danemark avait fait en 1759 et 1763 deux autres emprunts.

Ces conventions successives furent remplacées, le 27 mai 1768, par un traité entre le roi de Danemark, duc de Holstein, et la ville libre et impériale de Hambourg. Ce traité, auquel la cour de Russie donna aussi son adhésion, reconnut que la ville de Hambourg relevait immédiatement de l'Empire germanique; qu'elle avait droit de séance et de suffrage dans les diètes de l'Empire et dans celles des cercles; qu'elle pouvait exercer, dans les affaires civiles et ecclésiastiques, tous les droits qui lui appartenaient comme État immédiat de l'Empire, entièrement séparé et indépendant du duché de Holstein, et que l'exercice de ces droits lui était abandonné sans réserve, de même que dans les autres villes impériales, et spécialement dans celles de Lubeck et de Brême. Toute convention contraire à celle-ci fut révoquée et déclarée nulle: les îles et territoires hambourgeois auxquels s'appliquait cette renonciation furent déterminés, et une commission fut chargée de régler les limites des possessions respectives. Hambourg fut confirmé dans la jouissance des priviléges de navigation et de commerce qui lui avaient été accordés dans le Sund et en Norvége par le recez de 1692 et par une convention de 1762, et cette ville fut assimilée pour son commerce aux États les plus amis et les plus favorisés.

En reconnaissance des concessions faites par le gouvernement danois, la ville de Hambourg lui abandonna la somme de quatre millions de marcs de banque qu'elle lui avait prêtés: elle renonça également aux sommes antérieurement prêtées à la maison de Holstein, et rendit, avec son acquit, les obligations originales qui lui avaient été remises.

Les relations de Hambourg avec le Danemark n'étant plus entravées par des causes de mésintelligence, reprirent le caractère de la confiance et de l'intimité. Le voisinage d'Altona et de Hambourg cessait d'être une occasion de rivalité: souvent les négociants de l'une et de l'autre ville s'associèrent dans les mêmes entreprises de commerce; et, si Hambourg avait, dans ce genre de spéculation, une supériorité, fondée sur celle de ses ressources, de son crédit et du concours d'une population beaucoup plus nombreuse, Altona faisait elle-même des progrès sensibles dans la voie de prospérité qui lui était ouverte; elle éprouvait que ses intérêts pouvaient se concilier avec ceux de la ville d'Allemagne la plus florissante par son commerce.

Si nous bornions nos récits aux événements dont les villes anséatiques furent le théâtre, nous ne peindrions pas assez complétement les diverses situations où elles se trouvaient amenées par des causes étrangères et accidentelles. Telle est devenue la complication des rapports d'un État avec ses voisins, qu'on ne peut plus le considérer isolément: il subit l'influence des sociétés qui l'environnent, et il leur doit une partie des modifications qu'il éprouve. La politique et le commerce des États du nord de l'Europe se touchent par un si grand nombre de points, que leurs annales s'éclaircissent les unes par les autres, et qu'en rapprochant, en groupant les faits contemporains, on apprend à les mieux connaître.

Le Danemark offrait alors un grand exemple des vicissitudes du pouvoir et de la fortune; et la courte administration de Struensée et la mort tragique qui la termina furent des événements assez mémorables pour occuper l'attention de l'Europe entière. Les États voisins furent frappés des réformes qui commençaient à s'opérer dans la marche du gouvernement danois, dans son administration, dans ses rapports avec les autres puissances; et cette révolution fut en effet si rapide dans son action et dans ses résultats qu'elle nous paraît devoir être rapportée.

Struensée, fils d'un pasteur luthérien, naquit en 1737, à Halle dans la haute Saxe. Son père fut appelé en Danemark; il exerça ses fonctions à Altona, et devint ensuite supérieur des églises du Sleswick et du Holstein. Lui-même il embrassa la profession de médecin, et suivit en cette qualité le jeune roi Christian VII dans les voyages qu'il fit au commencement de son règne. Le roi ne tarda pas d'apprécier les grâces de son esprit et la variété de ses connaissances. Struensée remplaça le jeune comte de Holk dans la faveur de son maître: il fut remarqué par la reine Mathilde, jeune princesse de vingt ans que Christian avait promptement négligée; et ce qui n'était d'abord qu'un simple attrait et une préférence parut bientôt devenir une passion assez vive pour que les distinctions, les honneurs et les plus hautes dignités fussent rapidement accordés à ce favori.

Lorsque le prince royal fut inoculé en 1770, Struensée avait été choisi pour cette opération: les soins que la reine donnait à son fils, de concert avec lui, accrurent encore leur intimité, et sa tendresse maternelle ne mit aucune borne à sa reconnaissance.

Mais cette prédilection personnelle ne suffisait plus à Struensée: l'ambition lui suggérait d'autres desseins: il prit à tâche de diriger la politique du gouvernement, de l'éloigner de la Russie, de faire disgracier tous ses ennemis personnels et tous ceux qui pouvaient balancer sa faveur. Le comte de Bernstorff, longtemps premier ministre, fut remplacé: les autres ministres le furent également; et la reine avait repris un tel ascendant sur l'esprit du roi, qu'elle le détermina à ne voir les affaires que par les yeux de Struensée. Un édit du monarque supprima le conseil privé, et le remplaça par une commission de conférence qui pouvait délibérer, mais qui ne jouissait d'aucune autre attribution: le travail des ministres était remis à Struensée; il en rendait compte au roi, et avait sur lui assez d'influence pour lui faire agréer toutes ses résolutions.

La Russie voyait avec mécontentement la faveur dont il jouissait; elle cherchait à écarter un homme contraire à ses vues, et Struensée crut devoir lui montrer de la déférence, sans s'humilier devant elle. Il fit armer une escadre pour protéger les côtes du royaume; et pour se mettre en garde contre une attaque imprévue, il se rapprocha de la Suède; mais il évita de s'immiscer dans ses affaires intérieures, afin qu'elle ne se mêlât point de celles du Danemark: il s'attachait en même temps à regagner la généreuse amitié de la France qui, sous le règne de Frédéric V, avait accordé des subsides à ce gouvernement.

Les mesures à prendre dans l'administration intérieure ne furent pas dictées par les mêmes principes de prudence : elles furent trop subites et trop nombreuses pour ne pas irriter à la fois tous ceux que les réformes allaient atteindre. On ne voulut conserver qu'un seul collége de finances : tous les revenus publics durent être versés dans une caisse générale : on déclara que les impôts devaient être payés en argent, et qu'ils ne le seraient plus en nature : on se proposait de refuser tout secours aux entreprises industrielles qui n'auraient pas un intérêt public, de réduire les pensions et les traitements, de supprimer à la cour les dépenses inutiles, d'abolir les épices des juges, de rendre tous les plaideurs égaux devant la loi, d'abréger les procédures, d'introduire des améliorations dans la marine et des réformes dans l'armée.

Struensée se proposait encore de retenir la noblesse dans ses terres, sans l'attirer à la cour; de faire passer par les grades inférieurs les fils de famille, avant de les appeler aux plus hauts emplois; de supprimer les droits de survivance aux différentes charges; de n'avoir égard, dans la collation des places, à aucune autre recommandation qu'à celles des départements mêmes, d'encourager les arts et l'industrie dans la capitale, et d'y appeler les étrangers par les agréments de la vie civile.

Ces différentes vues annonçaient un homme éclairé; mais il eut le tort de favoriser la licence des mœurs, d'attaquer avec peu de précaution des usages consacrés par le temps, de supprimer et d'innover à la fois. Il remplaça par deux bourgmestres le conseil de trente-deux bourgeois qui depuis un siècle était chargé de l'administration municipale de Copenhague : d'anciens serviteurs furent écartés, et d'autres réformes intempestives vinrent encore aigrir le mécontentement général.

Jusqu'alors il avait dirigé, sous un modeste titre, les affaires du royaume, et son autorité personnelle était toujours couverte du nom du roi, qui continuait de signer les édits, et de paraître présider à toutes les mesures du gouvernement. Struensée voulut enfin en revendiquer l'honneur pour lui-même : il fut anobli et reçut le titre de comte : il devint ministre secret du cabinet : les différents colléges cessèrent d'avoir des relations entre eux; ils ne devaient correspondre qu'avec lui; et les ministres furent chargés d'exécuter les ordres qu'il leur transmettrait, sans même qu'ils fussent revêtus de la signature du roi. Struensée paraissait vouloir étendre le domaine des sciences, des lettres et des arts : il accorda la liberté de la presse et il la rendit illimitée; mais les nombreux ennemis qu'il s'était faits profitèrent de cette autorisation pour décrier toutes ses mesures, et pour attaquer le pouvoir sans bornes dont il jouissait : le roi et la reine furent également en butte à cette licence, et l'on s'accoutuma à ne plus respecter l'autorité.

La révolte de trois cents matelots qui réclamaient leur solde donna un premier exemple de soulèvement contre lui : il voulut, par timidité, s'éloigner et renoncer aux affaires; mais la reine le retint : alors il devint irrésolu : il chercha à regagner la bienveillance de la Russie, celle des classes supérieures qu'il avait maltraitées, et celle des corps qu'il redoutait. Il continua d'entourer le jeune roi d'hommes qui l'éloignaient du travail et des affaires en favorisant son goût pour les plaisirs; et se croyant enfin à l'abri d'une disgrâce, il reprit les plans de réformes qu'il avait interrompus; mais il passa toutes les bornes de la prudence; et, lorsqu'il eut décidé, par un

VILLES ANSÉATIQUES.

ordre du cabinet du 21 décembre 1771, la suppression des gardes du corps à pied, dont les cinq compagnies se composaient de Norwégiens, le soulèvement des soldats excita un tel désordre, qu'il ne put être apaisé que par l'arrivée de plusieurs régiments d'infanterie et de cavalerie : le peuple s'était lui-même attroupé tumultuairement, et il fut difficilement calmé.

La reine douairière, ennemie personnelle de la reine régnante et de Struensée, saisit alors l'occasion de les perdre l'un et l'autre et de jouir à son tour de l'autorité. Les hommes qui la secondèrent dans ce dessein étaient le colonel Koller, le colonel d'Eichstadt et le comte de Rantzau : on choisit pour le moment d'exécution la nuit d'un bal qui se donnait à la cour le 16 janvier 1772 ; et lorsque la fête était terminée et que cette brillante réunion venait de se disperser, la reine Mathilde fut arrêtée dans ses appartements à trois heures du matin, et on la fit partir pour la citadelle de Kronembourg, voisine d'Elseneur. Le comte de Struensée, le comte de Brandt et quelques-uns de leurs agents furent également arrêtés et emprisonnés. On avait surpris au roi ces ordres d'arrestation, en le trompant par de faux rapports, et en supposant une conjuration formée contre lui. Des écrits furent répandus le lendemain pour justifier ces actes de rigueur. Struensée était peint comme un régicide : les personnages qui l'avaient renversé reçurent des honneurs et des récompenses ; mais ce n'était point assez pour éteindre leur ressentiment : on commença l'instruction d'une procédure contre les détenus, et neuf commissaires furent chargés de les entendre : le procès de la reine fut suivi séparément, et deux membres du conseil se rendirent le 9 mars près de cette princesse pour l'interroger. Déjà Struensée avait eu la faiblesse de la compromettre par un aveu ; elle fut amenée, par un interrogatoire captieux, jusqu'à ne plus avoir la force de se justifier ; et lorsque Uhldal, son éloquent défenseur, soutint sa cause, devant un conseil extraordinaire de trente-cinq membres qui lui avaient été donnés pour juges, le sort de cette princesse allait être fixé. Son divorce fut prononcé le 6 avril, et il lui fut permis de se retirer à Zell dans le Hanovre, où elle mourut quatre ans après.

La procédure s'instruisit ensuite contre Brandt et Struensée : ils furent condamnés à mort le 25 du même mois : le roi signa la confirmation de la sentence et ils furent décapités. D'autres peines furent prononcées contre leurs partisans les plus dévoués, et le gouvernement danois rentra dans le système d'administration dont il avait été momentanément détourné. La reine Mathilde était sœur de Georges III, roi d'Angleterre, et ce monarque témoigna un vif déplaisir des rigueurs exercées contre elle ; mais il ne voulut pas intervenir dans une question judiciairement examinée, et il se borna à offrir à sa sœur une retraite dans l'Électorat : le roi de Danemark lui assigna une pension viagère, et renvoya à Londres la dot pécuniaire que cette princesse lui avait apportée.

A la même époque, une autre révolution éclatait en Suède ; elle amena des changements de politique et d'administration qui furent plus durables.

Les premières années du règne d'Adolphe-Frédéric, monté sur le trône en 1751, avaient été signalées par des améliorations dans les départements de la justice, des finances et de la marine ; mais ce prince fut bientôt entravé dans son autorité par le sénat, qui le dépouilla, en 1756, d'une grande partie de son pouvoir. Quelques seigneurs formaient le projet de l'affranchir de la sujétion où il était réduit, quand le sénat découvrit leur conjuration. Ils furent arrêtés, et le comte de Brahé, le baron de Horn et quelques autres portèrent leur tête sur l'échafaud. Le roi prit, en 1769, le parti de convoquer les états, et déclara l'intention d'abdiquer si le sénat voulait s'opposer à leur convocation : ils furent assemblés l'année suivante ; mais ils étaient déchirés par deux factions, celles des *bonnets* et des

21.

chapeaux, et l'intervention des états n'avait remédié à aucun désordre, lorsque le roi mourut, au mois de février 1771.

Le prince son fils, âgé de vingt-cinq ans, était alors à Paris, où il négociait la continuation d'un subside que la Suède avait reçu annuellement de la France. Ce prince, qui voyageait sous le nom de comte de Gothie, avait été accueilli partout avec les plus délicates attentions : sa mission avait réussi; il s'était fait aimer par les manières les plus séduisantes; et à son retour en Suède, où il trouva en présence deux factions rivales, il prit avec adresse tous les moyens de se rendre populaire et de gagner l'affection de l'armée. Un corps de cent cinquante officiers, qu'il ne paraissait réunir autour de lui que dans un but d'enseignement militaire, devint le noyau des troupes qui devaient l'aider à renverser le pouvoir du sénat et à s'emparer de toute l'autorité. Cette révolution, dont nous n'avons point à retracer en détail les moyens, l'exécution et le but, fut accomplie le 19 août 1772, sans effusion de sang, par l'influence persuasive d'un seul homme, par son ascendant sur ceux qui l'environnaient, et par cet entraînement involontaire qui suit un premier exemple et gagne souvent de proche en proche les différents corps d'une armée.

Les bases du nouveau gouvernement furent proclamées le lendemain : le sénat, la diète y avaient accédé, les uns par conviction, d'autres par crainte; les deux frères de Gustave III faisaient en même temps reconnaître son autorité dans les provinces; toute la Suède obéit; et le roi se trouvant investi d'une espèce de dictature, à laquelle adhéra bientôt le parti même qui lui avait été contraire, mit ses soins à faire disparaître jusqu'au nom des deux factions qui déchiraient ce royaume depuis si longtemps.

Les intérêts du commerce de la Suède occupèrent d'une manière spéciale la diète de 1772 : elle déclara par un acte de navigation que les capitaines de navires étrangers ne pourraient introduire en Suède que les productions de leur pays; qu'ils ne pourraient même les y porter que directement, sans pouvoir les reprendre dans les lieux où ils les auraient déposées, pour les conduire dans un autre port du royaume. Cette mesure allait priver d'une branche importante de spéculations et de bénéfices les Anséates, accoutumés à faire un commerce de commission, et à fréter leurs bâtiments pour le transport des marchandises étrangères.

Le projet d'établir entre Stockholm et Gothembourg une ligne directe de navigation allait aussi enlever aux Anséates cette partie du commerce de la Baltique : l'exécution de ce plan, commencée et interrompue à plusieurs reprises, ne fut jamais perdue de vue, et les importants travaux qu'elle exigea méritent d'être offerts en exemple.

La situation des grands lacs qui s'étendent entre Stockholm et Gothembourg, et le projet d'ouvrir entre eux des lignes de navigation, avaient fixé l'attention de plusieurs monarques. Ce projet remonte au règne de Gustave Wasa : il fut abandonné et repris plusieurs fois par les successeurs de ce prince; mais il ne s'exécutait d'abord que d'une manière partielle. Les travaux furent entrepris du côté de la capitale, et l'on fit creuser un canal entre le lac Mélar, qui verse ses eaux dans la Baltique, et le lac Hielmar, qui coule au nord de la province de Néricie. Ce canal, alimenté par les eaux de la rivière d'Arboga, qui se jette dans le lac Mélar, avait assez de largeur et de profondeur pour recevoir les bâtiments qui naviguaient sur les lacs; et la pente du terrain qu'il avait à suivre fut échelonnée par plusieurs écluses.

La ligne de navigation la plus difficile à établir était celle qui s'étend entre le lac Wenner et l'Océan, quoiqu'elle paraisse indiquée par le fleuve Gotha, qui sort du lac et coule dans cette direction. Le lit de ce fleuve est embarrassé par des bas-fonds, des écueils, des blocs de granit, à travers lesquels il bouillonne, poursuit son cours et change brusquement de niveau. Plus loin, on arrive aux chutes de Trolhaetta, où le fleuve, resserré entre deux boulevards de rochers, roule et tombe par des cascades successives jusque dans un abîme qui a reçu le nom de *Gouffre d'enfer*.

A un mille au-dessous des chutes de Trolhaetta, la navigation du fleuve est interrompue de nouveau par la cascade d'Akerstroem ; et entre ce dernier point et Gothembourg, on trouve encore près d'Édit une barre de rochers qui traversent le fleuve, et qui ouvrent aux eaux plusieurs passages à travers leurs intervalles.

On a essayé, à plusieurs reprises, de vaincre ces obstacles. Charles IX voulut éviter les nombreux écueils situés près du lac Wenner, et il fit tracer un canal entre ce lac et le point où le Gotha devient navigable.

Arrivé aux chutes de Trolhaetta, on voulut ensuite creuser, à travers les couches granitiques qui forment le lit du fleuve, un canal, où les eaux pussent être retenues sur différents points par des digues et des écluses ; mais celles-ci ne pouvaient résister à l'impétuosité des eaux.

Alors on eut le projet d'ouvrir un canal latéral sur la rive gauche du Gotha, et à travers les rochers qui bordent son cours. Ce canal, qui devait avoir quatre mille sept cents pieds de longueur, entraînait des dépenses et des travaux immenses : on en fut souvent détourné par des guerres longues et sanglantes, où les revers, les triomphes même aggravaient les charges publiques : il fallut les suspendre pendant les aventureuses expéditions de Charles XII. Gustave III désira les reprendre et les terminer ; mais il les fit abandonner ensuite, et pour favoriser, à moins de frais, les communications du commerce, il fit ouvrir un chemin sur les bords du fleuve, dans toute la longueur des cataractes.

Pour éviter ensuite la chute d'Akerstroem, on entreprit de dériver une partie des eaux dans un canal de navigation qui suivait la rive gauche, et l'on essaya, vers la barre d'Édit, un travail semblable. A l'aide de ces deux embranchements, la navigation pouvait être suivie sans interruption, depuis les chutes de Trolhaetta jusqu'à Gothembourg.

De grandes vues de bien public avaient fait entreprendre ces travaux ; mais, quoiqu'ils fussent longs et difficiles à accomplir, on pouvait en prévoir la réussite dans un temps indéterminé. L'avenir, qui échappe aux individus appartient toujours aux nations, qui ne meurent pas et dont les générations se succèdent. On peut donc toujours y semer avec assurance quelques germes de prospérité : le temps les conserve, les développe, les féconde ; et les derniers neveux recueillent enfin les fruits de la sagesse et de la prévoyance des ancêtres.

L'important avantage que la Suède avait alors en perspective était de faire éviter à ses navires, expédiés de la Baltique pour l'Océan, le passage du Sund ou des Belts, les droits de péage que chaque pavillon y doit acquitter, et, en temps de guerre, la rencontre des corsaires et des autres vaisseaux qui peuvent s'embusquer ou établir leurs croisières dans le voisinage de ces détroits.

Le Danemark lui-même cherchait à ouvrir de nouveaux passages entre l'Océan et la Baltique ; et les ports de Tonningen et de Kiel allaient se trouver aux deux extrémités d'une ligne de navigation, dont la plus grande partie était tracée par le cours de l'Eyder. Les petits navires pouvaient remonter le lit du fleuve jusqu'au voisinage des grands lacs qui y versent leurs eaux, et l'on ouvrait, entre ce point et le golfe de Kiel, un canal navigable, où quelques écluses devaient racheter la différence de niveau, et faire graduellement descendre jusqu'à la Baltique les navires que ce canal aurait reçus. Les travaux en avaient été commencés en 1777, et il ne fallait plus que quelques années pour les terminer : l'achèvement de cette entreprise devait donner au commerce de Kiel plus d'importance, et priver celui de Lubeck d'une partie de ses anciens avantages.

Les événements du premier partage de la Pologne, qui fut consommé en 1774, se passaient trop loin des villes anséatiques pour avoir quelque influence sur leur situation politique et commerciale ; mais les résultats de la guerre commencée par la Prusse en 1777 pour empêcher le démembrement de la Bavière et pour en assurer l'héritage au légitime successeur, firent regarder Frédéric II comme le défenseur de la confédération germanique. Ceux de ses membres qui n'auraient pu se soutenir seuls et par leurs propres ressources virent que leurs intérêts, leurs droits, leur indépendance, pourraient obtenir un puissant appui.

LIVRE QUATORZIÈME.

SOMMAIRE.

Situation des Anséates pendant la guerre de 1778. — Règlements sur la navigation. — Traités entre les puissances du Nord sur la neutralité armée. — Influence commerciale de l'indépendance des États-Unis. — Renouvellement du traité de Hambourg avec la France. — Guerres de la révolution française. — Suite d'événements militaires et de traités. — Infractions aux droits des neutres, et extension immodérée du droit de blocus. — Réunion des villes anséatiques à la France. — Guerre de 1812 et 1813. — Hambourg mis en état de siège. — Travaux pour fortifier cette place. — Armements de l'Europe contre la France. — Retour de la dynastie des Bourbons. — Le roi rappelle de Hambourg la garnison française. — Indemnités accordées aux villes anséatiques. — Rétablissement de leur indépendance et de leur rang dans la confédération germanique. — Travaux exécutés dans leurs ports. — Démolition du pont de l'Elbe. — Incursions des barbaresques.

L'époque où nous sommes parvenus va ouvrir aux nations de l'Europe occidentale un plus vaste champ d'hostilités ; mêler les intérêts de toutes les parties du monde, préparer de nouvelles crises au commerce, mais l'en faire sortir victorieux, et lui offrir en perspective des relations plus étendues. De grandes colonies sont entrées en guerre avec leur métropole ; celles de l'Amérique anglaise trouvent des auxiliaires en Europe : les dissensions deviennent à la fois politiques et commerciales, et plusieurs gouvernements qui n'y prennent aucune part ont du moins à se défendre des actes de violence, et à prendre des mesures pour veiller aux intérêts et au maintien de leur neutralité.

Les Anséates cherchaient à se tenir à l'écart de ces grandes commotions : n'étant plus assez nombreux et assez forts pour les braver, ils avaient la prudence de s'y soustraire ; après avoir eu, dans les jours de leur suprématie, une grande influence sur le sort des autres peuples, ils étaient soumis à une espèce de réaction, et se trouvaient entraînés par les événements qu'ils avaient dominés autrefois. Il devient nécessaire de rendre compte des actes qui s'accomplissaient autour d'eux, afin de mieux juger de leur propre situation, et de montrer avec quelle habileté ils parvinrent à prolonger leur existence et à s'ouvrir un passage à travers les écueils qui les environnaient.

Les droits des neutres, ceux auxquels les villes anséatiques étaient intéressées à s'attacher, et qui paraissaient les plus favorables à la conservation de leur commerce, étaient entièrement conformes à ceux que la France proclama en 1778, dans son traité d'amitié et de commerce avec les États-Unis d'Amérique. Il fut permis aux sujets et habitants de l'un et de l'autre pays de se rendre librement avec leurs vaisseaux et leurs marchandises dans les ports et les places des puissances ennemies des deux parties contractantes ou de l'une d'entre elles, et de faire le commerce, non-seulement d'un port ennemi à un port neutre, mais aussi entre deux ports ennemis. La liberté des bâtiments assurait celle des marchandises, et l'on jugeait libre tout ce qui se trouvait à bord des navires, soit français, soit américains, quand même la totalité ou une portion de leur chargement appartiendrait aux ennemis de l'une des deux nations.

Cette liberté de navigation et de commerce devait s'étendre sur toute sorte de marchandises, à l'exception de celles qui étaient désignées sous le nom de contrebande de guerre; et l'on comprenait dans cette classe les armes, canons, bombes avec leurs fusées, boulets, poudre, piques, épées, lances, hallebardes, mortiers, grenades, salpêtre, fusils, balles, boucliers, casques, cuirasses, autres armes défensives ou offensives, chevaux avec leur équipement, et toute espèce d'instruments de guerre. On ne devait pas considérer comme prohibés les draps, les étoffes et tissus destinés pour vêtement, l'or, l'argent, les autres métaux, le charbon, les céréales, les salaisons, les vins, le tabac, le sucre, le sel, et toutes les provisions servant à la nourriture de l'homme et au soutien de la vie. On ne mettait pas non plus au nombre des objets de contrebande les cotons, chanvre, lin, goudron, poix, cordes, câbles, toile à voile, ancres, mâts, planches, madriers et bois de toute espèce, articles propres à la construction ou à la réparation des vaisseaux, et objets quelconques, n'ayant pas la forme d'un instrument préparé pour la guerre.

Les marchandises prohibées pouvaient être saisies à bord d'un navire; mais le surplus de la cargaison devait être relâché, et le navire pouvait le transporter librement à sa destination, et même dans des places ennemies, à l'exception néanmoins de celles qui se trouvaient assiégées, bloquées ou investies.

Les principes exposés dans ce traité furent rappelés dans les règlements que la France publia bientôt sur la navigation des neutres en temps de guerre. On reconnut qu'ils pouvaient librement suivre leurs relations de commerce, soit avec les neutres, soit avec l'ennemi, en exceptant néanmoins les cas de blocus et la contrebande de guerre; mais on se réserva de révoquer cette liberté de communications, si dans le délai de six mois les puissances ennemies n'accordaient pas la réciprocité.

Lorsque la France eut fait connaître par cette déclaration la conduite qu'elle se proposait de suivre envers les neutres, pendant la guerre qui venait d'éclater entre elle et la Grande-Bretagne, plusieurs gouvernements, résolus à garder la neutralité, publièrent des ordonnances et des édits analogues aux dispositions prises par le gouvernement français.

De ce nombre fut un règlement du sénat de Hambourg, qui prescrivait à ses ressortissants de ne prendre aucune part aux armements et aux hostilités des belligérants, de ne leur porter aucune contrebande de guerre, et de se munir de tous les papiers de bord nécessaires pour constater la nationalité des navires et la légalité des chargements.

Un édit de même nature venait d'être promulgué en Toscane, et l'on y déclarait la franchise du port de Livourne. D'autres actes, qui avaient également pour but le maintien de la neutralité, furent publiés successivement à Naples, à Rome, en Suède, en Hollande, à Gênes, à Venise, à Constantinople. Mais ces actes étaient isolés : aucune résolution n'avait été prise en commun ; et chacun des États pouvait être attaqué ou lésé par un belligérant, sans pouvoir compter sur l'assistance effective de ceux qui partageaient néanmoins son opinion.

Les puissances voisines de la Baltique songèrent à concerter entre elles la défense de leur navigation et de leur commerce. La situation de leurs États rendait cet accord plus facile et peut-être plus nécessaire; et Catherine II prit l'initiative des actes qui amenèrent une association maritime entre les gouvernements du Nord, et constituèrent leur système de neutralité armée. Cette impératrice fit remettre aux cours de Londres, de Versailles et de Madrid, une déclaration du 28 février 1780, où elle exposa les règles qu'elle était disposée à suivre envers les belligérants. Ces règles se réduisent aux points suivants : que les vaisseaux neutres puissent naviguer librement de port en port, et sur les côtes des nations en guerre; que les effets appartenant aux sujets des puissances ennemies soient libres sur les vaisseaux neutres, à l'exception de la contrebande de guerre; que pour déterminer ce qui caractérise un port bloqué, on n'accorde cette dénomination qu'à celui qui est attaqué par des vaisseaux suffisamment proches pour qu'il y ait danger évident d'y entrer.

La czarine annonça que, pour soutenir ces principes, elle faisait appareiller une partie considérable de ses forces maritimes : elle fit aux cours de Stockholm et de Copenhague la proposition de s'unir à ses résolutions; les deux puissances y accédèrent, et publièrent en ce sens des règlements et des manifestes.

Le roi de Danemark déclara que la Baltique devait être considérée comme une mer fermée, où toutes les nations pouvaient naviguer en paix, et où les vaisseaux armés des puissances belligérantes ne devaient commettre aucune hostilité : la France adhéra à ce vœu, ainsi que les autres cours du Nord ; et bientôt la Russie et le Danemark conclurent une convention, par laquelle ils défendaient à leurs sujets tout commerce de contrebande avec les belligérants. L'une et l'autre cour se réglaient, pour la désignation des marchandises de contrebande, sur leurs traités de commerce avec l'Angleterre; elles voulaient que tout autre article fût entièrement libre; elles consacraient les principes de neutralité établis dans la première déclaration de la Russie, équipaient un certain nombre de vaisseaux et de frégates pour leurs stations et leurs convois, et se proposaient de protéger leur commerce et leur navigation par de mutuels secours. Cette convention, faite pour le temps de la guerre actuelle, devait aussi servir de base aux arrangements que l'on pourrait prendre à l'avenir, dans des circonstances semblables. D'autres puissances seraient invitées à accéder à cette convention, et seraient admises à en partager les avantages et les charges. La Russie s'engageait avec le Danemark à concourir à la sécurité de la Baltique, à la mettre à l'abri des troubles de la guerre et des courses des armateurs, et à défendre ses côtes de tout acte de violence et d'hostilité, autant que l'intérêt de leurs États le rendrait nécessaire.

Une convention où l'on exprima les mêmes principes fut conclue le 1er août 1780 entre la Russie et la Suède : on convint de l'armement des vaisseaux de guerre destinés à protéger les paisibles relations du commerce. La Suède, le Danemark, la Russie, furent liés par les mêmes engagements : les Pays-Bas y accédèrent quelques mois après; et le 8 mai 1781, la Prusse conclut avec la Russie une convention, par laquelle elle s'obligeait également à prendre des mesures pour garantir de toute hostilité la navigation de la mer Baltique.

Les villes anséatiques n'eurent pas à intervenir dans les négociations et les arrangements relatifs à la neutralité armée : elles ne pouvaient point offrir la coopération d'une force navale qui n'existait plus ; mais leur commerce put profiter de la sécurité rendue à la mer Baltique, et leurs expéditions eurent une activité nouvelle.

Lubeck entretenait alors avec le Danemark, la Suède et la Russie, des relations très-étendues. Cette ville recevait en entrepôt les marchandises des autres pays; et lorsque leur entrée dans les États du Nord était soumise à des droits trop onéreux, le commerce parvenait à les y introduire en contrebande ; il percevait aussi d'importants bénéfices de commission sur les envois qui lui étaient faits par les négociants de Hambourg et de Brême, et sur ceux des pays du Nord, qui devaient se distribuer dans les contrées plus méridionales.

Nous avons déjà signalé les avantages que procurait à la ville de Hambourg sa position sur l'Elbe. L'Allemagne entière était intéressée à la liberté de sa navigation; et cette liberté tenait à la nature même de la constitution germanique, qui mettait en commun entre tous les États de l'Empire la jouissance de cette grande ligne de communication, et ne permettait pas qu'un seul d'entre eux voulût s'approprier exclusivement ce qui devait être à l'usage de tous. C'était pour assurer le maintien de ces franchises que l'empereur Ferdinand II avait défendu en 1648 d'ériger aucun nouveau fort dans les îles de l'Elbe inférieur et sur ses rivages, et de n'établir sur ce fleuve aucune station navale qui pût gêner le commerce. Cet ordre fut confirmé par d'autres capitulations des Empereurs, qui défendirent de percevoir sur les rivières navigables de l'Empire des droits de licence et des exactions inusitées, et il le fut ensuite par le traité de Westphalie, qui supprima toutes les charges nouvellement imposées au commerce sans le consentement du chef et des électeurs de l'Empire. Le but des puissances contractantes était de maintenir dans leur intégrité, et comme un bien appartenant à l'Allemagne entière, la libre circulation des fleuves navigables qui la traversent en différents sens, et qui facilitent et multiplient ses relations commerciales.

Ces franchises, placées sous la sauvegarde de l'Empire, furent favorables aux intérêts des Anséates; et pendant la guerre d'Allemagne, qui fut terminée en 1779 par le traité de paix de Teschen, Hambourg profita, pour agrandir son commerce, de l'interruption de celui de quelques autres États. Cette ville continuait d'être chargée du soin de pourvoir aux établissements relatifs à la navigation de l'Elbe; Brême avait à s'acquitter des mêmes fonctions sur le cours du Wéser; et tous les États riverains étaient intéressés à la sûreté et à la liberté de la navigation sur l'un et l'autre fleuve.

Il résulte d'un tableau comparatif sur les opérations du commerce entre Hambourg et la France, qu'il s'élevait annuellement à vingt-cinq millions de francs, avant la guerre d'Amérique; mais cette rupture lui fit éprouver quelques pertes : les corsaires anglais étaient souvent en croisière dans les parages de Héligoland, d'où ils pouvaient surveiller les entrées et les sorties de l'Elbe et du Wéser : ils enlevaient un grand nombre de navires de commerce: on ne se bornait point à poursuivre le pavillon ennemi, on attaquait même celui des neutres, et l'Angleterre donnait alors une si grande extension à la nomenclature des marchandises prohibées, que le commerce licite se trouvait considérablement réduit. Elle faisait escorter ses navires marchands qui se dirigeaient vers l'entrée de l'Elbe ou du Wéser; elle protégeait surtout avec un soin particulier son commerce de la Baltique, et tirait du nord les principaux moyens d'approvisionner ses chantiers et d'accroître ses forces navales. Le nombre de ses bâtiments qui passèrent le Sund en 1778 était aussi considérable qu'en temps de paix. Son commerce, protégé constamment par la marine royale, se soutenait avec activité : celui de France, plus abandonné à lui-même, évitait de s'engager dans de trop hasardeuses spéculations.

La France désirait tirer de Hambourg des salaisons pour ses colonies; mais il y avait tant de risques à courir, que les négociants de cette place ne voulaient pas s'y exposer. Les Anglais exigeaient que les navires anséatiques, expédiés pour les ports de la France ou de ses colonies, fussent munis d'un certificat qui prouvât la propriété neutre de leur cargaison; et cette exigence était une entrave aux franchises dont le pavillon devait jouir : elle était d'ailleurs contraire aux priviléges que les Hambourgeois avaient toujours eus en Angleterre. Ces priviléges leur permettaient de commercer avec l'ennemi, pourvu qu'ils ne lui portassent pas de contrebande de guerre; et les objets destinés au soutien de la vie ne pouvaient pas être mis au nombre des marchandises prohibées.

Le gouvernement français cherchait par son exemple à faire maintenir les droits des neutres, et il enjoignit aux commandants de ses vaisseaux de guerre et aux armateurs en course de n'apporter aucun trouble à leur navigation, à moins qu'on n'eût de fortes raisons pour croire qu'ils usurpaient cette qualité, ou à moins qu'ils ne portassent de la contrebande de guerre.

Les Anséates voulaient aussi se renfermer dans les devoirs de la neutralité. Brême publia, le 24 novembre 1780, un édit pour défendre à ses ressortissants d'acheter les prises qui pourraient être conduites dans ce port par les armateurs des puissances belligérantes : Hambourg prit les mêmes précautions. L'une et l'autre ville restreignirent leur navigation dans la haute mer, et se dirigèrent de préférence vers la Hollande, où leurs navires pouvaient se rendre avec plus de sécurité, en passant entre le continent et une longue rangée d'îles qui bordent la côte. Cette ligne de communication les rapprochait des rivages de France, et ils purent y porter par cette voie une partie des approvisionnements et des productions que le Nord fournit au reste de l'Europe.

L'Angleterre put aussi recevoir, par la navigation de l'Elbe et du Wéser, les levées d'hommes qu'elle recrutait en Allemagne, et surtout dans le pays de Hanovre, pour les envoyer dans ses possessions des deux Indes. C'était comme électeur de Hanovre que le roi de la Grande-Bretagne faisait ces enrôlements ; et les Anséates craignaient de s'y refuser, parce que les autres princes de l'Empire jouissaient à Hambourg et à Brême des mêmes libertés : cependant Hambourg obtint, au mois de janvier 1782, la cessation de ce recrutement, qui pouvait compromettre ses relations avec la France.

Il s'établit, pendant la guerre d'Amérique, une grande concurrence commerciale entre les neutres, dont le pavillon devait être préféré à celui des belligérants. Lubeck put faire alors une plus grande partie des exportations de la Baltique, soit directement et sur ses propres navires, soit par l'intermédiaire de Hambourg, et avec des sûretés qu'une autre voie n'aurait pas offertes. Le Danemark profita des mêmes circonstances pour faire passer en Allemagne une grande quantité de productions coloniales. L'île de Sainte-Croix dans les Antilles était son principal entrepôt, et ses expéditions pour l'Europe étaient spécialement dirigées sur Kiel et sur Altona, dont le commerce faisait des progrès remarquables.

Cette spéculation, dont les avantages étaient fondés sur la continuation de la guerre, fut momentanément contrariée par la conclusion de la paix, dont les préliminaires, signés le 20 janvier 1783, furent suivis d'un traité définitif le 3 septembre de la même année ; mais d'autres entreprises plus importantes allaient résulter d'une si heureuse pacification. L'indépendance des États-Unis devait ouvrir un vaste marché au commerce de l'Europe entière ; elle commençait l'existence d'un grand peuple, aux besoins duquel les arts et l'industrie de l'Europe seraient longtemps nécessaires, et qui aurait lui-même à livrer en échange les immenses richesses de son territoire. Toutes les nations furent alors plus occupées des nouveaux moyens de prospérité qui leur étaient offerts : le commerce, longtemps comprimé, prit un plus rapide essor ; et les villes anséatiques participèrent à ce grand mouvement. Le nombre de leurs navires destinés à la pêche de la baleine avait diminué sans cesse ; on formait d'autres spéculations ; on voulait des bénéfices plus considérables, et le commerce d'économie ne suffisait plus. Le sénat de Hambourg entra en correspondance avec le gouvernement des États-Unis, auquel il adressa des lettres de félicitation ; plusieurs négociants de cette ville firent des chargements pour l'Amérique, et leurs navires mirent à la voile. On entreprit en 1783 de creuser davantage le port de Cuxhaven, pour le mettre en état de recevoir les plus grands vaisseaux, et pour leur donner un lieu de relâche où ils pussent s'alléger lorsqu'ils devaient remonter le fleuve. Le canal de Sleswick, que le Danemark faisait ouvrir, pour achever entre Tonningen et Kiel une ligne de navigation, déjà tracée en grande partie par le cours de l'Eyder, fut terminé vers la fin de l'année suivante, et l'on fit passer, de l'une à l'autre mer, des vaisseaux de moyenne grandeur : mais la communication fut interrompue, quinze mois après, par un éboulement de terre qu'avait occasionné la filtration des eaux d'un marais voisin; et cet accident fit sentir le besoin de donner aux travaux du canal plus de solidité.

Le Hanovre cherchait lui-même à augmenter l'importance de son commerce maritime, en faisant creuser le petit port de Pappenbourg, situé sur l'Ems, à dix lieues de son embouchure.

Tous les États voisins des fleuves qui se jettent dans la mer du Nord s'intéressaient à ce développement commercial : ils avaient pris en 1785 l'engagement de défendre, par des secours mutuels, l'intégrité de leurs droits et de leur territoire, et de maintenir la situation de l'Empire, telle qu'elle avait été réglée par les traités de Westphalie. Cette association était l'ouvrage du grand Frédéric; et la sécurité qu'elle rendait aux villes anséatiques, de même qu'aux contrées voisines, leur permettait de donner plus d'activité et d'étendue à leurs relations. L'importance de celles des États-Unis avait frappé l'attention de Frédéric; il conclut avec eux un traité de commerce le 10 septembre 1785; et les négociants prussiens firent partir plusieurs chargements pour l'Amérique, les uns directement expédiés des ports de la Baltique, les autres embarqués sur l'Elbe, et transbordés sur des navires de Hambourg, qui les faisaient arriver à leur destination.

La France, désirant donner plus de développements à sa marine marchande, et approvisionner ses chantiers que la guerre maritime avait épuisés, voulut faire venir du nord une grande quantité de bois de mâture et de construction : une compagnie française fut chargée de ce soin; et son directeur se rendit à Hambourg avec un ingénieur constructeur, pour choisir dans les magasins de ce port les qualités de bois convenables, et pour les faire transporter dans le royaume : on y employa un grand nombre de navires. L'Espagne envoya également deux ingénieurs à Hambourg, afin d'y chercher pour son usage des bois et d'autres approvisionnements nécessaires à sa marine.

Quelques années de paix avaient rendu au commerce des Anséates une grande prospérité. On remarqua en 1786 l'activité de leurs expéditions et la richesse de leurs retours : les importations de France à Hambourg s'élevèrent, l'année suivante, à plus de cinquante millions de francs.

Les relations de cette ville avec la France étaient spécialement protégées par un traité de 1769; et comme il n'avait été conclu que pour vingt années, Hambourg en sollicita et en obtint le renouvellement. Les clauses du traité de 1789 furent même plus favorables, et la France promit de faire jouir le pavillon hambourgeois des mêmes franchises que celles dont jouissaient les nations du nord les plus favorisées. Ces priviléges étaient conformes aux principes proclamés en 1781 par les signataires de la neutralité armée : l'Europe presque entière y avait donné son adhésion; elle les avait reconnus et consacrés dans la plupart de ses édits maritimes, et la Russie continuait de les suivre pendant la guerre qu'elle soutenait alors contre la Suède. L'impératrice Catherine avait déclaré, le 6 mai 1789, qu'elle protégerait le pavillon de tous les neutres qui navigueraient et commerceraient dans la Baltique, pour quelque port qu'ils fussent dirigés, et qu'elle leur prêterait, en cas de besoin, tous les secours qui seraient en son pouvoir; en exceptant seulement les navires qui porteraient des munitions de guerre aux ennemis de la Russie.

Cette déclaration donnait une entière sécurité à la navigation et au commerce des Anséates dans la Baltique; elle leur permettait des expéditions qui n'auraient pas pu se faire avec la même liberté sous le pavillon des belligérants; et les communications entre la mer Intérieure et l'Océan continuèrent d'être très-nombreuses : huit mille huit cents navires passèrent le Sund en 1789, soit pour entrer dans la Baltique, soit pour en sortir; et plus de neuf mille traversèrent ce détroit dans le cours de l'année suivante.

Mais une grande révolution se préparait, qui allait ébranler la France, et dont les violentes secousses devaient mettre en mouvement l'Europe entière. Une guerre générale paraissait imminente : les droits des neutres seraient sacrifiés, et la position où se trouvaient alors presque toutes les puissances ne permettrait à aucune de se tenir à l'écart. La plupart des peuples faisaient des vœux pour la France; mais la plupart des gouvernements lui étaient contraires.

Au premier signal de la révolution française, les différentes puissances de l'Europe, qui avaient des démêlés entre elles, parurent toutes reconnaître la nécessité de se réconcilier, afin de tourner, s'il le fallait, leurs moyens d'attaque ou de défense contre un grand peuple dont l'insurrection commençait à les alarmer : l'avenir était obscur, le temps se chargeait de nuages : une coalition se préparait contre la France.

L'Autriche termina sa guerre avec la Porte Ottomane, par un traité signé à Sistow le 4 août 1791, et elle conclut avec la Prusse, le 7 février 1793, un traité d'alliance défensive : les deux cours se réservaient d'inviter la Russie, la Grande-Bretagne, la Hollande, la Saxe, à s'unir également avec elles par des engagements défensifs; et elles promirent de se concerter sur les affaires de France avec les principales puissances de l'Europe.

La Russie, avant de prendre d'autres engagements, conclut la paix avec la Suède le 14 août 1790, et avec la Porte Ottomane le 9 janvier 1792; elle signa, le 14 juillet suivant, un traité d'alliance défensive avec l'Autriche, et se borna à suspendre ses traités et ses relations de commerce avec la France.

La guerre que la Prusse et l'Autriche avaient déclarée à la république française entraîna bientôt les autres puissances de l'Empire; mais celles du Nord n'y prenaient encore aucune part. Le Danemark publia, le 23 février 1793, un édit de neutralité sur la navigation et le commerce en temps de guerre : la Suède rendit, le 23 avril, une ordonnance semblable. Le but de ces deux gouvernements était de rétablir la neutralité armée et de maintenir la libre navigation de la Baltique; et la Russie continuait elle-même d'adopter les principes de cette association.

Les villes anséatiques, dont le commerce était favorisé par ces dispositions, cherchèrent à maintenir leur neutralité pendant la guerre continentale et maritime qui prenait de jour en jour plus d'extension; et lorsqu'une loi du 29 mai 1792 eut autorisé le pouvoir exécutif de France à négocier avec les puissances étrangères l'abolition de la course, le gouvernement de Hambourg s'empressa d'adhérer à cette proposition, qui tendait tout à la fois à rassurer le commerce et à restreindre les rigueurs de la guerre maritime. Le roi de Hongrie et de Bohême défendit lui-même tout armement en course dans les ports qu'il avait sur l'Adriatique; mais aucune autre puissance ne suivit cet exemple, et la liberté des mers fut continuellement entravée.

Le droit des gens, qui, au milieu même de la guerre, conserve encore son empire et prescrit les devoirs à suivre envers un ennemi, n'avait pas éprouvé, dans son application à la guerre maritime, les mêmes améliorations que sur la terre. Ici les hostilités ne se dirigent que contre les hommes armés; elles doivent épargner les personnes inoffensives; les villes se rachètent du pillage, et les propriétés particulières sont épargnées. Mais sur la mer on ne se borne point à l'attaque des hommes de guerre, à l'enlèvement des propriétés publiques: celles des particuliers sont comprises dans cette capture, et l'on s'empare des dépouilles que l'on aurait respectées sur la terre : le droit de commettre des hostilités n'appartient plus exclusivement aux serviteurs de l'État; on le délègue à des armateurs qui ne faisaient point partie de la force publique; des auxiliaires si difficiles à contenir rappellent la barbarie de ces guerres privées dont les progrès de la civilisation nous avaient affranchis; et sans se borner à des courses contre l'ennemi, souvent ils cherchent de plus faciles succès contre les bâtiments neutres et sans défense qui peuvent leur offrir de plus riches dépouilles. On a trop souvent à reconnaître que les bases du droit maritime, tel qu'il existe encore, furent établies dans des siècles où l'on craignait la haute mer, où on la pratiquait moins, où le commerce était abandonné à des esclaves, où l'on n'avait aucune police sur la navigation, constamment exposée aux incursions des pirates. Mais si quelques habitudes sociales ont des vices originels dont il est difficile d'effacer la trace, on doit néanmoins garder l'espérance de les améliorer, et c'est un genre de progrès que le temps réserve sans doute aux différentes institutions humaines.

Le moment n'était pas encore venu d'atteindre un but si élevé et si désirable. Jamais les droits et les devoirs mutuels qui constituent les relations politiques, civiles et commerciales des différents peuples, ne furent plus souvent mis en oubli. On vit annuler tous les traités d'alliance et de commerce que l'ancien gouvernement français avait conclus ; un embargo général fut mis dans les ports de la république sur les navires ennemis; on prohiba l'importation de toute marchandise étrangère, fabriquée en Angleterre ou dans d'autres pays ennemis ; on ordonna la confiscation des propriétés de cette nature qui seraient trouvées sur bâtiments neutres; on ne permit pas même les transports de vivres qui seraient destinés pour l'ennemi. Les mêmes rigueurs étaient exercées par chacune des puissances belligérantes, et les droits des neutres étaient méconnus de part et d'autre.

On doit cependant remarquer que les navires de Hambourg, de Brême et de Lubeck ne furent pas compris dans l'embargo mis dans les ports de France, au commencement de 1793. Ils cessèrent de jouir de cette exception, lorsque le ministre de France qui résidait à Hambourg eut été forcé de quitter cette ville; mais comme on ne pouvait pas imputer l'ordre de son départ à la malveillance du sénat, qui n'avait fait qu'obéir aux résolutions du corps germanique, l'embargo des navires anséatiques fut levé pour la seconde fois, et la course ne fut pas exercée contre eux. Leur pavillon continua de fréquenter les ports de la république, et l'on expédia de Hambourg et de Brême pour la France un grand nombre de navires chargés de grains. La plupart de ces cargaisons venaient de Dantzig, d'où elles avaient été expédiées; et les navires de cette ville furent également exceptés de l'embargo, aussi longtemps qu'elle put conserver son indépendance.

Les Anséates, en observant la neutralité, avaient néanmoins à maintenir leurs liens avec l'Empire: ils étaient forcés de lui fournir leurs contingents militaires, et d'autoriser les enrôlements qui se faisaient dans leurs villes, comme dans les autres parties de l'Allemagne, pour le service de la confédération germanique; mais ces levées d'hommes étaient peu nombreuses; l'opinion publique ne les favorisait pas; et les Anséates désiraient conserver leurs relations d'amitié et de commerce avec la France.

La neutralité du sénat de Hambourg, et les devoirs qu'elle lui imposait, ne l'empêchèrent pas de remplir ceux de l'humanité envers un grand nombre d'émigrés français. La plupart avaient fait leurs premières campagnes dans l'armée des princes ou dans celle de Condé; d'autres avaient passé au service d'une autre puissance, et les désastres mêmes des corps dont ils faisaient partie n'avaient pas dissipé leurs espérances. Parmi ceux qui se retirèrent à Hambourg, plusieurs avaient autrefois joui d'une grande fortune, dont il leur restait à peine quelques débris : ils avaient conservé des habitudes de dépense, et leurs dernières ressources furent bientôt consumées : alors ils durent se rappeler quelques talents qu'ils devaient à leur éducation, et après les avoir cultivés par agrément, ils s'en firent un moyen d'existence. Les uns enseignèrent les éléments d'une langue dont l'usage du monde leur avait fait aussi connaître toutes les délicatesses ; ils eurent un grand nombre d'élèves, et propagèrent l'étude de la littérature française : d'autres moins éclairés, et réduits à un labeur pénible, embrassèrent diverses professions, et se résignant à un nouveau genre de vie, supportèrent avec courage et dignité leur infortune ; d'autres devinrent professeurs de dessin, de mathématiques, ou d'histoire, ou de géographie. Heureux ceux qui emportèrent dans leur exil quelques trésors d'instruction, et à qui la science put assurer de modestes et honorables ressources ! Plusieurs proscriptions successives accrurent le nombre des émigrés ou des réfugiés : les plus augustes têtes furent mises à cette épreuve ; elles la soutinrent dignement, et firent ainsi respecter encore plus leur malheur.

Il se trouvait dans la nouvelle colonie française un grand nombre d'ouvriers et de serviteurs qui avaient suivi leurs anciens maîtres : les libéralités du sénat et la bienveillance publique vinrent à leur secours. Les hommes valides obtinrent du travail, les infirmes, les enfants furent assistés : Hambourg, déjà si renommé par ses établissements de bienfaisance, soutint et accrut la gloire qu'ils lui avaient faite. Un plus petit nombre de réfugiés s'étaient dirigés sur Lubeck et sur Brême, qui leur offraient moins de ressources ; mais ils y reçurent également un accueil généreux et hospitalier.

Pendant les crises révolutionnaires qui se succédaient en France, et qui commençaient à ébranler quelques autres gouvernements, les villes anséatiques, étrangères à ces grands débats, restaient fidèles à leurs institutions : elles suivaient paisiblement leurs relations de commerce, faisaient des vœux pour le maintien de leur neutralité, et cherchaient à détourner loin d'elles les orages politiques qui menaçaient d'autres nations : la neutralité du Danemark favorisait ce pacifique système ; et le passage du Sund, librement ouvert aux navires anséatiques, leur permettait de faciles communications. La France voyait la guerre allumée sur toutes ses frontières ; mais elle parvint, en 1795, à éteindre une grande partie de ce vaste incendie : elle conclut successivement la paix avec la Toscane, la Prusse et la Hollande; convint avec la Prusse d'une ligne de démarcation et de neutralité, qui devait éloigner de tout le nord de l'Allemagne le théâtre de la guerre ; signa ensuite d'autres traités de paix avec l'Espagne, le landgrave de Hesse-Cassel et le gouvernement sarde.

L'année suivante, des arrangements semblables furent conclus avec le duché de Parme, le saint-siége, le Wurtemberg, le margraviat de Bade, la Souabe, la Bavière et le royaume des Deux-Siciles. L'Autriche, privée de tous ses auxiliaires en Allemagne et en Italie, éprouvait de nouveaux revers ; mais un traité de paix préliminaire fut conclu à Léoben le 18 avril 1797, et le traité définitif de Campo-Formio fut signé le 17 octobre suivant.

La guerre entre la France et l'Angleterre durait encore, et l'Angleterre parvint bientôt à la ranimer sur le continent et à y faire intervenir la Russie et l'Autriche, qui entraînèrent avec elles d'autres puissances de l'Europe.

L'impératrice Catherine avait eu

la prudence de ne prendre part à aucune expédition militaire contre la France, avant d'avoir accompli un projet d'agrandissement qui l'intéressait davantage, et d'avoir consommé le partage de la Pologne : elle avait fait, par un traité conclu avec la Prusse le 13 juillet 1793, un second démembrement de ce royaume; elle en avait fait un troisième partage, de concert avec la Prusse et l'Autriche, par un traité du 3 janvier 1795; et Kosciusko, et le patriotique dévouement de ses compagnons de gloire et d'infortune, n'avaient pu défendre un pays ouvert de toutes parts, déchiré par l'anarchie, et envahi par les nombreuses armées de trois puissances à la fois. Toutes les discussions qu'entraînait ce partage furent réglées en 1797, après l'avénement de l'empereur Paul; et ce monarque conclut successivement des traités d'alliance défensive avec les Deux-Siciles, la Porte Ottomane, la Grande-Bretagne, le Portugal, la Bavière et la Suède, avant de joindre ses armées à celles de l'empereur d'Autriche, qui renouvelait en 1798 la guerre contre la France.

Cette guerre dura trois années, et les Russes, conduits par Suwarow, vinrent jusqu'en Piémont prendre part aux opérations de leurs alliés : mais, en s'engageant dans une expédition éloignée, qui coûtait de sanglantes pertes sans compensation, l'empereur Paul se lassa bientôt de soutenir des intérêts qui n'étaient pas les siens. Dès la fin de 1799, il avait changé de dispositions envers la France; et les hostilités entre les deux pays avaient cessé.

Nous n'avons dû indiquer que d'une manière sommaire, et afin de suivre la chaîne des événements, l'influence qu'eut la révolution française sur la conduite des principaux gouvernements de l'Europe. Les villes anséatiques, sans prendre une part directe à ces grands mouvements, en ressentirent cependant les effets; et leur situation commerciale et politique fut quelquefois modifiée par les actes et les conventions des puissances du Nord, sur le rétablissement de la neutralité armée, sur l'étendue de la protection à donner au commerce maritime, et sur les rapports que l'on pouvait conserver avec les belligérants.

L'empereur de Russie avait adressé, le 16 août 1800, une déclaration à la Prusse, au Danemark, à la Suède, pour les inviter à remettre en vigueur les principes de la neutralité, tels qu'ils avaient été reconnus et fixés, vingt ans auparavant, par les mêmes puissances. Trois conventions furent conclues en ce sens; et comme elles étaient spécialement dirigées contre l'Angleterre, qui avait porté quelques atteintes à cette neutralité, un embargo fut mis dans les ports britanniques sur les vaisseaux des quatre nations qui venaient de se lier entre elles par de communs engagements.

Cet embargo faisait prévoir d'autres hostilités. Le Danemark usa d'abord de représailles, en retenant également dans ses ports les navires anglais; il voulut ensuite, de concert avec la Prusse, intercepter les relations commerciales de l'Angleterre avec les pays voisins de l'Elbe et du Wéser, et il fit occuper la ville de Hambourg par un corps de troupes danoises, le 26 mars 1801, tandis que la Prusse faisait elle-même occuper à main armée la ville de Brême et une partie du Hanovre. Ces mesures ne furent au reste que d'une courte durée. Une escadre britannique, armée contre le Danemark, passait le Sund le 30 mars; elle vint bombarder Copenhague; et pour sauver cette ville des suites d'un tel désastre, le gouvernement danois conclut, le 9 avril, un armistice avec l'amiral Parker. Cette capitulation coïncidait avec la nouvelle de la mort tragique de Paul Ier et de l'avénement de l'empereur Alexandre, monté sur le trône le 24 mars. Le nouveau souverain désirait pacifier le Nord; il invita le roi de Prusse à faire évacuer par ses troupes le pays de Hanovre et les rivages de l'Elbe, où elles occupaient Cuxhaven et le bailliage de Ritzbuttel; il invita également le Danemark à retirer ses troupes de la ville et du territoire de Hambourg : cette retraite eut lieu le 23 mai, et toutes les entraves mises à la navigation et au commerce de l'Angleterre, soit sur l'Elbe et le Wéser, soit dans la mer Baltique, furent successivement écartées. Les grandes questions de droit maritime et de neutralité, qui avaient donné lieu à l'association des puissances du Nord, furent réglées d'une manière égale pour toutes, par une convention signée à Pétersbourg le 17 juin 1801. La Russie renonçait par cette convention au principe que le pavillon couvre la marchandise et que les navires neutres, naviguant sous l'escorte d'un vaisseau de guerre de leur nation, ne doivent pas être visités. Cette renonciation était contraire aux intérêts des neutres et aux maximes que la Russie avait soutenues précédemment; mais c'était un sacrifice à l'amour de la paix : toutes les puissances en désiraient alors le rétablissement; elle avait été conclue à Lunéville, le 9 février 1801, entre la France, l'Empereur et le corps germanique; elle le fut ensuite avec les Deux-Siciles, la Bavière, le Portugal, la Russie, la Porte Ottomane, les régences d'Alger et de Tunis; et la Grande-Bretagne conclut à Amiens, le 27 mars 1802, un traité définitif de paix avec la France, l'Espagne et la république batave.

L'Europe espérait enfin voir cesser les malheurs d'une longue guerre; mais la situation des pays qui avaient été si longtemps le théâtre des hostilités allait éprouver de grands changements. Les souverains et les princes d'Allemagne, dépossédés de leurs États sur la rive gauche du Rhin, s'attendaient à recevoir des indemnités proportionnées à leurs pertes : on les leur avait promises par les traités de Campo-Formio et de Lunéville; et l'on eut recours, pour les effectuer, à la sécularisation d'un grand nombre de biens ecclésiastiques; d'autres princes ou seigneurs qui avaient relevé immédiatement de l'Empire eurent à reconnaître la souveraineté des États plus puissants au milieu desquels ils se trouvaient enclavés, et ils entrèrent dans la classe des princes médiatisés.

Une diète avait été convoquée à Ratisbonne pour régler le mode et la répartition des indemnités, qui devaient être prises dans le sein même de l'Empire, et qui dès lors allaient imposer des sacrifices à une partie de ses membres. La diète évitait de prendre sur elle la responsabilité d'une telle décision; elle voulut en remettre le soin à l'Empereur, qui à son tour refusa une si pénible charge; et enfin elle arrêta, par une délibération du 2 octobre 1801, que ses pouvoirs seraient remis à une députation extraordinaire de huit membres pris dans son sein. Ce furent, pour le collége des électeurs, ceux de Mayence, de Saxe, de Bohême, de Brandebourg, et pour le collége des princes ceux de Bavière, de Wurtemberg, de Hesse-Cassel et le grand maître de l'ordre Teutonique. Les délégués de cette députation étaient chargés de négocier et de conclure un arrangement, sous la médiation des gouvernements de France et de Russie; et deux déclarations uniformes furent remises par les ministres des deux puissances, pour servir de base au recez d'indemnité qui fut ensuite discuté, modifié et définitivement arrêté, de concert avec les médiateurs.

Sans avoir à parcourir les différentes phases de cette négociation, et à signaler les changements que produisit dans l'Empire la distribution des indemnités, nous devons désigner ceux qui intéressaient d'une manière spéciale les villes anséatiques, soit qu'ils eussent pour objet d'arrondir leur territoire, d'en faire disparaître quelques enclaves, et de mieux régler leurs limites, soit qu'ils fussent destinés à les affranchir entièrement des prétentions ou des titres que plusieurs États voisins cherchaient encore à faire valoir sur une partie de leurs domaines et de leur juridiction.

Le recez de la diète, définitivement arrêté le 25 février 1803, et ratifié ensuite par l'Empereur, accorda au roi d'Angleterre, en sa qualité d'électeur de Brunswick-Lunebourg, l'évêché d'Osnabruck, en compensation de ses droits et de ses propriétés dans les villes de Hambourg et de Brême et dans leur territoire, ainsi que pour ses prétentions sur quelques autres domaines.

Le duc de Holstein-Oldenbourg obtint une indemnité territoriale, soit près des limites du duché, soit dans la principauté d'Eutin, pour la suppression du péage d'Elsfleth qui gênait la navigation du Wéser et le commerce de Brême, et pour la cession des droits et des biens que l'évêque de Lubeck et son chapitre avaient possédés dans la ville de ce nom.

Quelques propriétés de Lubeck et du Mecklembourg, enclavées dans les territoires l'un de l'autre, furent échangées, et les terres qui dépendaient d'une même administration purent être contiguës, et toucher aux États voisins par une ligne de démarcation plus régulière.

On désigna les principaux lieux que devait comprendre le territoire de Brême : les limites en furent rectifiées; et le gouvernement acquit les droits, les propriétés, les revenus dont l'électeur de Brunswick-Lunebourg avait joui dans cette ville et dans son territoire.

La ville de Hambourg put également disposer de tout ce qui avait appartenu dans son enceinte et dans ses dépendances au duc de Lunebourg.

Le collége des villes impériales fut composé des villes libres et immédiates d'Augsbourg, Lubeck, Nuremberg, Francfort, Brême et Hambourg : elles devaient jouir, dans toute l'étendue de leurs domaines respectifs, de la pleine supériorité et de toute juridiction, sans exception ni réserve, sauf néanmoins l'appel aux tribunaux suprêmes de la confédération : elles avaient droit à une neutralité absolue dans toutes les guerres de l'Empire. On les déclarait complètement affranchies de toute contribution militaire, ordinaire et extraordinaire; et dans toutes les questions de paix ou de guerre, elles étaient dispensées pleinement et nécessairement de tout concours aux votes de l'Empire. On ne pouvait se permettre de recrutement militaire dans leur enceinte et leur territoire que pour les États de la confédération germanique, dont les lois fondamentales se trouvaient maintenues, en tant qu'il n'y avait pas été dérogé par le traité de Lunéville et par les présentes stipulations.

Cet acte fixa le sort des villes anséatiques : il écarta les nombreuses disputes de juridiction, que fait naître la confusion des droits et des intérêts mal définis; il fit relever immédiatement de l'Empire toutes les parcelles de leur territoire, réclamées jusqu'alors par différents souverains; et ces villes furent placées, quant à l'étendue de leurs droits, sur la même ligne que tous les autres membres de l'Empire.

Mais pouvait-on alors se promettre quelque stabilité dans la durée des engagements ? Les guerres d'invasion étaient commencées : chacune des conventions où l'on proclamait le rétablissement d'une paix perpétuelle était bientôt suivie de quelques infractions qui en faisaient prévoir le terme. Des conquêtes se faisaient pendant chacun de ces armistices; des couronnes, tombées du front de quelques princes, étaient relevées par la famille du conquérant, dont la dynastie espérait devenir bientôt la plus ancienne de l'Europe; et ces nouveaux trônes, élevés sur des ruines, ces royaumes assignés, tous ces vastes projets encouragés par la fortune, toutes ces illusions qui éblouissaient et flattaient la victoire, ne laissaient pas espérer à l'Europe un prochain repos. Les motifs ne manquaient jamais pour une nouvelle rupture : on y était disposé de part et d'autre; et l'animosité, l'ambition, les jalousies nationales faisaient saisir avec ardeur l'occasion de rentrer en lice.

La guerre, rallumée en 1803 entre la France et la Grande-Bretagne, un an après la signature du traité d'Amiens, amena l'occupation immédiate du Hanovre par les troupes françaises : l'armée de ce pays déposa les armes, fut dissoute ; et les prisonniers, renvoyés sur parole, s'engagèrent à ne pas servir avant d'avoir été échangés. Les autres États de l'Allemagne parurent ne prendre aucun ombrage de cette expédition qui était dirigée contre l'Angleterre : ils mettaient alors à exécution le recez d'indemnité ; ils continuaient leurs négociations avec la France sur l'octroi de navigation du Rhin, et cet octroi fut réglé par deux conventions du 15 août et du 1er octobre 1804.

Il fut heureux pour l'Allemagne que la plupart de ses discussions intérieures fussent terminées avant que ce pays redevînt le théâtre de la guerre : du moins il put échapper à l'anarchie, et il n'eut pas à combattre deux ennemis à la fois.

Pendant que le nouvel empereur des Français achevait de se concilier avec celui d'Autriche sur l'accomplissement de leurs derniers traités, la Grande-Bretagne et la Russie contractaient une plus étroite alliance, et s'engageaient, par une convention du 11 avril 1805, à mettre en œuvre les moyens les plus prompts et les plus efficaces pour former une union générale entre les puissances de l'Europe, et pour les déterminer à faire marcher cinq cent mille hommes contre la France, afin d'obtenir l'évacuation du Hanovre et du nord de l'Allemagne, l'indépendance de la Hollande et de la Suisse, le rétablissement du roi de Sardaigne en Piémont, la sûreté du royaume de Naples et l'évacuation de toute l'Italie : l'Angleterre s'engageait à payer à la Russie et à chacun des gouvernements qui entreraient dans cette alliance, des subsides proportionnés aux levées d'hommes qu'ils auraient faites.

La cour de Vienne, dont la politique avait subitement changé, accéda à cette convention le 9 août 1805, et d'autres engagements furent bientôt pris entre l'Angleterre, la Suède et la Russie, pour assurer la défense de la Poméranie suédoise, et pour faire agir les troupes de Suède de concert avec celles des alliés. Le théâtre de la guerre, commencée dans le midi de l'Allemagne, allait s'étendre vers le nord ; et le général Mortier, qui commandait alors les troupes françaises rassemblées dans le Hanovre, reçut l'ordre d'occuper militairement les villes anséatiques et leur territoire. L'Angleterre, la Russie et la Suède dirigeaient vers la basse Allemagne différents corps d'armée : les Anglais avaient opéré plusieurs débarquements sur les rives de l'Elbe et du Wéser ; leurs alliés avaient fait passer des troupes en Poméranie ; et ces corps allaient se réunir dans le Hanovre, où il y eut bientôt quinze mille Russes, douze mille Anglais, huit mille Suédois. Mais ces troupes n'étaient destinées qu'à opérer une diversion : les principales forces de la Russie avaient passé la Vistule le 1er novembre, pour aller se joindre à celles de l'Autriche, qui avaient déjà éprouvé une longue suite de revers depuis la capitulation d'Ulm. Les deux armées étaient réunies avant la journée d'Austerlitz ; et cette bataille, perdue par les Autrichiens et les Russes, fut suivie du traité de paix conclu à Presbourg le 26 décembre 1805 entre l'Autriche et la France.

La Russie ne prit aucune part à cette transaction ; et ses troupes, affaiblies par de nombreuses pertes, s'étaient retirées après cette sanglante défaite ; mais au bout de quelques mois, elle ouvrit des négociations avec la France ; et son plénipotentiaire, M. d'Oubril, signa, le 20 juillet 1806, un traité de paix qui cependant ne fut pas ratifié. Le gouvernement russe déclara que ses instructions n'avaient pas été suivies par le négociateur ; et l'Europe, qui espérait la pacification du continent, fut trompée dans ses vœux et entraînée à de nouveaux combats.

D'autres changements dans la constitution de l'Allemagne avaient lieu à la même époque. Un traité venait d'être conclu, le 12 juillet, entre la France et différents États qui se séparaient de l'Empire germanique et s'unissaient entre eux pour former la confédération du Rhin. Ces États étaient ceux des rois de Bavière et de Wurtemberg, de l'électeur archichancelier, des grands-ducs de Bade et de Berg, du landgrave de Hesse-Darmstadt, des princes de Nassau, de Hohenzollern, de Salm, d'Ysembourg, d'Aremberg, et du comte de la Leyen : ils notifièrent à la diète leur séparation, et l'empereur des Français fut déclaré protecteur de la confédération du Rhin. Napoléon fit lui-même notifier à la diète qu'il ne reconnaissait plus l'existence de la constitution germanique : l'empereur d'Allemagne abdiqua, le 6 août, la couronne impériale ; il incorpora à son empire d'Autriche toutes ses possessions d'Allemagne, et les dégagea de leurs anciens liens. Les États de la confédération du Rhin réglèrent entre eux différentes questions de limites, d'échanges, de voisinage ; et ces arrangements étaient très-avancés, lorsque la guerre éclata de nouveau entre la France et la Prusse.

Nous n'avons pas à suivre les opérations de cette campagne, que les Français ouvrirent avec éclat, le 14 octobre 1806, par la victoire de Iéna, et qu'ils signalèrent par d'autres avantages, jusqu'à leur entrée à Berlin, où ils accordèrent à l'ennemi une suspension d'armes.

Cet armistice avec la Prusse fut bientôt suivi d'un nouveau genre de guerre, qui allait être dirigé contre la Grande-Bretagne, et qui consista moins en opérations militaires qu'en vives et continuelles atteintes portées au commerce de cette puissance et à la liberté de ses relations avec le continent.

La France n'avait pas pris l'initiative des hostilités de cette nature, et ses premiers actes purent être regardés comme une représaille des mesures que l'on avait adoptées contre elle, et surtout de l'extension exagérée que l'on avait donnée au droit de blocus maritime. Le commandant d'une escadre russe, stationnée dans les bouches du Cattaro, avait déclaré en état de blocus, par un ordre du 15 mars 1806, tous les ports et toutes les côtes des deux rives de l'Adriatique qui appartenaient aux Français ou aux États neutres, et qui étaient occupés par les Français. Le gouvernement anglais déclara, le 8 avril suivant, qu'il avait pris toutes les mesures nécessaires pour bloquer les embouchures de l'Ems, du Wéser, de l'Elbe et de la Trave : le 16 mai, il notifia qu'il avait donné des ordres pour mettre en état de blocus les côtes, les rivières et les ports, depuis l'embouchure de l'Elbe jusqu'au port de Brest inclusivement.

De telles mesures, appliquées à la fois à une si longue étendue de côtes, étaient évidemment inexécutables ; et Napoléon y répondit par une déclaration de même nature, en décrétant à Berlin, le 21 novembre 1806, que les îles Britanniques étaient déclarées en état de blocus, et que tout commerce avec elles était interdit. Il fut exprimé dans le même décret que tout individu, sujet de l'Angleterre, qui serait trouvé dans les pays occupés par les troupes de la France ou de ses alliés, serait prisonnier de guerre ; que tout magasin, toute marchandise, toute propriété, appartenant à un sujet de l'Angleterre, seraient déclarés de bonne prise ; que le commerce des marchandises anglaises était défendu, que l'on s'emparerait de toutes celles qui proviendraient des fabriques de l'Angleterre ou de ses colonies, et que les navires, venant directement de quelques possessions britanniques, ne seraient reçus dans aucun port.

Deux jours avant la publication de ce décret, Napoléon avait fait occuper la ville de Hambourg par un corps de troupes que commandait le général Mortier ; et en faisant connaître au sénat les dispositions qu'il avait prises, il lui fit en même temps notifier qu'elles allaient recevoir dans cette ville leur exécution ; qu'ainsi toute marchandise anglaise, et toute propriété mobilière ou immobilière, apparte-

22.

nant a des sujets de l'Angleterre, seraient confisquées; que tout sujet anglais, qui se trouverait dans la ville ou sur son territoire, serait prisonnier de guerre; qu'aucun navire venant d'Angleterre ou y ayant touché ne pourrait être admis dans ce port; que tout bâtiment qui chercherait à s'y rendre au moyen d'une fausse déclaration serait confisqué; qu'aucun courrier d'Angleterre ne pourrait être reçu dans cette ville et en traverser le territoire. Ce système de confiscation et d'interdit commercial répandit à Hambourg la consternation. Cette grande ville était le principal entrepôt des marchandises anglaises : elle les recevait et les faisait circuler sur le continent : les règles de la neutralité autorisaient ce genre d'échanges et de communications; il suffisait de se renfermer dans les bornes qu'elles avaient prescrites; et il restait encore au commerce licite assez de latitude pour qu'il pût donner, sans manquer de bonne foi et de prudence, une grande étendue à ses spéculations. Mais il allait voir tarir les sources de sa prospérité : les gouvernements de France et d'Angleterre, s'animant encore par de mutuelles provocations et par des mesures plus irritantes, allaient aggraver les malheurs de la guerre, la triste condition des neutres, et les fléaux qui commençaient à les accabler. Le cabinet britannique déclara, le 7 janvier 1807, qu'il ne serait permis à aucun vaisseau de se rendre et de commercer d'un port à l'autre, dans les pays appartenant à la France ou à ses alliés, et dans ceux qu'ils occupaient, ou qui étaient assez soumis à leur influence pour que les vaisseaux britanniques ne pussent y commercer librement. D'autres ordres du gouvernement anglais, publiés le 11 et le 25 novembre, déclarèrent que tous les ports européens d'où le pavillon britannique était exclu, et tous les ports des colonies appartenant aux ennemis de l'Angleterre, seraient soumis aux mêmes restrictions que s'ils étaient étroitement bloqués par les forces britanniques : le commerce de leurs produits et de leurs objets manufacturés fut regardé comme illégal; et les vaisseaux employés à ce trafic purent être capturés et déclarés de bonne prise. On ne fit d'exception à cette règle que pour les navires appartenant à des pays qui n'étaient pas en guerre avec la Grande-Bretagne : ils purent exporter d'Angleterre les produits de son sol ou de ses manufactures, et les transporter dans les ports de ses ennemis, après avoir acquitté en Angleterre les droits imposés sur ce commerce, et avoir obtenu pour le faire une *licence* du gouvernement britannique.

L'exécution d'une mesure qui entraînait la visite des navires par les croiseurs anglais, leur station momentanée dans les ports de la Grande-Bretagne et leur soumission à un impôt, fut regardée par Napoléon comme une atteinte à l'indépendance des nations neutres et amies. Il ne voulut point reconnaître cette législation nouvelle, et il déclara, par un décret rendu à Milan le 17 décembre 1807, que tout bâtiment qui aurait souffert la visite d'un vaisseau anglais, ou se serait soumis à un voyage en Angleterre, ou aurait payé une imposition quelconque au gouvernement britannique, était dénationalisé, perdait la garantie de son pavillon et devenait propriété anglaise. On autorisait la prise de ceux de ces bâtiments qui entreraient dans les ports de France ou de ses alliés, ou qui seraient rencontrés par leurs vaisseaux de guerre ou leurs armateurs en course. La déclaration de blocus des îles Britanniques fut renouvelée; et tout navire devint saisissable et de bonne prise, soit lorsqu'il venait d'un port d'Angleterre, ou de ses colonies, ou des pays occupés par ses troupes, soit lorsqu'il était expédié pour quelque possession britannique.

L'extension donnée au droit de blocus par chacune des puissances belligérante ôtait au commerce toute espèce de sécurité; elle ruinait ses spéculations, arrêtait ses entreprises, et conduisait à des opérations frauduleuses un grand nombre d'hommes qui, pour l'appât d'un bénéfice illicite, tentaient de se soustraire à la rigueur des prohibitions et à la surveillance des autorités. Les longues souffrances du commerce ne déterminèrent pas les belligérants à révoquer la sévérité de leurs premières mesures : le gouvernement anglais ordonna, le 26 avril 1809, que l'on considérât comme bloqués par les forces britanniques tous les ports appartenant à la Hollande jusqu'à l'Ems inclusivement, tous les ports de France, et ceux des colonies et possessions qui dépendaient des deux puissances, et tous les ports de la partie septentrionale de l'Italie, depuis Pésaro et Orbitello inclusivement.

On ne pouvait encore prévoir aucune modification à des actes si désastreux : l'empire de la force était partout substitué au droit : en invoquant les priviléges des neutres, on les enfreignait de part et d'autre, et c'était du voile de la justice et du prétexte de la défense que l'on couvrait un système d'hostilités qui atteignait les amis comme les ennemis et rompait toutes les relations internationales.

Si l'on ajoute aux effets ruineux des mesures dirigées contre le commerce tous les malheurs inséparables de la guerre, on pourra aisément s'expliquer tout ce que les villes anséatiques eurent à souffrir, quand les belligérants se disputèrent entre eux l'occupation de leur territoire.

Après la bataille de Iéna et la ruine d'une armée prussienne, une partie de ses débris s'était dirigée sur Lubeck, et s'y était renfermée, dans l'espoir de s'y défendre; mais cette ville fut emportée d'assaut le 26 novembre 1806 par le corps d'armée du général Murat, et fut exposée à tous les malheurs d'une place que l'on a prise de vive force. Bientôt elle eut encore à subir les effets et les réactions du système continental, la saisie des marchandises anglaises qui avaient échappé au pillage, la stagnation absolue du commerce, la réquisition des effets d'habillement, des denrées, ou de tout autre article nécessaire aux besoins de l'armée. Hambourg, occupé comme Lubeck et Brême par un corps de troupes françaises, eut à supporter des charges beaucoup plus onéreuses, et put regarder comme un triste avantage sa supériorité commerciale sur les deux autres villes. Il est rare, dans de telles conjonctures, que les dilapidations particulières ne se joignent pas aux réquisitions légales, et qu'il ne surgisse pas de la misère publique quelques fortunes inattendues. L'armée ne profitait pas seule de tout ce qui avait été demandé pour elle : toute la valeur des confiscations n'entrait pas dans le trésor public; et quand l'excessive rigueur du système continental l'eut enfin rendu inexécutable, on put acheter des *licences*, pour échapper à l'exécution de la loi, et souvent on eut recours à la corruption ou à la ruse, pour endormir la vigilance des douanes ou pour la tromper.

Mais nous n'avons point à nous étendre sur des faits qui ne peuvent avoir qu'un intérêt local ou momentané : chaque événement n'est pas digne d'arriver à la postérité; et pendant l'occupation militaire des villes anséatiques, la guerre qui se poursuivait au travers de l'Europe, depuis les rives de l'Elbe jusqu'à celles du Niémen, allait amener d'autres résultats, et influer d'une manière plus marquée sur la situation et la destinée de toutes les régions du nord.

Les campagnes de Prusse et de Pologne, glorieusement terminées par la prise de Dantzig et par la victoire de Friedland, furent suivies des négociations de Tilsit; et les traités de paix que la France conclut avec la Russie et avec la Prusse, le 7 et le 9 juillet 1807, créérent le duché de Varsovie, rendirent à Dantzig son indépendance, réduisirent le territoire de la Prusse, firent reconnaître la confédération du Rhin, les nouveaux rois de Naples, de Hollande, de Westphalie, et rendirent à leurs souverains les duchés d'Oldenbourg et de Mecklembourg. De nouveaux princes accédèrent à la confédération du Rhin et ils en devinrent membres : les villes anséatiques continuèrent d'être occupées par la France, et le système continental prit encore plus d'extension : les ports de Russie étaient fermés à la navigation et au commerce de l'Angleterre ; la Prusse publia, le 20 juin 1808, un règlement contre l'importation des marchandises anglaises : la Suède, lorsqu'elle eut conclu avec les Russes ce traité de paix du 17 septembre 1809 qui la dépouillait de la Finlande, adhéra pleinement et entièrement au système continental, par un nouveau traité conclu avec la France le 6 janvier suivant ; et l'empereur d'Autriche, contre lequel la guerre s'était rallumée en 1809, s'engagea lui-même, par le traité de paix du 24 octobre, à suivre le système prohibitif adopté par la France et la Russie, et à faire cesser toute relation avec la Grande-Bretagne.

Le général Bernadotte, prince de Ponte-Corvo, avait reçu, dès le commencement de la campagne de 1809, l'ordre de rejoindre la grande armée. Lorsqu'il était chargé du commandement dans les villes anséatiques, il y avait acquis une réputation de justice, de modération et d'humanité, qui fit regretter son administration, et qui contribua peut-être à le faire choisir, le 21 août 1810, pour prince héréditaire de Suède, par la diète du royaume, assemblée à Orebroe.

Bientôt une mesure, plus rigoureuse encore que toutes les autres, allait frapper le commerce de l'Angleterre et celui de ses correspondants dans une grande partie de l'Europe : un décret rendu à Fontainebleau, le 19 octobre 1810, ordonna de brûler publiquement toutes les marchandises anglaises qui se trouvaient en France dans les entrepôts et dans les magasins de douanes, toutes celles qui se trouvaient en Hollande, dans le grand-duché de Berg, dans les villes anséatiques, et sur les rives du Rhin depuis le Mein jusqu'à la mer, dans le royaume d'Italie, dans les provinces illyriennes, dans le royaume de Naples, dans les provinces d'Espagne occupées par les troupes françaises, et dans toutes les villes qui se trouvaient à leur portée.

L'exécution de ce décret vint augmenter la désolation du commerce des villes anséatiques, où se trouvait encore déposée une grande quantité de marchandises anglaises ; on n'espérait en sauver une partie que par quelques arrangements clandestins : la force était aux prises avec la fraude ; et bientôt la force eut l'avantage, lorsqu'un sénatus-consulte du 10 décembre 1810 déclara que la Hollande, les villes anséatiques, le Lauenbourg, et les régions arrosées par l'Ems, le Wéser et l'Elbe inférieur, feraient partie intégrante de l'empire français. Tous ces pays devaient se partager en dix départements, et les villes anséatiques se trouvèrent comprises dans ceux des Bouches du Wéser et des Bouches de l'Elbe. On détermina le nombre des députés que ces départements enverraient au corps législatif : une cour impériale fut établie à Hambourg : les villes d'Amsterdam, Rotterdam, Hambourg, Brême et Lubeck furent comprises au nombre des bonnes villes, dont les maires devaient assister à chaque couronnement de souverain : la jonction de la mer Baltique et du Rhin devait se faire par un canal que l'on ouvrirait de Lubeck à Hambourg, de l'Elbe au Wéser, du Wéser à l'Ems et de l'Ems au Rhin.

Ce système d'agrandissement progressif nous conduit à remarquer qu'avant l'avénement de Napoléon, la France n'avait pas cherché à étendre ses acquisitions territoriales au delà du Rhin, des Alpes et des Pyrénées, qu'elle regardait comme des limites naturelles, faciles à défendre, et enveloppant un fertile et vaste domaine, dont toutes les parties pouvaient aisément se prêter de mutuels secours.

Ce fut pendant les premières guerres du consulat et de l'empire que le système des conquêtes plus éloignées vint à prévaloir : il était encouragé, excité par une longue suite de victoires et il s'appliqua d'abord à l'Italie. Le Piémont, Parme, Plaisance, Modène, la Toscane, l'île d'Elbe, Piombino, Lucques, la Ligurie furent successivement réunis à la France, depuis 1802 jusqu'en 1806 : les principautés de Bénévent, de Ponte-Corvo, de Neufchâtel furent conférées à des Français ; des trônes ou des duchés furent conquis pour les frères et les beaux-frères de Napoléon ; et la France reçut enfin en 1810 un agrandissement gigantesque, par la réunion des États Romains et par celle de la Hollande et des contrées plus septentrionales : elle s'étendit alors depuis les frontières de Naples jusqu'à la Baltique, et comprit dans ce vaste ensemble différents peuples qui n'avaient ni la même langue, ni les mêmes lois, ni le même caractère, et qui ne sympathisaient point assez pour désirer vivre sous un même gouvernement.

Une fusion si difficile à opérer, en supposant même la jouissance d'une longue paix, pouvait-elle s'accomplir au milieu des troubles et des guerres qui agitaient, qui bouleversaient encore l'Europe entière, et lorsque le conquérant, sans cesse engagé dans les hasards et les périls d'une expédition nouvelle, mettait en danger les institutions qu'il avait commencées ou projetées, pour courir à d'autres combats, et lasser la fortune qui l'avait si souvent favorisé ?

Des plans d'organisation avaient été conçus pour affermir la confédération germanique ; d'autres devaient s'appliquer à la constitution de l'empire français, ou à celle des royaumes de Naples et de Westphalie, et des autres États qui devaient relever de cet empire et en devenir feudataires ; mais cette œuvre n'était point terminée ; et le législateur avait encore besoin du temps qui pouvait lui manquer, et d'un repos dont l'Europe ne jouissait plus.

La constitution et les lois françaises ne furent pas introduites à Hambourg immédiatement après le décret de réunion ; et dans cet intervalle l'autorité fut entre les mains d'une commission de gouvernement, qui punit avec une extrême rigueur les infractions au système continental, exerça une police inquiète, accrut le nombre des mécontents, et appesantit les charges publiques et particulières, soit par les réquisitions qu'elle eut à faire pour les besoins de l'armée, soit par l'établissement d'un système d'impôt, plus onéreux, plus compliqué que celui auquel les Anséates avaient été accoutumés par leur administration conservatrice et paternelle.

Lorsque les villes anséatiques eurent été complétement incorporées à l'empire, quelques-uns de leurs citoyens les plus honorables vinrent siéger au sénat, au corps législatif, au conseil d'État, et dans les hauts emplois de l'administration et de la magistrature : il se faisait entre l'ancienne et la nouvelle France un mélange de fonctionnaires, qui tendait à unir entre elles toutes les parties de l'État ; et les ressources d'enseignement et d'instruction qu'offrait la capitale de l'empire y attiraient un grand nombre d'élèves, destinés à répandre ensuite dans leur pays le goût d'une langue et d'une littérature qu'ils cultivaient avec succès. En recevant leur éducation dans un lieu qu'ils devaient regarder comme une seconde patrie, ils y contractaient des habitudes, des opinions et des liens qui pouvaient leur être chers.

Mais ce n'était point assez pour opérer une réunion : ces attachements personnels n'étaient pas ceux de la nation même, accoutumée à d'autres mœurs, affligée de ses pertes, et livrée à ses souvenirs et à ses regrets.

Pendant la guerre de 1812 entre la France et la Russie, Napoléon, qui disposait encore des forces de l'Allemagne, n'y vit éclater aucune insurrection ; mais les désastres de la retraite de Moscou en devinrent le signal ; et la défection de plusieurs alliés de la France fit prévoir le moment où d'autres États allaient se séparer d'elle.

Il y eut à Hambourg, le 22 février

1813, un soulèvement qui fut d'abord dirigé contre les bureaux de douanes : il se composait d'hommes sans aveu et d'ouvriers sans travail, que la misère poussait à l'insurrection : on avait à se préserver de l'incendie et du pillage ; et la plupart des citoyens prirent les armes pour comprimer cette émeute et rétablir l'ordre public. Un mouvement encore plus grave se fit sentir à Lubeck deux jours après ; les autorités françaises y furent menacées ; elles se retirèrent à Hambourg, et cette ville servit de refuge à plusieurs agents français, obligés d'abandonner Stade et d'autres places voisines de l'Elbe. L'approche d'un corps de troupes russes et prussiennes encourageait ces commotions populaires : les insurgés avaient l'espérance d'être soutenus ; et enfin on apprit bientôt que le général russe Tettenborn s'avançait vers Hambourg. Les troupes françaises y étaient alors peu nombreuses ; elles ne l'attendirent point, et se replièrent sur Brême, où quelques renforts devaient se réunir.

Tettenborn, avant d'entrer dans la place, reçut une députation de sénateurs : il exigeait que l'ancien gouvernement fût rétabli et que Hambourg reprît son caractère de ville impériale et anséatique : ce vœu fut promptement rempli ; et les habitants, empressés de retrouver leurs institutions, accueillirent cet officier comme un libérateur. Il fit son entrée le 17 mars ; et deux jours après il dirigea sur Lubeck un détachement qui fut reçu dans cette ville avec les mêmes honneurs. On fit une levée de troupes anséatiques : quelques riches habitants équipèrent même à leurs frais plusieurs compagnies de volontaires ; et on leva des contributions de guerre, pour concourir avec les autres parties de l'Allemagne au soutien de la cause commune.

Dès cette époque, toute la Germanie regardait comme un devoir de se coaliser contre la France : l'opinion publique entraînait les gouvernements, et les disposait à réunir leurs forces contre celui qui avait été le dominateur de l'Europe. Une nouvelle campagne venait de s'ouvrir, et lorsque Napoléon, encouragé à Lutzen par un premier succès, allait occuper Dresde le 8 mai, et remporter à Bautzen, le 21 du même mois, une seconde victoire, d'autres corps de son armée avaient été envoyés sur les rivages de l'Elbe dont ils occupaient les places principales, depuis Hambourg jusqu'à Koenigstein. Le maréchal Davoust, prince d'Eckmühl, avait été chargé de reprendre la première place, qui devait couvrir la gauche de cette longue ligne d'opération : il marcha sur Haarbourg ; les îles qui partagent en plusieurs bras cette région de l'Elbe furent occupées ; et la ville, que les ennemis abandonnèrent dans la nuit du 29 mai, se rendit le lendemain.

L'intention de l'empereur Napoléon était de la mettre immédiatement en état de défense ; et le 7 juin il écrivait au maréchal : « Je veux conser« ver Hambourg, non-seulement con« tre les habitants, contre les troupes « de ligne, mais même contre un « équipage de siège ; je veux que si « cinquante mille hommes se présen« tent devant Hambourg, la ville soit « non-seulement à l'abri d'un coup de « main, mais puisse se défendre, obli« ger l'ennemi à ouvrir la tranchée, « et soutenir quinze ou vingt jours de « tranchée ouverte. Ces résultats, je « veux les obtenir, cette année, avec « la seule dépense de deux à trois mil« lions, avec un matériel de cent à « cent cinquante bouches à feu et une « simple garnison de six mille hom« mes ; je veux que dans cette hypo« thèse, la ville prise après un blocus « de quinze ou vingt jours de tranchée « ouverte, je ne perde rien, ni en « canons ni en hommes, et que la « garnison puisse se réfugier dans une « citadelle, et se défendre pendant un « ou deux mois de tranchée ouverte, « selon la capacité et le degré de per« fection auquel sera portée cette ci« tadelle. La simple exposition de ce « système l'explique : il faut travail« ler à l'exécution sans perdre une

« heure. Vingt-quatre heures après « l'arrivée de mon officier d'ordon-« nance, dix mille travailleurs doi-« vent être à l'ouvrage. Vous de-« vrez 1°, faire abattre toutes les mai-« sons qui sont sur le rempart, im-« pitoyablement, sauf l'évaluation « d'indemnité, qui sera payée par la « ville ; 2° vous devrez faire abattre « toutes les maisons qui sont sur le « glacis ; 3° toutes les maisons qui sont « sur la citadelle ; 4° vous devez en « même temps faire relever tous les « parapets, en creusant tous les fos-« sés ; 5° faire faire des ponts-levis « à toutes les portes; 6° faire faire des « demi-lunes devant toutes les portes ; « 7° mettre de l'eau, autant que les « fossés en pourront contenir; 8° « faire ce qui est nécessaire pour « pratiquer une inondation dans les « parties qui en sont susceptibles; 9° « fermer à la gorge tous les bastions « les plus importants et les plus grands « avec un mur crénelé, les moins « importants avec une bonne palis-« sade ; 10° faire travailler à un che-« min couvert et à un glacis ; faire « palissader les chemins couverts; « 11° faire placer sur chaque bastion « au moins quatre pièces de canon, « dont deux d'un calibre de douze ou « supérieur, deux d'un calibre infé-« rieur; 12° faire placer des mortiers « pour pouvoir tourner contre la ville, « dans les deux bastions les plus « grands, et spécialement dans le « bastion et la partie de l'enceinte qui « est entre les deux lacs, et qui peut « facilement être isolée et considérée « comme citadelle ; 13° rétablir les re-« tranchements qui couvrent le grand « faubourg, le bien palissader, y éta-« blir quelques blockhaus ; 14° faire « couper toutes les îles par un sys-« tème de redoutes et de digues; « faire même des ponts sur pilotis « sur les petits bras ; faire deux bacs « sur chaque gros bras, comme je « l'ai pratiqué à Anvers, l'un pour la « marée descendante et l'autre pour « la marée montante, de manière que « cent chevaux et cinq cents hommes « d'infanterie puissent passer à la

« fois; relever, armer, palissader « Haarbourg. Supposez tous ces ou-« vrages faits, et ils peuvent l'être en « peu de mois, il est évident que qua-« tre compagnies d'artillerie et cinq « mille cinq cents hommes d'infanterie « seront maîtres de Hambourg. Pour « compléter le système, tracer une ci-« tadelle entre la rivière et la ville, « de sorte que la citadelle, les îles et « Haarbourg fassent un seul système. « Cette citadelle peut d'abord être « faite en terre, avec des fossés « pleins d'eau, de bonnes palissades, « et des blindages en bois, pour les « magasins d'artillerie, pour les ma-« gasins à poudre et pour la garni-« son. Vous voyez que, la ville prise « après un siège en règle, la garni-« son se réfugierait dans la citadelle, « dans les îles et dans Haarbourg. « Tout cela peut se faire dans l'an-« née. Les années prochaines, je fe-« rai revêtir la citadelle en pierre, et « lui donnerai toute la force possible. « Voilà le système défensif que j'ai « adopté pour Hambourg : je donne « l'ordre au général Haxo de l'étu-« dier, de le tracer et de l'exécuter. « Mais il est bien important que « vous profitiez du premier moment, « pour jeter à bas toutes les maisons « qui gêneraient l'emplacement de la « citadelle, comme je l'ai dit plus « haut. Je sais que le général Haxo « avait projeté de placer la citadelle « du côté d'Altona : cela n'est pas « possible; cela effraierait les Danois. « D'ailleurs mon intention est que la « citadelle soit une tête de pont sur « la rive droite, Haarbourg une tête « de pont sur la rive gauche, les îles « un moyen de communication. Vous « savez que je n'ai point vu Hambourg, « et que l'on doit étudier l'esprit de l'or-« dre que je donne, et non la lettre ; « de manière que, au 15 juillet, il n'y « ait aucune difficulté à laisser six « mille hommes isolés à Hambourg, « et que leur communication avec la « rive gauche soit à l'abri de toute in-« quiétude. »

En adressant ces instructions au prince d'Eckmühl, Napoléon s'occupait aussi des travaux à faire exécuter à Cuxhaven, qui domine l'entrée de l'Elbe, et à Lubeck, qu'il voulait également mettre en état de soutenir un siége.

On paraissait néanmoins conserver encore quelques espérances de pacification : un armistice venait d'être conclu le 5 juin entre les belligérants : il se prolongea jusqu'au 17 août : on ouvrit même à Prague, vers la fin du mois de juillet, des négociations de paix, sous la médiation de l'Autriche; mais quelques-unes des conditions proposées à Napoléon lui parurent inadmissibles : les alliés demandaient la dissolution du duché de Varsovie et le partage de ce territoire entre la Russie, l'Autriche et la Prusse, le rétablissement des villes anséatiques dans leur indépendance, celle de la Hollande, la cession des provinces illyriennes à l'Autriche, et quelques autres dispositions de territoire. Ces demandes parurent exorbitantes à Napoléon, qui n'avait encore éprouvé aucun revers depuis l'ouverture de la campagne. Cependant au moment où l'armistice allait se rompre, il parut prêt à accéder aux cessions demandées, à l'exception de celle de la Hollande et des villes anséatiques, qu'il désirait garder en dépôt jusqu'à la paix maritime, pour en faire un objet de compensation avec l'Angleterre. Ces propositions furent les derniers actes de la négociation. Bientôt on put reconnaître que la Russie, la Prusse, la Suède, renforcées par l'alliance de l'Autriche qui venait de changer de parti, et par les secours de l'Angleterre qui avait conclu avec les puissances continentales de nouveaux traités d'union et de subsides, n'avaient voulu, en temporisant, qu'assembler de plus grandes armées et reprendre avec vigueur les hostilités. Napoléon avait lui-même profité de l'armistice pour faire arriver ses renforts : son armée, en y comprenant tous les corps dispersés dans différentes parties de l'Allemagne, était de trois cent mille hommes, et les ennemis en avaient cinq cent vingt mille : depuis l'accession de l'Autriche, leur armée du nord était sous les ordres du prince royal de Suède; et leur principale armée, commandée par le prince de Schwartzenberg, perdit, le 28 août, la bataille de Dresde. Mais cette journée, glorieuse pour les armes de Napoléon, fut suivie des revers de quelques-uns de ses généraux, à Peterswald en Bohême, à Gros-Buren, à Dennewitz dans la haute Saxe. L'empereur ne voulut pas se renfermer dans Dresde : il quitta cette ville le 7 octobre, et y laissa une garnison de trente mille hommes, sous les ordres du maréchal Gouvion Saint-Cyr, tandis qu'il se rapprochait lui-même du centre de sa ligne d'opération et de ses autres corps d'armée. Une nouvelle bataille dans les plaines de Leipzick fut engagée le 19 octobre, et se renouvela les deux jours suivants : l'armée française était de cent vingt mille hommes et celle des alliés était beaucoup plus nombreuse : la victoire appartint à la multitude : les Français laissèrent sur le champ de bataille vingt mille morts et sept mille blessés : la destruction du pont de l'Elster retint sur la rive droite du fleuve plusieurs corps de troupes que les ennemis enveloppèrent et firent prisonniers : l'armée française poursuivit sa marche sur Erfurt, où elle arriva le 22 octobre : elle eut, le 29, à s'ouvrir un passage près de Hanau, à travers l'armée du roi de Bavière, qui à son tour se déclarait contre Napoléon après avoir été son allié; et ce dernier succès assura du moins la retraite de l'armée jusqu'aux frontières de la France.

De nouvelles conventions avaient été faites à Leipzick, le 21 octobre, entre les puissances coalisées, pour opérer la réunion de toutes leurs forces disponibles, et pour régler l'administration des provinces qu'elles occuperaient. Elles établirent pour toute l'Allemagne un même système militaire : on dut former, indépendamment des corps de volontaires et des troupes de ligne, une *Landwehr*, tenue de combattre partout où la guerre l'exigerait, et une *Landsturm*, destinée à servir dans l'intérieur du pays et pour la défense de ses propres foyers.

L'Allemagne allait se couvrir de nouvelles levées, et une commission fut établie, le 24 novembre, pour partager en divisions militaires ce vaste territoire : on en forma huit arrondissements, à chacun desquels était attaché un corps d'armée. Les villes anséatiques devaient faire partie du second arrondissement, qui comprenait aussi le Hanovre, Brunswick, les duchés d'Oldenbourg et de Mecklembourg-Schwerin et Strélitz.

Le nombre des princes d'Allemagne qui se déclarèrent contre la France, augmentait depuis qu'elle éprouvait des revers. Le roi de Wurtemberg conclut, le 2 novembre, un traité d'alliance avec l'Autriche, et cessa de faire partie de la Confédération du Rhin : le grand-duc de Bade y renonça également, et fut admis dans la grande alliance le 20 du même mois; l'électeur de Hesse suivit cet exemple, et obtint par un traité du 3 décembre la restitution des territoires que l'on avait démembrés de ses États.

Un des premiers soins des alliés, lorsqu'ils furent redevenus maîtres de la campagne, fut d'assiéger les places que les Français occupaient encore. Elles étaient trop éloignées les unes des autres, pour que leurs garnisons pussent se réunir et former un corps d'armée : toutes furent attaquées isolément : elles étaient enveloppées de toutes parts; et plusieurs tombèrent au pouvoir de l'ennemi, après avoir fait une vigoureuse défense, et avoir épuisé leurs munitions et leurs approvisionnements. La garnison de Dresde capitula le 11 novembre et celle de Dantzig le 30; Stettin, Zamosk, Modlin et Torgau se rendirent dans le cours du mois suivant; la France possédait encore les citadelles de Wurtzbourg et d'Erfurt, les places de Custrin, de Glogau, de Magdebourg, de Wittemberg, de Hambourg; et le maréchal Davoust, renfermé dans cette dernière ville, où il était vivement attaqué par l'ennemi, multipliait ses moyens de défense, et se préparait à soutenir un long siége.

Un sénatus-consulte du 10 avril 1813 avait suspendu le régime constitutionnel dans les départements dont les villes anséatiques faisaient partie : le maréchal était chargé par un ordre du 7 mai de lever une contribution de cinquante millions sur Hambourg et Lubeck : d'autres ordres lui prescrivirent le mode de payement de cette contribution, dont trente millions devaient être acquittés en argent comptant, dix millions en bons de la ville de Hambourg, et dix millions en fournitures et en denrées. Hambourg et Lubeck étaient mis, dès le 18 juin, en état de siége. Le maréchal avait reçu l'ordre de saisir les brais, goudrons, et autres effets utiles à la marine, de s'emparer de tous les bois de construction, dans les magasins publics ou particuliers, de mettre à la charge de la ville toutes les dépenses de l'artillerie et du génie, de requérir enfin tous les moyens qu'imposerait le système de défense : il adressa le 6 novembre à Napoléon un rapport sur les principales mesures qu'il avait prises. Il annonçait que, depuis les courses des partis ennemis sur la rive gauche de l'Elbe, la rentrée des contributions ordinaires et extraordinaires était devenue presque nulle; qu'ayant été prévenu par l'intendant général que le service militaire allait manquer et que le seul moyen d'y pourvoir était de faire usage des fonds déposés dans la banque, il s'était déterminé à cette mesure. On avait fait autour de la place des travaux immenses, soit en avant du faubourg Saint-Georges, soit sur le front d'Altona : ils allaient être incessamment achevés, et cette ville pouvait, dès ce moment, être considérée comme très-forte. On allait encore entreprendre quelques redoutes du côté d'Altona : le pont de communication ouvert entre Hambourg et Haarbourg était terminé, le fort de Haarbourg était très-avancé, et le maréchal avait ordonné la construction d'un camp retranché sur les hauteurs voisines. Le corps d'armée qu'il commandait occupait toujours Ratzbourg : sa droite était appuyée à Lauenbourg, et sa gauche l'était à Lubeck et Travemunde. Il avait fait établir une tête de pont sur l'Elbe, à quelques lieues au-dessus de Hambourg, afin d'assurer une seconde communication entre les deux rives.

Mais depuis la bataille de Leipzick, l'ennemi avait dirigé sur Hambourg des forces plus nombreuses : d'un côté il marchait sur Ratzbourg, de l'autre il s'avançait entre l'Elbe et le Wéser; et lorsque le prince d'Eckmühl reçut de l'empereur l'ordre de se rapprocher de la Hollande, en laissant à Hambourg une bonne garnison, les communications lui étaient fermées, et il n'avait plus l'espérance de se faire jour à travers l'ennemi. Il ordonna, le 9 novembre, que les habitants eussent à s'approvisionner jusqu'au mois de juillet 1814, époque de la prochaine récolte; et à l'expiration d'un délai fixé, il fit sortir de Hambourg les étrangers, les gens sans aveu et ceux qui n'avaient pas fait d'approvisionnements. Telle était la situation de la défense contre l'armée de siége commandée par Bénigsen, lorsque Napoléon, de retour à Paris, assemblait de nouvelles forces, et que le sénat décrétait une levée de trois cent mille hommes. Les troupes revenues d'Allemagne allaient former sur la rive gauche du Rhin une longue ligne de défense : les étrangers étaient encore retenus sur la rive droite : ils pouvaient hésiter d'entreprendre une nouvelle campagne contre la France, et ils firent même adresser à Napoléon des propositions de paix, dont la base était que la France se renfermerait dans ses limites naturelles, le Rhin, les Alpes et les Pyrénées, que l'indépendance de l'Allemagne et celle de l'Espagne, de l'Italie, de la Hollande seraient formellement reconnues.

Ces propositions, faites le 9 novembre, amenèrent entre la France et les alliés un échange de déclarations et une suite de conférences, qui se prolongèrent jusqu'au 20 mars, mais qui ne firent suspendre, pendant leur durée, aucune opération militaire.

Napoléon disputait pied à pied le territoire que les armées de l'Europe avaient envahi : Schwartzenberg y avait pénétré par Bâle, Blucher par Mayence, Wellington et les Espagnols par la Navarre; et malgré les avantages obtenus par l'empereur à Champ-Aubert, à Montmirail, à Montereau, à Craonne, l'habileté de ses manœuvres ne pouvait balancer la supériorité du nombre : la France voyait épuiser ses forces, et tant de combats avaient moissonné la plus belle partie de sa population militaire. Pour faire de nouvelles levées, on était réduit à anticiper l'âge de la conscription, à revenir aux classes déjà libérées du service, à lever en masse tout ce qui pouvait porter les armes : on était sûr de trouver de l'honneur et du courage; mais la discipline et l'expérience devaient manquer à ces troupes de nouvelle création.

Pendant les négociations de Châtillon, un nouveau traité d'alliance avait été conclu à Chaumont le 1er mars 1814, entre l'Autriche, la Russie, la Prusse et la Grande-Bretagne. Les contractants s'engageaient, dans le cas où la France refuserait d'accéder aux propositions de paix qui lui étaient faites, à consacrer tous leurs moyens à la poursuite de la guerre : chaque puissance tiendrait en campagne une armée de cent cinquante mille hommes : la Grande-Bretagne remettrait aux trois autres gouvernements un subside annuel de cinq millions de livres sterling, à répartir entre eux d'une manière égale; et si quelques circonstances l'empêchaient de fournir son contingent militaire, elle le remplacerait par un autre subside.

L'engagement qu'avaient pris les alliés, de concerter entre eux toutes leurs mesures jusqu'à la conclusion de la paix, fût renouvelé par une déclaration du 25 mars : tous les obstacles de leur marche sur la capitale avaient disparu; et lorsque Napoléon cherchait à les devancer dans cette ville, pour y organiser quelque moyen de défense, il apprit le 31 mars qu'elle venait de capituler. Alors il se dirigea sur Fontainebleau, où il était encore entouré de quelques fidèles serviteurs, et d'une partie des débris de sa vaillante armée; et il signa, le 11 avril, le traité d'abdication, par lequel il renonçait, pour lui et sa famille, à tout droit de souveraineté sur l'empire français, le royaume d'Italie et tout autre pays.

Le maréchal Davoust conservait encore, avec une garnison, constante dans ses devoirs, mais affaiblie par les maladies, la place de Hambourg qui lui avait été confiée. Il se tint, pendant l'hiver, sur la défensive; il tenta, vers la fin de mars, une expédition sur la rive gauche de l'Elbe, pour enlever des fourrages, et il pourvut ainsi jusqu'à la récolte aux besoins de la cavalerie et des équipages d'artillerie. Les ennemis qui attaquaient la place n'avaient encore fait aucun progrès, lorsque le général Bénigsen fit connaître aux assiégés que, d'après une déclaration du sénat français, Louis XVIII avait été reconnu pour souverain. Cette nouvelle, donnée par l'ennemi, ne parut point officielle : le maréchal crut devoir en attendre la confirmation, et ce ne fût qu'après avoir reçu, le 28 avril, les actes de déchéance, de renonciation et de nouvel avénement, qu'il envoya au monarque un acte de soumission aux constitutions du royaume et de fidélité à sa personne. Le maréchal Gérard, auquel il était chargé de remettre le commandement, ramena de Hambourg la garnison française, réduite à quelques milliers d'hommes; et cette place, remise aux puissances alliées, espéra recouvrer une paisible existence et les institutions qui l'avaient fait fleurir pendant plusieurs siècles. Hambourg était, lorsqu'il se rendit, entièrement cerné, depuis plusieurs mois, par les assiégeants; et on pouvait l'attaquer du côté du Holstein, comme du côté de la Fierlande, depuis que le roi de Danemark avait été réduit par les armes des coalisés à signer, le 14 janvier 1814, un traité de paix, qui l'obligeait à renoncer à tous ses droits sur la Norvége, à se joindre aux alliés, pour continuer la guerre contre la France, et à leur fournir un corps de dix mille hommes, qui prendrait part à leurs opérations. En vain les habitants de la Norvége voulurent résister à la cession de leur pays, se donner une constitution, défendre à main armée leur indépendance, et assurer la couronne de ce royaume au prince Christian, héritier présomptif du Danemark. Les levées militaires qu'ils firent pour soutenir leur résolution furent battues en plusieurs rencontres par les troupes de Suède : ils conclurent à Moss, le 7 août, une convention d'armistice : le prince Christian adressa aux Norvégiens une proclamation, par laquelle il déclarait que, pour prévenir la ruine de leur pays, il quittait volontairement le poste auquel leurs suffrages l'avaient appelé; et une diète qui fut convoquée à Christiania reconnut pour souverain le roi de Suède, par un acte du 4 novembre suivant.

La cession de la Norvége, où était situé le comptoir anséatique de Bergen, ne changea rien à ses relations de commerce; et Lubeck, Brême et Hambourg conservèrent dans ce port leurs anciens priviléges : le traité de Paris du 30 mai 1814 rompit les derniers liens de leur réunion avec la France; et toutes les puissances qui avaient été engagées dans cette guerre promirent d'envoyer des plénipotentiaires à Vienne, pour régler dans un congrès général les arrangements qui devaient compléter les dispositions du traité de paix.

Le congrès de Vienne s'occupait depuis plusieurs mois des nombreuses questions sur lesquelles il avait à prononcer, lorsqu'il reçut la nouvelle inattendue du débarquement de Napoléon dans le golfe de Juan, et de sa marche rapide à travers le midi de la France. Les puissances, représentées au congrès, déclarèrent le 13 mars qu'elles uniraient tous leurs efforts et emploieraient tous leurs moyens, pour maintenir les différentes dispositions du traité de Paris, et pour le compléter et le consolider. Un nouveau traité, immédiatement conclu entre elles, eut pour but de recommencer la guerre contre Napoléon et contre tous ceux qui se seraient ralliés à sa cause; et pendant qu'il poursuivait vers Paris sa marche triomphale, à travers les populations accourues sur son passage, l'Autriche, la Russie, la Grande-Bretagne, la Prusse reprenaient les armes contre lui : d'autres pays se joignaient à cette coalition. Bade, le Wurtemberg, la Bavière, la Saxe et les autres États d'Allemagne, en y comprenant les villes anséatiques, accédaient aux vœux du congrès : l'Angleterre s'engageait à leur fournir des subsides, proportionnés au nombre de leurs troupes; et la France avait encore à lutter contre les forces de l'Europe entière.

Les actes du congrès, publiés le 9 juin, allaient être soutenus par une armée de six cent mille hommes; mais ceux-ci ne pouvaient pas agir tous à la fois; et Napoléon se hâta de prévenir leur réunion, en portant au nord de la France une armée de cent mille hommes, qui avaient entendu la voix de leur ancien général et qui étaient prêts à se dévouer pour lui : les Anglais et les Prussiens furent attaqués sur cette frontière, et la funeste bataille de Waterloo, livrée le 18 juin, termina en quelques jours une campagne dont les sanglants résultats allaient précipiter irrévocablement la chute de Napoléon, et imposer de nouveaux sacrifices à la France.

La suspension des hostilités fut signée le 3 juillet : la France était envahie de nouveau par toutes les troupes de la coalition : Louis XVIII, qui s'était retiré en Belgique pendant les cent jours, revint dans sa capitale; et ce monarque mit ses soins à cicatriser les blessures de la patrie qui lui était rendue. Mais il ne pouvait en réparer tous les malheurs : il fallut subir les charges d'une nouvelle occupation militaire : une croisade avait été en effet prêchée contre la France; elle prit le nom de sainte alliance; d'autres gouvernements y adhérèrent bientôt, et la Saxe, le Wurtemberg, les villes anséatiques furent du nombre. Le traité de paix signé à Paris le 20 novembre 1815 fixa à une somme de sept cents millions l'indemnité que la France avait à fournir aux autres puissances; et Hambourg fut compris pour vingt millions, Lubeck pour deux millions et Brême pour un million, dans la répartition de cette somme, qui devait être acquittée complétement dans le cours de cinq années.

Le roi avait pris l'engagement de liquider les créances étrangères. Il voulut indemniser la ville de Hambourg des pertes que sa banque avait éprouvées en 1813, lorsque les fonds en avaient été enlevés; et cette créance resta fixée à une somme de dix millions de francs, et de quelques intérêts, dont le remboursement fut effectué, en vertu d'une convention conclue entre les deux gouvernements le 27 octobre 1816.

La réintégration des villes anséatiques dans leurs anciens droits et dans leurs liens avec l'Empire avait été formellement reconnue par les actes du congrès de Vienne : on y avait déclaré que les princes souverains et les villes libres d'Allemagne établissaient entre eux une association perpétuelle qui porterait le nom de Confédération germanique : elle avait pour but le maintien de leur sûreté intérieure et extérieure, de l'indépendance et de l'inviolabilité de leurs États. Les membres de la Confédération étaient égaux en droits, et ils s'obligeaient tous également à maintenir l'acte qui constituait leur union. Les affaires seraient confiées à une diète fédérative, où les villes libres de Lubeck, Francfort, Brême et Hambourg auraient leurs plénipotentiaires, ainsi que les autres États : les mêmes villes pouvaient avoir un tribunal suprême qui leur serait commun. Quelques-uns de leurs autres rapports, relatifs à la navigation des fleuves qui baignent leur territoire, durent être déterminés par des conventions spéciales.

La première pensée des Anséates, redevenus indépendants, fut de ranimer leur commerce qu'une longue guerre avait fait languir, et de lui rendre ses relations avec l'étranger ; mais on ne pouvait pas le ramener partout dans les mêmes voies, et il se trouvait forcé à changer de direction et à s'ouvrir de nouveaux marchés, quand la plupart de ceux d'Europe lui avaient été fermés.

Les vicissitudes du commerce avaient été également sensibles dans d'autres pays. Ainsi la Grande-Bretagne, n'ayant plus les mêmes facilités pour tirer des bords de la Baltique les bois de construction, les mâtures, les goudrons, les fers nécessaires à sa marine, trouvant d'ailleurs plus d'avantage à les extraire du nord de l'Amérique, faisait venir du Canada une partie de ses approvisionnements. Ainsi la France, entravée dans ses relations de commerce avec le dehors pendant vingt années de guerre maritime et continentale, avait cherché dans ses propres ressources un dédommagement de ses pertes, en étendant ses exploitations agricoles ; en suppléant, par quelques plantes indigènes et d'une facile culture, aux bois de teinture d'Amérique et à la canne à sucre ; en élaborant d'autres produits végétaux et d'autres substances minérales que l'on négligeait autrefois ; en perfectionnant enfin les fabriques, les manufactures, et en demandant à l'industrie de nouvelles créations. La France apprit, dans son isolement, à mieux connaître ses richesses, à les mettre en valeur, à les multiplier, et à donner à son commerce intérieur d'autant plus d'activité qu'elle était réduite à se suffire à elle-même. Cette épreuve eût été périlleuse pour un État pauvre et sans énergie : la France en sortit, mieux assurée de l'étendue de ses ressources.

Ce mouvement industriel qui s'était manifesté dans des moments de crise, et qui était alors l'ouvrage de la nécessité, se maintint après la conclusion de la paix. On voulut conserver les avantages qu'on avait acquis : un plus grand nombre de productions et d'objets manufacturés entrèrent alors dans le commerce et trouvèrent des consommateurs : en acquérant plus de bien-être on avait contracté plus de besoins.

Les Anséates se ressentirent heureusement de ces améliorations progressives. C'était pendant leur réunion à l'empire français que l'habile ingénieur Beautemps-Beaupré avait sondé avec précision tous les parages de l'embouchure de la Trave, et les abords et le lit de ce fleuve jusqu'à Lubeck : il en avait dressé une carte hydrographique où toutes les mesures de ce sondage étaient indiquées ; et le même ingénieur avait fait un travail semblable sur le cours inférieur de l'Elbe, sur celui du Wéser, et sur les différentes passes que l'un et l'autre fleuve ouvrent à la navigation. Ces travaux, et tous ceux que l'on exécutait sur d'autres points du littoral, se liaient au projet de multiplier les arrivages du commerce dans les contrées nouvellement réunies. Des jurisconsultes, connus par leurs lumières, y substituaient des codes uniformes et réguliers à une législation et à des coutumes plus compliquées ; et si la guerre et ses désastres vinrent arrêter des entreprises commencées et des institutions qui se développaient à peine, du moins tous ces projets ne furent pas stériles. On fit un choix entre les innovations, pour conserver celles qui parurent favorables, pour rejeter celles qui entraînaient quelques périls.

Les dures épreuves du siége que Hambourg avait souffert faisaient penser au sénat qu'une grande ville, dont la prospérité se fonde sur la liberté du commerce et sur la neutralité, doit prudemment écarter ce qui peut attirer sur elle les malheurs de la guerre. Si des remparts la mettent en état de défense, la possession en est plus vivement convoitée par les belligérants : cette place devient le but de leur attaque, de leur résistance ; et ses assaillants, ses défenseurs mêmes l'appauvrissent tour à tour : le commerce est suspendu ; les approvisionnements sont bientôt épuisés par de si nombreux consommateurs; et quand le siége se prolonge, la famine et les maladies qui s'attachent à la misère dévorent la population. Le sénat fit détruire les ouvrages de fortification qui avaient été multipliés autour de la place, et il ordonna également la démolition du pont de l'Elbe, dont la conservation lui parut impolitique. On aimait mieux se réserver la barrière du fleuve que d'en faciliter le passage : les têtes de pont élevées sur chaque rive furent abattues, et Hambourg cessa d'être considéré comme place de guerre. Les habitants, fidèles à la Confédération germanique dont ils étaient membres, ne se refusaient à aucun devoir envers elle, et ils étaient prêts à servir et à défendre la commune patrie ; mais ils désiraient éloigner de leurs murs le théâtre de la guerre, ne pas changer en arsenaux leurs magasins, et préserver de la foudre une des cités les plus florissantes.

Pendant la durée de leur réunion à la France, les Anséates avaient pu envoyer leurs bâtiments dans la Méditerrannée, sans craindre pour eux la rencontre des Barbaresques, et ils avaient alors le droit de se rendre dans les ports des Régences, et d'y être assimilés aux autres Français ; mais, dès le moment de la séparation, ils cessèrent de jouir des mêmes sécurités, et le pavillon des Anséates fut exposé aux attaques des Algériens, qui s'avançaient jusque dans la mer du Nord, et vers les embouchures de l'Elbe et du Wéser, pour y faire leurs captures. Une longue interruption du commerce maritime avait laissé sans emploi les corsaires africains, car les Européens se chargeaient eux-mêmes d'arrêter alors les bâtiments neutres ; mais le tour des Barbaresques vint ensuite quand le commerce eut repris ses expéditions; et ils firent courir sus aux navires des États qui n'avaient pas de traités avec les Régences et qui pouvaient leur offrir une facile proie. Plusieurs bâtiments de Lubeck et de Hambourg furent enlevés par les Barbaresques ; et leurs déprédations donnèrent au commerce assez d'inquiétudes pour faire hausser le prix des assurances. Les villes anséatiques eurent recours aux puissances maritimes, pour les inviter à s'opposer à ces agressions, dans les parages voisins de leurs domaines ; et l'Angleterre, accueillant cette demande, fit réclamer près des Régences les prises qui avaient été conduites dans leurs ports. L'Angleterre appuyait sa réclamation sur les anciens traités qu'elle avait conclus en 1682 avec le dey d'Alger, et qui avaient expressément stipulé qu'aucun commandant de navire algérien n'entrerait dans le *canal d'Angleterre*, et ne croiserait en vue de quelque partie des domaines de sa Majesté Britannique. Ces traités avaient été confirmés depuis : ils étaient également applicables aux autres Régences ; et l'Angleterre était d'autant plus autorisée à en réclamer l'exécution, qu'elle venait de renouveler en 1816 ses traités de paix avec le dey d'Alger, et avec les beys de Tunis et de Tripoli. Son négociateur était lord Exmouth, commandant d'une escadre anglaise dans la Méditerrannée ; et le bey de Tunis avait déclaré, le 17 avril, à cet amiral qu'à l'avenir aucun prisonnier, fait sur les puissances chrétiennes, ne serait mis en esclavage, qu'ils seraient tous traités avec humanité, et suivant l'usage établi en Europe, jusqu'à ce qu'ils eussent été régulièrement échangés.

La flotte s'étant ensuite rendue devant Tripoli, le pacha de cette régence suivit l'exemple des Tunisiens ; mais quand lord Exmouth se présenta devant Alger pour réclamer, au nom des grandes puissances, la suppression de l'esclavage, le dey demanda que cette question fût soumise au Grand-Seigneur : il obtint une suspension d'armes ; et ce fut dans une seconde expédition que lord Exmouth, après avoir bombardé la ville et incendié la flotte algérienne, dicta les conditions de la paix.

Le dey d'Alger signa, le 28 août 1816, une convention d'armistice, dans laquelle il déclara formellement qu'il reconnaissait l'abolition de l'esclavage des Européens, et qu'il remettrait immédiatement en liberté ceux qui étaient en son pouvoir.

C'était là sans doute une heureuse innovation dans le code maritime des Barbaresques; mais elle ne suffisait pas pour rassurer la navigation anséatique contre les courses de leurs forbans au midi du canal de la Manche, et surtout dans la Méditerranée : les bâtiments pouvaient être capturés avec leurs cargaisons, et la seule condition favorable aux équipages de leurs navires était qu'ils ne seraient pas réduits en esclavage. On put même s'apercevoir bientôt, et à plusieurs reprises, que les Régences d'Afrique reprenaient le barbare usage de faire des esclaves européens, et de traiter comme telles les prisonniers que le sort des armes leur avait remis; et l'on reconnut dans la suite qu'il fallait d'autres mesures pour remédier à un mal si invétéré.

LIVRE XV.

SOMMAIRE.

BASES DE LA CONFÉDÉRATION GERMANIQUE ET DE SA CONSTITUTION MILITAIRE. — MORT DE NAPOLÉON. — FERMENTATION DE L'ESPRIT PUBLIC EN ALLEMAGNE. — SOCIÉTÉS SECRÈTES. — INQUIÉTUDE DES GOUVERNEMENTS. — ACTES DE NAVIGATION DE L'ELBE ET DU WÉSER. — OCTROI DE LA NAVIGATION DU RHIN. — TRAITÉS DE COMMERCE DES ANSÉATES AVEC L'ANGLETERRE, LE BRÉSIL, LES ÉTATS-UNIS, LE MEXIQUE, LA PRUSSE. — ACQUISITION DU PORT DE GEESTDORF PAR LE GOUVERNEMENT DE BRÊME. — TROISIÈME FÊTE SÉCULAIRE DE LA CONSTITUTION DE HAMBOURG. — PREMIÈRES ASSOCIATIONS DOUANIÈRES. — LEURS RIVALITÉS. — LEUR RÉUNION. — VILLES ANSÉATIQUES ET AUTRES ÉTATS PLACÉS EN DEHORS DE CETTE LIGNE DE DOUANES. — PROGRÈS DES ARTS ET DES SCIENCES. — RÉSUMÉ ET CONCLUSION.

Les princes souverains et les villes libres d'Allemagne qui composaient la Confédération germanique avaient senti la nécessité d'en affermir les bases, et de rendre indissolubles les liens de paix et de bienveillance mutuelle qui devaient les unir. Leurs plénipotentiaires s'assemblèrent à Vienne; et un sénateur lubeckois représenta dans cette réunion les villes libres de Lubeck, Brême, Hambourg et Francfort. L'acte final de leurs Conférences fut signé le 15 mai 1820; la diète l'adopta ensuite, et il devint une loi fondamentale de l'Empire.

La base de cet acte fut que la confédération germanique formait, quant à ses rapports intérieurs, différents États séparément gouvernés, mais liés entre eux par des droits et des devoirs réciproques et librement consentis; qu'elle constituait, quant à ses rapports extérieurs, une puissance collective, fondée sur des principes d'unité politique. Le maintien de l'ordre, dans l'intérieur de chaque État appartenait à son gouvernement seul : cependant quand on avait à craindre qu'un mouvement séditieux ne se communiquât aux États voisins, ou lorsqu'un gouvernement, ayant épuisé tous les moyens constitutionnels, demandait l'assistance de la Confédération, la diète devait lui porter de prompts secours, pour rétablir l'ordre légal.

Le but de ses premiers soins était de concilier les différends qui lui étaient soumis; et si elle ne pouvait les pacifier elle-même, elle en renvoyait la décision à la cour suprême d'un État confédéré : le tribunal qu'elle avait désigné remplissait alors les fonctions de cour austrégale. La sentence rendue devait s'accomplir; et, en cas de refus, la diète pouvait recourir à des mesures d'exécution, et en charger un ou plusieurs gouvernements qui ne fussent pas intéressés dans ces débats.

Après avoir réglé par un acte très-étendu les rapports politiques destinés à consolider le système de la Confédération, la diète prit, le 3 août 1820, une autre résolution, pour déterminer d'une manière plus précise les attributions de la cour des Austrègues, et la marche qu'auraient à suivre les gouvernements chargés de l'exécution de leurs sentences arbitrales.

La constitution militaire de la Confédération germanique fut ensuite établie par les décrets de la diète du 9 et du 12 avril 1821. L'armée fédérale dut se composer des contingents de tous les États, et l'on fixa par un règlement la répartition des forces que chacun d'eux aurait à fournir : le contingent ordinaire était d'un centième de la population. L'armée devait être mise complétement sur pied, dès qu'elle en serait requise par le chef de l'Empire : on détermina la proportion de nombre que devaient avoir entre elles les différentes armes d'infanterie, de cavalerie, d'artillerie, de mineurs et de sapeurs.

L'armée se divisa en sept corps simples, dont chacun appartenait à un même État, et en trois corps combinés, dans la formation desquels on faisait entrer les contingents de plusieurs États moins étendus : les villes anséatiques étaient de cette seconde classe.

Afin que chaque contingent pût marcher et entrer en campagne au premier signal, le matériel de l'armement devait être toujours prêt, en nombre suffisant et en qualité convenable : une partie des hommes restaient constamment sous le drapeau, et tous ceux du contingent devaient rejoindre leurs corps chaque année, et s'exercer pendant un mois au service, au maniement des armes et aux manœuvres.

Toutes les dispositions prises par la diète, soit pour l'organisation politique et civile de l'Allemagne entière, soit pour la composition de son armée, affermissaient la Confédération germanique, et l'animaient d'un principe de vie et de force, bien supérieur à celui qu'avait eu la Confédération du Rhin, momentanément établie par Napoléon. Le démembrement qu'il avait fait de l'empire d'Allemagne en 1810 ne pouvait pas être maintenu par sa volonté seule; et il ne suffisait pas d'un simple décret, pour changer les habitudes d'un peuple, renverser de vieilles institutions, rompre tous les liens de nationalité, et tous ceux qui tiennent à la communauté des mœurs, des coutumes et du langage.

Napoléon consuma dans de nouvelles entreprises les forces qui auraient pu consolider son ouvrage. Il avait créé la Confédération du Rhin pendant un armistice de courte durée, et dans un temps où l'Europe était fatiguée de la guerre : les souverains qui cédaient alors à ses volontés, retirèrent leur adhésion quand ils crurent le moment venu de l'accabler tous à la fois; et ces projets d'empire et de suprématie qui devaient dépasser la puissance de Charlemagne s'évanouirent comme des rêves de fortune et d'ambition.

L'établissement de la Confédération germanique, telle qu'elle fut constituée par les actes du congrès de Vienne, et par ceux de la diète de Francfort, n'avait pas à craindre les mêmes vicissitudes : la paix semblait promise pour longtemps à l'Allemagne, et celui qui avait imposé des lois à l'Europe rendait en ce moment le dernier soupir.

Amis ou ennemis n'apprirent pas sans une vive émotion la mort de l'empereur Napoléon, expiré le 5 mai 1821, sur les rochers de l'île de Sainte-Hélène. La postérité avait commencé pour lui dès le jour de son exil, et on en avait recueilli les premiers jugements : cependant elle était trop voisine de ses actions pour les juger avec impartialité. Le monarque déchu n'avait encore que des admirateurs ou des détracteurs, et l'on était extrême dans l'hommage ou le dénigrement; mais une période de six années s'était écoulée depuis; et l'opinion publique avait appris à balancer ses grandes actions et ses fautes, son triomphe sur l'anarchie et ses atteintes à la liberté, la gloire militaire qui avait répandu un si grand éclat sur son règne, et les désastres funestes et déplorables où son ambition l'entraîna. Ses admirateurs furent plus sobres de louanges; mais aussi la voix de ses ennemis lui devint moins contraire :

on vit en lui le législateur, et un des plus grands capitaines dont l'histoire nous ait laissé le souvenir. Son pays lui avait donné le nom de Grand à l'époque de ses prospérités, et il sera toujours placé parmi les hommes illustres; mais nos neveux pourront seuls fixer le rang qui doit lui appartenir. L'homme puissant dont l'élévation et la chute eurent une si grande influence sur la destinée des villes anséatiques, y reçut de ses partisans un dernier hommage de regrets, et ses ennemis mêmes durent plaindre tant de rigueur et d'infortune.

Dès que l'organisation militaire de la Confédération eut été réglée par la diète, les villes anséatiques, dont le contingent devait faire partie du dixième corps d'armée, convinrent entre elles que Hambourg fournirait mille hommes d'infanterie, trois cents hommes de cavalerie et six pièces de canon; chacune des villes de Lubeck et de Brême eut cinq cents hommes à fournir. Le grand-duc d'Oldenbourg donnerait une demi-brigade, deux escadrons, six pièces d'artillerie, et cette troupe se réunirait à celles des villes anséatiques pour composer une brigade entière. Les grands-ducs de Mecklembourg-Schverin et de Mecklembourg-Strélitz en formeraient une seconde; le Holstein et le Lauenbourg en formeraient une troisième, et ces troupes réunies composeraient une division: une autre serait fournie par le Hanovre et le duché de Brunswick; et le corps d'armée, composé de ces deux divisions, offrirait en temps de guerre une force de quarante-cinq mille hommes, lorsqu'on aurait réuni toutes ses levées supplémentaires.

Le contingent que les Anséates avaient à fournir pour l'armée fédérale fut formé par un mode de conscription, où l'on comprit tous les jeunes gens de dix-neuf à vingt-cinq ans: le sort désignait ceux qui devraient marcher et ceux qui resteraient disponibles.

Les cadres furent remplis-sur-le champ. La formation d'une armée nationale était secondée par l'esprit public: toutes les parties de l'Allemagne s'étaient soulevées pour reconquérir leur indépendance; et ce mouvement se faisait particulièrement sentir dans les universités, dans ces grands foyers d'instruction, où l'on prend l'habitude d'exercer toutes les facultés de l'intelligence, où les doctrines passent des professeurs aux élèves, où une jeunesse studieuse, mais ardente dans tous ses penchants, se passionne pour ce qu'elle croit juste, suit avec emportement ses idées généreuses, et dépasse quelquefois le but qu'elle avait cherché.

L'intérêt des gouvernements d'Allemagne qui voulaient s'affranchir du joug d'un protecteur avait été de s'appuyer du levier de l'opinion, et d'exciter eux-mêmes un sentiment de haine nationale contre toute domination étrangère; mais ils avaient mis dans les mains de leurs sujets une arme dangereuse, qui se tourna quelquefois contre leur autorité propre. Ils avaient espéré contenir dans de justes bornes cet esprit d'association, et bientôt ils ne furent plus maîtres de le diriger.

Il s'était formé en Prusse en 1807, époque où s'étendait en Allemagne la domination de l'empereur Napoléon, une association secrète, sous le titre de *tugendbund*, ligue de la vertu: elle avait pour but de délivrer l'Allemagne du joug de l'étranger; et ses moyens furent d'établir partout des affiliations entre les hommes animés du même esprit, d'agir sur l'opinion, d'aigrir le mécontentement, d'attendre et de saisir l'occasion où l'on pourrait avouer ses desseins, recueillir ses forces, et soulever la vengeance générale contre les dominateurs.

La marche de cette société était patiente et continue: elle eut d'abord besoin de s'envelopper d'un profond mystère; mais on avait contracté l'habitude du secret; on dévorait ses peines en silence: il fallait laisser passer le torrent de la conquête; et tandis que les armées étaient aux prises, et que le génie et la fortune militaire décidaient passagèrement du sort des peuples, une sourde réaction se préparait ; des trésors de haine s'amassaient contre le vainqueur, et le jour de la vengeance était proche : il apparut vers l'orient, joignit à l'incendie de Moscou ses premiers rayons, éclaira la sanglante retraite des troupes de Napoléon, et donna le signal des premières défections de ses alliés.

Depuis ce moment d'éclat, l'association formée contre lui n'avait plus besoin de voiler ses projets. Elle était soutenue dans les universités, par les principes que l'on commençait à y professer ; et l'un des plus ardents promoteurs de ces doctrines fut le professeur Jahn. Le gymnase qu'il fonda à Berlin était une école où l'on s'attachait à développer toutes les facultés du corps et de l'esprit, et où les élèves s'animaient surtout d'un ardent enthousiasme pour la liberté. Ces principes gagnaient la Prusse entière : toute la jeunesse y accourut sous les armes : les pays voisins l'imitèrent ; et la levée en masse qui s'opérait spontanément s'effectua de proche en proche dans tous les lieux qui commençaient à s'affranchir : elle accrut durant la campagne de 1813 les forces des puissances coalisées, et, après la bataille de Leipzick et le combat de Hanau, elle put s'étendre sans contrainte dans toutes les parties de l'Allemagne. Les étudiants des universités avaient été les premiers à s'enrôler sous les drapeaux de l'indépendance : ils avaient réveillé dans l'Allemagne entière l'esprit de nationalité, ils tendaient à en réunir plus intimement tous les intérêts, toutes les forces ; et comme leur patrie, divisée en un grand nombre d'États, avait été souvent affaiblie par ce partage, ils songeaient à la constituer en une seule nation.

Cette opinion, puisée dans les universités, avait passé dans toute la jeunesse allemande ; et celle-ci ne contenait plus ses vœux et ses espérances, qui n'avaient été exprimées jusque-là que dans des associations clandestines et mystérieuses : chaque étendard était devenu pour elle un signal de réunion : elle s'était armée pour rendre l'Allemagne plus libre et plus grande, et quand les vicissitudes de la guerre eurent enfin ouvert les portes de la France à l'invasion des autres peuples, ils y puisèrent de nouvelles maximes sur l'organisation de la société, et sur les établissements propres à en développer la puissance. Une partie des troupes qui étaient entrées en France comme ennemies y avait perdu ses sentiments hostiles ; et en voyant de près les institutions qu'elle était venue combattre, elle les avait comparées à celles de son pays, elle était disposée à les adopter, à les transplanter dans sa patrie, et à y faire modifier dans un sens plus libéral la forme du gouvernement.

Cet esprit d'innovation fit bientôt de nouveaux progrès en Allemagne, et il y fut spécialement secondé par le zèle des universités, et par le concert qui s'établit entre elles. Les étudiants de celle de Iéna invitèrent en 1817 ceux des autres universités à envoyer des députés à Wartbourg, lieu devenu fameux par la retraite de Luther : ils y célébrèrent l'anniversaire de l'indépendance ; et ces députés vinrent à Iéna, l'année suivante, former le plan d'une société patriotique, connue sous le nom de *Burchenschaft*, destinée à préparer des plans de réforme, et à donner une même tendance à leurs délibérations.

Les gouvernements avaient d'abord laissé un libre cours à l'ardeur d'une jeunesse qui avait puissamment contribué à l'affranchissement de la patrie ; mais lorsqu'ils se virent menacés par cette redoutable association, et par l'empire qu'elle exerçait déjà sur l'opinion publique, ils devinrent plus ombrageux, plus sévères, et ils furent encore plus alarmés pour l'autorité, en apprenant que Kotzebue, l'un de ses plus éloquents défenseurs, était tombé, le 23 mars 1819, sous le poignard de Sand. L'homicide avait été successivement attaché aux universités de Tubingen, d'Erlangen et de Iéna : on le regarda comme l'instrument d'une association criminelle à laquelle ce meurtre devait être imputé ; mais on n'obtint de lui aucun aveu de ce genre : il tourna contre lui le poignard dont il avait frappé sa victime ; et, après avoir employé des soins cruels pour le ramener à la vie, on la lui fit perdre sur un échafaud. Un second attentat fut commis le 1er juillet, dans le duché de Nassau, sur la personne du président de la régence ; mais celui-ci parvint à désarmer l'assassin, qui ne fit également aucune révélation, et n'échappa au supplice qu'en se donnant la mort.

Ce nouveau crime, imputé comme le premier à un fanatisme révolutionnaire, donna lieu à des poursuites rigoureuses contre les hommes qui paraissaient favoriser par leurs écrits ou par leurs discours les ennemis de l'autorité. Un congrès fut convoqué à Carlsbad, pour y concerter les moyens de sortir de cette crise alarmante : la session fut ouverte le 7 août 1819, et les ministres des principales puissances y prirent des résolutions qui furent bientôt mises sous les yeux de la diète germanique, et qui obtinrent son assentiment. Les règlements qu'elle publia sur les universités eurent pour but de faire surveiller la direction des études, d'éloigner les élèves séditieux, et les professeurs qui abuseraient de leur influence sur l'esprit de la jeunesse, en propageant des doctrines contraires à l'ordre public. Les lois contre les sociétés secrètes furent maintenues : on défendit aux universités d'avoir entre elles de communes associations : les professeurs et les étudiants qui auraient été éloignés d'une université ne pouvaient être reçus dans aucune autre. Les mesures prises contre les abus de la presse devinrent plus sévères : on soumit à la censure de l'autorité tous les écrits périodiques, et ceux qui n'excédaient pas vingt feuilles d'impression. Une commission fut chargée de faire des recherches sur les menées révolutionnaires, et sur les réunions qui auraient pour but de troubler la paix intérieure et de renverser les lois établies. Les moyens d'assurer l'exécution de ces mesures répressives furent fixés par les mêmes règlements.

Cette fermentation politique fut moins sensible dans les villes anséatiques, où le gouvernement était populaire et avait retrouvé ses anciennes institutions ; mais il s'y manifestait des mouvements d'une autre nature. Le fanatisme et la haine, qui avaient persécuté les juifs à plusieurs époques, se réveillèrent dans cette partie de l'Allemagne, et une émeute éclata contre eux à Hambourg, le 26 août 1819 : la populace les poursuivit, les maltraita ; quelques-unes de leurs maisons furent dévastées, et le magistrat eut peine à rétablir le calme et à punir les chefs de la sédition. Des mouvements semblables eurent bientôt lieu à Copenhague : le roi de Danemark prit de sages mesures pour protéger les proscrits, mais les factieux osèrent lui en faire un crime, et donner au monarque qui faisait réprimer leurs excès le titre dérisoire de roi des juifs.

Des lois équitables envers les Israélites, qui sont toujours nombreux dans les places de commerce, seraient parvenues à les unir davantage aux autres habitants, et les auraient laissés moins exposés aux persécutions. Les hommes tolérants et modérés gémissaient de leur sort ; et ils conservaient l'espérance qu'un jour une législation plus impartiale et plus juste assimilerait, sous les rapports civils, les hommes de toutes les croyances, et les ferait jouir des mêmes droits.

Les Anséates, rendus aux bienfaits de la paix, avaient eu besoin de quelques années pour réorganiser d'anciens établissements, leur assurer des dotations, attirer de nouveaux fonds dans les caisses de charité et de secours, relever les ressources et le crédit d'une banque si nécessaire au commerce, rendre aux chantiers de construction leur activité, et ranimer une marine marchande qui avait dépéri pendant la guerre.

Lubeck avait perdu une grande partie de son commerce de commission, depuis que les puissances, voisines de la Baltique correspondaient sans intermédiaire, soit entre elles, soit avec les différents rivages de l'Atlantique : ses relations étaient moins fréquentes avec la Russie et avec la Prusse, où l'on avait augmenté les droits d'importation ; elles l'étaient moins avec Dantzig, et il n'arrivait plus autant de grains de cette dernière place, depuis qu'on avait favorisé leur écoulement vers le midi, et leur exportation par Odessa.

Les Hambourgeois voyaient avec inquiétude les travaux que le gouvernement danois faisait exécuter pour agrandir l'enceinte du port d'Altona, à l'aide d'une longue rangée de pilotis qui empiétaient sur le lit du fleuve, et rétrécissaient l'entrée du port de Hambourg. Ils en portèrent leurs plaintes à la commission chargée de régler l'acte de navigation de l'Elbe ; mais elle éluda cette question ; le Danemark n'interrompit pas ses travaux, et l'on reconnut ensuite qu'ils laissaient au cours navigable du fleuve assez de largeur et de liberté, pour que le port de Hambourg continuât d'être facilement accessible.

Ce port recevait une grande quantité de marchandises anglaises et de denrées coloniales, qui souvent même excédaient les besoins des consommateurs. Il faisait un commerce étendu avec la France, d'où il recevait des bronzes, des porcelaines, des soieries, des draps, d'autres tissus de laine, différents objets d'art, de mode ou de goût, et une très-grande quantité de vins, qui se distribuaient dans toutes les parties de l'Allemagne. Plus de trois mille navires fréquentèrent le port de Hambourg en 1821 : les habitants de cette ville n'en avaient armé qu'une partie ; mais ils étaient intéressés à l'expédition et au chargement d'un grand nombre de bâtiments étrangers.

Les principales fabriques de Hambourg étaient celles de ses indiennes, ses papeteries, ses brasseries, et surtout ses raffineries de sucre, dont le nombre commençait cependant à se réduire, depuis que la Prusse en avait établi, et que la Russie avait chargé d'impôts l'importation des sucres raffinés.

Le commerce de Brême était moins considérable et ne pouvait pas mettre en circulation une si grande quantité de capitaux et de marchandises ; mais il était plus aventureux : il aimait à s'ouvrir de nouvelles voies, il tentait les entreprises difficiles qui exigeaient de la constance, et qui pouvaient faire prévoir un brillant avenir.

Les différentes parties de l'Amérique ouvraient un vaste champ aux spéculations ; et on les dirigea vers le nouveau monde, quand le système prohibitif de quelques nations d'Europe restreignit les relations qu'elles avaient entre elles. Plusieurs anciens gouvernements entrèrent en communication avec ceux qui s'étaient formés en Amérique ; et sans les reconnaître encore officiellement, ils eurent des agents dans leurs ports, ils y expédièrent des marchandises, et en reçurent des denrées coloniales.

Les régions intérieures de l'Allemagne commençaient à prendre part à ces expéditions. Il s'était formé à Elberfeld une compagnie rhénane pour le commerce des Indes occidentales : ses principaux actionnaires étaient des fabricants de Prusse, de Saxe et de la rive gauche du Rhin, qui dirigèrent leurs premières spéculations vers l'île d'Haïti : ils en firent ensuite à la Vera-Cruz et à Buénos-Ayres.

Une seconde association, où entrèrent les principaux négociants de Leipzick et de Dresde, fut organisée sous le nom de Compagnie de l'Elbe : il se forma à Berlin une troisième société ; et le but de toutes ces corporations était de faire directement le commerce des Indes occidentales, sans s'adresser aux commissionnaires de Hambourg, et sans se mettre dans leur dépendance ; mais les ressources des négociants et des armateurs de cette ville, et la modicité des droits qu'ils percevaient, soit pour leur commission, soit pour le fret de leurs navires, déterminaient la plupart des commerçants de l'intérieur à continuer de recourir à une intervention qui leur offrait d'ailleurs de si solides garanties.

Hambourg et Brême étaient placées aux avant-postes de l'Allemagne; l'Elbe et le Wéser étaient les principales voies de leur commerce; tous les pays riverains devaient en jouir; et il devenait nécessaire d'assurer par des conventions le libre usage de ces deux fleuves. Les actes du congrès de Vienne et ceux de la diète de Francfort avaient établi en principe cette liberté de navigation : elle fut ensuite régularisée par plusieurs transactions entre les puissances directement intéressées à la maintenir.

Tous les États, limités ou traversés par le cours de l'Elbe, conclurent, le 23 juin 1821, une convention, en vertu de laquelle la navigation de ce fleuve était librement ouverte jusqu'à la mer : chacune des parties contractantes se réservait le cabotage le long des rives de son territoire. Tous les droits d'étape ou de relâche forcée qui avaient été établis sur l'Elbe furent abolis. On substituait aux différents péages qui avaient grevé la navigation du fleuve, une taxe générale qui devait être perçue par les bureaux désignés dans cette convention : cette taxe portait sur les cargaisons et sur les navires; les cargaisons étaient communément évaluées au poids, et la taxe des navires se proportionnait à leur portée. La valeur des droits fixés par cet acte ne devait être haussée que d'un commun accord. Quant aux droits de douanes et à ceux de consommation ou d'octroi, ils n'étaient pas compris dans cette taxe générale : chaque gouvernement pouvait imposer, suivant ses intérêts commerciaux, les marchandises qui devaient être introduites dans ses domaines, pour y être consommées. La même convention déterminait les règles auxquelles les patrons de navires devaient se conformer, et celles que l'on avait à suivre pour reconnaître les fraudes et punir les contraventions. Chaque État riverain s'engageait à tenir en bon état les chemins de halage tracés sur son territoire, à enlever du lit du fleuve tout ce qui pouvait en embarrasser la navigation, à porter secours en cas de naufrage, et à veiller aux intérêts des naufragés ou de leurs familles.

Une commission de révision devait se réunir tous les ans, pour s'assurer si la convention était observée, pour redresser les griefs dont on aurait à se plaindre, et pour faciliter encore plus toutes les relations des États riverains.

Un second acte sur le commerce et la libre navigation du Wéser fut convenu, le 6 septembre 1823, entre la Prusse, le Hanovre, l'Electorat de Hesse, Oldenbourg, Brunswick, la Lippe et le gouvernement de Brême. Les bases en étaient analogues à celles de la convention précédente; et tous les États situés dans le bassin qu'arrose le Wéser participèrent aux avantages de cette grande ligne de communication.

D'autres arrangements de même nature avaient été conclus entre les puissances qui bordent le Rhin, et quoiqu'ils n'eussent pas pour les villes anséatiques un intérêt immédiat, ils étaient si intimement liés au système commercial qui commençait à unir entre elles les différentes parties de l'Allemagne, que nous ne pouvons point les passer sous silence.

Les règlements à suivre sur la navigation du Rhin avaient été déterminés le 27 avril 1803, dans le recès de l'Empire, conclu à Ratisbonne, sous la médiation de la France et de la Russie. Le Rhin formait alors une ligne de démarcation entre la France et l'Empire germanique, depuis les frontières de Suisse jusqu'à celles de Hollande, et l'usage du fleuve était commun aux deux riverains : ils convinrent de l'établissement d'un octroi de navigation, dont la perception dut se partager entre eux; et tous les règlements à observer sur l'exercice de ce droit furent fixés par un arrangement du 15 août 1804.

Mais quelques-unes de ces dispositions furent modifiées en 1815 par les actes du congrès de Vienne. La plupart des questions territoriales n'étaient plus les mêmes : plusieurs domaines, voisins du fleuve, avaient changé de souverains ; et tous les États séparés ou traversés par le Rhin étaient intéressés à adopter pour principe la libre navigation du fleuve. On eut à suivre des bases uniformes pour la quotité des droits à établir : le tarif ne pouvait être augmenté que par un accord volontaire entre les riverains ; chaque État se chargerait de l'entretien des chemins de hallage, et des travaux nécessaires dans le lit du fleuve ; on n'établirait aucun droit d'étape, d'échelle, ou de relâche forcée ; les taxes qui se percevaient encore sous ce titre à Mayence et à Cologne furent supprimées : on voulait que le commerce n'éprouvât aucune entrave, aucune suspension ; et il fut stipulé que si la guerre venait un jour à se déclarer entre quelques-uns des États situés sur le Rhin, la perception du droit d'octroi continuerait à se faire librement.

Il restait encore à résoudre de graves difficultés sur la navigation du Rhin, vers les lieux où il se partage en plusieurs bras, et où même il perd son nom avant que ses eaux arrivent à l'Océan. Ces discussions ne furent terminées que longtemps après, par une convention conclue entre la France, la Bavière, les grands-duchés de Bade et de Hesse, le duché de Nassau, la Prusse et la Hollande. Il fut convenu que le Leck et l'embranchement du Wahal seraient tous deux considérés comme continuation du Rhin dans le royaume des Pays-Bas, et que les navires des États riverains ne seraient pas obligés à transborder et à rompre charge, en passant des eaux du Rhin dans la pleine mer.

On confirma le principe, que les navires seraient affranchis de tout droit de péage et de transit, ou d'autres taxes de navigation, et que ces impôts seraient remplacés par un seul droit, proportionné aux distances à parcourir.

Les règles que l'on adoptait pour le Rhin durent également s'appliquer au Necker, au Mein, à la Moselle, à la Meuse et à l'Escaut, en partant du point où chacune de ces rivières devient navigable, et on n'y laissa subsister aucune servitude, aucun droit d'étape et de relâche forcée.

Il se faisait alors à Hambourg et à Brême de nombreux embarquements pour le Brésil, et le colonel Scheffer y faisait passer des détachements de recrues, qu'il avait fait enrôler dans le Hanovre et dans les pays voisins : on y avait mêlé d'autres hommes, qui avaient cru ne s'engager que comme cultivateurs, et que l'on avait ensuite attachés au service militaire. Les gouvernements anséatiques, informés des séductions auxquelles on avait recours pour tromper ces hommes crédules, n'autorisèrent plus leur embarquement ; mais il s'en fit sur d'autres points du littoral ; car les nouveaux gouvernements d'Amérique cherchaient à attirer des colonies européennes sur leur territoire ; et le bas prix des acquisitions, les facilités que l'on offrait pour le payement, les exemptions d'impôts pendant plusieurs années, étaient un appât pour de nombreuses familles, que la guerre et les bouleversements de l'Europe avaient appauvries. Le malaise leur faisait désirer de changer de lieu ; mais dans ces émigrations volontaires il fallait faire un choix convenable. Les mêmes contrées ne pouvaient pas également plaire aux hommes du Nord et du Midi ; et en s'expatriant pour toujours avec sa famille, on cherchait des régions et une température analogues à celles qu'on avait quittées. Aussi les colons qui partaient des rives de l'Elbe ou des autres contrées de l'Allemagne pour aller s'établir en Amérique, se dirigeaient de préférence hors des régions tropicales, et surtout vers les États-Unis. Quant au commerce, dont les relations sont instantanées et variables, il n'avait pas à prendre les mêmes précautions pour s'acclimater. Il parcourait dans ses voyages tous les pays ouverts à ses échanges, s'arrêtant où la spéculation était favorable, remettant à la voile s'il fallait fuir la contagion, et cherchant partout à lutter contre la concurrence de ses rivaux. Si des événements inattendus l'exposaient à des crises périlleuses, il changeait de moyens pour leur échapper, et repoussé d'un lieu il gagnait des contrées plus accessibles. Un marché s'encombrait-il, d'autres entrepôts lui étaient ouverts : il quittait les consommateurs déjà pourvus, pour aller faire naître ailleurs des goûts semblables : il réglait sur la différence des situations, des penchants et des besoins, les envois à faire à d'autres nations; et si, après avoir éprouvé de longues difficultés, il pouvait s'étendre plus librement et gagner de nouveaux pays, ses bénéfices allaient renaître, et il retrouvait le temps de ses prospérités.

Toutes les institutions des Anséates, leurs lois, leurs usages, leurs traités, facilitaient leurs relations avec le dehors. Le droit de détraction et de traite foraine fut aboli entre eux et la Prusse en 1823. D'autres conventions avec les Pays-Bas, avec le Danemark, avec la Russie, le supprimèrent également; et lorsque, en cas de succession, de donation, de vente ou autrement, on eut à opérer quelque transfert de biens d'un pays dans l'autre, ces exportations furent exemptes des taxes et des impôts d'émigration auxquels on les avait assujetties. Plusieurs traités pour l'extradition des déserteurs et des criminels furent conclus par les gouvernements des villes anséatiques : ils terminèrent avec le Hanovre, et avec les autres États, voisins de l'Elbe et du Wéser, la révision de leurs règlements sur la navigation des deux fleuves et sur le commerce; ils accréditèrent des ministres près des cours de France, de Russie, d'Autriche, d'Angleterre, et ils eurent la sagesse de les choisir parmi les hommes les plus recommandables et les plus dignes de les représenter, tels que M. Rumpff en France, et M. Godefroi à S.-Pétersbourg. Ils accueillirent eux-mêmes avec égard et amitié les ministres des autres puissances, et se montrèrent toujours conciliants dans leurs relations.

L'Angleterre avait avec les villes anséatiques un commerce très-étendu : elle envoyait annuellement à Hambourg plus de sept cents navires : elle faisait acheter en Saxe une grande quantité de laines, et après les avoir ouvrées dans ses filatures et dans ses fabriques, elle renvoyait en Allemagne une partie des étoffes qu'elle avait manufacturées. En recevant ainsi des produits bruts, qu'elle ne rendait qu'après leur avoir donné une plus grande valeur, elle excitait dans ses ateliers une constante émulation, et allait répandre sur tous les marchés étrangers les produits de son industrie. Ce commerce acquit encore plus d'importance, lorsque les Anséates eurent conclu avec l'Angleterre, le 25 septembre 1825, une convention dont nous avons à indiquer les principales dispositions.

Les vaisseaux de Lubeck, de Brême et de Hambourg ne devaient être soumis dans les ports britanniques, soit à leur entrée, soit à leur sortie, à aucun autre droit qu'à ceux qui étaient imposés sur les navires nationaux. Les marchandises et les productions que les vaisseaux anglais pouvaient légalement importer des villes anséatiques dans le royaume uni de la Grande Bretagne et de l'Irlande, pouvaient de la même manière y être importées par les vaisseaux de Lubeck, de Brême et de Hambourg. On regardait comme appartenant aux Anséates tous les vaisseaux qui avaient été construits dans leurs ports; quand les possesseurs et le capitaine étaient citoyens d'une de ces républiques, et que les trois quarts de l'équipage l'étaient également, ou appartenaient à un des États de la Confédération germanique. Tout vaisseau anséatique, venant en Angleterre après avoir relâché sur d'autres points, jouissait des mêmes privilèges que s'il était directement arrivé d'un port de la Hanse : il en était de même dans les ports des Anséates, pour tout vaisseau anglais, venant directement ou indirectement des royaumes britanniques. On ne lèverait sur les propriétés personnelles, et sur les héritages qui seraient exportés de part et d'autre, aucune taxe, aucun droit, plus élevés que ceux qui seraient payés par les citoyens ou sujets des pays où ces biens étaient situés.

Les parties contractantes se réservaient de faciliter leurs relations mutuelles par d'autres avantages; et les articles dont elles conviendraient seraient regardés comme faisant partie de cet arrangement, qui était conclu pour dix années, et qui se prolongerait ensuite, aussi longtemps qu'on ne déclarerait pas, de part ou d'autre, l'intention d'y mettre un terme.

Les négociations des Anséates avec l'Angleterre coïncidaient avec les démarches qu'ils faisaient dans d'autres pays, pour y étendre aussi leur commerce. Un envoyé du Mexique était venu chercher à établir avec eux des relations, et ils nommèrent un consul à Mexico : Brême en avait envoyé un dans l'île d'Haïti. Le pavillon colombien et celui du Brésil commençaient à paraître dans l'Elbe et le Wéser; et lorsque la séparation et l'indépendance du Brésil eurent été formellement reconnues par la cour de Lisbonne, les Anséates conclurent avec lui, le 17 novembre 1827, un traité de commerce et de navigation, en vertu duquel tous les ports et mouillages des États respectifs, ouverts aux bâtiments d'une autre nation, le furent également à ceux des parties contractantes. Les navires qu'elles s'enverraient réciproquement seraient assimilés aux nationaux, pour les droits de port, de fret, d'ancrage, de tonnage, de visite, de pilotage, et on ne les soumettrait à aucune prohibition d'entrée ou de sortie, à moins qu'elle n'atteignît en même temps les navires des autres pays. Tout ce qui serait importé ou exporté par des bâtiments nationaux pourrait l'être également par ceux de l'autre partie. On réduisait de 24 à 15 pour cent les droits d'entrée à percevoir sur tous les articles que les Anséates introduiraient au Brésil; et en les admettant à jouir du traitement de la nation la plus favorisée, on en exceptait seulement les priviléges réservés au Portugal qui, ayant eu le titre de métropole, méritait des prérogatives et des faveurs spéciales. Si l'un des deux contractants était en guerre, l'autre jouirait, comme neutre, des droits commerciaux les plus étendus : la contrebande qui lui était interdite se bornait aux armes et aux instruments fabriqués pour la guerre. Les citoyens et sujets d'un pays jouiraient dans l'autre, quant à leurs personnes, à leurs biens, à l'exercice de leur culte et à l'emploi de leur industrie, des plus grands priviléges accordés aux étrangers.

Ce traité, signé par MM. Gildemeister et Sieveking, était conclu pour dix ans, et si une des républiques désirait ne pas le prolonger, il resterait en vigueur avec celles qui n'y renonceraient pas.

M. Rumpff était en même temps chargé de négocier à Washington un traité d'amitié, de commerce et de navigation, entre les villes anséatiques et les États-Unis, et ce traité fut signé le 20 décembre suivant.

Toutes les importations qui pouvaient être faites dans les villes de Lubeck, de Brême et de Hambourg par leurs propres bâtiments, purent l'être également par ceux des États-Unis d'Amérique. Les droits sur le tonnage et la cargaison durent être semblables à ceux qui étaient imposés aux bâtiments nationaux, et les droits sur l'importation et l'exportation furent les mêmes que pour les autres pays étrangers. Aucune prohibition ne put leur être appliquée isolément. Tout navire fut considéré comme venant de la république à laquelle il appartenait, quoiqu'il eût touché à d'autres rivages. Les négociants, capitaines de navires, et autres citoyens de l'un des deux pays, purent librement gérer leurs affaires dans les ports de l'autre, et y faire la consignation et la vente de leurs marchandises, en se conformant aux lois de l'État : on devait les traiter comme sujets de la république où ils résidaient, ou du moins les assimiler à ceux de la nation la plus favorisée. Ils pouvaient disposer à leur gré de leurs biens personnels, par testament, donation ou autrement; et si leur qualité d'étrangers ne permettait pas qu'ils pussent entrer en jouissance des biens immeubles, ils auraient un délai de trois mois pour en disposer et en retirer la valeur. Ils suivraient devant les tribunaux leurs affaires litigieuses, aux mêmes conditions que les citoyens du pays, et ils jouiraient comme eux de tous les droits qui protégent les personnes et les propriétés. Aucune faveur de navigation et de commerce ne pouvait être accordée à d'autres nations par une des parties contractantes, sans qu'elle devînt aussitôt commune à l'autre partie. Il fut convenu par un article additionnel que les consuls, envoyés d'un pays dans l'autre, pourraient y faire arrêter les matelots, faisant partie de l'équipage des navires de leurs pays respectifs, lorsqu'ils auraient déserté de leurs bâtiments; et que les autorités compétentes auxquelles ils s'adresseraient leur en accorderaient l'extradition. Cette convention dût être en vigueur pendant douze ans, et même au delà de ce terme, pour celles des parties contractantes qui n'auraient pas exprimé l'intention d'y renoncer.

En remarquant la courte durée des traités de commerce qui venaient d'être conclus, on s'en explique aisément les motifs, dans un siècle où l'industrie fait de si rapides progrès. Cette branche de la statistique éprouve de constantes variations. Le besoin d'encourager différents systèmes d'exploitations agricoles ou manufacturières peut faire changer quelques tarifs de douanes, et il est utile, il est commode de ne pas être lié par de trop longs engagements. Les obligations dont on aperçoit le terme sont d'ailleurs celles qu'on est le moins disposé à enfreindre : si elles sont désavantageuses on prévoit qu'elles seront réformées d'une manière légitime ; mais si la durée en est indéfinie on s'irrite, et pour s'affranchir d'une charge onéreuse on en vient à une rupture. Rien n'est en effet plus temporaire que des traités conclus à perpétuité : nous en avons vu plusieurs durer à peine quelques années ; ils avaient été imposés par la force ; la haine les a détruits.

Lubeck, Brême et Hambourg conclurent en 1828 un traité d'amitié, de navigation et de commerce avec le Mexique, et suivirent les bases de leurs conventions avec les autres États d'Amérique. Les droits de port furent les mêmes que pour les nationaux, et les droits de douane les mêmes que pour la puissance la plus favorisée. Le commerce pouvait se faire indistinctement sur les navires de l'une et de l'autre partie contractante ; les citoyens qui se rendaient d'un pays dans l'autre y étaient placés sous la protection des lois ; ils pouvaient y avoir des magasins, y faire le commerce, y disposer de leurs biens, et en exporter la valeur, sans être soumis à des droits de détraction plus élevés que pour les nationaux : ils étaient exempts de tout service militaire, de tout impôt forcé ; et en cas de rupture, ils avaient six mois pour régler leurs affaires et disposer de leurs biens : ils avaient même la faculté de continuer leur résidence, en se conformant aux lois du pays.

L'extension que procuraient au commerce des Anséates leurs traités avec l'Amérique multipliait aussi leurs relations avec l'intérieur de l'Allemagne, où ils versaient les productions du Nouveau Monde. Ils conclurent avec la Prusse, le 4 octobre 1828, une autre convention commerciale, dont les dispositions sont analogues à celle des derniers traités que nous avons analysés.

Ces similitudes donnent lieu de remarquer combien s'est simplifiée la théorie des relations du commerce avec l'étranger. Le code maritime et le code commercial des différentes nations deviennent plus uniformes, à mesure qu'ils sont plus impartiaux et plus justes ; car chaque pays est alors intéressé à les adopter. Il résulte de ce système d'unité et de concurrence, qu'il s'établit partout une louable émulation, et que les avantages sont mutuels ; mais que la balance doit néanmoins pencher en faveur des nations les mieux éclairées sur leurs intérêts, et les plus habiles à mettre en valeur les ressources qu'elles doivent à leur travail, à leurs progrès dans tous les arts utiles, aux richesses de la terre et à la navigation.

Le commerce de Brême allait avoir une nouvelle importance, depuis les arrangements pris par le sénat de cette ville, pour acquérir un second port, plus rapproché de l'embouchure du Wéser, et où les grands vaisseaux pussent commencer leur déchargement ou compléter leur cargaison. Jusqu'alors on n'avait eu pour points de relâche que les petits ports de Bracke ou de Végésach; mais l'entrée en est souvent obstruée par les glaces de l'hiver, et l'on n'avait pas à craindre les mêmes embarras de navigation, en créant un port à l'embouchure de la Geeste.

Le gouvernement de Hanovre avait eu depuis longtemps le projet de former lui-même cet établissement; mais les dépenses nécessaires à l'exécution l'avaient fait constamment différer; et les événements, amenés par la révolution française et par les guerres de l'Europe, y avaient mis ensuite d'autres obstacles. Cependant ce dessein n'était point abandonné; et le Hanovre devait y tenir d'autant plus qu'il n'avait aucun port, vers l'entrée du Wéser, et qu'il se trouvait pour tous ses arrivages maritimes, dans la dépendance d'un autre gouvernement.

La république de Brême jugea qu'il lui serait avantageux d'exécuter le plan qu'on avait formé, et de se charger des dépenses d'un nouveau port, pourvu qu'il lui appartînt. Il fallait en obtenir la cession du gouvernement de Hanovre; et cette négociation fut confiée à M. le bourguemestre Smith, homme distingué par ses lumières, et par son dévouement au service de son pays. Il fit remarquer aux ministres hanovriens que les intérêts commerciaux des deux contractrants ne pouvaient pas être séparés, et que les mêmes moyens favoriseraient les relations de l'un et de l'autre; qu'il était urgent de creuser ce port, afin d'assurer au Wéser des avantages semblables à ceux que procurait à l'Elbe la situation de quelques ports voisins de son embouchure, et que si Brême acquittait les frais de cette entreprise, les bénéfices en seraient néanmoins communs aux deux parties. Le Hanovre pourrait effectuer sur ce point les débarquements de son artillerie et de sa cavalerie: il conserverait le droit de défendre l'entrée du fleuve, d'y avoir une batterie, d'y occuper une position militaire, et de jouir dans le port des mêmes avantages commerciaux que les Brêmois. Le négociateur anséate consentit aisément à recevoir à Geestdorf une garnison hanovrienne, parce que Brême se trouvait déjà enclavée dans le système de défense du Hanovre: les contingents militaires de l'une et de l'autre partie étaient compris dans le même corps d'armée, et devaient, en temps de guerre, être commandés par un même chef. L'acte de la confédération germanique l'avait ainsi réglé, et cette mesure n'était point regardée comme une restriction à l'indépendance; elle tenait au projet de mettre sous la protection générale de l'Empire chaque partie qui serait trop faible pour se défendre séparément. En faisant cette concession au Hanovre, le gouvernement de Brême ne crut pas avoir à craindre un empiétement de juridiction: il se réserva une souveraineté entière sur le port dont il fit exécuter tous les travaux, et les droits de navigation y furent levés et perçus en son nom.

Ce traité, conclu le 27 janvier 1827, fut immédiatement suivi des opérations nécessaires, pour le creusage du port, les bassins, les digues, les chantiers et tous les établissements maritimes, et l'on eut ensuite à régler par différentes transactions les rapports commerciaux de Brême avec le Hanovre et les autres États voisins. Geestdorf pouvait devenir un entrepôt considérable: les grands navires y abordaient aisément: ce lieu offrait un refuge aux bâtiments qui avaient à attendre des vents favorables pour sortir du Wéser et prendre la mer; et si la navigation du fleuve était quelquefois interrompue, une route de terre faciliterait le transit des marchandises, et les ferait librement arriver jusqu'à Brême.

Les efforts que faisaient les Anséates, pour sortir de la situation difficile où l'aggrandissement de plusieurs autres États les avait placés, n'avaient plus pour objet de ressaisir l'ancien rang politique qui leur avait appartenu : tout espoir de puissance était détruit; la prudence devait suppléer à la force; et il fallait aux gouvernements autant d'habileté que de sagesse, pour retenir une partie des avantages dont la Ligue avait autrefois joui. Cette situation a moins d'éclat; mais elle offre encore quelques sujets d'étude; elle nous apprend à mieux apprécier les institutions municipales qui firent longtemps fleurir les villes anséatiques. Ces institutions étaient populaires; cependant la puissance démocratique y avait un contrepoids; et l'on évitait avec soin d'abandonner la marche des affaires aux passions et au zèle irréfléchi de la multitude. Ces remarques seront plus sensibles par un exemple, et nous l'empruntons de la forme de gouvernement que Hambourg a conservée.

Le sénat de cette république partage les fonctions législatives avec les trois collèges de la bourgeoisie; ces collèges sont celui des quinze *oberalten* ou anciens, celui des soixante députés des paroisses, celui des cent quatre-vingts membres du grand conseil.

Lorsqu'une proposition de loi est faite par le sénat, qui jouit du droit d'initiative, elle est successsivement examinée par les trois collèges, et pour qu'elle soit mise à exécution il faut qu'elle ait obtenu leur assentiment. Les oberalten font aussi partie du conseil des soixante, de même que ceux-ci sont également membres du grand conseil. L'influence des petits collèges se conserve ainsi dans les grands : ils continuent de prendre part aux délibérations sur lesquelles ils avaient eu à émettre un premier vote, et il en résulte plus d'unité dans l'action des différents corps de la bourgeoisie.

Si, malgré l'épreuve qu'ont subie les questions examinées et discutées dans les trois conseils, il devient nécessaire de recueillir encore l'opinion de tous les membres de la bourgeoisie qui ont droit de voter, ceux-ci ne s'assemblent pas en un seul corps : on les divise par paroisses, afin de prévenir les réunions trop tumultueuses; et chacune de ces sections est présidée par un membre des oberalten. La sage influence de ce dernier conseil se retrouve partout : ses membres deviennent les guides et les modérateurs de toutes les assemblées : il règne entre eux et le sénat une grande harmonie; et la bourgeoisie leur abandonne avec confiance le soin de ses intérêts habituels.

L'institution des oberalten et les règles du gouvernement dont ils font partie remontent à l'année 1528; cette organisation suivit de près l'introduction de la réforme religieuse. Il y avait alors, dans chacune des quatre paroisses, douze administrateurs de la caisse des pauvres; on forma, en les réunissant, le collége des quarante-huit représentants de la bourgeoisie; ce corps, auquel on adjoignit vingt-quatre autres bourgeois par paroisse, devint le grand conseil, et pour traiter avec eux et avec le sénat, on plaça entre eux le collége des oberalten, composé des trois plus anciens administrateurs de chaque paroisse. Telle était la première formation des conseils; et lorsqu'on eut établi une cinquième paroisse, le nombre des membres de chaque collége fut accru dans la même proportion. Ce fut sous la garantie de ces diverses autorités que les rapports d'union s'établirent et se maintinrent entre le peuple et le gouvernement.

Le 29 septembre 1828, la république de Hambourg célébra la troisième commémoration séculaire de sa constitution civile et religieuse : les ministres du Seigneur lui rendirent grâces de la prospérité dont l'État jouissait, et appelèrent sur ses habitants les nouvelles bénédictions du ciel : les troupes civiques et régulières prirent les armes, au bruit des salves d'artillerie qui annonçaient une fête militaire, et s'assemblèrent autour de leurs drapeaux, où brillaient l'écusson et l'emblème des trois tours gardées par des lions. Des spectacles, des jeux, des fanfares attiraient sur toutes les places la multitude, et des chants civiques se faisaient entendre, pour célébrer la grande fête, dont chaque homme vivant ne devait jouir qu'une fois. Les colléges de la bourgeoisie, les députés des hautes administrations se rendirent à l'hôtel de ville, où M. le bourguemestre Barthels prononça un discours éloquent sur l'objet de la célébration : le président des oberalten, M. Rucker, vieillard de quatre-vingt-cinq ans, parla avec émotion et dignité, au nom de la bourgeoisie entière, et cette allocution touchante produisit une vive impression.

Un banquet solennel, auquel assistaient les sénateurs, les oberalten, les membres du collège des soixante, les députés du grand conseil, les pasteurs, les commandants militaires, les chefs des hautes administrations, s'ouvrit vers le soir : le corps diplomatique y était invité : un député du sénat de Lubeck s'y était rendu, pour prendre part à cette fête de famille ; Brême avait adressé ses félicitations, et y avait joint un envoi de vins âgés de plusieurs siècles, et que l'on disait contemporains de la réformation.

La décoration du lieu de la fête, ses ogives, ses arabesques rappelaient les temps antiques auxquels on voulait remonter : la peinture du fond de la salle représentait l'intérieur de la basilique où s'étaient tenues, il y a trois siècles, les conférences des réformateurs. On avait peint, à l'autre extrémité de la salle, les portraits en pied de Charlemagne fondateur de la ville, de St-Anschaire son premier évêque, d'Adolphe de Schauenbourg qui défendit cette place contre Valdemar en 1227, et de Bogenhagen qui fut dans le seizième siècle le promoteur de la réformation et l'auteur de la constitution actuelle. Les statues de deux chevaliers, revêtus d'une armure d'argent, s'élevaient aux deux côtés de la salle sur des piédestaux, et semblaient saluer les convives, en tenant leurs bannières inclinées : une longue suite de drapeaux était suspendue à la voûte. Les premiers artistes exécutèrent une cantate nationale ; et tandis que l'on s'abandonnait à la joie dans cette réunion solennelle, le sénat faisait distribuer des secours aux pauvres, dans tous les quartiers de cette grande cité : l'alégresse était générale ; tous les bâtiments du port étaient pavoisés, et la nuit qui survint fut éclairée par une brillante illumination.

L'attachement des Anséates aux institutions qui avaient fait leur prospérité, les disposait aussi à s'intéresser aux efforts tentés par la nation grecque pour recouvrer son indépendance. Lorsque des secours en hommes et en subsides furent recueillis en Europe, pour servir une si noble cause, les Anséates ouvrirent des souscriptions, et il se fit dans leurs ports quelques embarquements, pour cette espèce de croisade, où l'on s'engageait par sentiment de religion et d'humanité. Dès les premiers temps de cette lutte, on avait vu briller dans les rangs de la Grèce de grands citoyens qui rappelaient les héros de ses anciens jours : Canaris, Miaulis, Botzari avaient attaché leur gloire à la délivrance de la patrie : le sang des plus illustres martyrs avait coulé pour elle ; mais elle n'était pas encore affranchie, quand la France, l'Angleterre, la Russie se portèrent pour médiatrices entre la Porte Ottomane et la Grèce : elles cherchaient à mettre un terme à cette guerre d'extermination ; et le maréchal Maison, envoyé en Morée avec un corps de troupes françaises, fut chargé de l'exécution de ce grand projet. L'Europe en attendait avec impatience la réussite ; et quelques puissances y voyaient une espèce d'expiation de leur indifférence sur les partages de la Pologne.

La Prusse commençait alors à se placer en Allemagne à la tête d'une grande ligue commerciale, destinée à donner un jour plus d'ensemble et d'unité au système de la confédération germanique. Elle s'attacha d'abord à faire cesser entre elle et ses nombreux voisins des causes habituelles de mésintelligence, en négociant avec eux des conventions spéciales, sur l'extradition des malfaiteurs qui se réfugiaient d'un pays dans l'autre, sur l'accord à établir entre les autorités de la frontière pour arrêter et punir les délits forestiers, sur la suppression du droit d'aubaine et la libre disposition des héritages, sur la protection à accorder aux droits des auteurs et des libraires, pour empêcher la contrefaçon des œuvres qu'ils publiaient. Des conventions de même nature furent conclues entre d'autres États de la confédération germanique : ils se rapprochaient les uns des autres par de communs intérêts, par de semblables institutions civiles et commerciales; et l'on doit compter au nombre des causes qui devaient rendre leurs relations plus intimes la libre navigation de l'Elbe, du Wéser, du Rhin et de leurs affluents. En mêlant les intérêts des pays voisins de ces grands fleuves, en facilitant la circulation de leurs richesses, et en n'assujettissant leur commerce qu'à des droits plus modérés, moins nombreux et plus réguliers, on faisait tomber les barrières qui avaient entravé leurs communications.

L'irrégularité des limites de plusieurs puissances, et les enclaves des petits États dans les plus grands, rendaient plus difficile la surveillance des douanes et favorisaient les importations frauduleuses : la Prusse, dont les possessions occidentales sont entremêlées à celles de quelques autres souverains, reconnut de bonne heure l'avantage de s'unir commercialement avec eux par un même système de douanes, et par un mode de perception qui fût uniforme. Elle conclut, le 14 février 1828, avec le grand duché de Hesse, un traité de commerce et de douanes, en vertu duquel la législation prussienne, relative aux droits d'entrée, de sortie et de transit, devint commune au grand duché, y fut substituée à celle que l'on avait suivie jusqu'alors, et y fut mise à exécution pour le compte des deux États, qui partagèrent entre eux, proportionnellement à leur population respective, le produit de la perception des droits. Tout changement ultérieur dans le tarif ne put être fait que du consentement mutuel des deux gouvernements. Les droits d'entrée, de sortie et de transit ne devaient plus se percevoir sur la ligne de démarcation tracée entre la Prusse et le Grand-Duché; et les produits de l'un des deux États pouvaient librement entrer dans l'autre et y être consommés; à la réserve de quelques objets qui se trouvaient nominativement désignés.

Le même système d'association commerciale avait commencé à s'établir dans le midi de l'Allemagne. Un traité de commerce et de douanes avait été conclu le 12 avril 1827 entre les royaumes de Bavière et de Wurtemberg; et les deux puissances avaient supprimé toute espèce de droits sur la ligne de démarcation de leurs États, afin de ne laisser subsister leurs douanes que sur les autres frontières. Le Wurtemberg avait conclu, sous la même date, un traité semblable avec les deux branches de la maison de Hohenzollern, dont les domaines étaient presqu'entièrement enclavés dans ses États.

L'avantage qui résultait de ces premières réunions fit concevoir le projet de donner à l'une et à l'autre plus de développement; et la Saxe royale, les grands ducs de cette maison, et les autres princes dont les États séparaient les deux associations de douanes, furent vivement sollicités par la Prusse d'entrer dans sa confédération. Le grand duc de Bade l'était également par les cours de Bavière et de Wurtemberg : mais alors ils ne se prêtèrent point à leurs demandes : Bade voulait garder son indépendance; et la Saxe et les autres États intermédiaires formèrent entre eux une troisième confédération commerciale, et s'unirent par un traité du 24 septembre 1828. Ce traité comprenait la Saxe royale et ses différentes branches, le Hanovre, le grand duché d'Oldenbourg, la Hesse électorale, les duchés de Brunswick et de Nassau, d'autres princes, compris dans cette région, et les villes libres de Francfort et de Brême.

Cette confédération, devenue rivale des deux autres, ne pouvait pas lutter contre elles avec avantage. Celle de Prusse faisait journellement des progrès : plusieurs principautés, enclavées dans ce royaume, s'étaient déterminées à adopter le tarif de ses douanes et la translation de leurs bureaux sur une frontière commerciale qui leur devenait commune. La Prusse, n'ayant pu attirer à elle la confédération centrale, unit alors ses intérêts à ceux de la Bavière; et un traité de commerce fut conclu le 23 mai 1829, entre la Prusse et le grand duché de Hesse d'une part, et la Bavière et le Wurtemberg d'une autre part.

Le but de ces gouvernements était d'ouvrir entre leurs domaines une grande circulation commerciale. Ils convinrent que les produits de la nature ou de l'art, provenant des États de l'une des puissances contractantes, pourraient être importés dans les États de l'autre, sans y payer aucun droit d'entrée, et qu'ils y seraient librement mis dans le commerce, pour la consommation du pays. On excepta néanmoins de cette franchise, les sels marins ou fossiles, les liqueurs fermentées, les farines, et quelques autres denrées qui restaient soumises à des règlements domaniaux, ou à des droits d'octroi, perçus à l'entrée des villes : on en excepta également divers produits d'industrie locale, sur la plupart desquels on se bornait à des réductions de droits, ou à leur perception temporaire, afin de ne pas décourager les fabricants, et de ne pas nuire aux priviléges d'invention ou de propriété qu'ils avaient acquis.

On voulut favoriser le transit des productions qui passeraient d'un État dans l'autre, pour être ensuite expédiées au dehors ; et l'on convint qu'elles n'auraient à acquitter, comme celles des nationaux eux-mêmes, que les droits de chaussée; établis par le gouvernement local, et les péages de navigation, fixés conformément aux actes du congrès de Vienne.

Les contractants s'engagèrent à mettre plus en harmonie leurs systèmes de douanes, ceux de leurs monnaies et de leurs poids et mesures. Différents droits, tenant à la police fluviale ou à celle du commerce, furent conservés; mais ils étaient acquittés dans la même proportion, par les sujets de l'une et de l'autre puissance.

Pour jouir d'un libre transit, il fallait diriger par des routes déterminées les expéditions du commerce, qui pouvaient avoir droit à cette franchise ; et l'on se proposa de faire un commun règlement, sur le tarif auquel les autres marchandises continueraient d'être assujetties. Tous les ports de Prusse seraient ouverts au commerce des Bavarois et des Wurtembergeois; et ceux-ci seraient assimilés aux Prussiens pour le paiement des droits de navigation. Les consuls d'une des puissances, employés dans les places commerçantes et maritimes, prêteraient leur protection et leur appui aux sujets des autres parties contractantes.

Les gouvernements qui accéderaient dans la suite au système douanier de Bavière et de Wurtemberg, ou à celui de Prusse et de Hesse-Darmstadt, participeraient aux avantages de ce traité. Des plénipotentiaires se réuniraient tous les ans, pour délibérer sur les moyens de le consolider, de lui donner plus d'extension, et d'en rendre l'exécution plus facile : il n'était conclu que pour douze ans; mais on se réservait le droit d'en prolonger la durée.

Plusieurs membres de la confédération centrale espéraient encore se maintenir entre deux associations rivales, et ils conclurent entre eux le

11 octobre 1829 un nouveau traité d'union et de commerce ; mais bientôt cette ligue intermédiaire vint à s'affaiblir : la Hesse Électorale s'en sépara, et fit avec la Prusse et le grand duché de Hesse-Darmstadt un traité d'accession à leur système de douanes et de commerce. Il y eut entre les contractants une complète uniformité pour les droits d'entrée et de sortie : on convint qu'il n'y aurait entre les trois États aucune ligne de douanes, et que les bureaux en seraient portés sur les frontières extérieures.

Quelque soin que missent les gouvernements de l'association prussienne et ceux de l'association bavaroise à multiplier les relations de commerce entre leurs sujets, ils ne pouvaient pas jouir des mêmes facilités que si leurs territoires avaient été contigus. Ces deux confédérations, se trouvant séparées l'une de l'autre par quelques États intermédiaires, avaient besoin d'obtenir d'eux un libre transit ; et les faveurs conditionnelles qu'elles désiraient s'accorder devenaient illusoires, si le passage leur était fermé.

La Bavière était d'ailleurs séparée de ses possessions rhénanes ; la Prusse l'était également des siennes, et n'avait de libre correspondance avec elles que par des routes militaires qui traversaient d'autres États, et dont plusieurs traités lui avaient assuré l'usage. Ces emprunts de territoire entraînaient des embarras ; et l'on désirait s'en affranchir, en attirant les pays intermédiaires dans le même système de douanes, et en formant des arrondissements plus vastes, et dont les lignes de limites fussent plus régulières.

Ainsi l'association douanière du nord et celle du midi cherchaient à se rapprocher l'une de l'autre, et leurs efforts communs tendaient à dissoudre l'association intermédiaire, qui, entourée par de puissants voisins, n'avait aucune espérance de s'agrandir. Il était même impossible que cette troisième confédération, gênée par les deux autres dans la plupart de ses relations avec le dehors, pût se consolider et se maintenir. La Prusse était trop éclairée pour ne pas prévoir ce résultat ; et lorsqu'elle formait ses liens commerciaux, soit avec les États compris dans la première association douanière, soit avec la Bavière et le Wurtemberg, elle ne faisait que préparer un système plus vaste, auquel d'autres États seraient entraînés à se réunir. Une si grande pensée prouve sa prévoyante administration. Cette puissance vit rapidement se développer le plan qu'elle avait conçu, d'embrasser dans un même ensemble commercial une grande partie de l'Allemagne, d'établir autour d'elle une ligne commune de douanes, de supprimer toutes celles qui avaient séparé les unes des autres les différents États de cette association, et d'affranchir leurs communications mutuelles de tous les droits de péage qui n'avaient pas été réservés par des traités.

Pour simplifier les évaluations du tarif de douanes, on devait les rapporter à un même système de monnaies, de poids et de mesures. Le produit des droits d'entrée, de sortie et de transit, serait réparti entre les contractants, d'après les bases de leur population, dont le dénombrement se renouvellerait tous les trois ans : chaque gouvernement pourvoirait, dans l'étendue de son territoire, aux nominations des receveurs et de tous les agents qui devaient y être employés, ainsi qu'aux frais de perception et d'administration : les comptes en seraient ensuite réglés par un bureau où chacun des États de l'association serait représenté.

Le premier résultat de cette réunion douanière fut de donner une grande activité au commerce intérieur, et de mettre en commun dans un vaste pays les richesses territoriales et manufacturières de chacun des États confédérés. La Prusse vit grandir en cette circonstance la considération politique dont elle jouissait : sa puissance en Allemagne suivait une marche progressive ; la longue étendue de ses États multipliait ses rapports de

24ᵉ *Livraison.* (VILLES ANSÉATIQUES.)

voisinage et de commerce, augmentait son influence, lui donnait une plus grande part à la direction des affaires, et lui réservait peut-être la facilité de faire autour d'elle de nouvelles acquisitions de territoire, si la guerre venait un jour ébranler encore l'Allemagne, et si les grandes puissances belligérantes conservaient l'habitude de ne faire la paix qu'aux dépens des faibles, et de ranger sous leur souveraineté les petits États enclavés dans leur domaine.

Chaque année développait un système de confédération, si habilement dirigé : le grand duché de Bade s'y réunit par un traité du 12 mai 1835, et l'on obtint ensuite l'accession du roi de Saxe et des différents domaines de la Saxe Ducale. Ces derniers États, qui avaient d'abord uni entre eux les intérêts de leur commerce, s'étendaient comme une longue zone entre l'association du nord et celle du midi : ils étaient assujettis sur l'une et sur l'autre frontière à des règlements prohibitifs, et ne pouvaient avoir de libre communication qu'entre les diverses parties de leur territoire. La difficulté de leurs rapports avec les puissances voisines, au milieu desquelles ils se trouvaient enclavés, devenait de jour en jour plus grande; et, pour sortir d'une situation si pénible, ils se déterminèrent à faire partie de l'union douanière et commerciale, dont tous les États furent alors associés les uns aux autres, et comprirent une grande partie de l'Empire Germanique.

L'Autriche avait été invitée à faire entrer dans cette fédération les États allemands qui lui appartiennent; mais elle ne s'était pas prêtée à un système qui lui paraissait démembrer une partie de ses domaines : elle aimait mieux les rapprocher tous par une commune administration, et soumettre à un système de douanes qui dépendît uniquement d'elle le commerce des différentes contrées que cette monarchie réunit.

Cependant, à mesure que l'association douanière faisait des progrès, l'Autriche pouvait prendre quelque ombrage de l'influence que la Prusse exerçait sur cette grande confédération. La Prusse en effet avait entraîné dans ses vues la plupart des États d'Allemagne; son système des monnaies et des poids et mesures y avait prévalu : il y avait entre tous les contractants identité de langage, de mœurs, d'opinion, et tout ce qui peut étroitement unir différents États, et constituer au milieu d'eux l'esprit de nationalité. La Prusse était la puissance qui comptait le plus d'Allemands dans sa population : elle avait dans cette ligue douanière l'avantage du nombre, et celui d'un grand mouvement industriel, que cette association tendait à favoriser. Ce gouvernement avait été plusieurs fois en guerre ou en rivalité avec l'Autriche; et dans cette lutte il avait eu l'habileté de lier souvent sa cause à celle des princes d'Allemagne, de servir leurs intérêts, de soutenir leurs droits. Si l'on se règle sur l'étendue territoriale et sur la population, cette puissance était la seconde de l'Empire; mais depuis l'avénement du grand Frédéric elle en avait plusieurs fois occupé le premier rang, soit par ses succès militaires, soit par le rapide développement de son industrie et de son commerce.

Dans la dernière guerre, la Prusse, séparée de l'Empire et réduite à ses propres forces, avait été accablée par celles de la France; mais plus elle avait éprouvé de désastres, plus le mouvement de réaction de l'Europe entière lui était devenu favorable : elle avait su profiter des avantages de sa nouvelle situation, pour agrandir son influence en Allemagne, et pour y redevenir plus puissante.

En voyant se former entre les principales parties de l'Empire une confédération dont les membres s'accoutument à mettre en commun leurs ressources, leur commerce, et la plupart de leurs règlements et de leurs institutions, on serait porté à croire qu'un jour de si nombreux liens les conduiront à l'unité de gouvernement et à la souveraineté d'un même chef;

car cette tendance à la réunion de plusieurs États et à la concentration du pouvoir s'est manifestée dans tous les pays : mais les prévisions politiques ont été si souvent déçues, qu'il serait peut-être oiseux de s'engager ici dans les combinaisons et dans les hypothèses de l'avenir.

La Prusse a, sur toutes les autres puissances de l'association douanière, l'avantage de leur procurer plusieurs ports sur la Baltique : elle ouvre ainsi de plus vastes débouchés à leur commerce ; et si cette confédération désire avoir un jour des forces navales, les mêmes ports lui offriront cette facilité : la Prusse sera sans doute intéressée au développement d'une puissance maritime, si intimement unie à la sienne.

Faisons au reste remarquer que le Hanovre, Brunswick et le grand duché d'Oldenbourg n'ont pas suivi l'exemple de la Saxe lorsqu'elle s'est réunie aux deux autres confédérations; et que le Holstein, les grands duchés de Mecklembourg, et les villes anséatiques, se sont trouvés également placés hors des limites de l'association douanière. Cette situation locale leur conservait plus d'indépendance; et les Anséates, dont nous avons à nous occuper spécialement, se bornèrent à conclure des traités et d'autres transactions avec les différents membres de la grande union. Mêlés à la plupart des expéditions maritimes et commerciales de l'Allemagne, ils cherchaient à les favoriser, sans néanmoins s'engager dans une association qui leur aurait laissé moins de liberté.

Les actes du congrès de Vienne et ceux des diètes qui ont organisé l'Empire d'Allemagne, y ont assuré l'existence des villes anséatiques : ils les ont mises au rang des États de l'Empire ; et la neutralité et l'indépendance des trois républiques ont été regardées comme utiles au commerce de cette partie du continent. L'Allemagne y forme ses entrepôts, la circulation des marchandises y est favorisée par la libre navigation de l'Elbe et du Wéser, ou par celle de la Baltique : on peut, dans les guerres mêmes de l'Empire, ne pas y craindre d'hostilités; et tandis que les autres parties de l'Allemagne étaient ravagées, des négociations s'ouvrirent quelquefois dans ces lieux d'asile pour rendre la paix à l'Europe. N'est-il pas de l'intérêt du commerce, de la politique et de l'humanité, de conserver à ces gouvernements paisibles leurs plus beaux priviléges, de n'embarrasser par aucune autre association celle qui les unit entre eux depuis six cents ans, et qui avait autrefois rallié sous la bannière anséatique un si grand nombre de villes ?

Nous avons indiqué à plusieurs reprises la part que prirent les Anséates au développement des sciences et aux progrès de l'esprit humain. Ce vaste théâtre s'est graduellement réduit à quelques villes ; mais on y voit encore briller des noms éclatants. L'amour des lettres était entretenu à Hambourg par d'illustres exemples : l'auteur de la Messiade avait passé dans cette ville les trente dernières années de sa vie, il y mourut en 1803; et une inscription gravée sur la façade de la maison qu'il avait habitée fut un dernier hommage rendu à son génie. On avait également consacré, comme but de promenade ou de pèlerinage littéraire, un arbre antique, voisin de la route de Habstehude, et à l'ombre duquel Hagedorn avait composé une partie de ses ouvrages : un siége circulaire entourait la tige vénérable, et les admirateurs du grand poëte venaient y lire encore les productions variées de sa vive et féconde imagination.

La gloire poétique ne se transmet point par héritage : elle est sans aïeux comme sans postérité ; elle est le fruit d'une inspiration divine qui va, de siècle en siècle, animer quelques hommes favorisés du ciel. Mais la littérature a d'autres carrières qu'il est honorable de parcourir ; et, sans prétendre au même genre de célébrité, plusieurs personnages remarquables se firent un nom dans les lettres et les sciences, et consacrèrent spécialement leurs études à la patrie. Otto Giseke écrivit en 1792 une histoire de Hambourg, et le docteur de Hess fit paraître en 1810 un ouvrage beaucoup plus étendu sur sa topographie, sa politique et son histoire. Une nouvelle chronique de cette ville fut publiée en 1820 par le professeur Zimmerman, et un manuel de sa constitution le fut en 1828 par le professeur Buek. Le même sujet avait occupé M. le bourgmestre Barthels, déjà honorablement connu par d'autres écrits sur les intérêts de son pays, et par ses lettres sur la Calabre et la Sicile. Le docteur Lappenberg continuait ses savantes recherches sur les annales de Hambourg et sur les actes de la Ligue Anséatique : le professeur Lehman, directeur du jardin botanique, répandait sur l'histoire naturelle de nouvelles lumières : Ebeling avait publié, en 1810, une géographie de l'Amérique du nord, de ce pays dont les descriptions vieillissent promptement, et dont on aime à suivre l'accroissement progressif et les hautes destinées.

Parmi les hommes à grandes vues et au noble cœur, qui eurent une influence marquée sur les progrès des institutions sociales, on doit citer le baron de Vogt, vieillard vénérable, qui avait visité les villes d'Europe les plus renommées par leurs établissements d'instruction publique, de bienfaisance et d'humanité, et qui parvint à faire adopter dans sa patrie les améliorations dont il avait vu l'exemple. Il ne rechercha point les magistratures, mais il exerça le pouvoir que donne le génie du bien : il fut souvent consulté sur les moyens d'adoucir le sort des classes indigentes; et après avoir été recherché et répandu dans les rangs les plus élevés de la société, il vint dans sa retraite de Flotbeck, près de Hambourg, suivre son goût pour les lettres, jouir de la prospérité des établissements qu'il avait formés, et s'approcher sans trouble du terme d'une longue carrière qu'il avait dignement parcourue.

La ville de Brême s'honorait alors des travaux d'un autre vieillard, du docteur Olbers, célèbre par ses connaissances et ses découvertes en astronomie. La planète de Cérès avait été trouvée par Piazzi en 1801, dans l'aile boréale de la Vierge; et ce fut dans la même constellation qu'Olbers aperçut en 1802 celle de Pallas. Leur distance au soleil et la durée de leurs révolutions ont si peu de différence, qu'Olbers leur attribuait une commune origine : il supposait qu'une planète s'était brisée sur ce point, soit par l'effet d'une explosion, soit par la rencontre d'un autre corps céleste ; et que ses débris, écartés les uns des autres par la violence de l'éruption ou du choc, mais entraînés encore par un même mouvement de rotation, conservaient dans le système planétaire leur circulation, et devaient revenir au même nœud, soit dans l'aile de la Vierge, soit dans la constellation de la Baleine. Ce modeste savant, auquel nous aimions à rappeler que les cieux racontaient sa gloire, attribuait à la fortune sa première découverte; mais il nous déclara qu'il avait été amené, par ses hypothèses et ses calculs, à chercher une seconde planète dans la région où il rencontra effectivement en 1807 celle de Vesta.

Tel est l'attrait de ces hautes contemplations, que l'illustre octogénaire passait dans son observatoire quelques heures de chaque nuit : les fatigues de l'âge lui avaient fait abandonner l'exercice de la médecine et les soins de la terre; il s'était réservé les merveilles du ciel.

Tandis qu'il s'élevait à ces spéculations, M. Schumacher, astronome danois, résidant à Altona, appliquait à de grandes opérations géodésiques les calculs de l'astronomie, et traçait avec précision les éléments d'une carte de Danemark, dont la construction lui était confiée. Pour en déterminer les premières bases trigonométriques, il établit un de ses angles au sommet de la tour de Saint-Michel; mais elle est si légèrement bâtie, que les vents lui faisaient éprouver des oscillations nuisibles à la justesse des calculs; et, pour éviter ce genre d'erreurs, il fallut chercher un autre point plus immuable.

Les villes anséatiques furent souvent visitées par les savants étrangers qui avaient dans cette partie de l'Europe leurs correspondants. Nous remarquons à cette époque les voyages du célèbre physicien sir Humphrie Davy; du capitaine Sabine, plusieurs fois attaché aux grandes expéditions des mers polaires, qui s'étendent au nord de l'Amérique; de John Franklin, qui en parcourut les rivages glacés; du docteur Julius, connu par ses travaux philanthropiques pour l'amélioration du régime des hôpitaux et des prisons; de l'illustre de Humboldt, qui allait faire succéder à ses grands ouvrages sur les deux Amériques d'importantes explorations en Sibérie. Les naturalistes visitaient à Hambourg le cabinet minéralogique de M. de Struve, ministre de Russie; les artistes, plusieurs recueils de gravures et de tableaux; les botanistes, de riches collections de plantes exotiques. L'étude des langues y était en honneur, et chaque idiome européen y trouvait aisément des interprètes : la connaissance de plusieurs littératures étrangères y était répandue : le théâtre, qui peut, lorsqu'il est bien dirigé, polir les mœurs, corriger le vice, écarter le ridicule, était devenu un des plus nobles délassements de la classe éclairée.

Une ville qui doit au commerce les progrès de sa prospérité se borne pendant longtemps à favoriser les établissements utiles, et les travaux qui préparèrent sa grandeur; mais l'acquisition des richesses, la culture de l'esprit, le goût des voyages, le penchant à adopter tout ce qui peut embellir la vie, conduisent par degrés à la culture des beaux-arts, et apprennent à en sentir le prix. Si leur première destination est de concourir à l'ornement des temples, des grands édifices et des monuments publics, les simples habitations leur sont ouvertes ensuite, et les citoyens leur doivent de douces jouissances.

Il s'était formé à Hambourg une réunion d'amis des arts, dont le but était d'encourager l'émulation des artistes par d'honorables suffrages et par des récompenses. On avait ouvert en 1826 une première exposition de tableaux : elle se renouvela, trois ans après, avec plus d'éclat. Dresde, Munich, Berlin, toutes les grandes villes d'Allemagne où l'on cultive les arts avec succès, avaient envoyé quelques ouvrages de leurs peintres et de leurs statuaires, et plusieurs artistes anséatiques se firent remarquer dans ce concours. C'était pour Hambourg un nouveau spectacle : il attirait la foule, il lui apprenait à comparer, et à se former par degrés à l'amour du beau. Un instinct naturel aide à le discerner; on s'arrête bientôt devant les meilleurs ouvrages; et une partie de ceux qui étaient le mieux accueillis pendant l'exposition furent achetés par la Société des amis des arts, pour être ensuite mis en loterie, et pour enrichir les collections qui commençaient à se former.

Un peintre du premier ordre, Overbeck, jouissait alors d'une juste célébrité : né à Lubeck en 1789, il avait commencé ses études à Vienne, les avait perfectionnées à Rome, et avait envoyé à sa ville natale son beau tableau de l'entrée de Jésus à Jérusalem; composition capitale, où la naïveté des figures, leur caractère, leur expression, et la simplicité des poses et des draperies, sont un des plus beaux types de l'école allemande, perfectionnée par la correction du dessin, par le choix d'une belle nature, et par une plus grande souplesse dans les attitudes et les mouvements.

Ne soyons pas surpris que le génie des arts aille d'abord se développer vers le Midi, où il est animé par les beaux spectacles qui l'environnent, où la nature brille dans tout son éclat, où la vie semble avoir plus d'expansion, où les monuments anciens et la découverte des statues qui les ornaient nous offrent encore de si parfaits modèles. D'autres grands artistes, nés sur les bords de la Baltique, allèrent chercher en Italie de nouvelles inspirations, et concourir par leurs ouvrages à l'illustration de leur patrie : Sergel, le grand sculpteur suédois, avait de dignes successeurs : les bas-reliefs de Thorwalsen devaient un jour embellir à Copenhague le palais des rois. Chaque artiste, formé par les grands maîtres qui l'avaient précédé, revenait exercer dans son pays une influence favorable aux progrès et au goût des arts. Ce goût s'étendait de proche en proche : les villes anséatiques participaient à ce grand mouvement; et comme elles avaient souvent donné de nobles exemples aux autres pays, elles aimaient aussi à emprunter d'eux tout ce qui pouvait contribuer à la prospérité, à l'ornement, aux douceurs de la vie sociale.

Cet échange de vues, de connaissances, d'opinions, qui se fait entre les peuples civilisés, et qui les amène par degrés à une espèce de niveau intellectuel, est le résultat heureux et inévitable de l'activité de leurs relations, et de ces nombreux voyages occasionnés par le commerce, par les loisirs de la paix, et par tous ces intérêts qui rapprochent les sociétés, et leur font un besoin de s'entre-secourir.

Les villes anséatiques se trouvent placées sur la route des voyageurs de l'occident et du midi de l'Europe, qui vont visiter les contrées du nord : ils aiment à s'y arrêter, à les connaître, à les comparer à ce qu'elles furent autrefois; et s'ils ne les voient plus jouir exclusivement de leurs anciens avantages commerciaux, ils ne regardent point cette situation comme un état de décadence qui puisse leur être imputé. Le commerce, dont les Anséates avaient eu le monopole, s'est graduellement étendu dans les pays civilisés : ses bienfaits ont été mis plus à la portée de toutes les populations; et, après avoir été longtemps concentrés dans les villes de la Hanse, ils se sont répandus dans toutes les contrées environnantes; semblables à ces bienfaisantes eaux qu'un bassin réunissait, et qui s'épanchent ensuite, par d'innombrables canaux d'irrigation, dans les plaines qu'elles doivent fertiliser.

L'affluence des étrangers qui se rendaient à Lubeck était considérable, depuis qu'il s'était établi dans cette ville plusieurs services réguliers pour la navigation de la Baltique; et ce concours fut encore plus grand lorsque les bâtiments à vapeur vinrent accélérer les traversées de Lubeck à Copenhague, à Stockholm, ou à Saint-Pétersbourg.

L'emploi de la vapeur, appliquée soit à la navigation, soit aux chemins de fer, accoutume à se rendre avec tant de rapidité à sa destination, que l'on prend l'habitude de ne pas s'arrêter dans les lieux intermédiaires. Le commerce, qui les enrichissait à son passage, se concentre bientôt dans les villes placées aux extrémités : la fortune s'attache aux lieux où il vient lui-même se fixer; le marché se déplace, de même que la population; et la distribution des habitants d'un pays ne s'y fait plus dans des proportions semblables : la classe commerçante gagne les villes principales, et les anciennes stations de transit sont négligées, à moins qu'elles ne soient encore animées par l'industrie et le mouvement des manufactures.

Mais sans doute ces déplacements commerciaux n'atteindront pas les villes anséatiques : chacune d'elles devient un lieu naturel de départ ou d'arrivée, auquel commencent ou aboutissent de grandes expéditions commerciales. Ces nobles cités reçoivent et échangent les tributs de la mer et de la terre : elles doivent à leur indépendance le bien-être dont elles jouissent; et nous répéterons ici, en l'appliquant à chacune des villes anséatiques, le vœu qui fut exprimé à celle de Hambourg, dans sa dernière fête séculaire : Puissent la paix, la fortune, la gloire, lui conserver la force, la prospérité, la splendeur!

La population de Lubeck, cette ancienne capitale de la confédération, avait été beaucoup plus nombreuse, et ses principaux établissements publics remontent à ses plus belles époques. On remarque, parmi les monuments de son antiquité et de sa grandeur, ses premiers édifices religieux, l'arsenal, la bourse, les chantiers de construction, les magasins maritimes et commerciaux, où l'on dépose encore toutes les marchandises des bords de la Baltique.

Autrefois les archives de la Diète Anséatique furent établies à Lubeck: la plupart ont péri au milieu des ravages de la guerre ou de l'incendie: d'autres ont été disséminées dans les différentes villes de la Hanse; mais plusieurs hommes, recommandables par leurs lumières, se sont attachés à les recueillir. Les uns appartiennent aux villes anséatiques, comme Krantz, Sartorins, M. Lappenberg, et ils ont été soutenus dans leurs laborieuses recherches par le désir de rendre hommage à leur patrie, et de perpétuer le souvenir des actes qui l'ont honorée: d'autres, tels que Fischer dans son histoire du commerce, et M. Pardessus dans ses savantes observations sur la législation maritime des différents siècles, ont donné une plus grande étendue à leurs tableaux et à leurs remarques.

Éclairés par de si lumineux ouvrages, mais ayant à considérer sous d'autres points de vue le sujet historique dont nous nous sommes occupés, nous désirons que nos travaux aient également pour résultat de consacrer la gloire que la Ligue Anséatique a si justement obtenue. Ses illustres cités offrent une longue suite de grands exemples qui méritent d'être conservée, et dont les traditions doivent être fidèlement transmises aux générations suivantes, comme titres d'honneur et objets de vénération.

Les services que cette ligue rendit au moyen âge ont laissé des traces que le temps n'a point effacées, et l'on peut regarder comme une faveur réservée aux bonnes lois, la conservation des villes qui ont survécu à cette grande confédération. L'Allemagne entière avait été ébranlée dans ses fondements, et une partie de ses antiques établissements s'était écroulée; lorsqu'au milieu de ses ruines s'éleva l'indépendance de quelques villes, dont les gouvernements furent assez sages, assez habiles pour éviter tous les périls de leur situation, et pour rester fidèles aux institutions qui les avaient protégées longtemps. Déchues de la puissance, elles maintinrent leur activité commerciale: n'ayant plus à combattre, elles négocièrent; et les succès que les armes ne leur promettaient plus furent le prix de leur prévoyance et le résultat de leurs traités.

C'est par de tels avantages que s'affermit la prospérité des États; et nous en avons souvent trouvé la preuve en suivant les annales des villes anséatiques à travers les différentes révolutions qui s'accomplissaient autour d'elles. Si d'autres peuples nous ont offert, par intervalles, des traditions plus éclatantes, ils ont aussi éprouvé plus de vicissitudes dans leurs destinées, et quelques-uns d'entre eux n'existent plus. La puissance n'est donc pas la plus sûre gardienne de la durée des États; et la prudence et la justice peuvent donner aux faibles des principes de vie qu'épargne le temps.

FIN.

TABLEAU

DES VILLES ET DES COMPTOIRS

DE LA LIGUE ANSÉATIQUE,

VERS LA FIN DU QUINZIÈME SIÈCLE.

En écrivant l'histoire des villes Anséatiques, nous nous sommes surtout occupés de celles qui eurent à prendre le plus de part aux événements ; et il a suffi de désigner les associés d'un rang très-inférieur, qui ne participèrent que faiblement aux opérations communes. Vouloir s'arrêter au détail de leurs annales, c'aurait été s'égarer dans un obscur labyrinthe, et faire dégénérer en chroniques particulières un ouvrage d'ensemble, et un récit qui ne doit embrasser que les faits dignes de mémoire.

Nous avions surtout à peindre l'influence que la Ligue Anséatique exerça sur l'Europe entière, l'esprit d'association qui constituait sa force, et l'empressement qu'eurent un grand nombre de villes à mettre sous son égide leurs intérêts et leurs libertés. Toutes ces villes, dispersées sur les rivages de la mer ou sur ceux de quelques rivières navigables, pouvaient avoir entre elles de faciles communications, et se prêter des secours mutuels : elles formaient de proche en proche une longue chaîne, dont tous les anneaux se correspondaient ; et la variété de leurs richesses territoriales ou des produits de leurs manufactures leur permettait d'utiles échanges, et devenait pour elles un nouveau principe d'union.

Pour ne pas interrompre le cours de l'histoire, et pour ne négliger néanmoins aucune remarque, propre à faire mieux connaître l'ensemble et la situation des membres de la Ligue Anséatique, nous avons réservé pour cette notice supplémentaire quelques observations sur toutes les villes plus ou moins importantes, et sur les comptoirs qui appartenaient à cette Ligue, vers la fin du quinzième siècle.

La plupart de ces articles pourraient avoir plus d'étendue ; mais comme ils se rattachent à d'autres documents déjà compris dans cet ouvrage, ils ne peuvent en être que la continuation, et nous devons nous abstenir de rentrer dans les mêmes développements.

ANCLAM, ville de Poméranie, située sur la Pène, était d'abord ouverte, comme toutes les anciennes villes d'Allemagne ; elle fut entourée de murailles vers la fin du douzième siècle. La Poméranie, qui s'étend le long des rives méridionales de la Baltique, avait fait autrefois partie du royaume des Vendes : elle eut ensuite ses ducs particuliers ; puis elle fut partagée entre la Suède et la Prusse, qui la possède aujourd'hui en totalité.

ANDERNACH, sur la rive gauche du Rhin, entre Cologne et Coblentz, avait été dans l'origine une forteresse romaine, connue sous le nom d'Antenacum. En 876 il se livra dans son voisinage une sanglante bataille entre l'empereur Charles le Chauve et son fils Louis de Germanie : les droits de ville libre et impériale lui furent accordés au commencement du 13e siècle, et la navigation du Rhin et de la Moselle favorisa son commerce.

ANVERS, où fut transporté le comptoir que les villes Anséatiques avaient eu longtemps à Bruges, est situé sur l'Escaut, qui reçoit dans son lit les plus grands navires : son commerce maritime et continental fut très-étendu, mais il perdit une partie de sa prospérité pendant la guerre de l'indépendance des Provinces-Unies, et les plus riches négociants se retirèrent à Amsterdam.

ARNHEIM, nommé *Arnoldi villa* dans un diplôme impérial de 996, est situé sur le Rhin, à peu de distance du canal que Drusus fit creuser autrefois, pour dériver une partie des eaux de ce fleuve, et pour les jeter dans l'Yssel. Cette ville devint la résidence des anciens ducs de Gueldre, et l'on rassembla leurs tombeaux dans l'église de Saint-Eusèbe.

ASCHERLEBEN, placée au confluent de l'Einer et de la Wipper, est le berceau de la maison d'Anhalt. Ces princes avaient d'abord le titre de comtes d'Ascanie, et l'on voit encore quelques vestiges du château de ce nom. Un lac très-considérable s'étendait autrefois entre cette ville et celle de Gadersleben : le desséchement en fut commencé en 1703; on en fit écouler les eaux par un canal de dérivation, et ce vaste bassin fut converti en prairies et en terres labourables.

BERGEN, était un des comptoirs des villes Anséatiques, et il est encore la plus importante place de commerce de la Norvége. Son château fut construit en 1070, et fut la résidence habituelle du souverain, avant le traité de Calmar, qui réunit sur la tête de Marguerite les trois couronnes du Nord. Cette ville a été plusieurs fois ravagée par des incendies; mais les avantages de sa situation ont toujours porté les habitants à ne pas l'abandonner et à la relever de ses ruines. Les Anséates y avaient réuni dans un même quartier leurs habitations et leurs vastes magasins : ils y jouissaient de leur administration, de leurs franchises, et ils y entretenaient un grand nombre d'élèves, pour leur faire acquérir les connaissances et l'expérience nécessaires aux opérations du commerce. Bergen eut pour évêque Éric Pontoppidan, auteur de plusieurs ouvrages historiques sur le Danemark et la Norvége.

BERLIN, est situé sur la Sprée, dont les eaux réunies à celles du Havel vont ensuite se jeter dans l'Elbe, et assurent au commerce une ligne de communication avec l'Océan. Cette ville fondée par Albert l'Ours, margrave de Brandebourg, eut pour premiers habitants des colons d'Allemagne, des Pays-Bas et du Rhin. Sa prospérité commerciale et manufacturière a toujours été en s'agrandissant : sa population est aujourd'hui de près de deux cent mille âmes; et ses bibliothèques, ses muséums, ses cabinets d'histoire naturelle et d'antiquités, ses académies, et toutes ses institutions scientifiques et littéraires, la placent au rang des villes les plus remarquables et les plus éclairées.

BIELFELD, en Westphalie, près des sources de la Lutter, un des affluents du Wéser, occupe plusieurs milliers de tisserands : ses toiles ont un grand débit : sa maison des orphelins est en même temps une manufacture : d'autres fabriques de quincaillerie, de tissus et de lainage y sont établies.

BOLSWERDE, dans la Frise, à deux lieues du Zuyderzée, et à la jonction de plusieurs canaux navigables, renferme des fabriques d'étoffes de laine : on élève des bestiaux dans le voisinage; et il s'y fait un grand commerce de produits agricoles ou manufacturés.

BOXTEHUDE, est une petite ville, située dans le duché de Brême, entre Stade et Haarbourg. L'empereur Rodolphe Ier lui accorda ses franchises en 1273 : elle fut bientôt entourée de murailles; et dans la suite elle soutint deux siéges, l'un contre le duc de Brunswick en 1424, et l'autre contre Mansfeld en 1558 : ses ennemis ne purent pas s'en emparer.

BRANDEBOURG, est arrosé par le Havel, un des principaux affluents de l'Elbe. L'empereur Henri l'Oiseleur l'avait enlevé aux Vendes en 928 : Othon le Grand y fonda un évêché ; et cette ville, après avoir plusieurs fois changé de maîtres, comme il arrive aux marches ou pays frontières, passa au margrave Albert l'Ours, qui la transmit à la maison de Prusse. On y conserve plusieurs tableaux de Cranach, ami de Luther, et un des plus anciens peintres d'Allemagne.

Braunsberg, ville de la Prusse orientale, est située sur la Passarge, qui va se jeter dans le Frisch-Haff : elle fut bâtie en 1252, et l'évêque de Prague, Bruno, lui donna son nom. On la divisait en vieille et nouvelle ville : l'une et l'autre avaient une enceinte séparée, et on les réunit ensuite dans les mêmes murailles et sous une commune administration, qui prit pour règle les statuts de Lubeck. Braunsberg était la résidence de l'évêque de Warmie : elle appartint successivement à l'Ordre Teutonique, à la Pologne, à la Prusse. Son commerce est considérable en blé, en toiles, en bois de construction.

Brême, dont la fondation remonte à l'année 788, renferme de nombreux établissements de bienfaisance et d'humanité, pour les malades, les pauvres, les vieillards, les mariniers, les orphelins. Ses brasseries, ses fabriques de toute nature, sa navigation donnent un grand développement à son commerce avec l'étranger, et son pavillon se montre dans toutes les mers. Brême est la patrie du célèbre astronome Olbers : elle est celle de Heeren, un des meilleurs historiens modernes.

Bruges, ancienne ville des Pays-Bas, était fortifiée en 837 : elle s'accrut de siècle en siècle, et devint la place de commerce la plus importante du moyen âge : un canal, creusé entre Bruges, Damme et l'Écluse, assurait les communications jusqu'à la mer. Marguerite de Flandre, fille de Beaudouin, empereur de Constantinople, fit entourer cette ville d'une seconde enceinte, qui fut agrandie dans le siècle suivant par Philippe le Bel. Bruges était la résidence des comtes de Flandre ; elle fleurit également sous les ducs de Bourgogne : les Anséates y avaient un comptoir et un des plus riches entrepôts de leur commerce. Cette ville, s'étant revoltée contre l'empereur Maximilien, éprouva toutes les rigueurs de la guerre et fut dépouillée de ses anciens priviléges : Anvers hérita d'une partie de son commerce, qui alla ensuite enrichir Amsterdam.

Brunswick, est arrosé par l'Ocker, qui est navigable et qui va se jeter dans l'Aller, principal affluent du Wéser. Cette ville fut entourée de murailles dans le 13° siècle : il s'y joignit bientôt plusieurs faubourgs qui furent également fortifiés, et Henri le Lion les comprit dans une seule enceinte.

Pendant l'anarchie du moyen âge, les occasions de guerre étaient si fréquentes et l'on était tellement exposé aux invasions, que l'on cherchait d'abord à mettre les villes en état de défense. Les franchises et les priviléges qu'elles obtinrent ne s'étendaient pas au delà de leurs murailles : les mêmes droits furent ensuite accordés aux faubourgs ; et d'autres concessions les étendirent même jusqu'à la banlieue. Plusieurs villes, que la navigation, l'industrie et le commerce avaient enrichies, trouvèrent dans ces prérogatives le principe de leur indépendance.

Campen, près de l'embouchure de l'Yssel, jouissait de la navigation du Zuyderzee et faisait un commerce très-étendu, avant que les sables qui se sont amoncelés à l'entrée de ce fleuve l'eussent fermé aux grands navires. Cette ville compte au nombre de ses hommes remarquables Albert Pighius et son neveu, hommes de lettres et savants antiquaires.

Coësfeld, grande ville du duché de Munster, est bâti dans une belle plaine, où se réunissent les différentes sources du Borkel, qui dirige son cours vers l'Yssel : elle fut ravagée par un incendie en 1591, et ne recouvra plus son ancienne importance.

Colberg, *Colobreda*, est une ancienne ville de la Poméranie orientale :

elle est arrosée par la Persante, et voisine de la mer Baltique. Boleslas, premier roi de Pologne, y fonda un évêché dans le onzième siècle. Des sources d'eau salée coulent aux environs; et l'on y établit autrefois des salines, dont l'exploitation épuisa les forêts voisines. Les Suédois s'emparèrent de Colberg en 1641, et cette ville fut réunie à la Prusse par le traité de Westphalie.

COLOGNE, où s'étaient d'abord établis les Ubiens qui étaient alliés de Rome, fut bientôt agrandie par la colonie romaine que l'impératrice Agrippine y fit placer. Les Francs s'en emparèrent au cinquième siècle. Cette ville devint ensuite l'entrepôt d'un commerce considérable entre l'Allemagne et la Hollande. Othon le Grand lui accorda tous les priviléges des villes libres et impériales, et la mit sous la protection de Brunon, son frère, qui en était archevêque. On lui donnait le titre de Rome d'Allemagne, pour sa grandeur, et celui de ville sainte, pour le nombre de ses églises. Cologne est la patrie de Rubens.

CULM, près de la Vistule, fut fondé en 1223 par l'Ordre Teutonique, qui en fit un boulevard contre les Prussiens et d'autres nations encore idolâtres. Cette ville devint le siége d'un tribunal, dont les règlements acquirent une grande célébrité : le droit de Culm fut ensuite reçu en Prusse et dans le duché de Masovie. Cette ville changea plusieurs fois de souverain, pendant les guerres de l'Ordre Teutonique avec la Pologne. Son commerce ne fut jamais très-considérable; mais lorsque les Grands-Maîtres de qui elle dépendait furent devenus protecteurs de la Ligue Anséatique, Culm, qui en faisait déjà partie, fut intéressé à se maintenir dans cette association.

DANTZIG, *Gedanum*, est situé sur la Vistule, à deux lieues de son embouchure où s'élève le fort de Weichselmunde. Cette ville, fondée dans le dixième siècle, fut agrandie par l'Ordre Teutonique qui l'entoura d'une nouvelle enceinte. Les habitants se mirent en 1454 sous la protection de Casimir IV, roi de Pologne, obtinrent de se gouverner par leurs lois, et conservèrent leurs priviléges, au nombre desquels était celui de battre monnaie. L'étendue du commerce de cette ville en fit accroître la population jusqu'au nombre de quatre-vingt mille âmes. Dantzig était le principal entrepôt de la Pologne, dont les blés, les bois et les autres productions devaient être exportés vers les contrées du Nord et de l'Occident. Philippe Cluvier, un des plus savants géographes de son siècle, naquit dans cette ville en 1580.

DEMMIN, en Poméranie, situé au confluent de la Trébel et de la Pène, reçut en 1128 le christianisme. Ses fabriques de toile, ses tanneries, ses distilleries de génièvre, ses brasseries avaient donné une grande activité à son commerce; mais la concurrence des autres villes lui en enleva une partie.

DEVENTER, sur l'Yssel, qui va se jeter, plus au nord, dans le Zuyderzée, reçut de l'empereur Othon le Grand ses priviléges de ville libre : elle avait ses magistrats, son corps de bourgeoisie, ses propres institutions, et elle se joignit à la Ligue Anséatique, en même temps que plusieurs autres places de l'Over-Yssel.

DORPAT, en Livonie, sur les bords de l'Embecke, qui coule entre les lacs de Peipus et de Wortzy, fut bâti au commencement du onzième siècle : l'Ordre Teutonique s'en empara en 1210, et il y fonda un évêché; mais cette ville se souleva contre lui, et fut successivement prise et reprise par les chevaliers Porte-glaives, les Polonais, les Suédois et les Russes qui la possèdent aujourd'hui.

DORTMUND, en Westphalie, située sur l'Ems, au midi de Munster, est une ancienne ville impériale : Charlemagne y eut un palais. Les Huns, qui envahirent cette contrée en 937, y essuyèrent une sanglante défaite. La possession en fut longtemps disputée entre les archevêques de Cologne et les comtes de la Marck qui l'avaient reçue de Charlemagne; mais ses priviléges de ville impériale lui furent confirmés en 1332 par l'empereur Louis de Bavière, et ils le furent ensuite par Charles IV. Son commerce était considérable.

Duisbourg, ancien bourg teutonique dans le pays de Clèves, est situé près du Rhin, entre la Roer et l'Anger. Il devint ville impériale, et fut placé sous l'avocatie des ducs de Limbourg et de Berg. Rodolphe confirma en 1290 les priviléges de cette ville : il s'y fait un grand commerce d'expédition et de transit entre l'Allemagne et la Hollande; et l'on exporte par cette voie la plupart des quincailleries et des autres articles fabriqués dans le duché de Berg. Gérard Mercator, dont les ouvrages géographiques sont justement estimés, mourut dans cette ville en 1594, et laissa à son fils l'héritage de sa réputation et de ses connaissances.

Eimbecke, dans la Basse-Saxe, est arrosée par la rivière d'Ilme qui se jette dans la Leine, un des principaux affluents de l'Aller. Une chapelle qui attirait un grand nombre de pèlerins devint l'origine de sa fondation. Il fallut bâtir des maisons pour loger ces voyageurs, et il se forma un village qui s'agrandit incessamment. Ce lieu devint bientôt une ville, que l'on entoura de murs, de tours et de fossés. Eimbecke eut à soutenir différents siéges; elle fut incendiée plusieurs fois, surtout vers le milieu du seizième siècle, et eut beaucoup à souffrir pendant la guerre de Trente Ans.

Elbing, sur la rivière d'Elbelach, entre le lac Drausen et le Frische-Haff, fut fondé en 1239 par l'Ordre Teutonique, et obtint bientôt ses premières franchises. L'ancienne ville avait une enceinte de murailles, et la ville neuve en eut également une. Le château d'Elbing fut détruit par la bourgeoisie en 1454; et cette ville, s'étant détachée de l'Ordre Teutonique, se mit sous la protection de la Pologne.

Le commerce que fait Elbing par la navigation du Frische-Haff occupe un grand nombre de navires; mais le peu de profondeur de ce lac maritime, qui n'est séparé de la Baltique que par une longue suite de dunes, connue sous le nom de Nehrung, ne permet pas aux grands vaisseaux qui viennent de la haute mer d'arriver à Elbing avec toute leur charge : souvent ils s'allégent en passant devant Pillau, et c'est aussi le point où les navires venus d'Elbing ont à compléter leur chargement.

Elbourg, dans le pays de Gueldre, est un port du Zuyderzée : on y fait une pêche abondante, et il s'y tient de grands marchés de grains, de bois, de bestiaux et de poissons. Cette ville a éprouvé le sort de la plupart des autres places maritimes de cette contrée, dont la navigation et le commerce se sont concentrés à Amsterdam.

Emmeric, lieu situé sur la rive droite du Rhin et dans le duché de Clèves, ne fut d'abord qu'un chapitre collégial : il était placé sous le patronage des comtes de Gueldre et de Zutphen; et la ville, qui se forma et s'agrandit autour du chapitre, fut entourée de murs en 1247 : on y établit des tanneries, des brasseries, des fabriques de toiles et d'étoffes de laine.

Francfort, sur l'Oder, était désigné dans quelques anciens titres sous le nom de Vranchin-Furth : il paraît que les Francs s'y étaient ouvert un passage entre les deux rives du fleuve. Les priviléges de cette ville datent de 1257 : le margrave Jean y établit un entrepôt de commerce : l'université fut fondée en 1506, et les premiers professeurs furent appelés de Leipzick. Le marché de Francfort s'agrandit rapidement; mais cette ville éprouva ensuite plusieurs fléaux, dont elle ne put se relever : elle fut ravagée par deux incendies en 1570 et 1574, et fut prise d'assaut en 1630 par les Suédois, qui passèrent au fil de l'épée une partie de sa population. Son commerce est surtout alimenté par les fabriques de Silésie.

GŒTTINGUE, situé dans une vallée fertile, est arrosé par la Leine, qui va se réunir à l'Aller, un des affluents du Wéser. Henri l'Oiseleur lui accorda ses premières chartes : les empereurs suivants possédaient cette ville ; et, après la mort d'Othon IV, elle passa au duc de Saxe Henri le Lion. Ce fut une des premières villes de l'intérieur qui entrèrent dans la Ligue Anséatique : son gymnase fut institué en 1586, et la juste réputation dont jouit son université s'est répandue dans tous les pays.

GOLNOW, en Poméranie, est arrosé par l'Ihne, qui va se jeter dans la vaste embouchure de l'Oder. Son territoire renferme de vastes bruyères, et il est plus riche en forêts qu'en terres labourables. L'activité de son commerce maritime l'avait rendue florissante ; mais elle fut ravagée plusieurs fois par des incendies.

Ce fléau était commun dans le moyen âge, où les édifices étaient généralement construits en bois. En relevant les villes, on les laissait exposées aux mêmes dommages, parce que les moyens de construction n'avaient pas changé. La rareté de la pierre, dans les contrées d'alluvion que mouillent les flots de la Baltique, explique l'emploi continu des mêmes matériaux, surtout à une époque où l'usage de la brique était beaucoup moins répandu, et n'était réservé que pour les monuments publics.

GOSLAR, dans la contrée du Hartz, est baigné par la Gose, qui va se réunir à l'Ocker. Le Rammelsberg est une des montagnes qui l'entourent et qui renferment de riches et abondantes mines de cuivre, de fer et d'autres métaux. Cette ville, où plusieurs empereurs tinrent leur cour et convoquèrent les États de l'Empire, a toujours été libre dans son gouvernement, et n'a jamais relevé que de la couronne impériale. Goslar était une des plus grandes villes d'Allemagne, lorsqu'elle entra dans la Ligue Anséatique. Schwartz, moine franciscain, passe pour y avoir inventé la poudre.

GRONINGUE, est situé au confluent de plusieurs petites rivières, dont les eaux réunies forment la rivière de Hunse et peuvent recevoir de grands navires. C'était d'abord un village que Henri le Noir donna en 1040 à l'église d'Utrecht : il fut ensuite érigé en ville, obtint de nombreux priviléges, et acquit une pleine juridiction sur la contrée d'Ommeland, au milieu de laquelle Groningue est situé. Les comtes de Hollande et les évêques d'Utrecht se revendiquaient les uns et les autres la souveraineté ; mais l'empereur ne reconnut pas leurs prétentions, et confirma cette ville dans ses franchises. Son université fut fondée en 1615 ; son commerce est étendu ; la pêche et la préparation du poisson y occupent un grand nombre d'hommes.

GRYPSWALD, en Poméranie, est arrosé par le Rick, et cette situation lui ouvre le commerce de la Baltique. L'abbé d'Eldenow y fit arriver en 1233 une colonie de Saxons : la ville qu'ils bâtirent fut entourée de murailles, et fut donnée en fief au duc de Poméranie. On y établit autrefois des salines comme à Lunebourg ; mais la grande consommation de bois en fit interrompre l'exploitation.

L'île d'Oie, aujourd'hui submergée presqu'en entier, nourrissait alors une multitude de chevaux qu'on y laissait sans gardes, et auxquels on portait seulement du fourrage pendant l'hiver.

En réfléchissant au phénomène de la submersion de cette île et de quelques autres terres dont les forêts sont englouties, et où l'on n'aperçoit plus que des hauteurs et des dunes isolées, on est conduit à supposer qu'il s'est opéré un affaissement dans la zone territoriale qui s'étend de l'est à l'ouest le long des rives méridionales de la Baltique.

HALBERSTADT, en Basse-Saxe, remonte au commencement du neuvième siècle : saint Hildegrin en fut le premier évêque. Un coteau où l'on a bâti deux églises est au centre de la ville, et les habitants se sont établis à l'entour :

la statue de Roland, érigée dans la place publique, atteste les droits que cette ville avait obtenus des empereurs. Halberstadt fut incendiée en 1179 par les troupes de Henri le Lion, duc de Saxe : on l'entoura bientôt de murailles ; et les faubourgs qui s'étendirent au dehors furent ensuite compris dans une commune enceinte. La culture du lin et des grains réussit dans ce territoire : on y voit de belles prairies, d'abondantes tourbières, et des mines de charbon fossile, qui sont mises en exploitation.

HALLE, située sur la Saale, dans le duché de Magdebourg, était anciennement fortifiée. Les sources salées que l'on trouve sur ce territoire avaient attiré l'attention de ses plus anciens habitants ; les Hermandures et les Cattes se firent la guerre pour en jouir : Charlemagne les donna en 806 à un fils de Wittikind, et Othon Ier à l'archevêque de Magdebourg. Cette ville eut de longs démêlés avec les archevêques dans le treizième et le quinzième siècle, et fut exposée à soutenir plusieurs siéges. Quatre salines servent à extraire l'eau des sources et à la distribuer dans un grand nombre de sauneries, où l'on obtient du sel, en élevant la température de l'eau jusqu'à l'évaporation.

HAMBOURG, *Hammonia*, était un bourg occupé par les Albingiens avant le règne de Charlemagne, qui en fit un des principaux boulevards de ses conquêtes. L'heureuse situation de cette ville sur la rive droite de l'Elbe devint le principe de sa grandeur : elle acquit dans le douzième siècle ses franchises, qui furent successivement accrues par les empereurs, les ducs de Saxe, les comtes de Holstein. Son union avec Lubeck et Brême commença la Ligue Anséatique ; et ces trois villes conservent encore, après six cents ans d'union fédérale, les premiers liens de leur association. Le port de Hambourg, sa bourse, ses arsenaux de marine, sa banque, l'étendue de son commerce ont assuré à cette ville une juste célébrité.

HAMELN, sur le Wéser, doit son origine à un ancien temple païen, qui fut remplacé dans le neuvième siècle par une église et un monastère, où se rendait une grande affluence de pèlerins. Cette ville eut successivement pour souverains les abbés de Fulde et les ducs de Brunswick, qui étendirent et confirmèrent ses franchises en 1259.

Lorsque l'enthousiasme des croisades eut gagné tous les rangs et tous les âges, une multitude d'enfants se trouva entraînée dans ce mouvement général : ils quittèrent leurs familles et s'acheminèrent vers l'Orient ; mais presque tous périrent de fatigue, et il n'en revint aucun dans le pays natal. Les traditions de Hameln rapportent, en mêlant à la vérité un tissu de fables, que cent trente enfants furent alors emmenés loin de cette ville, et qu'ils ne reparurent plus.

HAMM, en Westphalie, dans le comté de la Marck, obtint ses priviléges en 1223. Ce lieu de passage sur la Lippe est très-fréquenté : Hamm fait un commerce considérale, et tire un grand avantage de ses brasseries, de ses salaisons, et de la fertilité de son territoire.

HANOVRE, sur la Leine, avait été d'abord un monastère : il fut érigé en ville libre en 1163, et ses priviléges furent accrus en 1241 par l'empereur Frédéric II. Une machine hydraulique y fut établie, pour faire remonter les eaux de la Leine, et les distribuer dans tous les quartiers. La bière de Hanovre est réputée ; le brasseur Breyhan lui a donné son nom. Cette ville renferme des raffineries et de nombreuses manufactures.

HARDERWICK, dans la Gueldre, est situé sur la rive méridionale du Zuyderzée. Cette ville, anciennement fortifiée, trouva ses premières ressources dans la pêche, dans la préparation des harengs saurs, dans la vente des autres espèces de poissons. Elle avait dans ses anciennes armoiries une barque de pêcheur, qui fut remplacée dans la suite par le lion des armes de

Nassau. En 1229 elle fut entourée de murailles : elle jouissait d'un droit d'étape, et faisait un commerce considérable en grains et en bois. Un incendie la consuma en 1503 : il fallut beaucoup de temps pour relever ses ruines.

HELMSTADT, dans le duché de Brunswick, n'était d'abord qu'un monastère, fondé en 789 par saint Léger, près de la forêt d'Elm qui lui donna son nom. Les ducs de ce pays en devinrent les avoués, et ils en engagèrent plusieurs fois l'avocatie dans le quatorzième et le quinzième siècle : les eaux minérales de ses environs étaient fréquentées; et son université, fondée en 1526, attira un grand nombre d'élèves.

HERWORDEN, en Westphalie, est situé sur la Werra, à quelque distance de son confluent avec la Fulde. Le territoire qui l'environne est fertile : ses filatures, ses fabriques de toile, ses tanneries donnèrent de l'importance à son commerce.

HILDESHEIM, dans le Hanovre, avait été le lieu d'adoration de l'idole Irmensul : sa statue représentait un homme armé, ayant dans sa main droite une lance vers le haut de laquelle flottait une bannière, dans sa main gauche une balance, et sur sa poitrine l'image d'un ours : cette statue fut remplacée par celle de la Vierge. Charlemagne fonda un évêché à Hildesheim ; et l'ancienne et la nouvelle ville qui se formèrent successivement furent enfin réunies en 1583 dans une même enceinte : cependant l'une et l'autre gardèrent encore pendant longtemps leurs magistrats particuliers.

KIEL, est situé dans le Holstein, au fond d'un golfe de la mer Baltique. Le comte Adolphe III y introduisit les règlements et le droit de Lubeck ; et ils furent confirmés en 1232 par Adolphe son fils qui, après avoir abdiqué l'autorité souveraine, vint finir ses jours dans un monastère de cette ville. Elle acquit en 1321 un droit d'entrepôt, pour les marchandises que l'on transportait de Danemark en Allemagne. L'université de Kiel fut fondée en 1665, par Albert duc de Holstein. Le commerce de cette ville devint plus important de jour en jour.

KOENIGSBERG, *Mons regius*, situé sur la Prégel, était une forteresse, fondée en 1255 par l'Ordre Teutonique : elle reçut ce nom en l'honneur du roi de Bohême Primislas, qui avait été auxiliaire du Grand-Maître dans sa guerre contre les Prussiens. Une autre ville fut bientôt jointe à la première ; et le Knip-hof, ou cour des chevaliers, fut bâti en 1324, dans une île formée par la Prégel. Quoique les plus grands navires ne puissent traverser le Frische-Haff avec toute leur charge, pour se rendre à Koenigsberg, cependant le commerce de cette ville fut toujours considérable : la navigation du fleuve y fait arriver les grains, les bois, et les autres productions d'une partie de la Pologne et de la Lithuanie.

LEMGOW, en Westphalie, comté de la Lippe, est située sur la Béga : elle se partageait en ancienne et nouvelle ville, dont chacune avait son magistrat, et toutes deux furent réunies en 1369 et participèrent aux mêmes priviléges. Ses toileries et ses manufactures de draps et d'étoffes de laine furent autrefois nombreuses ; mais la guerre de Trente Ans en détruisit une partie ; et toutes ses pertes n'ont pas été réparées.

LIPPSTADT, située sur la Lippe, entre Paderborn et Soest, fut fondée en 1150 par le comte Bernard II ; et, un siècle après, elle obtint les priviléges de ville libre. Des sources d'eau salée ont été trouvées dans le voisinage.

LONDRES, où les Anséates avaient un de leurs comptoirs, profita d'abord de leur navigation, pour les exportations et les importations de son commerce; mais ses négociants apprirent bientôt à se passer d'intermédiaires ; ils envoyèrent leurs vaisseaux dans la Baltique, y firent reconnaître leur pavillon, et partagèrent avec les

Anséates tous les avantages dont la Ligue avait joui. Le commerce commençait à ne plus être un monopole; chaque nation maritime cherchait à faire valoir ses propres ressources; et l'impulsion générale qui fut donnée à l'industrie devint encore plus active, lorsque l'Amérique eut été découverte, et que les navigateurs purent doubler le cap de Bonne-Espérance pour se rendre aux Indes. Alors la situation des anciens négociants ne fut plus la même : la sphère de leurs opérations avait changé; et les mers intérieures, qui avaient été des centres de commerce, se trouvèrent placées en dehors des grandes lignes de communication.

Ces événements, dont les Anséates ne pouvaient arrêter les effets, devinrent pour leur ligue une cause de dissolution; et les premiers démembrements qui s'opérèrent rendirent d'autres défections plus imminentes. D'abord elles ne furent pas nombreuses; la plupart des villes Anséatiques tenaient à leurs anciens liens; et pour en amener la rupture il fallut d'autres circonstances qui ont été indiquées dans cet ouvrage.

LUBECK, située sur la Trave, à l'embouchure de laquelle les plus grands navires s'arrêtent pour compléter leurs chargements avant de prendre la mer, avait d'abord été habitée par des pêcheurs. Ce lieu fut connu des Romains, et devint leur extrême station sur les bords du *sinus codanus*: il fut agrandi par Odeschalk, roi des Vendes ou Obodrites, et fut ravagé plusieurs fois par les Rugiens et par d'autres nations répandues sur les rives de la Baltique. Lubeck, mise en cendres, fut reconstruite près de son ancien emplacement et reçut de l'empereur Henri l'Oiseleur des statuts semblables à ceux de Soest : ils furent confirmés en 1189 par Frédéric Barberousse qui l'avait reconnue pour ville impériale, et le code dont elle jouissait fut ensuite adopté par d'autres villes de la Baltique. Le comte Adolphe de Holstein et Waldemar II, roi de Danemark, l'occupèrent successivement. Cette ville recouvra sa liberté en 1226, et obtint l'année suivante une victoire qui affermit son indépendance.

LUNEBOURG, avait été occupé par les Vendes : ils en furent dépossédés par Charlemagne. Un couvent, fondé sur le Kalkberg par les ducs de Saxe de la maison de Billing, attira ensuite au pied de cette montagne un plus grand nombre d'habitants : une ville y fut bâtie, et sous le règne de Henri l'Oiseleur elle fut entourée de murailles, comme les autres places d'Allemagne que l'on voulait mettre à l'abri des incursions des barbares. L'Illmenau qui arrose Lunebourg est navigable. Les sources d'eau salée que renferme la ville étaient déjà connues en 906, et depuis on les exploita avec plus de soin : des canaux les distribuèrent dans les nombreux bâtiments où étaient les chaudières destinées à leur évaporation et à la formation du sel. On en fabriquait autrefois jusqu'à trente mille muids par année; et la qualité en paraissait supérieure aux sels de Halle, d'Allendorf, de Franckenhausen.

MAGDEBOURG, est situé sur l'Elbe. Charlemagne y avait fondé une église, et il y avait érigé une forteresse pour contenir les Saxons : ce château devint la résidence d'un officier impérial qui reçut le titre de Burgrave : une ville s'établit sous la protection de ce fort, et Othon le Grand la fit entourer de murs et de fossés. La navigation de l'Elbe favorise les communications de cette place, qui est devenue un grand entrepôt de commerce. Une ancienne divinité païenne y avait été adorée sous le nom de Magada, d'où l'on a emprunté celui de la ville. Othon Ier et l'impératrice Edithe son épouse accordèrent à Magdebourg de nombreux privilèges : on y voit, dans une église, les mausolées de ses deux bienfaiteurs.

MINDEN, sur le Wéser, existait du temps de Charlemagne, qui fut le fondateur de son évêché. L'empereur Conrad y tint une diète : cette ville devint un lieu de passage très-fré-

25e *Livraison* (VILLES ANSÉATIQUES.)

quenté. On y fait un commerce considérable en grains, en chevaux, en bétail; et ses toiles, ses raffineries, ses autres fabriques ont en Allemagne un débit très-étendu.

MUNSTER, arrosé par l'Aa qui va se jeter dans l'Ems, fut d'abord un monastère et un siége épiscopal. L'évêque était suffragant de l'archevêque de Cologne; et l'empereur Frédéric Ier lui donna rang et séance parmi les princes de l'Empire. Cette ville, devenue considérable, fut assiégée et brûlée en 1131 par Lothaire, duc de Saxe. C'est là que Jean de Leyde voulut établir en 1523 le règne des Anabaptistes, et que le traité de Westphalie, qui régla les intérêts de l'Europe entière, fut conclu en 1648.

NIMÈGUE, dans le duché de Gueldre, est située sur le Wahal, une des branches du Rhin. Charlemagne y érigea le château de Falkenhoff, et il en fit un palais, qu'il vint habiter quelquefois, et que Frédéric Barberousse répara en 1155. La ville s'était agrandie autour du château : elle fut fortifiée, et obtint des empereurs les mêmes priviléges qu'Aix-la-Chapelle. Le commerce de Nimègue est considérable, et il facilite particulièrement les relations du pays de Clèves avec la Hollande.

NORTHEIM, situé sur la Ruhm, au nord de Goettingue, a un chapitre qui fut fondé en 1056. La ville fut entourée de murailles dans le treizième siècle : elle a des fabriques de toile et d'étoffes de laine : la bière de ses brasseries est recherchée.

NOVOGOROD, est bâtie sur les rives du Wolkow, à sa sortie du lac d'Ilmen. Cette ville eut en 988 son premier évêque, se constitua en république au commencement du douzième siècle, et devint en 1276 un comptoir des villes Anséatiques. Son territoire était étendu, sa force était redoutable; et les Russes disaient qu'on ne pouvait rien entreprendre contre Dieu et contre Novogorod : cependant le grand-duc Ivan Basilewitz s'empara de cette ville en 1578. Il ne lui reste de son ancienne grandeur que les vestiges d'une vaste enceinte, dont les habitants actuels n'occupent qu'une faible partie.

OSNABRUCK, en Westphalie, est le plus ancien évêché fondé par Charlemagne. C'était d'abord un bourg et un château : ce prince y établit ensuite une école pour la langue grecque, dont ses correspondances avec l'Orient lui avaient fait reconnaître l'utilité. Près de là sont les ruines d'un bourg où Wittikind avait résidé, et qui sont encore connues sous son nom. Osnabruck fut entouré de murailles en 1082; il se forma ensuite une nouvelle ville à côté de l'ancienne, et toutes deux furent comprises en 1306 dans une même enceinte.

L'Ordre Teutonique y possédait une commanderie : il en avait beaucoup d'autres dans différentes parties de l'Allemagne; et cette dispersion de propriétés, qui formaient autant d'annexes de ses possessions et de sa souveraineté dans la Prusse orientale et dans les régions voisines, avait accru sa puissance réelle, surtout à l'époque où le Grand-Maître de cet ordre vint à jouir du titre de protecteur de la Ligue Anséatique.

OSTERBOURG, vers le confluent de l'Ucht et de la Biéze, qui va se jeter dans l'Elbe, tirait ses principales ressources de l'agriculture et du commerce que facilitait la navigation. Cette ville remontait au onzième siècle; et dans le seizième elle éprouva plusieurs incendies, dont tous les ravages ne furent pas réparés.

PADERBORN, en Westphalie, tire son nom de la rivière Pader, dont les différentes sources, dérivées d'une montagne voisine, ou jaillissant dans l'intérieur de la ville, vont se réunir dans un même lit. Charlemagne, en 777, y fit donner le baptême à un grand nombre de Saxons, et il fonda dans cette ville un évêché : les empereurs suivants lui accordèrent les mêmes priviléges qu'aux autres villes impériales, et quelques-uns de leurs diplômes sont datés de Paderborn. L'épouse de l'empereur Henri II y fut couronnée.

QUEDLINBOURG, sur la rivière de Bode, dans la principauté d'Halberstadt, fut bâti et fortifié en 932 par Henri l'Oiseleur : l'impératrice Mathilde, son épouse, y fonda une abbaye, où elle se retira et mourut : il y a près de cette ville des eaux minérales.

REVEL, en Esthonie, est un port et une ville de commerce sur la Baltique. Elle fut fondée en 1218 par Waldemar II, roi de Danemark, qui en érigea aussi le château et y fit établir un évêché : elle reçut le droit de Lubeck, et ses sages institutions y firent fleurir le commerce. La ville, agrandie en 1310, fut entourée de murailles : plusieurs guerres la firent changer de souverains : elle fut successivement soumise au Danemark, à l'Ordre Teutonique, à la Suède, et à la Russie à laquelle elle appartient aujourd'hui.

RIGA, sur une rivière de même nom, qui forme un des bras de la Dwina vers son embouchure, eut pour premiers habitants quelques Brémois qui venaient faire le commerce de cette contrée. L'évêque Albert l'entoura de murailles, et en remit la défense aux chevaliers Porte-glaives : le pape Innocent IV l'érigea en métropole ; mais cette ville secoua le joug des évêques en 1515 ; elle adopta bientôt la réformation, et se soumit, cinquante ans après, à la Pologne. En 1710, elle fut conquise par la Russie, et suivit le sort de la Livonie. Son port est celui de Dunamunde, situé, comme son nom l'indique, à l'entrée de la Dwina. Riga est devenue un des principaux marchés du nord de la Russie.

ROSTOCK, sur la Warna, fut érigée en ville en 1030, et agrandi en 1160, après la ruine de Kissinum, dont les habitants vinrent s'y réfugier. Rostock fut détruit pendant les guerres des Saxons et des Slaves ; mais Pribislas le fit rebâtir et le repeupla. Cette ville reçut dans le treizième siècle les statuts de Lubeck, devint membre de la Ligue Anséatique, prit une part considérable à toutes ses guerres avec le Holstein, le Danemark et d'autres États, et fut une des dernières villes qui se séparèrent de la confédération. Son université fut fondée en 1490 ; et après avoir été longtemps indépendante, cette ville fit enfin partie du duché de Mecklembourg : son commerce est encore très-étendu.

RUGENWALD, dans la Poméranie orientale, est située sur la Wipper, qui se jette dans la mer Baltique : son nom rappelle celui des Rugiens qui la fondèrent. C'était dans le treizième siècle une place fortifiée : l'Ordre Teutonique la posséda longtemps : Éric XIII, roi de Suède, s'y retira en 1439 après avoir abdiqué, et il y passa vingt ans : elle appartint ensuite aux margraves de Brandebourg.

RUREMONDE, située au confluent de la Roer et de la Meuse, était d'abord un village qui fut entouré de murailles, fut érigé en ville, et obtint en 1290 le droit de battre monnaie. On y établit un péage sur la Meuse ; et Ruremonde devint une des plus importantes villes de commerce.

SALSWEDEL, nommée Soltwedel dans le treizième siècle, est située sur la Ietze, qui va se jeter dans l'Elbe. Elle appartenait aux margraves de Brandebourg, et se partageait en deux villes qui obtinrent successivement les mêmes priviléges. Son territoire n'a pas de sources salées ; mais on y trouve du salpêtre, et l'origine de ce nom de lieu est expliquée.

SEEHAUSEN, dans la marche de Brandebourg, sur la rivière d'Aland, tire des troupeaux et de la culture les principales ressources de son commerce. Quelques maisons situées entre les deux bras du fleuve commencèrent cette ville et devinrent l'origine de son nom.

SOEST, *Susatum*, en Westphalie, a été la résidence de quelques empereurs carlovingiens et saxons, et une partie de leurs diplômes est datée de cette ville qui jouissait des plus amples priviléges : son ancien droit municipal fut adopté par plusieurs villes de

Saxe, et devint la base de celui de Lubeck. Henri le Lion occupa cette place, qui passa successivement sous la protection des archevêques de Cologne et des ducs de Clèves. Il y a des salines sur son territoire.

STADE, arrosée par la Schwinge, à peu de distance de son embouchure dans l'Elbe, était une station romaine, où l'on entretenait une force navale, afin d'être maître du passage du fleuve et d'en protéger la navigation. Cette ville eut tour à tour pour souverains ses comtes particuliers, les ducs de Saxe, les archevêques de Brême, les Danois, les Suédois, les ducs de Brunswick et de Hanovre. Ses statuts furent publiés en 1279 : elle devint l'entrepôt d'un commerce important, et elle a continué de percevoir un droit d'étape sur la navigation de l'Elbe.

STARGARDT, dans la Poméranie orientale, est arrosée par l'Ihne qui poursuit son cours vers Golnow, et va gagner l'embouchure de l'Oder : c'est l'ancienne ville de Réthra, où l'on rendait un culte à Radegast, cette divinité à trois têtes, qui voyait le passé, le présent et l'avenir.

Ce lieu fut érigé en ville libre, en 1124; il eut une enceinte fortifiée et fut plusieurs fois ravagé par l'incendie, la guerre et la peste, dans le seizième et le dix-septième siècle. L'industrie de ses habitants le releva de ses pertes : ses manufactures sont nombreuses et variées; et les produits de ses fabriques de toiles et d'étoffes de laine sont recherchés dans le commerce. La voûte de son église de Sainte-Marie passe pour la plus élevée de toute l'Allemagne.

STAVERN, sur le Zuyderzée, à la pointe occidentale de la Frise, avait été la ville la plus grande et la plus peuplée du pays; elle étendit au loin son commerce maritime, et l'on dit que son pavillon précéda tous les autres dans le passage du Sund et la navigation de la Baltique. Mais un banc de sable, qui s'est formé à l'entrée du port de Stavern, en a rendu depuis longtemps l'accès difficile : les flots de la mer ont rongé le rivage et ont même détruit quelques parties de la ville. Les grands négociants ont cherché des ports plus commodes; et elle a perdu son importance commerciale et une grande partie de sa population.

STENDAL, située sur l'Ucht, au nord-ouest de Brandebourg, fut érigée en ville en 1151 par le margrave Albert l'Ours : les empereurs lui accordèrent de grands privilèges : le nombre des fabricants, celui des drapiers surtout, y fut considérable; mais, pendant les guerres d'Allemagne, cette ville fut ruinée plusieurs fois. Après la révocation de l'Édit de Nantes, plusieurs manufactures y furent rétablies par des réfugiés français.

STETTIN, s'élève sur la rive gauche de l'Oder, qui se partage en plusieurs bras, avant d'entrer dans les grands lacs, prolongés jusqu'à son embouchure. Les ducs de Poméranie fortifièrent cette ville qu'ils avaient choisie pour leur résidence. Boleslas III, roi de Pologne, s'en étant emparé en 1121, en enleva huit mille habitants de tout âge, qu'il fit baptiser, et distribuer dans plusieurs provinces de ses États : le reste de la population embrassa ensuite le christianisme. Mais les ravages d'une maladie contagieuse furent bientôt regardés par eux comme une punition de Radegast dont ils venaient d'abandonner le culte, et ils l'adorèrent de nouveau. Cependant le christianisme prévalut enfin; et leur idole d'or fut abandonnée, et fut envoyée en présent au souverain pontife. Ce port est le plus florissant de toute la Prusse occidentale, par son active navigation et par son commerce en bois, en denrées, en produits manufacturés de toute nature. Stettin est devenu l'entrepôt le plus considérable des riches productions de la Silésie.

STOLPE, dans la Poméranie orientale, est situé sur la rivière du même nom, qui coule vers le nord-ouest et va se jeter dans la Baltique. Une église y fut érigée en 1153, par Adelung, premier évêque de Poméranie, et la beauté du site détermina les ducs à y bâtir un château où ils résidaient quelquefois. Il s'y fait une pêche de saumon, qui était autrefois très-abondante : on y fabrique de beaux ouvrages d'ambre, et le commerce des toiles est considérable, avec Dantzig surtout.

STRALSUND, séparée du continent et de l'île de Rugen par un lac et un détroit, fut assiégée et ravagée successivement par les ducs de Poméranie et les Lubeckois : on la rétablit ensuite, et elle devint une des premières villes de la Hanse.

THORN, sur la rive droite de la Vistule, fut bâtie en 1231 et fut entourée de murailles : la ville neuve qui s'éleva hors de l'enceinte fut également fortifiée. L'Ordre Teutonique s'en empara; mais en 1454 elle secoua le joug des Grands-Maîtres, et se donna aux rois de Pologne, qui confirmèrent ses priviléges. L'agrandissement de Dantzig fit perdre à Thorn une partie de son importance et de son commerce. Nicolas Copernic y naquit en 1472.

ULTZEN, dans le duché de Lunebourg, est située sur l'Elmenau, qui se partage en deux bras autour de la ville : elle fut fondée par l'empereur Othon Ier, et porta d'abord le nom de Loewenwold. Le duc de Lunebourg lui accorda en 1243 les mêmes priviléges qu'à sa capitale. On en exporte une grande quantité de farines, et le commerce en lin, en toile, en laine, y est considérable.

UNNA, en Westphalie, est située entre Hamm et Dortmund, sur le Kottelbecke, qui va se jeter dans la Lippe. C'était en 1082 un village considérable : il fut fortifié, et obtint en 1250 les droits de ville libre. Les habitants s'occupent d'agriculture; ils ont des brasseries et des distilleries; leur commerce eut une importance qui n'est plus la même aujourd'hui.

VENLOO, sur la Meuse, fut agrandi par Arnaud de Gueldre, qui l'entoura de murailles en 1343. C'était un lieu de passage et d'entrepôt pour le commerce du duché de Juliers avec les Pays-Bas. L'infante Claire-Eugénie, sœur de Philippe II, fit commencer à Venloo un canal de navigation, qui devait passer à Gueldre et se prolonger jusqu'à Rhinberg ; mais les travaux en furent promptement abandonnés. Cette ville fut assiégée plusieurs fois dans toutes les guerres des Pays-Bas : c'est là qu'on fit le premier essai des bombes.

WARBOURG, sur la Dymmel, dans l'évêché de Paderborn, se divisait en vieille et nouvelle ville, dont chacune avait son magistrat. Elle eut d'abord des seigneurs particuliers ; mais en 1021 ceux-ci abandonnèrent leurs droits à l'évêque, dont elle dépendit toujours depuis : elle était ville impériale. La contrée environnante est fertile ; ses lins, ses chanvres sont de bonne qualité : on trouve des mines de fer et de plomb dans les montagnes voisines.

WERDEN, dans la marche de Brandebourg, au confluent de l'Elbe et du Havel, fut entourée de murs en 1210. Une nouvelle ville y fut bientôt réunie; et toutes deux eurent pendant plusieurs siècles deux administrations séparées. On voit aux environs de belles prairies et des pâturages couverts de troupeaux.

WÉSEL, situé sur la rive droite du Rhin, à l'embouchure de la Lippe, est une grande et forte place, avec une bonne citadelle. Elle porta d'abord le nom de Lippermunde : ce n'était encore qu'un village en 1125; mais la navigation et le commerce y attirèrent un grand nombre d'habitants. Cette ville fut donnée en 1290 par l'empereur Rodolphe à Thierry VIII, comte de Clèves : elle fut réduite en cendres en 1354.

On croit que Velléda, prophétesse des Bructères, qui la divinisèrent après sa mort, résida près de Wésel, et sur les bords de la Lippe.

WISBY, dans l'île de Gothland, fut fondée dans le huitième siècle : elle devint plus considérable après la ruine de Vinétha et de Julinum, et sa situation au milieu de la Baltique lui fit étendre rapidement sa navigation. Son droit maritime, dont les rôles d'Oléron étaient devenus la base, fut adopté par un grand nombre de villes de commerce. Wisby devint un entrepôt considérable, et un lieu habituel de relâche pour les navires qui fréquentaient la Baltique. Le concours des étrangers à Wisby en doublait la population, et chaque nation commerçante y avait des établissements.

WISMAR, est un très-beau port sur la mer Baltique : l'empereur Othon II y tint une diète. On y transporta en 1232 les habitants de la ville de Mecklembourg qui venait d'être dévastée par les Vendes. Wismar reçut en 1266 les statuts de Lubeck ; et les ducs de Mecklembourg lui accordèrent à la même époque de nombreuses franchises.

ZUTPHEN, est situé au confluent de l'Yssel et du Borkel. Ses anciens comtes y avaient un palais : cette ville était bien fortifiée : elle eut dans le moyen âge un assez grand commerce, et la navigation de l'Yssel lui ouvrait le Zuyderzée ; elle fut assiégée et prise plusieurs fois, depuis 1572, dans la guerre de l'indépendance.

ZWOLL, occupe un site agréable sur l'Aa, qui va se jeter dans l'Yssel. Cette ville était libre et impériale ; elle fit partie de la Ligue Anséatique : c'était un lieu de passage très-fréquenté entre la Hollande et les provinces de Frise et d'Over-Yssel : elle était bien fortifiée, et sa situation facilitait ses approvisionnements en cas de siége.

Telle est la nomenclature des villes et des comptoirs de la Ligue Anséatique, à l'époque où elle avait reçu tous ses développements. On peut juger, par ces indications locales, quelle fut l'étendue de ses ressources et de ses relations, lorsqu'elle jouissait d'une longue prospérité et de tout l'éclat qui accompagne la fortune et la puissance. Elle perdit ensuite une partie de ses avantages ; mais son exemple avait donné l'éveil aux autres États : l'esprit de commerce qui l'animait se répandit autour d'elle ; et les services que rendit à l'Europe entière une ligue si mémorable sont un des plus précieux héritages que le moyen âge nous ait laissés.

TABLE DES MATIÈRES.

INTRODUCTION.

	Pages
Importance politique et commerciale de la ligue anséatique.	1
Temps antérieurs à sa formation.	Ibid.
Marche du commerce depuis le neuvième siècle.	2
Commerce de Venise avec l'Empire grec et les autres pays d'Orient.	3
Ses progrès pendant les croisades.	4
Ses expéditions sur les côtes de la Méditerrannée, et sur celles de l'Océan jusqu'à Bruges.	Ibid.
Commerce d'Amalfi.	5
Commerce de Pise.	6
Commerce de Gênes dans l'Orient, à Constantinople et dans la mer Noire.	7
Influence commerciale de la fondation de l'Empire latin.	9
Colonie génoise de Gazaria.	10
Commerce de Marseille.	11
Progrès du commerce dans l'Occident et vers le nord de l'Europe.	12

LIVRE PREMIER.

Expéditions de Charlemagne contre les Saxons.	13
Fondation de Brême, de Hambourg et de quelques autres villes.	14
Introduction du Christianisme dans ces contrées.	15
Église de Brême, abbaye de Corwey, autres établissements religieux.	16
Institutions civiles et politiques, fondées par Charlemagne.	18
Successeurs de ce prince.	19
Accroissement du nombre des villes en Allemagne	20
Situation des contrées voisines de la Baltique.	21
Peuples navigateurs et guerriers.	22
Leurs incursions, leurs conquêtes, sur les côtes occidentales de l'Europe.	24
Leurs expéditions maritimes vers le Nord-Ouest.	25
Colonies fondées dans le Groenland.	26
Premières réunions fédératives contre les ennemis et les pirates.	27
Situation de Brême, de Lubeck et de Hambourg.	Ibid.
Extension du commerce sur les rives méridionales de la Baltique.	Ibid.
Associations formées entre plusieurs villes.	28
Nombreux affranchissements.	29
Institution des Communes.	30
État de la société.	31
Priviléges, accordés à quelques villes, et inscrits sur les colonnes ou statues de Roland.	32

LIVRE DEUXIÈME.

Franchises dont la ville de Hambourg jouissait.	33
Guerres et invasions, dont elle est souvent menacée.	34
Église de Hambourg, occupée de la conversion des Slaves.	35
Agrandissement de Brême, son commerce intérieur et maritime.	Ibid.
Brême et Hambourg ont un diocèse commun.	36
Influence de l'autorité religieuse sur la civilisation, les lois et les usages.	37
Extension de la juridiction ecclésiastique.	38
Code canonique.	Ibid.
Accroissement des ordres religieux.	Ibid.
Influence de la langue latine sur la direction des études.	40
Passage du latin aux langues vulgaires.	41
Écoles et universités.	Ibid.
Altération des bonnes doctrines littéraires.	42
Discussions dogmatiques du douzième siècle.	43
Écrivains de cette époque.	Ibid.
Relâchement de la discipline ecclésiastique.	44
Pèlerinages.	45
Croisades.	46
Hambourg, Brême et Lubeck y participent.	47
Expéditions dirigées contre les Vendes.	48
Secours donnés au Portugal contre les Sarrasins.	49
Guerre de Syrie, siège de Ptolémaïs.	Ibid.
Ordre Teutonique, fondé par des citoyens de Lubeck et de Brême.	50
Il est introduit en Prusse.	52
Missionnaires de Brême en Livonie.	Ibid.
Les chrétiens y fondent l'ordre des Porte-glaives.	ibid.
Guerres contre les Slaves et les Livoniens.	Ibid.
Conquêtes de l'ordre Teutonique et de celui des Porte-glaives.	53

LIVRE TROISIÈME.

Hambourg obtient des comtes de Holstein la confirmation de ses franchises.	54
Victoires de Lubeck contre les Danois.	Ibid.
Nouvelle croisade contre les Livoniens.	55
Premier traité d'alliance entre Hambourg et Lubeck.	56
Traité de Brême avec ces deux villes.	Ibid.
Brunswick Wismar, Rostock et d'autres villes des Vendes entrent dans cette association.	57
Lubeck est le principal entrepôt du commerce.	Ibid.
Dénombrement des villes qui entrent successivement dans la Ligue anséatique.	58
Remarques sur les principales villes de cette confédération.	59

TABLE DES MATIÈRES.

Ses développements sur la rive des mers, et dans l'intérieur de l'Allemagne. ... 60
Comptoirs des Anséates à Novogorod, à Bergen, à Londres et à Bruges. ... 62
Règlements maritimes, communs aux villes de la Hanse. ... 63
Établissement de la banque de Hambourg. ... *Ibid.*
Entrepôts de commerce en Allemagne. 64
Époques et lieux de réunion pour les achats et les ventes. ... 65
Paix et commerce de l'Allemagne, troublés par les invasions des Hongrois et par des dissensions intérieures. *Ibid.*
Guerres entre les empereurs et les papes. ... 66
Ligues pour le rétablissement de la paix publique. ... 67
Association temporaire et dénombrement des villes qui forment la Ligue du Rhin. ... 68
Dénombrement des villes de la ligue de Souabe. ... *Ibid.*
Confédérations formées entre plusieurs princes. ... 69
Limites assignées aux guerres privées par la trêve et la paix de Dieu. ... 70
Autres confédérations formées en Allemagne, en Suisse et en Italie. ... 71
Liaisons commerciales entre le nord et le midi de l'Europe. ... 72
Direction donnée au travail et à l'industrie dans les villes anséatiques. ... *Ibid.*
Création des corps de métiers, des maîtrises et des jurandes. ... 73
Législation maritime des villes anséatiques. ... *Ibid.*

LIVRE QUATRIÈME.

Règlements de Lubeck adoptés dans quelques villes de la Baltique. ... *Ibid.*
Statuts de Brème et de Hambourg. ... 74
Remarques sur la composition du Code de Wisby. ... 75
Précis analytique de ce code. ... 76
Ligue offensive et défensive, formée par les villes anséatiques. ... 80
Les diètes de la Ligue s'assemblent à Lubeck. ... 81
Objets de leurs délibérations. ... *Ibid.*
Entrepôt commercial des Anséates à Bruges. ... 82
Priviléges dont ils juissent à Londres. *Ibid.*
Établissement de leur comptoir à Bergen. ... 83
Leurs traités avec la Norvége, la Suède et le Danemarck. ... 84
Franchises du comptoir de Novogorod. 85
Les Anséates étendent plus au loin leurs relations. ... 86
Caravanes et escortes du commerce. 87
Établissement des hôtels de bourse. *Ibid.*
Sociétés de négocians. ... 88
Améliorations du droit des gens. ... *Ibid.*
Principaux articles du commerce des Anséates, avec les pays du Nord, la Hollande, l'Angleterre, la France et quelques États d'Allemagne. ... *Ibid.*

Exploitation des mines de cette contrée. ... 92
Productions de quelques pays, voisins de la Baltique. ... 93
Activité du commerce des Anséates avec Novogorod. ... 94
Son extension jusqu'aux rives de la mer Caspienne. ... *Ibid.*

LIVRE CINQUIÈME.

Mœurs du treizième siècle. ... *Ibid.*
Situation des villes et des campagnes. *Ibid.*
Entraves de la culture et de l'industrie. 95
Exercice de la chasse. ... *Ibid.*
Absence de luxe. ... *Ibid.*
Simplicité des habitations et des vêtements. ... *Ibid.*
Dépeuplement des campagnes. ... 96
Arrivée de colonies étrangères, et leur mélange avec les nationaux. ... 97
Nouveaux dialectes introduits dans le pays. ... *Ibid.*
Émulation rendue à l'industrie. ... 98
Filatures, et fabriques. ... *Ibid.*
Artisans distribués par quartiers. ... *Ibid.*
Variété des professions. ... 99
Guide donné aux navigateurs, par la découverte de la boussole. ... *Ibid.*
Constructions maritimes. ... 100
Nombreux ateliers de travail pour la marine, pour l'équipement et l'armement des hommes de guerre, pour le service de la chevalerie. ... *Ibid.*
Branches de commerce, favorisées par quelques institutions religieuses. ... 102
Activité des pêcheries. ... *Ibid.*
Manufactures d'étoffes, pour les monastères, pour l'ornement des temples, et la pompe des cérémonies. ... 103
Caractère des monuments du treizième siècle. ... 104
Les arts utiles ont éprouvé moins d'altérations que les beaux arts. ... 106
Marche incertaine des sciences. ... *Ibid.*
Erreurs, préjugés, magie, proscription des ouvrages profanes. ... 107
Controverses religieuses. ... 108
Conciles. ... *Ibid.*
Sectes des manichéens, des lollards et d'autres dissidents. ... 109
Vicissitudes des opinions et des croyances. ... 110
Activité commerciale des villes anséatiques. ... *Ibid.*
Sage administration de Hambourg. ... 111
Remarques sur différentes branches de fabrication et de commerce. ... *Ibid.*
Brasseries de Hambourg. ... *Ibid.*
Distillation de grains à Dantzig. ... *Ibid.*
Extraction des sels de Wielitzka. ... 112
Exploitation des mines d'or et d'argent de quelques contrées d'Allemagne. *Ibid.*
Commerce de l'argent. ... *Ibid.*
Persécution contre les juifs, occupés de ce commerce. ... 113
Leur retraite sur les bords de la Vistule. 114
Relations de l'ordre Teutonique avec la Ligue anséatique. ... *Ibid.*
Progrès de cet ordre, ses conquêtes en Prusse et en Poméranie. ... 115

TABLE DES MATIÈRES.

Ses ports jouissent des priviléges accordés aux villes anséatiques. 116

LIVRE SIXIÈME.

Fréquents démêlés des anséates avec le Danemarck et la Norvége. . . . *Ibid.*
Activité du commerce de la Ligue, et fléaux dont il est ensuite frappé. . . 117
Invasion de la peste noire. . . . . . . *Ibid.*
Elle dévaste l'Europe, et se propage jusqu'en Islande. 118
Nouvelles proscriptions des juifs, auxquels on impute cette calamité. . . . 119
Les villes anséatiques réparent leurs pertes, et relèvent leur puissance. . *Ibid.*
Défaites des Danois par Wittenborg, bourguemestre de Lubeck 120
Soixante-dix-sept villes anséatiques placent sur le trône de Suède Albert de Mecklembourg. . . . . *Ibid.*
Plusieurs souverains se rendent à la diète anséatique. 121
Réunion des trois couronnes du Nord sur la tête de Marguerite. . . . . . *Ibid.*
Guerre des Anséates contre la Suède. *Ibid.*
Courses des pirates vitaliens dans la mer Baltique. 122
Remarques sur la piraterie chez les anciens peuples du Nord. . . . . . . *Ibid.*
Station des Vitaliens dans l'île de Gothland. 123
Déprédations et cruautés de ces pirates. *Ibid.*
Le grand-maître de l'ordre Teutonique les chasse de la Baltique, et ils vont s'établir sur le littoral de la Frise. . 124
Hambourg fait un armement contre eux. 125
Cette ville acquiert le bailliage de Ritzebuttel, d'où elle protége plus aisément l'embouchure de l'Elbe. . . . *Ibid.*
Elle s'empare, sur les vitaliens, d'un grand nombre de navires. 126
Bergedorf et Riepenbourg sont enlevés à d'autres brigands. 127
Fin de la guerre des Vitaliens. 128
Les Anséates perdent en Angleterre une partie de leur commerce. . . . . . *Ibid.*
Ils concluent avec cette puissance un nouveau traité, sous la médiation de l'ordre Teutonique. 129
Ils offrent au grand-Maître de cet ordre le titre de protecteur de la Ligue anséatique. . . . . *Ibid.*
Actes de leur diète, relatifs à la navigation, au chargement des vaisseaux, aux devoirs des capitaines, à ceux des équipages, et à quelques principes du droit maritime. 130
Progrès des arts en Bohême et en Allemagne. 132
Invention de la poudre et premières armes à feu. . . . . *Ibid.*
Germes de division dans la Ligue anséatique. 133
Différences d'intérêts de quelques villes. *Ibid.*
Dissensions entre les habitants d'un même lieu. . . . . *Ibid.*
Mécontentements occasionnés par la levée ou la répartition des impôts. . 134
Discussions entre l'Église et les autorités civiles de Hambourg. 135
Soulèvement des corporations contre les magistrats, à Brunswick, à Lunebourg, à Lubeck et dans d'autres villes. 136
Concessions faites par le sénat de Hambourg, à la bourgeoisie et aux corporations d'arts et métiers. 138
Réformes, faites par les empereurs, dans différentes contrées d'Allemagne. . . . . *Ibid.*
Destruction des tribunaux vehmiques. *Ibid.*
Effroi qu'avait répandu leur institution. 139
Réorganisation de l'Allemagne en quatre cercles. . . . . *Ibid.*

LIVRE SEPTIÈME.

Situation morale et religieuse de l'Europe. 142
Plaintes contre le saint siége. . . . . *Ibid.*
Résidence des papes à Avignon. . . *Ibid.*
Insurrection de Rome. . . . . *Ibid.*
Doubles nominations à la papauté, et schisme d'Occident. 143
Réformes entreprises par les conciles. *Ibid.*
Opinions de Wiclef, condamnation de Jean Hus et de Jérome de Prague . 145
Propagation de leurs doctrines dans plusieurs villes anséatiques. 147
Ces villes sont exposées à diverses calamités. . . . . *Ibid.*
Rupture de plusieurs digues sur les côtes de la mer. . . . . *Ibid.*
Travaux des Anséates, pour se préserver d'une nouvelle invasion des eaux. *Ibid.*
Exploitation de plusieurs mines de houille. 149
Éducation des troupeaux. . . . . . . *Ibid.*
Activité des pêcheries. . . . . *Ibid.*
Pêche de la baleine, de la morue, du hareng. 150
Autres pêcheries dans la Baltique. . . 151
Commerce des Anséates, favorisé par le grand-maître de l'ordre Teutonique. 152
Guerres de cet ordre contre les Polonais et les Lithuaniens. . . . . *Ibid.*
Il perd la bataille de Plattenberg. . . *Ibid.*
Partisans des réformes religieuses. . 153
Mouvement imprimé aux esprits. . . *Ibid.*
Renaissance des lettres en Italie. . . *Ibid.*
Invention de l'imprimerie. 154
Emploi de caractères mobiles. 155
Livres imprimés dans plusieurs villes anséatiques. 156
Art de la gravure en taille douce. . . 157
Prise de Constantinople par les Turcs. *Ibid.*
Croisade prêchée contre eux, jusque dans les villes anséatiques. 158
Préparatifs de guerre de plusieurs puissances contre les Turcs. 159
Les Anséates évitent d'y prendre part. *Ibid.*
Ils continuent, par la voie de Novogorod, leur commerce avec l'Orient. . *Ibid.*
Les lettres se réfugient en Italie. . . 160
Nouvelle activité prise par le commerce des Anséates en Danemark, en Hollande, en France, en Portugal. . . *Ibid.*
Concurrence commerciale de l'Angleterre. 161
Cologne se sépare de la Ligue anséati-

TABLE DES MATIÈRES.

Pages

que, et demande bientôt à y rentrer. 161
Exemples de démembrement. 162
Soulèvement de quelques villes contre le grand maître de l'ordre Teutonique. 163
Périls dont le comptoir de Novogorod est menacé, par l'invasion des Tartares, et par leurs guerres avec les Moscovites. . . . . *Ibid.*
Prise de Novogorod. 164
Cette ville reprend ses relations de commerce. 165

LIVRE HUITIÈME.

Actes de la diète, concernant l'ordre public, les fabriques, les monnaies, les conventions de commerce. . . . 167
État florissant du comptoir de Bruges. 168
Relations des villes anséatiques avec la Hollande. . . . . *Ibid.*
Leurs dissensions avec l'Angleterre se terminent par un traité de paix. . . 169
Accroissement de leurs priviléges en France. 170
Translation du comptoir des Anséates, de Bruges à Anvers. 171
Démêlés du Danemark avec les villes anséatiques. . . . . *Ibid.*
Révolution que doivent opérer dans le commerce les découvertes des Européens. 172
Voyages remarquables, faits dans le moyen âge, avant et depuis Marco Polo. . . . . *Ibid.*
Progrès de l'instruction, et relations des voyageurs. 174
Extension du commerce de Novogorod avec l'Asie. 175
Fatigues et périls des communications par terre. . . . . *Ibid.*
Voyages maritimes des Européens. . *Ibid.*
Découvertes faites sur les côtes d'Afrique. 176
Découverte du Nouveau monde. . . 177
Navigations des Portugais en Asie. . *Ibid.*
Autres communications avec l'Orient. 178
Guerres de l'ordre Teutonique contre les Moscovites. . . . . *Ibid.*
Bataille de Pletskow, et victoire du grand maître. . . . . *Ibid.*
Les Anséates étendent leur commerce en Moscovie. 180
Le commerce se fait en Allemagne avec plus de sécurité. . . . . *Ibid.*
Réglements sur la paix publique. . . *Ibid.*
Guerre des Anséates contre le Danemark. 182
Leurs liaisons avec la Suède. . . . . *Ibid.*
Gustave Vasa, prisonnier de guerre en Danemark, parvient à regagner la Suède. 183
Précis de la révolution qu'il opère, pour délivrer son pays. 184
Lubeck envoie une flotte à ce prince, et les Anséates obtiennent de lui le privilége exclusif du commerce de Suède. 186
Situation de l'Europe : événements qui amènent la réformation. 188
Prédications et ouvrages de Luther,

Pages

ses protecteurs, ses ennemis. . . . 189
Progrès de la réformation en Allemagne. 192
Son introduction dans les villes anséatiques. 193

LIVRE NEUVIÈME.

Mélange de questions politiques et religieuses dans les ouvrages de Luther. *Ibid.*
Réformation, préparée à Hambourg par la bourgeoisie et par quelques ordres monastiques. 194
Suppression de plusieurs institutions religieuses. 195
Changements opérés dans l'administration de l'Église et dans la forme du gouvernement. . . . . *Ibid.*
Bases de la constitution civile et religieuse de Hambourg. . . . . *Ibid.*
Établissement de la réforme à Brême et à Lubeck. 196
Institutions de Lubeck, qui remontent à l'époque de la réforme. 197
L'archevêque de Brême conserve dans cette ville plusieurs droits de juridiction, et possède au dehors le duché de Brême. . . . . *Ibid.*
L'évêque de Lubeck conserve la principauté d'Eutin. 198
Réforme, introduite dans d'autres villes anséatiques, en Poméranie, en Pologne, en Prusse, en Livonie. . . 199
La réforme est adoptée par le grand maître de l'ordre Teutonique. . . . *Ibid.*
Division entre les réformateurs. . . 200
Anabaptistes. . . . . *Ibid.*
Guerre des paysans. 201
Jean de Leyde. 203
Siége de Munster. . . . . *Ibid.*
Esprit de conciliation des Anséates. . 204
Ils cherchent à rapprocher les peuples, à favoriser les communications, à rendre le droit de la guerre moins rigoureux. . . . . *Ibid.*
Hostilités entre les villes anséatiques et le Danemark. 206
Les Anséates s'emparent de Copenhague, et occupent l'archipel Danois et la Scanie. 207
Rétablissement de la paix . . . . . . *Ibid.*
Ligue de Smalkalde, formée entre les protestants. . . . . *Ibid.*
Les villes anséatiques y sont admises. *Ibid.*
Charles-Quint fait marcher des troupes contre les protestants. 208
Bataille de Muhlberg. 209
Transactions de Passau et paix d'Augsbourg. 210
Différends entre Hambourg et le Danemark sur la navigation de l'Elbe. . 211
Guerre entre la Suède et la Régence de Lubeck. . . . . *Ibid.*
Relations des Anséates avec la Moscovie. 212
Entraves de leur commerce en Angleterre. . . . . *Ibid.*
Révolution des Pays-Bas, et son influence sur le commerce des Anséates. . . . . *Ibid.*
Précis des événements de cette guerre. 213

TABLE DES MATIÈRES.

	Pages
Armements maritimes de la Hollande.	214
Ses conquêtes dans la mer des Indes.	215
Elle forme plusieurs compagnies de commerce.	216
Ses principales villes se séparent de la Ligue anséatique.	217
Cologne s'en sépare une seconde fois.	Ibid.

LIVRE DIXIÈME.

Progrès des sciences en Allemagne.	Ibid.
Travaux de Copernic et de Tycho-Brahé.	218
Lois astronomiques de Képler.	219
Avancement de la géographie et de la navigation.	220
Étude des droits que l'homme tient de la nature, et de ceux dont il jouit dans l'état social.	221
Principes de Grotius.	Ibid.
Écrivains qui ont fleuri dans les villes anséatiques.	222
Fondation à Hambourg de plusieurs établissements de bienfaisance, d'un gymnase, d'un hospice pour les pauvres.	223
La Ligue anséatique cherche à perfectionner son Code maritime.	224
Premiers éléments de cette législation à Hambourg, à Lubeck, à Brême, et dans quelques autres villes du nord.	225
Anciens codes, particuliers à chaque ville.	226
Ordonnance générale, appliquée à la Hanse entière.	Ibid.
Les villes de Hollande, qui se sont retirées de la Ligue anséatique, conservent avec elle d'autres relations.	227
Traités de la régence de Lubeck avec la Hollande.	228
Confirmation des anciens privilèges du commerce anséatique, à Novogorod, en Espagne, en Portugal.	Ibid.
Médiation des Anséates entre le Danemark et la Suède.	229
Troubles en Allemagne, et origine de la guerre de Trente ans.	Ibid.
Prétendants à la succession de Juliers.	Ibid.
Disputes sur le partage des biens du clergé.	230
Querelles de religion.	231
Révoltes en Bohême contre l'Empereur.	Ibid.
Armées protestantes, commandées par Mansfeld.	232
Ses campagnes contre Tilly et contre Walstein.	Ibid.
Sa mort en Bosnie.	Ibid.
Victoires de Walstein.	233
Négociation et traité de paix entre l'Empereur et le Danemark.	234
Continuation de la guerre en Allemagne.	Ibid.
Indiscipline des armées, et vices de leur levée et de leur administration.	235
Chefs de bande, qui vendent leurs services.	236
L'Empereur retire à Walstein le commandement de ses troupes.	237
Victoire de Gustave Adolphe près de Leipzick.	238

	Pages
Walstein est remis à la tête de l'armée impériale.	Ibid.
Seconde victoire, et mort de Gustave Adolphe à Lutzen.	239
Walstein ramène l'armée impériale en Silésie.	Ibid.
Ce grand capitaine est assassiné.	240
Remarques sur sa mort.	Ibid.
Paix entre l'Empereur et les princes d'Allemagne.	Ibid.
Guerre continuée contre l'Empereur, par la France et la Suède.	241
Conférences tenues à Hambourg, pour préparer la paix.	Ibid.
Négociation et signature des traités de Westphalie.	Ibid.
Clauses de ces traités, relatives aux villes anséatiques.	242
Nouveaux démembrements de la Ligue anséatique.	243
Les Suédois menacent l'indépendance de Brême, et ils la reconnaissent ensuite par un traité.	Ibid.

LIVRE ONZIÈME.

Situation des Anséates, vers le milieu du dix-septième siècle.	244
Leurs relations avec la Hollande, le Portugal, l'Espagne, la France, l'Angleterre.	Ibid.
Armements de Hambourg contre les pirates.	246
Accroissement de son commerce.	Ibid.
Embellissement de cette ville, utilité et grandeur de ses établissements publics.	Ibid.
Hambourg prend part au commerce des Indes orientales.	Ibid.
Associations formées dans le Nord de l'Europe, pour l'exploitation de ce commerce.	247
Événements qui font perdre de vue ces projets.	Ibid.
Abdication et voyages de Christine, reine de Suède.	248
Guerre de Charles Gustave avec le Danemark.	249
La Suède s'affranchit du paiement des droits du Sund.	250
Origine de ce péage.	251
Remarques sur ce droit, et sur le principe de la liberté des mers.	252
Commerce de la mer Baltique et de la mer Blanche.	Ibid.
Le Danemark est épuisé par ses dernières guerres.	253
Scission entre la noblesse de ce royaume, et le peuple réuni au clergé.	Ibid.
Le roi de Danemark est investi d'un pouvoir absolu.	254
Ravages de la peste à Hambourg.	255
Étrangers, attirés ensuite dans cette ville, pour y réparer les pertes de la population.	Ibid.
On y accueille un grand nombre de juifs.	Ibid.
Établissement des postes dans l'Empire.	256
Leur service dans les villes anséatiques.	257

TABLE DES MATIERES.

	Pages
Les différends de Hambourg avec ses voisins ont été souvent terminés par une composition pécuniaire	258
Maintien de la paix, regardé comme utile à la prospérité intérieure	259
Le commerce est animé à Hambourg, à Brême, à Lubeck	Ibid.
Amélioration dans les principes du droit maritime	260
Variation des règles suivies dans plusieurs pays, à l'égard du pavillon neutre, et sur les objets regardés comme contrebande de guerre	261
Exercice du droit de prise	262
Règlements sur les armateurs et sur les lettres de marque	263
Observations sur le droit de visite	264
Législation sur les prises	Ibid.
Les Anséates, privés de leur ancien monopole, conservent cependant un commerce étendu	265
Nombreuses facilités de communication	266
Échanges de produits bruts et d'objets manufacturés	Ibid.
Établissement de compagnies d'assurances	267
Asile offert à un grand nombre de protestants étrangers	268
Religionnaires français reçus à Altona	270
Progrès du commerce de cette place	Ibid.

LIVRE DOUZIÈME.

Progrès de l'autorité du monarque en Suède et en Russie	Ibid.
Mouvements populaires dans les villes anséatiques	271
Animosité de la bourgeoisie de Hambourg contre le sénat	272
Querelles religieuses mêlées aux troubles civiles	274
Persécutions contre les juifs	275
Renvoi et remplacement de quelques sénateurs, par la bourgeoisie	Ibid.
Arrivée de commissaires impériaux, chargés de pacifier les troubles	276
Acte de réconciliation	Ibid.
Mesures prises pour donner à la navigation de l'Elbe et à celle du Wéser plus de sécurité	Ibid.
Encouragements donnés à la pêche	277
Voyages périodiques des bancs de harengs, et parages qu'ils fréquentent	278
Événements du nord de l'Europe	Ibid.
Expéditions de Charles XII contre le Danemark, et ensuite contre la Russie	279
Commencement du règne de Pierre premier	280
Ses voyages, ses travaux dans les chantiers de Sardam	Ibid.
Savants, artistes et fabricants, appelés en Russie	Ibid.
Guerre de Pierre Ier et de Charles XII	281
Fruit des victoires de Charles XII perdu à la journée de Pultava	Ibid.
Pendant cette guerre les Anséates étendent leur commerce	282
Le Danemark relève dans les Indes orientales ses établissements coloniaux	283
Hiver de 1709	Ibid.
Ravages de la peste à Dantzig	284
Remarques sur cette ancienne ville anséatique, sur la forme de son gouvernement et sur sa situation politique	285
Alliance du Danemark avec la Russie	Ibid.
Nouveaux troubles excités à Hambourg : une commission médiatrice les apaise	286
La contagion pénètre dans les villes anséatiques	288
Différends de Hambourg et du Danemark, sur le péage de Gluckstadt	289
Bombardement de Stade par les Danois	290
Leur armée principale est défaite dans le Mecklembourg par les Moscovites	Ibid.
Le général Steenboch vient brûler Aitona	Ibid.
Paix d'Utrecht : les villes anséatiques y sont comprises	291
Retour de Charles XII dans ses États	292
Continuation de la guerre dans le nord de l'Europe	293
Traité de commerce des villes anséatiques avec la France	294
Principales dispositions de ce traité	Ibid.
Guerre rallumée entre l'Autriche et la Porte Ottomane	296
Contingents militaires, demandés aux villes anséatiques, comme aux autres États de l'Empire	Ibid.
Charles XII quitte Straisund, et passe en Scanie	297
Son ministre le comte de Goertz cherche à négocier la paix avec Pierre Ier, et à rallumer d'autres guerres en Europe	Ibid.
Nouvelles charges imposées à la Suède	298
Mort de Charles XII, dans la tranchée de Frédéricshall	299
Goertz est accusé des calamités publiques; il est mis en jugement et condamné à mort	Ibid.
La paix, conclue entre la Suède et la Russie, rend plus d'activité au commerce des villes anséatiques	300

LIVRE TREIZIÈME.

Pêcheries des Anséates dans les parages du Groenland	301
Envoi de nouvelles colonies danoises dans cette contrée	302
Refonte des monnaies de Hambourg	Ibid.
Commerce des Indes orientales	303
Démêlés occasionnés par l'établissement de la compagnie d'Ostende	304
Cette compagnie est supprimée	305
Participation de Hambourg au commerce des Indes	Ibid.
Compagnie danoise, transférée de Copenhague à Altona	306
Création d'une compagnie des Indes en Suède	Ibid.
Application des Anséates aux intérêts de leur commerce	307
Impulsion que donnent aux sciences et aux lettres quelques-uns de leurs écrivains et de leurs hommes d'État	308

TABLE DES MATIÈRES.

	Pages
Ouvrages de Fabricius	308
Géographie de Hübner	309
Vastes connaissances d'Anderson	Ibid.
Ses voyages en Islande	310
Observations sur cette île	311
Ancien état, et progrès de la littérature Allemande	Ibid.
Poésies de Hagedorn de Hambourg	312
Longue résidence de Klopstock dans cette ville	Ibid.
Autres écrivains célèbres	Ibid.
Ouvrages et théories d'économie politique	313
Progrès de l'industrie des Anséates	314
Confirmation des priviléges des Lubeckois à Bergen	315
Convention de Brême et de Hambourg avec l'Angleterre, sur la pêche du hareng	Ibid.
Traité de paix et d'amitié de Hambourg avec la régence d'Alger	316
L'Espagne se plaint d'un traité fait avec ses ennemis, et ferme ses ports aux navires de Hambourg	Ibid.
Réconciliation de ce gouvernement avec l'Espagne	Ibid
Traité du Danemark avec Maroc	317
Situation des Anséates pendant la guerre de Sept ans	Ibid.
Traité entre la France et Hambourg	Ibid.
Suppression du droit d'aubaine, entre la France et un grand nombre de villes libres et impériales d'Allemagne	318
Réglement définitif des contestations de Hambourg avec le Holstein	319
Remarques sur leurs démélés antérieurs	320
Rapprochement d'intérêts et d'affaires entre les villes de Hambourg et d'Altona	321
Bonne intelligence de Hambourg avec le Danemark	Ibid.
Administration de Struenzée, sa toute-puissance, ses plans de réforme, son supplice	Ibid.
Révolution, opérée en Suède par Gustave III	324
Ligne de navigation, commencée entre Stockholm et Gothembourg	Ibid.
Canaux ouverts entre les lacs Hielmar et Moelar	Ibid.
Canaux, écluses et autres travaux, commencés entre le lac Wenner et l'Océan	325
Canal de Kiel	Ibid

LIVRE QUATORZIÈME.

	Pages
Situation des Anséates, pendant la guerre de 1778 entre l'Angleterre et les États-Unis	326
Droits des neutres	Ibid.
Association maritime des puissances du nord	327
Leurs conventions et leurs déclarations sur la neutralité armée	328
Neutralité des villes anséatiques	329
Leurs relations avec le nouveau gouvernement des États-Unis	330
Développement du commerce des Anséates, depuis la paix de 1783	331
Renouvellement des traités de Hambourg avec la France	Ibid.
Révolution française, et premières hostilités contre la France	332
Proposition d'abolir la course	Ibid.
Les Anséates adhèrent à cette mesure	Ibid.
Leur humanité envers les émigrés et les réfugiés français	334
Événements militaires, et négociations, antérieures aux traités de Luneville et d'Amiens	Ibid.
Sécularisation des principautés ecclésiastiques en Allemagne	336
Répartition d'indemnités territoriales entre les Anséates et quelques gouvernements voisins	337
Rang des Anséates dans le collége des villes impériales	Ibid.
Guerre rallumée en 1803	Ibid.
Occupation du Hanovre par les troupes françaises	338
Bataille d'Austerlitz	Ibid.
Confédération du Rhin	339
Bataille de Jéna	Ibid.
Établissement et progrès du système continental	Ibid.
Ordres du conseil d'Angleterre	Ibid.
Décrets de Berlin et de Milan	Ibid.
Occupation des villes anséatiques par les troupes françaises	340
Bataille de Friedland, et traité de paix de Tilsit	341
Destruction des droits des neutres	342
Réunion des villes anséatiques à la France	Ibid.
Agrandissements successifs de son territoire	343
Dangers de ce système d'incorporations illimitées	Ibid.
Premier signal d'insurrection, après la retraite de Moscou	Ibid.
Soulèvement à Hambourg et à Lubeck	344
Occupation momentanée de Hambourg par les Russes	Ibid.
Le corps d'armée du prince d'Eckmuhl rentre dans la place	Ibid.
Texte littéral des instructions adressées au prince d'Eckmuhl par l'empereur Napoléon	Ibid.
Bataille de Dresde	346
Bataille de Leipzick	Ibid.
Défection des alliés de la France	Ibid.
Tous les États d'Allemagne se déclarent successivement contre cette puissance	347
Leurs armées attaquent les places encore occupées par la France	Ibid.
Défense de Hambourg par le prince d'Eckmuhl	Ibid.
Invasion de la France, et campagne de 1814	348
Acte d'abdication de Napoléon et son départ pour l'île d'Elbe	349
La garnison de Hambourg est rappelée en France	Ibid.
Napoléon revient de l'île d'Elbe	Ibid.
Bataille de Waterloo	350
Traité de paix de 1815	Ibid.
Réorganisation de l'Empire germanique	Ibid
Les villes anséatiques recouvrent leur	

	Pages
rang et leurs priviléges	351
Hambourg fait détruire ses nouvelles fortifications, et son pont sur l'Elbe.	*Ibid.*
Expéditions commerciales	352
Navires anséates, enlevés par les corsaires des régences barbaresques	*Ibid.*
Les régences s'engagent par des traités à ne plus faire d'esclaves chrétiens	*Ibid.*

LIVRE QUINZIÈME

Actes de 1820 sur la confédération germanique	353
Actes sur sa constitution militaire	354
Mort de l'empereur Napoléon	*Ibid.*
Contingent militaire des Anséates dans l'armée de la confédération	355
Associations secrètes, formées en Allemagne contre la France pendant les dernières guerres	*Ibid.*
Progrès de ces associations	356
Assassinat de Kotzebue	*Ibid.*
Inquiétudes causées aux gouvernements par l'esprit d'insurrection	357
Émeutes contre les juifs	*Ibid.*
Extension du commerce des Anséates en Amérique	358
Conventions sur la navigation de l'Elbe et sur celle du Wéser	359
Réglements sur la navigation du Rhin et de ses affluents	*Ibid.*
Embarquements faits à Hambourg pour le Brésil	360
Traité de commerce des Anséates avec l'Angleterre	361
Leurs traités avec le Brésil, les États-Unis et le Mexique	362
Leur traité avec la Prusse	363
Acquisition, faite par le gouvernement de Brême, d'un nouveau port sur le Wéser	364
Travaux de ce port, situé à l'embouchure de la Geeste	*Ibid.*
Remarques sur quelques institutions de Hambourg	365

	Pages
Troisième fête séculaire, de sa constitution civile et religieuse	365
Intérêt que prennent les Anséates à l'indépendance de la Grèce	366
Projets d'union douanière, formés en Allemagne	367
Traités de commerce et de douanes, entre la Prusse et le grand-duché de Hesse, entre la Bavière et le Wurtemberg	*Ibid.*
Troisième association intermédiaire, formée par la Maison de Saxe et quelques autres États	368
La Prusse et le grand-duché de Hesse unissent leurs intérêts à ceux de la Bavière et du Wurtemberg, et cherchent à faire dissoudre l'association intermédiaire	*Ibid.*
Accession de la Hesse Électorale à l'alliance commerciale de la Prusse et du grand-duché de hesse	369
Accession du grand-duché de Bade, du royaume de Saxe et de la Saxe Ducale, au système d'une seule association douanière	370
Cette ligue commerciale embrasse une grande partie de l'Allemagne	*Ibid.*
Impulsion donnée par la Prusse à l'établissement de ce système	*Ibid.*
Les villes anséatiques, le Hanovre, le Mecklembourg, l'Oldenbourg, le Holstein ne sont pas compris dans cette union douanière	371
Indépendance commerciale des villes anséatiques	*Ibid.*
Remarques sur quelques-uns de leurs hommes célèbres	*Ibid.*
Société d'amis des arts, etc.	373
Affluence des étrangers	*Ibid.*
Maintien de la prospérité du commerce	374
Conclusion	375
Tableau des villes et des comptoirs de la ligue anséatique	377
Table des matières	391

FIN DE LA TABLE DES MATIÈRES.

www.ingramcontent.com/pod-product-compliance
Lightning Source LLC
Chambersburg PA
CBHW051823230426

43671CB00008B/821